Marketing para turismo, hospitalidade e eventos

hospitalidade e eventos

uma abordagem global e digital

ADMINISTRAÇÃO REGIONAL DO SENAC NO ESTADO DE SÃO PAULO
Presidente do Conselho Regional: Abram Szajman
Diretor do Departamento Regional: Luiz Francisco de A. Salgado
Superintendente Universitário e de Desenvolvimento: Luiz Carlos Dourado

EDITORA SENAC SÃO PAULO
Conselho Editorial: Luiz Francisco de A. Salgado
Luiz Carlos Dourado
Darcio Sayad Maia
Lucila Mara Sbrana Sciotti
Jeane Passos de Souza

Gerente/Publisher: Jeane Passos de Souza (jpassos@sp.senac.br)
Coordenação Editorial/Prospecção: Luís Américo Tousi Botelho (luis.tbotelho@sp.senac.br)
Dolores Crisci Manzano (dolores.cmanzano@sp.senac.br)
Administrativo: grupoedsadministrativo@sp.senac.br
Comercial: comercial@editorasenacsp.com.br

Edição e Preparação de Texto: Rafael Barcellos Machado
Revisão de Texto: Karen Daikuzono
Editoração Eletrônica e Capa: Manuela Ribeiro
Imagem de Capa: Irina Strelnikova | Adobe Stock
Impressão e Acabamento: Gráfica CS

Dados Internacionais de Catalogação na Publicação (CIP)
(Jeane Passos de Souza – CRB 8ª/6189)

Traduzido de *Marketing for tourism, hospitality & events: a global & digital approach.*

© Simon Hudson e Louise Hudson, 2017, segundo a Lei de Direitos Autorais, Desenhos e Patentes, de 1988, são identificados como os autores desta obra. A edição original deste livro foi produzida e publicada em 2017 pela SAGE Publications Ltd. nos Estados Unidos, no Reino Unido e em Nova Deli (Índia).

Hudson, Simon
Marketing para turismo, hospitalidade e eventos : uma abordagem global e digital / Simon Hudson, Louise Hudson; tradução de Aline Naomi Sassaki. – São Paulo : Editora Senac São Paulo, 2020

Bibliografia.
ISBN 978-65-5536-063-9 (impresso/2020)
e-ISBN 978-65-5536-064-6 (ePub/2020)
e-ISBN 978-65-5536-065-3 (PDF/2020)

1. Turismo : Marketing   2. Marketing digital : Turismo   I. Hudson, Louise   II. Sassaki, Aline Naomi   III. Título.

20-1105t

CDD – 338.4791
658.81
BISAC TRV000000
BUS081000

Índice para catálogo sistemático:
1. Turismo : Marketing   338.4791
2. Marketing digital : Turismo   658.81

SIMON HUDSON E LOUISE HUDSON
TRADUÇÃO: ALINE NAOMI SASSAKI

Marketing para turismo, hospitalidade e eventos

uma abordagem global e digital

EDITORA SENAC SÃO PAULO – SÃO PAULO – 2020

Sumário

6

PRECIFICAÇÃO, 197

7

DISTRIBUIÇÃO, 231

8

O PAPEL DA PUBLICIDADE E DAS PROMOÇÕES DE VENDA, 265

NOTA À EDIÇÃO BRASILEIRA

O turismo é uma força econômica global potente, que gera empregos e renda para cidades, estados e países, sem mencionar oportunidades educacionais e de desenvolvimento pessoal aos seus cidadãos. Só no Brasil, segundo o Ministério do Turismo, em 2019, o mercado foi responsável por mais de 8% da economia e pelo trabalho de 7 milhões de pessoas. Diante disso, o marketing é uma preocupação essencial no turismo, apontam os autores Simon e Louise Hudson, pois se constitui a principal influência gerencial que pode ser exercida sobre o comportamento desse grande mercado, sobretudo se consideramos em 2020, no macroambiente, os desafios que serão impostos pela realidade pós-pandemia.

Neste livro, os autores trazem um rico conteúdo sobre marketing voltado para turismo, hotelaria e eventos. Em sua análise, expandem as práticas já consolidadas para alcançar o marketing digital, refletindo sobre as demandas de uma atualidade hiperconectada, que estabelece uma desejada – e exigente – linha direta com o cliente. Com esse intuito, mostram estudos de caso detalhados que permitem ao leitor exercitar o pensamento crítico e o olhar analítico.

Como esta obra, o Senac São Paulo, reconhecido pela qualidade de sua atuação em turismo, hotelaria e eventos, apresenta um material aprofundado, didático e relevante não apenas para estudantes e profissionais como também para todos os interessados no assunto.

APRESENTAÇÃO

Festivais, eventos, jantares, viagens de fim de semana, férias e turismo de aventura são pilares da vida cotidiana. O notável crescimento do setor de turismo, hospitalidade e eventos, desde a década de 1960, tornou esse segmento um dos maiores do mundo, em termos econômicos e de crescimento rápido. O turismo internacional representa 7% do total das exportações mundiais e 30% das exportações de serviços. A renda gerada pelos visitantes internacionais – em acomodações, alimentos e bebidas, entretenimento, compras e outros serviços e bens – atingiu um valor estimado de 1,232 bilhão de dólares em 2015. No entanto, o impacto do turismo vai muito além do enriquecimento puramente econômico, pois também ajuda a beneficiar as localidades e a cultura, além de combater a pobreza. O turismo alcança todos os níveis da sociedade e, assim, é vital que os profissionais de marketing o entendam, para que possam compartilhar seus benefícios.

Contudo, o setor está sujeito a mudanças constantes. Ao mesmo tempo que encontramos destinos turísticos estabelecidos e maduros na Europa Ocidental e na América do Norte, vemos destinos emergentes na Ásia e na Europa Oriental, competindo pela atenção das novas gerações de viajantes de países como a China e a Rússia. Junto a essas mudanças demográficas, a tecnologia também está causando um impacto disruptivo nos produtos e serviços de viagem e no modo como são experienciados e comercializados. Ao mesmo tempo, questões como sustentabilidade e ética estão em primeiro plano, enquanto os consumidores se tornam cada vez mais exigentes. Essas impressionantes mudanças exigem uma nova visão sobre esse empolgante e dinâmico setor.

Este livro é diferente de outros similares, pois inclui o conteúdo mais recente sobre marketing digital, atendimento ao cliente e ética em marketing, complementado por estudos de caso exclusivos escritos por um jornalista de viagens. Estudantes e profissionais de marketing terão uma compreensão abrangente dos princípios específicos para as áreas de turismo, hospitalidade e eventos, dentro de um ângulo único que ainda não foi abordado por outros autores. O texto não apenas analisará esses princípios sob uma perspectiva global, mas também fornecerá exemplos da vida real que influenciam o mercado de turismo e hospitalidade. Conceitos básicos exclusivos são sustentados por estudos de caso internacionais bem integrados, a fim de destacar as realidades práticas do marketing dentro da área, concentrando-se na necessidade de criar uma abordagem flexível e adaptável para os produtos e serviços de marketing em todo o mundo.

O capítulo 1 começa com o mapeamento do ambiente de marketing contemporâneo do turismo, analisando os principais atores dos setores de turismo, hospitalidade e eventos. O capítulo 2 é dedicado a entender o consumidor de hoje e, em seguida, o capítulo 3 se concentra no marketing digital e na influência disruptiva que a tecnologia exerceu sobre o setor. O capítulo 4 define o conteúdo de um plano de marketing, enquanto o capítulo 5 analisa os segredos por trás de produtos e serviços turísticos de sucesso, descrevendo o papel dos eventos. Os capítulos 6 e 7 são dedicados à precificação e à distribuição, respectivamente, e o capítulo 8 discute o papel da publicidade e das promoções de vendas. O capítulo 9 enfatiza a importância das relações públicas e das vendas pessoais, e o capítulo 10 ilustra o papel do serviço ao cliente. O capítulo 11 é dedicado à compreensão do papel da pesquisa de marketing e, por fim, o capítulo 12 se concentra no importante tópico da ética no marketing turístico.

O livro também contém 36 estudos de caso detalhados, cada um desenvolvido com base em visitas pessoais ou em entrevistas feitas pelos autores. Esses estudos de caso seguem um dos três temas a seguir. Primeiro, cada capítulo começa com Lições de um(a) guru do marketing, apresentando as conquistas de alguém experiente no setor. Nesses estudos de caso, aprendemos como um verdadeiro guru na Índia monopolizou o mercado do turismo espiritual; por que Charlie Locke, o proprietário de uma estação de esqui, foi homenageado por sua fantástica contribuição ao turismo de esqui; como uma mulher inglesa está colocando Kobe, no Japão, como um dos principais destinos turísticos; por que o francês Michel Goget é conhecido mundialmente como um solucionador de problemas de hotéis; como Jo Arnett-Morrice passou de mamãe de bailarina para especialista em marketing da Dance World Cup; como um ex-jornalista e estrategista de marcas criou uma revista, um guia e uma agência de viagens boutique de sucesso; por que Elena Ulko acredita que o serviço personalizado é a chave para o sucesso na venda de passeios na Rússia; os segredos de dois profissionais de marketing das Ilhas Canárias – Eustasio Lopez e Marcos Van Aken; como Dionísio Pestana transformou uma empresa familiar na ilha da Madeira no maior grupo internacional de turismo e lazer de Portugal; como uma engenheira que virou contadora, Chitra Stern, tornou-se especialista em marketing de uma cadeia familiar de hotéis e resorts de luxo; e por que o *chef* Magnus Berglund decidiu aumentar a acessibilidade nos hotéis Scandic, ganhando, assim, uma vantagem competitiva.

Cada capítulo também contém uma seção chamada "Digital em foco", destacando a tremenda influência que a tecnologia está exercendo no mundo das comunicações de marketing. Esses destaques discutem o uso das mídias sociais em festivais de música; o marketing on-line dos X Games; a escuta de mídias sociais no Marriott; a gentrificação de Andermatt, na Suíça; a adoção da tecnologia em museus; a reserva on-line de *riads* no Marrocos; a economia compartilhada na Índia; a estratégia de marketing digital da Brand USA; o marketing on-line cooperativo em Stellenbosch, na África do Sul; o Vail Resorts e seu aplicativo de ponta EpicMix; e como atingir os *millennials* impulsionados pela tecnologia.

No final de cada capítulo, há um estudo de caso "Marketing em ação", atualizado, relevante e detalhado, abrangendo várias organizações e regiões do mundo. Com a intenção de promover o pensamento crítico, os casos destacam cenários reais de marketing que exemplificam os conceitos encontrados nos capítulos. Nas seções "Marketing em ação", aprendemos como Mianmar está se reposicionando com uma nova campanha de marca; por que a tendência ao bleisure está forçando os hotéis a atender àqueles que combinam trabalho com lazer; como a inovadora campanha Best job in the world , da ilha Hamilton, resultou em mais de 430 milhões de dólares em exposição associada a relações públicas; como uma caçada em Gana, organizada por dois grupos de guerreiros, evoluiu para um popular festival de caça aos cervos; por que hotéis com temáticas musicais – como o Hard Days Night Hotel, inspirado nos Beatles, em Liverpool, na Inglaterra – se tornaram tão populares; como as companhias aéreas de baixo custo se expandiram de forma agressiva em todo o mundo; como o encontro anual de 3 mil membros da National Brotherhood of Skiers contradiz a demografia étnica típica do esqui; por que os profissionais de marketing do Brasil decidiram aproveitar os megaeventos da Copa do Mundo de 2014 e das Olimpíadas de 2016 para mudar a imagem de um destino; como destinos proativos, como o Havaí, estão se promovendo por meio do cinema e da televisão; por que um excelente serviço ao cliente é fundamental para eventos esportivos de alto nível na Grã-Bretanha; por que os clientes receberão uma comida mais saborosa em uma cozinha aberta; e por que retratar a guerra como uma atração turística no Vietnã é controverso.

O AMBIENTE DE MARKETING ATUAL

1

INTRODUÇÃO

O capítulo 1 é dedicado ao atual ambiente global de marketing turístico, começando com uma introdução ao marketing de turismo, hospitalidade e eventos em geral e discutindo a definição e o papel do marketing e sua importância no turismo internacional. Os principais atores do setor são analisados, e no restante do capítulo são analisadas as principais forças ambientais que afetam a capacidade de uma organização de atender seus clientes.

LIÇÕES DE UM GURU DO MARKETING
– O TURISMO ESPIRITUAL COMO NEGÓCIO

"Se você está administrando um negócio, um setor ou uma nação, o que é necessário é: discernimento, integridade e inspiração." – Sadhguru, em um tuíte de 27 de novembro de 2019.

Localizado ao pé das montanhas Velliangiri, em Tamil Nadu, o Isha Yoga Center é uma criação de Jaggi Vasudev, ou Sadhguru, como é amplamente conhecido. O moderno iogue e místico é um líder carismático cuja visão de harmonia e bem-estar para todos o leva ao redor do mundo, a fim de participar de prestigiados fóruns e conferências globais, nos quais fala sobre questões tão diversas quanto direitos humanos, valores em negócios e responsabilidade ambiental. Ele foi convidado para a Cúpula do Milênio, das Nações Unidas, para a Câmara dos Lordes no Reino Unido, para o Instituto de Tecnologia de Massachusetts (MIT) e para o IMD Lausanne, na Suíça.

IMAGEM 1.1 *Sadhguru. (©Sadhguru. Todos os direitos reservados. Reproduzido com permissão)*

Cercado por densas florestas e situado ao lado da reserva da biosfera de Nilgiri, o *ashram*[1] de aproximadamente 61 hectares foi fundado por Sadhguru em 1992 e é administrado pela Isha Foundation. Uma das principais atrações do centro é o Dhyanalinga Yogic Temple, um espaço meditativo considerado o primeiro de seu tipo a ser concluído em mais de dois mil anos. O templo não professa nenhuma fé específica e está disponível a todos, independentemente de religião ou nacionalidade. Aberto diariamente das 6h às 20h, incluindo feriados nacionais ou culturais, atrai milhares de visitantes do mundo inteiro. Muitos desses hóspedes participam do *nada aradhana*, uma oferenda de som para o Dhyanalinga, que inclui uma mistura etérea de vozes não líricas, tigelas cantantes tibetanas, tambores e vários outros instrumentos. Essas oferendas de som, duas vezes por dia, são as únicas vezes em que o silêncio meditativo do Dhyanalinga é quebrado.

O *ashram* também é um local para grandes eventos culturais. Por exemplo, em um esforço para preservar e promover a singularidade e a diversidade das artes cênicas da Índia, o centro recebe anualmente o Yaksha, um festival de música e dança com duração de sete dias. Vários artistas eminentes se apresentam no evento, que culmina com a celebração noturna do festival Maha Shivarathri — um dos maiores e mais significativos das noites sagradas da Índia. Essa noite é considerada a mais escura do ano e celebra a graça de Shiva, conhecido como o Aadhi (primeiro) Guru, de quem a tradição iogue se origina.

O Isha Center oferece os quatro principais caminhos da ioga – *kriya* (energia), *gnana* (conhecimento), *karma* (ação) e *bhakti* (devoção) –, atraindo adeptos de todo o mundo. Outros programas

---

1   N. T.: Na antiga Índia, designava o lugar onde viviam eremitas hindus. Atualmente, refere-se a comunidades que buscam a elevação espiritual de seus membros, sob a orientação de um guru.

(cont.)

incluem a engenharia interna, planejada pelo guru para "estabelecer uma transformação profunda e duradoura". Mais de dois milhões de pessoas concluíram o programa até o momento, todas buscando os resultados anunciados, como clareza mental aprimorada, aumento dos níveis de energia, alívio de doenças crônicas, aprofundamento dos relacionamentos interpessoais e maior paz e alegria na vida cotidiana. Outro programa oferecido pela Isha Education é o INSIGHT – The DNA of Success, um curso de liderança orientado para profissionais, com base na experiência de vários líderes empresariais bem-sucedidos que construíram e desenvolveram organizações de excelência. Junto com a orientação e o envolvimento de Sadhguru, outros líderes que atuaram em programas anteriores incluem Rajan Tata, presidente emérito da Tata Sons Limited, e o dr. Prathap C. Reddy, fundador da Apollo Hospitals.

A Isha Sacred Walks é outra ramificação do portfólio de ofertas de produtos do guru, promovida não como passeios, mas como "uma possibilidade de profunda transformação". As caminhadas sagradas no Himalaia são um exemplo, incluindo duas semanas de meditação, caminhadas e camping. Mas o talento empreendedor do guru não parou por aí. A Sounds of Isha oferece dez álbuns de música "que transporta você para estados mais sutis do ser, formando a base para a exploração interior"; a Isha Craft produz artigos para presente, peças de juta, pinturas, peças em metal, artefatos de pedra e artesanato, além de roupas de grife; a Isha Life é a submarca de bem-estar, um centro que oferece uma abordagem holística de saúde e *fitness*, mas também inclui o requintado restaurante Mahamudra, o café ao ar livre Namma e a Shambhavi Craft Boutique; a Isha Foods and Spices oferece uma variedade de lanches, bebidas, opções para marmita e picles; a Isha Arogya oferece produtos e serviços de saúde, tendo estabelecido centros de saúde holísticos em várias grandes cidades de Tamil Nadu; e, por fim, a Isha Publications promove os trabalhos e discursos de Sadhguru em formato de livros, CDs e DVDs.

O Isha Center e todas essas submarcas são promovidos por meio de uma revista elegante, um site agradável e várias plataformas de mídia social, incluindo YouTube, Facebook, um blog, Pinterest e Twitter. Um dos tuítes que ele assina diz: "Nenhum trabalho é estressante. É sua incapacidade de gerenciar seu corpo, sua mente e suas emoções que torna o trabalho estressante". Grande parte da renda dessas diversas ramificações comerciais volta como investimento para a própria fundação, uma organização sem fins lucrativos, administrada por voluntários, "dedicada ao cultivo do potencial humano por meio de uma vibrante atividade espiritual". O ramo de desenvolvimento social da fundação é o Isha Outreach, que tem a visão de capacitar regiões carentes da Índia para que alcancem melhores condições de saúde, educação e bem-estar ambiental. Outra iniciativa estabelecida pela fundação é o projeto GreenHands, que visa tomar medidas corretivas para aumentar a cobertura verde da província de Tamil Nadu em 10% com o plantio de árvores, por meio de participação voluntária. Por fim, a visão de longo prazo de Sadhguru é elevar o espírito humano e rejuvenescer a população rural marginalizada, para isso ele criou a Action for Rural Rejuvenation (AAR), um programa que já alcançou 4.600 vilarejos em mais de uma década de trabalho. Não contente em operar apenas na Índia, Sadhguru está se projetando para o exterior, estabelecendo o Isha Institute of Inner Sciences, no Tennessee,

(cont.)

nos Estados Unidos. Com mais de 525 hectares, o instituto oferece vários tipos de programas "que fornecem métodos para qualquer pessoa atingir o bem-estar físico, mental e espiritual". Os principais ambientes do Isha Institute são dois eficientes espaços de meditação. *Mahima*, que significa graça, é o nome de uma sala de meditação abobadada de 3.623 metros quadrados, onde ocorrem muitos dos programas oferecidos no instituto: programas básicos que não exigem nenhum conhecimento prévio de ioga ou meditação, além de programas avançados para quem deseja dar um passo adiante em seu crescimento espiritual. O segundo espaço é o Adi Yogi, ou morada do iogue, um espaço meditativo estabelecido como uma homenagem ao Adi Yogi, que ofereceu as ciências iogues ao mundo há mais de quinze mil anos.

Fontes: visita pessoal feita pelos autores em fevereiro de 2016; www.ishafoundation.org; http://isha.sadhguru.org/blog/lifestyle/ everything-you-need-to-know-about-the-isha-yoga-center-and-more/

O AMBIENTE DE MARKETING TURÍSTICO

O estudo de caso que abre este capítulo mostra um empresário de sucesso que respondeu à crescente demanda por turismo espiritual e de bem-estar na Índia. Ao entender o ambiente em mudança e se adaptar a ele, a visão de Jaggi Vasudev, de harmonia e bem-estar para todos, tornou-o uma figura extremamente influente naquele país. O caso também mostra que o turismo pode ser uma poderosa força econômica que fornece emprego, intercâmbio, renda e receita tributária para países de todo o mundo. O mercado de turismo reflete as demandas dos consumidores por uma variedade muito ampla de produtos de viagem e hospitalidade, e geralmente se afirma que esse mercado como um todo está sendo atendido pelo maior setor do mundo. Seus atores estão operando em um ambiente global em que pessoas, lugares e países estão cada vez mais interdependentes. Países antes considerados inacessíveis aos turistas ocidentais, em razão de barreiras geográficas, culturais e políticas, agora estão se tornando acessíveis, e seu próprio afastamento os torna uma opção atraente para viajar hoje. Um exemplo é Mianmar, uma das partes mais pobres do mundo e, até recentemente, um país isolado, pouco acolhedor para os visitantes. Entretanto, as reformas sociais e econômicas na década de 2010 e uma nova campanha de branding resultaram no aumento de visitantes internacionais (leia a seção "Marketing em ação" no fim deste capítulo).

A globalização do turismo possui dimensões culturais, políticas e econômicas. Em termos culturais, é caracterizada pela homogeneização cultural, à medida que os padrões ocidentais de consumo e estilo de vida se espalham pelo mundo, um processo facilitado pelo fluxo de viajantes do ocidente para o Terceiro Mundo. Viajar também melhora a amizade entre os povos e facilita o intercâmbio cultural. Em termos políticos, a globalização envolve minar os papéis e a importância dos estados nacionais à medida que as fronteiras são abertas ao livre comércio e ao investimento. Em termos econômicos, a globalização tem efeitos positivos e negativos. Por um lado, um aspecto fundamental da globalização econômica é a tendência a aumentar o poder concentrado nas mãos de um pequeno número de organizações de viagens, levando ao controle oligopolista do setor. Por outro lado, o turismo traz recompensas econômicas e oportunidades para as comunidades anfitriãs, em particular, ao se beneficiarem com o intercâmbio e aprimorarem suas opções de subsistência.

Existem muitos exemplos de empresas nos setores de turismo e hospitalidade que operam em um ambiente global. A marca Hard Rock, estampada nas camisetas de turistas no mundo inteiro, é um bom exemplo. A rede foi fundada por Isaac Tigrett e Peter Morton, dois amantes da música, com um restaurante em Londres em 1971, e em 2015 a rede incluía quase 200 cafés em mais de 60 países. O Hard Rock International, agora propriedade da Seminole Tribe of Florida, também é conhecido por seus produtos colecionáveis relacionados à moda e à música, pelos palcos para apresentações do Hard Rock Live e por um belo site que em 2015 apresentava um empolgante vídeo da marca: https://www.youtube.com/watch?v=L9Wf8PYsLOo

A crescente globalização do turismo se reflete nas estatísticas relacionadas ao setor. O número de chegadas de turistas internacionais (CTI) aumentou de 25 milhões em 1950 para 1,18 bilhão em 2015 (veja a Figura 1.1). No mesmo ano, a receita gerada por turistas internacionais (RTI) com acomodações, alimentos e bebidas, entretenimento, compras e outros serviços e bens atingiu um valor estimado em 1,232 bilhão de dólares.

Apesar de baixas ocasionais, o turismo tem se expandido e diversificado de forma contínua, tornando-se um dos maiores e mais crescentes setores econômicos do mundo. O turismo internacional representa 7% do total das exportações mundiais e 30% das exportações de serviços (veja a Figura 1.2). Como categoria mundial de exportação, o turismo ocupa o terceiro lugar, ficando depois de combustíveis e produtos químicos, e à frente de alimentos e produtos automotivos; e em muitos países em desenvolvimento, o turismo ocupa o primeiro lugar em exportações. Em 2015, o valor total das exportações do turismo internacional totalizou 1,4 trilhão de dólares, sendo o setor responsável por 10% do PIB mundial e por um a cada 11 empregos.

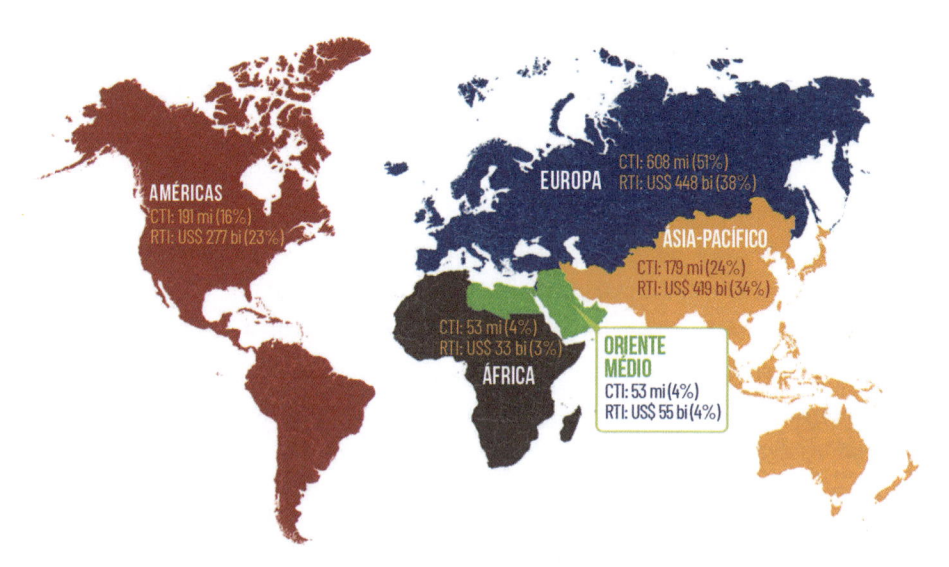

FIGURA 1.1 *Chegadas e receitas de turistas internacionais em 2015. (Fonte: Organização Mundial do Turismo, 2016a: ©UNWTO 92844/20/16)*

FIGURA 1.2 *Importância do turismo na economia mundial. (Fonte: Organização Mundial do Turismo, 2016b: ©UNWTO 92844/20/16)*

As Figuras 1.3 e 1.4 vêm do HowMuch.net, um site de informações sobre custos, e apresentam as despesas de entrada e saída de turismo em todo o mundo. Para despesas de turismo internacional, os Estados Unidos estão muito à frente de todos os outros, arrecadando cerca de 220 bilhões de dólares por ano de turistas, seguido pela França (66,8 bilhões de dólares), Espanha (65,1 bilhões de dólares), Reino Unido (62,8 bilhões de dólares) e China (56,9 bilhões de dólares). Os países ocidentais e asiáticos desfrutam de longe os mais altos níveis de gastos com turismo internacional; dos vinte principais países, todos estão no Ocidente ou na Ásia. O povo chinês gasta mais em turismo para outros países do que qualquer outro

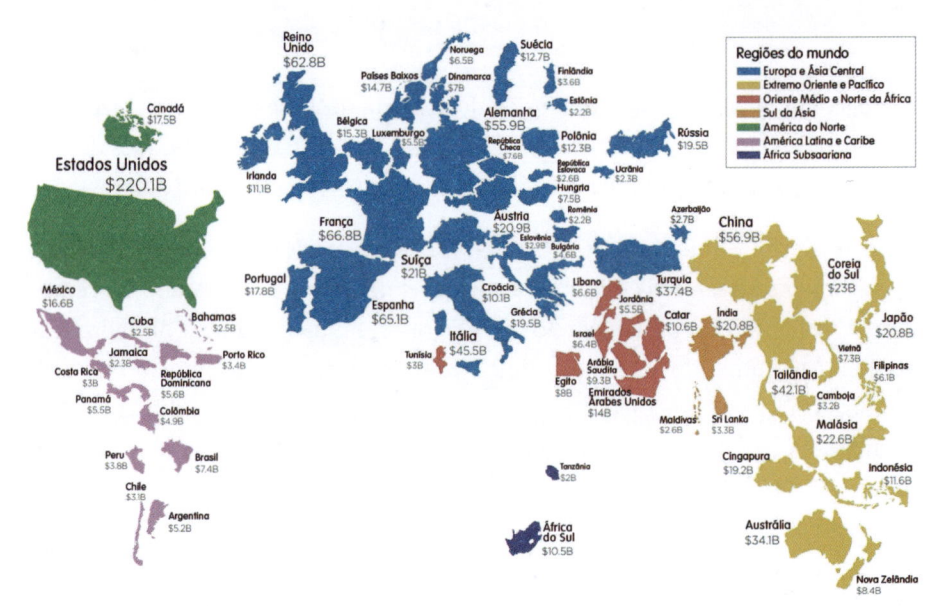

COMO LER ESTE GRÁFICO: *Quanto maiores forem os gastos de turistas chegando no país, maior seu mapa é representado. Por exemplo, Estados Unidos. Quanto menores forem os gastos de turistas chegando no país, menor seu mapa será representado. Por exemplo, Tanzânia.*

FIGURA 1.3 *Gastos com turismo no país de entrada. (Fonte: Site de informações de custo. Cortesia de HowMuch.net. Reproduzido com permissão)*

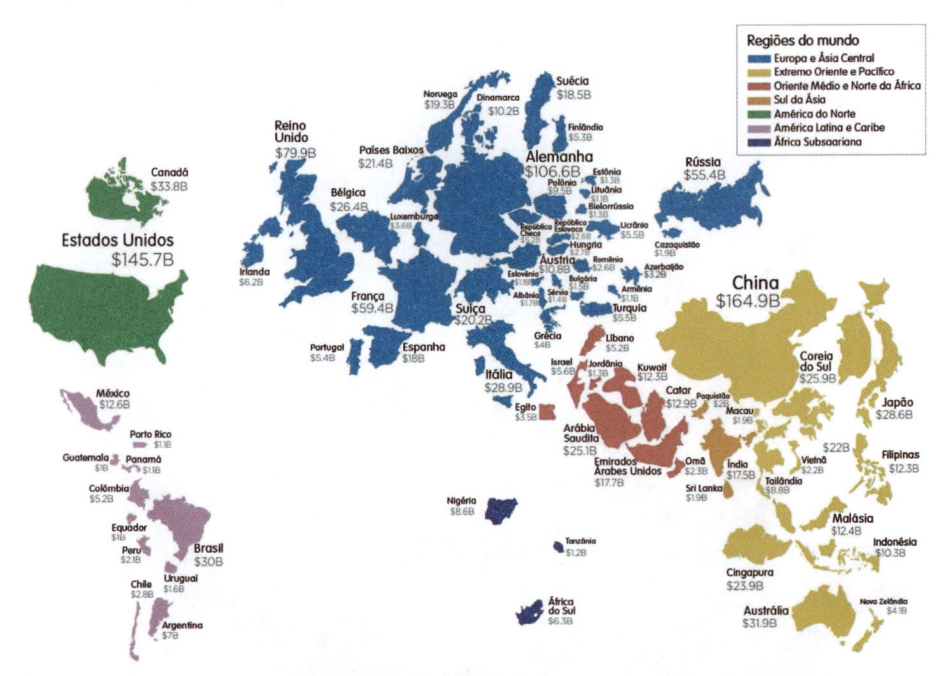

COMO LER ESTE GRÁFICO: *Quanto maiores forem os gastos de turistas saindo do país em viagens internacionais, maior seu mapa será representado. Por exemplo, China. Quanto menores forem os gastos de turistas saindo do país em viagens internacionais, menor seu mapa será representado. Por exemplo, Equador.*

FIGURA 1.4 *Gastos com turismo do país de saída. (Fonte: Site de informações de custo. Cortesia de HowMuch.net. Reproduzido com permissão)* grupo, contabilizando 164,9 bilhões de dólares em despesas no exterior, seguidos pelos Estados Unidos (145,7 bilhões de dólares), Alemanha (106,6 bilhões de dólares), Reino Unido (79,9 bilhões de dólares) e França (59,4 bilhões de dólares).

A Organização Mundial do Turismo (OMT, 2015) das Nações Unidas prevê que as viagens internacionais em todo o mundo aumentem 3,3% ao ano entre 2010 e 2030, atingindo 1,8 bilhão em 2030. A Figura 1.5 mostra como o dinheiro transita pela economia do turismo e atesta que, em suma, a viagem compensa. No entanto, o impacto do turismo vai muito além do enriquecimento em termos puramente econômicos, pois beneficia o lugar e a cultura, ajudando a reduzir a pobreza. Na última década, a taxa de crescimento anual de turistas que visitam países em desenvolvimento foi superior à média mundial. De fato, a participação de mercado das economias emergentes aumentou de 30% em 1980 para 45% em 2014 e deve chegar a 57% em 2030, o equivalente a mais de 1 bilhão de chegadas de turistas internacionais. O turismo pode servir de base para o desenvolvimento de uma economia de mercado em que pequenas e médias empresas se expandem e florescem. E, nas áreas rurais e pobres, muitas vezes constitui a única alternativa ao declínio das oportunidades agrícolas. Em Gana, na África, por exemplo, o turismo se tornou a terceira fonte de renda estrangeira do país, ficando atrás apenas das exportações de ouro e cacau, captando mais de 853 milhões de dólares

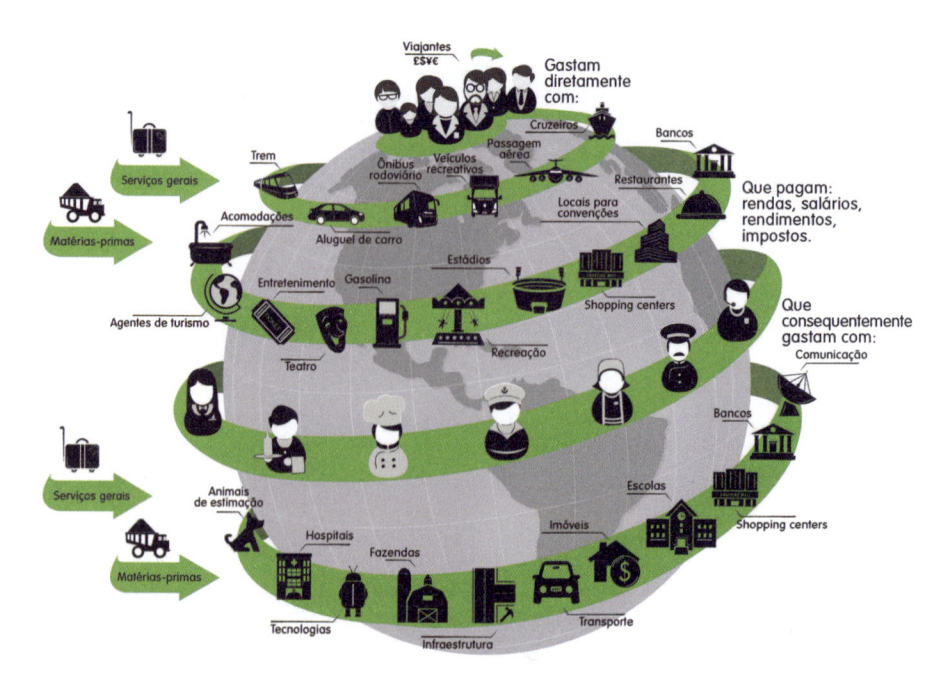

FIGURA 1.5 *Viagens pagam. (©World Travel and Tourism Council. Todos os direitos reservados. Reproduzido com permissão)*

em 2013 e gerando diretamente 124 mil empregos (leia "Marketing em ação" no capítulo 4 para saber mais sobre Gana).

Grandes mercados emergentes, como Brasil, Índia, Turquia e Vietnã, também veem o potencial do turismo como uma poderosa força econômica. A Administração Nacional de Turismo do Vietnã (VNAT), por exemplo, tem incentivado ativamente o turismo de guerra como parte de seu plano de marketing (leia "Marketing em ação" no capítulo 12). A VNAT está focada no aumento da gestão estadual do turismo, no planejamento e previsão estratégica, no treinamento de recursos humanos e na facilitação de formalidades dentro do setor. A intenção é atrair investimentos estrangeiros e desenvolver o turismo como um dos principais geradores de divisas internacionais para o Vietnã.

Pesquisas mostram que destinos que se promovem a turistas em potencial experimentam crescimento significativamente maior em termos econômicos e no número de empregos, ultrapassando a atividade econômica gerada pelos visitantes. Por meio de uma análise estatística de mais de duzentas cidades ao longo de mais de vinte anos, feita com estudos de caso, entrevistas e uma revisão da literatura, a Oxford Economics (2014) revelou os amplos benefícios econômicos colhidos pelos destinos nos Estados Unidos, que gastaram cerca de 2 bilhões de dólares em promoção e marketing para incentivar viagens de lazer e convenções. Verificou-se que a atividade econômica dos visitantes impulsiona um crescimento econômico mais amplo por meio de quatro canais principais (veja a Figura 1.6).

FIGURA 1.6 *Os impactos catalisadores da promoção do destino. (©Tourism Economics. Todos os direitos reservados. Reproduzido com permissão)*

1. A promoção do destino mantém o desenvolvimento da infraestrutura de transporte, proporcionando maior acessibilidade e logística de suprimentos, que são importantes para atrair investimentos para outros setores.

2. A promoção do destino cria conscientização, familiaridade e relacionamentos em redes comerciais, que são essenciais para a atração de investimentos. Da mesma forma, a promoção eleva o perfil do destino entre os potenciais novos residentes, auxiliando o crescimento qualificado da força de trabalho, que é fundamental para o desenvolvimento econômico.

3. Ao promover encontros, convenções e apresentações comerciais nas instalações locais, as organizações de marketing do destino criam valiosas interações entre executivos tomadores de decisão e têm oportunidade de aprofundar suas conexões com os participantes.

4. A promoção do destino fomenta conveniências e qualidade de vida, que são essenciais para atrair investimentos em outros setores, na forma de capital humano e realocação ou expansão corporativa.

A INFLUÊNCIA DO MARKETING NO TURISMO

O marketing foi definido como "o processo de planejar e executar a concepção, precificação, promoção e distribuição de ideias, bens e serviços para criar trocas que satisfaçam os objetivos individuais (cliente) e organizacionais" (KOTLER, 1984). Esse conceito é uma filosofia de negócios que define o marketing como um processo destinado a encontrar, satisfazer e reter clientes enquanto a empresa obtém lucro. O principal ponto de todas as definições de marketing é o papel do cliente e seu relacionamento com o produto, seja ele um bem, um serviço ou uma ideia. O setor de turismo, hospitalidade e eventos, como outros setores de serviços, envolve uma combinação de produtos tangíveis e intangíveis. Um hotel é uma mistura de bens (camas, alimentos, sistemas de telefonia e comunicação) ligados a uma série de serviços (recepção, limpeza, serviço de quarto, finanças e contabilidade). Uma atração turística, como um parque nacional, é uma combinação de instalações (hotéis, lojas, centros de visitantes) situadas dentro de uma atração física (montanhas, florestas, praia ou rios, por exemplo), oferecendo uma variedade de serviços (visitas guiadas, interpretação, ensino e assim por diante). Todo esse pacote de produtos tangíveis e intangíveis é percebido pelo turista como uma experiência e representa o ponto central do produto turístico.

Com o turismo internacional sendo a maior exportação de serviços em muitos países (incluindo os Estados Unidos), é importante entender as nuances do marketing internacional, que é definido como as atividades de negócios projetadas para planejar, precificar, promover e direcionar o fluxo de bens e serviços de uma empresa para consumidores ou usuários em mais de um país, com a finalidade de obter lucro (CATEORA; GILLY; GRAHAM, 2013). A diferença importante entre essa definição e a definição dada anteriormente para o marketing em geral é que as atividades de marketing internacional ocorrem em mais de um país. A singularidade do marketing internacional vem da variedade de problemas desconhecidos e das várias estratégias necessárias para lidar com os diferentes níveis de incerteza encontrados nos mercados estrangeiros. Vários casos neste livro destacam alguns dos desafios que as organizações enfrentam quando se expandem no exterior e as estratégias de marketing que empregaram para superá-los.

A Figura 1.7 ilustra o ambiente de um profissional de marketing internacional. O círculo interno descreve os elementos domésticos controláveis, que constituem a área de decisão de um profissional de marketing, como decisões sobre produto, preço, promoção, distribuição e pesquisa. O segundo círculo abrange os elementos ambientais domésticos, que têm algum efeito nas decisões de operação estrangeira, enquanto os círculos exteriores representam os elementos do ambiente estrangeiro para cada um dos mercados internacionais em que o profissional de marketing trabalha. Como ilustram os círculos exteriores, todo mercado externo no qual a empresa opera pode apresentar problemas isolados envolvendo certos elementos incontroláveis, como instabilidade política, clima econômico, problemas culturais e nível tecnológico. Para ajustar e adaptar um programa de marketing aos mercados estrangeiros, os profissionais de marketing devem ser capazes de interpretar efetivamente a influência e o impacto que cada um dos elementos incontroláveis tem no plano de marketing de cada mercado externo em que esperam fazer negócios. Quando a Disney abriu parques temáticos na França e em Hong Kong, a administração era insensível às diferenças culturais, e os parques experimentaram consequentes problemas na fase inicial (HUDSON, 2008). Mais pesquisas de mercado e uma avaliação de ambiente mais cuidadosa teriam ajudado a tornar algumas dificuldades ao menos previsíveis, se não totalmente controláveis.

Os principais obstáculos que os profissionais de marketing internacional enfrentam não se limitam às questões ambientais; também existem dificuldades associadas aos critérios de autorreferência (CAR) do próprio profissional de marketing e ao etnocentrismo. O CAR é uma referência inconsciente em relação aos próprios valores culturais, experiências e conhecimento, que se toma como base para a tomada de decisões. Ele está bastante relacionado ao etnocentrismo, que é a noção de que a própria cultura ou empresa sabe como fazer as coisas. Ambos limitam a capacidade do profissional de marketing internacional de entender e se adaptar às diferenças predominantes nos mercados estrangeiros. A consciência e a sensibilidade globais são as soluções para esses problemas. Nos anos 2000, os americanos foram acusados de etnocentrismo, e isso fez com que o país desenvolvesse uma imagem negativa no exterior. Por sua vez, isso afetou negativamente as visitas turísticas ao país. Os profissionais de marketing de destino nos Estados Unidos se engajaram em uma série de estratégias para superar esse problema (leia "Digital em foco" no capítulo 3).

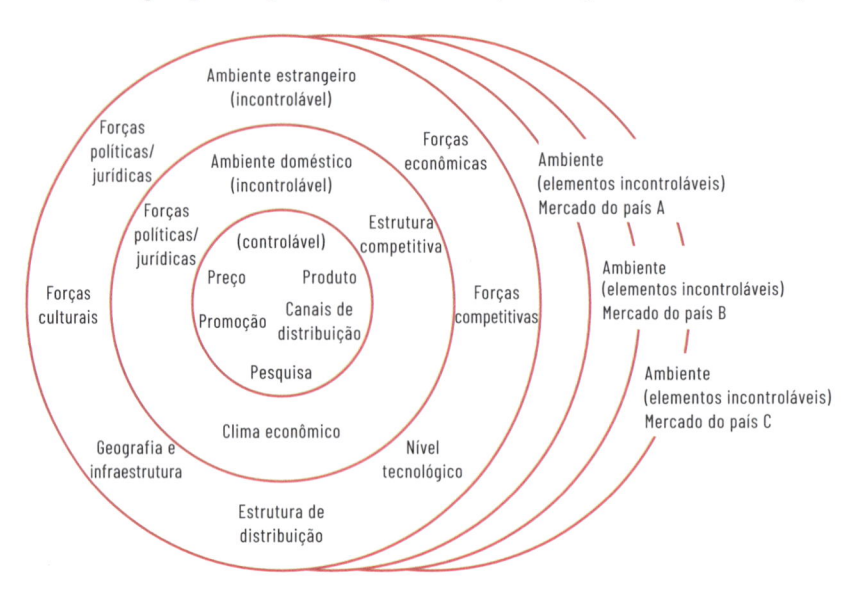

FIGURA 1.7 *O trabalho do marketing internacional. (©McGraw-Hill Education. Reproduzido com permissão)*

MARKETING DE TURISMO E HOSPITALIDADE

O marketing é uma preocupação essencial no turismo, pois é a principal influência gerencial que pode ser exercida sobre o tamanho e o comportamento desse grande mercado global. O marketing turístico foi definido como o "foco no cliente que permeia as funções e processos organizacionais voltados para: 1) fazer promessas relacionadas a produtos e serviços necessários quando se viaja para permanecer em lugares fora do ambiente habitual, para fins de lazer, negócios e outros, por menos de um ano; 2) possibilitar o cumprimento das expectativas individuais criadas por essas promessas; e 3) atender a essas expectativas por meio do apoio aos processos de geração de valor dos clientes" (DOLNICAR; RING, 2014, p. 44). A Figura 1.8 mostra os vínculos vitais entre demanda e oferta no turismo, que são fundamentais para a compreensão do papel do marketing. A figura mostra a relação entre a demanda do mercado, gerada nas áreas de origem, e a oferta do produto, principalmente nos destinos dos visitantes. Em particular, o modelo mostra como os principais setores da indústria do turismo – organizadores de viagens, organizações do destino, transporte, vários fornecedores de produtos – se associam para gerenciar a demanda dos visitantes por meio de uma série de influências de marketing.

O mix de marketing está no centro do diagrama e é discutido em detalhes neste livro. No entanto, é importante observar que a influência dessa atividade provavelmente varia de acordo com os interesses e as circunstâncias dos visitantes. Por exemplo, turistas domésticos que viajam de carro para ficar com amigos ou parentes podem não ser influenciados pelo marketing de destino de forma alguma, enquanto pessoas que compram pacotes turísticos para destinos exóticos pela primeira vez podem achar que quase todos os aspectos de sua viagem são influenciados pelas decisões de marketing da operadora de turismo que escolherem. Entre esses dois exemplos, alguém que viaja a negócios seleciona seu próprio destino de acordo com os requisitos dos negócios, mas pode ser influenciado em relação à companhia aérea ou hotel que escolhe.

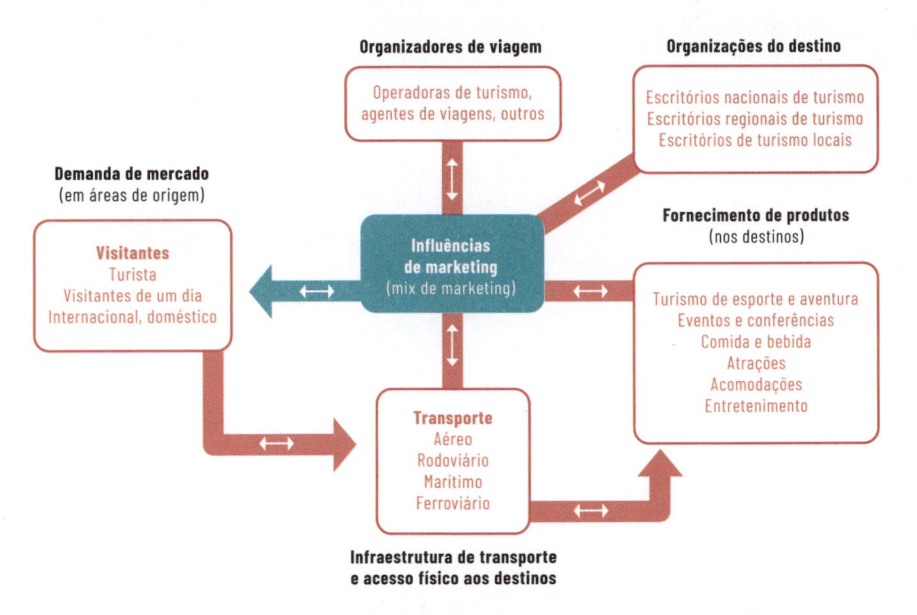

FIGURA 1.8 *As ligações sistemáticas entre demanda e oferta: a influência do marketing. (Fonte: Middleton e Clarke, 2012)*

Conhecer o cliente, e tudo que isso implica para decisões de gerenciamento, geralmente é chamado de orientação ao consumidor ou marketing. Assim, um entendimento detalhado das características e do comportamento de compra do consumidor é fundamental para as atividades de gerentes de marketing e, portanto, o comportamento do consumidor é o tópico do capítulo 2.

DIGITAL EM FOCO – ADAPTADO PARA FESTIVAIS DE MÚSICA

O turismo musical é um grande negócio no mundo inteiro. No Reino Unido, por exemplo, os gastos são de aproximadamente 3,1 bilhões de dólares, o que gera o equivalente a 38.238 empregos em período integral. Um componente essencial do turismo musical é o fenômeno dos festivais de música que vem ganhando espaço nos últimos anos. Nos Estados Unidos, a empresa de consultoria Beacon Economics avaliou a atividade econômica dos festivais organizados pelo promotor de música *dance* Insomniac em cerca de 3,2 bilhões de dólares. Foram 48 eventos entre 2010 e 2014. O relatório de 2015 listou gastos diretos na casa dos 327 milhões de dólares, com os participantes do festival gastando mais 866 milhões de dólares em transporte e hotéis, gerando renda indireta e benefícios comerciais locais. Toda essa atividade criou o equivalente a 25 mil empregos em período integral e contribuiu com cerca de 180 milhões de dólares em impostos estaduais e locais.

IMAGEM 1.2 *Bonnaroo 2016. (Cortesia de Bonnaroo/Andrew Jorgensen)*

Um dos segredos para o sucesso dos festivais de música é o uso especializado e cada vez maior e mais inovador do marketing para mídias sociais, destinado a vender marcas e incentivar a fidelidade do cliente. O Bonnaroo Music and Arts Festival, realizado anualmente em Manchester, Tennessee, depende bastante de agressivas campanhas de marketing digital para gerar publicidade e atrair visitantes. As táticas incluem estabelecer relacionamentos com blogueiros para estimular a empolgação pelos shows, aproveitar sites de mídias sociais como Facebook e Twitter para obter exposição máxima e explorar a tecnologia móvel.

Situado em uma fazenda de 283 hectares, o Bonnaroo normalmente atrai 85 mil participantes anualmente ao camping com duração de quatro dias, no mês de junho. Classificado pela revista *Rolling Stone* como um dos 50 momentos que mudaram o rock'n'roll, foi desenvolvido em 2002 pela Superfly Presents e pela AC Entertainment, que continuam a produzi-lo todos os anos, utilizando as mídias sociais para pegar o embalo. O site da Superfly afirma que o bonnaroo.com, antes um site com informações sobre o festival, se transformou em um conteúdo rico e socialmente direcionado para coisas boas.

No Bonnaroo 2011, um celeiro com ar-condicionado no meio do local do festival, patrocinado pela Fuse TV, ofereceu um show privado com um artista em ascensão para aqueles que fizessem o check-in pelo Foursquare. Depois que os visitantes faziam o check-in, seus seguidores poderiam ver que eles estavam no celeiro da Fuse TV e então também iam para lá. Os organizadores forneceram aos fãs um bufê grátis, água gelada e a chance de assistir a um show ao vivo com apenas quarenta pessoas. Em troca do simples check-in no Foursquare, os fãs foram recompensados com uma experiência diferente de todas as outras encontradas no festival.

(cont.)

Esse festival de música e camping conta com atrações adicionais, como um salão patrocinado pela Garnier e uma escola de música cortesia da Red Bull. Em 2012, teve um impacto econômico de mais de 50 milhões de dólares, de acordo com um estudo da Greyhill Advisors. Também em 2012, em vez de seguir o método regular e anunciar a programação musical no site oficial, o Bonnaroo anunciou sua programação no Spotify, uma rede social de streaming de música. A iniciativa foi um grande sucesso, atraindo mais de 25 mil inscritos que puderam ouvir músicas de todas as bandas e descobrir os novos artistas que tocariam no festival.

No entanto, talvez o maior sucesso com as mídias sociais tenha sido o uso da tecnologia de identificação por radiofrequência (RFID) em 2012 para promover o engajamento. Cada participante recebeu uma pulseira como a única forma de ingresso no festival. As pulseiras tinham tecnologia RFID e podiam ser usadas em um dos vinte portões de check-in espalhados pelo local. Ao escanear as pulseiras, os participantes faziam o check-in no Facebook, permitindo que seus amigos vissem exatamente onde eles estavam e a que banda estavam assistindo. Isso podia ser usado não apenas para compartilhar experiências, mas também para mostrar sua localização e permitir que os amigos que estivessem no festival pudessem encontrá-lo. No fim do dia, o sistema publicou um segundo post no Facebook de cada participante: um resumo de todas as apresentações que a pessoa havia visto, com um link para o Spotify com a setlist de cada apresentação no Bonnaroo e uma playlist com as faixas de estúdio daquelas músicas.

Atualmente com 150 apresentações em doze etapas, o Bonnaroo se ramificou em *glamping*, oferecendo barracas especiais pré-montadas, cabanas de última geração e veículos recreacionais. Todas as inovações anuais são anunciadas nas mídias sociais, pelo Tumblr, Twitter, Facebook, Spotify, YouTube e Instagram. Iniciativas de marketing, como concursos de design de produtos, compartilhamento de histórias com a hashtag #Bonna-YOU, um programa para voluntários, sorteios de ingressos gratuitos do #FESTGOALS da Ticketmaster, calçados Bonnaroo personalizados e campanhas ambientais, como a Respect the Farm, são todas comunicadas por esses meios.

Desde o Woodstock, em 1969 - provavelmente o evento musical mais famoso de todos os tempos -, o setor de festivais de música tornou-se uma indústria considerável, relativamente resiliente à crise econômica global de 2008 a 2013. Em todo o mundo, existem mais de oitocentos festivais de música de vários tipos em 57 países. A indústria geralmente é composta por agentes e empresários independentes, mas grupos maiores, como Live Nation, Music Festivals e Festival Republic estão surgindo. Poucos pesquisadores analisaram a promoção ou o marketing de eventos musicais, embora Rivero tenha descoberto que os organizadores de festivais de música na Espanha não promovem seus festivais de forma agressiva do ponto de vista turístico – em vez disso, baseiam-se no boca a boca positivo para construir uma base de seguidores fiéis. Contudo, sabemos que as redes sociais são os principais canais usados por organizadores de festivais em razão da grande quantidade de informações que podem fornecer por meio delas, como agendas de artistas e outras informações gerais, muitas das quais são entregues vários meses antes do evento.

Fontes: Hudson e Hudson (2013); Hudson *et al.* (2015); Shah (2015); Rau (2014).

(cont.)

QUESTÕES DE ESTUDO DE CASO

1. Explique o crescimento dos festivais de música no mundo inteiro.

2. Como os festivais de música estão se adaptando às mudanças do ambiente de marketing?

3. O que mais os festivais de música poderiam fazer para se engajar com os consumidores por meio das mídias sociais?

PRINCIPAIS ATORES DA INDÚSTRIA GLOBAL DE TURISMO

Os principais atores do setor de turismo estão descritos na Figura 1.9 e incluem serviços do setor privado e sem fins lucrativos, serviços do setor público, fornecedores (transporte, acomodações, serviços de alimentação e bebidas, atrações e eventos e conferências), intermediários e os próprios clientes (turistas/viajantes). Cada um deles será discutido a seguir.

FIGURA 1.9 *Principais atores da indústria do turismo*

SERVIÇOS DO SETOR PRIVADO E SEM FINS LUCRATIVOS

O setor privado e sem fins lucrativos inclui associações da indústria do turismo, como agências de viagens ou associações de operadores turísticos, serviços financeiros e bancários, instituições educacionais, mídias e serviços de seguros. Um ator essencial nesse setor é a organização de marketing de destinos (DMO), responsável pela comercialização de um destino turístico identificável com um limite geopolítico explícito (PIKE; PAGE, 2014). Embora as DMOs existam desde o século XX, foi após a Segunda Guerra Mundial que o número de DMOs cresceu consideravelmente, com muitas delas estabelecendo seu papel central de marketing nas décadas de 1960 e 1970, junto à ascensão dos pacotes de férias, à introdução de aeronaves a jato e ao maior uso do folhetos turísticos. As décadas de 1980 e 1990 viram a criação de muitas novas DMOs, conforme mais lugares reconheciam o valor de uma abordagem coordenada à promoção de destinos. Estima-se que agora haja mais de 10 mil DMOs no mundo (PIKE; PAGE, 2014).

SERVIÇOS DO SETOR PÚBLICO

O envolvimento do setor público geralmente ocorre por meio de organizações de gerenciamento ou de marketing nacionais, regionais ou de destino. Sob o guarda-chuva de cada organização de turismo interiorano, existem várias organizações públicas, parcialmente públicas e independentes, que não só trabalham isoladamente, mas também em cooperação com outras organizações, para criar produtos turísticos mais atraentes. A Organização Mundial do Turismo (OMT) das Nações Unidas é uma agência bem conhecida do setor público e está encarregada de promover o turismo responsável, sustentável e universalmente acessível. Como organização internacional líder nesse campo, a OMT promove o turismo como condutor de crescimento econômico, desenvolvimento inclusivo e sustentabilidade ambiental, além de oferecer liderança e suporte ao setor para o avanço do conhecimento e das políticas de turismo no mundo inteiro. A OMT inclui 156 países, seis membros associados e mais de 450 membros afiliados, representando o setor privado, instituições educacionais, associações de turismo e autoridades de turismo locais.

TRANSPORTE

Malha rodoviária

Uma boa infraestrutura de transporte é essencial para o setor de turismo prosperar em qualquer país. Os países em desenvolvimento, em particular, estão investindo milhões para melhorar suas malhas viárias. Na Índia, por exemplo, o crescimento do turismo tem sido prejudicado há muitos anos pela infraestrutura precária. No entanto, em 2000, o país iniciou o projeto Quadrilátero Dourado. Esse empreendimento conecta as quatro principais metrópoles da Índia por meio de uma rodovia de quatro faixas, ligando Srinagar a Kanyakumari, e Silcher a Saurashtra. O projeto teve um impacto muito positivo no turismo, especialmente no doméstico. Uma forte malha viária é importante para o crescente setor de turismo de veículos recreacionais, cujo crescimento tem sido impulsionado pelo desenvolvimento de parques e campings para esse tipo de veículo e pelo aumento do número de *baby boomers* que apreciam o estilo de vida de aposentado em um veículo recreacional. O uso global de veículos recreacionais deve atingir 7 milhões de unidades até 2020. Prideaux e Carson (2012) organizaram um excelente livro sobre o mercado de turismo em todo o mundo. Trinta e três autores contribuíram com 26 capítulos, e o foco está no turismo para quem dirige para um destino ou de um destino para outro. O último capítulo é escrito pelos autores e fornece uma boa conclusão, recomendando temas para pesquisas futuras sobre o turismo para quem viaja dirigindo. Os autores sugerem que nossa compreensão desses turistas como consumidores de informações requer uma investigação mais aprofundada, à medida que as redes sociais e as tecnologias móveis continuam a se expandir e evoluir. Eles também propõem que a economia desse tipo de turismo não foi bem conceitualizada e que, além dos gastos, suas implicações econômicas para o desenvolvimento dos destinos não são bem compreendidas. O capítulo também aponta para um futuro caracterizado por um aumento rápido e contínuo no volume desse tipo de turismo impulsionado em todo o mundo – mesmo com o aumento dos custos de combustível e das preocupações ambientais.

A indústria aérea

O setor aéreo é altamente competitivo, pois possui poucas barreiras de entrada por causa da liberalização do acesso ao mercado, resultado da globalização. De acordo com a IATA (International Air Transport Association), cerca de 1.300 novas companhias aéreas se estabeleceram nos últimos quarenta anos (CEDERHOLM,

2014). Recentemente, houve uma onda de consolidação do setor resultante de fusões e aquisições, o que reduziu a concorrência em algumas regiões. As fusões das principais companhias aéreas dos Estados Unidos, por exemplo, resultaram na redução do número de atores principais, passando de onze em 2005 para apenas seis em 2015. As seis principais companhias aéreas nos Estados Unidos – Delta Air Lines, United Continental Holdings, Alaska Air Group, JetBlue Airways Corporation, Southwest Airlines e American Airlines – respondem por 94% da participação de mercado por capacidade. No entanto, as companhias aéreas do Golfo Pérsico estão sacudindo o mercado norte-americano, oferecendo serviços de alta qualidade a preços mais baixos. Em 2014, Emirates, Qatar Airways e Etihad Airways aumentaram em 47% o número de voos nos Estados Unidos e agora atendem onze cidades (MCCARTNEY, 2014).

Apesar dessa competição e do impacto de grandes atos terroristas e de desastres naturais na última década, as companhias aéreas do mundo todo estão lidando com uma demanda crescente. O crescimento econômico cada vez maior está estimulando a demanda de viagens na Ásia e na Europa, e a desregulamentação de companhias aéreas em todo o mundo levou ao desenvolvimento de companhias que oferecem serviços básicos e de baixo custo, operando principalmente em aeroportos secundários. Os próprios aeroportos estão gastando milhões na adaptação de suas instalações para lidar com o novo estilo de jatos grandes. Heathrow, em Londres, por exemplo, vai investir mais de 5 bilhões de dólares ao longo da próxima década para atualizar suas instalações. Os aeroportos desempenham um papel vital para manter o setor de turismo em crescimento em muitos países, e a concorrência entre as companhias aéreas é cada vez mais travada no solo, especialmente no Golfo Pérsico, onde as empresas em rápido crescimento têm impulsionado a construção de aeroportos que estão criando novas expectativas para os viajantes. Uma estratégia pioneira tem sido usada em Singapura e em outros centros asiáticos, onde o aeroporto se torna parte da diversão da viagem, e não apenas a entrada ou saída.

A indústria de cruzeiros

Os cruzeiros são cada vez mais reconhecidos como um subsetor dinâmico e bem-sucedido da indústria global de turismo (WEEDON; LESTER; THYNE, 2011). A indústria global de cruzeiros gerou uma receita de 37,1 bilhões de dólares em 2014, tendo uma recuperação significativa depois que as receitas caíram abaixo de 25 bilhões de dólares durante a recessão global de 2009. O número de passageiros transportados pela indústria de cruzeiros tem crescido ano a ano e alcançou

30 milhões em 2019 (LOCK, 2020). Em 2013, o passageiro médio de cruzeiro gerou uma receita de 1.728 dólares, mas como as despesas por passageiro também eram altas, o lucro médio foi de apenas 185 dólares. Tradicionalmente, os cruzeiros eram reservados para ricos e famosos, que viajavam com luxo e sem restrições financeiras ou de tempo em navios como o *Lusitania* e o *Queen Elizabeth II*. Atualmente, a tendência é de navios maiores, que transportem mais de 3 mil passageiros, numa tentativa de melhorar a economia de escala em despesas de compra e operação. Esses meganavios podem oferecer tarifas com tudo incluso por cerca de 100 dólares por pessoa por dia, menos da metade do custo na maioria dos navios pequenos e um valor comparável ao dos resorts em terra. Em 2016, a Royal Caribbean lançou o maior navio de cruzeiro do mundo, o *Harmony of the Seas*. O navio tem 361 metros de comprimento e pode transportar 6.780 passageiros. Possui vinte restaurantes, 23 piscinas e levou mais de dois anos e meio para ser construído.

Ferrovias

Alguns países ao redor do mundo recorreram às ferrovias para resolver seus problemas de transporte. Na Europa Ocidental continental e no Japão, por exemplo, os governos investiram grandes quantias em linhas férreas e trens-bala que interligam cidades a uma velocidade superior a 200 km/h. O Partido Conservador Britânico apresentou os trens-bala como uma solução para as atuais preocupações ambientais e como um meio de impulsionar a economia do país. Grandes projetos novos também estão sendo planejados em muitos outros países. A ferrovia que liga a China ao Tibete teve um enorme impacto no turismo. Antes que o primeiro trem atravessasse as montanhas, em julho de 2006, a ida para o Tibete envolvia uma difícil viagem de ônibus ou um voo caro que muitos turistas chineses não podiam pagar. Em 2014, 7,5 milhões de passageiros viajaram de Golmud para Lhasa – mais do que o dobro da população do próprio Tibete. Agora a China planeja construir uma ligação ferroviária estratégica de alta velocidade, com 540 quilômetros, entre o Tibete e o Nepal, com um túnel passando sob o monte Everest. As viagens de trem de luxo são outro componente importante do setor de transportes. De acordo com agentes de viagens do mundo todo, o Maharajas' Express na Índia é referência em trens de luxo, tendo ganhado o prêmio de melhor trem de luxo do mundo no World Travel Awards por três anos consecutivos, em 2012, 2013 e 2014. O Maharajas' Express pertence à Indian Railway Catering and Tourism Corporation, é operado por elas e é o trem mais caro do mundo. Funciona em cinco circuitos, cobrindo mais de doze destinos no noroeste e no centro da Índia, principalmente no Rajastão, entre os meses de outubro a abril.

ACOMODAÇÕES

O setor de acomodações consiste em vários tipos de instalações para atender às necessidades dos consumidores. Inclui albergues da juventude, pousadas do tipo bed and breakfast, residências para turistas, residências de férias, apartamentos compartilhados e locais para camping. Mas o subsetor de hotéis talvez seja o mais importante, e as redes hoteleiras são particularmente significativas nas grandes cidades. Em Londres e Paris, por exemplo, sua participação na capacidade de camas é de 50%. Um exemplo da natureza global do setor hoteleiro é o grupo Hilton, que, com quase 4.200 hotéis em 93 países, está espalhando suas marcas tradicionais dos Estados Unidos, como Conrad, DoubleTree, Embassy Suites, Hampton Inn e Hilton Garden, para outras partes do mundo. Atualmente, o Hilton concentra sua principal expansão internacional na China, Índia e Europa Oriental, no mercado de preços médios que tem alta demanda. O Hilton adaptará a marca para diferentes partes do mundo, por exemplo, aumentando a oferta de alimentos e bebidas na Índia para atrair viajantes ocidentais. A recente compra da Starwood Hotels pelo Marriott International certamente abalará o Hilton e outros importantes atores do setor hoteleiro. O acordo criou a maior empresa hoteleira do mundo, com mais de 5 mil hotéis próprios ou franqueados, com 1,1 milhão de quartos em todo o globo (PICKER, 2015).

SERVIÇOS DE ALIMENTAÇÃO E BEBIDAS

O setor de alimentos e bebidas envolve empresas que processam, embalam e distribuem alimentos frescos e preparados, bem como alimentos pré-embalados e bebidas alcoólicas e não alcoólicas. Em essência, esse setor abrange qualquer produto consumido por seres humanos, excluindo produtos farmacêuticos. Os países que impulsionam a maior parte do crescimento do setor de alimentos e bebidas são as principais economias emergentes, China, Índia, Brasil, México e vários países do Sudeste Asiático, como Singapura e Malásia. O consumo e a produção de alimentos na China e na Índia têm aumentado há vários anos, de forma significativamente mais rápida do que nos países em desenvolvimento. As vendas totais de alimentos na China, a partir de 2015, excederam as dos Estados Unidos. Sua produção anual de trigo aumentou substancialmente desde a virada do século, enquanto a produção de trigo nos Estados Unidos tem se mantido constante ou ligeiramente reduzida. As vendas de bebidas alcoólicas e refrigerantes também têm aumentado de forma significativa nos países emergentes. Grandes empresas de bebidas, como Coca-Cola e Pepsi, investiram bastante no marketing de suas próprias marcas e na criação de parcerias com empresas locais para o marketing de novos produtos.

ATRAÇÕES

Como em outros setores da indústria do turismo, os pontos turísticos estão cada vez mais polarizados: de um lado, algumas grandes atrações; do outro, milhares de pequenos e microempreendimentos. Considerando a abrangência de técnicas de gerenciamento de visitantes disponíveis para esses atrativos, o marketing é cada vez mais visto como fundamental para o sucesso. É reconhecido como a melhor forma de gerar receita a fim de contribuir com o custo de operação e manutenção da base de recursos; desenvolver e sustentar produtos satisfatórios; criar valor e influenciar os padrões de volume e sazonalidade das visitas ao local. Os pontos turísticos podem ser classificados como naturais ou artificiais (criadas pelo homem) e, cada vez mais, os consumidores são atraídos por atrações que proporcionam entretenimento. Por exemplo, em todo o mundo, 223,5 milhões de pessoas visitaram os 25 principais parques temáticos em 2014. Os parques da Disney estão bem representados nessa lista, com nove parques entre os dez primeiros. Os quatro parques temáticos da Disney World (exceto os aquáticos) estão incluídos nesses nove. Com mais de dezenove milhões de visitantes, o Magic Kingdom foi mais uma vez o parque temático mais visitado do mundo, com um aumento de 4% em relação a 2013. No entanto, o crescimento da indústria deve acontecer fora dos Estados Unidos, principalmente na China e na Índia, onde a classe média está crescendo rapidamente e não há ofertas suficientes de entretenimento.

EVENTOS E CONFERÊNCIAS

Eventos e conferências muitas vezes desempenham o papel fundamental de levar viajantes a negócios e lazer para os destinos. Esses eventos podem variar de convenções e exposições para o mercado de negócios a grandes eventos esportivos, como as Olimpíadas ou a Copa do Mundo, que atraem milhões de turistas esportivos. Os eventos desempenham um papel significativo na sociedade atual e, como destinos, são importantes pelas suas funções turísticas, sociais e culturais (GETZ, 2007), bem como ao seu papel no desenvolvimento local e regional (WOOD, 2005). Primeiro, e acima de tudo, os eventos são uma grande âncora de atração para o turismo, proporcionando aos visitantes uma excelente oportunidade de conhecer a cultura local e experimentar a essência do lugar. Durante um evento, os turistas têm a oportunidade única de interagir com a comunidade, adquirindo uma experiência mais profunda do ambiente, dos costumes e da cultura local. Os eventos também podem ajudar a melhorar a imagem de um local, criando a oportunidade para uma cobertura positiva da mídia. Por fim, para os próprios moradores, os eventos são uma ocasião única para celebrar a cultura local e interagir. Em Edimburgo, na Escócia, os festivais contribuem enormemente para a qualidade de vida, a reputação internacional e a vitalidade econômica tanto da cidade quanto do país. Um estudo recente descobriu que os festivais da cidade atraem um público de mais de 4,5 milhões de pessoas, gerando um impacto de mais de 350 milhões de dólares. O mesmo relatório constatou que 94% dos participantes afirmaram que, entre outras características, os festivais tornam Edimburgo uma cidade especial, e 68% dos moradores locais concordam que os festivais aumentam seu orgulho por Edimburgo como cidade (BOP CONSULTING, 2016).

Certamente existem vários componentes para o marketing de eventos, e a Figura 1.10 lista essas atividades e seus propósitos.

A viagem para conferências é outro setor importante da indústria de viagens. Nos últimos vinte anos, o setor de encontros e convenções deixou de ser um prestador de serviços auxiliares para empresas da Fortune 500, passando a ser um importante setor que contribui mais para o PIB do que as indústrias de transporte aéreo, cinema, música, artes cênicas e esportes (para espectadores). Somente nos Estados Unidos, os encontros somam 114 bilhões de dólares à economia, correspondem a 12% de todas as viagens e geram 940 mil empregos. De 1,8 milhão de encontros anuais, 1,3 milhão são classificados como corporativos ou reuniões de negócios, 270 mil são convenções, conferências ou congressos, 11 mil são feiras e 66 mil são encontros de incentivo (SADMIN, 2016).

INTERMEDIÁRIOS

Os principais agentes intermediários da indústria do turismo são operadores de turismo e atacadistas, agentes de viagens, especialistas em viagens e intermediários on-line (uma análise detalhada dos intermediários pode ser encontrada no capítulo 7). Operadores de turismo e atacadistas são organizações que oferecem pacotes turísticos de férias ao público em geral. Esses pacotes podem incluir tudo, desde transporte, acomodação e atividades, até entretenimento, refeições

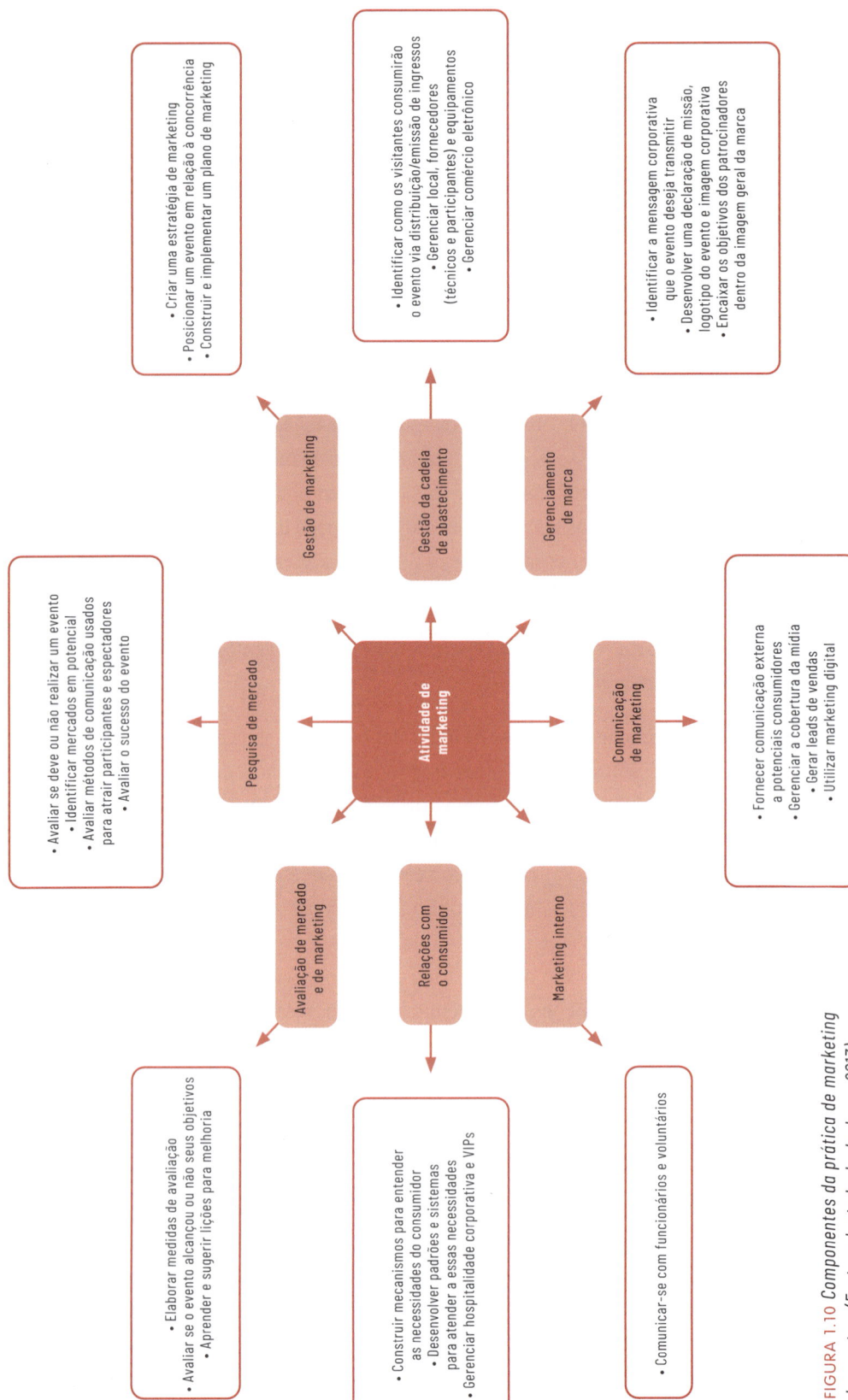

FIGURA 1.10 *Componentes da prática de marketing de eventos.* (Fonte: *adaptado de Jackson, 2013*)

Atividade de marketing

Gestão de marketing
- Criar uma estratégia de marketing
- Posicionar um evento em relação à concorrência
- Construir e implementar um plano de marketing

Gestão da cadeia de abastecimento
- Identificar como os visitantes consumirão o evento via distribuição/emissão de ingressos
- Gerenciar local, fornecedores (técnicos e participantes) e equipamentos
- Gerenciar comércio eletrônico

Gerenciamento de marca
- Identificar a mensagem corporativa que o evento deseja transmitir
- Desenvolver uma declaração de missão, logotipo do evento e imagem corporativa
- Encaixar os objetivos dos patrocinadores dentro da imagem geral da marca

Pesquisa de mercado
- Avaliar se deve ou não realizar um evento
- Identificar mercados em potencial
- Avaliar métodos de comunicação usados para atrair participantes e espectadores
- Avaliar o sucesso do evento

Comunicação de marketing
- Fornecer comunicação externa a potenciais consumidores
- Gerenciar a cobertura da mídia
- Gerar leads de vendas
- Utilizar marketing digital

Avaliação de mercado e de marketing
- Elaborar medidas de avaliação
- Avaliar se o evento alcançou ou não seus objetivos
- Aprender e sugerir lições para melhoria

Relações com o consumidor
- Construir mecanismos para entender as necessidades do consumidor
- Desenvolver padrões e sistemas para atender a essas necessidades
- Gerenciar hospitalidade corporativa e VIPs

Marketing interno
- Comunicar-se com funcionários e voluntários

e bebidas. Os agentes de viagens são os intermediários de marketing mais usados na indústria do turismo e, com o advento da internet, os agentes de viagens on-line desempenham um papel cada vez mais importante. Isso é explorado com mais profundidade no capítulo 3.

TURISTAS

O último dos principais atores na indústria do turismo é o turista. Como mencionado anteriormente, as chegadas de turistas internacionais atingiram um recorde histórico de 1,18 bilhão em 2015. O capítulo 2 abordará os visitantes com mais detalhes.

INFLUÊNCIAS NO AMBIENTE DE MARKETING TURÍSTICO

MICROAMBIENTE

O ambiente de marketing é composto por um microambiente e um macroambiente. O microambiente consiste em forças próximas à organização que podem afetar sua capacidade de atender aos clientes: a própria organização, empresas de canais de marketing, mercados de consumidores e uma ampla variedade de stakeholders ou públicos interessados (veja a Figura 1.11). Para um profissional de marketing turístico, esses fatores afetarão o grau de sucesso na atração de mercados-alvo, por isso é necessário entender sua importância. Este livro discute a maioria desses componentes em detalhes: clientes no capítulo 2, concorrentes no capítulo 4, intermediários no capítulo 7 e vários tipos de público no capítulo 9. No entanto, é importante reconhecer a influência que a empresa e seus fornecedores terão no alcance dos objetivos de marketing.

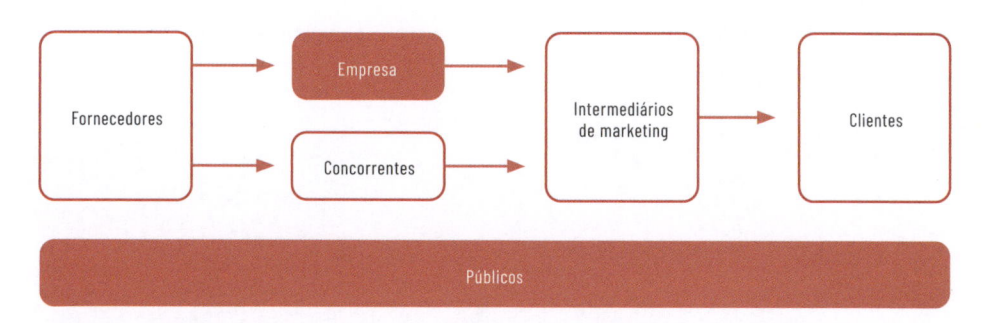

FIGURA 1.11 *Principais componentes do microambiente de uma empresa*

Os gerentes de marketing precisam trabalhar muito próximos aos outros departamentos da empresa, pois todos terão alguma influência no sucesso dos planos de marketing. Cada organização de turismo é diferente em relação a quantos departamentos possui e como são chamados. No entanto, o departamento financeiro normalmente é responsável por fornecer e usar os fundos necessários para executar os planos de marketing, a contabilidade deve medir as receitas e os custos a fim de avaliar os objetivos de marketing, e os recursos humanos serão cruciais para apoiar uma cultura de marketing de serviços (veja o capítulo 10). Os fornecedores também têm um papel importante a desempenhar no suporte aos objetivos de marketing, pois são empresas e indivíduos que fornecem os recursos necessários para se produzir bens e serviços.

A gerência de marketing deve prestar muita atenção às tendências e desenvolvimentos que afetam os fornecedores e às mudanças na disponibilidade e nos custos de fornecimento. No nível micro, hotéis e centros de exposições contratam restaurantes para fornecer serviços de comida e bebida. Por sua vez, esses restaurantes terão suas próprias preferências por fornecedores de produtos. Em um nível macro, os fornecedores de destinos turísticos são companhias aéreas, hotéis, restaurantes, operações em terra, locais de reunião e entretenimento.

MACROAMBIENTE

O macroambiente compreende as maiores forças da sociedade, que afetam todo o microambiente, moldam oportunidades e apresentam ameaças. O macroambiente consiste nas oito principais forças mostradas na Figura 1.12, e as empresas de turismo precisam levar em consideração o fato de operarem em um ambiente nacional e internacional competitivo. Embora uma organização não possa controlar muitos desses fatores externos, eles nunca devem ser uma surpresa total. O planejamento de uma resposta a possíveis problemas relacionados ao ambiente permite uma reação equilibrada e ponderada – um processo geralmente chamado de avaliação de ambiente.

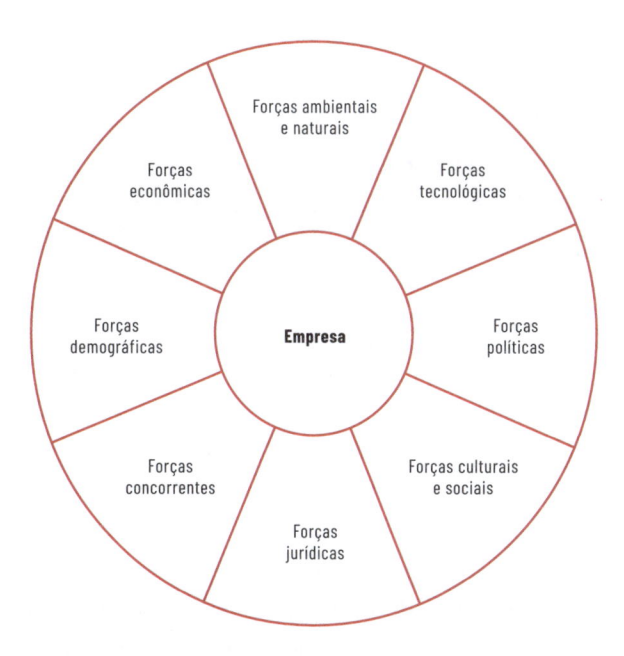

FIGURA 1.12 *Principais forças no macroambiente de uma empresa*

Forças concorrentes

Ter consciência de quem é a concorrência, saber quais são seus pontos fortes e fracos e antecipar o que ela pode fazer são aspectos importantes para a compreensão do macroambiente. A concorrência tende a se centralizar no destino. Países, estados, regiões e cidades agora levam muito a sério seu papel de destinos turísticos, investindo esforços e recursos consideráveis para melhorar sua imagem e atratividade turística. Como consequência, a concorrência do destino tornou-se uma parte significativa da literatura turística, e a avaliação da concorrência nos destinos turísticos é cada vez mais reconhecida como uma ferramenta importante para a análise estratégica de posicionamento e de marketing de destinos (HUDSON; RITCHIE; TIMUR, 2004). Hoje, a concorrência está se intensificando a fim de conquistar uma parcela maior do crescimento esperado nas viagens de ida e volta da China. Até 2020, a Organização Mundial do Turismo espera que a China se torne um dos principais mercados de turismo internacional de saída do mundo, gerando globalmente 100 milhões de turistas, ou 6,2% do total mundial. Produto, preço e qualidade competitivos, assim como acesso e entrega de bens e serviços turísticos, serão os principais fatores de sucesso para a atração de novos turistas chineses que saem de seu país e para que as pessoas repitam viagens na próxima década e além.

Forças demográficas

Demografia diz respeito a estatísticas que descrevem as características observáveis dos indivíduos, incluindo traços físicos, como sexo, raça, idade e altura; características econômicas, como renda, poupança e patrimônio líquido; características relacionadas à ocupação, incluindo educação; características relacionadas à localização; e características relacionadas à família, como estado civil, número e idade dos filhos. Segundo David Foot, autor de *Boom, Bust and Echo* (*Estrondo, golpe e eco*, em tradução livre), a demografia explica cerca de dois terços de tudo (FOOT, 2000). Por exemplo, o aumento dramático na popularidade do golfe entre 1990 e 2010 pode ser explicado pela popularidade desse esporte entre os *baby boomers*, que estavam entrando numa fase da vida que lhes permitia passar mais tempo no campo de golfe. De fato, a tendência demográfica mais notável em muitos países é o envelhecimento da população. O segmento acima de 50 anos representa quase 30% da população, e esse mercado tem um grande interesse em serviços de viagens e lazer. Outras tendências demográficas que afetam a comercialização do turismo em todo o mundo incluem o crescimento populacional relativamente lento, o aumento contínuo do emprego no setor de educação e serviços, o aumento da diversidade étnica, o desaparecimento da família tradicional e a mobilidade geográfica da população. Além de entender as tendências demográficas gerais, os profissionais de marketing também devem reconhecer agrupamentos demográficos que podem se tornar segmentos de mercado por causa de seu enorme tamanho, características socioeconômicas semelhantes ou valores compartilhados. Esses segmentos são discutidos nos capítulos 3 e 4.

Forças econômicas

Forças econômicas são aquelas que afetam o poder de compra do consumidor e os padrões de gastos. O poder total de compra depende de renda atual, preços, poupança e crédito; portanto, os profissionais de marketing devem estar cientes das principais tendências econômicas a respeito da renda e das mudanças nos padrões de gastos do consumidor. A recessão global que começou em 2008 teve impactos duradouros para muitos países, embora alguns tenham se beneficiado com o aumento do turismo doméstico (PAPATHEODOROU; ROSSELLÓ; XIAO, 2010). As mudanças de preço também podem ter um impacto significativo no turismo. No setor de companhias aéreas, as empresas do Golfo Pérsico vêm agitando o mercado norte-americano, oferecendo serviços de alta qualidade a preços mais baixos. Em 2014, Emirates, Qatar Airways e Etihad Airways aumentaram em 47% o número de voos nos Estados Unidos, passando a atender 11 cidades

(MCCARTNEY, 2014). Por fim, as taxas de câmbio podem impactar as viagens, e a pesquisa mostrou a importância de se manter uma taxa de câmbio relativamente estável para atrair a chegadas de turistas (DE VITA, 2014). Agiomirgianakis, Serenis e Tsounis (2014), por exemplo, descobriram uma relação negativa entre a volatilidade da taxa de câmbio e a entrada de turistas na Turquia. No verão de 2016, a Grã-Bretanha sinalizou a intenção de sair da União Europeia, o que impactou as viagens entre o Reino Unido e os Estados Unidos. A queda da libra britânica causada pelo Brexit tornou as viagens para os Estados Unidos mais caras para quem tinha a moeda do Reino Unido, enquanto os viajantes que iam dos Estados Unidos para a Inglaterra tinham maior poder de compra no exterior e uma maior economia por dólar (BURRIS, 2016).

Forças ambientais e naturais

Nas últimas quatro décadas, testemunhamos um aumento dramático na consciência ambiental em todo o mundo. A atenção da mídia ao efeito estufa, à chuva ácida, aos vazamentos de petróleo, à poluição dos oceanos, ao desmatamento tropical e a outros tópicos sensíveis aumentou a conscientização do público sobre questões ambientais, o que impactou a indústria do turismo. Os viajantes internacionais a lazer são cada vez mais motivados pela qualidade das paisagens do destino, em termos de saúde ambiental, e pela diversidade e integridade dos recursos naturais e culturais. Estudos sobre os mercados de viagens na Alemanha e nos Estados Unidos indicam que preocupações com o ambiente são agora um elemento significativo do processo de escolha do destino dos viajantes, a ponto de – no caso dos alemães – existirem programas ambientais operados por determinados hotéis. A crescente preocupação dos consumidores com a proteção do meio ambiente atraiu a atenção de empresas que buscam lucrar com práticas de marketing ambientalmente saudáveis. Pesquisas mostraram ser mais provável que os consumidores escolham uma marca em detrimento de outra se acreditarem que ajudarão o meio ambiente, e a qualidade ambiental é uma questão predominante na tomada de decisões relacionadas a viagens. Isso levou ao esverdeamento de atrações, hotéis e até resorts, assim como ao aumento no número de produtos turísticos ecológicos. Uma ênfase crescente também está sendo colocada na avaliação dos possíveis impactos ambientais de qualquer empreendimento turístico, com auditorias ambientais, análises de impacto ambiental e questões de capacidade de carga sendo levadas mais a sério.

Por último, forças naturais incontroláveis podem ter um impacto negativo na indústria do turismo. Por exemplo, o *tsunami* no sul da Ásia de 2004 constitui a maior catástrofe já registrada na história do turismo, em razão do número de víti-mas entre visitantes estrangeiros e entre trabalhadores do setor turístico. Antes do *tsunami*, o turismo estava sempre em alta em muitos dos países afetados. O acordo de cessar-fogo por dois anos entre o governo do Sri Lanka e o grupo ter-rorista Tigres Tâmeis ajudou a aumentar o número de turistas em 11% no país. A Tailândia continuava seu forte crescimento com um aumento de 20% em relação ao ano anterior. O *tsunami* devastou o turismo em muitos países. Por causa de sua magnitude e repercussões, o desastre assumiu uma escala global, refletindo o alcance mundial que o turismo tem hoje. Outro fator incontrolável na área da saúde que impactou o turismo – especialmente no Brasil – foi o vírus zika. No início de 2016, a Organização Mundial da Saúde declarou o vírus uma emergência global de saúde pública, fazendo com que os viajantes temessem cancelar seus planos de participar dos Jogos Olímpicos do verão (KIERNAN; JELMAYER, 2016).

Forças tecnológicas

A força mais dramática que molda o futuro do turismo e da hospitalidade é a tec-nologia, discutida em mais detalhes no capítulo 3. O acelerado avanço tecnológico obrigou as organizações de turismo a adaptarem seus produtos, especialmente em termos de como elas os desenvolvem, precificam, distribuem e promovem. A tecnologia facilita o desenvolvimento contínuo de novos sistemas e recursos que melhoram o produto turístico, assim como permite maior segurança em hotéis e resorts, graças a sistemas e projetos de proteção. Também criou novas opções de entretenimento para os viajantes, como filmes e videogames no quarto. A maioria dos hotéis e até aviões já oferece serviços de internet para atender às necessidades tecnológicas do consumidor atual.

A internet se encaixa no princípio teórico de marketing no setor de viagens, pois permite que os fornecedores estabeleçam relações de comunicação diretas com seus clientes. A tecnologia também está começando a impactar a pesquisa do consumidor, à medida que as organizações de turismo percebem o potencial do gerenciamento de bancos de dados e o valor do marketing de relacionamento. Bancos de dados de perfis e comportamento do cliente são a base para o marke-ting direto eficaz. No turismo, a coleta e a análise de fluxos de dados – que agora fluem continuamente pelos canais de distribuição e sistemas de reservas – forne-cem a base de informações moderna para as decisões estratégicas e operacionais das grandes organizações. A taxa de mudança tecnológica, conforme os bancos de dados se conectam e interagem, indica que a velocidade e a qualidade dos fluxos de informações serão aprimoradas ainda mais na próxima década.

Forças políticas

As decisões de marketing são fortemente afetadas pelo que ocorre no ambiente político. Esse ambiente é composto por agências governamentais e grupos de interesse que influenciam e limitam as atividades de várias organizações e indivíduos da sociedade, de modo que as políticas governamentais podem ter implicações de longo alcance para a indústria do turismo. A turbulência política na Grécia em 2015, por exemplo, teve um impacto negativo no turismo, uma indústria vital para esse país, representando cerca de 17% de seu produto interno bruto e favorecendo cerca de 70 mil empregos. Por outro lado, as ações políticas também podem ter um impacto positivo no turismo. Em algumas partes do mundo, o relaxamento das barreiras políticas está tornando os locais mais acessíveis aos turistas. Um exemplo é Cuba, onde reformas econômicas e políticas levaram a um crescimento constante de turistas internacionais (HINGTGEN *et al.*, 2015).

O terrorismo também pode ter um impacto devastador no turismo mundial. Desde 11 de setembro de 2001, houve milhares de grandes ataques terroristas em todo o mundo, e a maioria deles impactou a indústria do turismo. Após o ataque terrorista na Tunísia, em junho de 2015, o ministro do Turismo previu que a indústria perderia 500 milhões de dólares naquele ano por causa do ataque. A atenção da mídia a esses ataques geralmente é suficiente para convencer muitos viajantes internacionais a reconsiderar seus planos de férias, e os avisos negativos da mídia e das repartições estrangeiras geralmente são suficientes para desanimar os turistas que já estão no local. Os próprios terroristas têm como alvo destinos turísticos a fim de forçar os governos a repensar e abandonar políticas específicas, ou de negar aos governos os benefícios comerciais e econômicos do turismo.

No momento da redação deste livro, mais de um quarto dos países do mundo era considerado total ou parcialmente proibido pelo Ministério das Relações Exteriores da Inglaterra. O Ministério estava desaconselhando viagens para mais de sessenta países, ou regiões de determinados países. A maioria deles estava na África ou no Oriente Médio – entre eles, Afeganistão, Irã, Iraque, Líbia, Serra Leoa, Somália, Sudão do Sul, Síria e Iêmen –, sendo muitos deles considerados destinos inviáveis por todos os viajantes, exceto os mais intrépidos (LEADBEATER, 2015).

Forças culturais e sociais

O foco no consumidor de marketing depende de quem é o público-alvo, o que o motiva e como atraí-lo. Portanto, entender o ambiente cultural é crucial para a tomada de decisões de marketing. O ambiente cultural inclui instituições e outras forças que afetam os valores básicos, as percepções, as preferências e os comportamentos da sociedade. Os valores culturais influenciam o comportamento do consumidor, e os profissionais de marketing tendem a se concentrar em valores culturais dominantes ou valores centrais. Uma técnica de agrupamento usada para rastrear tendências em valores culturais é a psicografia, que determina como as pessoas gastam seu tempo e recursos (atividades), o que consideram importantes (interesses e valores) e o que pensam de si e do mundo ao seu redor (opiniões). A psicografia é discutida mais detalhadamente no capítulo 2. Os valores principais são lentos e difíceis de mudar, mas os valores secundários são menos permanentes e às vezes podem ser influenciados pelos profissionais de marketing. Muitas tendências culturais importantes afetam o setor de turismo, e a seção final do capítulo 2 concentra-se nas dez principais tendências ou demandas no comportamento do consumidor que estão influenciando o marketing do turismo e da hospitalidade atualmente.

Forças jurídicas

Os negócios da indústria do turismo foram afetados pelo aumento na legislação e regulamentação, normalmente promulgada para proteger empresas e consumidores de práticas comerciais injustas. Um exemplo vem do lago Mille Lacs, em Minnesota, em 2015, quando o Departamento de Recursos Naturais do estado proibiu a pesca, o que devastou a economia local, que dependia de pescadores que alugam barcos fretados, ficam em pequenos hotéis nas redondezas e se alimentam em bares e restaurantes (BOSMAN, 2015). A regulamentação do governo também visa proteger os interesses da sociedade contra comportamentos comerciais irrestritos, pois atividades comerciais lucrativas nem sempre melhoram a qualidade de vida de uma sociedade. Por isso temos as regulamentações que restringem o fumo em restaurantes e hotéis em muitas partes do mundo. Na verdade, as agências governamentais se envolvem na regulamentação de tudo, desde práticas de manipulação de alimentos em restaurantes até códigos de incêndio para hotéis. Os viajantes são vistos como boas fontes de receita pelos políticos, como se pode ver pelo crescente número de cidades, estados ou províncias que estão implementando impostos sobre hotéis. As viagens são uma das atividades com impostos mais pesados nos Estados Unidos, e a Global Business Travel Association, um grupo de comércio e lobby para gerentes de viagens, diz que os viajantes pagam impostos que totalizam, em média, 57% a mais do que se tivessem pago apenas o imposto geral normal sobre vendas (MCCARTNEY, 2012). Leis sobre taxas de pouso de aeronaves, regulamentações sanitárias, licenças de jogos e permissões de entrada afetam o setor de turismo de uma forma ou de outra. Song *et al.* (2012) documentaram como as restrições de visto na China resultaram em grande perda na chegada de turistas ao longo dos anos.

RESUMO DO CAPÍTULO

O turismo é uma força econômica poderosa, que gera empregos, intercâmbio, renda e receita tributária para países de todo o mundo. Os principais atores do setor são serviços do setor privado e sem fins lucrativos, serviços do setor público, fornecedores (transporte, acomodações, serviços de alimentação e bebidas, atrações e eventos e conferências), intermediários e os próprios clientes (turistas/viajantes). O ambiente de marketing é composto por um microambiente e um macroambiente. O microambiente consiste em forças próximas à organização que podem afetar sua capacidade de atender seus clientes: a própria organização, empresas de canais de marketing, mercados de clientes e uma ampla gama de partes interessadas ou públicos. As forças macroambientais são concorrentes, demográficas, econômicas, ambientais e naturais, tecnológicas, políticas, culturais e sociais e jurídicas. O marketing é um assunto de preocupação vital no turismo, porque é a principal influência gerencial que pode ser exercida sobre o tamanho e o comportamento desse grande mercado global.

QUESTÕES PARA REFLEXÃO

1. Quais são os principais desafios que o setor global de turismo e hospitalidade enfrenta atualmente? Quais destes são controláveis e quais são incontroláveis?

2. Quais dos principais atores do setor de turismo descritos na Figura 1.9 são mais vulneráveis a influências externas, como ataques terroristas e *tsunami*?

3. Escolha um dos setores de transporte discutidos no capítulo e atualize o material apresentado no texto. Como esse setor está se saindo no ambiente de hoje?

MARKETING EM AÇÃO – QUE COMECE A JORNADA (DE NOVO)

Em 2012-2013, Mianmar, um país rotulado pelo governo dos Estados Unidos dez anos antes como um reduto de tirania, lançou pela primeira vez em décadas uma campanha nacional de branding de turismo. O objetivo: mudar para sempre a imagem de destino negativa.

Historicamente, o país enfrentou muitos desafios para que o turismo crescesse, incluindo a falta de recursos humanos treinados, além de serviços e infraestrutura públicos insuficientes.

(cont.)

As tentativas de lançar o turismo de massa falharam antes, obstruídas em particular pela política. Novas leis, incluindo a lei de turismo de 1990 – que encerrou os monopólios estatais sobre hotéis, transporte e guias turísticos – iniciou o processo de abertura das ofertas turísticas de Mianmar. Mas os relatórios sobre revoltas em massa, violações dos direitos humanos, trabalho forçado e desapropriação dos moradores para a construção de instalações levaram muitos grupos a se oporem ao turismo. Além de grupos de fora de Mianmar, opositores incluíam Aung San Suu Kyi, líder do Partido Democrata e ganhadora do Prêmio Nobel da Paz em 1991. Em determinado momento, ela e seu partido pediram aos viajantes que evitassem visitar Mianmar até que houvesse uma transição política para a democracia. Sua campanha antiturismo provou ser bem-sucedida, mantendo os viajantes e seus dólares longe. Enquanto o turismo se expandiu rapidamente nos países asiáticos vizinhos, Mianmar recebeu relativamente poucos visitantes nas décadas seguintes. A Tailândia, que fica nos arredores, atraía anualmente mais de 10 milhões de visitantes, mas demorou até 2012 para Mianmar superar um milhão.

Só foi em 2011 que tudo começou a mudar. O governo da República da União de Mianmar começou a transformar seu sistema político e socioeconômico, a fim de melhorar o crescimento econômico inclusivo, acelerar a redução da pobreza e elevar os padrões de vida da população multiétnica de Mianmar. Liderado pelo presidente Thein Sein, o novo regime reformulou completamente a lei de investimentos, cobrindo mais de 20 setores, abrindo a Terra Dourada para novas oportunidades. Aung San Suu Kyi tornou-se membro do parlamento, ao lado de membros do partido que no passado a haviam prendido. O processo de reforma abriu oportunidades significativas para negócios, investimentos e capital humano. O Banco Mundial, que investiu 2 bilhões de dólares para levar saúde e energia para os pobres, estimou a taxa de crescimento econômico de Mianmar em 8,4% para 2014 e 2015, um número maior do que qualquer outro país pesquisado, incluindo a China. Em 2012, uma empresa profissional de marketing internacional, a ImageDiplomacy (iD), foi contratada para criar e entregar a nova campanha de branding de Mianmar. Liderada pela britânica Sorcha Hellyer e pelo sócio italiano, Gabriele Villa, a criativa empresa lançou seu tentador slogan "Let the journey begin" (Que comece a jornada) no Fórum Econômico Mundial no Leste da Ásia em 2013. A campanha multicamadas incluiu um comercial de televisão (exibido na BBC World, na Channel News Asia e em outros lugares) e um livreto de branding. Como Hellyer disse: "Alinhar iniciativas de publicação personalizadas com outros empreendimentos de branding garante maior longevidade da exposição da marca". Além dos elementos audiovisuais da campanha no Fórum Econômico Mundial (incluindo o comercial de TV, uma amostra do trabalho em vídeo e o material promocional de turismo), a iD montou um livro repleto de fotos de Mianmar, que foi entregue a todos os representantes de alto nível em uma sacola de presente da marca com uma pasta contendo informações sobre a campanha e um pendrive com os filmes.

Apesar dessa progressão promissora, o país ainda enfrenta obstáculos. Como um comentarista colocou: "Apesar de todas as mudanças encorajadoras entre 2010 e 2014, na Birmânia ainda correm contra o tempo dois universos paralelos. Um é de prosperidade e progresso, iPhones e lojas de *donuts*. O outro é de pobreza, ganância e conhecimento religioso medieval". Apesar

(cont.)

disso, as reformas em Mianmar resultaram em uma onda inicial de curiosos viajantes internacionais. Entre 2011 e 2012, a chegada de visitantes aumentou 29,7% e, pela primeira vez em sua história, Mianmar recebeu mais de um milhão de visitantes. Em 2012, o Ministério de Hotéis e Turismo – a agência designada pelo governo para supervisionar o desenvolvimento sistemático do setor – preparou o Plano Diretor de Turismo de Mianmar, estabelecendo programas estratégicos, atividades e projetos prioritários em uma estrutura de implementação de longo prazo, que abrange de 2013 a 2020, e um plano de ação de curto prazo para 2013-2015. O Plano Diretor estabeleceu as elevadas metas de 3,01 milhões de visitantes internacionais em 2015 e 7,48 milhões em 2020. Com base nesse cenário de alto crescimento, as receitas de turismo foram projetadas para aumentar de uma base de 534 milhões de dólares em 2012 para 10,18 bilhões de dólares em 2020, com o número de empregos relacionados ao turismo passando de 293.700 para 1,49 milhão. O plano identificou uma série de pontos fortes e oportunidades para a indústria do turismo de Mianmar, assim como restrições a serem superadas e riscos a serem gerenciados.

Htay Aung, ministro de Hotéis e Turismo, afirmou que cronometrou o lançamento para coincidir com a plataforma do Fórum Econômico Mundial e capitalizar com ela: "Principalmente por causa dos temas relevantes da cúpula do Leste Asiático – transformação, inclusão e integração". Aung também afirmou que os vários elementos da campanha "visavam retratar os valores culturais inerentes ao antigo Mianmar e o otimismo do novo Mianmar". O vice-ministro do Planejamento Nacional e Desenvolvimento Econômico, U Set Aung, disse esperar que a campanha mostre que Mianmar agora é um "membro responsável da comunidade".

A nova marca também foi lançada no World Travel Market, um dos principais eventos globais da indústria de viagens, realizado anualmente em Londres. Nesse evento, várias empresas e indivíduos de Mianmar promoveram Mianmar como um destino desejável. Tais atividades são coordenadas pelo Comitê de Marketing de Mianmar, o braço de marketing da Federação de Turismo de Mianmar. O comitê seleciona os mercados-alvo e promove o destino participando de apresentações de viagens, organizando *road shows*, viagens de familiarização e viagens de mídia.

A ImageDiplomacy afirmou que queria que a campanha de marca nacional atraísse visitantes e investidores e se concentrasse na rica herança cultural de Mianmar: "As pessoas não estão cientes do que Mianmar tem a oferecer, então queríamos criar uma campanha atraente que inspirasse os viajantes e investidores", disse Villa. Quanto ao slogan, a equipe estava decidida a evitar adjetivos. "Existem destinos que usam palavras como 'fantástico' ou 'incrível' ou 'brilhante' – algumas são eficazes, mas outras falham em captar completamente a essência da identidade nacional", explicou Villa. A iD considerou mais de 70 slogans antes de decidir por "Let the journey begin": "Sentimos que ela expressa a situação atual de Mianmar, bem como o desejo de acolher as pessoas para explorar e entender melhor o país após um longo período de isolamento".

Mianmar já sediou outros grandes eventos internacionais desde as reformas, incluindo os Jogos do Sudeste Asiático, em 2013, a Associação das Nações do Sudeste Asiático (ASEAN), em 2014, e a feira de turismo da ASEAN, em 2015. Os Jogos do Sudeste Asiático de 2013,

(cont.)

que aconteceram em Nepiedó, a nova capital, bem como nas principais cidades de Rangum, Mandalai e Ngwesaung, marcaram o maior evento esportivo realizado no país desde 1969. Mianmar continuou a sediar eventos que destacam as mudanças que estão ocorrendo - por exemplo, a abertura da Myanmar Summit em 2015, que analisou a situação atual dos sistemas econômicos e políticos do país, bem como as implicações para empresas e investidores. As chegadas de turistas continuam a crescer, com o país tendo atraído mais de 3 milhões de visitantes estrangeiros em 2014, superando as expectativas do governo.

Fontes: Hudson (2007); Hudson (2016); visita pessoal feita pelos autores em fevereiro de 2016.

QUESTÕES DE ESTUDO DE CASO

1. Pesquise e descubra qual é a situação política em Mianmar hoje.

2. Dê exemplos de outros países onde a política está tendo um impacto negativo no turismo.

3. Além de fatores políticos, que outros fatores ambientais estão influenciando o turismo em Mianmar?

REFERÊNCIAS

AGIOMIRGIANAKIS, G.; SERENIS, D.; TSOUNIS, N. Exchange rate volatility and tourist flows into Turkey. **Journal of Economic Integration**, v. 29, n. 4, p. 700–725, 2014.

BOP CONSULTING. Edinburgh Festivals 2015 Impact Study. 2016. Disponível em: www.edinburghfestivalcity.com/assets/000/001/964/Edinburgh_Festivals_-_2015_Impact_Study_Final_Report_original.pdf?1469537463. Acesso em: 21 fev. 2020.

BOSMAN, J. A fishing ban helps walleye but hurts tourism. **New York Times**, 13 ago. 2015, p. A11.

BURRIS, R. How Brexit could impact South Carolina. **The State**, 24 jun. 2016. Disponível em: www.thestate.com/news/business/article85892047.html. Acesso em: 21 fev. 2020.

CATEORA, P. R; GILLY, M. C.; GRAHAM, J. L. **International marketing**. 16. ed. New York: McGraw-Hill/Irwin, 2013.

CEDERHOLM, T. Low-entry barriers intensify competition in airline industry. **Market Realist**, 29 dez. 2014. Disponível em: https://articles2.marketrealist.com/2014/12/low-entry-barriers-intensify-competition-airline-industry/#. Acesso em: 21 fev. 2020.

DE VITA, G. The long-run impact of exchange rate regimes on international tourism flows. **Tourism Management**, v. 45, p. 226–233, 2014.

DOLNICAR, S.; RING, A. Tourism marketing research: past, present and future. **Annals of Tourism Research**, v. 47, p. 31–47, 2014.

FOOT, D. **Boom, bust and echo**: profiting from the demographic shift in the 21st century. Toronto: MacFarlane Walter & Ross, 2000.

GETZ, D. **Event studies**: theory, research and policy for planned events. Oxford: Butterworth-Heinemann, 2007.

HINGTGEN, N. *et al.* Cuba in transition: tourism industry perceptions of entrepreneurial change. **Tourism Management**, v. 50, p. 184–193, 2015.

HUDSON, S. To go or not to go? Ethical perspectives on tourism in an "outpost of tyranny". **Journal of Business Ethics**, v. 76, n. 4, p. 385–396, 2007.

HUDSON, S. **Tourism and hospitality marketing: a global perspective**. Londres: Sage, 2008.

HUDSON, S. Let the journey begin (again): the branding of Myanmar. **Journal of Destination Marketing and Management**, dez. 2016. Disponível em: www.sciencedirect. com/science/article/pii/S2212571X16300907?_rdoc=1&_fmt=high&_origin=gateway&_ docanchor=&md5=b8429449ccfc9c30159a5f9aeaa92ffb. Acesso em: 21 fev. 2020.

HUDSON, S.; HUDSON, R. Engaging with consumers using social media: a case study of music festivals. **International Journal of Events and Festivals Management**, v. 4, n. 3, p. 206–223, 2013.

HUDSON, S.; RITCHIE, J. R. B.; TIMUR, S. Measuring destination competitiveness: an empirical study of Canadian ski resorts. **Journal of Tourism and Hospitality Planning and Development**, v. 1, n. 1, p. 79–94, 2004.

HUDSON, S. *et al.* The effects of social media on emotions, brand relationship quality, and word of mouth: An empirical study of music festival attendees. **Tourism Management**, v. 47, p. 68–76, 2015.

JACKSON, N. Promoting and marketing events: theory and practice. Londres: Routledge, 2013.

KIERNAN, P.; JELMAYER, R. Zika virus saps Brazil's tourism hopes. **Wall Street Journal**, 4 feb. 2016, p. A5.

KOTLER, P. **Marketing management**: analysis, planning, implementation and control. 8. ed. Upper Saddle River, NJ: Prentice Hall, 1984.

LEADBEATER, C. Is the world getting riskier for tourists? **Daily Telegraph**, 4 jul. 2015, p. T6.

LOCK, S. Number of global ocean cruise passengers 2009-2020. **Statista**, 30 jan. 2020. Disponível em: https://www.statista.com/statistics/385445/number-of-passengers-of-the-cruise-industry-worldwide/. Acesso em: 31 mar. 2020.

MCCARTNEY, S. The best and worst US cities for travel taxes. **Wall Street Journal**, 18 out. 2012, p. D3.

MCCARTNEY, S. Now landing: Tough challengers. **Wall Street Journal**, 6 nov. 2014, p. D1.

MIDDLETON, V. T. C.; CLARKE, J. R. Marketing in travel and tourism. 3. ed. Oxford: Butterworth-Heinemann, 2012.

ORGANIZAÇÃO MUNDIAL DO TURISMO (UNWTO). UNWTO Tourism Highlights, 2015 Edition. 2015. Disponível em: www.e-unwto.org/doi/pdf/10.18111/9789284416899. Acesso em: 21 fev. 2020.

ORGANIZAÇÃO MUNDIAL DO TURISMO (UNWTO). International tourism. **Infográfico UNWTO**, Madri, 2016a. Disponível em: http://media.unwto.org/content/infographics. Acesso em: 5 dez. 2016.

ORGANIZAÇÃO MUNDIAL DO TURISMO (UNWTO). Why tourism matters. **Infográfico UNWTO**, Madrid, 2016b. Disponível em: http://media.unwto.org/content/infographics. Acesso em: 5 dez. 2016.

OXFORD ECONOMICS. **Destination promotion**: an engine of economic development. 2014.

PAPATHEODOROU, J.; ROSSELLÓ, A.; XIAO, H. Global economic crisis and tourism: consequences and perspectives. **Journal of Travel Research**, v. 49, n. 1, p. 39–45, 2010.

PICKER, L. Marriott to buy Starwood Hotels, creating world's largest hotel company. **New York Times**, 16 nov. 2015. Disponível em: www.nytimes.com/2015/11/17/business/marriott-to-buy-starwood-hotels.html?_r=0. Acesso em: 21 fev. 2020.

PIKE, S.; PAGE, S. J. Destination marketing organizations and destination marketing: a narrative analysis of the literature. **Tourism Management**, v. 41, p. 202–227, 2014.

PRIDEAUX, B.; CARSON, D. (ORG.). **Drive tourism**: trends and emerging markets. Londres: Routledge, 2012.

RAU, N. Bonnaroo brings in big acts, bigger bucks. **The Tennessean**, 11 jun. 2014. Disponível em: www.tennessean.com/story/money/industries/music/2014/06/11/bonnaroo-bringsbig-actsbigger-bucks/10347135. Acesso em: 21 fev. 2020.

RAZA, S. How much money do tourists spend in each country? **ValueWalk**, 10 ago. 2016. Disponível em: https://www.valuewalk.com/2016/08/how-much-money-do-tourists-spend-in-each-country. Acesso em: 21 fev. 2020.

SADMIN, P. M. Economic impact of the meeting industry. **Premier Meeting Services**, 24 maio 2016. Disponível em: http://www.premiermeetingservices.com/economic-impact-meeting-industry/. Acesso em: 21 fev. 2020.

SHAH, N. How music festivals pump billions into the US economy. **Speakeasy, Wall Street Journal**, 31 jul. 2015. Disponível em: https://blogs.wsj.com/speakeasy/2015/07/31/how-music-festivals-pump-billions-into-the-u-s-economy/. Acesso em: 21 fev. 2020.

SONG, H.; GARTNER, W. C.; TASCI, A. D. A. Visa restrictions and their adverse economic and marketing implications – evidence from China. **Tourism Management**, v. 33, p. 397–412, 2012.

WEEDON, C; LESTER, J. A.; THYNE, M. Cruise tourism: Emerging issues and implications for a maturing industry. **Journal of Hospitality and Tourism Management**, v. 18, p. 26–29, dez. 2011.

WOOD, E. Measuring the economic and social impact of local authority events. **The International Journal of Public Sector Management**, v. 18, n. 1, p. 37–53, jan. 2005.

ENTENDENDO O CONSUMIDOR ATUAL

2

INTRODUÇÃO

Este capítulo analisa as tendências comportamentais do turismo e começa revisando os fatores que influenciam o comportamento do consumidor. A segunda parte se concentra nas tipologias de turistas, e a terceira seção aborda as etapas do processo de compra. Depois, há uma seção dedicada ao comportamento organizacional de compras, pois os profissionais de marketing de turismo precisam entender os critérios e o processo de tomada de decisão que grupos e organizações vivenciam na compra de serviços de turismo. A seção final analisa profundamente algumas das tendências no comportamento do consumidor que afetam os profissionais de marketing do turismo atualmente. Os estudos de caso deste capítulo analisam uma das maiores operadoras de estações de esqui, o marketing dos X Games e a tendência ao bleisure.

LIÇÕES DE UM GURU DO MARKETING – CHARLIE LOCKE: SEMPRE UM PASSO À FRENTE

No World Ski Awards de 2015, em Kitzbühel, na Áustria (o Oscar dos esportes de inverno), Lake Louise foi eleita a melhor estação de esqui do Canadá pelo terceiro ano consecutivo. Além disso, o proprietário Charlie Locke foi homenageado com um troféu por sua excelente contribuição ao turismo de esqui nas Américas. "Este é o ponto alto da minha carreira", disse Locke na época. Prêmios como esses são extremamente concorridos e não chegam aos resorts por acaso. Foi a intuição de Locke e uma cuidadosa pesquisa sobre as necessidades dos consumidores ao longo de décadas que levaram a uma apreciação universal de seu resort e de seus próprios empreendimentos.

IMAGEM 2.1 *Charlie Locke. (Cortesia de Charlie Locke)*

Durante mais de trinta e sete anos, Locke viu mudanças drásticas no mundo dos esportes de inverno. "Elas abrangem coisas como TI, limpeza, fabricação de neve, teleféricos, serviços de alimentação, dificuldades com o lobby ambiental, a forma como fazemos nosso marketing, a forma como distribuímos nossa comida, como alugamos esquis e como damos aulas", diz ele. Lake Louise liderou o caminho no Canadá em muitos desses aspectos, antecipando e respondendo às tendências. Uma inovação foi uma equipe voluntária disponível para orientar os clientes nas pistas de esqui e na base do resort durante toda a temporada. "Iniciamos a ideia de amigo do esqui e registramos o copyright", explica Locke. Outra iniciativa pioneira foram os cartões de desconto para ingressos do teleférico. "Originalmente, em Lake Louise, nós os chamamos de Blue Cards, pois fizemos uma troca com uma cervejaria: eles arcaram com grande parte dos nossos custos de marketing, e nós colocamos o nome de uma de suas cervejas no cartão. Mais tarde, o cartão se tornou o Louise Card, que acredito ser um dos cartões de incentivo para esquiadores de maior sucesso na América do Norte", diz Locke.

Entre tantos meios para se trabalhar, ele afirma que o marketing e as mídias sociais estão entre os desafios mais dinâmicos da indústria do esqui nos últimos anos, e a resposta em tempo real é a chave fundamental para o sucesso. Apesar disso, embora as iniciativas de marketing de base e de guerrilha ainda ressoem, as relações tradicionais de relações públicas e de mídia continuam importantes, acredita ele. Aspectos vitais da tendência tecnológica evidenciada em Lake Louise incluem cartões para o teleférico, bilhetes carregáveis por débito, sistemas de TI eficientes para compra e aluguel de equipamentos, bem como wi-fi, estações de recarga para telefones e terminais de computadores. Lake Louise foi um dos primeiros a adotar as mídias sociais. Locke contrata um dedicado guru de mídia social para acompanhar as últimas tendências e plataformas on-line. O resort também está explorando métodos sofisticados para acompanhar o progresso e fazer o benchmarking das plataformas on-line em que esquiadores e praticantes de *snowboard* interagem e tomam decisões de compra.

(cont.)

No alojamento principal, existem estações de recarga de celulares, terminais de computadores, caixas eletrônicos e wi-fi. Lake Louise também tem seu próprio blog e está ativo no Facebook, Twitter, Pinterest, YouTube e Instagram.

Um bom atendimento ao cliente vai além do gerenciamento de mídia social, afirma Charlie, exigindo contato prático com todos os detalhes. Como a neve é crucial para o sucesso de uma estação de esqui, o dia típico de Locke começa com uma revisão dos relatórios de neve, limpeza e abertura de pista. "Termino analisando a contagem de esquiadores do dia e os números do ano até a data atual, comparando tudo com o que foi orçado", acrescenta Locke. Ele também tira um tempo para comparar os relatórios de Lake Louise com aqueles divulgados pelo Ski Banff Lake Louise, um negócio da mesma alçada na região, e ocasionalmente sugere correções: "Por exemplo, nesta manhã, observei que o relatório dizia 20 cm de neve nas últimas 48 horas, quando, na realidade, houve 20 cm nas últimas 36 horas. Essa pequena mudança poderia resultar numa diferença de cerca de cem esquiadores, e toda a receita adicional iria por água abaixo". Outras preocupações diárias incluem a demografia dos esquiadores, algo muito importante no atual cenário de mudança, em que tanto a indústria quanto o esquiador estão amadurecendo. Em resposta, Lake Louise apresentou um ingresso super sênior por apenas 20 dólares, além de promover a nostalgia com fotos a caráter, eventos retrô e um clube de idosos, bem como retrospectivas de fotos e vídeos postados nas mídias sociais.

A fim de atenuar a tendência de envelhecimento dos esquiadores, a maioria das estações de esqui está diversificando, oferecendo inúmeras atividades – em vez de depender apenas de ingressos – para garantir um modelo de negócios sustentável durante o ano inteiro. Assim, Lake Louise está respondendo com um menu de atividades mais completo, incluindo um novo serviço chamado Experience Lake Louise, um local para reservas e informações para passeios de *snowmobile*, *heli-hiking*, *heli-snowshoeing*, heli-esqui, *cat-skiing* e trenós puxados por cães, esqui com um tipo de boia, passeios com raquetes de neve e passeios de trenó, completos ou com opções de personalização. Um novo retiro de esqui e ioga também está sendo planejado no Skoki Lodge. O resort também está atualizando continuamente o serviço de alimentação nas montanhas para incluir as últimas tendências em alimentação saudável, vegana e sem glúten.

Em termos de consumo ético e sustentabilidade, Lake Louise sempre esteve em uma posição única, sujeita às práticas rigorosas exigidas para funcionar dentro do Banff National Park, um Patrimônio Mundial da UNESCO. A primeira área de esqui nas Montanhas Rochosas do Canadá a introduzir um Departamento de Gerenciamento Ambiental para supervisionar operações e projetos verdes, o Lake Louise apresenta conservação de água de última geração, gestão de resíduos, empreendimentos de economia de energia, programas educativos e suporte aos funcionários que fazem pesquisas de pós-graduação. Outras iniciativas incluem *groomers* ecológicos (veículos usados para alisar a neve nas pistas de esqui), inovações ecológicas para a produção de neve, conservação de água e energia nas pousadas, iluminação e aquecimento eficientes, reciclagem, limpeza da comunidade e um programa de Responsabilidade Social Corporativa.

(cont.)

Comprometido com a educação e o enriquecimento pessoal, o Lake Louise cria programas e instalações educacionais para entregar importantes mensagens de conservação e turismo histórico aos visitantes do Banff National Park. Além de apoiar um programa de intercâmbio internacional com foco na cultura, natureza e conservação, existem cursos de atenção a avalanches, educação ao ar livre e esqui em lugares pouco povoados. No inverno, Lake Louise oferece excursões gratuitas para o Ski Friends Winter Heritage e passeios com raquetes de neve, com apresentações sobre a área, animais, geografia e história. E no verão há caminhadas instrutivas, um programa chamado Junior Ranger e um centro de informações.

Como afirma Locke, cuidar do Lake Louise é um legado para o futuro: "Não somos donos do resort, mas atuamos nas operações do dia a dia, mantendo contato com nossos clientes e procurando saber o que os faz felizes. Envolver várias gerações nos dá uma variedade de perspectivas e insights sobre o que as pessoas querem agora, e o que ainda vão querer, à medida que desenvolvemos nosso resort nos próximos vinte anos. Nosso envolvimento também nos permite tomar decisões com mais eficiência e responder às mudanças e tendências de nossos clientes à medida que elas acontecem. Seja aprendendo com nossa comunidade nas mídias sociais, criando novos produtos para a próxima geração ou seguindo as tendências do turismo, é importante nunca esquecermos quem somos como marca e o tipo de experiência que queremos oferecer".

Fontes: visita pessoal e entrevistas com Charlie Locke (2015 e 2016).

FATORES QUE INFLUENCIAM O COMPORTAMENTO DO CONSUMIDOR

A pedra angular da teoria do marketing é a satisfação do consumidor. Portanto, o profissional de marketing precisa entender três aspectos relacionados à análise do comportamento do consumidor: suas motivações, suas tipologias e seu processo de compra. A maioria das organizações de turismo e hospitalidade tem uma imagem imperfeita de seus clientes, e muitas delas não monitoram padrões de comportamento do consumidor com o nível de detalhamento necessário para permanecerem competitivas (HUDSON; HUDSON, 2015). Muitas organizações consideram que estão suficientemente próximas de seus consumidores e, portanto, não destinam recursos para estudos mais formais sobre eles. Outras têm limitações orçamentárias para o marketing, ou não dispõem do tempo necessário, pois pesquisar a motivação do consumidor e o processo de compra pode ser um procedimento demorado e difícil. De fato, a maioria das organizações depende quase totalmente de dados secundários do consumidor, combinados com observação e julgamento da gerência. No entanto, em um ambiente em rápida mudança, as conclusões provenientes de dados secundários podem estar desatualizadas. Os padrões de consumo registrados em 2017, por exemplo, provavelmente terão mudado em 2020, mas muitas empresas talvez ainda usem esse tipo de informação como referência.

A Figura 2.1 mostra os sete fatores principais que influenciam o comportamento de um consumidor. A motivação é frequentemente vista como um dos principais determinantes do comportamento do consumidor, mas influências culturais, pessoais e sociais também terão um efeito importante nas compras dele. Cada uma das influências na Figura 2.1 será discutida a seguir.

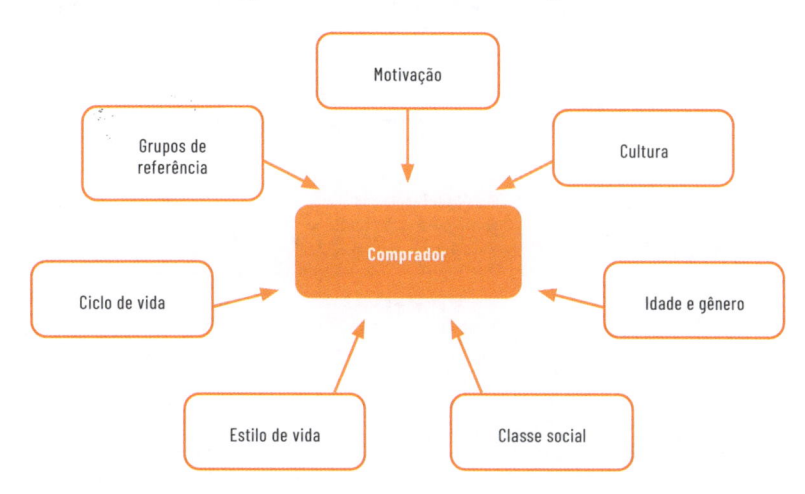

FIGURA 2.1 *Fatores que influenciam o comportamento*

MOTIVAÇÕES

As motivações são impulsos internos que levam as pessoas a agir para satisfazer suas necessidades, e o monitoramento da motivação do consumidor é uma das formas mais eficazes de se obter vantagem diferencial competitiva. Compreender os principais fatores que levam à compra de um produto turístico ou de hospitalidade, como uma visita a uma atração ou uma reserva em um hotel, é reconhecidamente um dos principais fatores para o sucesso de organizações competitivas. O principal conceito da maioria das teorias de motivação é o de necessidade. As necessidades são vistas como a força que desperta o comportamento motivado e supõe-se que, para entender a motivação humana, é necessário descobrir quais são as necessidades das pessoas e como elas podem ser atendidas. Maslow, em 1943, foi o primeiro a tentar fazer isso com a teoria da hierarquia das necessidades, hoje em dia a mais conhecida de todas as teorias da motivação (veja a Figura 2.2).

Uma das principais razões para a popularidade da hierarquia de necessidades de Maslow provavelmente é a sua simplicidade. Maslow sugeriu que as necessidades humanas são organizadas em uma hierarquia, das mais prementes às menos prementes. Essas necessidades, em ordem de importância, são: fisiológicas, de segurança, sociais, de estima e de autoatualização. Uma pessoa tenta satisfazer a necessidade mais importante primeiro. Quando essa necessidade é satisfeita, ela deixa de ser um motivador e a pessoa tenta satisfazer a próxima necessidade mais importante. Pode-se argumentar que a filantropia do viajante é um resultado do consumidor moderno, que procura satisfazer as necessidades de autoatualização, uma vez que todas as outras necessidades na hierarquia de Maslow já foram atendidas. Certamente, a maioria dos especialistas concorda que a demanda do consumidor por autoatualização deve crescer em níveis socioeconômicos, fronteiras geográficas e fronteiras culturais (PEDRAZA, 2013).

FIGURA 2.2 *Hierarquia das necessidades de Maslow. (Fonte: baseado em Maslow, 1943)*

As tentativas de explicar a motivação do turista se alinharam à hierarquia de Maslow. Mills e Morrison, por exemplo, veem a viagem como uma necessidade ou desejo mais satisfatório e mostram como a hierarquia de Maslow se relaciona com as motivações da viagem e a literatura sobre viagens (MILLS; MORRISON, 1985). Da mesma forma, os motivadores do turismo de Dann podem ser vinculados à lista de necessidades de Maslow. Ele argumenta que há basicamente dois fatores em uma decisão de viajar: os fatores push e pull (DANN, 1977). Os fatores push são aqueles que fazem você querer viajar, e os fatores pull são aqueles que afetam para onde você viaja. Krippendorf, em um livro esclarecedor sobre turismo, vê um fio percorrendo todas essas teorias da motivação do turismo. Primeiramente, a viagem é motivada pelo sair de um lugar e não pelo ir em direção a um lugar; segundo, os motivos e o comportamento dos viajantes são marcadamente auto-orientados. O autor classifica essas teorias em oito explicações de viagens: recuperação e regeneração, compensação e integração social, fuga, comunicação, liberdade e autodeterminação, autorrealização, felicidade e ampliação da mente (KRIPPENDORF, 1987).

Outros fatores que influenciam a motivação e a compra incluem: aprendizado, crenças e atitudes e percepção. O aprendizado se refere à maneira pela qual os visitantes recebem e interpretam uma variedade de estímulos. As pessoas adquirem experiência tirando férias, ouvindo outras pessoas e por meio de várias outras fontes. Com base nessas experiências, o consumidor desenvolverá um inventário mental de expectativas sobre os lugares – um catálogo de boas e más experiências de férias. Elas formam a base dos critérios aprendidos que serão recuperados ao escolher as férias e os destinos futuros. As crenças se referem aos pensamentos que as pessoas têm sobre a maioria dos aspectos de sua vida. No que diz respeito ao turismo, os consumidores terão crenças sobre empresas, produtos e serviços, incluindo ofertas e destinos turísticos. Tais pensamentos podem ser positivos, como confiança em um determinado hotel ou guia turístico, ou negativos, como um sentimento de falta de segurança nas companhias aéreas ou medo de lesões nas pistas de esqui. As atitudes são mais difíceis de mudar, pois são sentimentos arraigados a respeito de vários fatores de uma experiência. Finalmente, a percepção é uma imagem geral mental do mundo, moldada por informações que as pessoas filtram e depois recuperam. Assim, a percepção está inextricavelmente ligada aos conceitos de viés e distorção. As pessoas escolhem interpretar diferentes estímulos de maneiras diferentes, ignorando alguns fatores enquanto aprimoram outros. Isso é conhecido como percepção seletiva.

CULTURA

A cultura é o segundo fator essencial da Figura 2.1 que influencia o comportamento de um consumidor. Cultura pode ser definida como normas, crenças e rituais que são únicos para cada pessoa. Esses diferentes fatores influenciam a maneira como vivemos, como nos comunicamos e como pensamos sobre determinadas coisas. A cultura também pode ditar como uma pessoa agirá em uma determinada situação.

Em termos de autoimagem e satisfação das tensões subjacentes, a maioria das pessoas procura satisfazer seus desejos de uma forma que se encaixe nas normas da sociedade. Por exemplo, é aceitável ser um consumidor verde no turismo, mas o turismo sexual é visto de maneira injuriosa. As últimas décadas testemunharam um crescente interesse em estudos transculturais, impulsionados por forças como a globalização do mercado e o aumento de encontros transculturais no cotidiano (MARSELLA, 1998). Para entender a fonte das diferenças transculturais, os psicólogos identificaram dimensões significativas da variabilidade cultural que podem descrever os elementos subjetivos da cultura. Hofstede (1980), por exemplo, desenvolveu um conhecido conjunto de quatro dimensões: individualismo *versus* coletivismo, distância do poder, aversão à incerteza e masculinidade.

Mais recentemente, Hofstede (2001) incorporou uma quinta dimensão chamada orientação de longo prazo *versus* orientação de curto prazo. Das cinco dimensões de Hofstede, o individualismo-coletivismo tornou-se o mais amplamente estudado e foi conceitualmente relacionado a muitas diferenças psicológicas entre culturas. Triandis (1994, 1995, 2001), em particular, defendeu essa dimensão e a utilizou para explicar muitas semelhanças transculturais e diferenças nos relacionamentos. Outro estudo de referência, conduzido por Markus e Kitayama (1991), relacionou o individualismo-coletivismo no nível cultural ao conceito de "eu" no nível individual. Eles presumiram que as culturas individualistas promovem o desenvolvimento de autoconstruções independentes, as quais, por sua vez, têm consequências para os processos e comportamentos mentais. Da mesma forma, eles sugeriram que as culturas coletivistas promovem o desenvolvimento de autoconstruções interdependentes, as quais têm consequências diferentes.

Nas últimas décadas, os atores do setor de turismo e hospitalidade testemunharam uma forma de globalização cultural, à medida que os padrões ocidentais de consumo e estilo de vida se espalharam pelo mundo, um processo facilitado pelo fluxo de viajantes do ocidente para o Terceiro Mundo. No entanto, ainda é fundamental que os profissionais de marketing de turismo e hospitalidade entendam as diferentes culturas nos mercados em que operam. Por exemplo, os coreanos são um dos povos mais homogêneos do mundo, com poucas variações culturais ou raciais e praticamente nenhuma minoria étnica entre si. Em Mianmar, por outro lado, existem cerca de 135 grupos étnicos minoritários, com mais de cem idiomas e dialetos falados no país. Na China, as multinacionais estrangeiras precisam ajustar seus modelos de negócios e alinhá-los às últimas tendências e estilos da segunda maior economia do mundo. Em 2015, por exemplo, os chineses de repente desenvolveram um gosto por cerveja amarga inglesa, depois que o presidente chinês

IMAGEM 2.2 *Greene King IPA. (Cortesia de Greene King)*

Xi Jinping apareceu tomando uma cerveja em um *pub* inglês com o primeiro-ministro britânico, David Cameron. Em algumas semanas, as vendas mensais da cerveja que eles beberam, Greene King IPA, aumentaram de 6 mil para 80 mil garrafas por mês na China. Esse comportamento volátil e imprevisível do consumidor está se tornando cada vez mais comum naquele país, onde têm surgido marcas que, após um ano ou um ano e meio, já estão valendo um bilhão de dólares (CHEN, 2016).

IDADE E GÊNERO

Uma forma tradicional de segmentar mercados tem sido a idade. Hoje, por exemplo, muitos fornecedores de viagens têm como alvo o crescente mercado sênior. Esse mercado é lucrativo e único, porque está menos ligado a viagens sazonais, mas envolve viagens mais longas e não está vinculado a viagens de meio da semana ou de finais de semana, portanto, pode aumentar as taxas de ocupação em viagens de negócios e lazer. Outros estão concentrando sua atenção nos *millennials*, pessoas nascidas entre 1980 e 1999. Atualmente, existem cerca de 79 milhões de *millennials* na América do Norte – 3 milhões a mais do que os *baby boomers*, que deverão diminuir para apenas 58 milhões até 2030. Filhos da era digital, a geração do milênio é apresentada em detalhes no capítulo 4.

Em algumas sociedades, o gênero pode influenciar o comportamento do consumidor, em termos de expectativas sociais dos papéis que homens e mulheres devem desempenhar. A segmentação de gênero tem sido usada há muito tempo no marketing para roupas, cabeleireiro, cosméticos e revistas. No entanto, mais recentemente, ela foi aplicada a produtos e serviços de turismo e hospitalidade. Por exemplo, o número de mulheres que viajam a trabalho tem aumentado constantemente há duas décadas, e as mulheres que viajam e têm voz influenciaram a introdução de estacionamentos com melhor iluminação, banheiros dos hotéis com sabonetes e loções de melhor qualidade e quartos com melhores taxas de serviço. Especialistas do setor de viagens dizem que as mulheres viajantes são mais exigentes e perspicazes do que os homens. Suas principais preocupações são segurança e proteção, seguidas de conforto e conveniência.

CLASSE SOCIAL

A classe social é um fator externo importante que influencia o comportamento do consumidor. A classe social é a posição que se ocupa na sociedade e é determinada por fatores como renda, bens, educação, profissão, prestígio familiar, valorização do lar e da vizinhança. A classe social está intimamente ligada à existência de instituições sociais. O *status* e os papéis encontrados em uma sociedade são influenciados pelos ditames das instituições sociais. O sistema de castas na Índia é um exemplo. A eleição de um presidente oriundo de uma casta baixa – formalmente chamada de intocável – foi noticiada internacionalmente, pois foi um afastamento da cultura tradicional indiana. Décadas atrás, se um hindu de alto *status* tocasse ou mesmo olhasse para um intocável, ele era considerado contaminado. Embora o sistema de castas tenha se tornado ilegal, ele continua sendo uma parte visível da cultura na Índia e é difícil para as pessoas saírem da classe em que nasceram.

No Ocidente, é mais fácil para as pessoas mudarem para classes sociais diferentes das de suas famílias, embora o sistema de classes esteja se tornando cada vez mais difícil de categorizar. No Reino Unido, por exemplo, as classes são tradicionalmente rotuladas como classes alta, média e baixa e, há apenas dez anos, quase metade da população poderia ser colocada na classe média (BREAN, 2006). No entanto, um estudo recente da London School of Economics identificou um novo modelo com sete classes, desde a elite, no topo, até o precariado na parte inferior (SAVAGE *et al.*, 2013). Os pesquisadores desenvolveram uma nova maneira de medir a classe, auferindo a combinação de três diferentes recursos que as pessoas possuem: econômicos, culturais e sociais (chamados no estudo de "capitais").

O Quadro 2.1 lista e descreve essas sete classes. O Reino Unido (e a América do Norte) também está testemunhando uma sociedade cada vez mais polarizada, com a diferença entre ricos e pobres continuando a aumentar. Em Londres, por exemplo, nos últimos trinta anos houve um aumento de 60% de famílias pobres e de 33% de famílias ricas (BOFFEY, 2015).

QUADRO 2.1 *Um novo modelo de classe social. (Baseado em Savage et al., 2013)*

Classe	Descrição
Elite	Esta é a classe mais privilegiada da Grã-Bretanha; são pessoas que têm altos níveis nos três capitais. Seu elevado capital econômico os diferencia de todos os outros.
Classe média estabelecida	Os membros desta classe têm altos níveis nos três capitais, embora não tão altos quanto os níveis da elite. São uma classe gregária e culturalmente engajada.
Classe média técnica	Esta é uma classe nova e pequena, com alto capital econômico, mas parece menos comprometida culturalmente. As pessoas têm relativamente poucos contatos sociais e, portanto, são menos engajadas socialmente.
Novos trabalhadores ricos	Esta classe possui níveis médios de capital econômico e níveis mais altos de capital cultural e social. São um grupo jovem e ativo.
Trabalhadores emergentes	Essa nova classe possui baixo capital econômico, mas possui altos níveis de capital cultural emergente e alto capital social. Este grupo é jovem e frequentemente encontrado em áreas urbanas.
Classe trabalhadora tradicional	Esta classe tem baixa pontuação em todas as formas dos três capitais, embora não seja o grupo mais pobre. A idade média desse grupo é maior que as outras.
Precariado	Esta é a classe mais carente de todas, com baixos níveis de capital econômico, cultural e social. O dia a dia dos membros desta classe é precário.

ESTILO DE VIDA

Os profissionais de marketing estão cada vez mais segmentando seus mercados pelo estilo de vida do consumidor. A análise do estilo de vida explora a forma como as pessoas despendem tempo, energia e dinheiro, mas tende a excluir características demográficas. Por isso, os pesquisadores de marketing combinaram variáveis demográficas e psicológicas em um conceito chamado segmentação psicográfica, que tenta medir as atividades, interesses e opiniões das pessoas. Ao traçar um perfil sobre como os grupos de pessoas vivem, é possível prever suas motivações e compras de viagem (HUDSON, 2007). Uma das categorizações mais conhecidas nessa área é a estrutura VALS™ (valores e estilos de vida), que divide a população dos Estados Unidos em diferentes grupos de estilos de vida, definidos de acordo com fatores psicológicos que se correlacionam com o comportamento de compra. A estrutura VALS diferencia oito grupos psicográficos: inovadores, pensadores, realizadores, experienciadores, crédulos, trabalhadores, criadores e sobreviventes. Os membros de cada grupo têm perfis psicológicos diferentes e mantêm estilos de vida diferentes. A posição de uma pessoa na estrutura VALS depende de suas motivações principais (ideias, realizações ou autoexpressão) e recursos (incluindo renda, educação, autoconfiança, saúde, vontade de comprar e nível de energia). A ferramenta VALS pode ser usada para ajudar as empresas a desenvolver e executar estratégias mais eficazes. Por exemplo, uma empresa de cruzeiros nos Estados Unidos usou o VALS para identificar e entender os consumidores mais interessados em seus passeios especializados. Ao planejar peças criativas de mala direta para atrair os consumidores-alvo e enviá-las para os principais endereços, a linha de cruzeiros aumentou suas reservas em 400%.

CICLO DE VIDA

O conceito de ciclo de vida familiar – os estágios pelos quais as famílias passam à medida que amadurecem – baseia-se na premissa de que, quando as pessoas vivem juntas, seu modo de vida muda. As pessoas solteiras tendem a se comportar de maneira diferente dos casais, e se os casais tiverem filhos, seu estilo de vida mudará radicalmente, assim como o nível de compromissos financeiros, entre outros. Muitos autores aplicaram esse modelo ao turismo, sugerindo que os padrões e destinos de viagens variam à medida que as pessoas passam por seu ciclo de vida (PEARCE, 1993). O modelo funciona bem ao investigar a família nuclear tradicional composta por dois pais e um ou mais filhos. Contudo, não pretende representar a proporção crescente de famílias que não se enquadram nesse padrão, como famílias mono-parentais, redes familiares ampliadas e pessoas que permanecem solteiras durante toda a vida. Os turistas também podem alterar seus padrões de comportamento ao longo do tempo; portanto, se o modelo de ciclo de vida for usado para prever o comportamento, então as tendências comportamentais do consumidor precisam ser monitoradas. Por exemplo, pesquisas mostraram que os mochileiros não são mais apenas jovens com idades entre 18 e 25 anos, mas já há um segmento sênior e mais rico de mochileiros que está mudando a estrutura desse mercado (HUDSON, 2008).

GRUPOS DE REFERÊNCIA

O aprendizado também ocorre por meio de valores e expectativas compartilhados com outras pessoas, em uma variedade de grupos de referência social, incluindo família, faculdade, local de trabalho ou igreja. Isso traz exposição a um conjunto normativo de valores, aqueles que definem como devemos nos comportar moralmente na sociedade. Por exemplo, viajantes experientes, que foram expostos a outras culturas e a pessoas menos afortunadas que eles, estão influenciando a nova tendência do turismo voluntário. A Organização Mundial do Turismo (OMT) e outras organizações de turismo que monitoram as tendências do setor de viagens afirmam que é exatamente o número crescente de viajantes idosos, bem-instruídos e bem-educados – pessoas que estão realmente preocupadas em fazer algo de bom para a sociedade – que está impulsionando a demanda por nichos de mercado em desenvolvimento, como turismo educacional, passeios ecológicos, agroturismo e turismo cultural. Os viajantes podem tirar férias para fazer ações voluntárias e dedicar seu tempo e conhecimento para ajudar em projetos nos países em desenvolvimento. Essas viagens não são gratuitas, mas geralmente são mais baratas que as excursões convencionais.

DIGITAL EM FOCO – MARKETING DE EVENTOS ESPORTIVOS EXTREMOS: OS X GAMES

Lançado em 1995 em Newport, Rhode Island, os X Games são uma competição de esportes radicais que abrange skate e motocross e, desde 1997, esportes de inverno, como *snowboard*, esqui e *snowmobile*. Eles servem como uma incubadora das tendências esportivas mais modernas, tanto no verão quanto no inverno. Visando as gerações X, Y e *millennials*, as competições anuais dos X Games são realizadas pela emissora esportiva americana ESPN e também apresentadas na ABC Sports. Desde 2002, o evento de inverno é realizado na estação de esqui Buttermilk, em Aspen. Os X Games de verão mudaram de Los Angeles para Austin, Texas, em 2014.

Chris Schuster, presidente e fundador da Association of Freeskiing Professionals (AFP), fornece a equipe que gerencia os X Games, por meio de sua empresa Event Production Specialists (EPS Events). A AFP é o órgão global de organização e sanção para o esqui competitivo – *halfpipe*, *slopestyle* e *big air* – por meio de vários eventos no AFP World Tour, entre os quais os X Games são um evento de nível platina.

Sediado em North Lake Tahoe, Andrew Gauthier é o gerente da World Tour da AFP. "Como membro da equipe EPS, gerenciamos todos os esportes e competições dos X Games. Somos responsáveis pela coordenação entre a ESPN Live TV, os atletas, os juízes, a hospitalidade, os médicos e os construtores do percurso", diz Gauthier. "Como ponto crucial para a realização desses eventos, garantimos que o tempo, a segurança e o processo de competição estejam alinhados. Além disso, também somos responsáveis por coordenar os treinos dos atletas para cada modalidade."

Marketing e vendas são as principais áreas de Gauthier, que se envolve amplamente em patrocínios e parcerias, estratégias de mídia social, promoção de eventos, campanhas para associação de atletas e também edição básica de vídeos para conteúdo exclusivo da AFP. A AFP World Tour é outra de suas responsabilidades. "Aceito e reviso todas as inscrições para sanção a eventos, atualizo a classificação dos atletas com novos resultados e gerencio o programa de avaliação da AFP", explica ele. Isso inclui compras de suprimentos, instruções e agendamento de todos os juízes certificados da AFP.

(cont.)

Ao lado de Jeff Schmuck (editor da *Forecast Ski Magazine* – @ForecastSki – e diretor de comunicações da AFP) e Connor Clayton (coordenador do World Tour da AFP), ele também gerencia toda a mídia e conteúdo do evento no site afpworldtour.com e é responsável pelas comunicações com os atletas. Gauthier cria e distribui toda a documentação formal da AFP e gerencia a logística de inventário, incluindo faixas, sinalização, câmeras, equipamentos, etc., além de distribuir análises e pesquisas pós-temporada para atletas e organizadores de eventos.

No que diz respeito aos planos de marketing, a AFP e os X Games são fortemente direcionados às mídias sociais e à publicidade on-line. "No passado, muitas campanhas de marketing focavam no produto. Hoje, vemos muitas marcas se afastando do conteúdo com foco no produto e indo em direção ao entretenimento, construindo uma personalidade para a sua marca", explica Gauthier. "Assista à *Freeski TV* da Salomon, ou à *The Rise* da The North Face, ou às séries da *Atomic*, todas no YouTube. Além disso, você encontrará muitas marcas que possuem um canal on-line dedicado, se desejar, para apresentar esses conteúdos. O que é particularmente interessante aqui é que esse é o tipo de campanha mais difícil de rastrear até o resultado final, mas as empresas continuam investindo."

O chefe de Gauthier, Eric Zerrenner (diretor executivo da AFP), diz que o conteúdo é o principal hoje em dia: "As marcas – de bens de consumo leves e pesados – buscam criar seu próprio conteúdo. Normalmente, elas procuram os atletas que patrocinam para produzir esse conteúdo – sejam filmagens em uma competição, cenas de estilo de vida fora de temporada, treinos, viagens ou conteúdo geral de esqui estilo livre. Graças às mídias sociais, ao escopo e ao alcance imediato desses canais, as marcas podem aproveitar o público de um atleta para ajudá-las a transmitir a mensagem da marca/marketing a um público relevante e receptivo".

A mídia, tanto a tradicional quanto a social, é de suma importância, diz Zerrenner: "Como a principal fonte de esqui competitivo, queremos ser o mais informativos possível sobre competições, cursos, atletas e resultados. Se não pudermos estar em um evento – ou mesmo em todas as competições de um evento –, a mídia social nos dará acesso instantâneo. Contamos com essas informações para nos manter informados e atualizados sobre o que está acontecendo em nosso esporte e em nossa cultura". Responsável pela liderança e pelo gerenciamento bem-sucedidos da AFP, de acordo com a direção estratégica definida pelo conselho, Zerrenner garante a excelência do programa, a avaliação rigorosa e a qualidade consistente de finanças, administração, captação de recursos, comunicações e classificações. Além de desenvolver um plano operacional para a organização, ele supervisiona as operações e a direção estratégica para melhorar as entregas aos membros, eventos e patrocinadores: "Por meio da organização e da gestão de uma turnê mundial que passa em 65 países e 65 eventos, levamos estrutura e governança ao esporte – o que resultou na inclusão do *freeski* aos Jogos Olímpicos de Inverno de 2014".

Fontes: entrevista pessoal com Andrew Gauthier, novembro de 2014; entrevista pessoal com Eric Zerrenner, dezembro de 2014; entrevista pessoal com Jeff Schmuck, maio de 2016.

(cont.)

TIPOLOGIAS DE TURISTAS

A discussão até agora tem sido sobre as variáveis que influenciam o comportamento do turista. No entanto, muitos pesquisadores tentaram explicá-lo desenvolvendo tipologias que desempenham vários papéis no turismo. O modelo de motivação turística proposto por Stanley Plog (1974) é uma das tipologias mais citadas. Segundo Plog, os viajantes podem ser classificados como alocêntricos ou psicocêntricos. Pensa-se que os viajantes mais alocêntricos preferem destinos exóticos, férias não estruturadas em vez de passeios organizados e mais envolvimento com as culturas locais. Por outro lado, acredita-se que os psicocêntricos preferem destinos familiares, pacotes e áreas turísticas. Posteriormente, Plog mudou esses rótulos para termos mais amigáveis ao leitor: os psicocêntricos passaram a ser chamados de confiáveis, e os alocêntricos de empreendedores (PLOG, 2002). A Figura 2.3 representa visualmente os conceitos antigos e novos aplicados a uma curva populacional normal. Plog descobriu que a maioria da população não era alocêntrica nem psicocêntrica, mas cêntrica – posicionada em algum lugar no meio. Argumentou-se, no entanto, que a teoria de Plog é difícil de aplicar, pois os turistas viajam com diferentes motivações em diferentes ocasiões. Existem muitos viajantes que tiram férias de inverno em um destino alocêntrico, para esquiar, por exemplo, mas depois tiram as férias principais em um destino psicocêntrico. Além de Plog, outros pesquisadores tentaram explicar o comportamento recreativo do turista, desenvolvendo tipologias de papéis do turista. A maioria é baseada em dados empíricos obtidos por meio de questionários e/ou entrevistas pessoais. A tipologia de Cohen – uma das primeiras – propôs quatro classificações: (1) o turista em massa organizado, altamente dependente da bolha ambiental, que compra excursões com tudo incluso ou férias organizadas; (2) o turista de massa individual, que é mais autônomo e livre do que os do grupo anterior; (3) o explorador, que procura novas áreas, mas que às vezes opta pelos confortos domésticos; e (4) o errante, que evita qualquer tipo de estabelecimento turístico (COHEN, 1972).

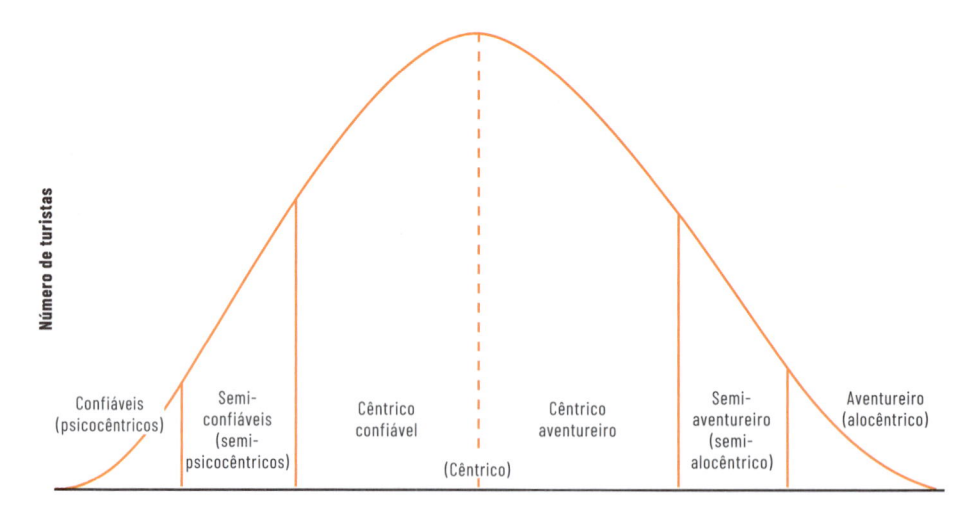

FIGURA 2.3 *Tipos de personalidade psicográfica de Plog: atual versus (anterior).*
(Fonte: adaptado de Plog, 1974 e 2002)

Plog e outros desenvolveram testes de personalidade para viagens, para que os profissionais de turismo pudessem entender as necessidades únicas de diferentes viajantes (acesse http://besttripchoices.com/travel-personalities/quiz/). A Comissão Canadense de Turismo também desenvolveu uma ferramenta – o Explorer Quotient – para ajudar a atrair visitantes internacionais para o Canadá. Lançada na primavera de 2006, essa ferramenta de autoanálise on-line permite que cada viajante em potencial tenha a oportunidade de descobrir qual é seu tipo de explorador. Depois que o tipo de consumidor é determinado, uma série de experiências é apresentada para incentivar a viagem ao Canadá. "A ferramenta EQ fornece um entendimento de quais tipos de exploradores ressoam melhor em quais mercados", afirmou Michele McKenzie, presidente e CEO da Comissão Canadense de Turismo. "Dessa forma, podemos dar conselhos claros sobre como organizar pacotes com produtos existentes para melhor atrair esses clientes" (HUDSON; RITCHIE, 2009). Profissionais de turismo no Canadá ainda estão usando a ferramenta EQ, e muitos parques nacionais e locais históricos nacionais apresentaram oportunidades de experiência com base nela.

Alguns acreditam que existem explicações científicas para diferentes tipos de viajantes. Em 1999, quatro cientistas da UC Irvine publicaram um artigo sobre a migração populacional e a variação das frequências alélicas do receptor D4 da dopamina (DRD4) em todo o mundo, que explorou os padrões de migração e a distribuição de fundo genético de seres humanos pré-históricos. Eles estavam originalmente tentando encontrar relações entre o receptor de dopamina D4

(DRD4) e o transtorno de déficit de atenção. Durante a condução do estudo, eles descobriram outra correlação: pessoas com os genes DRD4 tendem a buscar emoções fortes e são migratórias. E quase todos os participantes do estudo com esse gene tinham uma longa história de viagens. Portanto, de acordo com alguns, existem razões genéticas pelas quais algumas pessoas são mais propensas a viajar do que outras (XU, 2015).

O PROCESSO DE COMPRA

Antes de discutir o processo de compra, é importante reconhecer que várias situações terão influência nesse processo. Antes de tudo, é provável que os consumidores exibam vários níveis de comprometimento, dependendo da natureza da compra, e foi sugerido que existem três níveis (HOWARD; SHETH, 1969):

1. RESOLUÇÃO AMPLIADA DE PROBLEMAS. Um exemplo dessa situação é a decisão de tirar férias prolongadas: é provável que o consumidor tenha um nível profundo de comprometimento, faça uma pesquisa detalhada para obter informações e faça uma comparação extensa das alternativas.

2. RESOLUÇÃO LIMITADA DE PROBLEMAS. Um exemplo dessa situação é a decisão de tirar um feriado prolongado em um resort já conhecido: o consumidor já terá algum grau de conhecimento ou experiência, considerará muitos fatores como se estivessem garantidos e a busca de informações será muito mais limitada.

3. RESOLUÇÃO HABITUAL DE PROBLEMAS. Um exemplo dessa situação é a compra recorrente de uma viagem de um dia, ou de fim de semana, que exige pouca ou nenhuma avaliação. A compra é feita principalmente com base em uma experiência satisfatória anterior e um bom entendimento do destino ou nome da marca do serviço de turismo ou hospitalidade.

A adoção de papéis também influenciará o processo de compra, e propõe-se que existam cinco papéis (ENGEL et al., 1990):

1. INICIADOR: a pessoa que inicia o processo de compra e reúne informações.

2. INFLUENCIADOR: a pessoa (ou pessoas) que expressa preferências na escolha ou seleção de informações – pode ser um grupo de amigos, parentes ou um parceiro.

3. TOMADOR DE DECISÃO: a pessoa que tem o controle financeiro e, possivelmente, a autoridade dentro de um grupo de pessoas para fazer a compra.

4. COMPRADOR: a pessoa que efetivamente faz a compra, visita o agente de viagens, obtém os ingressos, etc.

5. USUÁRIO: a pessoa (ou pessoas) que consome a compra e que realmente viaja.

Um estudo recente sugere que as crianças têm um poder de decisão significativo quando se trata de fazer planos de viagem (PRWEB, 2015). O estudo constatou que a maioria dos pais (85% nos Estados Unidos, 76% no Reino Unido, 86% na França, 95% na Alemanha, 94% na Espanha) pede aos filhos que opinem sobre para onde querem ir nas férias. É mais provável que os pais *millennials* deem às crianças o controle total de onde querem ir nas férias (19% *versus* 2% dos pais acima de 55 anos).

COMPORTAMENTO DO COMPRADOR ORGANIZACIONAL

TOMADA DE DECISÕES PARA ORGANIZAÇÕES

Os profissionais de marketing de turismo precisam entender tanto os critérios quanto o processo de tomada de decisão usados por grupos e organizações na compra de serviços de turismo. É provável que o processo seja bem diferente para quem compra por um grupo, e pode haver muitos indivíduos ou grupos envolvidos na tomada de decisões para o mercado de conferências. Isso inclui usuários, influenciadores, tomadores de decisão e compradores. Argumenta-se que, para fechar uma venda no mercado business-to-business, o fornecedor deve identificar e satisfazer todas as partes interessadas na tomada de decisão, tratando-as adequadamente.

Um profissional de marketing também precisará entender as fases de compra das organizações. O mercado de conferências, por exemplo, segue um padrão de tomada de decisão em grupo, e a fase de compra foi descrita da seguinte forma: reconhecimento de problemas, descrição geral das necessidades, especificação do produto, pesquisa de fornecedores, resolução da proposta, seleção de fornecedores, especificação de rotina de pedidos e avaliação de desempenho (RADBURN, 1997). Às vezes, essas fases de compra levam um longo período de tempo, dependendo do tamanho da conferência ou da complexidade dos acordos, com prazos de entrega de dois ou três anos em alguns casos, ou até mais longos, como em megaeventos como a Copa do Mundo.

O processo também é afetado pela natureza da compra, que pode ser uma nova compra, uma recompra modificada ou uma recompra direta. Uma nova compra envolve um alto grau de risco, pois o cliente está comprando uma instalação ou serviço pela primeira vez. Um recompra modificada é menos arriscada, já que o cliente comprou uma oferta de serviço antes, talvez em outro hotel ou centro de conferências do grupo, mas agora quer modificar a compra. Isso pode significar um novo local ou novas especificações para os níveis de serviço. A recompra direta é a situação de compra menos arriscada, pois envolve, por exemplo, comprar novamente o mesmo serviço no mesmo local.

Após identificar os principais tomadores de decisão e as fases do processo de compra, o profissional de marketing deve determinar quais critérios os tomadores de decisão usam para diferenciar os fornecedores. Webster e Wind (1972) sugerem quatro fatores principais que influenciam a tomada de decisão por parte dos compradores organizacionais: ambiental, organizacional, interpessoal e individual. Esses fatores estão em constante mudança, por isso é essencial reavaliar as tendências do mercado com frequência.

O COMPORTAMENTO DOS VIAJANTES A NEGÓCIOS

O comportamento dos viajantes a negócios é significativamente diferente daquele dos viajantes a lazer. Na realidade, de acordo com especialistas, os executivos não veem as viagens como uma vantagem, mas como outra fonte de estresse (COHEN, 2000). Os executivos sentem que não têm um equilíbrio adequado entre a vida doméstica e a vida profissional, o que causa problemas nos relacionamentos com parceiros e filhos. E não é apenas o viajante a negócios que sofre. Um estudo constatou que as pessoas cujos cônjuges viajam com frequência a trabalho sofrem mais problemas de saúde mental do que aquelas cujos parceiros permanecem em casa (TONG, 2002). Viagens curtas e frequentes fora de casa têm um efeito pior sobre as pessoas do que viagens mais longas e menos frequentes. O estudo recomendou que os trabalhadores viajassem no máximo noventa dias por ano e que as empresas permitissem que os funcionários recusassem fazer muitas viagens; sugeriu também videoconferência e acordos de trabalho flexíveis como substitutos para viagens. Infelizmente, poucas empresas prestam atenção ao efeito prejudicial que as viagens podem ter sobre seus funcionários. O paradoxo é que as viagens custam dinheiro à empresa e muitas viagens de negócios têm sido redundantes em razão das modernas tecnologias de comunicação, como conferência por telefone e videoconferência. Uma tendência atual de viagens é a mescla das viagens de negócios e lazer (PULLMAN, 2013), que será discutida mais adiante neste capítulo.

As companhias aéreas gastam muito tempo e dinheiro tentando entender as necessidades de seus viajantes a negócios. À medida que a demografia desse grupo se amplia (como tem acontecido na última década), fica mais difícil definir quais serviços e programas mais o atraem. O grupo não é necessariamente unificado em termos de idade, vestuário ou gostos, ou em termos do que seus membros desejam fazer ou ter na classe executiva. O cliente espera coisas diferentes de uma companhia aérea, dependendo se está partindo um voo a negócios ou se está voltando para casa, e a chave para as companhias aéreas é oferecer a seus clientes a capacidade de trabalhar ou se divertir. A tecnologia relacionada ao trabalho – tomadas para laptops, telefones e wi-fi que funcionam durante o voo – agora é obrigatória para qualquer companhia aérea interessada em atrair o viajante de negócios. Para o tempo de inatividade dos passageiros, não mudou muita coisa: filmes, comida e bebida continuam sendo itens básicos necessários.

TENDÊNCIAS GLOBAIS NO COMPORTAMENTO DO CONSUMIDOR

Em um ambiente em rápida mudança, é fundamental que os profissionais de marketing de turismo e hospitalidade estejam no topo das tendências do consumidor. A seção a seguir, portanto, apresenta dez tendências de consumo que estão moldando o mundo do turismo.

APRENDIZAGEM E ENRIQUECIMENTO PESSOAL

Uma das principais tendências do turismo hoje é o desejo do turista de ter uma experiência de aprendizado como parte das férias. Uma pesquisa com viajantes norte-americanos descobriu que metade deles deseja visitar destinos históricos, artísticos ou arquitetônicos nas férias, enquanto um terço gostaria de aprender uma nova habilidade ou atividade. Os viajantes de hoje estão buscando experiências que lhes proporcionem uma visão maior, maior entendimento e uma conexão pessoal com as pessoas e os lugares que visitam. Viagem de aprendizado e enriquecimento pessoal oferecem oportunidades para experiências de aprendizado autênticas, práticas ou interativas, com temas como aventura, agricultura, antropologia, arqueologia, artes, cultura, culinária, educação, silvicultura, jardinagem, idiomas, cultura marítima, mineração, natureza, ciência, espiritualidade, esportes, vinho e vida selvagem – para citar apenas alguns!

Viajar e aprender é uma área negligenciada da pesquisa em turismo (FALK *et al.*, 2012), mas eventos históricos como o Grand Tour são frequentemente usados como exemplos da importância das viagens e do aprendizado. Na verdade, os subsetores em crescimento do turismo acadêmico e educacional têm suas raízes nesses primeiros esforços para ampliar a mente por meio de viagens e aprendizado experiencial (BRODSKY-PORGES, 1981). Atualmente, as viagens educacionais são fornecidas em pacotes a todos os segmentos de mercado e estão se tornando cada vez mais criativas. Um exemplo é a Curiosity Retreats, um retiro com líderes do pensamento que ocorre no resort de luxo Gateway Canyons, no Colorado. O retiro de cinco noites oferece a pequenos grupos de hóspedes a chance de aprender sobre tecnologia, ciência, espírito humano e civilização por meio de palestras, enquanto interagem com líderes mundiais como Deepak Chopra, Vint Cerf e o violinista Charles Yang. Os hóspedes também podem participar de práticas de ioga ao nascer do sol, passeios a cavalo, fotografia monitorada, caminhadas pela natureza e sessões de observação de estrelas (ATKINSON, 2014). Outro exemplo de viagem educacional que atende a um público mais jovem vem de Hong Kong, onde o parque temático Ocean Park tem uma ramificação educacional chamada Ocean Park Academy, que oferece mais de trinta cur-

sos diferentes para alunos e professores do ensino médio, fundamental e jardim de infância. Além disso, a academia adaptará programas educacionais para estudantes universitários (veja a Imagem 2.3).

IMAGEM 2.3 *Um aluno de Simon Hudson, com seus alunos do curso Semester at Sea, em uma excursão educacional em Ocean Park, Hong Kong*

CONSUMO ÉTICO

Nas últimas décadas, o turismo responsável emergiu como uma tendência significativa no mundo ocidental, à medida que as tendências mais amplas do mercado consumidor em relação ao marketing de estilo de vida e ao consumo ético se espalharam para o turismo. As organizações de turismo estão começando a perceber que promover sua postura ética pode ser um bom negócio, pois potencialmente aumenta os lucros e melhora a eficácia da administração, a imagem pública e as relações dos funcionários de uma empresa. Os consumidores estão exigindo transparência das empresas – mais informações, responsabilidade e prestação de contas (MINTEL, 2014).

Os viajantes internacionais a lazer estão cada vez mais motivados a escolher um destino pela qualidade de sua saúde ambiental e pela diversidade e integridade de seus recursos naturais e culturais. Estudos indicam que as considerações ambientais são agora um aspecto significativo do processo de escolha do destino dos viajantes. De acordo com um estudo em 2012, a tendência a viagens verdes está ganhando força, já que 71% dos viajantes pesquisados disseram que planejavam fazer escolhas mais ecológicas nos doze meses seguintes, em comparação com 65% no ano anterior (TRIPADVISOR, 2012). A filantropia de viajantes também está ganhando força; nesse caso, turistas com espírito cívico e empresas de viagens oferecem de seu tempo, talento e recursos financeiros para promover o bem-estar dos lugares que visitam. Espera-se que o fenômeno cresça exponencialmente, beneficiando-se das tendências de doações, viagens e globalização. Um exemplo é o WHOA Travel (acrônimo de Women High on Adventure, ou mulheres em altas aventuras), no qual as fundadoras Allison Fleece e Danielle Thornton lideram mulheres de todo o mundo em aventuras que mudam suas vidas (como escalar o monte Kilimanjaro), enquanto se conectam com as mulheres locais nos países que visitam. Os viajantes também estão buscando alimentos orgânicos e que respeitem os padrões de bem-estar animal, de modo que redes de restaurantes como o Chipotle estão atendendo a esses gostos variáveis dos consumidores (leia mais sobre o Chipotle no capítulo 12).

BEM-ESTAR

As viagens de bem-estar são um mercado de 439 bilhões de dólares, alimentado por consumidores cada vez mais preocupados com a saúde. Nos Estados Unidos, o segmento de mercado focado em saúde e fitness recebeu o rótulo de LOHAS (acrônimo de Lifestyles of Health and Sustainability, ou estilos de vida saudáveis e sustentáveis) e descreve um mercado estimado em 290 bilhões de dólares para bens e serviços focados em saúde, meio ambiente, justiça social, desenvolvimento pessoal e vida sustentável (FRENCH; ROGERS, 2010). Pesquisas mostram que um em cada quatro americanos adultos faz parte desse grupo – quase 41 milhões de pessoas. A crescente preocupação da sociedade com a saúde é frequentemente atribuída à influência dos *baby boomers*, que, em geral, são mais saudáveis, têm melhores condições financeiras, são mais instruídos e mais interessados em novidades, viagens curtas e experiências autênticas do que os idosos de gerações anteriores. No entanto, as gerações mais jovens também têm foco em saúde e bem-estar. Os *millennials*, por exemplo, fazem dieta com menos frequência do que as outras gerações, mas consomem menos calorias diariamente. Eles gastam dinheiro em academias, equipamentos de corrida e barras energéticas, além de procurarem alimentos saudáveis específicos, como pães integrais, nozes, sementes e quinoa (FORBES CONSULTING GROUP, 2012). Essa geração também está impulsionando a demanda por tecnologias vestíveis e de rastreamento automático (ERICKSSON, 2013). As vendas de tecnologia vestível triplicaram em 2014 em relação ao ano anterior (HAMLIN, 2014) – e o mercado aumentou mais de dez vezes, chegando a mais de 225 milhões de unidades em 2019 (STATISTA, 2020).

O setor de turismo está respondendo a essa tendência com centros de saúde e bem-estar surgindo em muitos destinos. Os resorts em montanhas estão combinando serviços alternativos de saúde e bem-estar com o turismo de esportes de inverno. O Montage Deer Valley, em Utah, por exemplo, possui um tratamento de spa exclusivo chamado SURRENDER, que cria uma dieta personalizada para cada hóspede, transferível para outras propriedades do Montage. O Montage também está respondendo à demanda por alimentos mais saudáveis. As equipes de gastronomia fazem muitas anotações sobre as restrições alimentares dos clientes, para que os associados possam abordar os hóspedes antes que eles façam seus pedidos quando chegarem às mesas, o que demonstra aos hóspedes que são reconhecidos e que suas necessidades alimentares estão sendo levadas a sério.

CUSTOMIZAÇÃO, CONVENIÊNCIA E VELOCIDADE

Cada vez mais, os consumidores procuram soluções customizadas que atendam às suas necessidades específicas, tornando-se mais engajados com a criação de produtos, num processo facilitado pelos avanços da tecnologia (BDC, 2013). No setor de restaurantes, o uso de softwares e os sistemas de reservas pela internet, como o OpenTable e o Rezbook, elevaram os serviços para outro nível, permitindo que os proprietários de restaurantes acumulassem uma grande quantidade de dados com facilidade. Em razão dos avanços da tecnologia, muitos restaurantes estão rastreando os gostos, tiques, hábitos e até pontos fracos de seus clientes (CRAIG, 2012).

As demandas por férias customizadas e personalizadas também estão aumentando de forma acentuada, e os agentes e as operadoras turísticas tradicionais estão mudando seus negócios para atender a essa demanda. Além de fazer reservas aéreas e de hotel, os fornecedores de viagens estão organizando degustações personalizadas de vinhos, visitas a oficinas de artesanato e passeios privados após o horário de atrações, por exemplo, para ver as joias da coroa britânica e o Vaticano. Os destinos direcionados aos turistas de esportes de inverno também estão respondendo a essa tendência. No Grand America, em Salt Lake City, por exemplo, a diretora de experiência dos hóspedes, Annie Fitzgerald, diz: "Trabalhamos para que todos os funcionários tenham o poder de tornar a estadia de cada hóspede uma experiência excepcional e personalizada. Se nossos funcionários descobrem algo que pode melhorar a estadia de nossos hóspedes, nós reconhecemos a necessidade e a atendemos. Por exemplo, se soubermos que um casal está celebrando bodas quando chegarem, entregaremos um bolo e um cartão desejando felicidades; se forem casais em lua de mel, entregaremos morangos cobertos com chocolate e um cartão. Reconhecemos aniversários e adoramos cuidar de hóspedes que trazem seus filhos. Geralmente fornecemos balões ou pequenos brinquedos de boas-vindas para as crianças".

O desejo crescente de conveniência e velocidade também está tendo um grande impacto em vários setores da indústria do turismo. No setor de restaurantes, as vendas pelo drive-thru estão aumentando; no transporte, os terminais de auto check-in são cada vez mais populares; e em acomodações, viajantes de negócios procuram quartos convenientes para estadias mais curtas. Há também a sugestão de que as viagens no futuro serão geolocais, ou seja, as pessoas viajarão muito mais perto de sua casa – mais em sua terra natal e continente e menos fora dela. Uma pesquisa realizada pela Comissão Europeia em 2013 constatou que os residentes da União Europeia geralmente ficam em seu país de origem durante o período de folga – 57% das pessoas na União Europeia fazem uma viagem dentro de seu próprio país (KARAIAN; YANOFSKY, 2014).

TURISMO DE CULTURA POP

O turismo de cultura pop se refere ao número crescente de pessoas que buscam viajar para locais apresentados na literatura, cinema, música ou qualquer outra forma de mídia popular (LARSON; LUNDBERG; LEXHAGEN, 2013). À medida que o fandom se torna mais arraigado em nossa cultura, é provável que o turismo de cultura pop se torne ainda mais prevalente (RELLIHAN, 2015).

Cada vez mais, filmes e programas de televisão estão se tornando uma fonte de inspiração para viagens. O fenômeno de Harry Potter – ou Pottermania – teve enormes repercussões para o turismo doméstico e internacional no Reino Unido. A Pottermania foi explorada de maneira completa e bem-sucedida pela VisitBritain para resgatar a indústria turística do país, afetada pelo terrorismo de 11 de setembro de 2001 e depois pela crise de febre aftosa (HUDSON, 2008). Em uma estratégia de marketing integrada, a VisitBritain utilizou os livros e os filmes como potencial promocional, aumentando as visitas de turistas em toda a Grã-Bretanha e, em particular, nos destinos apresentados nos livros e filmes.

O turismo de cultura pop não se limita apenas ao turismo inspirado em filmes ou programas de TV. O turismo baseado em música também é um grande negócio; somente nos Estados Unidos, constitui aproximadamente 17% da indústria do turismo (CONNELL; GIBSON, 2003). Os festivais de música, em particular, são mais populares do que nunca, atraindo milhões de fãs. Em todo o mundo, existem mais de oitocentos festivais de música de vários tipos em 57 países (SCHWARTZ, 2013). Além disso, os turistas também são atraídos por atrações e acomodações inspiradas na música. Os hotéis com temáticas musicais tornaram-se cada vez mais predominantes, principalmente nas grandes cidades. Exemplos incluem o Hard Days Night Hotel, com temática dos Beatles, em Liverpool; o Backstage Hotel, com temática do rock, no centro de Amsterdã; o Hotel BPM, um hotel com temática musical na cidade de Nova York; o nhow Berlin, um hotel baseado em estilo de vida, com foco na música e na moda; além do Hotel da Música, no Porto, com temática clássica. A seção "Marketing em ação" no capítulo 5 fornece mais informações sobre hotéis com temáticas musicais.

ECONOMIA COMPARTILHADA

A economia compartilhada está tendo uma influência disruptiva no setor de viagens, com a premissa básica de usar os recursos com mais eficiência, seja acomodações, transporte ou outros serviços. Como a internet nos permite compartilhar informações com uma facilidade sem precedentes, a ideia de uma economia compartilhada é potencialmente enorme. Agrupar recursos de várias maneiras está se tornando parte da vida urbana e provavelmente impactará o futuro das cidades (EUROMONITOR, 2015). Ericksson (2015) constatou que mais da metade dos proprietários de smartphones já está disposta a alugar salas de equipamentos de lazer e eletrodomésticos de outras pessoas.

Os sites de viagem *peer-to-peer* (P2P) estão se expandindo rapidamente, permitindo que os viajantes aluguem acomodações, carros, equipamentos esportivos e outras coisas diretamente de outras pessoas. Esses sites conectam os visitantes a serviços de alimentação, passeios e outros serviços oferecidos por moradores locais. A tendência a viagens colaborativas foi ativada pela tecnologia, mas também foi inspirada pela economia problemática (CLARK, 2014) e pelas expectativas cada vez maiores dos consumidores (ITB, 2014). No setor de acomodações, o Airbnb possui mais de 6 milhões de locais em todo o mundo, o que o torna uma das dez maiores marcas de hospitalidade do mundo. O Uber, em rápida expansão, abocanhou uma quantidade dramática dos negócios de empresas de táxi nas cidades onde opera. Para os consumidores, essas empresas são atraentes porque oferecem preços mais baixos, melhor acessibilidade, grande flexibilidade, facilidade de uso e uma missão focada no usuário, incluindo transparência e comunicação interativa (ITB, 2014). A economia compartilhada é discutida em mais detalhes no capítulo 7.

EXCELÊNCIA EM SERVIÇO

Cada vez mais, a qualidade tem sido identificada como um fator diferencial em produtos de serviços e na construção de uma vantagem competitiva no turismo. O processo pelo qual os clientes avaliam uma compra – o que determina a satisfação e a probabilidade de recompra – é importante para todos os profissionais de marketing, mas principalmente para os profissionais de marketing da área de serviços, porque, diferentemente de suas contrapartes que fabricam algo, eles têm menos medidas objetivas de qualidade para avaliar sua produção. Satisfazer os clientes sempre foi um componente essencial da indústria do turismo, mas nunca foi tão crítico. Com o aumento da concorrência e consumidores mais exigentes e experientes, saber como conquistar e manter clientes é a habilidade comercial mais importante que qualquer pessoa pode aprender. Tornar-se centrado no cliente e exceder suas expectativas são, portanto, requisitos para o sucesso nos negócios (HUDSON; HUDSON, 2013).

Os consumidores em todo o mundo estão dispostos a gastar mais com excelência em serviços. Um estudo constatou que sete em cada dez americanos estão dispostos a gastar uma média de 13% a mais com empresas que acreditam oferecer um excelente serviço ao cliente (AMEX, 2011). O mesmo estudo encontrou uma disposição semelhante em outros países (Austrália e Canadá, 12%; México, 11%;

Reino Unido, 10%; França, 9%; Itália, 9%; Alemanha, 8%; e Holanda, 7%). Na Índia, os consumidores gastariam 22% a mais com um serviço ao cliente excelente. Outro estudo recente descobriu que o valor de um ótimo atendimento ao cliente na economia dos Estados Unidos é de 267,8 bilhões de dólares por ano (STELLA SERVICE, 2010). Esse número foi calculado com base no gasto médio por pessoa por ano com cada tipo de empresa. O valor é a porcentagem extra que as pessoas estão dispostas a gastar se souberem que receberão um ótimo serviço. Se os consumidores pesquisados recebessem um ótimo atendimento, 70% usariam a mesma empresa novamente e 50% fariam recomendações a familiares e amigos. No setor de hospitalidade, o estudo constatou que os consumidores estão dispostos a gastar 11% a mais em ótimos serviços, acima da maioria dos outros setores.

ENGAJAMENTO E CONECTIVIDADE

Estamos testemunhando um novo estilo de vida móvel (ROBERTI, 2011) que está revolucionando a maneira como, quando e onde nos comunicamos, pessoalmente e nos negócios. Os dispositivos móveis estão afetando profundamente tradicionalmente definidos silos das viagens a negócios e das viagens com outros fins. Um estudo recente constatou que 43% dos viajantes internacionais levam consigo seus dispositivos profissionais móveis nas férias ou em viagens de fim de semana (ALI *et al.*, 2014). Os consumidores estão sempre conectados e esperam receber serviços em tempo real das empresas de viagens (EUROMONITOR, 2015). Fomentadas pelo Google e consolidadas pela Apple Pay, as transações móveis se tornarão o novo normal, ao permitirem que os consumidores comprem produtos simplesmente colocando seus telefones na frente de um sensor. Assim como o Uber, um número crescente de aplicativos, como o Airbnb e o OpenTable, agora oferece transações digitais vinculadas a cartões de crédito. Essa conectividade também alterou a forma como os consumidores se envolvem com os destinos turísticos. Após a visita, eles geralmente entram em uma relação sem limites com o destino, compartilhando suas experiências on-line por meio das mídias sociais (EDELMAN, 2010). A tecnologia da realidade virtual é outra forma de os consumidores se envolverem com fornecedores de viagens. A realidade virtual é uma simulação gerada por computador de um ambiente aparentemente real ou físico, com que uma pessoa pode interagir mediante o uso de equipamentos eletrônicos especiais, por exemplo, um capacete com uma tela interna ou luvas equipadas com sensores. O capítulo 3 fornece mais detalhes sobre a realidade virtual.

BLEISURE

Bleisure é a mistura gradual de atividades profissionais e pessoais que tem se tornado uma tendência global e está transformando o modo de organizar a vida privada e a profissional. Quem viaja com frequência está sempre conectado e pode ser contatado a qualquer momento. Como resultado, a fronteira entre trabalho e vida pessoal fica difusa. Uma pesquisa recente com viajantes internacionais constatou um aumento na interpolação entre vida privada e profissional, em parte devido ao uso de dispositivos móveis para trabalho (PCs, smartphones e tablets), prática cada vez mais comum nesse grupo-alvo (PULLMAN, 2013). A BridgeStreet Global Hospitality (2014), em um estudo semelhante sobre esse fenômeno de difusão, descobriu que 60% dos viajantes internacionais já combinaram negócios com viagens de lazer, sendo que a maioria dos entrevistados já havia adicionado dois dias de férias a viagens de negócios. Os organizadores de conferências e reuniões devem estar cientes dessas mudanças, de forma a garantir que esses viajantes incorporem elementos de lazer. Um exemplo é a Qualtrics, uma conferência organizada por especialistas em pesquisa, da qual participamos em Salt Lake City em fevereiro de 2015, que incluiu um dia de esqui em Park City como parte da conferência. O estudo de caso no final deste capítulo mostra como os hotéis estão respondendo à tendência ao bleisure.

AUTENTICIDADE

Há uma tendência para o consumo discreto no mundo desenvolvido, pois as pessoas têm desejado expressar sua identidade de maneiras mais sutis do que no passado. Expressões visíveis de *status* estão se tornando menos importantes e, em vez disso, está surgindo um conceito de luxo mais fluido e menos elitista, impulsionado pelas preocupações dos consumidores com autenticidade, experiência e individualismo. Cada vez mais, o luxo é a busca de experiências e serviços autênticos e exóticos, em vez de bens de alto valor e pouco disponíveis. Portanto, coisas intangíveis como o tempo e a experiência definirão as férias de luxo do futuro, criando desafios para as empresas que atualmente oferecem férias de luxo mais tradicionais, com foco na exclusividade e no preço. Está crescendo uma demanda por viagens autênticas que envolvam os sentidos, estimulem a mente, incluam atividades únicas e se conectem de formas pessoais aos viajantes nos níveis emocional, físico, espiritual ou intelectual. Uma tendência relacionada a isso é o *experience caching*, em que os consumidores continuamente coletam, armazenam e exibem suas experiências para si próprios, para amigos, familiares ou para o mundo inteiro (HUDSON; HUDSON, 2015).

O setor de viagens está respondendo a essas demandas, pois naturalmente tem interesse em atender às necessidades dos nichos e dos principais mercados que buscam viagens experimentais autênticas. Essas empresas são provedoras de experiências que cuidadosamente sequenciam e encenam atividades coreografadas, encontros pessoais e experiências autênticas, planejadas para criar memórias duradouras, viagens envolventes e maior lealdade do cliente. Uma nova onda de serviços de viagem está conectando consumidores a moradores locais, redes sociais e influenciadores em destinos. O My Plus One, em Berlim, é um exemplo disso, oferecendo aos hóspedes a chance de se conectar com especialistas locais para descobrir bares e lojas pela perspectiva de alguém bem informado. Em Londres, o The Ace Hotel, em Shoreditch, oferece passeios de bicicleta mensais com artistas e influenciadores. O Hallo Hallo, um restaurante pop-up no aeroporto de Copenhague, ofereceu aos clientes a chance de conhecer outros viajantes com mentalidade sociável durante o jantar, e o Six Degrees, uma rede social lançada pela Marriott, inclui aplicativos que conectam hóspedes que compartilham as mesmas opiniões (JWT INTELLIGENCE, 2015).

RESUMO DO CAPÍTULO

Os fatores que influenciam o comportamento do consumidor incluem motivação, cultura, idade e gênero, classe social, estilo de vida, ciclo de vida e grupos de referência. Muitos pesquisadores tentaram explicar o comportamento do turista, desenvolvendo tipologias. De acordo com Plog, por exemplo, os viajantes podem ser classificados como alocêntricos ou psicocêntricos. Foi sugerido que existem três níveis de compromisso de compra: resolução ampliada de problemas, resolução limitada de problemas e resolução habitual de problemas. Também é proposto que existam cinco funções de compra: iniciador, influenciador, tomador de decisão, comprador e usuário. As tendências de comportamento do consumidor que afetam os profissionais de marketing hoje são: aprendizagem e enriquecimento pessoal, consumo ético, bem-estar, customização, turismo de cultura pop, economia compartilhada, excelência em serviço, engajamento e conectividade, bleisure e autenticidade.

QUESTÕES PARA REFLEXÃO

1. Usando a seção "Digital em foco" sobre os X Games e todo o material sobre comportamento do consumidor deste capítulo, crie um perfil de um típico participante de eventos esportivos extremos.

2. Pense em alguma de suas férias em família e discuta os papéis que cada membro da família desempenhou no processo de tomada de decisão sobre as férias. Existe alguma evidência de que as crianças desempenharam um papel influente?

3. Considere as tendências no comportamento do consumidor discutidas no final do capítulo. Como você as classificaria em ordem de importância? Você consegue pensar em outras tendências que surgiram desde que este livro foi publicado?

MARKETING EM AÇÃO – HOTÉIS RESPONDEM À TENDÊNCIA AO BLEISURE

Como mencionado anteriormente, as fronteiras entre viagens de negócios e de lazer estão se tornando cada vez mais difusas. Estimulados pela proliferação de dispositivos móveis e pela capacidade de permanecer conectados, mais da metade dos viajantes a trabalho agora estendem suas viagens de negócios a lazer – um fenômeno apelidado de bleisure. Essa difusão, ou mistura gradual entre atividades pessoais e profissionais, é uma tendência global que está transformando a organização da vida privada e profissional. Os viajantes frequentes estão conectados e podem ser contatados a qualquer momento. Como resultado, eles estão mesclando trabalho e vida pessoal.

Pesquisas recentes sustentam essa tendência. A Pullman, marca de hotéis de luxo da AccorHotel, e o instituto de pesquisa IPSOS pesquisaram mais de 2.200 viajantes internacionais experientes e descobriram um aumento na difusão entre suas vidas privadas e profissionais, em parte pelo fato de que dispositivos profissionais móveis (PCs, smartphones e tablets) são cada vez mais comuns entre esse público. As principais descobertas da pesquisa revelam que essa difusão aumenta a liberdade e a eficiência dos viajantes: 82% dos pesquisados acredita que os dispositivos móveis para uso profissional permitem que trabalhem de forma mais livre. O mesmo estudo descobriu que 43% dos viajantes internacionais sempre levam consigo dispositivos móveis profissionais nas férias ou em viagens de fim de semana. Cerca de 33% deles passam pelo menos trinta minutos por dia navegando na internet por motivos pessoais (lendo as notícias, programando férias, consultando contas bancárias e acessando o Facebook).

A BridgeStreet Global Hospitality, em um estudo semelhante, descobriu que 60% dos viajantes internacionais combinaram negócios com viagens de lazer no passado, e 30% dos entrevistados

(cont.)

adicionaram dois dias de férias a viagens de negócios. Dos entrevistados, 78% concordaram que adicionar dias de lazer a viagens de negócios agrega valor às tarefas de trabalho. Mais da metade desses viajantes leva a família com eles. A BridgeStreet descobriu que os viajantes mais jovens têm uma probabilidade significativamente maior de combinar viagens de negócios e lazer. Por fim, um estudo da Expedia, uma empresa de viagens corporativas, confirmou que os viajantes mais jovens estão alimentando essa tendência ao bleisure. Em sua pesquisa com viajantes de negócios, constatou-se que 56% dos *millennials* (de 19 a 30 anos) estendem suas viagens de trabalho para viagens de lazer. Eles, mais do que outros grupos, estão exigindo novas ferramentas e aplicativos inspirados nas indústrias de viagens de lazer e varejo. Como a maioria desses viajantes trabalha para empresas que não têm programas de viagens, eles buscam tirar proveito de tudo, desde o Airbnb ao HotelTonight, bem como aéreas de baixo custo.

Então, como os hotéis estão respondendo a essa tendência? Para Bill Lacey, gerente geral do The Sanctuary, Kiawah Island Golf Resort, na Carolina do Sul, os golfistas são o principal segmento de mercado que busca combinar negócios com prazer. "No setor de resorts, muitos negócios acontecem no campo de golfe – as duas atividades sempre casaram, então as pessoas nos procuram com esse objetivo específico em mente." Com cinco campos de golfe, Lacey diz que muitas vezes as empresas pagam por um campo de golfe inteiro para eventos corporativos: "Os funcionários da empresa trazem a família, para que a esposa e os filhos aproveitem nossas outras instalações de lazer, enquanto o marido está no evento corporativo. Todo mundo ganha". Lacey diz que, às vezes, as empresas fecham o Sanctuary Hotel, com 250 quartos: "Temos um grande fabricante de automóveis chegando este mês e ficará por três dias – e eles vão ocupar todo o hotel". Lacey diz que, para esses hóspedes, a tecnologia precisa ser de primeira. "Precisamos atualizar continuamente nossa banda larga no prédio. Sempre penso na experiência que os hóspedes têm em casa – seja a cama, a comida e a bebida, o wi-fi, etc. – se essas coisas não são melhores em um hotel cinco estrelas, então por que eles viriam? Nosso objetivo é sempre tentar exceder as referências que as pessoas têm." A combinação de viagens de negócios e lazer é uma tendência também observada pela Westin Hotels & Resorts. De acordo com Brian Povinelli, vice-presidente sênior de marcas globais da Westin & Le Meridien, essa tendência pode ser atribuída a vários fatores. "Os viajantes têm maior flexibilidade em suas agendas por causa dos dispositivos móveis que permitem trabalhar remotamente, o que abre a possibilidade de permanecer em um destino por um longo período de tempo, mesmo após o encerramento dos negócios", diz ele. "Os *millennials*, que estão entrando em seus anos de pico de gastos, normalmente aproveitam melhor a vantagem das viagens de negócios, estendendo-as por um ou dois dias para conhecer uma nova cidade ou destino." As várias ofertas e programas da Westin possibilitam que os hóspedes aproveitem ao máximo sua estadia, incluindo o programa Westin Weekend, que tem um check-out de domingo às 15h e horário prolongado para o café da manhã durante todo o fim de semana. "O check-out tardio do Westin Weekend permite que nossos hóspedes, especialmente aqueles interessados em viagens de bleisure, aproveitem ao máximo sua escapada", diz Povinelli. "Nosso programa RunWestin também é uma forma fantástica para nossos hóspedes explorarem

(cont.)

o destino, seja entre uma reunião e outra, ou após a conclusão de uma viagem de negócios. Por apenas 5 dólares, ou o equivalente local, fornecemos mapas de corrida de cinco e oito quilômetros e tênis e roupas New Balance® para que os hóspedes usem durante sua estadia." Westin também deu início ao Tangent™, um conceito inovador de espaço de trabalho que atende às necessidades em constante mudança do viajante de negócios móvel de hoje. "Esse novo espaço de trabalho flexível reinventa o modelo de pequenas reuniões e provou ser altamente bem-sucedido – recebemos ótimas críticas, e os clientes e empresas vizinhas o usam muito", diz Povinelli.

Os hotéis estão começando a promover serviços de lazer e negócios em comunicações de marketing direcionadas. A Pullman Hotels & Resorts, da AccorHotels, por exemplo, lançou a promoção Hora do lazer na Pullman, planejada para converter viajantes de negócios em turistas. O pacote, que requer uma estadia mínima de três noites, inclui acesso ilimitado à internet, serviços de conectividade, bufê de café da manhã e um desconto em serviços do hotel, como bar, restaurante e vídeo sob demanda. Xavier Louyot, vice-presidente sênior de marketing global da marca AccorHotels LUXE, afirma: "Nossa oferta de hotéis evoluiu para atender às expectativas dessa nova geração de viajantes curiosos, cosmopolitas e hiperconectados que viajam tanto a negócios quanto a lazer. Os resultados da nossa pesquisa confirmam nossa visão de hospitalidade internacional de alto nível, com base em 'bastante trabalho, bastante diversão' e reflete o estilo de vida de nossos clientes". Em maio de 2015, a Pullman apresentou sua nova propaganda de televisão, visando esse novo consumidor, retratando o herói, o nômade global da Pullman, movendo-se pela vida em uma série de encontros rápidos, tanto pessoais quanto profissionais, arraigados na busca de uma mistura de trabalho e vida pessoal.

Fontes: Pullman (2013); BridgeStreet Global Hospitality (2014)

QUESTÕES DE ESTUDO DE CASO

1. Explique por que a fronteira entre viagens de negócios e de lazer se tornou cada vez mais difusa.

2. O que o setor hoteleiro está fazendo para atender a essa tendência?

3. Pense em outras formas pelas quais o setor de hospitalidade pode responder à tendência ao bleisure.

REFERÊNCIAS

ALI, R. *et al.* 14 global trends that will define travel in 2014. **Fair Trade Tourism**, 4 jan. 2014. Disponível em: www.fairtrade.travel/source/websites/fairtrade/documents/Skift_Trends_2014.pdf. Acesso em: 28 fev. 2020.

AMEX. American Express Global Service Barometer — 2011. Disponível em: https://www.thetrainingbank.com/american-express-global-service-barometer-2011-survey/. Acesso em: 28 fev. 2020.

ATKINSON, K. Chopra meets cosmology at Colorado's Curiosity Retreats. **Forbes**, 2 abr. 2014. Disponível em: www.forbes.com/sites/forbestravelguide/2014/04/02/chopra-meets-cosmology-at-colorados-curiosity-retreats. Acesso em: 28 fev. 2020.

BDC. Mapping your future: five game-changing consumer trends. **Business Development Bank of Canada**, out. 2013. Disponível em: www.bdc.ca/Resources%20Manager/study_2013/consumer_trends_BDC_report.pdf. Acesso em: 28 fev. 2020.

BOFFEY, D. How 30 years of a polarized economy have squeezed out the middle class. **The Guardian**, 7 mar. 2015. Disponível em: www.theguardian.com/society/2015/mar/07/vanishing-middle-class-london-economy-divide-rich-poor-england. Acesso em: 28 fev. 2020.

BREAN, J. Where suburbia was born. **National Post**, 21 out. 2006, p. A14.

BRIDGESTREET GLOBAL HOSPITALITY. **The Bleisure Report 2014**. Disponível em: http://skift.com/wp-content/uploads/2014/10/BGH-Bleisure-Report-2014.pdf.   Acesso em: 28 fev. 2020.

BRODSKY-PORGES, E. The Grand Tour: travel as an educational device 1600–1800. **Annals of Tourism Research**, v. 8, n. 2, p. 171–186, dez. 1981.

CHEN, S. Riding on emotions. **China Daily**, 26 abr. 2016, p. P1.

CLARK, J. Making connections via peer-to-peer travel. **USA Today**, 31 jan. 2014, p. 8B.

COHEN, A. Business takes all the fun out of travel. **National Post**, 31 jan. 2000, p. C17.

COHEN, E. Toward a sociology of international tourism. **Social Research**, v. 39, n. 1, p. 164–182, primavera de 1972.

CONNELL, J.; GIBSON, C. **Sound tracks**: popular music, identity and place. Londres: Routledge, 2003.

CRAIG, S. Getting to know you. **New York Times**, 5 set. 2012, p. D1, D5.

DANN, G. Anomie, ego-enhancement and tourism. **Annals of Tourism Research**, v. 4, p. 184–194, mar.-abr., 1977.

EDELMAN, D. Branding in the digital age. **Harvard Business Review**, v. 88, n. 12, p. 62–69, dez. 2010.

ENGEL, J. F.; BLACKWELL, R. D.; MINIARD, P. W. **Consumer behavior**. Orlando, FL: Dryden, 1990.

ERICKSSON. 10 hot consumer trends 2014. 2013. Disponível em: www.ericsson.com/res/docs/2013/consumerlab/10-hot-consumer-trends-report-2014.pdf. Acesso em: 6 dez. 2016.

ERICKSSON. 10 hot consumer trends of 2015. 2014. Disponível em: www.ericsson.com/res/docs/2014/consumerlab/ericsson-consumerlab-10-hot-consumer-trends-2015.pdf. Acesso em: 6 dez. 2016.

EUROMONITOR. **Top 10 global consumer trends for 2015**. Londres: Euromonitor International, 2015. Disponível em: www.siicex.gob.pe/siicex/documentosportal/alertas/documento/doc/810395732radDD19D.pdf. Acesso em: 28 fev. 2020.

FALK, J. H. *et al.* Travel and learning: a neglected tourism research area. **Annals of Tourism Research**, v. 39, n. 2, p. 908–927, abr. 2012.

FORBES CONSULTING GROUP. Millennials. **Insight Series**, 2012. Disponível em: www.forbesconsulting.com. Acesso em: 6 dez. 2016.

FRENCH, S.; ROGERS, G. **Understanding the LOHAS consumer**: the rise of ethical consumerism – a strategic market research update from the Natural Marketing Institute (NMI), 2010. Disponível em: http://www.lohas.com/Lohas-Consumer. Acesso em: 6 dez. 2016.

HAMLIN, K. Wearable tech will go from novelty to necessity. **Reuters**, 31 dez. 2014. Disponível em: https://www.reuters.com/article/idUS144347561920141231. Acesso em: 28 fev. 2020.

HOFSTEDE, G. Motivation, leadership, and organization: do American theories apply abroad? **Organizational Dynamics**, v. 9, p. 42–63, 1980.

HOFSTEDE, G. H. **Culture's Consequences**: international differences in work-related values. 2. ed. Beverly Hills, CA: Sage Publications, 2001.

HOWARD, J. A.; SHETH, J. N. **The Theory of Buying Behavior**. New York: Wiley, 1969.

HUDSON, S. It's all about psychographics: ten consumer trends impacting the hospitality industry today. **Alberta Hospitality**, 2007.

HUDSON, S. **Tourism and hospitality marketing**: a global perspective. Londres: Sage, 2008.

HUDSON, S.; HUDSON, L. J. **Customer service for hospitality & tourism**. Oxford: Goodfellow Publishers, 2013.

HUDSON, S.; HUDSON, L. J. **Winter sport tourism**: working in winter wonderlands. Oxford: Goodfellow Publishers, 2015.

HUDSON, S.; RITCHIE, J. R. B. Branding a memorable destination experience: the case of Brand Canada. **International Journal of Tourism Research**, v. 11, n. 2, p. 217–228, mar. 2009.

ITB. ITB World Travel Trends Report 2014/15. **IPK International**, Berlim, dez. 2014. Disponível em: www.itb-berlin.de/media/itbk/itbk_dl_en/WTTR_Report_A4_4_Web.pdf. Acesso em: 28 fev. 2020.

JWT INTELLIGENCE. **JWT Tomorrowscope**: travel. 2015. Disponível em: http://jwt tomorrowscope.com/future-100/view/travel. Acesso em: 28 fev. 2020.

KARAIAN, J.; YANOFSKY, D. Where Europeans go on vacation, once they leave their country. **Quartz.com**, 15 fev. 2014. Disponível em: http://qz.com/177366/where-europeans-goon-vacation-not-so-far-from-home. Acesso em: 28 fev. 2020.

KRIPPENDORF, J. **The Holidaymakers**. Londres: Heinemann, 1987.

LARSON, M., LUNDBERG, C.; LEXHAGEN, C. Thirsting for vampire tourism: developing pop culture destinations. **Journal of Destination Marketing and Management**, v. 2, n. 2, p. 74–84, jun. 2013.

MARKUS, M.; KITAYAMA, S. Culture and the self: Implications for cognition, emotion, and motivation. **Psychological Review**, v. 98, n. 2, p. 224–253, abr. 1991.

MARSELLA, A. J. Toward a "global community" psychology. **American Psychologist**, v. 53, p. 1282–1291, dez. 1998.

MASLOW, A. H. A theory of human motivation. **Psychological Review**, v. 50, p. 370–396, 1943.

MILLS, A. S.; MORRISON, A. M. **The tourism system**: an introductory text. Englewood Cliffs, NJ: Prentice-Hall, 1985.

MINTEL. Consumer trends 2015. Londres: Mintel Group, 2014.

PEARCE, P. L. Fundamentals of tourist motivation. *In*: PEARCE, D.; BUTLER, W. (org.). **Tourism and research**: critiques and challenges. Londres: Routledge, 1993. p. 113–134.

PEDRAZA, F. Why self-actualization is the next big market. **Huffington Post**, 10 maio 2013. Disponível em: www.huffingtonpost.com/francis-pedraza/why-selfactualization-is-_b_3247465.html. Acesso em: 28 fev. 2020.

PLOG, S. C. Why destination areas rise and fall in popularity. **Cornell Hotel and Restaurant Administration Quarterly**, v. 14, n. 4, p. 55–58, 1 fev. 1974.

PLOG, S. C. The power of psychographics and the concept of venturesomeness. **Journal of Travel Research**, v. 40, p. 244–251, fev. 2002.

PRWEB. New HomeAway survey reveals the strong influence of kids on family travel plans. **PRWeb**, 18 maio 2015. Disponível em: www.prweb.com/pdfdownload/12725790.pdf. Acesso em: 28 fev. 2020.

PULLMAN. "Blurring", a growing trend amongst international travelers. **Accor Hotels**, 30 set. 2013. Disponível em: https://group.accor.com/api/accorhotels/PressRelease/GetFile/?id=%7B3078830E-B041-438C-8F7D-246CE352C7FF%7D. Acesso em: 28 fev. 2020.

RADBURN, D. Organizational buyer behavior. *In*: LUMSDON, L. (org.). **Tourism marketing**. Londres: Thomson Business Press, 1997. p. 52–63.

RELLIHAN, K. Travel trends for 2015. Disponível em: https://www.travelchannel.com/interests/travel-tips/articles/travel-trends-for-2015. Acesso em: 28 fev. 2020.

ROBERTI, J. Q&A. **Marketing Week**, 2 jun. 2011, p. 29.

SAVAGE, M. *et al.* A new model of social class? Findings from the BBC's Great British Class Survey experiment. **Sociology**, v. 47, n. 2, p. 219–250, 2 abr. 2013.

SCHWARTZ, K. Music festivals drive U.S. tourism in warm weather months. **Destinations**, 17 abr. 2013. Disponível em: https://skift.com/2013/04/17/music-festivals-drive-u-s-tourism-in-warm-weather-months/. Acesso em: 28 fev. 2020.

STATISTA. Forecast unit shipments of wearable devices worldwide from 2017 to 2019 and in 2022 (in million units), by category. **Statista**, 19 fev. 2020.

STELLA SERVICE. The value of great customer service: The economic impact for online retail and other consumer categories. **STELLA Service**, mar. 2010. Disponível em: http://media.stellaservice.com/public/pdf/Value_of_Great_Customer_Service.pdf. Acesso em: 28 fev. 2020.

STRATEGIC BUSINESS INSIGHTS. US framework and VALS types. **Strategic Business Insights**, 2015. Disponível em: www.strategicbusinessinsights.com/vals/ustypes.shtml. Acesso em: 28 fev. 2020.

TONG, T. Business travelers' spouses pay psychological price. **National Post**, 8 mar 2002, p. A1.

TRIANDIS, H. **Culture and social behavior**. New York: McGraw-Hill, 1994.

TRIANDIS, H. **Individualism and collectivism**. Boulder, CO: Westview Press, 1995.

TRIANDIS, H. Individualism and collectivism: past, present and future. *In*: MATSUMOTO, D. (org.). **Handbook of culture and psychology**. New York: Oxford University Press, 2001. p. 35–50.

THIYAGARAJ, V. Lohas: the rise of ethical consumerism. **International Journal of Scientific Research**, v. 4, n. 7, p. 702–703, jul. 2015.

TRIPADVISOR. TripAdvisor survey reveals travelers growing greener. **TripAdvisor**, 19 abr. 2012. Disponível em: https://tripadvisor.mediaroom.com/2012-04-19-TripAdvisor-Survey-Reveals-Travelers-Growing-Greener. Acesso em: 28 fev. 2020.

WEBSTER, F.; WIND, Y. Organizational buying behavior. **Englewood Cliffs**, NJ: Prentice Hall, 1972.

XU, X. The genetic reason why some people are born to travel all over the world. **bit.of.news**, 24 abr. 2015. Disponível em: http://news.bitofnews.com/the-wanderlust-gene-why-some-people-are-born-to-travel-all-over-the-world/. Acesso em: 28 fev. 2020.

MARKETING DIGITAL 3

INTRODUÇÃO

O capítulo 3 começa analisando o impacto disruptivo da tecnologia nas comunicações de marketing, seguido pela descrição dos quatro estágios da nova jornada de decisão do consumidor. Hoje, essa jornada é fortemente influenciada pelas mídias sociais (saiba mais na página 104, neste capítulo). A parte final do capítulo 3 enfoca os desafios do marketing digital, como a perda de controle dos profissionais durante o processo de avaliação e a dificuldade de medir o retorno do investimento em campanhas on-line. Os estudos de caso descrevem os esforços de marketing digital de uma especialista em relações públicas no Japão, como a Marriott levou a escuta das mídias sociais a um novo nível e a campanha Best job in the world da ilha Hamilton.

LIÇÕES DE UMA GURU DO MARKETING
– LOUISE DENDY, DE KOBE

Conheci a especialista em relações públicas, Louise Dendy, via Twitter. Eu estava procurando uma organização de turismo na cidade de Kobe, no Japão, e seu contato no Twitter foi o primeiro na lista de resultados. Na verdade, tentei encontrar um contato semelhante em Tóquio primeiro, mas sem sucesso.

Aquela simples pesquisa no Google resultou numa viagem da FAM a muitas das principais atrações de Kobe, guiada por Dendy e seu colega, Azuma. As atrações gastronômicas experimentadas naqueles dois dias incluíram o mundialmente famoso Kobe *beef* no Kobe Plaisir; uma seleção de saquês no Fukuju Sake; os suculentos doces de Kobe no Takasugi Tea Room; peixes frescos do porto no tradicional restaurante Kurakura, de estilo *ryokan*, no Tarumi Ward; e um jantar na Chinatown de Kobe. Dendy incorporou um passeio ao topo da ponte Akashi Kaikyō, a maior ponte suspensa do mundo, para nos dar uma perspectiva panorâmica de 360 graus da cidade, das ilhas portuárias e das montanhas. Outras atrações incluíram a centenária Weathercock House, no pitoresco assentamento europeu de Kitano; o Takenaka Carpentry Tools Museum, onde conhecemos técnicas avançadas de construção contra terremotos; e o Kawasaki World and Maritime Museum, onde apreciamos as principais realizações industriais e náuticas de Kobe. Para finalizar o itinerário inovador, um banho de loja em Harborland.

IMAGEM 3.1 *Louise Dendy. (Cortesia de Louise Dendy)*

Nascida em Northampton, Reino Unido, Dendy estava em Kobe há cinco anos em 2016. Inicialmente, visitou o Japão como parte de um programa de estudos universitários no exterior, onde passou cinco meses em Tóquio e fez uma breve visita a Kobe. "Eu vim fazer um curso de verão na Kobe University por duas semanas e não queria mais ir embora – simplesmente amei a cidade", diz ela. Então, depois de se formar em 2011, ela escolheu o charme calmo e cosmopolita de Kobe em vez da mais frenética Tóquio para voltar a ensinar inglês como parte do JET, o programa de intercâmbio e ensino do Japão. "Com apelo tradicional e charme ocidental, considero Kobe um microcosmo não apenas do Japão, mas de todo o mundo", explica ela.

Dendy rapidamente foi promovida a tradutora e intérprete no Departamento Internacional da Prefeitura em 2013, antes de oferecerem a ela seu emprego atual como especialista em relações públicas para o governo da cidade de Kobe em abril de 2015. Em razão de sua proficiência em japonês, espanhol, francês, italiano e alemão, além do inglês nativo, ela ainda desempenha o papel de intérprete para o prefeito de Kobe em muitos eventos e missões importantes no Japão e no exterior, incluindo uma visita a São Francisco e ao Vale do Silício. "Conhecer vários idiomas é uma grande vantagem em relações públicas e marketing, pois permite atingir um público muito maior do que se eu apenas falasse um idioma", reconhece ela. "Ser capaz de falar o idioma nativo das pessoas permite que você se conecte com elas e as entenda em um

(cont.)

nível mais profundo. O multilinguismo e a experiência de viver e trabalhar em outros países e culturas também oferece uma perspectiva mais ampla do seu trabalho no dia a dia, mesmo que isso não envolva o uso de outras línguas."

Dendy ama Kobe por sua posição privilegiada entre o mar e as montanhas, por sua atmosfera descontraída, pelos belos atributos naturais e, é claro, por seu trabalho, que implica promover a cidade para visitantes não japoneses, lidar com a mídia estrangeira e fornecer informações a cidadãos não japoneses. Ela também procura fortalecer a imagem de Kobe como uma cidade internacional cosmopolita no Japão. "Administro a conta oficial do Facebook em inglês da cidade, a conta do Instagram (em inglês e japonês) e minha própria conta no Twitter, que eu uso para postar notícias, informações e belas fotos, além de compartilhar o que eu amo na cidade e o que estou fazendo", diz ela, que publica notícias semanais, sugestões gastronômicas e dicas de viagem com suas fotos.

Além de incentivar e entreter a mídia estrangeira, ela cuida do portal da cidade e divulga seu amor pela região por meio de artigos escritos para vários jornais. "A cada dois meses, tenho uma página no jornal de Kobe, onde visito uma área da cidade e destaco suas atrações ocultas. Escrevo a versão impressa original em japonês, mas também a traduzo para o inglês e coloco na minha página no portal de Kobe", diz ela.

Em 2016, Dendy liderou uma iniciativa inovadora para aproveitar as redes sociais dos principais influenciadores locais e ajudar a promover Kobe. "Além de administrar as mídias sociais e a página inicial no site da cidade, acabei de lançar o projeto de embaixadora de relações públicas. Com isso, dezenove pessoas não japonesas que vivem, trabalham ou estudam em Kobe estão usando suas mídias sociais para promover a cidade", explica ela. O público-alvo específico de Dendy é a considerável comunidade JET de Kobe por causa de seu alcance internacional: "Esses participantes estão amplamente envolvidos em uma profusão de atividades em toda a cidade. Ser participante do JET significa tornar-se membro vitalício de uma vasta rede que se estende por todo o mundo. Há uma infinidade de ex-participantes que estão usando conexões com o JET para realizar um trabalho valioso em várias organizações no Japão e no exterior".

Esses embaixadores são voluntários por um ano. "Durante esse período, eles aprofundarão seu conhecimento e experiência em Kobe por meio de passeios, eventos e informativos, conhecerão embaixadores de relações públicas semelhantes a eles e compartilharão sua própria Kobe com o mundo", diz Dendy. "As postagens serão compartilhadas nas contas oficiais do Facebook e Twitter dos embaixadores de RP de Kobe, que centralizam todas as atividades do embaixador de RP." Em maio de 2016, a página do Facebook (www.facebook.com/KobePRA) já apresentava fotos e vídeos de vários colaboradores.

Os embaixadores estrearam com uma cerimônia de nomeação, por meio da qual aprenderam mais sobre o projeto e conheceram todos os participantes. Os eventos e passeios estavam agendados para junho, agosto, outubro e janeiro, com uma reunião para troca de impressões

(cont.)

agendada no meio do projeto e uma cerimônia de encerramento no final. Servindo de guia, um boletim informativo mensal do Kobe PR Ambassador complementa as reuniões regulares. Os embaixadores agora compartilham suas opiniões em inglês sobre a vida cotidiana de Kobe em todos os meios de comunicação sociais, identificando destaques como a flor de cerejeira, o saquê, os doces, a gastronomia e uma série de outras atividades. Além de participar de vários eventos maiores e passeios para conhecer a região, eles também são incentivados a procurar os encantos escondidos de Kobe.

Fontes: visita pessoal dos autores a Kobe com Louise Dendy em janeiro de 2016 e entrevista em maio de 2016.

O IMPACTO DA TECNOLOGIA NAS COMUNICAÇÕES DE MARKETING

Estamos testemunhando um ambiente de comunicação em rápida mudança, dominado pela tecnologia digital. Para ilustrar a rapidez com que a tecnologia avança, tomemos o exemplo do thriller de ficção científica de Steven Spielberg, *Minority Report*. Em 1999, o diretor convidou 23 dos principais futuristas para um think tank de três dias, a fim de reunir ideias para a realização do filme, que representava o mundo de 2054. O objetivo era criar uma visão realista de um futuro plausível cinquenta anos à frente. Projetando a partir das tecnologias de marketing e mídia disponíveis à época, Spielberg retratou uma sociedade saturada de publicidade, onde outdoors chamam os transeuntes pelo primeiro nome, caixas de cereal transmitem comerciais animados, jornais entregam notícias instantaneamente em uma rede sem fio de banda larga, atendentes holográficos cumprimentam os clientes pelo nome em lojas de varejo e onde o escaneamento de retinas faz pagamentos instantaneamente (MATHIESON, 2002). As tecnologias retratadas no filme estavam longe de ser ficção científica e hoje muitas já estão em uso ou em desenvolvimento – uma indicação do ritmo acelerado do desenvolvimento tecnológico.

A tecnologia e a internet alteraram de forma essencial a maneira como o mundo interage e se comunica. As abordagens tradicionais à marca que enfatizam as técnicas de mídia de massa são cada vez menos eficazes em um mercado em que os clientes têm acesso a grandes quantidades de informações sobre marcas, produtos e empresas e no qual as redes sociais, em alguns casos, substituem as redes de marcas (KELLER, 2009). No novo ambiente de mídia, os consumidores estão cada vez mais no controle. Eles não apenas têm mais opções de mídia à disposição, mas também podem escolher se (e como) desejam receber conteúdo comercial. Em resposta, os profissionais de marketing estão empregando técnicas de comunicação cada vez mais variadas. O Quadro 3.1 reúne algumas das opções de comunicação de marketing interativo disponíveis hoje.

Um método relativamente novo de comunicação nessa lista é a realidade virtual (RV), uma simulação gerada por computador de um ambiente com o qual é possível interagir de maneira aparentemente real ou física por meio de equipamentos eletrônicos especiais, como um capacete com uma tela interna ou luvas equipadas com sensores. O marketing de destino com o uso de RV está ganhando força. A Colúmbia Britânica no Canadá foi um dos primeiros destinos a usar a RV para o marketing do turismo, fornecendo ao comércio, parceiros de mídia e consumidores finais uma maneira nova e única de conhecer a província sem sair de suas cadeiras. "À medida que os headsets se tornam mais amplamente disponíveis para os consumidores, a realidade virtual proporciona uma imersão de 360 graus nas extraordinárias oportunidades de viagem que a Colúmbia Britânica oferece, das regiões inóspitas às requintadas cidades", disse Marsha Walden, CEO da Destination British Columbia (RELLIHAN, 2015). Embora a experiência de RV da Destination BC tenha sido desenvolvida para o headset Oculus Rift, ela pode ser transferida para outras tecnologias assim que estiverem disponíveis. O headset de realidade virtual da Samsung, Gear VR, é o primeiro a estar disponível para os consumidores, ao preço de 200 dólares.

Os hotéis Marriott também estão testando a realidade virtual com seu teletransporte, uma estrutura semelhante a uma cabine telefônica equipada com headset, fone de ouvido sem fio e elementos sensoriais em 4D para proporcionar uma experiência de viagem virtual. Para desenvolver o equipamento, a Marriott fez parceria com o estúdio criativo Framestore, que usou uma nova técnica para capturar vídeos em 3D em 360 graus e depois misturou a gravação com imagens geradas por computador e elementos em 4D, como vento, calor e brisa. Em uma prévia da tecnologia no Marriott Marquis de Nova York, repórteres e funcionários do hotel usaram óculos e fones de ouvido por alguns minutos. Primeiro, eles viram o saguão de um hotel Marriott. Viram também imagens em 360 graus da praia de areia preta Wai'anapanapa, na ilha de Maui, no Havaí, e ouviram ondas quebrando e sentiram a brisa soprando sobre elas. Em seguida, eles foram transportados para Londres para ver o horizonte do ponto de vista do arranha-céu Tower 42. "Queríamos mostrar Londres e Havaí porque esses são destinos a que as pessoas aspiram", disse Michael Dail, vice-presidente de marketing de marca da Marriott Hotels (TREJOS, 2014).

QUADRO 3.1 *Opções de comunicação de marketing digital. (Fonte: adaptado de Keller, 2009)*

Site	As empresas devem criar sites que expressem sua finalidade, visão, produtos e história. Um dos principais desafios é criar um site que seja suficientemente atrativo na primeira visualização e que continue a aumentar o interesse das pessoas para permitir visitas recorrentes. Sites próprios para dispositivos móveis estão aumentando.
Marketing móvel	O marketing móvel se tornará cada vez mais importante, pois o uso de smartphones está crescendo entre os viajantes.
Mídias sociais	As empresas estão adotando as mídias sociais em razão de seu potencial de colaboração e engajamento com os consumidores. Esse tipo de publicidade produzirá resultados relativamente mais fortes por causa de sua capacidade de segmentar o público com base nas atividades de cada mídia social.
Anúncios gráficos	Os anúncios gráficos são retângulos com texto e talvez uma imagem que as empresas pagam para colocar em determinados sites. Quanto maior o público, maiores os custos de divulgação.
Anúncios e vídeos específicos da internet	Com sites de conteúdo gerados por usuários (como o YouTube), consumidores e profissionais de marketing podem fazer upload de anúncios e vídeos que podem ser compartilhados viralmente por milhões de pessoas.
E-mail	O e-mail custa apenas uma fração do custo de uma campanha de mala direta postal e é três vezes mais eficaz em promover compras do que as mídias sociais.
Blogs	Os blogs geralmente são mantidos por um indivíduo que regularmente publica comentários, descrição de eventos ou outros materiais, como imagens ou vídeo. A maioria dos blogs de alta qualidade é interativa, o que permite aos visitantes deixar comentários e até enviar mensagens uns aos outros.
Hotsites	Um hotsite é uma área limitada da web gerenciada e paga por um anunciante externo. Hotsite é um termo de web design que se refere a uma página da web individual ou a um pequeno agrupamento de páginas (em torno de 1 a 7) que deve funcionar como uma entidade distinta em um site existente ou para complementar uma atividade off-line.
Anúncios de pesquisa	Pesquisas pagas ou anúncios pagos por clique representam 40% de todos os anúncios on-line. Segundo relatos, 35% de todas as pesquisas são de produtos ou serviços. Os termos de pesquisa representam os interesses do consumidor e acionam links relevantes para ofertas de produtos ou serviços, além de resultados de pesquisa do Google, MSN e Yahoo! Os anunciantes pagam apenas se as pessoas clicarem nos links.
Realidade virtual	O marketing de destino usando realidade virtual está ganhando cada vez mais força.
Comunidades da marca on-line	Muitas empresas patrocinam comunidades on-line cujos membros se comunicam por meio de postagens, bate-papos e mensagens instantâneas sobre interesses especiais relacionados aos produtos e marcas da empresa.

Uma campanha menos sofisticada, veiculada em 2013/2014 pela Monarch Airlines no Reino Unido, criou um guia de realidade virtual em 360 graus para resorts de esqui oferecidos pela companhia aérea. Como parte de uma campanha de marketing direto da agência WDMP, os consumidores foram transportados para uma pista de esqui virtual, com gráficos de alta qualidade e uma visão de

Photosphere em 360 graus, com som e neve caindo de forma realista. Ao mover ou inclinar um smartphone ou tablet, era possível se deslocar pelas montanhas e acessar novas áreas. Ao tocar em ícones, os consumidores podiam visitar cada uma das estações de esqui acessíveis pelas rotas da Monarch. Os usuários também podiam assistir a vídeos com dicas de esqui no Ski Club of Great Britain, acessar os últimos relatórios de neve e participar de uma competição de cartões-postais para ganhar voos gratuitos. Os cartões-postais virtuais e personalizados foram enviados para amigos via mídia social, o que incentivou o compartilhamento da campanha.

Certamente, para se comunicar de maneira eficaz e eficiente, os profissionais de marketing de turismo precisam ir aonde os consumidores estão – e cada vez mais eles estão on-line (PHOCUSWRIGHT, 2013). A internet está aproximando os profissionais de marketing das práticas de marketing individualizado e mais influente. A rede não apenas oferece aos comerciantes a capacidade de se comunicar instantaneamente com cada cliente, mas também permite que o consumidor responda, o que possibilita às empresas personalizar ofertas e serviços. A internet também permite que os serviços sejam fornecidos pelas organizações 24/7. Na realidade, a principal razão pela qual os consumidores adotaram a internet é que ela permite que você compre 24 horas por dia, sete dias por semana, no conforto de sua casa, sem preocupações com o fuso horário. A facilidade de navegação é o principal motivo para as variações nas decisões de compra entre diferentes produtos on-line.

A última evolução na área de tecnologia do consumidor é o uso generalizado de smartphones. A difusão da tecnologia móvel está criando o que a MTN, marca de telecomunicações e finanças móveis da África do Sul, chama de um estilo de vida completamente móvel (ROBERTI, 2011). O fornecimento de acesso a instalações bancárias e de crédito, itinerários de viagens, seguros, serviços públicos, bem como a conectividade de voz e internet, está revolucionando onde, quando e como nos comunicamos pessoalmente e com as empresas. A atividade em smartphones e tablets é responsável por 60% do tempo gasto em mídia digital nos Estados Unidos, por isso não há como negar que a próxima grande onda de publicidade é alcançar usuários enquanto eles estão em dispositivos móveis. A publicidade para dispositivos móveis representou quase 70% da receita do Facebook e cerca de 85% da receita do Twitter em 2014. Já em 2019, mais de dois terços dos gastos com publicidade em mídias sociais foram direcionados para anúncios pelo celular, criando um mercado de 90 bilhões de dólares em dispositivos móveis (STATISTA, 2020). Isso, junto ao fato de que mais da metade dos usuários de telefones móveis em todo o mundo tinham smartphones em 2019, significa que a publicidade de mídia social no celular é um enorme mercado em crescimento nos próximos anos.

O uso de smartphones está crescendo entre os viajantes. Quase dois terços dos viajantes americanos que planejam viagens on-line já possuem um smartphone, e pouco menos de um terço possui um tablet. Os hotéis estão capitalizando em cima disso para acelerar ou personalizar mais serviços para os hóspedes. O Park Hyatt Tokyo e o Park Hyatt Seoul, por exemplo, oferecem aos hóspedes acesso gratuito a mais de 2.300 jornais internacionais em seus smartphones ou tablets, por meio da rede wi-fi do hotel e de um aplicativo chamado Press-Reader. Um número crescente de hotéis também permite que os hóspedes desbloqueiem os quartos pelo smartphone. Em 2014, a Starwood começou a oferecer aplicativos para smartphones nas marcas de hotéis Aloft, Element e W, e desde então a Hyatt Hotels and Resorts, a Hilton Worldwide, a Marriott e outras redes seguiram o exemplo. "Acreditamos que esse será o novo padrão em termos de como as pessoas vão querer entrar em um hotel", disse Frits van Paasschen, CEO da Starwood. "Pode ser uma novidade a princípio, mas acreditamos que se tornará uma regra em termos de gerenciamento de hotéis" (KARMIN, 2014). Algumas ofertas de tecnologia se estendem além das paredes do hotel. O Park Hyatt Tokyo aluga aos hóspedes um conector wi-fi móvel de bolso, que pode ser usado com um iPhone, iPad, Blackberry ou laptop para fazer chamadas internacionais e obter acesso à internet onde quer que eles estejam durante a estadia (WEED, 2013).

A tecnologia de smartphones está em constante evolução, o que apresenta enormes oportunidades para os profissionais de marketing de turismo. A seção "Digital em foco" do capítulo 5 descreve como uma campanha de 2011 na Polônia trouxe arte para uma nova geração inteira graças a smartphones e códigos QR. As pessoas que visitavam o Sukiennice National Museum, na Cracóvia, podiam usar seus telefones para escanear as pinturas e, quando o faziam, a realidade aumentada era usada para representar cenas das pinturas e dar vida a todo o museu. O aplicativo para iPhone fornece oito filmes em 2D que retratam as obras-primas de pintura mais interessantes apresentadas na exposição. Muitas vezes, pode ser difícil interagir com obras de arte centenárias, mas as histórias contadas por meio de vídeo trouxeram uma compreensão totalmente nova da arte, melhorando a apreciação e a lembrança dos visitantes. A campanha em si foi um enorme sucesso, com passeios marcados com meses de antecedência, e a iniciativa chamou a atenção das pessoas pela televisão, mídia, blogs e materiais on-line em geral.

IMAGEM 3.2 *Sukiennice National Museum em Cracóvia. (Cortesia de Polska Organizacja Turystyczna)*

O uso da realidade aumentada se espalhou para outros setores de viagens e turismo. Em 2012, os profissionais de marketing de destino no Havaí e no México experimentaram o Aurasma para tomar a liderança no futuro do marketing turístico por meio de campanhas criativas em vários meios de comunicação. O Aurasma é um navegador visual – uma nova tecnologia de plataforma que funde o mundo físico com o virtual. Disponível como aplicativo gratuito para iPhone, iPad e dispositivos Android com alto desempenho ou como um kernel gratuito para desenvolvedores, o Aurasma usa reconhecimento avançado de imagem e de padrão para entender imagens e objetos do mundo real da mesma forma que o cérebro humano faz. Em seguida, combina perfeitamente o mundo real com um conteúdo interativo rico, como vídeos e animações chamados auras. As auras podem ser criadas com imagens impressas, embalagens de produtos, roupas e locais físicos, e os usuários podem até usar o aplicativo para criar e compartilhar suas próprias imagens.

Para capturar a atenção do público e atrair ainda mais viagens ao Havaí e ao México, esses destinos usaram a capacidade da Aurasma de transportar visualmente seus pontos turísticos a possíveis viajantes. Em Chicago e São Francisco, os pedestres podiam apontar seus dispositivos móveis para anúncios impressos do Havaí e usar o Aurasma para vê-los se transformarem em vídeos. Os interessados em obter mais informações podiam tocar na tela do celular para acessarem automaticamente o site gohawaii.com. O México usou o Aurasma para oferecer conteúdo exclusivo à mídia e aos principais influenciadores da América do Norte por meio de cartões-postais. Quando o usuário do Aurasma apontava o smartphone para a frente do cartão-postal, a imagem desencadeava uma série de depoimentos em vídeo de recentes viagens ao México. Para incentivar os destinatários a desbloquear o conteúdo digital e assistir ao vídeo, os profissionais de marketing também incluíram um belo prêmio: um usuário sortudo poderia ganhar um iPad 2.

Alguns sugeriram que a popularidade do jogo de realidade aumentada Pokémon Go da Nintendo poderia ser o prenúncio de uma revolução nas viagens (TNOOZ, 2016). O que torna o Pokémon Go diferente de seus antecessores, como o Second Life, é que ele criou um mundo virtual sobreposto ao mundo real. O jogo provou ser capaz de afetar lugares do mundo real, visto que criava razões dentro do jogo para que o usuário estivesse em uma determinada localização geográfica.

Pessoas que possuem lojas ou sites no mundo real podem, por exemplo, pagar à Nintendo aproximadamente 1,19 dólar por hora por iscas, o que incentiva a criação de criaturas valiosas no jogo em um local do mundo real. Essas iscas criam tráfego de pedestres e compras em potencial no mundo real. A L'Inizio Pizza Bar, em Nova York, foi uma das primeiras empresas a explorar deliberadamente os lucros do jogo no mundo real. O gerente Sean Benedetti gastou cerca de 10 dólares em *lure modules* do jogo e viu as vendas de alimentos e bebidas aumentarem cerca de 30%. "As pessoas estão aparecendo de todos os lados por causa desse jogo", disse ele (MOSENDZ; KAWA, 2016).

Por fim, uma recente inovação tecnológica que influencia as viagens, mencionada no capítulo 2, é o uso de tecnologias vestíveis para monitorar e rastrear a saúde e o desempenho. Por exemplo, uma nova tecnologia chamada Trace, dos criadores do AlpineReplay, fornece dados em tempo real aos turistas de esportes de inverno. O rastreador Trace pesa apenas 40 gramas e pode ser facilmente preso a esquis e pranchas de *snowboard* para medir velocidade, distância, curvas, vertical, tempo no ar, manobras, calorias queimadas e muito mais. Os dados acumulados permitem que os atletas acompanhem seu progresso e descubram quais áreas de sua prática precisam ser aprimoradas. Além disso, a Trace Cam se sincroniza com todos os dispositivos de vídeo habilitados para Bluetooth, incluindo GoPro, iPhone e Android, permitindo que os usuários revivam sua experiência. Amadeus (2015) publicou um infográfico que mostra a variedade de tecnologias disponíveis e em desenvolvimento para criar uma experiência verdadeiramente personalizada para viajantes, de roupas inteligentes a tecnologias vestíveis. O infográfico está disponível em: http://www.amadeus.com/documents/shaping-the-future-of-travel/Amadeus-Infographic-Wearable-Technology.jpg (acesso em: 6 mar. 2020).

Muitas das novas tecnologias discutidas anteriormente estão impactando eventos e festivais. O estudo de caso sobre o M Live, neste capítulo, mostra como a Marriott cria conteúdo de mídia social sobre eventos especiais para envolver convidados e parceiros de negócios, e a seção "Digital em foco" do capítulo 1 descreveu a influência da mídia social em festivais de música. Eventos de música também estão fazendo experimentações com a realidade virtual. Em 2016, o festival Coachella ofereceu aos fãs que não estivessem em Indio, Califórnia, a oportunidade de experimentar o fim de semana em realidade virtual. Usando um aplicativo dedicado, pessoas equipadas com um headset de realidade virtual podiam participar de passeios pelo site do festival, graças a uma parceria com a Vantage.tv. A experiência em realidade virtual também incluiu entrevistas exclusivas com artistas como The Kills, The Last Shadow Puppets e Ellie Goulding.

IMAGEM 3.3 *Participantes do GeekWire ostentam seus crachás LiGo. (Cortesia de Limefy)*

Novos aplicativos também estão revolucionando a experiência dos participantes em eventos de negócios. Os organizadores do Seattle GeekWire Startup Day 2016, por exemplo, queriam aumentar o envolvimento dos participantes e ter uma forma de medir a eficácia do evento – um desejo compartilhado por muitos outros produtores de eventos. Eles também queriam superar as dificuldades de estabelecer contato e ajudar a envolver os participantes de uma maneira mais significativa, tornando cada indivíduo um participante, e não um observador. Portanto, foram distribuídos crachás inteligentes LiGo após a inscrição e os participantes usaram o aplicativo LiGo para programar o dispositivo. Era possível selecionar um perfil e definir com quem estavam participando do evento e com quem desejavam se encontrar e conversar. Quando os participantes cruzavam por alguém que estivessem procurando, os crachás LiGo se acendiam na mesma cor, alertando as duas pessoas, que podiam começar a conversar. O aplicativo também ajudava a identificar quem era a outra pessoa, fornecendo uma foto dela e mais informações, como o perfil do LinkedIn. A LiGo ajudou a criar um total de 9.459 conversas no evento Seattle GeekWire Startup Days, colocando em contato todos os tipos de pessoas que desejavam se envolver em conversas produtivas e gerar novas oportunidades de negócios. Fundadores puderam conhecer e conversar com os investidores sobre suas ideias; provedores de serviços conheceram fundadores de startups que precisavam de ajuda; e recrutadores puderam encontrar engenheiros e tecnólogos que correspondessem às suas necessidades (KOROVKIN, 2016).

A NOVA JORNADA DE DECISÃO DOS CONSUMIDORES

Segundo a McKinsey & Co, a internet ampliou as formas como os consumidores se envolvem com as marcas, a tal ponto que certos consumidores desenvolvem relacionamentos promíscuos com as marcas (EDELMAN, 2010). Eles se conectam a inúmeras marcas por meio de novos canais de mídia, com os quais o profissional de marketing muitas vezes não tem familiaridade ou controle. No passado, as estratégias de marketing enfatizavam o reconhecimento da marca e a compra final. No entanto, após a compra, agora os consumidores permanecem engajados de forma agressiva, promovendo ou atacando ativamente os produtos que compraram e colaborando para o desenvolvimento da marca. Os pontos de contato em que os consumidores estão mais abertos à influência mudaram, o que exige grandes ajustes a fim de que a estratégia e o orçamento do marketing focalizem a mídia onde os consumidores gastam seu tempo. A McKinsey desenvolveu um modelo de tomada de decisão do consumidor que descreve essa nova jornada (veja a Figura 3.1).

Esse modelo foi desenvolvido com base em um estudo das decisões de compra de quase 20 mil consumidores em cinco setores e três continentes. A pesquisa revelou que, em vez de restringir sistematicamente suas escolhas até decidir o que comprar, os consumidores consideram um grupo de marcas top-of-mind, ao qual adicionam, ou do qual subtraem marcas durante uma fase de avaliação. Após a compra, eles geralmente entram em um relacionamento sem fim com a marca, compartilhando sua experiência on-line por meio das mídias sociais. A McKinsey & Co sugere que as marcas com melhor desempenho estão moldando ativamente essas jornadas de decisão, pois ouvem os insights dos clientes e os inserem em seus programas de marketing para melhorar o desempenho (EDELMAN; SINGER, 2015).

FIGURA 3.1 *A nova jornada de decisão do consumidor. (©2016 McKinsey & Co. Todos os direitos reservados. Reproduzido com permissão)*

Os quatro estágios da jornada de decisão do consumidor são: (a) Considerar; (b) Avaliar; (c) Comprar; e (d) Usufruir, advogar e criar vínculo. As novas mídias tornam os estágios Avaliar e Advogar cada vez mais relevantes. A procura dos consumidores pelos profissionais de marketing e por outras fontes de informação tem muito mais probabilidade de moldar suas escolhas do que os esforços dos profissionais de marketing para convencê-los. Um acréscimo ao modelo original é o momento zero da verdade (ZMOT, do inglês, Zero Moment of Truth). Essa expressão foi cunhada para descrever a nova realidade na qual os profissionais de marketing precisam competir pela atenção dos compradores on-line muito antes de uma decisão de compra ser tomada (LECINSKI, 2011).

Os viajantes confiam em várias fontes de informação ao comparar e escolher produtos para suas viagens, mas fontes de informação on-line – incluindo sites e aplicativos – dominam o processo (PHOCUSWRIGHT, 2013). O acesso a sites via computador é de longe a principal fonte de informações para compras: sete em cada dez viagens são planejadas usando esse canal. As empresas devem criar sites que expressem sua finalidade, visão, produtos e história. Um dos principais desafios é criar um site que seja atraente o suficiente na primeira visualização e mantenha o interesse das pessoas para que continuem visitando. As empresas costumam trabalhar com especialistas em web design para criar ou melhorar seus sites. A Celebrity Cruises, por exemplo, firmou uma parceria com a SDL e com a consultoria digital Building Blocks para melhorar a experiência móvel de seu site. "Na Celebrity Cruises, é importante que nossos clientes tenham uma experiência de rede consistente e local no dispositivo de sua escolha. A SDL e a Building Blocks nos ajudaram a conseguir isso, implementando uma estratégia bem-sucedida de *mobile first* que continuamos a desenvolver para atender às necessidades de nossa crescente base de clientes", afirmou Toby Shaw, diretor de marketing e relações públicas da Celebrity Cruises (SDL, 2015). "Não poderíamos estar mais satisfeitos com a perfeição e o sucesso desse projeto. Sua visão digital aliada a soluções inovadoras produziram uma experiência móvel superior que reflete a moderna experiência de luxo que nossos clientes esperam." O conteúdo de itinerário aprimorado do site, com imagens deslumbrantes e processo de reserva simplificado melhoraram as taxas de conversão da Celebrity Cruises.

Apesar da crescente importância das mídias sociais, é importante reconhecer que, nos estágios iniciais da jornada de decisão do consumidor, o e-mail continua sendo uma forma eficaz de conseguir clientes. De acordo com a McKinsey & Co, isso acontece porque grande parte dos consumidores dos Estados Unidos ainda usam e-mail diariamente, e a taxa com que os e-mails solicitam compras costuma ser maior que a média das mídias sociais, sem contar o valor médio do pedido, que é também 17% mais alto (AUFREITER; BOUDET; WENG, 2014).

Isso não significa que os profissionais de marketing devam bombardear os clientes com spam. A pesquisa iConsumer da McKinsey registrou um declínio de 20% no uso de e-mails entre 2008 e 2012 como parte do tempo gasto em comunicações, e este meio está dando lugar a redes sociais, mensagens instantâneas e aplicativos de mensagens móveis. No entanto, a McKinsey sugere que os profissionais de marketing não devem ter pressa em diminuir o orçamento alocado para o e-mail – eles apenas precisam reconhecer que: (a) o e-mail é o primeiro clique (literalmente) na jornada de decisão do consumidor; (b) todo e-mail é uma oportunidade para aprender mais sobre o consumidor; e (c) os e-mails devem ser pessoais e personalizados (AUFREITER; BOUDET; WENG, 2014).

Após a compra, uma conexão mais profunda tem início quando o consumidor interage com o produto e com novos pontos de contato on-line. A Vail Resorts aproveitou o estágio de Usufruir, advogar e criar vínculo em sua campanha EpicMix (descrita na seção "Digital em foco" do capítulo 10). É claro que uma parte essencial da alavancagem da jornada do consumidor on-line é a escuta nas mídias sociais – a sintonia com as conversas organizadas pelos clientes (EDULJEE, 2010), um processo que leva a novas ideias e descobertas (veja a Figura 3.2). O capítulo 11, sobre pesquisa de marketing, entra em mais detalhes sobre isso, fornecendo exemplos de vários setores do turismo e hospitalidade sobre como a escuta das mídias sociais beneficiou as empresas. O estudo de caso a seguir mostra como a Marriott criou o M Live para obter insights ricos e não mediados, mais rápido do que nunca, diretamente dos consumidores.

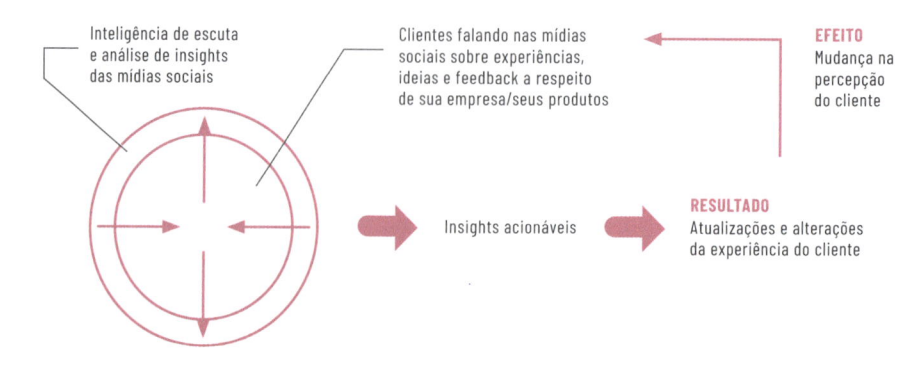

FIGURA 3.2 *Escuta nas mídias sociais. (©Mark Eduljee. Usado com permissão)*

DIGITAL EM FOCO – MARRIOTT ELEVA A ESCUTA NAS REDES SOCIAIS A UM NOVO PATAMAR

"Se não está nas mídias sociais, então não aconteceu", diz Vanessa Saw, executiva digital do departamento de criatividade e marketing de conteúdo da Marriott. Trabalhando no escritório regional da Marriott em Hong Kong, a tarefa de Saw é supervisionar o M Live APAC, o moderno centro de comando de marketing da marca na região Ásia-Pacífico, que se tornou o epicentro do marketing em tempo real para os clientes na região.

IMAGEM 3.4 *Centro de comando M Live APAC em Hong Kong.*

A Marriott apresentou pela primeira vez o conceito Marriott (M) Live em sua sede em Bethesda, Maryland, nos Estados Unidos, no início de 2015. O conceito reúne todas as disciplinas de marketing a fim de rastrear conversas, tendências, desempenho global, desempenho de campanhas de marketing e reputação da marca nas mídias sociais, ao mesmo tempo que cria proativamente conteúdo original, com base no que é tendência ou que está prestes a ser tendência nas mídias sociais. A equipe de funcionários em período integral é capaz de monitorar os dados exibidos em várias telas espalhadas pelo centro de comando M Live APAC, e o Marriott envolve os clientes de forma autêntica, conforme relevantes conversas nas mídias sociais tornam-se tendência. "No M Live APAC, os objetivos regionais específicos são identificar tendências on-line que nossas marcas podem aproveitar como oportunidades de marketing; notícias locais de última hora que possam afetar nossas propriedades; e experiências boas em que clientes, ou seja, influenciado-res, fazem menção à nossa marca, as quais podem ser divulgadas em nossos edifícios, já que as experiências reais dos clientes são o novo boca a boca nas redes sociais", diz Saw.

Além de responder às conversas nas redes sociais, o M Live APAC criou um calendário de tópicos que provavelmente virarão tendências, como o Ano-Novo Chinês, a Maratona de Seul, o Rugby Sevens, em Hong Kong, e a India Premier Cricket League. Ao antecipar o que será tendência, o M Live pode planejar sua estratégia de criação de conteúdo combinada a outras áreas de marketing e da marca Marriott International. "O consumidor em constante mudança está no centro de tudo o que fazemos no Marriott", diz Anka Twum-Baah, vice-presidente de conteúdo e fidelidade do cliente na região Ásia-Pacífico do Marriott International. "O M Live é mais um exemplo de como colocamos o marketing no contexto de vida da próxima geração de viajantes, que é imediato, relevante e autêntico. Com a abertura do estúdio M Live de Hong Kong e a criação de uma rede, o M Live ajudará a tornar nossa nova abordagem de marketing verdadeiramente global."

O M Live permite que a Marriott não apenas tenha mais chances de se engajar rapidamente com os consumidores, mas também identifique oportunidades por marca, área, mercado e canal, criando experiências memoráveis e compartilháveis. Tony Chow, diretor de criatividade

(cont.)

e marketing de conteúdo da Ásia-Pacífico, está liderando a iniciativa M Live em Hong Kong. "Somos a primeira marca na região a ter uma plataforma de escuta em tempo real para as mídias sociais. No mercado em rápida evolução de hoje, você não pode falar muito, mas precisa ouvir mais. Essa é a filosofia por trás do M Live. A Sysomos construiu para nós o sistema Heartbeat, que extrai dados e informações dos canais sociais usando palavras-chave. As palavras-chave relacionadas ao Marriott foram incorporadas ao Heartbeat para permitir o monitoramento nas mídias sociais – Twitter, Instagram, YouTube e Facebook. Essas plataformas estão se expandindo rapidamente em toda a Ásia. Os indonésios, por exemplo, são usuários frequentes do Twitter, enviando pelo menos cinco milhões de tuítes por dia."

Chow reconhece que não pode utilizar o WeChat na China, pois o acesso a informações pessoais não é permitido, mas em breve eles irão monitorar o Weibo, o Facebook da China. Ao analisar as quatro telas em tempo real no centro de comando de Hong Kong, a equipe de Chow pode reagir às conversas de mídia social imediatamente. Por exemplo, eles acompanham os principais influenciadores – aqueles com mais de meio milhão de seguidores – e, se falarem sobre suas experiências com o Marriott (boas ou ruins), a equipe entra em ação. "Entramos em contato com o hotel", diz Chow, "para garantir que a experiência dos influenciadores seja ampliada. Ligamos para o gerente geral e perguntamos se eles viram o que foi publicado e verificamos a melhor forma de interagir com o influenciador – não em forma de suborno, mas respondendo aos comentários que forem muito positivos. Sabemos que quanto mais rápido reagirmos a algo, mais fácil será para reter os clientes". A equipe também acompanha conversas de celebridades: "Na Índia, muitos atores de Bollywood se hospedam nas propriedades da JW Marriott, por isso os rastreamos".

A equipe procura comentários como "Adorei" ou "Acho que vou me hospedar lá da próxima vez". "Depois disso, tentamos nutrir essa venda", explica Chow. "Criamos um relacionamento de confiança e estabelecemos um vínculo." Chow acredita que a publicidade tradicional perdeu seu impacto. "A maioria das conversas começa on-line. É o que chamamos de propaganda boca a boca. Essa é a realidade e é onde queremos estar." Uma das telas do centro de comando é dedicada à cultura pop na região Ásia-Pacífico – comida, moda, baladas, etc. "As pessoas tiram fotos ou fazem vídeos de seus pratos o tempo todo", diz Chow. "Essa moda está pegando muito rápido na Ásia; nas Filipinas, ninguém toca na comida antes de publicar uma foto no Facebook. E no Japão e na Coreia, as pessoas assistem a vídeos ao vivo de nossos clientes comendo. Se você assiste a uma pessoa comendo, vive a experiência com ela."

A equipe também trabalha com cada um dos estabelecimentos da marca, a fim de criar vídeos para as mídias sociais. Em uma iniciativa, drones foram usados em Mekong Delta para filmar o Liquid Sky Bar na cobertura no Renaissance Riverside Hotel, no Vietnã. O vídeo promocional foi postado no YouTube e o M Live monitorou as reações. "As mídias sociais agora são o item mais importante para nós", diz Blair Fowler, gerente geral de um hotel da marca na cidade de Ho Chi Minh. "Muitos de nossos hotéis estão deixando de lado os materiais impressos e migrando para os digitais. Tentamos obter o máximo de exposição possível para o bar nas mídias digitais, e o vídeo nos ajudou a fazer isso. Criar conteúdo sobre eventos especiais com nossos convidados

(cont.)

e parceiros de negócios não apenas revisita o evento, mas também serve como uma ótima ferramenta de marca... e com um local como o Liquid Sky Bar, precisamos criar toda a atenção e o engajamento possível no mercado."

O M Live na Ásia já criou várias iniciativas bem-sucedidas de marketing em tempo real. Uma notícia publicada no *South China Morning Post*, mas que ganhou destaque pela Ásia no Instagram e no Facebook, focalizava o apartamento mais caro vendido em Hong Kong – cerca de 65 milhões de dólares. "Quando vimos esse tópico, pensamos em fazer algo", diz Chow. "Percebi que a vista daquele apartamento era semelhante à que tínhamos em um de nossos estabelecimentos – então encontramos uma foto de um quarto do nosso hotel Renaissance Harbor View com uma bela vista e a colocamos lado a lado com a do imóvel mais caro vendido." As fotos foram postadas com um link para o *South China Morning Post*, sugerindo que você poderia viver como um milionário se se hospedasse naquela propriedade Marriott. A exposição foi ampliada imediatamente, e em uma hora tivemos cerca de 700 curtidas e muitos comentários positivos. Todo mundo queria reservar aquele quarto com a vista, o que mostra que é possível conduzir transações aproveitando as mídias sociais", diz Chow. Além de vincular as iniciativas da M Live diretamente às reservas, a equipe pode medir seu sucesso em termos de reconhecimento da marca por meio da presença ampliada nas mídias sociais. Analisando as estatísticas dessa presença, eles podem se engajar com os seguidores, transformar confiança em transação e, eventualmente, converter conversas em vendas.

O M Live Asia Pacific foi o primeiro centro a se estabelecer fora dos Estados Unidos, mas já existiam planos para o M Live Europa, o M Live Oriente Médio e África e o M Live Caribe e América Latina. A Marriott escolheu a região Ásia-Pacífico como o segundo local porque a Ásia, com 4,4 bilhões de pessoas, sendo aproximadamente 500 milhões nas classes médias emergentes, fornecerá oportunidades substanciais para o crescimento do turismo. E a próxima geração de viajantes da região está entre o segmento de clientes que mais cresce na indústria da hospitalidade.

Fontes: visita pessoal ao M Live Hong Kong e ao Renaissance Riverside Hotel no Vietnã pelos autores em janeiro de 2016.

QUESTÕES DE ESTUDO DE CASO

1. Embora, aparentemente, mais de 80% dos hotéis possuam uma estratégia de mídia social, apenas 20% realmente monitoram e escutam as conversas nas mídias sociais. Por que você acha que isso acontece?

2. Por que os hotéis devem monitorar as conversas nas mídias sociais?

3. Se você estivesse trabalhando no laboratório do M Live e visse no Twitter que uma celebridade estava hospedada em um hotel Marriott, o que você faria?

A INFLUÊNCIA DAS MÍDIAS SOCIAIS

As plataformas de mídia social estão emergindo como um canal de comunicação digital dominante, e a publicidade nas mídias sociais é capaz de percorrer um longo caminho em um período relativamente curto. Quando o Facebook lançou sua primeira opção de publicidade em maio de 2005, ninguém poderia prever que a receita de publicidade em mídias sociais chegaria a 8,4 bilhões de dólares em 2015, apenas dez anos depois. Atualmente, os gastos com mídias sociais representam 13% do orçamento de marketing e, em cinco anos, os profissionais de marketing esperam gastar mais de 21% de seu orçamento em mídias sociais (DUKE'S FUQUA SCHOOL OF BUSINESS, 2014).

Um estudo recente da McKinsey & Co descobriu que o impacto das mídias sociais nas decisões de compra é maior do que o estimado anteriormente e cresce rapidamente, com 50% a 60% dos clientes buscando recomendações de mídias sociais para produtos como viagens. Também se descobriu que artigos on-line escritos por jornalistas levam os consumidores a fazer buscas nas mídias sociais para se informar e depois efetuar a compra (e que os gastos de RP para gerar esses artigos são, portanto, um investimento que vale a pena). Além disso, os consumidores que usam mecanismos de pesquisa para obter conhecimento prévio sobre um produto têm maior probabilidade de buscar informações nas mídias sociais antes de uma compra. Portanto, as empresas que gastam efetivamente com a otimização do mecanismo de pesquisa (para mover suas menções de produtos para o topo dos resultados de pesquisa) podem esperar se beneficiar com um grande impacto nas mídias sociais. À medida que os consumidores passam mais tempo nas redes sociais, as decisões sobre o que comprar geralmente refletem interações com amigos e outros influenciadores.

Uma grande porcentagem de consumidores lê opiniões sobre hotéis, atrações e restaurantes antes das férias e, durante as férias, mais de 70% publica fotos em uma rede social ou atualiza seu *status* no Facebook (LAB42, 2012). Portanto, é importante que os profissionais de marketing da indústria de viagens ofereçam a oportunidade para os visitantes

FIGURA 3.3 *Pôster no Fernie Alpine Resort incentivando os visitantes a usar as mídias sociais. (Cortesia de Resorts of the Canadian Rockies)*

usarem as mídias sociais (por exemplo, fornecendo wi-fi gratuito) e os incentivem a fazê-lo. A Figura 3.3 – do Fernie Alpine Resort na Colúmbia Britânica, Canadá – é um exemplo de destino que estimula os visitantes a compartilhar experiências nas mídias sociais.

Os profissionais de marketing adotaram as mídias sociais em razão de seu potencial de envolvimento e colaboração com esses consumidores conectados em rede. A Figura 3.4 mostra algumas formas pelas quais as mídias sociais são usadas pelos profissionais de marketing no setor de turismo e hospitalidade para engajar os clientes e fidelizá-los a longo prazo.

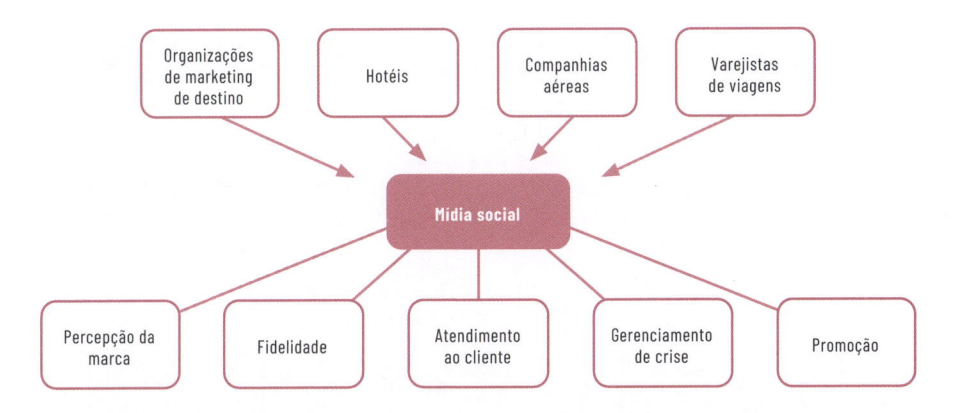

FIGURA 3.4 *Engajamento de clientes por meio das mídias sociais. (©Euromonitor International. Reproduzido com permissão)*

Muitos profissionais de marketing estão obtendo ótimos insights com os consumidores, mais rápido do que nunca, por meio das mídias sociais, enquanto outros veem o valor das mídias sociais na própria rede que constituem. De acordo com o Facebook, o usuário médio tem 350 amigos na rede social e, quando as pessoas ouvem um amigo falar sobre um produto ou serviço, a probabilidade de se tornarem clientes é 15% maior do que por outros meios. O crescimento das redes sociais é impulsionado principalmente pelo Facebook, que atinge 90% dos usuários de mídias sociais dos Estados Unidos e 85% dos usuários europeus, e era o site de rede social mais popular em 2014 (veja o Quadro 3.2).

As empresas também estão usando as mídias sociais para promover suas marcas. A Virgin Atlantic Airways (VAA), por exemplo, aproveita o poder das mídias sociais para reforçar sua marca (BARWISE; MEEHAN, 2010). A promessa para o cliente da VAA é inovação, diversão, informalidade, honestidade, valor e uma atitude solidária. A VAA usa as mídias sociais para sustentar esses valores. Por exemplo, a seção mais lida de sua página no Facebook inclui dicas de viagem dos membros da tripulação – comunicação que parece honesta, informal e atenciosa. A VAA cria confiança ao cumprir essa promessa. A confiança está relacionada principalmente com a prestação de serviços, mas, quando as coisas dão errado, é essencial manter os clientes informados para impedir que a confiança se perca. Durante a crise das cinzas vulcânicas na Europa em 2010, o site da VAA não conseguiu acompanhar o ritmo rápido das mudanças, por isso usou o Facebook e o Twitter para se comunicar com os clientes.

QUADRO 3.2 *Dez sites mais populares de redes sociais em 2014. (Fonte: adaptado de eBiz, 2020. ☺eBizMBA.com. Reproduzido com permissão)*

Site de rede social	Visitantes mensais únicos estimados
1. Facebook	2.200.000.000
2. YouTube	1.850.000.000
3. Instagram	1.100.000.000
4. Twitter	375.000.000
5. WhatsApp	1.500.000.000
6. Pinterest	250.000.000
7. Reddit	370.000.000
8. Ask.fm	105.000.000
9. Tumblr	95.000.000
10. Flickr	90.000.000

O Twitter costuma ser usado como uma ferramenta de marketing independente para gerar conscientização sobre um produto ou serviço de turismo. Há alguns anos, a Virginia Tourism Corporation (VTC) ganhou um prêmio de marketing por uma promoção de enoturismo chamada Vintage Tweets, uma iniciativa de ponta em relações públicas que utilizou as mídias sociais para promover o enoturismo na Virgínia. A VTC organizou o Vintage Tweets para dar o pontapé inicial em um festival anual do vinho, em outubro. A agência de turismo do estado da Virgínia usou o Twitter para interagir com as mídias, blogueiros e consumidores apaixonados por enoturismo que moravam em Washington DC e arredores e tinham um número significativo de seguidores no Twitter. A VTC usou o Twitter para convidar quarenta desses consumidores para uma degustação de vinhos, em seis vinícolas diferentes de todo o estado. Os convidados tuitaram sobre a experiência e também participaram de um jogo de perguntas e respostas sobre a Virginia Wine Travel no Twitter. No total, o Vintage Tweets alcançou mais de 43 mil consumidores em apenas 24 horas, fornecendo informações importantes e ideias de viagens a possíveis visitantes de todo o país.

Uma plataforma interessante para as empresas de turismo e hospitalidade são os sites de geolocalização como o Foursquare, que incentiva os consumidores a divulgarem sua localização (ou fazerem um check-in) em troca de descontos ou cupons, por exemplo. As pessoas usam o aplicativo Foursquare para fazer check-in em locais como restaurantes, *pubs*, hotéis e em praticamente qualquer outro tipo de localização (física ou não física). Após o check-in, os usuários geralmente compartilham essas informações com amigos, familiares e seguidores no Facebook e Twitter. Usuários do Foursquare competem por *badges*, pontos e prefeituras, concedidos àqueles que fazem check-in em um local com mais frequência. Os proprietários de empresas reivindicam seu estabelecimento no Foursquare (gratuitamente) e recompensam as pessoas simplesmente por fazerem check-in, por fazerem check-in um determinado número de vezes, por fazerem check-in com amigos ou por se tornarem o prefeito (a pessoa que faz mais check-in). Por exemplo, o Chili's Grill & Bar, uma cadeia de restaurantes nos Estados Unidos, recompensava seus clientes com batata frita e molho grátis toda vez que faziam o check-in. O Chili ganhava dinheiro com isso, pois os clientes não entravam lá apenas para ganhar batata frita e molho, mas também pediam aperitivos, entradas e bebidas.

A KLM Royal Dutch Airlines usou o Foursquare como parte de uma campanha inovadora de mídia social focada em gestos aleatórios de bondade. Uma forma eficaz de se conectar emocionalmente com os consumidores é por meio de gestos aleatórios de bondade planejados para gerar gratidão, uma emoção poderosa e potencialmente bastante lucrativa para inspirar os clientes (PALMATIER *et al.*, 2009). Em 2010, a companhia lançou a campanha How Happiness Spreads, em que uma equipe surpresa oferecia presentes personalizados e inesperados aos passageiros no aeroporto (TRENDWATCHING, 2011). Quando os passageiros faziam o check-in nos estabelecimentos da KLM no Foursquare, a equipe surpresa da KLM usava redes sociais como LinkedIn, Twitter e Facebook para descobrir mais informações sobre as pessoas e então criava um presente personalizado para surpreender os passageiros. A equipe acompanhava o que acontecia após dar o presente ao passageiro, monitorando a conversa gerada nas redes sociais por essa pessoa e seus amigos. Eles também tiravam fotos das pessoas e as publicavam na página da KLM no Facebook. A KLM já havia provado sua experiência com mídia social anteriormente com um aplicativo popular do Facebook, que permitia que os usuários criassem etiquetas de bagagem usando suas fotos do Facebook. Em 2006, a empresa foi novamente bem-sucedida ao criar um vídeo viral para o jogo Fly for Fortune.

Os concursos de vídeo gerados por usuários tornaram-se uma ferramenta de comunicação cada vez mais popular para muitos destinos, que os utilizam para engajar os consumidores e torná-los embaixadores digitais de suas marcas. Os usuários enviam um vídeo pessoal ao site do concurso, podendo ser selecionados para ganhar as férias dos sonhos gratuitamente, em um processo semelhante ao da TV. Em troca, espera-se que os vencedores compartilhem suas impressões no Facebook, Twitter, YouTube, Flickr e blogs, servindo como embaixadores do local. Talvez uma das iniciativas mais bem-sucedidas desse tipo tenha sido a campanha Best job in the world, em Queensland, descrita no estudo de caso no fim do capítulo.

As marcas de turismo e hospitalidade estão se unindo cada vez mais aos influenciadores das mídias sociais para criar vídeos que impulsionam o engajamento, o alcance e a conscientização. A Marriott, por exemplo, lançou seu próprio estúdio de conteúdo global, em parceria com cinco grandes influenciadores de mídia social para criar uma série em um canal diário (What's Trending) que permitiu ao espectador acompanhar os influenciadores enquanto viajavam e documentavam suas aventuras. Os escolhidos foram os youtubers Jeana Smith, da PrankVsPrank; Louis Cole, da FunForLouis; Tom, do TheSyndicateProject; Steve Zaragoza, da Sourcefed; e Meghan Camarena, da Strawburry17. Ao usar essa estratégia de marketing com youtubers, a Marriott alcançou quase 4 milhões de visualizações em quatro meses. A Marriott também se associou ao youtuber Casey Neistat para conduzir uma campanha em que ele viajava para vários locais, compartilhando toda a sua experiência com a Marriott. David Beebe, vice-presidente de criatividade e marketing global de conteúdo da Marriott International, aconselha que "em vez de ditar o tópico e o tipo de conteúdo que você deseja dos influenciadores, deixe que eles voltem para você com um conceito que esteja de acordo com os pontos fortes e a credibilidade social deles" (MEDIAKIX, 2015).

Outro tipo de influência da mídia social por profissionais de marketing de viagens é a comunidade de marcas on-line (KUNZ; SESHADRI, 2015), definidas como "comunidades especializadas, não vinculadas geograficamente, com base em um conjunto estruturado de relações sociais entre admiradores de uma marca" (BAGOZZI; DHOLAKIA, 2006, p. 45). O surgimento de comunidades de marcas coincidiu com o crescimento da capacitação do consumidor. São espaços em que a lealdade intensa à marca é expressa e promovida, onde a conexão emocional com a marca é forjada nos clientes. Pesquisas nessas comunidades descobriram que o comprometimento com uma marca pode ser influenciado (positivamente), o que incentiva interações entre grupos de clientes com ideias semelhantes e identificação com o grupo no contexto social oferecido (e patrocinado) pela empresa e pela marca, mas ela deve ser controlada e gerenciada principalmente pelos próprios consumidores.

À medida que o uso da internet se difunde mais, as comunidades de marcas on-line também se tornam ferramentas eficazes para influenciar as vendas. Um estudo (ADJEI; NOBLE; NOBLE, 2010) constatou que a qualidade da comunicação entre os clientes reduz o nível de incerteza sobre a empresa e seus produtos, e isso se relaciona ao aumento de lucros para a empresa em termos de intenções de compra imediata e do número de produtos comprados. Também constatou que o impacto da informação negativa não é tão forte quanto os benefícios da informação positiva. Portanto, manter uma comunidade que permita aos clientes conhecer a empresa mais intimamente por meio de conversas entre pares é benéfico para a empresa, mesmo que informações negativas sejam compartilhadas.

Um desafio na construção e gerenciamento de comunidades de marca on-line é que os consumidores podem facilmente associar os esforços dos profissionais de marketing a motivos extrínsecos, como a exploração do lucro, tornando-se assim menos propensos a se envolver e contribuir com essa comunidade (ALGESHEIMER; DHOLAKIA; HERRMANN, 2005; LEE; KIM; KIM, 2011). Portanto, é essencial encontrar o tom certo para uma comunicação eficaz nas comunidades on-line (KUNZ; SESHADRI, 2015). Uma solução possível ao desenvolver uma plataforma de comunidades de marcas on-line é incentivar os consumidores a compartilhar e trocar ideias voluntariamente, em vez de impor as próprias ideias da organização, como cupons de venda ou sorteios. Isso implica um papel passivo dos profissionais de marketing, ao atuar como facilitadores dessas comunidades.

Um bom exemplo desse envolvimento passivo é o Painel de Mães na Walt Disney World. Trata-se de um fórum no qual as mães on-line respondem a perguntas e oferecem conselhos sobre férias em família na Disney. As mães são selecionadas para participar do painel porque demonstraram um excelente conhecimento dos produtos da Disney. Por estarem familiarizadas com os parques, hotéis do resort, restaurantes, opções de entretenimento, lojas e atividades recreativas, elas podem oferecer a ajuda e as dicas que os consumidores precisam ao planejar suas férias. Como diz Leanne Jakubowski, que supervisiona o programa:

"É importante que o Painel de Mães seja composto por convidadas reais e represente um espectro diversificado de pensamentos e perspectivas, para que possamos oferecer informações honestas, sinceras e úteis" (WALT DISNEY WORLD, 2011). Por sua participação no painel, as mães recebem uma viagem ao Walt Disney World Resort. Em 2012, foram 43 participantes cujo conhecimento abrangeu atrações do Walt Disney World Resort, Disney Cruise Line, Disney Vacation Club, Adventures by Disney e Disneyland Resort. O Painel de Mães oferece aos hóspedes informações sobre férias em várias plataformas, incluindo tutoriais em vídeo feitos por participantes e celebridades, conteúdo exclusivo no Facebook, postagens pessoais no Blog da Disney Parks e encontros no parque.

Uma vez que os membros da comunidade têm um forte interesse no produto e na marca, eles também podem ser uma fonte valiosa de inovação. Um estudo com membros da comunidade descobriu que, quanto mais forte for a confiança e a identificação com a marca, maior a probabilidade de um consumidor estar disposto a contribuir com projetos de inovação iniciados pela marca. Essa atividade foi denominada *crowdsourcing*, termo cunhado em 2006 pelo editor colaborador da revista *Wired*, Jeff Howe (SULLIVAN, 2010). A inovação liderada por *crowdsourcing* significa abrir a porta do processo de inovação, permitindo que clientes, funcionários ou o público em geral ajudem a melhorar os produtos, serviços ou esforços de marketing. Os consumidores têm uma linha direta com a empresa e têm a oportunidade de ajustar as ofertas para que reflitam melhor suas necessidades, enquanto as empresas se beneficiam obtendo mais insights, opiniões e conhecimento que podem ser traduzidos em ideias de inovação acionáveis. E tudo isso custa menos do que uma iniciativa típica de pesquisa e desenvolvimento.

Para a Virgin Atlantic Airways, a maior oportunidade de mídia social consiste em reunir insights para promover melhorias adicionais contínuas (BARWISE; MEEHAN, 2010). Por exemplo, em resposta às sugestões da comunidade on-line, ela lançou um sistema para organizar o compartilhamento de táxi quando os passageiros do mesmo voo chegassem. Novas ideias surgidas na mídia social também reforçam o aspecto de inovação da marca. As interações do Facebook ajudaram a empresa a apreciar o extenso planejamento que envolve uma grande viagem, então eles lançaram o Vtravelled, um site dedicado a viagens inspiradoras. Os clientes moderam a conversa e trocam informações, histórias e conselhos. O site leva a algumas vendas, mas seu principal benefício para a VAA vem do reforço da marca e de novos insights de clientes.

O Club Med usou o *crowdsourcing* em 2014 para engajar os consumidores no desenvolvimento de uma estação de esqui na cidade de Val Thorens, nos Alpes franceses. A marca, que atua no sistema all-inclusive, lançou uma campanha de marketing em sete fases via Facebook, que incentivou os fãs a contribuir com o processo de desenvolvimento do resort Club Med. A campanha no Facebook tinha três caminhos: um para descobrir o resort, outra para votar e uma que destacava os prêmios disponíveis pela participação. Além de divulgar o lançamento do resort para a comunidade, a funcionalidade de votação permitiu que os fãs selecionassem uma série de componentes da nova experiência. Por exemplo, os votantes escolheram Val Thorens Sensations em vez de Val Thorens Titanium como o novo nome da marca e optaram por uma parede de escalada em vez de um átrio moderno como parte do design.

O Club Med ofereceu estadia de sete dias no novo resort para os fãs participantes, e os vencedores foram os dois primeiros convidados a experimentar o resort em sua totalidade. No lançamento, o vice-presidente de marketing do Club Med North America, Jerome Hiquet, disse: "O Club Med recebeu quase 200 mil hóspedes em seus resorts de esqui alpinos no ano passado e lançou essa plataforma inovadora para se relacionar com viajantes exigentes e capacitá-los para criar sua estação de esqui ideal. Valorizamos muito nossos hóspedes e queremos garantir que eles participem dessa nova geração de resorts". Com a inauguração do resort em dezembro de 2017, foi essencial que a marca saísse na frente antes da abertura para garantir um lugar no orçamento de viagens dos consumidores e para garantir a reserva dos quartos. Uma campanha de marketing por gotejamento contribuiu para um burburinho significativo entre os divulgadores do Club Med, e uma longa campanha de marketing, com duração de vários meses, preencheu as mídias sociais com conteúdo atraente, envolvente e compartilhável (TNOOZ, 2014).

DESAFIOS DO MARKETING DIGITAL

Uma desvantagem da proliferação de redes sociais on-line para profissionais de marketing de turismo é a perda de controle sobre o processo de avaliação do consumidor (KIM; HARDIN, 2010). Embora críticas razoáveis feitas nas redes sociais possam levar a melhorias nos serviços, os consumidores podem facilmente divulgar informações prejudiciais, sem que as empresas tenham a oportunidade de resolverem suas reclamações. No entanto, é importante que os profissionais de marketing adotem resenhas feitas nos sites sociais da empresa – mesmo que sejam publicadas análises negativas –, pois são uma grande influência no processo de decisão dos visitantes. Um estudo da Medallia constatou que a taxa de ocupação em hotéis que se envolvem ativamente com as resenhas das mídias sociais é o dobro da taxa em empresas que não o fazem (HERTZFELD, 2015). Empresas hoteleiras como Marriott, IHG, Starwood, Wyndham e Accor começaram a publicar avaliações de hóspedes em seus sites, mesmo que algumas opiniões não sejam tão positivas. Clay Cowan, vice-presidente global digital da Starwood, disse que as avaliações são "de extrema importância no turismo, em comparação com outras coisas que são vendidas on-line. Não há como provar, efetuar trocas ou receber uma amostra", disse ele. "Você confia no que é dito por pessoas que estiveram lá" (LEVERE, 2014).

Outro desafio do marketing de mídia social é medir o retorno do investimento e seu impacto no resultado final. Marcas que interagem de forma significativa com consumidores em mídias sociais estão começando a ter um retorno positivo (CRUZ; MENDELSOHN, 2010; HUDSON *et al.*, 2016), mas há muito poucas pesquisas que podem sustentar essa afirmação. Um estudo de Dholakia e Durham (2010) mostrou uma relação clara entre o engajamento nas mídias sociais e os resultados financeiros. O experimento configurou a página de Facebook de uma empresa e mediu o efeito no comportamento do cliente. O parceiro nesse experimento foi a Dessert Gallery (DG), uma popular cadeia de padarias e cafés de Houston. Os pesquisadores lançaram a página no Facebook e convidaram todos os clientes na mala direta da DG para que a curtissem. A DG atualizava a página várias vezes por semana com fotos de guloseimas, notícias sobre concursos, promoções e links para críticas favoráveis, além de apresentar os funcionários da DG. Três meses depois, eles fizeram uma pesquisa novamente com os clientes, desta vez recebendo 1.067 respostas enviadas por usuários que haviam curtido a página da DG no Facebook, usuários do Facebook que não curtiram a página e clientes que não estão no Facebook. Eles analisaram os conjuntos de dados separadamente e compararam os participantes da primeira pesquisa com os da segunda que haviam curtido a DG.

O Facebook mudou o comportamento do cliente para melhor. As pessoas que responderam às duas pesquisas e curtiram a página acabaram sendo os melhores clientes da DG. Embora gastassem quase a mesma quantia em dinheiro por visita, seu número de visitas às lojas por mês aumentou depois de curtirem a página no Facebook, além de gerarem mais boca a boca positivo do que os que não curtiram. Eles foram para a DG com uma frequência 20% maior do que os que não curtiram e gastaram na loja a maior parte de orçamento que haviam planejado para jantares fora. Eles eram os mais propensos a recomendar a DG aos amigos e tinham a maior média de pontuação no Net Promoter Score: 75, contra 53 em comparação com usuários do Facebook que não curtiram a marca e contra 66 em comparação com clientes que não estavam no Facebook. Quem curtiu a DG também relatou um apego emocional significativamente maior, de 3.4, em uma escala de quatro pontos, contra 3.0 em comparação com outros clientes. Além disso, os que curtiram eram os mais propensos a dizer que escolhiam a DG em vez de outros estabelecimentos sempre que possível.

Mulhern (2009) sugere que a revolução digital representa um sério desafio para empresas de mídia, agências e profissionais de marketing de marcas que construíram uma infraestrutura sofisticada para enviar mensagens para o público-alvo por meio dos canais de mídia, mas não possuem a mentalidade ou o conhecimento técnico para dominar a análise e a modelagem de dados do mundo das mídias digitais. A análise de dados (ou mineração de dados) é um desafio e uma oportunidade para os profissionais de marketing de turismo na era digital. As empresas de viagens têm acesso a dados surpreendentes: tudo, desde informações pessoais básicas a assentos preferenciais de companhias aéreas, preferências de entretenimento a bordo, canais de televisão favoritos em hotéis, refeições em restaurantes e uso do cartão de crédito. Elas têm os meios para estabelecer um quadro detalhado dos consumidores, o que pode direcionar iniciativas de marketing que os envolvam profundamente. No entanto, poucas realmente maximizam o potencial dos dados à sua disposição (CAREY; KANG; ZEA, 2012). Os profissionais do setor de viagens poderiam seguir o exemplo da Amazon, que se tornou a pedra no sapato de todos os livreiros, ao usar a mineração de dados para criar experiências individualizadas para os clientes, apresentando vários fluxos de recomendações prontos para conversão.

Por fim, a capacidade de escolher a combinação mais eficaz de canais de marketing on-line e off-line tornou-se um problema crítico para os profissionais nos últimos anos (veja a seção "Marketing em ação", neste capítulo). A integração do marketing on-line com a estratégia geral de marketing é complicada por causa da diversidade de aplicativos on-line atuais e emergentes e também por questões de métricas. Os profissionais de marketing estão cientes de que os canais de comunicação tradicionais ainda mantêm os atributos que desenvolveram ao longo da história, especialmente a confiança e a confiabilidade das informações (DANAHER; ROSSITER, 2011). Entretanto, eles não têm certeza se os modelos de comunicação de marketing existentes – como publicidade persuasiva, comportamento do consumidor e a tríade alcance, frequência e impacto – se aplicam à mídia on-line (VALOS; EWING; POWELL, 2010). Para englobar um mundo digital, a pesquisa acadêmica deve adotar novas abordagens à teoria e ao método. A maioria das pesquisas sobre mídia digital lida com pequenas questões sobre o comportamento on-line, e mesmo assim o trabalho geralmente fica desatualizado antes de ser publicado (MULHERN, 2009). Portanto, os pesquisadores estão começando a conduzir uma exploração mais profunda das respostas emocionais dos consumidores às mídias digitais (veja HUDSON *et al.*, 2015, por exemplo).

RESUMO DO CAPÍTULO

A tecnologia está causando um impacto disruptivo nas comunicações de marketing, fazendo surgir uma nova jornada de decisão do consumidor e alterando a forma como os consumidores se envolvem com os fornecedores de turismo e hospitalidade. Essa nova jornada de decisão é fortemente influenciada pelas mídias sociais e, à medida que os consumidores passam mais tempo nas redes sociais, as decisões sobre o que comprar, em geral, refletem interações com amigos e outros influenciadores. Alguns dos desafios do marketing digital incluem a perda de controle dos profissionais de marketing sobre o processo de avaliação e a dificuldade de medir o retorno do investimento em campanhas em mídias sociais.

QUESTÕES PARA REFLEXÃO

1. Observe a nova jornada de decisão do consumidor na Figura 3.1. Encontre um exemplo, que não consta no livro, de um fornecedor da área de turismo ou hospitalidade (ou evento) que se engaja com consumidores na última etapa da jornada (usufruir, advogar e criar vínculo).

2. O texto sugere que uma desvantagem das redes sociais para profissionais de marketing de turismo é a perda de controle sobre o processo de avaliação do consumidor. Como essa falta de controle pode ser gerenciada?

3. O capítulo mencionou que alguns profissionais de marketing de destino estão usando a realidade virtual para se comunicar com turistas em potencial. Quais são as vantagens e desvantagens disso do ponto de vista do destino? E para o consumidor?

MARKETING EM AÇÃO – CAMPANHA BEST JOB IN THE WORLD NA ILHA HAMILTON

De forma indiscutível, uma das iniciativas de marketing digital/tradicional mais bem-sucedidas de todos os tempos foi a campanha Best job in the world, em Queensland. Em janeiro de 2009, a Tourism Queensland embarcou em uma busca global para encontrar um zelador para a ilha que explorasse a Grande Barreira de Corais da Austrália e relatasse essa experiência ao mundo.

O diretor de engajamento de experiência e canais digitais da Tourism and Events Queensland, Chris Chambers, diz que foi uma campanha de marketing que tinha um forte elemento de marketing digital e relações públicas: "Mas havia vários elementos que contribuíram para o seu sucesso, incluindo o engajamento comercial e a publicidade em jornais e de forma tradicional".

IMAGEM 3.5 *Ben Southall. (©Tourism and Events Queensland e Ben Southall. (Reproduzido com permissão)*

O emprego foi anunciado por meio de anúncios de recrutamento em quinze países no dia 12 de janeiro de 2009. A oferta incluía um salário de 150 mil dólares australianos por seis meses de trabalho, com acomodações de luxo na ilha Hamilton e a oportunidade de explorar tudo o que a região tinha a oferecer. Mais de 34 mil candidatos de todo o mundo enviaram um vídeo de 60 segundos para demonstrar sua criatividade, habilidades e aptidão para esse trabalho fácil e prazeroso.

Foram celebridades, escritores, guias de turismo, ambientalistas, estudantes, mães, pais e aposentados: todos estavam competindo pelo melhor trabalho do mundo, tanto que o site de inscrições ficou sobrecarregado com visitas e upload de vídeos, caindo dois dias após o lançamento da campanha. Isso ocorreu, diz Chambers, pela tremenda atenção que a campanha recebeu no hemisfério Norte. "O site foi lançado com três servidores de hospedagem, um servidor de banco de dados e dois servidores com carga equilibrada para gerenciar o tráfego", explica ele. "Na primeira semana da campanha, ampliamos a hospedagem para onze servidores. Mesmo com esse aumento, houve momentos em que o site teve problemas com o número de visitantes."

Uma lista inicial com cinquenta candidatos de 22 países foi reduzida para 16, sendo 15 deles escolhidos pela Tourism Queensland e uma candidata coringa, Claire Wang, de Taiwan, escolhida por voto popular. O emprego ficou com Ben Southall, de Hampshire, Inglaterra, que na época trabalhava em uma ONG, montava avestruzes e saltava de *bungee jumping*. "Ter participado da campanha Best job in the world foi uma experiência emocionante e inovadora, do começo ao fim", diz Southall. "Nunca houve uma campanha de marketing que conquistou o mundo como essa. Desde o singular processo de inscrição pelo YouTube, que recebeu quase 35 mil candidatos, passando pela subsequente intensa cobertura da mídia, até a final durante três dias na Ilha Hamilton, na Grande Barreira de Corais... foi uma honra e uma completa surpresa estar finalmente lá e ser nomeado zelador das Ilhas da Grande Barreira de Corais."

(cont.)

A atenção da mídia mundial incluiu o Oprah Winfrey Show, que apresentou Southall por dez minutos no popular programa diurno de TV, transmitido em 140 países. Além de aparecer na BBC, na ABC, na CNN, na *Time Magazine* e na *Private Eye*, ele também fez um programa de seis episódios para a National Geographic, refazendo a rota que o capitão Cook fizera duzentos e quarenta anos antes, e participou do programa de TV infantil australiano, *Totally Wild*. Por meio de vídeos no YouTube, Facebook, Twitter, grupos de discussão on-line, quadros de avisos, blogs e sites, a mídia social foi muito utilizada para divulgar as inscrições para o emprego e as subsequentes aventuras de Southall – o que ajudou a enfatizar o fascínio de Queensland e da Grande Barreira de Corais como destino de turismo e estilo de vida. Três anos depois, a televisão e os jornais britânicos ainda estavam cobrindo a história, concentrando-se nos resultados do trabalho de Southall.

A Tourism Queensland afirma que a campanha inaugural de Best job in the world gerou mais de 80 milhões de dólares em espaço de publicidade na mídia equivalente por um investimento de apenas 1 milhão de dólares (SWENEY, 2009). A campanha, desenvolvida pela agência Nitro, com sede em Brisbane, ganhou três prêmios importantes no Festival Internacional de Publicidade do Cannes Lions em 2009, incluindo os de relações públicas, marketing direto e melhor site e setores de campanha interativos, na categoria Cyber Lions. Ela ganhou mais prêmios do que qualquer outra campanha em cinquenta anos.

A Tourism Queensland postou muitos vídeos feitos por Southall em seu blog *Hello Sunshine*, incluindo as dicas que ele deu ao explicar como foi aprovado na entrevista de vídeo para trabalhar na ilha Hamilton. Mais empregos em linhas semelhantes foram desenvolvidos ao longo dos anos seguintes com o slogan "Os melhores empregos do mundo", abrangendo diversos cargos, como zelador da vida selvagem, diretor da busca pela diversão, guarda florestal de parque, mestre do sabor, aventureiro do deserto australiano e fotógrafo de estilo de vida.

Aproveitando o crescimento de seu próprio perfil nas mídias, Southall escreveu um livro em 2014, *The Best Job in the World: How to Make a Living from Following Your Dreams* [O melhor emprego do mundo: Como ganhar a vida seguindo seus sonhos, em tradução livre], anunciado em seu blog e site (www.bensouthall.com/best-job-in-the-world-2009/ e bensouthall. com). "Desde que consegui o melhor emprego do mundo, as portas que se abriram me permitiram continuar viajando, embarcar em minhas próprias expedições e seguir uma carreira na produção televisiva de aventuras, nos dois lados da câmera", diz Southall. Agora um apoiador de aventuras, jornalista digital e apresentador, ele também é palestrante motivacional, apresentando-se em todo o mundo em conferências, convenções, eventos universitários, bailes beneficentes, feiras e eventos governamentais. Sua página no Facebook é intitulada Best Life in the World (https://www.facebook.com/Bestlifeintheworld). Enquanto contribuía para este artigo, ele estava filmando uma série televisiva no Nepal, no acampamento base do Everest!

Um artigo no UTalkMarketing.com estabeleceu em 3 bilhões de pessoas o alcance inicial da campanha da Tourism Queensland via islandreefjob.com em 2009. Outros resultados incluíram

(cont.)

34.684 inscrições por vídeo, provenientes de 197 países; mais de 475 mil votos para a participante coringa; mais de 8.465.280 visitas ao site; 55.002.415 visualizações de página; e tempo médio gasto no sites foi de 8,22 minutos. O impacto nas mídias sociais incluiu 378.735 referências a islandreefjob.com no Facebook; 24.782 referências no Twitter e 610 horas de conteúdo gerado pelo usuário em islandreefjob.com/YouTube após o processo de inscrição. Todo o alcance dessa campanha e o engajamento do consumidor inevitavelmente levaram a reservas: mais de 9 mil visitantes do Reino Unido, Irlanda e regiões nórdicas agendaram viagens a Queensland no período que se seguiu à atividade da campanha. E o valor total de RP da iniciativa foi avaliado em 430 milhões de dólares.

Fontes: entrevista por e-mail com Ben Southall, maio de 2016 – bensouthall.com e bestlifeintheworld. com; entrevista por e-mail com Chris Chambers, maio de 2016; Sweney (2009); Enoch (2012), UTalkMarketing.com (2010).

QUESTÕES DE ESTUDO DE CASO

1. A primeira linha do caso sugere que essa foi "uma das iniciativas de marketing digital/tradicional mais bem-sucedidas de todos os tempos". Você concorda? Por quê?

2. Como a Tourism Queensland mediu o sucesso dessa campanha? Você vê algum problema com alguma das métricas usadas?

3. Pesquise o que Ben Southall está fazendo hoje em dia. Depois de avaliar suas atividades nas redes sociais, o que você acha que são os objetivos dele?

REFERÊNCIAS

ADJEI, M.; NOBLE, S.; NOBLE, C. The influence of C2C communications in online brand communities on customer purchase behavior. **Journal of the Academy of Marketing Science**, v. 38, n. 5, p. 634–653, out. 2010.

ALGESHEIMER, R.; DHOLAKIA, U. M.; HERRMANN, A. The social influence of brand community. **Journal of Marketing**, v. 69, p. 19–34, jul. 2005.

AMADEUS. Travel infographic: wearable technology and the opportunities for the travel industry. **Amadeus**, 2015. Disponível em: http://www.amadeus.com/documents/shaping-the-future-of-travel/Amadeus-Infographic-Wearable-Technology.jpg. Acesso em: 6 mar. 2020.

AUFREITER, N.; BOUDET, J.; WENG, V. Why marketers should keep sending you e-mails. **Insights & Publications, McKinsey & Company**, jan. 2014. Disponível em: www.mckinsey.com/business-functions/marketing-and-sales/our-insights/why-marketers-should-keep-sending-you-emails. Acesso em: 6 mar. 2020.

BAGOZZI, R.; DHOLAKIA, U. Antecedents and purchase consequences of customer participation in small group brand communities. **International Journal of Research in Marketing**, v. 23, n. 1, p. 45–61, mar. 2006.

BARWISE, P.; MEEHAN, S. The one thing you must get right when building a brand. **Harvard Business Review**, v. 88, n. 12, p. 80–84, 89, dez. 2010.

CAREY, R.; KANG, D.; ZEA, M. The trouble with travel distribution. **McKinsey Quarterly**, fev. 2012.

COURT D. *et al.* The consumer journey. **McKinsey Quarterly**, jun. 2009. Disponível em: www.mckinsey.com/business-functions/marketing-and-sales/our-insights/the -consumer-decision-journey. Acesso em: 6 mar. 2020.

CRUZ, B.; MENDELSOHN, J. Why social media matters to your business. **Chadwick Martin Bailey**, abr. 2010. Disponível em: www.cmbinfo.com/cmb-cms/wp-content/ uploads/2010/04/Why_Social_Media_Matters_2010.pdf. Acesso em: 6 mar. 2020.

DANAHER, P. J.; ROSSITER, J. R. Comparing perceptions of marketing communication channels. **European Journal of Marketing**, v. 45, n. 1/2, p. 6–42, 15 fev. 2011.

DHOLAKIA, U. M.; DURHAM, E. One café chain's Facebook experiment. **Harvard Business Review**, v. 88, n. 3, p. 26, mar. 2010.

DUKE'S FUQUA SCHOOL OF BUSINESS. The CMO survey: Social media spending high, but impact difficult to prove. 3 set. 2014. Disponível em: https://www.fuqua.duke.edu/ duke-fuqua-insights/cmo-survey-sept-2014. Acesso em: 6 mar. 2020.

EBIZ. Top 15 best social networking sites & APPs. **eBiz**, fev. 2020. Disponível em: http:// www.ebizmba.com/articles/social-networking-websites. Acesso em: 6 mar. 2020.

EDELMAN, D. Branding in the digital age. **Harvard Business Review**, v. 88, n. 12, p. 62–69, dez. 2010.

EDELMAN, D.; SINGER, M. The new consumer decision journey. **McKinsey & Co.**, out. 2015. Disponível em: www.mckinsey.com/insights/marketing_sales/the_new_consumer_ decision_journey. Acesso em: 6 mar. 2020.

EDULJEE, M. The difference between monitoring and listening to social media. **The Quantum Mousetrap**, 27 nov. 2010. Disponível em: https://www.markeduljee.com/ the-difference-between-monitoring-and-listening-to-social-media. Acesso em: 6 mar. 2020.

ENOCH, N. Whatever happened to the man who got the best job in the world on a desert island paradise? He worked too hard, lost his girlfriend and got stung by poisonous jellyfish. **Daily Mail Online**, 24 abr. 2012. Disponível em: www.dailymail.co.uk/news/ article-2134388/Ben-Southall-What-happened-man-got-best-job-caretaker-Hamilton-Island.html. Acesso em: 6 mar. 2020.

EUROMONITOR. **Trends shaping online travel**. Londres: Euromonitor International, 2014. Disponível em: www.tti.org/assets/files/presentations/2014/Spring2014/Caroline_ Bremner_Euromonitor.pdf. Acesso em: 6 mar. 2020.

GANGULY, S. Why social media advertising is set to explode in the next 3 years. **Marketing Land**, 17 mar. 2015. Disponível em: http://marketingland.com/social-media-advertising-set-explode-next-3-years-12169. Acesso em: 9 mar. 2020.

HERTZFELD, E. Social media boosts hotel occupancy. **Hotel Management**, 24 mar. 2015. Disponível em: www.hotelmanagement.net/technology/social-media-boosts-hotel-occupancy-30683. Acesso em: 9 mar. 2020.

HUDSON, S. *et al.* The influence of social media interactions on consumer-brand relationships. A three-country study of brand perceptions and marketing behaviors. **International Journal of Research in Marketing**, v. 33, n. 1, p. 27–41, mar. 2016.

HUDSON, S. *et al.* The effects of social media on emotions, brand relationship quality, and word of mouth: An empirical study of music festival attendees. **Tourism Management**, v. 47, p. 68–76, abr. 2015.

KARMIN, C. The new hotel-room key: Your smartphone. **Wall Street Journal**, 27 jan. 2014, p. B1.

KELLER, K. Building strong brands in a modern marketing communications environment. **Journal of Marketing Communications**, v. 15, n. 2/3, p. 139–155, jul. 2009.

KIM, J.; HARDIN, A. The impact of virtual worlds on word-of-mouth: improving social networking and servicescape in the hospitality industry. **Journal of Hospitality Marketing and Management**, v. 19, n. 7, p. 735–753, set. 2010.

KOROVKIN, C. Why event badges will never be the same again. Case study. **EventMB**, 9 jun. 2016. Disponível em: www.eventmanagerblog.com/smart-badges-and-networking-results. Acesso em: 9 mar. 2020.

KUNZ, W.; SESHADRI, S. From virtual travelers to real friends: Relationship-building insights from an online travel community. **Journal of Business Research**, v. 68, n. 9, p. 1822–1828, set. 2015.

LAB42. Techie traveler: the behavior of today's tech-based travel aficionado. **Lab42**, abr. 2012. Disponível em: http://blog.lab42.com/techie-traveler. Acesso em: 9 mar. 2020.

LECINSKI, L. Winning the zero moment of truth. **Knowledge@Wharton**, 11 maio 2011. Disponível em: https://www.thinkwithgoogle.com/research-studies/2011-winning-zmot-ebook.html. Acesso em: 9 mar. 2020.

LEE, D.; KIM, H.; KIM, J. The impact of online brand community type on consumer's community engagement behaviors: consumer-created vs. marketer-created online brand community in online social-networking web sites. **CyberPsychology, Behavior & Social Networking**, v. 14, n. 1/2, p. 59–63, jan./fev. 2011.

LEVERE, J.L. How was your stay? Post it. **New York Times**, 14 jan. 2014, p. B6.

MATHIESON, R. The future according to Spielberg: Minority Report and the world of ubiquitous computing. **Mpulse Magazine**, ago. 2002. Disponível em: www.rickmathieson.com/articles/0802-minorityreport.html. Acesso em: 9 mar. 2020.

MEDIAKIX. Social media influencers help travel and hospitality brands reach untapped audiences. **Mediakix**, 5 ago. 2015. Disponível em: http://mediakix.com/2015/08/

travelhospitality-brands-marketing-with-social-media-influencers/#gs.null. Acesso em: 9 mar. 2020.

MOSENDZ, P.; KAWA, L. Pokemon Go brings real money to random bars and pizzerias. **Bloomberg**, 11 jul. 2016. Disponível em: https://www.bloomberg.com/news/articles/2016-07-11/pok-mon-go-brings-real-money-to-random-bars-and-pizzerias. Acesso em: 9 mar. 2020.

MULHERN, F. Integrated marketing communications: from media channels to digital connectivity. **Journal of Marketing Communications**, v. 15, n. 2–3, p. 85–101, jul. 2009.

PALMATIER, R. W. *et al.* The role of customer gratitude in relationship marketing. **Journal of Marketing**, v. 73, p. 1547–7185, out. 2009.

PHOCUSWRIGHT. **Ski Traveler Snapshot. US Skier and Ski Traveler Report.** New York: Phocuswright Inc. Digital Marketing 91, 2013.

RELLIHAN, K. Travel trends for 2015. **travelchannel.com**, 2015. Disponível em: www.travelchannel.com/interests/hot-topics/articles/travel=-trends-for2015-?refcd=n-def&nl-TCN_123114_featlink1&c32=c7e67d6b7c89533e9015acf696e3693075004d36. Acesso em: 9 mar. 2020.

ROBERTI, J. Q&A. **Marketing Week**, 2 jun. 2011, p. 29.

SDL. Celebrity cruises, Guinness World Records and Adama agricultural solutions improve customer experience with SDL and building blocks. 2015. Disponível em: www.sdl.com/about/news-media/press/2015/sdl-building-blocks-improve-customer-experience.html. Acesso em: 9 mar. 2020.

STATISTA. Social Media Advertising. Disponível em: https://www.statista.com/outlook/220/100/social-media-advertising/worldwide. Acesso em 31 mar. 2020.

SULLIVAN, E. A group effort. **Marketing News**, 28 fev. 2010, p. 22–28.

SWENEY, M. "Best job in the world" campaign storms Cannes Lions advertising awards. **The Guardian**, 23 jun. 2009. Disponível em: www.guardian.co.uk/media/2009/jun/23/best-job-advertising-awards. Acesso em: 9 mar. 2020.

TNOOZ. Club Med crowdsources elements of latest ski resort in the French Alps. **tnooz**, 18 fev. 2014. Disponível em: www.tnooz.com/article/Club-Med-crowdsources-latest-ski-resort-in-French-Alps/#sthash.rWKo7nbd.dpuf. Acesso em: 9 mar. 2020.

TNOOZ. What does Pokemon Go mean for the travel industry? **tnooz**, 13 jul. 2016. Disponível em: https://www.tnooz.com/article/what-does-pokemon-go-mean-for-the--travel-industry. Acesso em: 9 mar. 2020.

TRENDWATCHING. 11 crucial trends for 2011. Disponível em: www.trendwatching.com/trends/11trends2011. Acesso em: 9 mar. 2020.

TREJOS, N. Marriott "teleports" guests to Hawaii, London. **USA Today**, 22 set. 2014. Disponível em: www.usatoday.com/story/dispatches/2014/09/22/marriott-hotels-virtual-travel-transporter/15904019. Acesso em: 9 mar. 2020.

UTALKMARKETING.COM. Tourism Queensland "Best Job In The World" social media campaign. **UTalkMarketing**, 12 abr. 2010. Disponível em: www.utalkmarketing.com/

pages/article.aspx?articleid=17349&title=tourism_queensland_best_job_in_the_world_social_media_campaign. Acesso em: 12 dez. 2020.

VALOS, M. J.; EWING, M. T.; POWELL, I. H. Practitioner prognostications on the future of online marketing. **Journal of Marketing Management**, v. 26, n. 3–4, p. 361–376, maio 2010.

WALT DISNEY WORLD. It all started with an "M" and it wasn't "Mouse" but "Moms!" – Disney Parks announces fifth annual Walt Disney World Moms Panel Search. **PRNewswire**, 13 set. 2011.

WEED, J. The "smart" trend in hotels. **New York Times**, 23 abr. 2013, p. B5.

O PLANO DE MARKETING   4

INTRODUÇÃO

O plano de marketing atende a vários propósitos em qualquer organização de turismo: fornece um roteiro para todas as atividades de marketing da empresa no futuro; garante que as atividades de marketing estejam de acordo com o plano estratégico corporativo; força os gerentes de marketing a pensar objetivamente e revisar todas as etapas do processo de marketing; no processo orçamentário, auxilia a alocar recursos para os objetivos de marketing; e cria um processo para monitorar os resultados reais em relação aos esperados. Existem oito etapas lógicas em um processo sistemático de planejamento de marketing e este capítulo descreve cada uma delas. Os estudos de caso concentram-se no especialista em solucionar problemas de hotéis Michel Goget; na gentrificação de Andermatt, na Suíça; e no festival de caça aos cervos em Winneba, Gana.

LIÇÕES DE UM GURU DO MARKETING – MICHEL GOGET: ESPECIALISTA EM SOLUCIONAR PROBLEMAS HOTELEIROS

Um cidadão do mundo, Michel Goget teve uma carreira multifacetada em hospitalidade nos últimos quarenta anos, passando de *chef* para o setor de vendas, depois marketing e, finalmente, gerente geral. Depois de começar na Loews Hotels em Monte Carlo, Mônaco, na década de 1970, ele trabalhou para a Marriott International e para a Euro Disney Paris; foi vice-presidente europeu da Dolce International na França; atuou como gerente geral da Ritz-Carlton International LLC e como gerente geral da Ritz-Carlton Sanya; foi vice-presidente sênior da Operations for the World, vice-presidente sênior de vendas para a América do Norte e China na EDL Hospitality; e agora está de volta ao Ritz-Carlton, no qual é gerente geral em Chicago.

Formado pela Florida International University, em Miami, em administração hoteleira internacional, Goget fala inglês fluentemente, francês e possui conhecimentos básicos de espanhol. Durante seus sete anos na ilha chinesa de Hainan (de 2007 a 2014), Goget foi encarregado de manter o Ritz-Carlton Sanya na posição número um na ilha. Ele foi homenageado como Empreendedor de Destaque pelo Departamento de Governo e Turismo da cidade de Sanya e, sob sua liderança, o hotel ganhou mais de cem prêmios, incluindo o de Melhor Hotel da rede Ritz-Carlton Hotels em 2012 e Melhor Gerente Geral do ano.

IMAGEM 4.1 *Michel Goget. (Cortesia de Michel Goget)*

Como vice-presidente sênior da Operations for The World – o maior navio residencial de propriedade privada do mundo –, ele foi responsável pelo desenvolvimento e pela condução de planos e iniciativas estratégicos para as operações do hotel, incluindo alimentos e bebidas, serviço de limpeza, spa e centro de bem-estar, enriquecimento pessoal, atendimento e administração, tanto a bordo do navio quanto no escritório corporativo da empresa em Fort Lauderdale, Flórida.

Semiaposentado, ele foi chamado de volta ao Ritz-Carlton em 2015 para liderar um plano de marketing para o hotel em Chicago. "É uma história interessante. Até 1º de agosto de 2014, o hotel era um Ritz-Carlton, mas não era afiliado à Ritz-Carlton como empresa", diz Goget. A administração era feita pelo Four Seasons, que usava seus canais de estratégia de distribuição e marketing, mas ainda tinha o nome Ritz-Carlton: "Tudo estava meio largado: o nome era Ritz-Carlton, mas era administrado pelo Four Seasons, uma situação estranha e confusa para o consumidor".

Tendo sido extremamente bem-sucedido até os anos 1990, o estabelecimento foi o primeiro complexo de várias unidades no mundo, com um hotel de luxo, um grande shopping center e 250 apartamentos, localizado no coração de Chicago. A primeira tarefa do rebranding foi instigar uma reforma de 45 milhões de dólares para elevar a propriedade aos altos padrões de hoje.

(cont.)

"Um dos requisitos é que a Ritz-Carlton LLC, que opera 92 hotéis no mundo, precisa nomear um gerente geral", explica Goget. "E como eu estava me aposentando, estava prontamente disponível e eles precisavam de alguém com muita experiência para fazer a transição dessa propriedade para um hotel da marca Ritz-Carlton." Com a primeira fase de reforma concluída em 2016 e a segunda fase encerrada na primeira metade de 2017, "um pouco do brilho do passado foi restaurado, e o hotel voltou a atender a área de alto luxo", diz Goget.

Tendo como rivais o Peninsula e o Park Hyatt literalmente do outro lado da rua, e o Trump e o Waldorf Astoria nas proximidades, esse é um mercado muito competitivo. É aí que o conhecimento especializado e a vasta experiência de Goget vêm à tona: "De um ponto de venda de marketing, o que fiz aqui (e também fiz com muito sucesso na China) é posicionar o hotel corretamente no mercado. É uma questão de entender o mercado e a forma como você está sendo percebido, por meio de um exercício muito formal de posicionamento, antes que tenhamos o plano". Essa visão clara e minuciosamente pesquisada coincidiu com a conclusão da reforma do hotel.

Reforçada pela Team 1, da Saatchi & Saatchi, a pesquisa envolveu uma análise de 30 mil dólares e uma avaliação aprofundada do mercado, tendo em mente os sentimentos dos clientes em relação ao hotel. Realisticamente, Goget admite que o hotel havia sofrido com a falta de foco nos anos mais recentes. "Todo mundo nos vê como um Ritz-Carlton e, para o cliente médio, era um Ritz-Carlton. No entanto, vários clientes fiéis e regulares sabiam que era administrado pelo Four Seasons. Para a maioria de nossos clientes, precisamos provar que somos melhores que o Four Seasons e esse será um processo interessante", diz ele.

Fundamental para o sucesso de seu plano de marketing, será necessária uma compreensão completa da cultura, do caráter e da posição de mercado do hotel, que pode ser traduzida para todas as partes interessadas. Uma vez que isso seja apurado, Goget buscará formas de diferenciá-lo de outras marcas rivais e superá-las, além de anunciá-lo ao mundo. "Primeiro, encontre a visão e depois se comprometa", diz ele. "Leva dois meses para perder valor e dois anos para ganhar valor".

Fontes: entrevistas com Michel Goget em 2012 e 2016.

ETAPAS DO PLANO DE MARKETING

O estudo de caso de abertura destaca a importância do posicionamento e do planejamento bem-sucedidos no ambiente de marketing atual. Como Michel Goget reconhece, o posicionamento é crítico no setor hoteleiro, assim como em outros setores do turismo e da hospitalidade. Em seus princípios, o planejamento de marketing não passa de um processo de pensamento lógico no qual todas as empresas deveriam se engajar. Trata-se do emprego de bom senso, tão relevante para uma pequena pousada do tipo bed and breakfast quanto para o Ritz-Carlton. A expressão plano de marketing é amplamente usada para designar um plano de curto prazo (dois anos ou menos). Este capítulo é dedicado ao desenvolvimento desses planos. Um plano estratégico de marketing, por outro lado, é diferente, pois abrange três ou mais anos. Um processo sistemático de planejamento de marketing consiste em oito etapas lógicas, conforme descrito na Figura 4.1. No plano estratégico de marketing, de longo prazo, os quatro primeiros estágios podem ser mais detalhados, mas qualquer plano de marketing de curto prazo também deve incluir uma avaliação dessas etapas. Cada etapa alimenta a próxima. Um plano de marketing não é uma ferramenta independente; portanto, o primeiro estágio é analisar as metas e objetivos da organização como um todo e, em seguida, desenvolver um plano de marketing que sustentará a declaração de missão, a filosofia corporativa e as metas da empresa. Uma vez esclarecida a conexão corporativa, os próximos dois estágios envolvem a definição da situação atual, a análise da eficácia das atividades atuais e a identificação de oportunidades. Estes são os estágios de análise e previsão. O quarto estágio refere-se à definição de metas e objetivos de marketing derivados logicamente dos estágios anteriores do processo de planejamento.

Em seguida, os mercados-alvo devem ser selecionados da lista de segmentos disponíveis desenvolvida anteriormente e, então, a etapa posterior será o posicionamento. O posicionamento no mercado é, em última análise, a maneira como o consumidor percebe o bem ou serviço em um determinado mercado, sendo usado para obter uma vantagem competitiva sustentável em relação aos concorrentes.

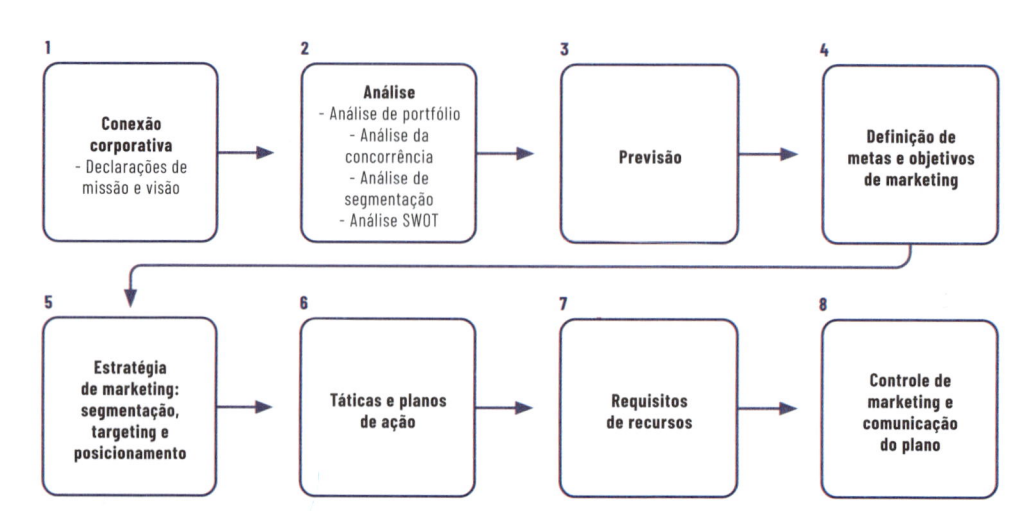

FIGURA 4.1 *Planejamento de marketing: um processo de oito etapas.*

O sexto estágio do plano de marketing envolve a seleção e o desenvolvimento de uma série de táticas e planos de ação que produzem os resultados necessários de forma eficaz. Essa parte do plano mostra como a organização pretende usar os 7 Ps. O plano de marketing também precisa abordar os recursos necessários para apoiar as estratégias e cumprir os objetivos, de forma que os requisitos de recursos são o foco da sétima etapa. Por fim, a oitava etapa do plano de marketing diz respeito ao controle de marketing e como os objetivos serão alcançados no tempo necessário, usando os fundos e recursos solicitados. Essa etapa final do plano de marketing também envolve comunicação, tanto interna quanto externa, para alcançar o máximo impacto.

O papel de cada seção do plano de marketing será agora discutido em mais detalhes.

CONEXÃO CORPORATIVA

Um bom plano de marketing começa pelo fato de que o único objetivo do marketing é dar suporte à empresa. O planejamento de marketing deve, portanto, refletir as metas e objetivos da organização como um todo. A declaração de missão ou visão reflete a filosofia da organização, e as metas e objetivos estabelecidos no plano de negócios tornam-se a base do planejamento para todos os departamentos. As responsabilidades do marketing em relação à visão corporativa geralmente são descritas em um ou mais documentos específicos separados. Metas podem ser definidas em termos de crescimento de vendas, aumento de lucratividade e liderança de mercado, enquanto objetivos são as atividades pelas quais os objetivos serão alcançados. Uma declaração de visão geralmente responde à pergunta "O que queremos ser?", enquanto a declaração de missão responde à pergunta "Em que negócio estamos?". Enquanto a visão descreve onde a organização deseja estar em algum momento futuro, a missão é uma declaração mais ampla sobre os negócios e o escopo, os bens ou serviços, os mercados atendidos e a filosofia geral de uma organização.

As declarações de visão e missão podem variar. A missão da G Adventures, operadora de turismo de aventura, por exemplo, é capacitar seus clientes para ajudar a fazer o bem no mundo, viajando com propósito e deixando um impacto positivo nos locais em que a empresa opera. Muitas de suas viagens oferecem uma oportunidade única aos turistas, permitindo-os ajudar as comunidades carentes que visitam, muitas vezes por meio da Planeterra Foundation, uma organização fundada em 2003 com foco no suporte e desenvolvimento de empresas sociais.

Até 2015, 25 projetos de empreendimentos sociais foram incorporados à cadeia de suprimentos dos itinerários da G Adventures, com o objetivo de ajudar mais diretamente as comunidades e permitir que elas se beneficiem consistentemente do turismo. E o fundador/proprietário Bruce Poon Tip planeja aumentar esse número. "Estamos apostando no nosso modelo de negócios para empresas sociais", disse Poon Tip referindo-se à campanha 50 in 5, da G Adventures. A campanha incluirá cinquenta novos empreendimentos sociais em seus passeios até o fim de 2020, garantindo que mais de 90% dos viajantes visitem pelo menos um deles. "Estamos comemorando o que fizemos, mas também dobramos nossa missão original, que é ter um impacto positivo nos lugares por onde viajamos", disse ele (BIRNBAUM, 2015). Os objetivos de Poon Tip – reduzir a pobreza por meio do turismo, capacitar mulheres e ajudar a preservar as culturas tradicionais – estão sendo auxiliados pelo crescente número de viajantes que procuram operadoras de turismo que adotam prioridades sociais e ambientais.

IMAGEM 4.2 *CEO da G Adventures, vista da trilha pela montanha em Lares, Peru. (©G Adventures, Inc. Reproduzido com permissão)*

Outra empresa com uma forte missão é a Four Seasons Hotels and Resorts, que foi guiada por quatro pilares importantes criados há décadas pelo fundador Isadore Sharp. O primeiro pilar baseia-se na decisão antecipada de gerenciar apenas hotéis de luxo de médio porte: "Operaremos apenas hotéis de médio porte de qualidade excepcional com o objetivo de ser os melhores", enfatiza Sharp. Ele se manteve fiel à sua palavra e, não tendo outra diversificação de negócios, garantiu uma marca forte. O segundo valor principal da Four Seasons é em relação a serviços – "O verdadeiro luxo será definido não pela arquitetura ou decoração, mas pelo serviço. Portanto, devemos tornar a qualidade do serviço o nosso diferencial e uma vantagem competitiva". Sharp fez da antecipação das necessidades das pessoas uma ciência. Em terceiro lugar vem a cultura de renome mundial da empresa, baseada na simples premissa da Regra de Ouro, que orienta as ações dos funcionários em relação a seus hóspedes, parceiros de negócios e entre si. A quarta é a marca, refletindo uma decisão de gerenciar em vez de possuir hotéis: "Vamos crescer como empresa de gestão e construir uma marca que seja sinônimo de qualidade". Esse credo sempre foi acompanhado por auditorias externas de controle de qualidade, resultando em quase 300 padrões operacionais que estão sob avaliação regular (HUDSON; HUDSON, 2013).

ANÁLISE

A próxima etapa do plano de marketing é definir a situação atual. É essencial que cada componente do negócio seja revisado para garantir que os recursos sejam alocados com eficiência. Existem vários modelos para analisar a eficácia e identificar oportunidades, mas os comprovados pelo tempo e pela aplicação prática em vários setores incluem a análise de portfólio, a análise de concorrentes, a análise de segmentação e a análise SWOT (pontos fortes, pontos fracos, oportunidades e ameaças).

Análise de portfólio

A análise de portfólio tornou-se popular nos anos 1960, quando muitas organizações procuraram melhorar sua lucratividade diversificando suas atividades para não colocarem todas as fichas em uma única aposta. O modelo do Boston Consulting Group (BCG) foi uma das abordagens mais populares para avaliar um grupo muito diversificado de bens e serviços, com base em planejamento de longo prazo e previsões econômicas. O modelo adota a visão de que todos os produtos de uma organização podem ser traçados em uma matriz dois por dois a fim de identificar aqueles que oferecem alto potencial e aqueles que drenam os recursos da organização.

Na Figura 4.2, o eixo horizontal representa a participação no mercado e o eixo vertical representa o crescimento previsto do mercado. A alta participação no mercado significa que uma empresa é líder nesse bem ou serviço; a baixa participação no mercado indica que o mercado é altamente competitivo ou que um bem ou serviço não teve ampla aceitação. Um bem ou serviço pode então assumir uma das quatro posições teóricas no modelo. A vaca leiteira é um produto que gera dinheiro e rotatividade, mas as perspectivas de longo prazo são limitadas. A empresa na Figura 4.2 opera dois negócios do tipo vaca leiteira. O vira-lata não oferece fluxo de caixa nem oportunidades de longo prazo e seu desempenho parece que não vai melhorar. Na ilustração, a empresa possui três vira-latas.

As estrelas são produtos que têm uma participação dominante em um mercado em rápido crescimento. Embora elas talvez não gerem grande quantidade de

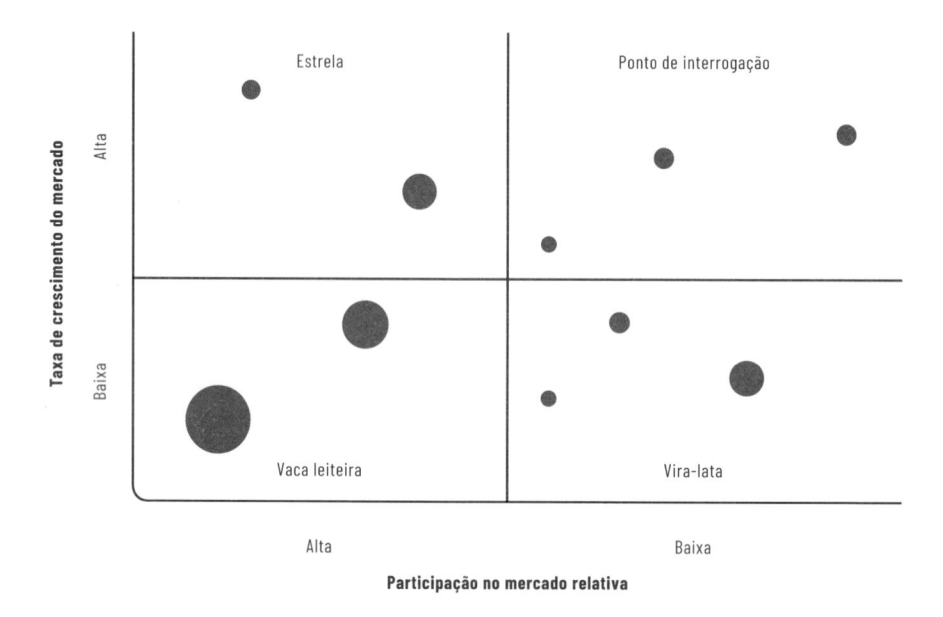

FIGURA 4.2 *O modelo do Boston Consulting Group (BCG)*

caixa no momento, elas têm potencial para altos retornos no futuro. Os pontos de interrogação são produtos bastante especulativos com alto potencial de risco. Eles podem ser lucrativos, mas, como detêm uma pequena participação no mercado, podem estar vulneráveis à concorrência. Bens ou serviços passam pelo ciclo de vida do produto, o que pode afetar seu posicionamento no modelo BCG. Um novo produto pode estar na célula ponto de interrogação; à medida que obtém sucesso, passa para a categoria estrela e passa a se tornar uma vaca leiteira antes de começar a declinar e se tornar um vira-lata.

Um bom exemplo de um produto turístico que ocupou as quatro posições no modelo BCG é o avião supersônico Concorde, da British Airways. Começando como um ponto de interrogação, a maravilha com asas em delta, produto da tecnologia e do otimismo da década de 1960, rapidamente se tornou uma estrela quando executivos de negócios e celebridades famosas afirmaram seu *status* gastando milhares de dólares para economizar algumas horas de viagem. O produto logo se tornou uma vaca leiteira e mais de 2,5 milhões de passageiros voaram em aviões Concorde depois que entraram em serviço em 1976. No entanto, o preenchimento dos cem assentos em um Concorde tornou-se cada vez mais difícil e, entre 2000 e 2003, o Concorde pôde ser classificado como um vira-lata. Em abril de 2003, foi anunciado que a companhia aérea supersônica administrada pela British Airways e pela Air France seria encerrada naquele ano por causa da queda nas vendas de passagens. No entanto, esse talvez não seja o fim da linha para esse produto. Um grupo de fãs do Concorde (Club Concorde) arrecadou mais de 186 milhões de dólares na esperança de conseguir que um Concorde voe novamente. O grupo planeja comprar dois aviões Concorde: um será restaurado e posto novamente no ar, enquanto o outro servirá como uma atração turística que ficará perto do London Eye (HOELLER, 2015).

Análise da concorrência

Informações sobre o número e o tipo de concorrentes, suas relativas participações no mercado, o que fazem bem e o que fazem mal ajudarão no processo de planejamento. A análise da concorrência também destaca as tendências do mercado e o nível de lealdade dos consumidores. Os concorrentes podem ser divididos em quatro grandes categorias: concorrentes diretos, que oferecem bens e serviços semelhantes ao mesmo consumidor e a um preço semelhante; concorrentes da mesma categoria de produto, que fabricam o mesmo produto ou tipo de produto; concorrentes em geral, que prestam o mesmo serviço; e concorrentes de orçamento, que competem pelo mesmo dinheiro dos clientes. Além da concorrência existente, há também a ameaça de concorrência potencial na forma de novos participantes (PORTER, 1980).

Se considerarmos a competitividade do setor de resorts de esqui nos Estados Unidos, por exemplo, podemos dividi-los em três categorias (HUDSON; HUDSON, 2015). Em primeiro lugar, existem resorts nacionais que geralmente atraem pessoas de um estado, província ou região de um país. Em segundo lugar, existem resorts regionais, aqueles que atraem esquiadores que moram a centenas de quilômetros. Por fim, existem resorts internacionais de primeira classe (trezentos a quatrocentos no total) que atraem esquiadores de todo o mundo. Nos Estados Unidos, a maior operadora de resorts de esqui, com mais de um terço da participação no mercado, é a Vail Resorts Inc., que opera resorts nos Estados Unidos, Canadá e outros. A Vail possui um segmento imobiliário e de hospedagem, além do segmento em montanhas, que inclui seis resorts de esqui: Vail, Beaver Creek, Breckenridge, Keystone, Heavenly e Northstar em Tahoe. Em 2014, a Vail adicionou o Park City Mountain Resort em Utah ao seu portfólio e, em 2015, expandiu-se para fora da América do Norte adquirindo a Perisher, na Austrália. Em 2016, a Vail Resorts comprou a Whistler Blackcomb, no Canadá e, em 2017, adicionou a Stowe, em Vermont, ao seu portfólio. Outros grandes atores nos Estados Unidos incluem a Intrawest Corporation, que opera os resorts Snowshoe, Steamboat, Stratton e Winter Park, e a Boyne Resorts, uma empresa sediada em Michigan que opera dez estações de esqui na América do Norte. A POWDR Corporation, sediada em Park

City, Utah, possui nove resorts nos Estados Unidos, incluindo Copper Mountain e Killington, no Colorado. A Figura 4.3 mostra os principais atores da indústria de esqui nos Estados Unidos em 2015, com suas participações no mercado.

Para entender a concorrência relativa, as organizações geralmente realizam uma análise de características para verificar se seus produtos e serviços são melhores (ou piores) do que os oferecidos pelos concorrentes. Por exemplo, quando estava desenvolvendo um novo aplicativo de passeios pela cidade, o UX Design, com sede em Nova York, conduziu uma análise de recursos com quatro dos principais concorrentes nos setores de viagens e eventos (veja o Quadro 4.1). Com esse processo, foram capazes de identificar as melhores práticas e áreas de oportunidade para o novo aplicativo. Por exemplo, encontrar atividades perto da localização atual do usuário era um recurso que faltava à maioria dos concorrentes da UX Design. Portanto, esse recurso foi incluído em seu aplicativo, permitindo aos usuários encontrar uma caminhada próxima a eles e de forma rápida.

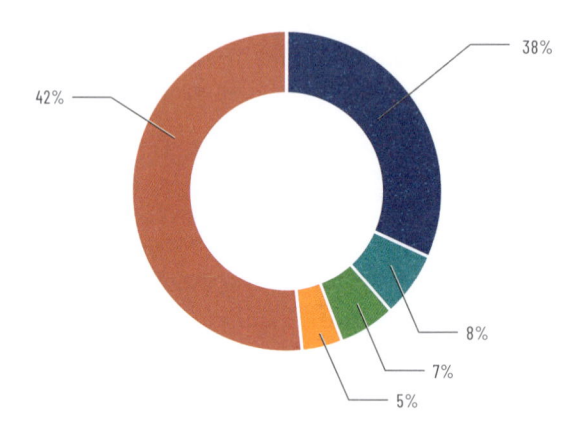

FIGURA 4.3 *Principais atores do turismo no setor da indústria de esqui nos Estados Unidos. (Fonte: IBIS World.com, 2016)*

Michael Porter sugere que existem apenas três estratégias genéricas para lidar com a concorrência: liderança de baixo custo, diferenciação e foco (PORTER, 1980). A liderança de baixo custo é a estratégia mais simples e eficaz, mas requer grandes recursos e forte gerenciamento para se manter. É usada quando uma empresa pretende se tornar o **produtor de baixo** custo em **seu setor**. Produtores de baixo custo geralmente vendem um **produto**-padrão ou essencial e dão ênfase considerável ao ganho em escala ou a **vant**agens de custo absoluto de todas as fontes. Isso pode durar pouco, pois é **fácil** para os concorrentes atingirem um preço baixo na tentativa de superar o desafio. As companhias aéreas de baixo custo que surgiram em todo o mundo são exemplos dessa estratégia.

QUADRO 4.1 *Análise de características para o aplicativo Walk the walk. (Fonte: www.xiaohandesign.com/ walk-thewalk. ©Xiao Han. Todos os direitos reservados. Usado com permissão)*

	YPlan	Guide Pal	TimeOut New York	TimeOut Walks
Categorizar por tipo ativo	√	√	√	×
Marcar eventos futuros	√	×	×	×
Classificar por preço	√	×	×	×
Classificar por tópico	√	√	√	×
Escolha do editor	√	√	√	×
Informa quantas pessoas estão indo	√	√	√	×
Permite fazer reserva por aplicativo	√	√	×	√
Mapas	√	√	√	×
Quanto tempo até o destino/a rota	×	√	×	×
Atividades perto da sua localização atual	√	×	×	×
Atividades para hoje/para o fim de semana	√	×	√	×
Guias selecionados	×	√	√	√
Usuários podem adicionar guias	×	√	×	×
Link para Uber	×	√	×	×
Classificação	√	√	√	×
Comentários	√	√	√	×
Avaliações de especialistas	×	√	√	×
Convidar amigos	√	×	×	×
Vídeo do evento	√	×	×	×
Visitas guiadas	√	√	√	√
Passeios com áudio	×	×	×	√
Passeios a pé	√	√	√	√

Legenda: Sim √ Não ×

A diferenciação é uma estratégia que consiste em uma inovação tecnológica que pode levar muito tempo para ser imitada pelos concorrentes. Uma vantagem competitiva pode ser obtida com um produto mais novo, melhor e/ou mais rápido. A melhoria pode estar nos recursos de desempenho, na durabilidade, na confiabilidade ou no serviço. O novo jato de 560 toneladas da Airbus, o A380, transporta até 800 passageiros e se diferencia dos concorrentes por ter se tornado o maior avião comercial do mundo. A estratégia de foco concentra-se em projetar um bem ou serviço para atender às necessidades de um segmento do mercado de uma maneira melhor que a concorrência. A dica de Bruce Poon, da G Adventures, mencionada anteriormente, segue essa estratégia nos negócios de turismo de aventura. Essas três estratégias genéricas baseiam-se na criação de uma posição única para a organização, que distingue suas ofertas das ofertas de seus concorrentes pelo preço, pelos recursos do produto ou pela forma como atende às necessidades de um segmento específico. Esse processo, conhecido como posicionamento, será discutido mais adiante neste capítulo.

Análise de segmentação

A análise de segmentação refere-se à maneira pela qual as organizações identificam e categorizam os clientes, agrupando-os por características e necessidades ou desejos semelhantes. O conceito de segmentação é amplamente adotado no marketing do turismo, pois poucas empresas do setor tentam atrair um mercado inteiro. Os princípios de segmentação baseiam-se na premissa de que um mercado pode ser facilmente dividido em segmentos para fins comerciais de segmentação de ofertas. A principal vantagem é que os clientes ficarão mais satisfeitos com o produto, porque ele foi projetado tendo suas necessidades em mente. Suas necessidades sociais também são satisfeitas, porque interagem com pessoas semelhantes e evitam tipos incompatíveis. Se uma organização souber exatamente quais segmentos deseja alcançar, poderá selecionar a mídia com maior probabilidade de ser lida, ouvida ou vista por esses consumidores e, portanto, gastará menos com publicidade geral do mercado de massa. Se conhecer o estilo de vida e as atitudes desse segmento, assim como os benefícios que essas pessoas buscam no produto, a mensagem publicitária poderá ser mais persuasiva.

Os critérios mais usados pelos fornecedores de turismo e hospitalidade para segmentar o mercado são os seguintes:

(A) SEGMENTAÇÃO DEMOGRÁFICA: usa as principais variáveis de idade, sexo, ciclo de vida familiar e etnia para segmentar os mercados. A operadora de turismo britânica Club 18-30, por exemplo, usa variáveis de idade e estilo de vida para segmentar o mercado de férias e atrair jovens solteiros interessados em uma vida noturna vibrante.

(B) SEGMENTAÇÃO PSICOGRÁFICA: divide os compradores com base nas características de classe social, estilo de vida e personalidade. A psicografia e a segmentação do estilo de vida são baseadas em traços de personalidade, atitudes, motivações e atividades, e foram discutidas em mais detalhes no capítulo 2. Pessoas no mesmo grupo demográfico podem ter perfis psicográficos muito diferentes.

(C) SEGMENTAÇÃO GEOGRÁFICA: é a divisão de mercados de acordo com limites geográficos, como países, províncias/estados, regiões, cidades ou bairros. No passado, para muitas organizações de marketing de destino (DMOs), a segmentação era em geral limitada à compreensão do mercado turístico internacional mais lucrativo. No entanto, desde os ataques terroristas de 11 de setembro de 2001, os profissionais de marketing de destino reconheceram a importância dos residentes locais e provincianos, assim como seu impacto nas receitas do turismo (HUDSON; RITCHIE, 2002).

(D) SEGMENTAÇÃO DE BENEFÍCIOS: divide os clientes com base nos benefícios que desejam, como educação, entretenimento, luxo ou baixo custo. Os clientes avaliam diferentes recursos de um serviço a fim de formar a base da segmentação de benefícios. Os clientes da nova Virgin Hotels, de Richard Branson, por exemplo, valorizarão benefícios como a decoração do saguão, exibições de artistas locais e comida de *chefs* famosos.

(E) SEGMENTAÇÃO POR COMPORTAMENTO: divide o mercado em grupos com base nos vários tipos de comportamento de compra. As bases comuns incluem frequência de uso (leve, médio e pesado), *status* do usuário (ex-usuários, não usuários, usuários em potencial, usuários iniciantes e usuários regulares de um produto), grau de fidelidade (muitas pessoas ficam em hotéis cinco estrelas tanto pelo *status* quanto pelo conforto), predisposição do comprador e oportunidades. Em ocasiões especiais, as pessoas pagam mais por um tratamento especial: muitos restaurantes agora têm pacotes para festas de aniversário infantil, enquanto hotéis e linhas de cruzeiro têm suítes especiais para lua de mel.

O Quadro 4.2 resume as principais características de quatro segmentos geracionais diferentes: a geração silenciosa, os *baby boomers*, a geração X e a geração Y. A ideia de geração, derivada da teoria geracional, foi popularizada nos Estados Unidos por Strauss e Howe (1997). Geralmente, uma geração dura entre vinte e

QUADRO 4.2 *As principais características de quatro segmentos geracionais diferentes. (Reproduzido de Tourism Management, 37, Li, X.; Li, X. e Hudson, S. "The application of generational theory to tourism consumes behaviour: An American perspective", p. 147-164, copyright 2013, com permissão da Elsevier)*

Gerações	Geração silenciosa	Baby boomer	Geração X	Geração Y
Eventos/ tendências da época	Primeira e Segunda Guerra Mundial Grande Depressão Guerra da Coreia	Movimento dos direitos civis Movimento de liberação das mulheres Guerra do Vietnã Pouso na lua Assassinato do presidente John F. Kennedy	Crise do petróleo de 1973 Fim da Guerra Fria Epidemia de HIV-AIDS Redução corporativa Cortes no orçamento do Estado Tecnologia emergente	Queda da União Soviética Guerra do Golfo Ascensão da era da informação Uso generalizado da internet
Valores fundamentais	Conformidade equiparada ao sucesso Apreciam disciplina, trabalho duro, autoridade, lealdade e abnegação e, em geral, são social e financeiramente conservadores Desconfiam das mudanças e preferem o *status quo*, e uma grande preocupação para eles é sobreviver com seus recursos. Portanto, tendiam a economizar dinheiro e economizam dinheiro agora. Também são leitores ávidos, especialmente de jornais	Com o aumento das oportunidades educacionais, financeiras e sociais, a geração *boomer* é frequentemente retratada como otimista, exploradora e conquistadora Além disso, é a primeira geração que cresceu com a televisão e é fortemente influenciada por ela. Valorizam a escolha individual, o envolvimento com a comunidade, a prosperidade, a propriedade, a autorrealização, a saúde e o bem-estar	Essa geração valoriza o espírito empreendedor, a lealdade, a independência, a criatividade e a informação. Gostam de receber feedback e se adaptam bem a novas situações Essa geração também valoriza a qualidade do trabalho e da vida. Enquanto os *baby boomers* estão trabalhando duro para progredir, as pessoas da geração X estão trabalhando duro para ter mais tempo para equilibrar as responsabilidades de vida e trabalho	São a geração mais globalmente orientada. A geração Y valoriza a autoexpressão. Adaptam-se rapidamente, desejam mudanças e desafios, e são constantemente criativos São excepcionalmente resilientes, comprometidos e leais quando se dedicam a uma ideia, causa ou produto Em resumo, a geração Y é inteligente, criativa, otimista, orientada para resultados e especialista em tecnologia. Eles anseiam por um mundo disponível 24 horas por dia, 7 dias por semana e esperam um processamento rápido e imediato

(cont.)

Gerações	Geração silenciosa	Baby boomer	Geração X	Geração Y
Participação de mercado em viagens de lazer e negócios (US TRAVEL ASSOCIATION, 2011)	Representam 21% de todos os viajantes a lazer e 14% dos viajantes a negócios	Representam 36% de todos os viajantes a lazer e 38% dos viajantes a negócios	Compõem 31% de todos os viajantes a lazer e 36% de todos os viajantes a negócios	Compõem 12% dos viajantes a lazer e 13% dos viajantes a negócios
Número médio de viagens realizadas (US TRAVEL ASSOCIATION, 2011)	Fazem em média 4,1 viagens a lazer e 6,7 viagens a negócios por ano	Fazem em média 4,2 viagens a lazer e 7,5 viagens a negócios por ano	Fazem em média 3,5 viagens a lazer e 6,9 viagens a negócios por ano	Fazem em média 3,9 viagens a lazer e 4,2 viagens a negócios por ano
Outras características da viagem (viagens domésticas) (TIA, 2006)	Tendem a fazer viagens mais longas do que outras gerações, com maior probabilidade de viajar para fora do estado e região	São responsáveis pelo maior número de viagens nos Estados Unidos, têm maior probabilidade de viajar a negócios e também são os viajantes mais abastados	É provável que a geração X viaje mais com os filhos do que as outras gerações	São viajantes mais ativos do que as gerações mais velhas

Fonte: adaptado de Li, Li e Hudson (2013).

vinte e cinco anos, sendo definida como um "agregado de todas as pessoas nascidas aproximadamente durante o período de uma fase da vida, que compartilham um local comum na história e, portanto, uma personalidade coletiva comum" (STRAUSS; HOWE, 1997, p. 61). Por causa do mesmo tempo de vida, cada geração passou pelos mesmos eventos sociais e influências externas em seus anos de formação, criando assim experiências e perspectivas de vida semelhantes. Esses eventos externos ainda ajudam a moldar seus principais valores fundamentais, que geralmente não mudam bruscamente durante o curso da vida. Esses valores geracionais são denominados personalidade dos pares por Strauss e Howe (1997). À medida que uma geração envelhece, suas crenças internas mantêm uma certa consistência ao longo de seu ciclo de vida, da mesma forma que acontece com um indivíduo ao envelhecer. No capítulo 11, o Quadro 11.1 resume algumas pesquisas sobre essas quatro gerações e seu comportamento em relação a viagens, a fontes de informação, a busca de informações on-line, a reservas, ao interesse por viagens, a atividades preferidas e a experiências buscadas.

Em suma, o ponto crucial de qualquer plano de marketing é a análise cuidadosa dos segmentos de mercado disponíveis e a seleção dos mercados-alvo apropriados. Um erro comum no turismo e na hospitalidade é a seleção de segmentos inadequados. Certa vez, Las Vegas tentou, sem sucesso, promover-se como um destino familiar, fornecendo hotéis temáticos de piratas e circos, festas, passeios, diversões, fliperamas e atrações com animais. Os profissionais de marketing de Las Vegas reverteram aquela iniciativa e conseguiram atrair segmentos de mercado mais apropriados, com a ajuda de sua bem-sucedida campanha publicitária "What Happens in Vegas, Stays in Vegas" (O que acontece em Vegas, fica em Vegas). A segmentação de mercado é um processo dinâmico porque as tendências do cliente não são estáticas. Portanto, é importante realizar estudos regulares – de preferência contínuos – para monitorar as mudanças. Uma das tendências mais recentes do turismo e da hospitalidade tem sido a desmassificação, em que os mercados de massa do passado estão sendo substituídos por um número cada vez maior de nichos (CRAWFORD-WELCH, 1991). Como resultado, o marketing de nicho está crescendo, motivo pelo qual os produtos são adaptados para atender às necessidades e desejos de segmentos geográficos, demográficos ou psicográficos definidos de maneira restrita. Um bom exemplo é uma empresa australiana de enoturismo chamada Wine for Dudes, cujo mercado-alvo é a geração X. O empreendimento ganhou muitos e diferentes prêmios empresariais e de negócios por seu conceito inovador, por seus serviços e pelo marketing. Sua abordagem é loquaz, atrevida e alegre, contrapondo o ambiente mais esnobe e sofisticado da degustação de vinhos tradicional.

Análise SWOT

SWOT é um acrônimo, em inglês, para pontos fortes, pontos fracos, oportunidades e ameaças. A análise SWOT permite à organização listar todos os seus pontos fortes (o que faz melhor e os recursos positivos do produto) e seus pontos fracos (problemas que afetam seu sucesso). Esses fatores sempre estão focados internamente na própria empresa. Em se tratando de hotéis e atrações turísticas, a localização pode ser uma grande força, ou então as habilidades de certos membros da equipe. A força também pode estar nos artefatos históricos ou no estilo arquitetônico, ou pode estar numa imagem de consumidor particularmente favorável. Uma vez identificados, os pontos fortes são a base das posições corporativas e podem ser promovidos a clientes em potencial, aprimorados por meio da ampliação de produtos ou desenvolvidos dentro de uma estrutura estratégica. Pontos fracos, que vão desde produtos envelhecidos e mercados em declínio até mau humor dos funcionários que atendem o cliente, também devem ser identifica-dos. Em seguida, eles podem estar sujeitos a ações de gerenciamento projetadas para minimizar seu impacto ou removê-los sempre que possível. Pontos fracos e fortes com frequência são questão de percepção e não verdades absolutas, e talvez só sejam reconhecidos apenas por meio de pesquisas com consumido-res. Oportunidades são eventos que podem afetar um negócio, seja por causa-rem uma reação a forças externas ou por abordarem suas próprias fraquezas. Ameaças são os elementos, internos e externos, que podem ter um sério efeito prejudicial sobre os negócios.

Em geral, o melhor momento para se fazer uma análise SWOT é no início do pro-cesso de planejamento e, em grandes organizações, é frequentemente realizada para cada divisão. Por exemplo, um hotel de convenções conduziria um SWOT na propriedade como um todo, mas também poderia realizar um exercício separado para a área de eventos, os restaurantes, os pontos de venda e as instalações de recreação. Para aprimorar sua própria visão e trazer uma visão independente e nova, é comum em grandes empresas orientadas para o mercado que os geren-tes contratem consultores para realizar auditorias regulares de todos os aspec-tos de seus negócios, incluindo análises SWOT. Os destinos também realizarão análises SWOT como parte de um plano de marketing. O primeiro Plano Diretor de Turismo de Mianmar, por exemplo, identificou uma série de pontos fortes e oportunidades para o setor de turismo do país, bem como restrições a serem superadas e riscos para gerenciar. Isso pode ser visto na Figura 4.4.

Forças	Fraquezas
• O turismo é uma prioridade nacional. • Aumento acentuado da chegada de visitantes. • Excelente herança histórica, natural e cultural. • Reconhecida cordialidade do povo de Mianmar. • Novo destino com extensa exposição na mídia internacional. • Compromisso com um governo eficaz e eficiente.	• Falta de recursos humanos treinados. • Serviços públicos, infraestrutura e sistemas financeiros insuficientes. • Ambiente regulatório fraco. • Coordenação insuficiente entre os setores público e privado. • Falta de informações turísticas precisas.
Oportunidades	**Riscos**
• Localização estratégica entre a República da China e a Índia. • Grande demanda de mercado. • Aumento do investimento direto estrangeiro e da receita pública. • Aprofundamento da cooperação regional. • Criação de empregos. • Transferência de tecnologia. • Intercâmbio intercultural com visitantes internacionais.	• Visitantes perceberem a baixa valorização do dinheiro. • Impactos econômicos, sociais e ambientais negativos. • Velocidade da reforma econômica e liberalização. • Métricas inadequadas usadas para medir o desempenho do turismo. • Instabilidade econômica global e mudanças climáticas. • Desastres naturais.

FIGURA 4.4 *SWOT para o setor de turismo de Mianmar. (Fonte: adaptado de Mianmar, 2013)*

DIGITAL EM FOCO – DE LUGAREJO HUMILDE A HEDONÍSTICO: A GENTRIFICAÇÃO DE ANDERMATT, NA SUÍÇA

IMAGEM 4.3 *Andermatt. (Cortesia de Heinz Baumann, região turística de Andermatt. Reproduzido com permissão)*

Samih Sawiris, um desenvolvedor bilionário nascido no Egito, elaborou um plano ousado para transformar o humilde vilarejo de Andermatt, na Suíça, em um resort aberto o ano todo. Depois de um passeio de helicóptero pela área montanhosa no centro da Suíça em 2005, ele planejou melhorias nas montanhas de esqui, bem como um projeto com 25 chalés de primeira linha, seis hotéis, uma piscina coberta, um campo de golfe com 18 buracos e uma rede de 490 apartamentos em 42 edifícios. Com uma população cada vez menor, em torno de 1.400 habitantes, a antiga cidade militar estava lutando economicamente, com muitos residentes mais jovens migrando para outros lugares em busca de oportunidades de emprego.

A Orascom Development Holding AG, uma empresa imobiliária global cujo proprietário era Sawiris, deu início ao projeto de gentrificação (orçado em 2 bilhões de dólares) ao comprar cerca de 140 hectares de terra para desenvolvimento imobiliário, nos quais sua outra empresa, a suíça Andermatt Swiss Alps AG está realizando o projeto. Já popular entre os esquiadores *off-track*, o belo vilarejo era cercado por uma área de esqui variada e desafiadora na montanha Gemsstock, com 2.961 metros. Enquanto esses esquiadores, em sua maioria holandeses, escandinavos e suíços, se contentavam em caminhar pela neve fresca, grande parte do desenvolvimento da nova infraestrutura de esqui se concentra em melhorar a área de esqui dentro dos limites, atraindo todos os níveis de esquiadores e *snowboarders*.

A Ecosign foi responsável pelo plano de estrutura das pistas de esqui com as partes interessadas (Andermatt Gotthard Sportbahnen, Sedrun Bergbahnen, Matterhorn-Gotthard-Bahn e Andermatt Swiss Alps – todos trabalhando juntos). Os planos incluíam a construção de uma gôndola, dois teleféricos de seis lugares e extensas instalações para fabricação de neve. Os trabalhos começaram no verão de 2015, com o primeiro dos dois teleféricos abertos para a temporada de esqui de 2015/16 e o segundo para 2016/17, tornando-se o maior empreendimento de esqui suíço da época.

Em qualquer empreendimento de resort, a colaboração da comunidade é essencial, e é nesse ponto que Sawiris se destaca. Em uma reunião na cidade, ele conquistou os moradores locais apresentando seus planos de trazer centenas de empregos para a região. Ele conversou com agricultores e moradores da cidade em fóruns de tomada de decisão, ouvindo e adotando ideias para redirecionar o tráfego, realizar terraplanagens, para o uso da terra e para a compensação financeira. A vila votou de forma esmagadora a favor do projeto em março de 2007.

(cont.)

A preparação do terreno começou em 26 de setembro de 2009, e os projetos previam um design moderno para se misturar com as tradicionais alamedas de paralelepípedos e chalés de madeira rústicos de Andermatt. O financiamento para o desenvolvimento veio de pré-vendas, da Orascom e de um investimento pessoal de Sawiris, no valor de 160 milhões de dólares, disse Marta Falconi em um artigo de 2013 para o *Wall Street Journal*. Falconi disse que era um "empreendimento arriscado". A concorrência vinha de outros empreendimentos na Suíça, incluindo o lago Lucerna, nas proximidades. "O desenvolvedor lutou por um ano e meio para manter o cronograma e o fluxo de caixa do projeto, levando alguns investidores a entrar no negócio", disse Falconi. "Um deles, Hans-Peter Bauer, cofundador da empresa imobiliária Swiss Finance & Property AG, comprou 72 unidades por cerca de 135 milhões de dólares." Bauer, que fazia parte do conselho da Andermatt Swiss Alps, era responsável por lançar o resort a investidores estrangeiros em Singapura, Hong Kong e Rússia. Diferentemente da maioria dos resorts suíços – sujeitos à lei Lex Koller, que limita drasticamente o investimento estrangeiro –, o projeto Sawiris em Andermatt é isento e tem como alvo mercados na Suíça, Alemanha, Reino Unido, Itália e no exterior.

Além da reforma do teleférico, a Andermatt Swiss Alps se concentrou no desenvolvimento imobiliário e – junto às autoridades locais – planejou melhorias nos sistemas de água e nas estradas, além da reforma da estação de trem. Nenhum restaurante ou estabelecimento de varejo foi planejado nos estágios iniciais, embora as fases futuras permitam isso. A maior parte do resort foi projetada para não ter carros, contando com novas estruturas de estacionamento subterrâneo. Uma das principais melhorias no centro da cidade foi o Chedi Andermatt Hotel, um hotel de luxo cinco estrelas, lançado a tempo da temporada de esqui de 2013/14. Oferecendo propriedades privadas e estadia em 48 quartos, o hotel de alto padrão combina valores tradicionais da região com a visão de um destino de férias de luxo e de última geração. "A tempo da temporada de inverno 2014/15, os apartamentos dos dois primeiros condomínios do novo resort foram entregues aos proprietários e colocados no mercado de aluguel", diz Markus Berger. "Sempre que os proprietários não estão usando os apartamentos, eles são alugados para turistas." Na temporada de esqui seguinte, um total de quase setenta apartamentos estará disponível para os esquiadores no novo resort de Andermatt. Outros edifícios do condomínio e um segundo hotel foram concluídos em 2017, acrescenta Berger: "No verão de 2016, o novo campo de golfe que tem padrão de campeonato – 18 buracos, par 72 – foi aberto oficialmente depois de ter sido disputado em duas temporadas de abertura por centenas de jogadores amadores".

Markus Berger, chefe de comunicação da Andermatt Swiss Alps AG, faz parte da comercialização do ambicioso projeto, que chegou às manchetes muitas vezes desde que a grande reforma foi iniciada. Em 2016, Berger estava se concentrando no lançamento de um site novo e mais atraente, além de garantir uma cobertura mais ampla na mídia. "Todas as etapas importantes são comunicadas por meio de comunicado à imprensa e, logo depois, disponibilizadas em plataformas on-line e impressas. É claro que todas elas também são postadas e compartilhadas nas mídias

(cont.)

sociais", explica ele. Em termos de marketing digital, o resort está desenvolvendo uma variedade crescente de redes. "No momento, o Facebook e o Twitter são os principais canais que usamos", diz Berger. "O uso do Instagram já começou e também alimentamos o YouTube com mais frequência. Temos um blog semanal e o Pinterest." As propriedades para aluguel e o campo de golfe de Andermatt estão no Tripadvisor e no Booking.com. Enviamos uma newsletter uma vez por mês, além de uma revista semestral bilíngue (alemão e inglês), *DER ANDERMATTER*, que é reforçada com uma versão on-line. Outras ferramentas de marketing incluem o aplicativo para download da região turística de Andermatt, que permite notificações push.

Ao transformar Andermatt em um destino altamente competitivo em todas as estações, Sawiris planejou criar uma comunidade local estável e em crescimento. "Este projeto trouxe nova vida a este lugar", confirmou o prefeito de Andermatt, Roger Nager, em um artigo para o *Wall Street Journal* em 2013.

Fontes: comunicações com Markus Berger, chefe de comunicação da Andermatt Swiss Alps AG 2013 e 2016; Falconi (2013); Hide (2014).

QUESTÕES DE ESTUDO DE CASO

1. Observando as oito etapas do processo de planejamento de marketing, quais você diria que a Andermatt realizou com sucesso?

2. Quem foram as principais partes interessadas responsáveis por transformar o Andermatt em um destino altamente concorrido em todas as estações? Liste-as em ordem de importância.

3. Quais segmentos específicos de turistas seriam atraídos para o novo Andermatt?

PREVISÃO

Uma vez que nunca temos todas as informações e o futuro é sempre incerto, não podemos extrair uma conclusão única e correta com base em evidências reunidas no processo SWOT. Como resultado, a previsão se torna uma etapa importante no processo de planejamento, apoiando-se na análise SWOT. O Plano Diretor de Turismo de Mianmar (2013), mencionado anteriormente, previa 3,01 milhões de visitantes internacionais em 2015 e 7,48 milhões em 2020. Com base nesse cenário de alto crescimento, foi projetado um aumento nas receitas do turismo, de uma linha de base de 534 milhões de dólares em 2012 para 10,18 bilhões de dólares em 2020, com o número de empregos relacionados ao turismo passando de 293.700 para 1,49 milhão. A previsão é baseada em pesquisa de mercado e, ao mesmo tempo, orientada para o futuro, além de depender de expectativas, visão, julgamento e projeções de fatores como tendências de volume e receita de vendas, perfis de consumidores, perfis de produtos, tendências de preços e tendências no ambiente externo. Como o futuro dos produtos de turismo e hospitalidade está sujeito a fatores voláteis e imprevisíveis, assim como às decisões dos concorrentes, o objetivo da previsão não é a precisão, mas uma avaliação cuidadosa e contínua das probabilidades e das opções, com foco nas escolhas futuras. A previsão reconhece que a maioria das despesas do mix de marketing é investida meses antes da captação de receita pretendida. Como o planejamento de marketing tem foco na obtenção de receita futura, ele depende necessariamente de habilidade, julgamento, prognóstico e realismo no processo de previsão.

Existem dois conjuntos principais de técnicas de previsão: qualitativa e quantitativa. Técnicas qualitativas são aquelas que buscam estimar níveis futuros de demanda, com base em análises subjetivas detalhadas. Elas incluem estimativas da equipe de vendas, opiniões da gerência sênior e pesquisas de intenção dos compradores. Duas técnicas qualitativas mais sofisticadas são a técnica Delphi e o planejamento de cenários. A técnica Delphi envolve a opinião de especialistas sobre as perspectivas futuras de um mercado específico, sem que os especialistas se reúnam ou mesmo conheçam a composição do painel, em qualquer estágio das discussões. O planejamento do cenário em longo prazo é realizado por organizações maiores, como hotéis ou companhias aéreas. Essa é uma tentativa sistemática de prever a composição do futuro ambiente de mercado (entre dez e 25 anos) e os prováveis impactos na empresa.

As técnicas quantitativas dependem da análise de dados passados e atuais. Em alguns casos, implicam a simples projeção da demanda futura em termos de tendências passadas e, em outros casos, será preciso desvendar determinantes causais. Vários métodos comprovados são utilizados, e a maioria exige um determinado grau de habilidade em estatística. Técnicas de séries temporais e não causais envolvem a previsão de demanda futura com base em tendências passadas. Os métodos causais tentam mostrar, usando a análise de regressão, como alguma medida da demanda turística é influenciada por determinadas variáveis que não sejam o tempo. Finalmente, as simulações por computador estão se tornando mais populares – a análise da curva de tendências e várias regressões são combinadas matematicamente para gerar um modelo computacional que simula a demanda do turismo.

DEFINIÇÃO DE METAS E OBJETIVOS DE MARKETING

Metas são os principais propósitos da organização, e objetivos são os propósitos específicos que os gerentes tentam alcançar a fim de atingir as metas organizacionais. As metas podem ser definidas em termos de crescimento de vendas, maior lucratividade e liderança de mercado. Os objetivos são as atividades que permitirão alcançar as metas. Por exemplo, a meta de crescimento das vendas de um hotel pode se tornar o objetivo de aumentar 20% nas vendas de acomodações e 30% nas vendas de alimentos e bebidas. A meta de aumentar a lucratividade pode ser traduzida em objetivos como um aumento de 15% nos lucros em geral, e a meta de liderança de mercado pode ser traduzida em objetivos específicos para cada cidade onde a rede de hotéis opera.

Os objetivos de marketing no nível tático derivam logicamente das etapas anteriores do processo de planejamento. Middleton e Clarke (2012) sugerem que, para ser eficazes e acionáveis na prática, os objetivos de marketing tático devem ser:

(A) integrados às metas e estratégias corporativas de longo prazo;

(B) precisos e quantificados em termos de volume de vendas, receita de vendas ou participação de mercado;

(C) específicos em relação a quais produtos e em quais segmentos se aplicam;

(D) específicos em relação ao período em que devem ser alcançados;

(E) realistas e agressivos em termos de tendências de mercado (reveladas na análise da situação) e em relação aos orçamentos disponíveis;

(F) acordados e endossados pelos gerentes responsáveis pelos programas de atividades projetadas para alcançar resultados; e

(G) mensuráveis direta ou indiretamente.

Se esses critérios não forem totalmente refletidos, os objetivos não ajudarão a alcançar o sucesso do negócio, e será mais difícil especificar e avaliar os programas de marketing. Quanto mais detalhadas forem as etapas anteriores do plano de marketing, mais fácil será a tarefa de especificar objetivos precisos. Para garantir a lucratividade e permanecer competitivo no mercado atual, tornou-se necessário estabelecer vários subobjetivos. Por exemplo, um hotel de mil quartos terá, sem dúvida, dois objetivos gerais: ocupação média e tarifa média de quarto. Por si só, esses objetivos não servem como guias adequados para o desenvolvimento de estratégias de marketing. Os subobjetivos podem, portanto, incluir a ocupação por período de tempo, a tarifa média por tipo de quarto e as vendas anuais de cada vendedor. Cada área de suporte de marketing precisa ser guiada por um conjunto de subobjetivos. Isso inclui áreas como publicidade, promoção, relações públicas, pesquisa de mercado e vendas.

É importante reconhecer que os objetivos nem sempre podem ter como base o lucro. Por exemplo, o principal objetivo da Garganta de Cheddar e suas cavernas, uma das atrações turísticas mais antigas e populares da Grã-Bretanha, é a conservação. A propriedade, com 121 hectares no sudoeste da Inglaterra, pertence à família do Marquês de Bath, que também é proprietário da Longleat House, ambas operadas por uma empresa privada de sociedade limitada, a Longleat Enterprises. Ainda que essas atrações precisem se autofinanciar, o principal objetivo é proteger o delicado ambiente, em vez de ganhar dinheiro. A propriedade em forma de L, que abrange todo o lado sul do desfiladeiro de Cheddar, possui cerca de 50 cavernas (incluindo duas cavernas turísticas que são antigos monumentos de importância nacional), os mais altos penhascos de pedra calcária da Grã-Bretanha e uma pradaria de grande importância ecológica, além de vários estacionamentos, construções e outras atrações feitas pelo homem. Mais de 500 mil visitantes por ano passam um tempo na Garganta de Cheddar.

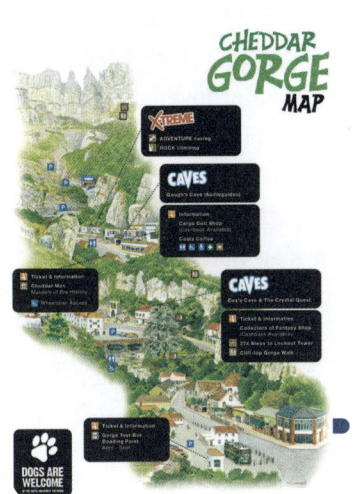

IMAGEM 4.4 *Mapa das cavernas e da Garganta de Cheddar. (usado com permissão de Cheddar Gorge and Caves)*

ESTRATÉGIA DE MARKETING: TARGETING E POSICIONAMENTO

Targeting

Nenhuma área do plano de marketing é mais importante que a seleção de mercados-alvo. Se o mercado inadequado for selecionado, os recursos de marketing serão desperdiçados. Altos gastos com publicidade ou promoções não compensarão os esforços de marketing mal direcionados. Os mercados-alvo devem ser selecionados a partir de uma lista de segmentos disponíveis previamente desenvolvida, o que inclui segmentos atualmente atendidos pela organização e mercados recém-descobertos. Um mercado-alvo é o segmento para o qual a organização direciona sua mensagem de marketing. Implicitamente, os clientes não lucrativos devem receber menos atenção. Um mercado-alvo geralmente tem quatro características. Deve incluir grupos de pessoas ou empresas bem definidos, identificáveis e acessíveis; os integrantes desses grupos devem ter características em comum; eles devem fazer parte de uma rede, para que possam prontamente indicar a organização uns aos outros; e eles devem ter necessidades em comum e motivos semelhantes para comprar o produto ou serviço. Um mercado-alvo essencial para a marca de hotéis Virgin é a mulher que viaja a negócios. Os hotéis enfatizam a segurança, oferecendo salas separadas do quarto para o recebimento de entregas e boa iluminação nos corredores. Considerando a conveniência, os quartos oferecem um *closet*, gavetas para maquiagem e para material de escritório, além de chuveiros maiores e um banco que facilita a depilação das hóspedes.

O mercado familiar também é um mercado-alvo popular para muitas organizações de turismo. O número de viagens em família está crescendo à medida que mais pais optam por compartilhar experiências de viagens com os filhos. O Club Med é um bom exemplo. Antes conhecido por sua capacidade de atender jovens solteiros, agora possui mais de oitenta villages de férias para toda a família no mundo inteiro. O Martinhal, com sede em Portugal, descrito no capítulo 11, é outro exemplo de empresa com foco em famílias. A cofundadora Chitra Stern viu uma oportunidade em jovens profissionais com filhos que desejam algo mais sofisticado que a Disneylândia. Tendo como objetivo famílias no topo do mercado de luxo, o Martinhal fornece tudo o que os pais endinheirados podem querer durante as férias em termos de cuidadores de crianças, atividades para os pequenos, alimentação e instalações, tudo em um ambiente refinado e projetado de forma artística.

Outras operadoras de turismo optam por atingir especificamente os *baby boomers*. Esse setor, com pessoas nascidas entre 1946 e 1964, gera o maior volume de viagens da América do Norte e é um mercado muito atraente para o setor de turismo e hospitalidade. A Bumps for Boomers, uma empresa de esqui de Aspen, tem como alvo esse mercado, promovendo encontros de esqui apenas para essa faixa etária. Joe Nevin, fundador da empresa, definiu seu mercado-alvo em 2003, decidindo se concentrar nos *boomers* em razão do grande número de pessoas dessa geração: "Em 1962, nos Estados Unidos, eram vendidos 4 milhões de ingressos para passar o dia na estação de esqui. Atualmente, são 60 milhões de ingressos vendidos", diz ele. Esse crescimento foi alimentado pela demografia *boomer*. São pessoas que começaram a esquiar quando eram jovens, então se casaram e apresentaram o esqui a suas famílias. Agora, os filhos de seus filhos estão sendo apresentados ao esporte. O esqui se tornou um tema familiar que traz ótimas lembranças, e os *boomers* querem continuar esquiando até a velhice, construindo boas lembranças com os membros de sua família (HUDSON, 2011).

O mercado de turismo LGBT (lésbicas, gays, bissexuais e transgêneros) é outro segmento que está crescendo em importância para a indústria do turismo. O impacto econômico anual dos viajantes LGBT é superior a 100 bilhões de dólares por ano apenas nos Estados Unidos (CMI, 2014). Cerca de 29% dos LGBT viajam com frequência a lazer, realizando cinco ou mais viagens desse tipo por ano e reservando dez ou mais noites em quartos de hotel por ano. A indústria do esqui conseguiu atingir esse mercado. A Whistler no Canadá, por exemplo, sedia o Whistler Pride and Ski Festival, uma das maiores semanas gays e lésbicas da América do Norte (veja a imagem 4.5). O evento conta com oito dias de esqui, *snowboard*, festas, apresentações de *stand-up* e eventos sociais. Outros resorts de esqui norte-americanos que sediam eventos gays incluem Aspen e Telluride, no Colorado; Stowe, em Vermont; e Park City, em Utah. Fora dos

Estados Unidos, os eventos European Gay Ski Week e European Snow Pride são realizados todos os anos nos Alpes franceses, enquanto o Gay Snowhappening é realizado em Solden, na Áustria.

IMAGEM 4.5 *Parada Whistler Pride. (©Jackson photografix/GayWhistler.com)*

Posicionamento

Depois que o mercado for segmentado, e um mercado-alvo, identificado, o próximo passo no plano de marketing é o posicionamento. O posicionamento é uma estratégia de comunicação – um acompanhamento natural da segmentação de mercado e do marketing-alvo. O posicionamento no mercado descreve, em última análise, como o consumidor percebe o produto ou serviço em um determinado mercado e é usado para obter uma vantagem competitiva sustentável sobre os concorrentes. O Four Seasons Hotels and Resorts, mencionado algumas vezes neste capítulo, sempre teve uma estratégia de posicionamento distinta, levando-o a um sucesso competitivo global. A Regra de Ouro do fundador Isadore Sharp rendeu ao Four Seasons um notável recorde de excelência no atendimento ao cliente por meio século. Buscando ser o melhor em serviços, o *modus operandi* de Sharp é tratar os outros como você deseja ser tratado, e essa cultura atenciosa permeou todos os níveis do pessoal da Four Seasons.

São necessárias três etapas para desenvolver uma posição efetiva no segmento de mercado-alvo: diferenciação do produto; priorização e seleção da vantagem competitiva; e comunicação e entrega da posição.

Passo 1: Diferenciação do produto

A diferenciação do produto, uma ideia cunhada por Michael Porter, descreve uma técnica que permite às organizações buscar vantagens competitivas, oferecendo um produto que possui recursos não disponíveis nas ofertas dos concorrentes. A diferenciação do produto tem o potencial de ajudar as empresas a obter uma margem competitiva e distingui-las dos concorrentes, oferecendo vantagens competitivas. Uma vantagem competitiva oferece maior valor ao consumidor, fornecendo benefícios que justificam um preço mais alto. Essas vantagens podem ser estabelecidas por meio de atributos, recursos, serviços, nível de qualidade, estilo, imagem e faixa de preço do produto. Os elementos-chave moldarão a forma como o consumidor percebe o produto. A diferenciação de atributos físicos é alcançada pelo aprimoramento ou pela criação de uma imagem na mente do consumidor por meio de evidências tangíveis. Por exemplo, o Quality Inn oferece uma aparência física muito simples, passando a ideia de um local limpo, seguro e barato para dormir. O Fairmont Hotels & Resorts, por outro lado, combina um exterior elaborado com um interior luxuoso para inspirar sentimentos de conforto, relaxamento e prestígio.

A diferenciação de serviços é uma forma cada vez mais importante de se obter vantagem competitiva. A qualidade dos serviços tem sido identificada cada vez mais como um fator essencial para a diferenciação de produtos e serviços e para a construção de uma vantagem competitiva no turismo. O processo pelo qual os clientes avaliam uma compra, determinando assim a satisfação e a probabilidade de recompra, é importante para todos os profissionais de marketing, mas em especial para os profissionais de marketing de serviços, porque, diferentemente de suas contrapartes que trabalham com fabricação, eles têm menos medidas objetivas de qualidade para avaliar sua produção (ZEITHAML; BERRY; PARASURAMAN, 1987). A diferenciação de serviços é explorada com mais detalhes no capítulo 10.

Passo 2: Priorização e seleção da vantagem competitiva

O posicionamento é muito parecido com um sistema de ranking, e a organização deve decidir onde deseja estar na hierarquia. Algumas empresas têm uma imagem de alta qualidade, serviços e preço, enquanto outras, de baixo orçamento. Nenhuma imagem é melhor ou pior. No entanto, uma vez que a posição é estabelecida, é muito difícil mudá-la na mente do consumidor. Portanto, as empresas devem ter muito cuidado ao selecionar a combinação mais eficaz de vantagens competitivas, de modo que possam promover e contribuir para a construção de sua estratégia de posicionamento.

É importante promover não apenas um benefício para o mercado-alvo, mas desenvolver uma proposta de venda exclusiva (USP), uma característica tão única que distingue o produto de todos os outros. O objetivo de uma USP é que a empresa se estabeleça como o fornecedor número um de um atributo específico na mente do mercado-alvo. O atributo escolhido deve ser desejado e altamente valorizado pelos consumidores-alvo. Se os elementos do mix de marketing criarem a marca e a ajudarem a se conectar com o cliente ano após ano, a personalidade total da marca, e não as diferenças triviais do produto, decidirá sua posição final no mercado. Embora seja difícil na indústria do turismo encontrar uma proposta de venda exclusiva eficaz em um mercado tão competitivo e livre, é essencial oferecer algo novo. Pacotes de férias tendem a oferecer negócios semelhantes, com apenas pequenas diferenças. Portanto, é importante que uma empresa crie um novo bem, serviço ou benefício que possa ser oferecido aos consumidores somente por ela. A operadora de turismo britânica Crystal Holidays, por exemplo, entregou aos funcionários 700 iPads com informações on-line, conselhos e dicas detalhadas sobre o resort, além de um software personalizado que permite fazer chamadas de vídeo antes que os clientes iniciem a viagem. Essa nova tecnologia também facilita o acesso a informações sobre a neve e permite solicitar esquis e botas antecipadamente, para acabar com as longas filas nos pontos de aluguel.

Passo 3: Comunicação e entrega da posição

O objetivo final de uma organização no processo de posicionamento é criar e manter uma estratégia consistente. O objetivo geral dos fornecedores de turismo é atrair a atenção de clientes em potencial e encantá-los com ofertas de produtos que não podem ser vencidas pelos concorrentes. Programas e slogans que apoiam a posição da organização devem ser continuamente desenvolvidos e promovidos para estabelecer e manter a posição desejada da organização na mente do consumidor. Qualidade, frequência e exposição na mídia determinarão o sucesso da estratégia de posicionamento.

Os fornecedores de turismo e hospitalidade tentam diferenciar seus produtos usando o branding, um método para estabelecer uma identidade distinta para um produto com base na diferenciação competitiva em relação a outros produtos. Produtos de marca são aqueles cujo nome evoca certas imagens, de preferência positivas, na mente dos consumidores. Essas imagens podem se relacionar com moda, valor, prestígio, qualidade ou confiabilidade. A imagem é um elemento importante na percepção do cliente. Se uma cadeia de hotéis tiver uma imagem de qualidade, os clientes corporativos que se hospedarem nela terão o benefício de projetar uma imagem de sucesso para seus clientes ou colegas. Algumas marcas são reconhecidas por sua confiabilidade. É reconfortante para muitos viajantes, por exemplo, saber que a Best Western atenderá a certos padrões ao escolher um de seus estabelecimentos, mesmo que o viajante não esteja familiarizado com ele ou com a região específica. Hotéis, em particular, aplicam o branding em determinados estabelecimentos em seu grupo para identificar diferentes categorias de produtos (veja mais informações sobre branding nos capítulos 5 e 8).

TÁTICAS E PLANOS DE AÇÃO

Embora não exista uma estratégia única adequada para todas as organizações, o planejamento de marketing oferece a oportunidade de entender o ambiente operacional e escolher opções que atendam às metas e aos objetivos da organização. O planejamento envolve a seleção e o desenvolvimento de uma série de estratégias que efetivamente produzem os resultados necessários. Entre as estratégias a ser consideradas estão:

(A) TOMAR BOAS DECISÕES DE INVESTIMENTO: É crucial selecionar o melhor e mais eficaz uso dos recursos financeiros, o que inclui a revisão do ciclo de vida do produto e a análise do portfólio.

(B) DIVERSIFICAÇÃO: Embora seja importante garantir que os recursos sejam alocados nos mercados que apresentam os melhores potenciais de rendimentos, a possibilidade de interrupções nos mercados também deve ser levada em consideração. Assim, a diversificação pode minorar os impactos.

(C) PLANEJAMENTO DE LONGO PRAZO: As campanhas de marketing de turismo podem ter longos prazos de entrega. O efeito cumulativo das promoções pode demorar um pouco para produzir resultados mensuráveis. Construir eficácia ao longo do tempo é tão importante quanto gerar resultados instantâneos.

(D) APROVEITAR NOVAS OPORTUNIDADES: Estar ciente das tendências, modismos, modas e mudanças de atitudes dos consumidores também ajudará a organização a identificar oportunidades. Ser flexível o suficiente para responder aos desenvolvimentos do mercado dará à organização uma forte vantagem competitiva.

(E) DESENVOLVIMENTO DE PARCERIAS ESTRATÉGICAS: É importante identificar clientes, fornecedores e concorrentes com os quais é possível desenvolver um relacionamento de trabalho aprimorado. Alianças estratégicas oferecem a oportunidade de aumentar os lucros para todos os participantes.

As estratégias de marketing são projetadas como um veículo para alcançar os objetivos de marketing. Por sua vez, as táticas de marketing são ferramentas para apoiar as estratégias. Os programas de ação compreendem atividades de marketing realizadas para influenciar e motivar os compradores a escolher o volume esperado de produtos específicos. Essa parte do plano mostra como a organização planeja usar o mix de marketing, que é a mistura de variáveis controláveis que a empresa usa para realizar vendas no mercado-alvo. Os quatro Ps originais do mix de marketing, introduzidos na década de 1960, são produto, praça, promoção e preço. Como os serviços geralmente são produzidos e consumidos simultaneamente, os clientes costumam fazer parte do seu processo de produção. Além disso, como os serviços são intangíveis, os clientes geralmente procuram qualquer sinal tangível que os ajude a entender a natureza da experiência do serviço. Tudo isso levou os profissionais de marketing a concluir que precisam usar variáveis adicionais para se comunicar e satisfazer seus clientes. O reconhecimento da importância dessas variáveis adicionais levou os profissionais de marketing a adotarem o conceito de um mix de marketing expandido para serviços, que inclui, além dos quatro Ps tradicionais, pessoas, palpabilidade (evidência física) e processo.

O Quadro 4.3 mostra as atividades que devem ser incluídas nesta seção do plano de marketing. Um programa de mix de marketing ou campanha de marketing expressa exatamente quais atividades apoiarão cada subgrupo de produto/mercado identificado semanalmente.

Em 2009, reconhecendo que Gana não havia explorado todo o seu potencial como destino turístico, o governo do país elaborou um plano de marketing com o objetivo de atrair um milhão de turistas até 2012. Os planos de ação implementados para alcançar esse objetivo podem ser vistos no Quadro 4.4 e se concentram em quatro temas: desenvolver a proposta de turismo; construir a marca internamente; construir a reputação de Gana como um destino que precisa ser visitado; e melhorar a acessibilidade ao país. O plano foi bem-sucedido – em 2012, 1.263.857 turistas internacionais gastaram 2,5 bilhões de dólares no país, afirmando o setor como o quarto maior exportador, atrás apenas de ouro, cacau e remessas de valores.

QUADRO 4.3 *Estratégias específicas incluídas no plano de ação*

Estratégias	Elementos do mix de marketing (Ps)
Estratégias de produtos	Produtos Palpabilidade Processo
Estratégias de precificação	Preço
Estratégias de distribuição	Praça
Estratégias de publicidade	Promoção
Estratégias de promoção de vendas e merchandising	Promoção
Estratégias de relações públicas	Promoção
Estratégias de vendas	Promoção
Estratégias de marketing direto	Promoção
Estratégias de marketing na internet	Praça Promoção
Estratégias de marketing interno (pessoal, gerenciamento da qualidade do serviço, etc.)	Pessoas Processo

QUADRO 4.4 *Os planos de ação para o turismo de Gana. (Fonte: adaptado de Ghana Tourism Authority, 2009)*

1. Gana precisa desenvolver sua proposta de turismo (melhoria e desenvolvimento de produtos).	2. Gana precisa construir a marca internamente
Desenvolver locais receptivos para uso dos viajantes	Realizar comunicações internas de marketing da proposta de turismo de Gana
Fazer cumprir a lei sobre o estabelecimento de lojas de conveniência em paradas para descanso	Apurar e listar as principais agências
Treinar funcionários nos pontos de entrada sobre a importância do turismo e do atendimento ao cliente	Brifar agências e promover reuniões para discussão de projetos
Instalar sanitários modernos em atrações turísticas, aeroportos e fronteiras	Indicar e brifar a agência selecionada
Instalar sinalização turística para direcionar os visitantes às atrações, usando símbolos e cores internacionais	Desenvolver um programa de comunicações multimídia integradas
Fornecer lixeiras nas atrações, para garantir que os locais sejam mantidos limpos	Fazer uma apresentação provisória para o Conselho de Turismo de Gana e a Federação de Turismo de Gana

(cont.)

1. Gana precisa desenvolver sua proposta de turismo (melhoria e desenvolvimento de produtos).	2. Gana precisa construir a marca internamente
Desenvolver propostas para tornar as atrações turísticas mais emocionantes	Finalizar a aprovação da campanha de comunicação interna
Conduzir pesquisas e desenvolvimento de outras atrações que merecem ser incluídas na lista de patrimônios mundiais	Lançar a campanha de comunicação interna
Melhorar a capacidade de monitorar e avaliar o desenvolvimento do turismo, estabelecendo sistemas de informação fortes	Realizar programas de extensão do turismo nas escolas de ensino básico
Realizar treinamento e desenvolver avaliação de necessidades para todo o setor	Pressionar o Ministério da Educação de Gana a incluir o turismo no currículo das escolas
Desenvolver uma política de treinamento para o setor	Desenvolver programas de turismo na televisão, programas de perguntas e respostas nas rádios, etc.
Desenvolver requisitos mínimos para diferentes cargos, para que os prestadores de serviços possuam os conhecimentos profissionais necessários	Criar um site de turismo para as escolas, onde os alunos possam escrever sobre suas experiências em atrações turísticas e postar fotos
Coordenar o treinamento do pessoal de turismo, incluindo treinamento interno, treinamento externo, habilidades específicas, workshops, conferências, etc.	Organizar visitas de familiarização para jornalistas nacionais
Estabelecer um departamento de monitoramento de capital humano no Conselho de Turismo de Gana ou no Ministério do Turismo para monitorar o desenvolvimento dos recursos humanos no setor	

3. Gana precisa construir reputação como um destino turístico da África Ocidental	4. Gana precisa melhorar a acessibilidade ao país
Organizar visitas de familiarização para jornalistas de viagens internacionais	Criar um comitê para revisar a utilização on-line do setor de hospitalidade, especialmente de hotéis e operadoras de turismo
Realizar comunicações de marketing externas	Garantir que hotéis e operadoras de turismo tenham sites corporativos
Apurar e listar as principais agências	Participar de feiras e exposições importantes da indústria, por exemplo, ITB e WTM
Reunir agências e realizar reuniões para discussão de projetos	Pressionar o governo para revisar/simplificar o regime de vistos e atualizar a infraestrutura de turismo
Indicar e brifar a agência selecionada	Desenvolver um diretório anual de operadoras qualificadas e credenciadas no setor

(cont.)

3. Gana precisa construir reputação como um destino turístico da África Ocidental	4. Gana precisa melhorar a acessibilidade ao país
Agência para desenvolver programa de comunicações integradas multimídia	Visitar as principais operadoras de turismo nos países de origem segmentados (não durante as exposições)
Fazer uma apresentação provisória para o Conselho de Turismo de Gana e a Federação de Turismo de Gana	Explorar oportunidades para acessar plataformas on-line globais, como PayPal e ixeo.com
Dar aprovação final para a campanha de comunicação interna	
Lançar a campanha de comunicação externa	
Indicar um consultor de marketing na internet que aconselhe sobre estratégias on-line	
Revisar os indicadores de SEO do site Touringghana	
Implementar uma estratégia on-line	
Desenvolver ações turísticas em paralelo, incluindo vídeos, fotos e folhetos de alta qualidade (impresso e digital)	
Fazer com que personalidades esportivas internacionais, como Michael Essien e Sulley Muntari, usem camisetas com a marca de Gana sob seus uniformes	
Estabelecer escritórios de representação nos principais países de origem	
Montar escritórios de informações em missões estrangeiras	
Organizar visitas a Gana para representantes de balcões de informações em missões estrangeiras e escritórios representantes	
Desenvolver estratégia para o gerenciamento de crises	

REQUISITOS DE RECURSOS

O plano de marketing precisa abordar os recursos necessários para sustentar as estratégias de marketing e atender aos objetivos. Esses recursos incluem pessoal, equipamentos, espaço, orçamentos, apoio intraorganizacional, pesquisa, consultoria e treinamento. Um erro comum ao escrever um plano de marketing é desenvolver estratégias que têm alta probabilidade de funcionar, mas para as quais não há apoio suficiente. Em geral, nos negócios de turismo e hospitalidade, o recurso mais caro, difícil e necessário para se garantir o sucesso das estratégias de marketing/vendas é o pessoal. A gerência geralmente vê o acréscimo de pessoal como desnecessário, impraticável ou imprudente, dadas as restrições orçamentárias.

O orçamento tem importância primordial na análise dos requisitos de recursos. É essencial definir um orçamento que forneça ao departamento de marketing recursos suficientes para entregar seu plano. No entanto, na maioria das organizações, vários departamentos competem por fundos, e nem sempre é fácil convencer a gerência de que o orçamento de marketing deve ter prioridade em fundos limitados. Embora esse seja um problema menor em organizações com orientação comercial, pode ser um grande problema em organizações de artes e entretenimento e grupos sem fins lucrativos. A ideia de gastar dinheiro em marketing (que frequentemente não é visto como uma atividade essencial) em detrimento de cobranças, manutenção, aquisições ou expansão de programas de desempenho é com frequência uma questão muito controversa.

CONTROLE DE MARKETING E COMUNICAÇÃO DO PLANO

A etapa final do processo de planejamento é garantir que os objetivos sejam alcançados no tempo necessário, usando os fundos e recursos solicitados. Para medir a eficácia, os programas de avaliação precisam ser implementados e monitorados regularmente. Não vale a pena preparar um plano de marketing para um ano e incluir uma metodologia de avaliação que começa no final do ano em operação, pois não haverá tempo suficiente para identificar possíveis problemas ou iniciar ações corretivas.

Como os objetivos foram definidos em termos quantificáveis, análises regulares das previsões e cotas de vendas, avaliações das despesas em relação ao orçamento e coleta e análise de dados fornecerão orientações sobre o cumprimento dos objetivos. Se surgir um problema, os planos de contingência podem ser ativados. Planos de contingência eficazes são considerados muito antes de emergências ou problemas surgirem. Reagir sob pressão raramente é tão eficaz quanto o planejamento prévio. Se, como parte do processo original, forem consideradas alternativas, é mais provável que elas sejam bem-sucedidas. Ao definirem-se objetivos, a razão mais importante para se insistir na precisão é possibilitar a medição de resultados. Para uma empresa de turismo, esses resultados podem ser o fluxo de reservas medido com base na capacidade planejada; a resposta de vendas com descontos relacionada a qualquer publicidade; as mensagens de publicidade conhecidas pelo cliente, calculadas por meio de pesquisas; a resposta a vendas com descontos e promoções; a resposta de vendas a qualquer esforço de merchandising de agências de viagens; o uso de sites pelo consumidor; o fluxo de reservas obtidas; e os resultados de satisfação do cliente.

A maioria dos planos de marketing é elaborada para cobrir detalhadamente um plano de ação de um ano, com referências de longo prazo – tradicionalmente três e cinco anos. Embora as metas corporativas possam ser de longo prazo (geralmente de dez a vinte anos), os objetivos reais geralmente são definidos em prazos muito mais curtos. Algumas organizações baseiam seus planos de marketing em seus ciclos de financiamento, como organizações artísticas ou departamentos governamentais, que têm ciclos de financiamento de três anos e preparam planos de negócios e de marketing que cobrem todo o período de financiamento. No entanto, mesmo elas enfatizam a importância da revisão regular e reavaliam suas seções do plano de ação a cada doze meses.

Em todos os níveis, envolver o maior número possível de funcionários no processo de definição de objetivos e elaboração de planos que se comuniquem bem é um aspecto importante da motivação do pessoal e da participação entusiástica no processo de implementação. Esse envolvimento é objeto de crescente atenção em muitas organizações de turismo e hospitalidade (MIDDLETON; CLARKE, 2012), sendo especialmente importante para as empresas de serviços, em que muitos funcionários têm contato direto com os clientes no local. É uma boa ideia programar os estágios do planejamento de marketing, para que os gerentes e o maior número possível de funcionários em todos os departamentos possam participar do início ou comentar os objetivos e planos preliminares. A motivação pode ser prejudicada se os objetivos forem alterados continuamente ou se não houver oportunidade de debater sua praticidade na operação. Embora o planejamento de marketing seja conduzido principalmente para se obter decisões de negócios mais eficientes, seu benefício secundário é fornecer um meio de participação e comunicação interna, o que é vital para criar e manter um alto nível de ânimo na organização.

Os planos de marketing devem ser vendidos para muitas pessoas. Internamente, isso inclui membros do departamento de marketing e vendas, fornecedores e agências de publicidade e alta gerência. Os planos de marketing também são importantes na comunicação com as partes interessadas fora da empresa. Aproximar-se de bancos ou outros investidores – por exemplo, em projetos turísticos financiados por fontes governamentais – invariavelmente requer um plano de negócios em que o marketing seja um componente principal. Nos lugares em que o dinheiro é concedido, evidências de resultados serão necessárias por meio de um processo formal de avaliação. Em termos de apresentação do relatório, muitos leitores, dentro e fora da organização, ficarão impacientes e desejarão as conclusões imediatamente. O resumo executivo é, portanto, uma seção essencial. Na verdade, pode-se supor que alguns funcionários – e talvez altos executivos e membros do conselho – leiam apenas o resumo executivo, que em geral deve ter entre duas e seis páginas. Deve-se evitar o uso de jargões e destacar os principais objetivos e aspectos de ação do plano e do orçamento, deixando a análise das situações atuais e as análises detalhadas de mercado para o documento principal.

RESUMO DO CAPÍTULO

Um plano de marketing atende a vários propósitos em qualquer organização de turismo: ele fornece um roteiro para todas as atividades de marketing da empresa no futuro; garante que as atividades de marketing estejam de acordo com o plano estratégico corporativo; força os gerentes de marketing a revisar e pensar objetivamente em todas as etapas do processo de marketing; auxilia o processo orçamentário ao vincular recursos com os objetivos de marketing; e cria um processo para monitorar os resultados reais em relação aos esperados. Há oito etapas lógicas em um processo sistemático de planejamento de marketing:

CONEXÃO CORPORATIVA, ANÁLISE, PREVISÃO, DEFINIÇÃO DE METAS E OBJETIVOS DE MARKETING, ESTRATÉGIA DE MARKETING, TÁTICAS E PLANOS DE AÇÃO, REQUISITOS DE RECURSOS E CONTROLE DE MARKETING E COMUNICAÇÃO DO PLANO.

QUESTÕES PARA REFLEXÃO

1. Escolha uma grande empresa de turismo ou hospitalidade com a qual você esteja familiarizado e aplique o modelo BCG (Figura 4.2) aos vários produtos e serviços oferecidos. A organização possui um portfólio equilibrado?

2. O capítulo destaca vários mercados-alvo que crescem em atratividade para a indústria do turismo. Segmente os turistas que sua região atrai. Existem segmentos do mercado de viagens que não estão sendo segmentados? Por que não?

3. Encontre o plano de marketing de uma organização de turismo em sua região. Ele segue as oito etapas do processo de planejamento descritas neste capítulo? Se não, o que é diferente?

MARKETING EM AÇÃO – FESTIVAL DE CAÇA AOS CERVOS, EM WINNEBA, GANA

IMAGEM 4.6 *Festival de caça aos cervos*

Gana pode ainda não estar no topo das listas mundiais de destinos turísticos, mas uma área tem planos para atrair nichos de mercado num futuro próximo, por meio do turismo ecológico e cultural com base em um evento esportivo singular.

De acordo com um artigo do Oxford Business Group (2016), o Conselho Mundial de Viagens e Turismo (WTTC) previu que a economia de Gana cresceria numa média anual de 4,5% entre 2014 e 2024, com o turismo e as viagens contribuindo com cerca de 3% do PIB em 2024. Apesar disso, o artigo sugere que as autoridades de turismo em Gana, cada vez mais ativas, esperam acelerar esse crescimento muito além do previsto.

Esse é certamente o caso em Winneba, Gana, onde nos encontramos com o prefeito, o honorável F. K. Tagoe, que na época estava apenas no terceiro mês de seu primeiro mandato como prefeito daquela cidade turística e de pesca costeira perto da capital Accra. Ele ecoa esses sentimentos proativos: "Uma das minhas principais prioridades é expandir o festival de caça aos cervos, realizado anualmente no primeiro sábado de maio. Precisamos de um ambiente limpo e também precisamos proteger as áreas de caça para o futuro, bem como a lagoa que serve a região". Hoje, a caça aos cervos é rigorosamente controlada durante todo o ano, a fim de garantir a sustentabilidade.

O festival, chamado de Aboakyer em fante, o idioma local, é uma homenagem à migração bem-sucedida do povo effutu, liderada por dois irmãos da cidade africana de Timbuktu, no nordeste da África, para a área de Winneba na região costeira central de Gana (anteriormente conhecida como Gold Coast) há cerca de trezentos anos. Para agradecer aos deuses da época e afastar calamidades futuras, a família real realizava anualmente caçadas para sacrifícios humanos. No entanto, o sacrifício passou a ser de leopardos após uma enorme caçada organizada por dois grupos de guerreiros conhecidos como *asafo*. O leopardo vivo, apanhado com as próprias mãos, seria sacrificado posteriormente para apaziguar as divindades. Com o tempo, a perigosa caça ao leopardo foi rebaixada para a caça ao cervo, a fim de poupar o derramamento de sangue humano. Atualmente, o festival ainda é comemorado com muitas atividades para jovens e idosos durante uma semana, apresentando a história tribal, a cultura e o atletismo de Winneba.

O prefeito destacou a necessidade de se planejar, divulgar e expandir devidamente o festival de caça aos cervos, para além das festividades típicas de uma semana, a fim de colocar Winneba no mapa internacional do turismo. "No próximo ano, envolveremos organizadores profissionais

(cont.)

de eventos para atrair mais atenção internacional", diz ele. O aumento da visitação turística para um grande evento como esse pode inevitavelmente sobrecarregar a infraestrutura, mas o prefeito está confiante de que os hotéis em Winneba serão suficientes. "E em Accra existem hotéis de primeira linha onde os visitantes também podem ficar", acrescenta. Quanto ao acesso, Winneba, a terceira cidade de Gana, foi planejada profissionalmente em 1923, diz ele, com uma rede viária substancial: "As estradas precisam de melhorias, mas temos um projeto já aprovado para atualizar 11 quilômetros de rodovias. O governo central está nos ajudando nesse sentido – então não haverá buracos na próxima vez que você víer nos visitar!". Grande parte da nova prosperidade da região vem do efeito em cadeia da indústria petrolífera.

O festival de caça aos cervos é uma forma essencial de mostrar a herança histórica de Gana, a beleza natural, o ecletismo culinário e as coloridas roupas tradicionais, que são ostentadas pelos dois grupos de guerreiros em disputa e também pela plateia. "Temos três vantagens para mostrar nossa cultura aos turistas", diz o prefeito. "Em primeiro lugar, Gana e, em particular, a região de Winneba, tem uma cultura rica e diversificada que não foi prejudicada pela modernização. Em segundo lugar, estamos muito seguros aqui, pois não há muita criminalidade. E, em terceiro lugar, o conhecimento: temos uma universidade de ponta que é a número um na região." O prefeito espera que, ao trabalhar junto com uma organização profissional de marketing no festival, esses três elementos locais sejam combinados para criar um evento de grande sucesso. "Quando os visitantes chegarem, queremos que eles se adaptem rapidamente ao nosso modo de vida, comendo e bebendo alimentos locais", acrescenta.

Nossa guia em Winneba foi Tina Yawson, secretária da Sister Cities Commission. Ela descreve alguns dos costumes antigos relacionados ao festival: "A fim de reconhecer quem havia pego a primeira caça, a que seria sacrificada, foram divididos dois grupos. Inicialmente, havia apenas um, o *dentsefo*, então os homens que tinham filhos do sexo masculino precisaram ceder um ou dois de seus filhos para formar o outro grupo chamado *tuafo*." O grupo mais jovem, que tinha suas próprias áreas de caça, geralmente começava antes dos pais. Cada grupo tinha cores específicas para ajudar na identificação: "O grupo *tuafo asafo* usava preto, branco, azul, cinza e verde, e o grupo *dentsefo asafo* usava vermelho, amarelo, preto, marrom, creme, violeta, roxo e quase todas as cores brilhantes", explica Yawson. No procedimento militar típico, os uniformes e os trajes são inspecionados por um conselho de anciãos um dia antes do festival. Também há uma cerimônia para exibir o cervo capturado, que deve ser carregado nos ombros pelo grupo vencedor e levado ao local do *durbar*, onde o chefe pisa três vezes no animal para verificar se ele ainda está vivo. Ele pode então ser declarado apto para o sacrifício e o grupo vencedor é anunciado.

As festividades também funcionam como uma oportunidade para realizar ou dissolver casamentos, além de preparar o caminho para outras celebrações ao longo do ano. Atualmente, também há um festival de música com artistas populares de vários gêneros que se apresentam em diversos locais. Até agora, a notícia se espalhou por meios de comunicação como BBC,

(cont.)

Pilot Guides, Ghana News Agency, blogs, YouTube e no site de Charlottesville, Virgínia, que discute o festival em um artigo sobre o programa de cidade-irmã que mantém com Winneba. Os organizadores do festival agora têm a tarefa de garantir o patrocínio. O descritivo de suas funções afirma: "É desejo do comitê de planejamento do festival anual de caça aos cervos que irmãos e irmãs, empresas e órgãos corporativos e até indivíduos de qualquer parte do mundo estejam dispostos a nos apoiar nas áreas de publicidade, marketing e rebranding do festival, ajudando-nos a promover algumas das principais atividades que, no fim das contas, coloquem Winneba no mapa turístico do mundo".

Fonte: visita pessoal dos autores a Winneba, Gana, 2016.

QUESTÕES DE ESTUDO DE CASO

1. Se você pudesse oferecer conselhos ao prefeito Tagoe sobre como expandir o festival de caça aos cervos, o que você diria?

2. Elabore uma análise SWOT para o festival de caça aos cervos, baseando-se no material deste estudo de caso e no Quadro 4.4.

3. Que tipo de turista pode ser atraído para um festival como esse? De onde eles podem vir?

REFERÊNCIAS

BIRNBAUM, E. G Adventure ups its game in sustainable travel. **National Post**, 19 out. 2015. Disponível em: www.pressreader.com/canada/national-post-latest-edition/20151019/282355448588782. Acesso em: 12 mar. 2020.

CMI. LGBT Tourism demographic profile. **CMI**, 2014. Disponível em: http://m.community marketinginc.com/site/communitymarketinginc/lgbt-tourism-demographic-profile#2916. Acesso em: 12 dez. 2016.

CRAWFORD-WELCH, S. Marketing hospitality in the 21st century. **International Journal of Contemporary Hospitality Management**, v. 3, n. 3, p. 21–27, mar. 1991.

FALCONI, M. Swiss valley aims for peak of luxury. **Wall Street Journal**, 23 ago. 2013, p. M1, M6.

GHANA TOURISM AUTHORITY. **Making tourism the lead sector of Ghana's economy**: national tourism marketing strategy 2009–2012. Ghana Tourism Authority, 2009.

HIDE, W. Skiing in Andermatt: Changes afoot to a resort with awesome offpiste. **The Guardian Travel**, 8 nov. 2014. Disponível em: https://www.theguardian.com/travel/2014/nov/08/andermatt-skiing-switzerland-alps-sedrun. Acesso em: 12 mar. 2020.

HOELLER, S-E. A group of fans are trying to bring the Concorde supersonic jet back. **Business Insider**, 25 set. 2015. Disponível em: www.businessinsider.com/concorde-jet-may-come-back-2015-9. Acesso em: 12 mar. 2020.

HUDSON, S. Bumps for boomers: marketing sport tourism to the aging tourist. *In*: GARROD, B.; FYALL, A. (org.). **Contemporary cases in tourism**: vol. 1. Oxford: Goodfellow Publishers Ltd, 2011, p. 165–189.

HUDSON, S.; HUDSON, L. J. **Customer service for hospitality and tourism**. Oxford: Goodfellow Publishers Ltd, 2013.

HUDSON, S.; HUDSON, L. J. **Winter sport tourism**: working in winter wonderlands. Oxford: Goodfellow Publishers Ltd, 2015.

HUDSON, S.; RITCHIE, J. R. B. Understanding the domestic market using cluster analysis: a case study of the marketing efforts of Travel Alberta. **Journal of Vacation Marketing**, v. 8, n. 3, p. 263–276, 1 jul. 2002.

IBISWORLD. **Ski & Snowboard Resorts in the US**. 2016.

LI, X.; LI, X.; HUDSON, S. The application of generational theory to tourism consumer behavior: An American perspective. **Tourism Management**, v. 37, p. 147–164, ago. 2013.

MIANMAR. Ministry of Hotels and Tourism. **Myanmar tourism master plan 2013–2020**. 2013.

MIDDLETON, V. T. C.; CLARKE, J. R. **Marketing in travel and tourism**. 3. ed. Oxford: Butterworth-Heinemann, 2012.

OXFORD BUSINESS GROUP. Ghana's government positive about tourism. **Oxford Business Group**, 2016. Disponível em: www.oxfordbusinessgroup.com/overview/emerging-star-bold-targets-show-government%E2%80%99s-positive-intent-sector. Acesso em: 12 mar. 2020.

PORTER, M. E. **Competitive strategy**: techniques for analyzing industry and competitors. New York: Free Press, 1980.

STRAUSS, W.; HOWE, N. **The fourth turning**: an American prophecy. New York: Broadway Books, 1997.

ZEITHAML, V. A.; BERRY, L. L.; PARASURAMAN, A. Communication and control processes in the delivery of service quality. **Journal of Marketing**, v. 52, p. 35–48, jan. 1987.

O PRODUTO DE TURISMO E HOSPITALIDADE

5

INTRODUÇÃO

Este capítulo começa apresentando as peculiaridades do produto de turismo e a noção de que os produtos turísticos e de hospitalidade são pacotes que reúnem um grupo de componentes ou elementos para satisfazer necessidades e desejos. A seção seguinte analisa os três níveis de produtos turísticos – o produto principal, o produto tangível e o produto ampliado – aplicados aos festivais de música. O papel dos eventos no setor de turismo e de hospitalidade é o assunto da próxima seção, seguida de uma discussão sobre o planejamento do produto. Uma análise aprofundada sobre o branding no turismo é seguida por seções sobre o gerenciamento do servicescape (cenário de serviços) e a criação de uma experiência memorável. A parte final do capítulo analisa o desenvolvimento de novos produtos, com os vários estágios teóricos que uma empresa pode adotar. Os estudos de caso deste capítulo concentram-se na Dance World Cup, nas tecnologias adotadas por museus e nos hotéis com temáticas musicais.

LIÇÕES DE UMA GURU DO MARKETING – JO ARNETT-MORRICE, DANCE WORLD CUP

A Dance World Cup (DWC) ocorre em um país diferente a cada ano desde 2004, quando atraiu inicialmente cerca de mil competidores. Desde então, o evento global cresceu, chegando a 12 mil candidatos – entre 4 e 25 anos de idade – tentando uma vaga no prestigiado evento. Os competidores de vários gêneros de dança chegam às várias locações da DWC na Europa vindo de lugares muito distantes como Ucrânia, África do Sul, Malásia, Índia e Japão. A DWC de 2016, em Jersey, envolveu 4.500 competidores de 33 países.

IMAGEM 5.1 *Kimberly Wyatt (centro) da Pussycat Dolls e Chloe Fenton (esquerda) se juntam a Jo Arnett-Morrice (direita) para parabenizar a dançarina Imogen Chambers, da Harlequin Dance School (atrás). (Foto usada com permissão de Jo Arnett-Morrice)*

Jo Arnett-Morrice é a organizadora de eventos e especialista em marketing da Dance World Cup e também gerente das equipes da Inglaterra, do País de Gales, da Escócia e da Irlanda do Norte. Como gerente de equipe do Reino Unido, seu trabalho é incentivar as escolas de dança de toda a Grã-Bretanha a inscreverem seus melhores talentos. Por meio de uma campanha de marketing multifacetada, ela aumentou sua primeira equipe, a da Inglaterra, de cinquenta para 740 participantes. Ela usa estratégias de marketing direto, boca a boca e mídias sociais, incluindo Facebook e MailChimp. Como resultado dos esforços integrados de marketing e rede, Arnett-Morrice levou a equipe da Inglaterra à vitória nas copas de Brighton 2013, Portugal 2014, Romênia 2015 e Jersey 2016, um recorde sem precedentes.

Em 2013, ela assumiu o papel de organizadora de eventos da copa de dança de Brighton. Focando grande parte de seu trabalho de preparação em conseguir o patrocínio, ela criou um ranking dos patrocinadores no site da DWC, com hiperlinks para os sites das empresas, e arrecadou mais de 20 mil dólares. Cada patrocinador também podia escolher um gênero de dança específico, que apareceria nos programas de dança impressos. Em conjunto com o VisitBrighton, a Arnett-Morrice criou um site dedicado à Brighton DWC com descontos em muitos hotéis e empresas locais. Assegurar a cobertura da mídia e o apoio de celebridades também foram ações vitais para a estratégia de marketing de Arnett-Morrice. "Tivemos um lançamento para a imprensa na loja de artigos de dança Bloch, com Kimberly Wyatt do grupo Pussycat Dolls, que também é jurada no programa de TV da SKY, *Got to Dance*", explica ela. "Foi uma joint venture com a Bloch na qual escolhi quatro dançarinos da equipe da Inglaterra para servirem de modelos para as roupas de dança." Outras celebridades apoiaram o DWC, como Bonnie Lythgoe, uma das apresentadoras do *So You Think You Can Dance*, e Arlene Phillips, uma coreógrafa de alto nível e jurada de dança de TV, que também desejou boa sorte para as equipes do Reino Unido. Em Brighton, o troféu DWC foi entregue a Arnett-Morrice, como coordenadora da equipe vencedora, pela estrela infantil Isabelle Allan, que interpretou a jovem

(cont.)

Cosette em *Les Misérables*, tanto na produção de West End quanto no filme premiado com o BAFTA, estrelando Russell Crowe e Hugh Jackman.

Uma das maiores sacadas de Arnett-Morrice foi conseguir que o reality show *Dance Mums* gravasse o roteiro de uma temporada inteira no DWC. "O final da primeira temporada foi filmado pela Shiver TV Productions na DWC Portugal", conta ela. "Jennifer Ellison, que interpretou a protagonista Roxie Hart em *Chicago*, no West End, e teve um papel de destaque no filme *O Fantasma da Ópera*, de Andrew Lloyd Webber, estava lá, além de todo o elenco e a equipe. A série foi desenvolvida em torno das crianças que tentavam se qualificar para a DWC." Uma das estrelas foi Chloe Fenton, solista da equipe da Inglaterra, famosa no Reino Unido por sua performance no aniversário de dez anos do programa *Britain's Got Talent*. Agora Fenton é o amuleto da sorte da equipe da Inglaterra e, com frequência, aparece nas mídias sociais de Arnett-Morrice. Fervorosa defensora das mídias sociais, Arnett-Morrice usa o Facebook, o Twitter e o Instagram para aproveitar toda a cobertura da mídia, conseguir endossos de celebridades e postar imagens das competições anuais, bem como outros destaques da dança durante o ano. Seu site da equipe do Reino Unido, DWC-UK.com, está vinculado ao dwcworld.com, o site central de toda a organização. Seu marketing magistral resultou em cartas da rainha Elizabeth II, parabenizando pessoalmente a equipe da Inglaterra por vencer a Dance World Cup na Romênia em 2015 e a de Jersey em 2016.

Arnett-Morrice vê cada evento da DWC como uma oportunidade para gerenciar a equipe, manter relações públicas e fazer networking. As fotos e vídeo também fazem parte de suas campanhas nas redes sociais: "Quando as pessoas veem as fotos e a transmissão ao vivo no site, desejam assistir ao evento pessoalmente ou se inscrever no ano seguinte". Depois de cada competição, Arnett-Morrice começa a trabalhar imediatamente no evento do ano seguinte. "Preciso manter o ritmo durante o ano todo, a fim de obter mais competidores e atrair mais patrocinadores", explica ela. "Também preciso dar espaço no site aos patrocinadores e postar resultados e fotos do evento anterior".

Outro ponto importante de sua campanha é ajudar suas equipes a captar recursos, sem os quais muitos dos dançarinos e professores não poderiam se dar ao luxo de participar dos jogos internacionais anuais da DWC. Com seu enorme círculo de contatos, Arnett-Morrice também trabalha em estreita colaboração com os organizadores da DWC, ajudando-os a expandir os negócios e indicando novas equipes de diferentes nacionalidades. Além de trabalhar com todas as equipes do Reino Unido, Arnett-Morrice mantém contato regular com professores de dança de outros países, mantendo um alto nível de entusiasmo, conscientização e cooperação internacional. "Tenho vínculos com a Eslovênia e Gibraltar, por exemplo, e trago dançarinos desses países para outros festivais que organizo durante o ano – competições nas quais eles nunca pensariam em participar", diz ela.

Antes de trabalhar na DWC, ela trabalhou em vendas, publicidade e marketing em diversos gêneros, de roupas a anúncios de rádio e jogos de computador. Quando suas próprias filhas

(cont.)

entraram no mundo da dança, ela começou como voluntária e assumiu vários papéis em festivais e competições locais de dança. "Eu também era uma mãe que acompanhava as filhas na dança, mas também sempre me ofereci para ajudar a coordenar todos as apresentações e festivais em que minhas filhas Lulu e Arabella estavam se apresentando", diz ela. "Elas ganharam medalhas de ouro na Áustria e prata e bronze em Brighton e muitas vezes me ajudaram com o trabalho administrativo em festivais ao longo dos anos." Atualmente, Arabella Arnett-Morrice trabalha como assistente de mídia social, principalmente no Twitter e Instagram.

Fontes: Louise Hudson participou da DWC em Villach, Áustria, e Brighton, Inglaterra; entrevista com Jo Arnett-Morrice em junho de 2016.

O PRODUTO DE TURISMO E HOSPITALIDADE

Como o caso de abertura demonstra, o turismo e a hospitalidade constituem uma variedade bastante ampla de produtos que se encaixam em vários setores, e não em um único setor, conforme discutido no capítulo 1. Esses setores incluem acomodações, atrações, transporte, organizações de destino, organizadores de viagens e de eventos, entre outros (veja a Figura 1.9). Essa diversidade é acompanhada por uma variedade ainda maior de componentes específicos para cada setor, que precisam ser considerados e gerenciados durante o fornecimento de produtos individuais para mercados específicos. A noção de que produtos de turismo e hospitalidade são pacotes que reúnem um grupo de componentes ou elementos selecionados, a fim de satisfazer necessidades e desejos, é vital para os gerentes de marketing. As decisões sobre produtos, com todas as suas implicações para o gerenciamento de operações de turismo e hospitalidade, influenciam não apenas o mix de marketing, mas também a estratégia de crescimento de longo prazo de uma empresa, assim como suas políticas de investimento e recursos humanos. As especificações do produto determinam amplamente a imagem corporativa e a marca que uma organização é capaz de criar na mente de seus clientes atuais e potenciais (MIDDLETON; CLARKE, 2012).

Por muitos anos, a teoria do marketing diferenciava três níveis de oferta de produtos (KOTLER; ARMSTRONG, 2014), que podem ser vistos como um *continuum*, tendo o benefício mais básico do produto em uma extremidade e a variedade de benefícios adicionais, não diretamente relacionados ao objetivo essencial do produto, na extremidade oposta. Esses três níveis são:

(1) PRODUTO PRINCIPAL: É a necessidade básica atendida pelo produto genérico. O estudo de caso no final deste capítulo discute hotéis com temáticas musicais e, nesse caso, o produto principal é um lugar para ficar.

(2) PRODUTO TANGÍVEL: Engloba os recursos e benefícios específicos do próprio produto, como estilo, qualidade, nome da marca, design, etc. Os hotéis com temáticas musicais se diferenciam por apresentar design, artefatos e recordações inspirados na música; por fornecerem instrumentos musicais para alugar; e por oportunizarem encontros com artistas.

(3) PRODUTO AMPLIADO: São complementos extrínsecos ao próprio produto, mas que podem influenciar a decisão de compra. Os recursos avançados podem incluir condições de crédito, garantias pós-venda, estacionamento, etc. Para hotéis com temáticas musicais, os complementos podem incluir o serviço de comida e bebida no hotel ou o estacionamento.

Embora esses níveis tenham sido definidos tendo em mente produtos fabricados, eles se aplicam, com modificações, aos bens e serviços de turismo e hospitalidade. Por exemplo, pensando-se nos festivais de música, o estímulo emocional seria um produto principal, as bandas seriam os produtos tangíveis e o clima seria um produto ampliado. A conceitualização do produto nessas três áreas permite que o profissional de turismo avalie as vantagens de seu produto e o apelo ao consumidor, em comparação com outros produtos. Em um mercado altamente competitivo, é improvável que os fornecedores tenham uma vantagem nos produtos principais, sendo mais provável que a diferenciação se encontre no segundo e no terceiro níveis. A maioria dos festivais de música, por exemplo, oferece atmosfera e entusiasmo para os consumidores, mas concorrem entre si pela variedade e qualidade das bandas, pelas acomodações ou pelo espaço disponibilizado para acampamento.

O PAPEL DOS EVENTOS NO TURISMO E MARKETING DE HOSPITALIDADE

Os eventos desempenham um papel significativo na sociedade atual e, para os destinos de viagem, são importantes por suas funções turísticas, sociais e culturais (GETZ, 2007), bem como a seu papel no desenvolvimento local e regional (WOOD, 2005). Em primeiro lugar, os eventos são uma grande âncora para atrair o turismo, proporcionando aos visitantes uma excelente oportunidade de conhecer a cultura local e experimentar a essência do lugar. Durante um evento, os turistas têm uma chance única de interagir com a comunidade e adquirir uma experiência mais profunda do ambiente, dos costumes e da cultura. Os eventos também podem ajudar a melhorar a imagem de um local, criando um espaço para uma cobertura positiva da mídia. Por fim, para os próprios moradores, os eventos são uma ocasião única para celebrar a cultura local e interagir dentro da comunidade. Tudo isso é exemplificado no estudo de caso da Dance World Cup no início deste capítulo.

De acordo com Jackson (2013), três indústrias em particular estão moldando o crescimento do setor de eventos. Em primeiro lugar, o setor de hospitalidade – hotéis, restaurantes ou locações – considera os eventos uma forma de conquistar novos clientes ou aumentar o rendimento dos clientes existentes. É o caso do World Ski and Snowboard Festival, realizado em Whistler, Canadá, que ocorre anualmente em abril, cujo propósito é aumentar as taxas de ocupação no final da temporada de inverno. Os hotéis ficam lotados durante o evento, que se estende por dois fins de semana, a fim de maximizar as taxas de ocupação.

Em segundo lugar, as partes interessadas da indústria do turismo, como Organizações de Marketing de Destino (DMOs), autoridades locais ou associações comerciais, veem os eventos como um meio de atrair turistas ou melhorar a estadia dos visitantes (consulte a seção "Marketing em ação" no capítulo 10).

Por fim, os profissionais de marketing e relações públicas estão usando os eventos como uma oportunidade para alcançar seus objetivos. As atividades de patrocínio da Red Bull são um bom exemplo. A marca austríaca elevou o conceito de patrocínio de eventos esportivos a um novo patamar. A empresa, fabricante da bebida energética mais vendida no mundo, não assina acordos de patrocínio com as equipes para exibir seu logotipo nas camisas dos jogadores ou nos carros de corrida. Em vez disso, eles inventaram eventos esportivos e promoveram sua marca por meio deles. As atividades de marketing da Red Bull são direcionadas principalmente para a juventude, e a identidade da marca tem a ver com juventude, agressão e liberdade. O logotipo da Red Bull mostra dois touros enfurecidos, o que implica poder: a agressão personificada. Além disso, a cor vermelha também implica agressão. O slogan "Red Bull te dá asas" traz uma sensação de liberdade. Para garantir que haja uma correspondência entre a identidade e a imagem da marca, a Red Bull lançou uma série de iniciativas de marketing, todas com o objetivo de se conectar com o público-alvo jovem em busca de aventura, a fim de que levem para casa a mensagem do que a marca representa. As principais iniciativas de marketing empreendidas pela Red Bull se dividem em dois tipos: equipes de patrocínio por meio de propriedade direta e patrocínio de esportes e eventos de aventura.

PLANEJAMENTO DO PRODUTO

O ponto de partida da análise e do planejamento de produtos é examinar o consumidor e o que os competidores têm a oferecer em relação às metas e à capacidade do produto da organização de turismo. Os produtos de maior sucesso surgem quando as etapas de planejamento de marketing descritas no capítulo 4 (onde se discutem análises de portfólio e SWOT) são seguidas. Outro método útil é considerar as características e benefícios do produto turístico. As características consistem nos atributos objetivos de um produto turístico; os benefícios são as recompensas que o produto oferece ao consumidor. A diferença entre os dois é apresentada no Quadro 5.1. O Aeroporto Internacional de Hong Kong é frequentemente classificado como um dos melhores do mundo, por um lado pelos seus recursos e, por outro lado, pelos benefícios que esses recursos oferecem aos passageiros. Além de poder comprar de tudo, desde um raro chá branco a telefones celulares, há TVs de plasma, área de recreação infantil, banda larga wi-fi, cibercafés, sala de oração, farmácia, salas para repouso, salão de beleza, banheiros com chuveiro, um centro médico (incluindo vacinação no local e máquinas de raios-X) e exposições dos museus de Hong Kong.

QUADRO 5.1 *Análise de características e benefícios para produtos de turismo e hospitalidade*

Item de produto de turismo	Característica do produto	Benefício ao consumidor
Companhia aérea de baixo custo	Serviço de baixo custo	Viagem de baixo custo
Resort de esqui para fins específicos	Todos os teleféricos próximos aos quartos de hotel	Instalações *ski in, ski out* (não há necessidade de utilizar meios de transporte)
Museu	Instalações interativas para aprender	Um lugar de entretenimento
Passeio de aventura no rio	Caiaques e jangadas de qualidade	Reconectar-se com a natureza
Hotel 5 estrelas	Camas de qualidade	Conforto

Uma das ferramentas mais básicas de análise de produtos é a análise do ciclo de vida do produto (CVP) (consulte a Figura 5.1). A representação gráfica permite identificar em que estágio os produtos ou serviços estão no CVP e é uma forma valiosa de revisar a posição passada e a atual de um produto, a fim de se fazer previsões sobre seu futuro. Como parte de uma análise de portfólio (consulte o capítulo 4), uma organização deve analisar cada bem e serviço em termos de sua posição no ciclo de vida do produto. O *desenvolvimento do produto* começa quando a empresa encontra e desenvolve uma nova ideia de produto. O fundador do BridgeClimb Sydney concebeu a ideia nove anos antes de ela ser colocada em prática. A fase de *introdução* é um período de vendas lentas e baixos lucros por causa do investimento necessário para a introdução do produto no mercado. A fase de crescimento é caracterizada pelo aumento da aceitação do mercado e pela melhoria substancial dos lucros. A fase de *maturidade* é um período de vendas lentas, mas é marcada por altos lucros, pois o produto está bem entrincheirado no mercado e possui uma participação aceitável. No entanto, quando as vendas começam a cair porque os concorrentes estão entrando no mercado, o produto entra na fase de *declínio*. Os lucros e a participação de mercado diminuem, e os principais custos podem estar envolvidos na reconstrução, reforma ou manutenção do produto.

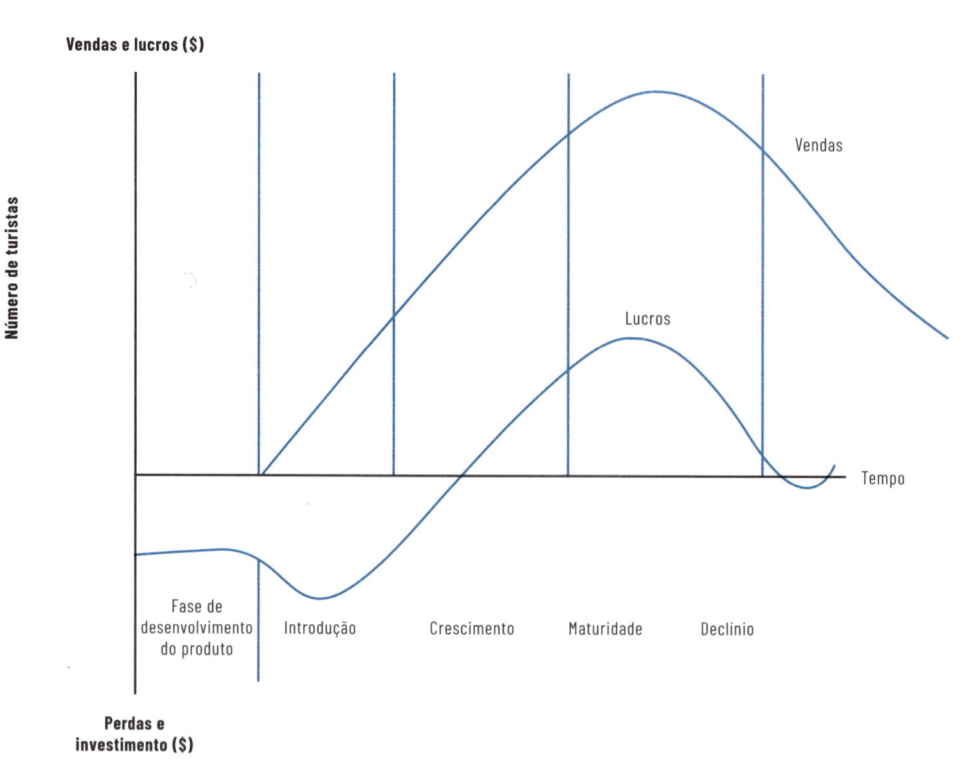

FIGURA 5.1 *O ciclo de vida do produto*

O CVP não é tão simples quanto parece em teoria, e sua suposta aplicabilidade universal em geral é um mito (MERCER, 1992). O estudo do padrão de CVP para um determinado produto deve levar em consideração o mercado em que ele se encontra. Por exemplo, se um produto não mostra crescimento ou declínio, ainda pode ser muito bem-sucedido se o mercado como um todo estiver em declínio. Outra complicação do CVP é que um produto em declínio talvez esteja perdendo clientes de um segmento de mercado, mas aumentando o apelo ou mantendo--se estável em outro. As áreas de esqui, por exemplo, têm tido muito sucesso em atrair um número crescente de praticantes de *snowboard* na última década, apesar de uma crescente queda no número de esquiadores. Além disso, embora o conceito de CVP seja claro no papel, muitas vezes é difícil determinar na prática em que etapa específica um produto está. Por fim, mesmo assumindo que seja possível determinar a posição do ciclo de vida de um produto, a ação a ser tomada pode não ser óbvia. No entanto, apesar desses problemas, o CVP é um conceito valioso que vale a pena ser operacionalizado, pois força a organização a analisar as tendências de seu produto em relação ao mercado geral e aos segmentos dentro dele, a fim de avaliar os requisitos futuros de marketing. As áreas de esqui, por exemplo, adaptaram-se ao crescimento do número de praticantes de *snowboard*, alterando os produtos que oferecem: as áreas de esqui mais bem--sucedidas atualmente têm parques de *snowboard* específicos.

BRANDING

A prática de branding (gestão da marca) se desenvolveu inicialmente no campo de produtos embalados, como um método para estabelecer uma identidade distinta para um produto, com base na diferenciação competitiva de outros produtos. A criação de marca era comumente feita por meio de nomes, marcas comerciais, embalagens, design e promoção de produtos. O branding bem-sucedido oferecia uma identidade única ao que poderia ter sido um produto genérico. Essa identidade produzia uma imagem consistente na mente do consumidor, o que facilitava o reconhecimento e a garantia da qualidade. No século XIX, produtos como os comprimidos da Beecham, o chocolate da Cadbury e os sais da Eno foram os primeiros usuários do branding. Atualmente, o mercado de produtos embalados é dominado por marcas e, nas últimas décadas, o branding também tem sido amplamente reconhecido no marketing de serviços. Uma marca, no sentido moderno de marketing, oferece ao consumidor valor agregado relevante e uma proposta superior distinta da concorrência, que transmite significado acima e além dos aspectos funcionais do produto. Existe até o Museum of Brands em Londres, onde os visitantes podem ver 10 mil produtos de consumo, cobrindo duzentos anos de embalagens, marcas e publicidade.

O branding oferece a solução para alguns dos problemas no marketing de serviços – em particular a consistência e a padronização de produtos. O branding pode ser uma forma de unificar os serviços, razão pela qual foi especialmente desenvolvido no marketing de hotelaria. Para grandes empresas hoteleiras que possuem uma grande variedade de estabelecimentos, o agrupamento em marcas permite:

(1) unificá-las em grupos menores, mais facilmente reconhecíveis;

(2) direcionar cada grupo da marca para segmentos de mercado definidos; e

(3) focar a entrega do produto, inclusive o gerenciamento de recursos humanos, na criação de um conjunto específico de benefícios para um mercado específico.

A Figura 5.2 mostra a distribuição dos hotéis de marca e sem marca por região, em todo o mundo. A América do Norte – com 67% de seus hotéis tendo uma marca – lidera o mundo, seguida pela região Ásia-Pacífico, com 51% de seus hotéis com marca. Europa, América do Sul e Oriente Médio/África ainda favorecem hotéis sem marca, mas essa lacuna está diminuindo à medida que as empresas de marca se tornam cada vez mais abertas a estratégias de expansão alternativas, além do modelo tradicional de franquia.

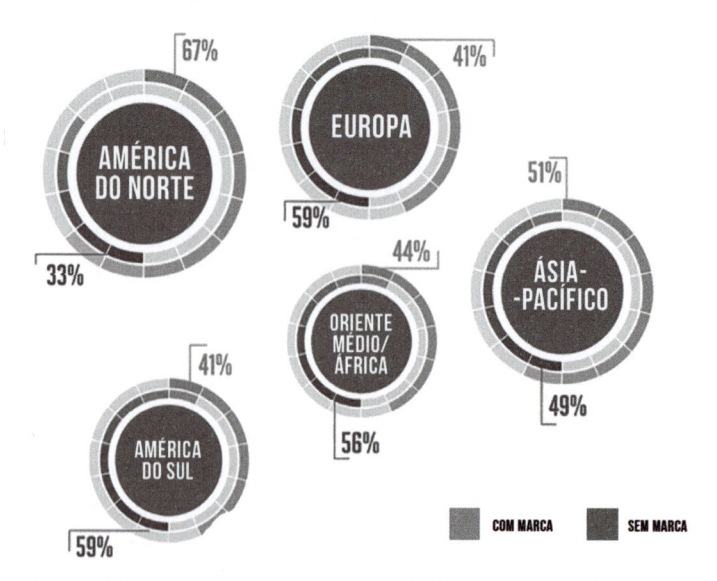

FIGURA 5.2 *Relação de hotéis com e sem marca por região. (©STR, Inc. Reproduzido com permissão)*

O Quadro 5.2 lista as dez maiores marcas de hotéis por número de quartos. A Hilton Worldwide é líder mundial em hospitalidade, com doze marcas distintas, 4.300 hotéis e propriedades de *timeshare*, além de mais de 715 mil quartos em 94 países e territórios.

QUADRO 5.2 *As maiores marcas de hotéis por número de quartos. (©STR, Inc. Reproduzido com permissão)*

	Existentes		Em desenvolvimento		100% abertos	
	Hotéis	Quartos	Hotéis	Quartos	Hotéis	Quartos
IHG	4.840	710.295	1.221	193.772	6.061	904.067
Hilton	4.278	708.268	1.351	2330.000	5.629	938.268
Marriott	4.044	692.801	1.450	240.000	5.494	932.801
Wyndham	7.645	660.826	960	117.000	8.605	777.826
Choice Hotels	6.379	505.278	510	39.000	6.889	544.278
Accor	3.717	482.296	800	156.188	4.517	638.484
Starwood	1.222	354.225	480	108.000	1.702	462.225
Best Western	3.931	303.522	447	44.441	4.378	347.963
Home Inn	2.609	296.075	401	N/R	3.010	N/R
Carlson Rezidor	1.092	172.234	280	50.150	1.372	222.384

No passado, o branding era visto principalmente como uma questão de criação e promoção da imagem certa por meio de propaganda e publicidade. Agora, os gerentes de marketing reconhecem que o branding de sucesso envolve a implantação integrada do design do produto, políticas de preços, seleção de pontos de distribuição e promoção. O branding é mais forte para produtos turísticos que ofereçem a possibilidade de diferenciação em várias áreas do mix de marketing. É por isso que o branding tem sido particularmente bem-sucedido no marketing de hotéis e restaurantes. Marcas de restaurantes, hotéis e companhias aéreas se desenvolveram extensivamente nos Estados Unidos durante as décadas de 1980 e 1990, e empresas do mundo inteiro estão seguindo o exemplo delas. O embalo é impulsionado principalmente por grandes organizações que reconhecem que, para permanecerem competitivas, precisam oferecer vários produtos para diferentes mercados, em vez de depender de uma presença monolítica em um mercado principal. Até museus e centros de ciência estão reconhecendo a importância do branding. Grandes marcas culturais, como National Geographic, BBC e Smithsonian, estão expandindo seu alcance por meio do licenciamento ou da exploração de novos tipos de instalações em novos locais (TEA, 2015). Por exemplo, temos as salas de cinema gigantescas da National Geographic em centros de ciências; a colaboração da BBC com a Sega no centro de experiências Orbi em Yokohama, no Japão; e a parceria de conteúdo exclusivo do Museum at Prairiefire (Kansas City) com o American Museum of Natural History.

Deve-se reconhecer que uma marca competitiva é um ativo vivo e não um acessório. Portanto, seu valor pode depreciar ao longo do tempo se houver falta de investimento e habilidades de marketing e gerenciamento. A deterioração pode começar se a marca exagerar em novos produtos que danifiquem sua essência, ou após uma fusão ou aquisição. Os profissionais de marketing às vezes usam o termo brandicídio para descrever o processo de se ampliar uma marca conhecida para uma nova área, que no fim das contas a matará. Cada vez mais, as empresas tentam ampliar seus conhecimentos comprovados para novas áreas. Nos últimos vinte e cinco anos, Richard Branson, por exemplo, diversificou sua marca Virgin em um império de longo alcance, abrangendo serviços de telefonia móvel, ferrovias, hotéis, vestidos de noiva, uma gravadora e uma companhia aérea de baixo custo. Muitas de suas empresas foram bem-sucedidas, mas outras falharam, entre elas, Virgin Cola, Virgin Vodka, Virgin Clothing, Virgin Cars e Virgin Flowers (RUSSELL, 2012).

O branding de destinos tem melhorado seu perfil nas últimas décadas e merece atenção especial (FERGUSON; BOURKE, 2013; GARCIA; GOMEZ; MOLINA, 2012; PIKE; MASON, 2011; ZENKER; MARTIN, 2011). Em um mercado global cada vez mais competitivo, a necessidade de que os destinos criem uma identidade única – para se diferenciar dos concorrentes – se tornou mais crítica do que nunca. O processo de construção de uma marca de destino deve começar com uma análise da situação atual. Esse estágio deve considerar o quanto a marca é contemporânea ou relevante para o consumidor de hoje e como ela se compara aos principais concorrentes. Uma vez concluída a investigação de mercado, a próxima etapa é desenvolver a identidade da marca. A extensão com que a personalidade da marca interage com o mercado-alvo é essencial para o sucesso. A personalidade de uma marca tem cabeça e coração: sua cabeça são suas características lógicas, enquanto seu coração são seus benefícios e associações emocionais. Propostas de marca e comunicações podem se basear em qualquer um dos dois.

O terceiro estágio na construção da marca de destino é comunicar a visão e lançar a marca. Isso pode ser feito por um único anúncio ou como parte de uma grande campanha publicitária internacional. Nesse estágio, é preciso traduzir a personalidade e a proposta da marca em mensagens. Um logotipo ou assinatura de marca e um guia de estilo de design, que garanta a consistência da mensagem e da abordagem, também devem reforçar os valores da marca. A visão deve ser expressa nos valores principais da marca, que são consistentemente reforçados por meio do produto e em todas as comunicações de marketing. Toda execução em todas as mídias contribui para manter a presença da marca. O monitoramento e a avaliação contínuos das comunicações são o elemento-chave aqui, em conjunto com a mente aberta e a vontade de adotar mudanças por parte dos gerentes de marca. Qualquer alteração deve ser gerenciada com a consistência geral da marca. O segredo é evoluir continuamente e enriquecer a personalidade original da marca, aproveitando os pontos fortes iniciais para aumentar seu apelo e ampliar o mercado. Este livro descreve vários exemplos de campanhas de marca de destino, incluindo Mianmar, Las Vegas, Novo México e Bluffton.

DIGITAL EM FOCO – MUSEUS SE TORNAM DIGITAIS

Assim como a tecnologia foi usada para fazer os dinossauros aparecem ao lado das pessoas no Jurassic Park, os museus estão recorrendo a gadgets digitais para aprimorar artefatos antigos e conceitos históricos voltados para jovens. "Os museus cada vez mais se apegam à ideia de que precisam prender rapidamente a atenção dos visitantes. Embora ofereçam programas para crianças há muito tempo – venham ganhar biscoitos e brincar de colorir! –, museus em todo os Estados Unidos têm dedicado muito mais recursos criativos para atingir os adolescentes", diz o jornalista americano Robin Pogrebin. Em um artigo sobre os novos museus especializados em adolescentes, Pogrebin cita uma pesquisa realizada em 2014 com 220 museus, pela associação de diretores de museus de arte dos Estados Unidos, que constatou que cerca de um terço dos museus tinha programas educativos para adolescentes ou conselhos compostos por adolescentes. Esses jovens mentores aconselham a equipe e a gerência e, em alguns casos, guiam visitantes de sua própria faixa etária. Em março de 2015, Pogrebin disse: "o Art Institute of Chicago convidou cem adolescentes para passar 24 horas no museu reimaginando aspectos de suas operações, como os uniformes dos seguranças e os bancos nas exposições". A recompensa: uma festa à meia-noite, cafeteria e ioga ao nascer do sol.

IMAGEM 5.2 *Exposição Voe Como um Pterossauro no American Museum of Natural History. (© AMNH/D. Finnin. Usado com permissão)*

Cada vez mais, os museus buscam meios e instalações digitais para atrair grupos mais jovens. Uma técnica muito usada são as palestras on-line, que vêm ganhando popularidade. O Smithsonian American Art Museum, em Washington, foi um dos primeiros a adotar a técnica em 2006 e, em conjunto com outros três museus americanos, iniciou o ArtBabble, um site que disponibiliza vídeos de sessenta museus nos Estados Unidos e no exterior, abrangendo arte global em seis idiomas, numa variedade crescente de mídias, períodos e temas. Em Nova York, o Frick também começou a transmitir palestras on-line em 2012, e o American Museum of Natural History usou a tecnologia Microsoft Kinect com sensor de movimento de corpo inteiro em duas de suas exposições recentes – *Pterossauros: Voo na era dos dinossauros* e *Vida no limite:*

(cont.)

histórias de espécies surpreendentes. Na primeira, os visitantes podiam "pilotar" duas espécies de pterossauros em paisagens pré-históricas, incluindo florestas, mares e vulcões: uma exposição interativa que utiliza tecnologia de detecção de movimento do corpo inteiro. Já na exposição *Vida no limite*, os visitantes podiam conhecer e interagir com algumas das criaturas que haviam encontrado ao longo da apresentação. Por meio da exploração de vários ambientes virtuais com o uso de gestos, usando a tecnologia de detecção de movimento de corpo inteiro, os visitantes podiam fazer com que as criaturas usassem algumas de suas incríveis habilidades, destacando por que essas criaturas vivem a vida no limite.

Mas esse não é de forma alguma apenas um fenômeno americano. Na Polônia, uma tática tecnológica bem-sucedida implementada em 2011 tem atraído uma nova faixa etária de entusiastas ao museu Sukiennice, na Cracóvia. Os visitantes podem escanear códigos QR com smartphones, permitindo que a realidade aumentada represente cenas retratadas na coleção de arte do século XIX. Mais recentemente, em maio de 2016, Royal Museums Greenwich, Evergreen Exhibitions, Boeing e NASA se uniram para abrir uma nova exposição de voo interativa no National Maritime Museum (NMM). Ela explora as maravilhas do voo, da inovação, do design e da tecnologia aeroespacial, usando experiências totalmente imersivas para representar o impacto da indústria aeroespacial em nosso mundo – e além. Outro museu em Londres, o New Churchill Museum, gastou 6 milhões de dólares com instalações de alta tecnologia, incluindo a Lifeline, uma linha do tempo eletrônica, que permite aos visitantes percorrer a vida extraordinária de Churchill. Com 18 metros de comprimento, a Lifeline imita um gabinete de fichários, contendo pastas virtuais com itens relacionados a cada ano – e, em muitos casos, a cada mês e dia – de sua carreira. Ao tocar na borda da linha do tempo, são exibidos dados contextuais, documentos, filmes, fotografias e até trilhas sonoras que se relacionam com sua vida, assim como o contexto histórico.

Em Roma, na Itália, a comemoração do aniversário de 2000 anos da morte de seu primeiro imperador, Augusto, foi aberta em setembro de 2014, apresentando novas tecnologias de museus virtuais. A exposição *Chaves para Roma* foi aberta em três outras cidades ao mesmo tempo, demonstrando como a tecnologia virtual será usada de forma rotineira pelos museus no futuro. Por meio de novos aplicativos de streaming e tecnologia imersiva desenvolvida pelo grupo V-MUST.NET, os objetos exibidos nas quatro cidades eram descobertos por meio de um itinerário digital usando gráficos de computador, filmes, instalações interativas, aplicativos móveis e multimídia. Na Bélgica, o Historium Museum trouxe à vida a Bruges do século XV, por meio de um filme exibido em vários segmentos, enquanto os visitantes iam de uma sala para outra. Como em uma novela, o espectador é fisgado pela história de amor, sendo compelido a conferir o próximo capítulo (ou sala), até descobrir como o drama termina.

Mas será que toda essa tecnologia e inovação está conseguindo atrair uma clientela mais jovem? A estudante de Hong Kong, Zabrina Lo Shun Siu, visitou o museu ao ar livre de Hakone, no Japão, em janeiro de 2016, quando viajava pelo mundo por meio do programa acadêmico Semester at Sea. "De todos os lugares turísticos que visitei, como o teleférico de Komagatake, que me levou

(cont.)

ao topo da montanha para ver o espetacular monte Fuji, os santuários xintoístas, a Torre de Tóquio, a movimentada área de Shibuya ou as fábricas de saquê em Kobe, esse museu, do qual eu nunca tinha ouvido falar, foi o país das maravilhas em minha viagem para o Japão", disse Lo Shun Siu. Além de abrir os olhos para vários gêneros de arte, a extravagante experiência ao ar livre teve um impacto em seu pensamento: "O museu expandiu minha imaginação e compreensão da arte e de como os visitantes interagiam com a exposição". Disponibilizando e-tickets (ingressos eletrônicos) em seu site em língua inglesa – ou "venda antecipada de ingressos no terminal eletrônico de uma loja de conveniência" –, o museu também oferece descontos na internet. As crianças recebem uma folha de papel na qual podem fazer ilustrações representando todas as instalações artísticas. Também há oficinas educativas que permitem esboçar desenhos ao ar livre. Pensando na Hong Kong Baptist University, os colegas de Lo Shun Siu, muito conectados à internet, haviam perguntado por que ela tinha vontade de dar a volta ao mundo e ver as coisas por ela mesma: "Dois anos atrás, um amigo questionou minha grande vontade de viajar, dizendo: 'Por que ir ao Louvre para olhar Mona Lisa se basta pesquisar no Google?'. Eu respondi que precisava vê-la com meus próprios olhos. Não há nada melhor que a experiência no local!".

Fontes: Pogrebin (2015); Levere (2014); Suellentrop (2014). Visita do dr. Simon Hudson ao New Churchill Museum em julho de 2006. Visita dos dois autores ao Historium, em Bruges, Bélgica, em 2014. Entrevistas pessoais com Zabrina Lo Shun Siu durante e após a viagem do Semester at Sea, na primavera de 2016.

QUESTÕES DE ESTUDO DE CASO

1. De acordo com o material deste capítulo, o servicescape (cenário de serviços) pode desempenhar quatro papéis estratégicos importantes simultaneamente. O servicescape nos museus está desempenhando alguma dessas funções?

2. Como os museus estão adaptando seu ambiente para atrair um mercado mais jovem?

3. Com referência ao material mais adiante sobre a criação de experiências memoráveis, o que mais os museus poderiam fazer para envolver os participantes emocionalmente?

GERENCIANDO O SERVICESCAPE

Como muitos serviços de turismo e hospitalidade são intangíveis, os clientes geralmente recorrem a evidências tangíveis, ou físicas, para avaliar o serviço antes de sua compra e para avaliar sua satisfação com o serviço durante e após o consumo. A evidência física é o ambiente em que o serviço é entregue e no qual a empresa e o cliente interagem, e quaisquer componentes tangíveis que facilitam o desempenho ou a comunicação do serviço. A instalação física é frequentemente chamada de servicescape (cenário de serviços) e é muito importante para produtos de turismo e hospitalidade, como hotéis, restaurantes e parques temáticos, que são dominados por atributos de experiência. A Disney, por exemplo, usa o servicescape para estimular seus clientes. As telas coloridas, a música, os brinquedos e os personagens fantasiados reforçam os sentimentos de diversão e emoção que a Disney procura gerar em seus clientes. No novo Shanghai Disney Resort, design e arte desempenham um papel importante. O parque e o resort custaram cerca de 5,5 bilhões de dólares para serem construídos e abranger uma área mais de onze vezes o tamanho da Disneylândia original em Anaheim, na Califórnia. Os visitantes podem escolher entre seis áreas temáticas, como Fantasyland e Tomorrowland, além de dois hotéis e uma área comercial.

O servicescape, em geral, é um dos elementos mais importantes usados no posicionamento de uma organização de turismo ou hospitalidade e, de acordo com Zeithaml *et al.* (2007), ele pode desempenhar quatro papéis estratégicos importantes simultaneamente.

EMPACOTADOR

O servicescape essencialmente embrulha o serviço e transmite ao consumidor uma imagem externa do que está dentro do pacote. Esse empacotamento é particularmente importante na criação de expectativas para novos clientes e para empresas recém-estabelecidas que estão tentando desenvolver uma imagem específica. De forma proposital, Howard Schultz posicionou a Starbucks para que ela parecesse e desse a sensação de não ser um bar ou restaurante, mas que fosse mais como uma casa, com confortáveis cadeiras, lareiras, aroma de café e camaradagem. O que Schultz fez desde o início foi criar um cenário de serviços convidativo, confortável e convincente, repleto de prazeres sensoriais projetados para fazer seus clientes relaxarem e permanecerem. Os Hard Rock Cafés são outro bom exemplo de empacotamento de serviços. Eles usam itens do rock 'n' roll dentro e fora dos restaurantes para estabelecer uma expectativa na mente dos visitantes.

FACILITADOR

O segundo papel que o servicescape pode desempenhar é como facilitador para o desempenho das pessoas no ambiente de serviço. Para incentivar a aparência elegante do pessoal de linha de frente, espelhos podem ser estrategicamente posicionados para que a equipe possa verificar sua aparência antes de receber os clientes. Em restaurantes de fast-food, os clientes são estimulados a colocar as bandejas de volta nos suportes para devolução de bandejas por meio de avisos estrategicamente localizados. Grady e Ohlin (2009) enfatizaram a importância do layout e do design físico para atender os hóspedes com deficiência. Eles sugerem que hóspedes e funcionários de hotéis devem ser incentivados a apresentar recomendações para melhorias no layout e no design físicos, para que sejam feitas modificações razoáveis.

SOCIALIZADOR

O design do servicescape também pode ajudar na socialização de funcionários e clientes, no sentido de ajudá-los a transmitir as funções, comportamentos e relacionamentos esperados. No Canadá, os alojamentos da operadora de turismo de aventura Canadian Mountain Holidays (CMH) foram projetados especificamente para atender às necessidades dos heli-esquiadores. Cada alojamento tem uma sala de jantar e um salão totalmente abastecido e está equipado com sauna e banheira de hidromassagem, mas o layout da sala de jantar é o mesmo em cada alojamento. A CMH descobriu ao longo dos anos que, para incentivar a socialização à mesa de jantar, o layout ideal é de quatro mesas para 12 pessoas, totalizando 44 hóspedes e quatro funcionários que se sentam à cabeceira de cada mesa e interagem com os clientes durante o jantar.

DIFERENCIADOR

O design de uma instalação física pode diferenciar um negócio de seus concorrentes e sinalizar o segmento de mercado ao qual o serviço se destina. As companhias aéreas costumam contratar consultores de design para ajudá-las a diferenciar a aparência de suas aeronaves e funcionários em relação à de seus concorrentes. Embora alguns funcionários de cabine pareçam intercambiáveis, outros têm uniformes realmente distintos que os identificam imediatamente como funcionários da Singapore Airlines, por exemplo. E, de fato, a Singapore Airlines construiu sua reputação com base na beleza e hospitalidade da equipe, que usa roupas do tipo *sarongue*, conhecidas em suas campanhas publicitárias globais como as Singapore Girls.

Os pesquisadores de consumidores sabem que o design do servicescape pode influenciar as escolhas, expectativas, satisfação e outros comportamentos do cliente. Bitner (2002) desenvolveu um modelo abrangente de serviços que mostra as relações de ambiente e comportamento nas configurações de serviço. O modelo possui três elementos principais – dimensões ambientais, respostas internas e respostas comportamentais –, e cada um deles será discutido a seguir.

Dimensões ambientais

CONDIÇÕES DO AMBIENTE

As condições do ambiente se referem às características ambientais que afetam os cinco sentidos. Elas são compostas por vários elementos de design que trabalham juntos para criar o ambiente desejado. Mesmo quando não são notados de forma consciente, eles podem afetar o bem-estar emocional, as percepções e até atitudes e comportamentos. A atmosfera resultante cria um clima que é percebido e interpretado pelos consumidores. As condições ambientais incluem música, temperatura, qualidade do ar, ruído, cheiro e cor. Vários experimentos de campo mostraram os efeitos que a música pode ter nos clientes. Um estudo feito em um restaurante mostrou que a receita de bebidas aumentou substancialmente quando eram tocadas músicas de ritmo lento em vez de músicas de ritmo rápido (LOVELOCK; WIRTZ, 2007). Os clientes também passavam mais tempo no restaurante quando músicas mais lentas estavam sendo tocadas. O aroma é outra variável que pode permear um ambiente de serviços. Howard Schultz se esforçou ao máximo para preservar o aroma de café nas lojas Starbucks (SCHULTZ, 2011).

LAYOUT ESPACIAL E FUNCIONALIDADE

O layout e a funcionalidade espacial criam o servicescape visual e funcional para que a entrega e o consumo ocorram. O layout espacial se refere à planta, tamanho e forma dos móveis, balcões e equipamentos e à forma como eles são organizados. A funcionalidade é a capacidade desses itens de facilitar o desempenho das transações de serviço. Os dois elementos determinam a facilidade de uso da instalação para atender bem os clientes e afetam não apenas a eficiência da operação do serviço, mas também moldam a experiência do cliente. A Guinness & Co. faz todo o possível para garantir que o layout espacial e a funcionalidade dos *pubs* ofereçam a experiência certa ao consumidor. A empresa criou um programa que apoia a abertura de *pubs* irlandeses autênticos, fornecendo conselhos e recursos para os empresários que abrem e operam *pubs*, incluindo ajuda na seleção de locais, decoração, música e equipe.

PLACAS, SÍMBOLOS E ARTEFATOS

Placas, símbolos e artefatos são usados pelos fornecedores de serviços para orientar claramente os clientes no processo de entrega de serviços e ensinar o processo de serviço da maneira mais intuitiva possível. Os clientes ficam desorientados quando não conseguem obter sinais claros de um cenário de serviços, o que leva à ansiedade e incerteza sobre como proceder e como obter o serviço desejado. Exemplos de sinais explícitos incluem placas usadas para informar direções (para elevadores ou sanitários, por exemplo), comunicar o roteiro de serviço (escolher pelo número) e regras comportamentais (não fumar, desligar telefones celulares, etc.).

COMPORTAMENTO E IMAGEM DA EQUIPE E DOS HÓSPEDES

Alguns pesquisadores sugerem que a importância dos aspectos sociais do servicescape é subestimada e que variáveis sociais como comportamento e imagem da equipe são tão importantes quanto elementos tangíveis (TOMBS; MCCOLL--KENNEDY, 2003; HARRIS; EZEH, 2008). Essas variáveis foram, portanto, adicionadas ao modelo original da Bitner. Pesquisas demonstraram que, quanto maiores forem as percepções dos clientes quanto à orientação, credibilidade e competência dos funcionários, maior a probabilidade de eles serem leais ao prestador de serviços (HARRIS; EZEH, 2008). Muitos clientes vão a determinados estabelecimentos de serviço simplesmente por causa do tipo de pessoas que frequentam o local. Um exemplo é o Abaco, um bar extraordinariamente teatral e luxuoso no centro de Palma, na ilha espanhola de Maiorca. Localizado no pátio restaurado de uma antiga casa maiorquina, o Abaco está repleto de candelabros ornamentados, arranjos florais elaborados, torres de frutas frescas e obras de arte bizarras. Ele fica a meio termo entre extravagante e *kitsch*, mas o efeito é estonteante, e a visita ao bar é uma experiência em si. Ao cruzar a porta, você é transportado para um mundo diferente; a sensação é a de que você entrou em uma pomposa casa maiorquina do século XVII. A atmosfera é discreta, conta apenas com os sons abafados da fonte do pátio, pássaros e música clássica ao fundo. Desde a abertura em 1981, o Abaco continua sendo um dos clubes noturnos mais bonitos e memoráveis da Europa.

Respostas internas

Funcionários e clientes das empresas de serviços respondem às dimensões de seu ambiente físico de três maneiras – cognitiva, emocional e fisiológica –, e essas respostas influenciam seus comportamentos no ambiente.

RESPOSTAS COGNITIVAS

Em primeiro lugar, o servicescape percebido pode gerar respostas cognitivas, incluindo as crenças das pessoas sobre o lugar, as pessoas e os produtos encontrados nele. As placas manuscritas da Starbucks, por exemplo, tendem a atrair clientes por sinalizar uma experiência mais autêntica. Um estudo realizado com consumidores constatou que a decoração de uma agência de viagens ajuda o cliente a antecipar o comportamento do agente de viagens (BITNER, 1990). Pesquisas mostram que o servicescape influencia diretamente a qualidade percebida dos serviços – particularmente para serviços hedonísticos como restaurantes (REIMER; KUEHN, 2004).

RESPOSTAS EMOCIONAIS

Além de influenciar as cognições, o servicescape pode provocar respostas emocionais que, por sua vez, influenciam os comportamentos. Cores, decoração, música e outros elementos da atmosfera podem ter um efeito inexplicável e às vezes subconsciente no humor das pessoas no local. Servicescapes agradáveis

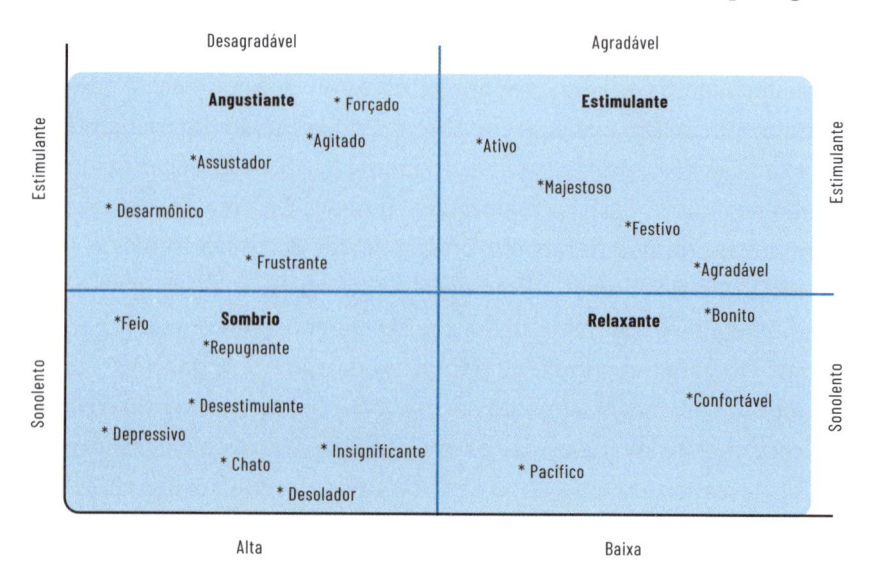

FIGURA 5.3 *O modelo de afeto de Russell. (Fonte: adaptado de Russell, Ward e Pratt, 1981)*

e estimulantes foram denominados emocionantes, enquanto os agradáveis e não estimulantes, ou sonolentos, são chamados de relaxantes. Servicescapes desagradáveis e estimulantes são chamados de angustiantes, enquanto servicescapes desagradáveis e sonolentos são sombrios (RUSSELL; WARD; PRATT, 1981). A Figura 5.3 descreve esses sentimentos experimentados em ambientes de serviços.

RESPOSTAS FISIOLÓGICAS

Por fim, o servicescape pode afetar as pessoas de formas puramente fisiológicas. Ruídos muito altos podem causar desconforto físico, a temperatura de um quarto pode causar tremores ou transpiração, a qualidade do ar dificulta a respiração e o brilho da iluminação pode diminuir a capacidade de enxergar ou causar dor física. Todas essas respostas físicas influenciarão o quanto as pessoas permanecem e desfrutam de um ambiente específico. As companhias aéreas estão cada vez mais procurando formas de tornar os voos de longa duração mais confortáveis. Graças à nova tecnologia do 787 Dreamliner da Boeing, os voos têm pressão equivalente a 6 mil pés de altitude, abaixo da marca de 8 mil pés típica de aeronaves comerciais de passageiros. A Boeing diz que isso (além dos níveis de umidade mais altos possíveis no 787) deve aliviar dores de cabeça, fadiga e reduzir o desgaste geral que os viajantes costumam sentir ao viajar (MUTZABAUGH, 2011).

Respostas comportamentais

As respostas internas de clientes e funcionários discutidas anteriormente levam a respostas comportamentais evidentes, como evitar um parque temático lotado ou responder positivamente a um ambiente relaxante, permanecendo lá e gastando dinheiro extra em compras. Nos museus de cera Madame Tussauds, pesquisadores descobriram que os clientes permanecem mais tempo e têm uma experiência mais satisfatória quando podem tocar nas exposições. A maioria dos museus tem uma política estrita de não se tocar as peças expostas. No Tussauds, os visitantes podem tocar, abraçar e até beijar figuras realísticas. "Um museu tradicional deveria ter cordões de isolamento", disse Bret Pidgeon, gerente geral do Tussauds em Manhattan, "mas isso é o mais próximo que muitas pessoas conseguem chegar de uma celebridade real. Permitimos que nossos visitantes se aproximem e tenham o seu momento" (KLARA, 2011). Por esse motivo, os modelos, fabricados em Londres e que custam até 200 mil dólares, geralmente são danificados.

CRIANDO UMA EXPERIÊNCIA MEMORÁVEL

Muito foi escrito sobre as experiências dos clientes e seu importante papel na influência do comportamento do consumidor (ZEITHAML *et al.*, 2007), e as empresas do setor de turismo e hospitalidade estão sendo estimuladas a criar experiências memoráveis para seus clientes. A pesquisa mostrou que as experiências do consumidor são derivadas de uma combinação única de respostas às dimensões do ambiente físico e às dimensões da interação humana. O ambiente físico tem uma influência importante na experiência dos consumidores em muitas configurações de serviço. Walls *et al.* (2011), por exemplo, descobriram que no setor hoteleiro, o ambiente, o impacto multissensorial do hotel, o espaço e a função e as placas e símbolos foram quatro temas que surgiram de suas pesquisas sobre as principais elaborações do ambiente físico.

As dimensões de interação humana, tanto com funcionários quanto com outros hóspedes, também são uma influência fundamental na experiência do consumidor. Os estudos de Lin, Huang e Chiang (2008) e Wang (2009) reforçam o impacto que as funções dos funcionários têm na experiência dos clientes em um ambiente de serviço. Como o consumo de serviços geralmente ocorre na presença de outros clientes, as interações entre clientes também podem ter um impacto substancial nas experiências de consumo. As interações positivas entre os consumidores, em várias configurações de serviço, demonstraram ser importantes tanto para os consumidores quanto para as empresas, e pesquisas mostram que as interações positivas entre clientes, facilitadas pela gerência, aumentam a satisfação e o deleite do consumidor (LEVY; HUDSON; GETZ, 2011) .

A experiência do consumidor também é significativamente impactada por características pessoais, e as diferenças culturais podem afetar a experiência dos clientes. Os americanos, por exemplo, em comparação com os asiáticos, em um ambiente de hospitalidade, são mais propensos a falar sobre o local a um amigo, retornar ao mesmo local e aumentar o valor da gorjeta (MANZUR; JOGARATNAM, 2006). Por último, a experiência do consumidor é impactada por fatores relacionados à viagem. Andersson e Mossberg (2004), por exemplo, ao estudar a experiência do consumidor em um restaurante, descobriram que os clientes esperam que os restaurantes noturnos satisfaçam as necessidades sociais e intelectuais, enquanto esperam que os restaurantes que servem almoço atendam principalmente às necessidades fisiológicas.

Proporcionar uma experiência consistente e distinta ao cliente sempre foi uma preocupação central do gerenciamento da marca. No início dos anos 1900, pioneiros do varejo, como Gordon Selfridge, já falavam com clareza sobre o fornecimento de tais experiências. O homem que cunhou a frase "o cliente sempre tem razão" descreveu sua visão original para sua nova loja de departamentos, a Selfridges, com as palavras: "encantando-os com uma experiência de compra incomparável" (o que incluía inovações como cafeterias nas lojas) e treinando sua equipe do jeito Selfridges para garantir um nível distintamente consistente de atendimento ao cliente (MOSLEY, 2007).

DESENVOLVIMENTO DE NOVOS PRODUTOS E SERVIÇOS

Cerca de 250 mil novos produtos são introduzidos no mundo inteiro a cada ano, com uma taxa de falha típica entre 85% e 95% (WONG, 2010). Muitas novas ideias levam anos antes de se tornar realidade. The BridgeClimb, em Sydney, é um excelente exemplo disso, pois levou nove anos para que a ideia se tornasse realidade. Preocupações com segurança e outros problemas mantiveram aquele singular produto turístico em espera por quase uma década.

O desenvolvimento de novos produtos é diferente da manutenção de produtos existentes, e o planejamento de cada um será diferente, dependendo se forem direcionados para mercados existentes ou novos.

Segundo Holloway e Plant (1992), uma empresa possui quatro alternativas no desenvolvimento de novos produtos.

PENETRAÇÃO NO MERCADO

Em primeiro lugar, pode-se seguir uma estratégia de penetração ao modificar um produto existente para o mercado atual. As melhorias em um produto existente podem torná-lo tão inovador que passa a ser visto pelos compradores em potencial como um produto genuinamente novo. Os cassinos de Macau, por exemplo, estão modificando suas ofertas de serviços para fornecer novas experiências aos clientes. Os novos estabelecimentos incluem galerias comerciais de luxo, spas, piscinas e salões de festa. O Venetian tem uma arena de 15 mil lugares, onde os Rolling Stones se apresentaram em 2014, e o planejado complexo do Lisboa Palace da SJM apresenta um pavilhão para casamentos e um teatro. "O jogo não vai sair de moda, mas vai se tornar parte de uma oferta mais ampla", disse Ian Coughlan, presidente da Wynn Macau (WASSENER, 2014).

DESENVOLVIMENTO DE MERCADO

A segunda estratégia, desenvolvimento de mercado, demanda a identificação e o desenvolvimento de novos mercados para os produtos atuais. Se um produto existente for lançado em um novo mercado que não lhe seja familiar, esse produto também será, para todos os efeitos, um novo produto. Os proprietários de hotéis, por exemplo, estão se expandindo agressivamente para a África, visando economias de rápido crescimento como Gana e Etiópia. A maior parte da África "é uma folha de papel em branco para a indústria da hospitalidade", disse Alex Kyriakidis, chefe da divisão Oriente Médio e África da Marriott (MCGROARTY; BERZON, 2012). Os viajantes de negócios estão migrando para a África graças às ricas reservas de minerais, petróleo e gás natural.

DESENVOLVIMENTO DE PRODUTOS

A terceira estratégia, o desenvolvimento de produtos, envolve desenvolver um produto genuinamente novo a ser vendido aos clientes existentes. O autor ficou satisfeito ao saber que a Marmite (um tipo de patê inglês) havia desenvolvido uma embalagem de 70 g para aqueles que não aguentam embarcar em um avião sem seu lanche favorito (como muitos viajantes britânicos, muitos dos potes maiores que o autor tentou levar a bordo de aviões no passado foram confiscados). Outro exemplo de desenvolvimento de produto vem dos Estados Unidos, onde em 2015 o National Football League (NFL) anunciou que se juntaria a duas empresas de *private equity* em um novo empreendimento para fornecer viagens, entretenimento, hospitalidade e acesso ao campo nos maiores eventos das ligas. O empreendimento pretendia testar o poder da marca NFL como uma força além do campo de futebol e, em especial, internacionalmente onde o negócio de hospitalidade em eventos esportivos está muito atrás do mercado americano (FUTTERMAN, 2015).

DIVERSIFICAÇÃO

O crescimento da diversificação faz sentido quando boas oportunidades podem ser encontradas fora do negócio atual. Três tipos de diversificação podem ser considerados. Em primeiro lugar, a empresa poderia buscar novos produtos que estejam em sinergia tecnológica ou de marketing com as linhas de produtos existentes, mesmo que o produto possa atrair uma nova classe de clientes (diversificação concêntrica). Em segundo lugar, a empresa pode procurar novos produtos que possam atrair seu mercado-alvo atual (diversificação horizontal). Por fim, a empresa pode buscar novos negócios que não estejam relacionados à tecnologia, aos produtos ou aos seus mercados atuais (diversificação de conglomerados). Um exemplo de diversificação vem da Virgin Group, que lançou a Virgin Hotels, buscando atrair viajantes de negócios e lazer das gerações X e Y.

ABORDAGENS PARA O DESENVOLVIMENTO DE NOVOS PRODUTOS

Uma empresa deve desenvolver novos produtos para sobreviver, seja por meio de aquisição ou do propriamente dito desenvolvimento de novos produtos (DNP). Existe uma abordagem razoavelmente estabelecida para o DNP, mas Scheuing e Johnson (1989) propuseram um modelo para o desenvolvimento de novos serviços (DNS), com base em uma revisão de outros modelos e pesquisas em 66 empresas de serviços dos Estados Unidos. O modelo possui quinze etapas e quatro estágios principais.

O primeiro estágio (etapas 1 a 3) do DNS se concentra na maneira como novas ideias são geradas e desenvolvidas. O processo de desenvolvimento deve começar com uma formulação precisa de *objetivos e estratégia*. Uma estratégia bem projetada impulsiona e direciona todo o esforço de inovação e o impregna de eficácia e eficiência. O segundo passo é que as empresas se certifiquem de que organizaram ou *estruturaram* seu plano de modo a permitir que a inovação aconteça. Nas grandes empresas, isso pode envolver a criação de um departamento de pesquisa e desenvolvimento (P&D). O terceiro passo consiste na *geração e seleção de ideias*. Novas ideias podem ser extraídas de fontes externas ou geradas internamente por meio de consultas e brainstorming. Muitas vezes, a fonte de ideias mais poderosa é o feedback do cliente.

O estágio de geração e desenvolvimento de ideias da DNS é seguido pelo segundo estágio, chamado de *go/no go*, que compreende as etapas 4 a 7 e permite à empresa decidir se continuará ou não com o novo desenvolvimento. O *desenvolvimento de conceitos* exige que as ideias que ficaram sejam expandidas em conceitos de pleno direito, especialmente se houver um elemento de serviço significativo. O *teste de conceito* é uma técnica de pesquisa projetada para avaliar se um usuário em potencial entende a ideia do bem ou serviço proposto, se reage favoravelmente a ele e se sente que esse bem ou serviço fornece benefícios que atendem necessidades não atendidas. A sexta etapa, *análise de negócios*, deve representar uma investigação abrangente sobre as implicações comerciais de cada conceito. A etapa de autorização do projeto ocorre quando a alta gerência compromete recursos corporativos para a implementação de uma nova ideia. Em um setor como o turismo, que consiste em muitas organizações pequenas, é provável que 90% das empresas tenham apenas uma pessoa ou departamento que autoriza todos os projetos de inovação (JONES; HUDSON; COSTIS, 1997).

Depois da aprovação, o terceiro estágio do DNS – design de teste – é alcançado, no qual o planejamento detalhado e a implementação da inovação são realizados (etapas 8 a 11). Nesse ponto, o novo conceito é convertido em uma entidade operacional. Isso requer *planejamento e teste*. Para um serviço, essa atividade deve envolver a entrada de usuários em potencial e a cooperação ativa do pessoal de operações que acabará entregando o serviço. Também pode ser necessário projetar novos *processos* de produção ou desenvolver novos equipamentos. Essa etapa também inclui *planejamento e teste de marketing*. Para concluir a fase de design do teste, todos os funcionários devem estar familiarizados com a natureza e os detalhes operacionais do novo serviço. Por exemplo, pesquisas sobre fornecimento de alimentos em voos mostraram que 91% das companhias aéreas treinaram seu pessoal, enquanto apenas 68% dos fabricantes de alimentos o fizeram (JONES, 1995).

O estágio final do DNS é a avaliação da nova inovação, composta por quatro etapas (etapas 12 a 15). O *teste de serviços* deve ser usado para determinar a potencial aceitação do novo serviço pelo cliente, enquanto uma execução piloto assegura seu bom funcionamento. Há vários anos, a Marriott Corporation projetou uma nova rede de hotéis para viajantes de negócios, a Courtyard by Marriott, e testou o conceito em condições reais, antes de desenvolver a grande cadeia que preencheu uma lacuna no mercado.

A próxima etapa, o *teste de marketing*, analisa a capacidade de venda do novo serviço, e um teste de campo deve ser realizado com uma amostra limitada de clientes. Com o sistema de entrega e o marketing implementados, e com o serviço completamente testado, a empresa deve iniciar o *lançamento* em grande escala, introduzindo o produto de serviço em toda a área do mercado. Diferentes setores tendem a avaliar seus novos serviços/produtos de maneiras ligeiramente diferentes. Por exemplo, os operadores de fast-food usam pesquisas de mercado, enquanto os prestadores de serviços de alimentação confiam mais no pós-venda para obter feedback dos clientes. A etapa final, a revisão pós-lançamento, deve ter como meta determinar se os objetivos estratégicos foram alcançados ou se são necessários ajustes adicionais.

Scheuing e Johnson sugerem que as empresas não devem seguir esse modelo de forma rígida, mas considerá-lo como uma estrutura da qual podem selecionar as atividades que considerarem necessárias para o desenvolvimento específico que estão realizando.

Uma organização também cria condições internas que favorecem ou dificultam a inovação. Com frequência, elas são fortemente influenciadas pelo ambiente externo. As condições que podem incentivar uma abordagem sistemática, porém rígida, à inovação são: cultura burocrática, mercado maduro, envolvimento de consultores externos e departamentos formais de pesquisa e desenvolvimento. As condições que incentivam uma abordagem dinâmica e flexível à inovação são as seguintes: crescente integração da cadeia de suprimentos, cultura organizacional fundada na inovação, incentivo de associações industriais, liderança criativa e empreendedora e mercados desregulados. É provável que essas condições sejam mais típicas em organizações de turismo e hospitalidade, pois existem muitas pequenas empresas altamente empreendedoras que operam em um mercado amplamente desregulado. No entanto, grandes empresas também podem incentivar a inovação. A Virgin, por exemplo, sempre foi inovadora, em grande parte por causa da liderança criativa de Richard Branson. A Marriott também é uma grande corporação conhecida pela inovação. Como a Virgin, o esforço da Marriott em inovar vem do topo. O CEO Arne Sorenson procura inovação contínua de seus funcionários, enfatizando a missão da empresa de "definir a vanguarda da indústria, da estratégia ao planejamento, a fim de fornecer novos produtos, serviços e experiências que diferenciem suas marcas e gerem vantagens competitivas" (SORENSON, 2015). O estudo de caso a seguir destaca a inovação no setor hoteleiro, no qual alguns hotéis boutique ao redor do mundo se diferenciam ao oferecer uma experiência com temática musical.

RESUMO DO CAPÍTULO

Os produtos de turismo e hospitalidade são pacotes constituídos por um grupo de componentes ou elementos selecionados a fim de satisfazer necessidades e desejos. Existem também três níveis de produtos turísticos: o produto principal, o produto tangível e o produto ampliado. Uma parte importante do produto ampliado é o ambiente físico – geralmente chamado de servicescape (cenário de serviços), que é muito importante para produtos de turismo e hospitalidade, como hotéis, restaurantes e parques temáticos, pois eles são dominados por atributos de experiência. O branding se desenvolveu como um método para estabelecer uma identidade distinta para um produto com base na diferenciação competitiva em relação a outros produtos e tem sido particularmente bem-sucedido no marketing de hotéis e restaurantes. O desenvolvimento de novos produtos é diferente da manutenção dos produtos existentes, e o planejamento para ambos será diferente de acordo com o direcionamento dos produtos aos mercados existentes ou aos novos.

QUESTÕES PARA REFLEXÃO

1. Sem usar os casos ilustrados neste capítulo, dê alguns exemplos de empresas que estão respondendo aos desejos por experiências dos consumidores. Como elas estão usando o servicescape para entregar essas experiências?

2. Holloway e Plant sugerem que uma empresa tem quatro alternativas ao desenvolver novos produtos: penetração no mercado, desenvolvimento de mercado, desenvolvimento de produtos e diversificação de produtos. Pense em um exemplo (não fornecido no texto) de cada estratégia usada no setor de turismo, hotelaria ou eventos.

3. Por que você acha que as empresas nem sempre seguem as etapas de desenvolvimento de novos serviços (DNS) sugeridas por Scheuing e Johnson?

MARKETING EM AÇÃO – HOTÉIS QUE NÃO PERDEM O RITMO

Os hotéis estão buscando constantemente a fórmula perfeita para proporcionar aos visitantes uma experiência viciante, e os hotéis com temáticas musicais se tornaram muito populares, principalmente nas grandes cidades. Um exemplo perfeito é o Aria Hotel, em Praga, na República Tcheca, uma cidade conhecida por sua história musical. O estabelecimento de luxo de cinco estrelas organiza concertos ao vivo regularmente e tem até um musicólogo no local que aconselha sobre quais assentos do Rudolfinum têm a melhor acústica e sobre os regentes mais requisitados da Filarmônica de Praga. Músicos virtuosos e seus fãs podem mergulhar na música ao entrar no estabelecimento. Do mosaico italiano com base em um canto gregoriano, aos recursos de som *surround* em cada quarto, todos os detalhes do hotel são inspirados na música.

(cont.)

IMAGEM 5.3 *Quarto Modrophenia no Hotel Pelirocco em Brighton.*
(Cortesia do Hotel Pelirocco)

Mais a oeste da Europa, o Backstage Hotel, em Amsterdã, também é decorado com temática musical, projetado para se parecer com um ponto de encontro para bandas de rock fora do palco. Decorado com saxofones e violões, o piano do hotel é grafitado com as assinaturas de artistas visitantes. Cruzando a fronteira, o nhow Hotel, em Berlim, na Alemanha, vai um passo além, fornecendo serviços e instalações para músicos. Situado nas margens do Spree, o nhow não apenas possui seu próprio estúdio de gravação com vistas panorâmicas da cidade, mas também oferece um serviço de quarto musical, entregando guitarras e teclados aos hóspedes a qualquer momento. Existem duas salas de controle e uma cabine de gravação de última geração no estúdio, que hospeda sessões a partir de 150 euros por meio período.

O México é o lar de outro hotel com um estúdio de gravação, o Hotel El Ganzo, em Los Cabos, uma propriedade de design moderno que também funciona como um centro de artes e cultura. Sob um alçapão em seu saguão, encontra-se um estúdio de gravação de ponta com cerca de 160 metros quadrados, chamado The Underground, onde músicos do mundo inteiro chegam para criar, tocar e gravar seu trabalho. Hóspedes e moradores podem assistir às El Ganzo Sessions, uma série de apresentações de música ao vivo, e qualquer pessoa pode ver todo o catálogo de apresentações no canal do Hotel El Ganzo no YouTube. Todo mês, o hotel recebe vários artistas visuais, cineastas e músicos como parte do programa Artist in Residence (AIR). As paredes brancas do hotel boutique se transformam em telas onde os artistas residentes podem deixar sua marca colorida.

O Hotel da Música, em Porto, Portugal, também realiza concertos e apresentações semanais para celebrar a temática musical do hotel. Além disso, violinos antigos adornam a recepção, suportes para partitura exibem o menu, e os quartos têm luminárias em formato de clave de sol e partituras pintadas nas paredes acima da cama. O Evelyn, em Nova York (anteriormente conhecido como Gershwin), também possui quartos com temáticas musicais. Os lustres têm o formato de trombones e os azulejos do banheiro são decorados com notas musicais e letras de músicas famosas. Os quartos também estão equipados com gramofones de alta tecnologia, que os hóspedes podem sincronizar com seus smartphones. O hotel não fica longe do Tin Pan Alley, em Manhattan, que já foi o centro da indústria da música pop americana.

O Hotel BPM, no Brooklyn, em Nova York, tem um foco ainda mais restrito, atraindo DJs iniciantes para o seu moderno estabelecimento de 75 quartos. Criado por um ícone local de hip hop, BPM significa batidas por minuto. O DJ Bijal criou uma playlist de hip hop que é transmitida em todo o hotel. Para dar um empurrãozinho aos aspirantes a DJ, o hotel oferece aulas gratuitas ministradas pela Scratch DJ Academy.

(cont.)

Alguns hotéis com temáticas musicais são inspirados por um artista ou banda em particular. O Hard Days Night Hotel, com temática dos Beatles, em Liverpool, na Inglaterra, por exemplo, recebeu o nome do filme, do álbum e da música da banda. O hotel abriu quatro anos após a concepção inicial, em fevereiro de 2008, durante o reinado de Liverpool como capital europeia da cultura. Ele tem cerca de 110 quartos, incluindo as famosas suítes McCartney e Lennon, além de vários bares e restaurantes. O hotel está situado ao lado do mundialmente famoso Cavern Club, de onde os Beatles partiram para a fama.

Outro hotel na Inglaterra, o Hotel Pelirocco, em Brighton, foi inspirado na cultura pop local, sendo considerado o hotel boutique original do rock 'n' roll de Brighton, com 19 quartos com temas individuais. Um deles, o *Modrophenia*, é uma alusão ao fato de que Brighton ainda atrai visitantes fascinados pela briga entre *mods* e *rockers* que começou à beira-mar no feriado de início da primavera (Whitsun Bank Holiday) em maio de 1964, e que se espalhou para vários outros resorts à beira-mar durante todo o verão. O quarto *Mod* tem uma Lambretta verme-lha brilhante na parede do quarto. A metade da frente da scooter é a mesa de cabeceira à esquerda, e a parte de trás é a mesa à direita. A colcha é da cor da parka, com um círculo da Royal Air Force no centro, e a mesa de café da manhã em melamina é ladeada por assentos automobilísticos moldados em plástico laranja. Para completar, o quarto tem ainda mesas no estilo Vespa e imagens de *pop art* do primeiro *mod* de todos, Keith Moon.

Então, o que explica a popularidade dos hotéis com temáticas musicais? Para Zuzana Šelová, exe-cutiva de vendas e marketing do Aria Hotel, em Praga, a diferenciação é a razão: "Há muitos hotéis hoje, e isso é um conceito que agrega valor ao estabelecimento. O conceito musical constrói a his-tória e as pessoas adoram histórias". O Aria atende principalmente aos *baby boomers* que esperam o melhor, então, para Šelová, funcionários experientes que prestam um excelente serviço pessoal são o maior patrimônio do hotel. O Aria tende a atrair celebridades, e isso, por sua vez, contribui para a marca característica do lugar. "Gérard Depardieu já esteve aqui por dois meses e tinha uma suíte com vista para o Jardim Vrtba", conta Šelová. "Como as janelas são baixas, as pessoas paravam e se perguntavam se era ele mesmo sentado no parapeito da janela lendo um livro."

Hans Spuijbroek, do Backstage Hotel, em Amsterdã, também acredita que a diferenciação com uma temática musical permite que um hotel se destaque dos outros. "Hotéis-padrão não são o futuro da indústria hoteleira global", diz ele. "Quanto mais individuais as pessoas se tornam, mais diferente será a demanda." No entanto, Spuijbroek sugere que o sucesso de novos entran-tes nesse espaço não é garantido: "O problema é que muitas grandes redes de hotéis iniciam novos hotéis de marca com uma temática musical sem ter ideia de qual é o foco delas. Existem muitos hotéis que dizem ter temática Hard Rock só porque você pode alugar um violão". Para Spuijbroek, a autenticidade é fundamental. "Sabemos o que nossos hóspedes querem porque somos experientes e apaixonados pelo valor agregado que sustentamos. Todo o aspecto visual é real. A equipe é real, não são pessoas meramente uniformizadas e treinadas para agir robo-ticamente. O Backstage é assim. Ou você entende ou não". Embora o hotel atraia visitantes em todas as fases da vida (as crianças adoram, diz Spuijbroek), o Backstage é especializado

(cont.)

em receber bandas, artistas e equipes. Mas a privacidade reina, de acordo com Spuijbroek. O que acontece no Backstage... fica no Backstage!

Quando perguntada por que os hotéis com temáticas musicais são tão populares hoje em dia, a gerente geral do Hotel El Ganzo, Ella Messerli, diz: "Dizem que a música alimenta a alma. E agora que viajar se tornou uma escolha de experiência maior, a música definitivamente acrescenta outra dimensão à experiência de visitar qualquer parte do mundo". Messerli diz que seu hotel focalizado em cultura vai além das intervenções musicais no local. "A música se tornou parte da experiência de El Ganzo e torna o hotel único, pois esses músicos são trazidos pelo programa Artist in Residence", explica ela. "Só no El Ganzo você pode assistir a uma apresentação sob as estrelas tão cuidadosamente selecionada como essa. Além disso, nosso diretor de música, que também administra nosso estúdio de gravação profissional, seleciona criteriosamente os músicos, que oferecem uma entrega de alta qualidade em seu gênero."

O El Ganzo atrai pessoas de todo o mundo, e Messerli acrescenta: "Definimos de forma bem sucedida uma nova oferta experimental para um resort com arte: música em um ambiente mais natural ao redor de Los Cabos. A nossa localização na Marina, com a praia privada e na qual é possível nadar, oferece aos hóspedes a oportunidade de desfrutar de um dia relaxante ao sol ou um dia divertido com remo, caiaque ou pesca. Isso atraiu muitos grupos de diferentes faixas etárias, assim como casamentos, clientes que buscam um local privativo, com atividades e uma oferta cultural única e enriquecedora. Também é muito agradável conhecer artistas e músicos que descobrem nosso canto de Los Cabos e ouvi-los dizer como nosso cenário natural estimula suas mentes criativas".

O conselho de Messerli para proprietários ou gerentes de hotéis em todo o mundo que consideram ter uma temática musical é manter a simplicidade. "O mais importante é fazer isso apenas se você contratar profissionais para ajudá-lo e oferecer qualidade. Qualquer oferta experimental em um hotel deve ser da mais alta qualidade para ser real e única, e é isso que os hóspedes buscam."

Fonte: Hudson, S. "Hotels that Don't Miss a Beat." *Hotel Business Review*, janeiro 2016.

QUESTÕES DE ESTUDO DE CASO

1. Por que os hotéis estão constantemente procurando a fórmula perfeita para proporcionar aos visitantes uma experiência viciante?

2. O que todos os hotéis com temáticas musicais têm em comum? Algum deles em particular atrai sua atenção?

3. O que explica a popularidade dos hotéis com temáticas musicais? É provável que eles aumentem em popularidade?

REFERÊNCIAS

ANDERSSON, T. D.; MOSSBERG, L. The dining experience: Do restaurants satisfy customer needs. **Food Service Technology**, v. 4, p. 171–177, 9 dez. 2004.

BITNER, M. J. Evaluating service encounters. **Journal of Marketing**, v. 54, p. 69–82, abr. 1990.

BITNER, M. J. Servicescapes: the impact of physical surroundings on customers and employees. **Journal of Marketing**, v. 56, p. 57–71, abr. 2002.

FERGUSON, S.; BOURKE, A. Living the brand. the evangelical experiences of snowsport workers. *In*: MCCABE, S. (org.). **Handbook of tourism marketing**. Londres: Routledge, 2013. p. 435–436.

FUTTERMAN, M. NFL expanding hospitality services. **Wall Street Journal**, 30 mar. 2015, p. B3.

GARCIA, J. A.; GOMEZ, M.; MOLINA, A. A destination-branding model: an empirical analysis based on stakeholders. **Tourism Management**, v. 33, n. 3, p. 646–661, ago. 2012.

GETZ, D. **Event studies**: theory, research and policy for planned events. Oxford: Butterworth-Heinemann, 2007.

GRADY, J.; OHLIN, J. B. Equal access to hospitality services for guests with mobility impairments under the Americans with Disabilities Act: implications for the hospitality industry. **International Journal of Hospitality Management**, v. 28, p. 161–169, mar. 2009.

HNN. The 2015 big brands report. **Hotel News Now**, 23 mar. 2015. Disponível em: www.hotelnewsnow.com/Article/15433/The-2015-Big-Brands-Report. Acesso em: 13 mar. 2020.

HARRIS, L. C.; EZEH, C. Servicescape and loyalty intentions: an empirical investigation. **European Journal of Marketing**, v. 42, n. 3/4, p. 390–422, abr. 2008.

HOLLOWAY, C. J.; PLANT, R. V. **Marketing for tourism**. 2. ed. Londres: Pitman, 1992.

JACKSON, N. **Promoting and marketing events**. Oxon: Routledge, 2013.

JONES, P. Innovation in flight catering. *In*: JONES, P.; KIPPS, M. (org.). **Flight catering**. Londres: Longman, 1995. p. 163–175.

JONES, P.; HUDSON, S.; COSTIS, P. New product development in the UK tour operating industry. **Progress in Tourism and Hospitality Research**, v. 3, n. 4, p. 283–294, dez. 1997.

KLARA, R. Waxing eloquent: behind the scenes at Madame Tussauds. **USAir Magazine**, dez. 2011, p. 42–46.

KOTLER, P. T.; ARMSTRONG, G. **Principles of marketing**. 15. ed. New Jersey: Prentice Hall, 2014.

LEVERE, J. L. If you can't make it to the lecture. New York Times, 19 mar. 2014. Disponível em: www.nytimes.com/2014/03/20/arts/artsspecial/if-you-cant-make-it-to-the-lecture. html. Acesso em: 13 mar. 2020.

LEVY, S.; HUDSON, S.; GETZ, D. A field experimental investigation of managerially faci-litated consumer-to-consumer interaction. **Journal of Travel and Tourism Marketing**, v. 28, n. 6, p. 656–674, ago. 2011.

LIN, M-Q.; HUANG, L-S.; CHIANG, Y-F. The moderating effects of gender roles on service emotional contagion. **The Services Industries Journal**, v. 28, n. 6, p. 755–767, jul. 2008.

LOVELOCK, C.; WIRTZ, J. **Services marketing**: people, technology, strategy. 6. ed. New Jersey: Prentice Hall International, 2007.

MANZUR, L.; JOGARATNAM, G. Impression management and the hospitality service encounter: cross-cultural differences. **Journal of Travel and Tourism Marketing**, v. 20, n. 3-4, p. 21–31, 2006.

MCGROARTY, P.; BERZON, A. Hoteliers fill a gap: Africa. **The Wall Street Journal**, 19 set. 2012. Disponível em: www.wsj.com/articles/SB100008723963904437202045780042432 38970954. Acesso em: 13 mar. 2020.

MERCER, D. *Marketing*. Oxford: Blackwell, 1992.

MIDDLETON, V. T. C.; CLARKE, J. R. Marketing in travel and tourism. 3. ed. Oxford: Butterworth-Heinemann, 2012.

MOSLEY, R. W. Customer experience, organisational culture and the employer brand. **Brand Management**, v. 15, n. 2, p. 123–134, nov. 2007.

MUTZABAUGH, B. First Dreamliner fliers sing its praises. **USA Today**, 28 out. 2011, p. 1B–2B.

PIKE, S.; MASON, R. Destination competitiveness through the lens of brand positioning: the case of Australia's Sunshine Coast'. **Current Issues in Tourism**, v. 14, n. 2, p. 169–182, 2011.

POGREBIN, R. Museums seek to lure, then lock in, teenage connoisseurs. **New York Times**, 16 mar. 2015. Disponível em: www.nytimes.com/2015/03/19/arts/artsspecial/museums-seek-to-lure-then-lock-in-teenage-connoisseurs.html. Acesso em: 13 mar. 2020.

REIMER, A.; KUEHN, R. The impact of servicescape on quality perception. **European Journal of Marketing**, v. 39, n. 7/8, p. 785–808, jul. 2005.

RUSSELL, M. Richard Branson's fails: 14 Virgin companies that went bust. **Business Insider**, 21 abr. 2012. Disponível em: www.businessinsider.com/richard-branson-fails -virgin-companies-that-went-bust-2012-4. Acesso em: 13 mar. 2020.

RUSSELL, J. A.; WARD, L. M.; PRATT, G. An affective quality attributed to environments. **Environment and Behavior**, v. 13, n. 3, p. 259–288, 1981.

SCHEUING, E. E.; JOHNSON, E. M. A proposed model for new service development. **Journal of Services Marketing**, v. 3, n. 2, p. 25–34, fev. 1989.

SCHULTZ, H. **Onward**. New York: Rodale Inc, 2011.

SORENSON, A. How to live innovation. **LinkedIn**, 11 fev. 2015. Disponível em: https://www.linkedin.com/pulse/how-live-innovation-arne-sorenson. Acesso em: 13 mar. 2020.

SUELLENTROP, C. At play in skies of Cretaceous Era. **New York Times**, 19 mar. 2014. Disponível em: www.nytimes.com/2014/03/20/arts/artsspecial/at-play-in-skies-of-cretaceous-era.html. Acesso em: 13 mar. 2020.

SWARBROOKE, J.; PAGE, S. J. **The development and management of visitor attractions**. 2. ed. New York: Routledge, 2002.

THEMED ENTERTAINMENT ASSOCIATION (TEA). Theme index and museum index: the global attractions attendance report. 2015. Disponível em: http://www.teaconnect.org/images/files/TEA_160_611852_160525.pdf. Acesso em: 3 jul. 2020.

TOMBS, A.; MCCOLL-KENNEDY, J. R. Social-servicescape conceptual model. **Marketing Theory**, v. 3, n. 4, p. 447–475, dez. 2003.

WALLS, A. *et al.* Understanding the consumer experience: an exploratory study of luxury hotels. **Journal of Hospitality Marketing and Management**, v. 20, n. 2, p. 166–197, fev. 2011.

WANG, E. S-T. Displayed emotions to patronage intention: consumer response to contact personal performance. **The Service Industries Journal**, v. 29, n. 3, p. 317–329, mar. 2009.

WASSENER, B. It already dwarfs Las Vegas, and its casino boom has room to grow. **New York Times**, 26 mar. 2014, p. B1, B7.

WONG, E. The most memorable product launches of 2010. **Forbes**, 3 dez. 2010. Disponível em: www.forbes.com/2010/12/03/most-memorable-products-leadership-cmo-network.html. Acesso em: 13 mar. 2020.

WOOD, E. Measuring the economic and social impact of local authority events. **International Journal of Public Sector Management**, v. 18, n. 1, p. 37–53, jan. 2005.

ZEITHAML, V. A.; *et al.* **Services marketing**: integrating customer focus across the firm. New York: McGraw-Hill, 2007.

ZENKER, S.; MARTIN, N. Measuring success in place marketing and branding. **Place Branding and Public Diplomacy**, v. 7, n. 1, p. 32–41, fev. 2011.

PRECIFICAÇÃO 6

INTRODUÇÃO

Após uma breve introdução à precificação, o capítulo 6 destaca os principais fatores que determinam as decisões sobre preços. Além dos objetivos de marketing, eles incluem custos, outras variáveis do mix, expectativas dos integrantes do canal, percepções do comprador, concorrência e restrições legais e regulamentares. A parte seguinte do capítulo se concentra em como as empresas usam a precificação como parte de seu posicionamento em relação ao produto, empregando uma das três abordagens básicas: preço premium, preço custo-benefício e preço subcotado. As estratégias de preço para novos produtos são o assunto da parte seguinte do capítulo, que discute preços de prestígio, skimming de mercado e preços de penetração. Outras técnicas de precificação são então analisadas, seguidas de um exame das características específicas do setor de turismo e hospitalidade que afetam a política de precificação. Os estudos de caso se concentram em um agente de viagens de esqui, no marketing de *riads* no Marrocos e na proliferação de companhias aéreas de baixo custo no mundo todo.

LIÇÕES DE UMA GURU DO MARKETING – SARAH PLASKITT, DA SCOUT

Com o atraente slogan "Sonhe, encontre, reserve, esquie", a Scout foi ideia de Sarah Plaskitt, ex-jornalista e estrategista de marcas de uma agência de publicidade. Sua formação em jornalismo a ajudou a criar um site de viagens de alto nível, com histórias inspiradoras e fotografia persuasiva. As avaliações de resorts e alojamentos são mais confiáveis, uma vez que os hotéis não pagam para aparecer no site. "O que torna a Scout diferente de outras agências de viagens de esqui ou de serviços de reservas on-line é que visitamos todos os resorts e estabelecimentos que estão na Scout", diz Plaskitt, que estava viajando pela França enquanto organizava um itinerário para Nozawa Onsen, no Japão, para os autores deste livro.

IMAGEM 6.1 *Sarah Plaskitt. (Cortesia de scoutski.com)*

Com atenção imaculada aos detalhes, ela forneceu um itinerário de duas noites e dois dias no Ryokan Sakaya, um tradicional hotel boutique japonês, que incluía quimonos, cerimônia do chá, *futons*, tatame e *onsens* (banheiras de água quente) cobertos/descobertos para relaxamento após a prática de esqui. "A Scout é uma pequena empresa que oferece serviços altamente personalizados. Fazemos todo o trabalho árduo, para que você possa se concentrar em descer pelas montanhas", brinca Plaskitt. A extraordinária cidade ladeia a montanha, com ruas de paralelepípedos, prédios tradicionais, restaurantes, cafés e lojas típicas. Ao lado de cada rua, há uma fonte de água quente jorrando para as ruas, a fim de limpar a neve naturalmente.

Fundada em 2013, a Scout funciona como uma revista, um guia e uma agência de viagens boutique pelo site www.scoutski.com. "É uma loja completa, onde você pode reservar tudo para sua viagem de esqui", diz Plaskitt, desde apenas um quarto até um pacote completo, com itinerário elaborado meticulosamente e o Scout Field Guide. "Embora eu tenha alguns pacotes definidos no site, a maioria dos que vendo é personalizado para cada cliente", explica ela. "Para precificar os pacotes, começo com as taxas que os fornecedores me dão, que podem começar com o valor líquido e ir aumentado, ou com o preço de balcão, sobre o qual recebo uma comissão. Às vezes, cada item que compõe um pacote é dividido como custo, mas outras vezes você apenas dá um preço pelo pacote completo." Enquanto alguns clientes desejam custos individuais, outros não se importam, ela diz: "Em alguns casos, você tem um contrato estipulando que não pode ser violado". Como a empresa opera on-line, é preciso tomar cuidado para não fazer vendas por um preço menor do que o preço do fornecedor, mas o desconto é possível quando vários itens compõem um pacote.

A partir de sua experiência em agências de publicidade em Nova York e Sydney, a australiana Plaskitt decidiu seguir sozinha para ter mais controle, flexibilidade e propósito em sua carreira. "Decidi que queria focar nos negócios on-line, pois poderia ter clientes do mundo

(cont.)

inteiro", conta ela. "A ênfase no conteúdo original ajuda a Scout a ser descoberta organicamente por esquiadores em qualquer lugar, mas, quando faço uma campanha de marketing, em geral é nos mercados dos Estados Unidos e da Austrália".

A Scout opera com uma lista cada vez maior de destinos nos Estados Unidos, Canadá, Nova Zelândia, Itália, Áustria, Suíça, França e Japão. Com os resorts japoneses ganhando mais visitas internacionais anualmente, Scout voltou sua atenção para Nozawa Onsen, a mais antiga estação de esqui do Japão. Em razão de sua rica história, arquitetura autêntica e relacionamento com St. Anton, Nozawa Onsen atrai esquiadores que procuram uma experiência japonesa imersiva.

"Há muitos *ryokans* – pousadas japonesas tradicionais, como o Ryokan Sakaya – e santuários, e a cidade não é excessivamente ocidentalizada", explica Plaskitt. A neve em pó é outro grande atrativo: "Todo mundo já ouviu falar sobre isso e todo mundo quer experimentar. E é tão incrível quanto dizem – é mais provável conseguir um ótimo dia de neve em pó durante a alta temporada". Na verdade, os autores tiveram um épico dia de pó lá, esquiando na neve mais leve e mais fofa, até os joelhos, o dia inteiro.

Por causa de sua proximidade (via trem-bala) de Tóquio e Kyoto, o Nozawa Onsen geralmente acompanha um itinerário cultural urbano. O desafio é fazer com que as pessoas façam reservas com antecedência, diz Plaskitt: "Uma das coisas que estou tentando alcançar com as relações públicas nos Estados Unidos é educar as pessoas para que elas façam reservas com antecedência para o Japão. Em muitos estabelecimentos (especialmente em lugares como Nozawa Onsen), as reservas para datas importantes são feitas de quatro a seis meses antes da temporada seguinte – cada vez mais cedo a cada ano".

Embora a Scout normalmente opere diretamente com seus clientes e fornecedores, ocasionalmente ela usa intermediários para facilitar os negócios. "Em alguns casos, uso agências de turismo receptivo ou agências atacadistas que me vendam um produto, mesmo que eu tenha estado no local e desenvolvido um relacionamento com o fornecedor. Isso pode acontecer por várias razões", diz Plaskitt. "Embora possa ser conveniente, geralmente acho que não me poupa tempo e, muitas vezes, não estar no controle completo torna o processo mais difícil. Então, sempre que possível, tento fazer as coisas diretamente, o que é muito incomum para uma agência menor. Mas prefiro assim e acredito que isso gera um resultado melhor para meus clientes." Novamente, por razões de independência, Plaskitt evita promoções conjuntas: "É um terreno muito escorregadio que pode me fazer perder a independência em relação ao que vendo".

Por fim, o conteúdo é de primordial importância para a ex-jornalista. "No momento, estou concentrada em fazer com que meu conteúdo trabalhe bastante, o que inclui esforços de marketing de SEO", explica ela. "Também estou fazendo algumas campanhas com o Google Adwords, que são ótimas porque você pode segmentar e focar muito no que está vendendo e para quem."

Fontes: visitas pessoais dos dois autores ao Ryokan Sakaya, Nozawa Onsen, Japão, em janeiro de 2016; entrevistas por e-mail com Sarah Plaskitt.

INTRODUÇÃO À PRECIFICAÇÃO

Como destaca o estudo de caso inicial, a precificação é crucial para o marketing bem-sucedido de qualquer produto ou serviço, mas geralmente é o menos compreendido dos elementos do mix de marketing. Assim como faz Sarah Plaskitt, da Scout, os preços que uma organização cobra por seus produtos devem atingir um equilíbrio entre obter aceitação no mercado-alvo e obter lucro para a organização. Mesmo em organizações sem fins lucrativos, a precificação de produtos e serviços é essencial para incentivar o consumo. O elemento de precificação do mix de marketing é único, pois é o único que afeta diretamente as receitas de uma organização e, portanto, seus lucros. Os campos de finanças e economia têm muito a contribuir para a precificação, mas, por si só, talvez não levem às melhores decisões. Outras decisões do mix de marketing geralmente interagem com as decisões de preço. A qualidade do produto (real e percebida) precisa ser considerada à luz do preço. Conhecer o trade-off entre preço-qualidade leva os tomadores de decisão a reconhecer que os consumidores podem aceitar um custo mais alto por uma melhor qualidade do produto. O mesmo se dá em relação à imagem da marca – geralmente a consequência das decisões de comunicação de marketing –, marcas menos conhecidas podem exigir preços mais baixos. Por exemplo, pesquisas mostram que hotéis que pertencem a uma cadeia de marcas tendem a cobrar preços mais altos e a oferecer descontos menores do que aqueles que não estão vinculados a uma marca conhecida (BECERRA; SANTALÓ; SILVA, 2013).

Assim como outros elementos do mix de marketing, os preços devem ser tratados como uma ferramenta para atingir os objetivos corporativos e de marketing. Se o mercado-alvo tiver sido claramente identificado e tiver sido tomada uma decisão sobre a localização de um produto, será mais fácil determinar o preço. As empresas que optarem por posicionar seus produtos no mercado de massa e por entrarem em um campo com muitos concorrentes precisarão adotar uma política de precificação muito cuidadosa. Aqueles que procuram apelar para nichos de mercado (como a Scout, que procura esquiadores interessados no Japão) podem ter um pouco mais flexibilidade de preços, pois possuem menos concorrentes e talvez mais pontos de diferença entre seus produtos e outros produtos do nicho. Nos últimos anos, a pressão para que os preços em geral baixem tem sido muito forte, por um lado causada pelo lento crescimento das economias ocidentais e do Japão, mas por outro, pelo crescente poder de varejistas como o Wal-Mart, pelos baixos custos de mão de obra em mercados emergentes, como China e Vietnã, e pelo poder da internet, que torna os preços mais transparentes (MARN, ROEGNER; ZAWADA, 2003).

FATORES QUE DETERMINAM
AS DECISÕES DE PRECIFICAÇÃO

Qualquer que seja a estratégia adotada por uma organização, objetivos claros de precificação devem ser estabelecidos antes que os níveis de preços sejam definidos. Os principais fatores que determinam as decisões de precificação são os objetivos de marketing, os custos, outras variáveis do mix de marketing, os intermediários, as percepções do comprador, a concorrência e as questões jurídicas e regulamentares.

OBJETIVOS DE MARKETING

Os objetivos mais comuns são a maximização do lucro, a taxa-alvo de retorno, a participação no mercado e a sobrevivência. No entanto, para algumas organizações, como parques nacionais ou museus, os objetivos não são apenas de natureza comercial, e as decisões sobre precificação são tomadas por razões sociais, o que pode envolver o aumento dos valores das taxas para reduzir os impactos sociais e ambientais do aumento do número de visitantes, como no caso de Machu Picchu, no Peru, ou a redução do valor das taxas para incentivar mais acesso.

As razões sociais estavam por trás da iniciativa da República Tcheca de baixar os preços das bebidas não alcoólicas nos restaurantes em 2013 (CARNEY, 2013). O ministro da Saúde do país estava tentando colocar os tchecos em uma dieta mais baixa em lúpulo e, na maioria dos restaurantes e tabernas, uma caneca de cerveja era mais barata que a água. Por isso, ele estava pedindo que restaurantes e bares oferecessem pelo menos uma bebida não alcoólica a um preço mais baixo que a cerveja, principalmente para oferecer aos adolescentes uma alternativa. Outros objetivos de marketing podem incluir o desejo de ser percebido como aquele que oferece uma excelente relação custo-benefício. No torneio de golfe Masters, em Augusta, os espectadores ainda podem almoçar pela metade do preço do que em qualquer outro torneio, porque os proprietários originais acreditavam que qualquer um que precisasse viajar centenas de quilômetros para assistir a um jogo de golfe deveria poder comprar uma refeição justa por um preço justo (HUDSON; HUDSON, 2013).

CUSTOS

A definição de preços deve incorporar o cálculo de quanto custa para a organização produzir o produto ou serviço. Se a empresa for orientada ao lucro, uma margem será adicionada ao preço de custo para derivar o preço de venda. Isso ficou evidente no estudo de caso inicial, onde Sarah Plaskitt, da Scout, analisa o custo de cada item que compõe um pacote de viagem de esqui antes de adicionar sua comissão e colocar um preço no pacote. Na precificação de eventos, os custos são uma consideração crucial. Os custos de criação de um musical, por exemplo, podem ser extremamente altos. Como diz o compositor Andrew Lloyd Webber: "Na Broadway, a menos que você arrecade 1 milhão de dólares por semana, nem começou a ganhar: nem começou a pagar suas dívidas. *School of Rock* é uma produção pequena, mas custa 14,5 milhões de dólares" (WRIGHT, 2016). Esses custos explicam por que os ingressos para esses eventos são tão altos.

OUTRAS VARIÁVEIS DO MIX DE MARKETING

As decisões sobre preços sempre interagem com os outros elementos do mix de marketing. Considere o exemplo do Canadian Mountain Holidays (CMH), que vende férias caras de heli-ski. O alto preço desse produto deve se refletir em outros elementos do mix de marketing, de forma que um serviço pessoal de altíssimo nível está incluído no pacote promocional, e a qualidade dos alojamentos deve atender às expectativas que o alto preço gerou na mente dos clientes. A distribuição das férias ocorre por meio de um canal exclusivo de agentes no exterior, o que reflete a imagem de alta qualidade e o alto preço resultante. De fato, pesquisas mostram que as empresas no quintil superior de qualidade de serviços relativa obtêm, em média, um preço 8% mais alto que seus concorrentes (GALE, 1992). O estudo de caso sobre *riads* no Marrocos (neste capítulo) explica como o hotel boutique Madada Mogador, em Essaouira, pode cobrar um preço premium durante todo o ano pela sua alta qualidade consistente.

INTERMEDIÁRIOS

Um profissional de marketing deve considerar os intermediários no canal de distribuição ao precificar um produto ou serviço. Intermediários de viagens como a Scout, por exemplo, esperam ganhar comissões por seus esforços. No entanto, algumas partes interessadas no setor de viagens, como companhias aéreas, empresas de aluguel de carros e redes internacionais de hotéis, perceberam rapidamente o potencial de marketing e venda de seus serviços on-line. Eles reconheceram a oportunidade de ignorar os agentes e vender seus produtos e serviços básicos diretamente ao cliente. Cada vez mais, as operadoras de pacotes turísticos estão incluindo vendas diretas via internet em sua estratégia de vendas, ignorando assim os agentes de viagens.

PERCEPÇÕES DO COMPRADOR

Os preços estabelecidos para produtos e serviços de viagem devem refletir as percepções dos clientes no mercado-alvo. O que importa é se os clientes percebem que o preço pago representa uma boa relação custo-benefício e corresponde às suas expectativas de qualidade. No turismo e na hospitalidade, se um preço alto for cobrado, os consumidores esperam um alto nível de serviços e recursos especiais. Por exemplo, depois de pagar 10 mil dólares, um heli-esquiador da CMH pode esperar que os alojamentos incluam um bar totalmente abastecido, sauna e jacuzzi e até um massoterapeuta qualificado. No entanto, os preços altos podem barrar os turistas, como aconteceu com o Cirque du Soleil, a operadora de eventos de circo de vanguarda, que relatou que as receitas de suas turnês europeias caíram 37% em 2013 por causa de uma queda acentuada no número de espetáculos. A empresa canadense estava lidando com o aumento da concorrência e a desaceleração econômica, o que foi um problema específico, pois os ingressos para os espetáculos do Cirque são caros (SYLT, 2015). Os turistas de negócios também são sensíveis ao preço. Os organizadores de eventos, por exemplo, estão descobrindo que cidades menores estão surgindo como alternativas atraentes aos destinos típicos para eventos de negócios como Orlando e Las Vegas. "Toda a experiência da reunião será mais barata para o participante", disse Reggie Aggarwal, CEO da Cvent, um portal de gerenciamento de eventos. "Mas as pessoas também estão procurando experiências diferentes. É por isso que estamos vendo um aumento de alternativas regionais" (JONES, 2015).

CONCORRÊNCIA

Em mercados competitivos, as organizações tentam conquistar clientes dos concorrentes de duas maneiras. A primeira é a concorrência de preços, que envolve oferecer o produto ou serviço a um preço inferior ao preço cobrado pela concorrência. Em um mercado muito competitivo, é provável que as organizações recorram à intensa concorrência de preços para vender bens e serviços. A segunda é a concorrência não relacionada ao preço, que se preocupa em tentar aumentar a participação de mercado ou as vendas, mantendo o preço inalterado, mas persuadindo os clientes-alvo de que sua oferta é superior à oferecida pela concorrência. Essa estratégia é mais típica em mercados oligopolísticos, nos quais existem poucos concorrentes. É importante que as organizações de turismo, incluindo destinos, monitorem os preços cobrados pelos concorrentes. O Tripadvisor compilou uma lista dos destinos mais caros e outros com melhor relação custo-benefício para os viajantes britânicos, considerando um feriado de três dias fora da cidade. Uma pesquisa da TripIndex comparou o custo de um feriado de três noites entre junho e agosto, levando em consideração os custos típicos para duas pessoas. Os três principais destinos com melhor valor foram Hanói, no Vietnã; Varsóvia, na Polônia; e Sharm el Sheikh, no Egito. As cidades mais caras para se visitar foram Cancún, no México; Zurique, na Suíça; e Nova York, nos Estados Unidos (KYNASTON, 2015).

QUESTÕES JURÍDICAS E REGULAMENTARES

Pode haver restrições legais e regulamentares que controlam as formas pelas quais uma organização fixa preços. Por exemplo, a ilha Robben, na Cidade do Cabo (a prisão política onde Nelson Mandela foi encarcerado por dezoito anos), é subsidiada pelo governo e pressionada a manter os preços baixos para incentivar as pessoas a visitá-las. Desde que a prisão e a ilha foram abertas ao público em janeiro de 1997, o número de visitantes anuais aumentou de 100 mil no primeiro ano para mais de 300 mil em 2015. Com sua história pungente, sua designação como Patrimônio Mundial em 1999 e seus atributos ambientais – incluindo o belo cenário da próspera Cidade do Cabo, uma visão completa da Table Mountain, o colorido porto internacional e sua abundante vida selvagem –, a ilha Robben sempre será um importante destino turístico, além de um símbolo tangível da história dividida da África do Sul (HUDSON, 2008). Além das restrições regulatórias, as fronteiras legais frequentemente são colocadas na prática de fixação e conluio de preços. Além disso, existem várias organizações não governamentais e industriais que exercem alguma influência nas políticas e estratégias de preços, fato que os gerentes de marketing devem ter em mente.

CONTRIBUIÇÕES DA ECONOMIA PARA A PRECIFICAÇÃO

Os economistas afirmam que os produtores de mercadorias têm maior probabilidade de fornecê-las se o preço no mercado for alto, ao mesmo tempo que os compradores têm maior probabilidade de comprar mercadorias se os preços estiverem baixos. Daí vem a noção de que a quantidade produzida e consumida, bem como o preço aceitável para cada parte, estarão em equilíbrio em algum momento. Isso é apresentado na Figura 6.1.

Infelizmente, é improvável que esse modelo simplista seja útil como uma maneira matemática de determinar preços, pois pressupõe que certas condições precisam estar presentes para que o processo ocorra. Uma delas é a suposição de que os consumidores conhecem os preços de todos os produtores. Embora o uso da internet esteja aumentando, a probabilidade de que o consumidor tenha esse amplo conhecimento é pequena na indústria de viagens. Embora o modelo possa não ajudar nas decisões de precificação de maneira matemática ou gráfica, isso não significa que o conceito seja completamente redundante. Por exemplo, se uma organização de turismo sente que o mercado é insuficiente, pode tender a aumentar os preços. Isso está acontecendo em alguns países em desenvolvimento, como Gana, onde os hoteleiros podem cobrar tarifas premium por causa da baixa oferta e alta demanda. Da mesma forma, se um comprador sente que o mercado está com excesso de oferta, ele pode tentar negociar preços mais baixos, como frequentemente acontece no mercado hoteleiro após um ataque terrorista (CHAZAN, 2015).

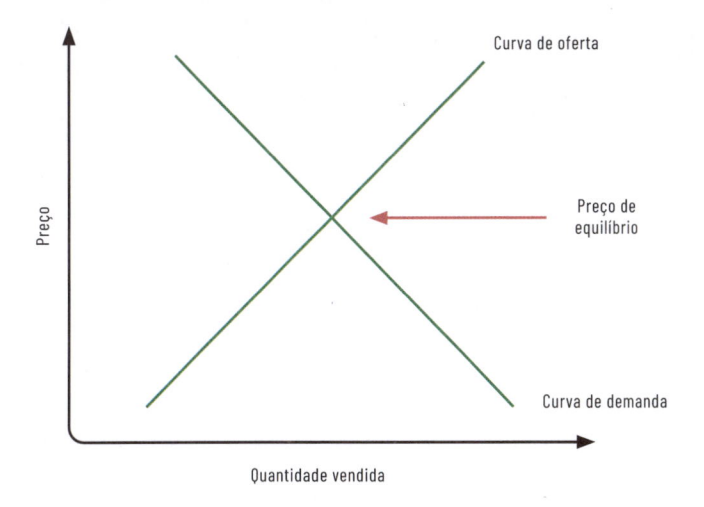

FIGURA 6.1 *Interação da oferta e demanda*

A subida e descida dos preços geralmente afeta o nível de vendas. A análise das reações dos compradores à mudança de preço emprega o conceito de elasticidade da demanda, representado pela fórmula:

$$\text{ELASTICIDADE-PREÇO DA DEMANDA} = \frac{\text{\% VARIAÇÃO NA QUANTIDADE DEMANDADA}}{\text{\% VARIAÇÃO NO PREÇO}}$$

Se a demanda aumentar de acordo com os cortes de preços, o produto ou serviço é considerado elástico. Mas se a demanda permanecer relativamente inalterada pelas mudanças de preço, o produto ou serviço é considerado inelástico. No setor de turismo e hospitalidade, muitos produtos são elásticos – à medida que os preços caem, a demanda aumenta. No entanto, existem muitas ocasiões em que isso não se aplica. As viagens de negócios costumam ser inelásticas, e a popularidade ou a moda podem tornar um destino ou restaurante inelástico. A demanda pelo Burj Al Hotel em Dubai, por exemplo, parece inelástica. O hotel pode cobrar preços muito altos, pois os viajantes de negócios estão dispostos a pagar o preço por esse luxo. Com sete estrelas, o Burj Al Hotel atende aos milionários e bilionários do mundo, com suas instalações luxuosas e espetaculares. Oferece exclusividade, segurança e privacidade para celebridades, em particular, e empresários internacionais por cerca de 1.200 dólares por um quarto básico por noite e 8 mil dólares para a Suíte Real. A Figura 6.2 mostra duas curvas de demanda – uma para um produto elástico e outra para um produto inelástico. Assim como no caso do estado da oferta e da demanda, os gerentes geralmente não sabem matematicamente o valor da elasticidade de um produto, pois talvez não tenham acesso a todos os dados de preço e quantidade, ou o serviço ainda é novo e, portanto, não há dados históricos dos quais derivar a inclinação da curva de demanda.

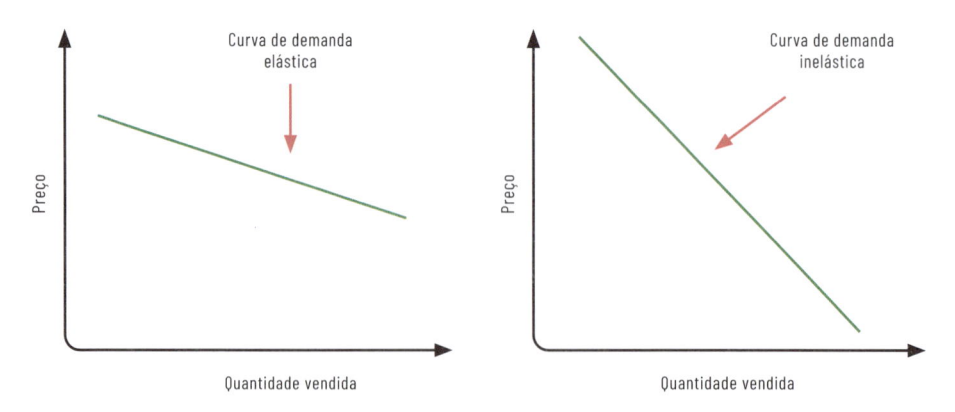

FIGURA 6.2 *Curvas de demanda elástica e inelástica*

Ao estabelecer preços, uma empresa desejará saber quais os níveis de demanda que provavelmente terá com preços diferentes. Isso pode ser feito de duas formas. O primeiro método costuma ser chamado de avaliação da disposição a pagar (DAP). Pesquisas mostram, por exemplo, que a demanda por viagens espaciais é bastante elástica: nas pesquisas de disposição a pagar, a demanda aumenta significativamente quando o preço cai. A dificuldade desse método é que, quando o produto é lançado, as pessoas nem sempre fazem o que disseram que fariam. Uma segunda forma de avaliar a demanda com preços diferentes é o marketing de teste, embora seja difícil controlar todos os fatores, além do preço, que influenciarão as decisões dos consumidores em diferentes áreas.

PRECIFICAÇÃO E POSICIONAMENTO

Geralmente, as empresas usam os preços como parte do posicionamento de um produto, empregando uma das três abordagens estratégicas: preço premium, preço custo-benefício e preço subcotado (DICKMAN, 1999). Qualquer uma dessas políticas pode ser vista como uma política de preço justo, que pode ser definido como um preço satisfatório para o cliente e que permite à empresa atingir um nível satisfatório de lucro. Assim, uma política de preços premium é aceitável, desde que o cliente receba os benefícios apropriados. Somente quando as empresas conseguem forçar preços contra a vontade dos consumidores, como no caso de monopólios, é que se pode dizer que o preço não é justo. Um monopólio é uma situação de fornecimento na qual existe apenas um vendedor.

PREÇO PREMIUM

A precificação premium é quando se decide estabelecer preços acima do mercado, para refletir a imagem de qualidade ou o *status* exclusivo do produto, que pode ser novo ou ter recursos exclusivos não compartilhados pelos concorrentes, como o Burj Al Arab Hotel, em Dubai. Nenhuma despesa foi poupada no design do hotel ou em seus móveis rococós adequados ao palácio de um *sheik*. Ele tem o formato da vela de um navio com mais de 341 metros de altura, tornando-o o hotel mais alto do mundo. Seu saguão é um átrio enorme, que se estende por várias centenas de metros, o que o torna um dos maiores do mundo. Pilastras de ouro e enormes aquários cercam as escadas rolantes.

Como alternativa, a própria empresa pode ter uma reputação tão forte que apenas a imagem da marca é suficiente para merecer um preço premium. A cadeia de hotéis Four Seasons segue essa estratégia na definição de preços. Promovida como uma marca de hotéis de luxo com serviço completo, a Four Seasons, ocasionalmente, eleva os preços para o nível mais alto da região. Há também quem use preços premium para gerar publicidade. Um bom exemplo é o FleurBurger de 5 mil dólares, vendido no restaurante Fleur em Las Vegas. O hambúrguer é a criação do

chef Hubert Keller e contém carne *wagyu*, *foie gras*, raspas de trufas negras e molho de trufas. É servido em um *brioche* de trufas. O preço inclui batatas fritas e uma garrafa do *vintage* Château Pétrus 1995, que custa cerca de 2.500 dólares.

IMAGEM 6.2 *Restaurante Fleur, em Las Vegas.* (©*MGM Resorts International. Usado com permissão*)

PREÇO CUSTO-BENEFÍCIO

Na precificação custo-benefício, a intenção é cobrar preços médios e enfatizar que o produto representa uma excelente relação custo-benefício. Organizações com reputação de serviços estabelecida geralmente se dão bem com essa estratégia. De acordo com a revista *Travel & Leisure*, os hóspedes dos estabelecimentos do grupo Fairmont Hotels & Resorts maximizam o valor de seus dólares, pois recebem serviços excepcionais, ofertas exclusivas e renomada hospitalidade por um preço acessível. Para muitos turistas medicinais, fazer uma cirurgia em um país estrangeiro representa uma excelente relação custo-benefício, e tornou-se cada vez mais comum os residentes de países industrializados fazerem viagens de longo prazo a certos países em desenvolvimento para tirar proveito dos custos mais baixos e da alta qualidade das instalações e serviços médicos. O rápido aumento desse novo setor pode ser atribuído aos altos custos dos cuidados médicos nos países desenvolvidos, combinados à facilidade e acessibilidade das viagens internacionais hoje, à tecnologia cada vez melhor e aos padrões de atendimento em todo o mundo, além dos comprovados registros de segurança dos serviços médicos em muitos países em desenvolvimento ao redor do mundo (BOOKMAN; BOOKMAN, 2007).

PREÇO SUBCOTADO

Às vezes chamada de precificação com valor barato, o objetivo do preço subcotado é minar a concorrência definindo preços mais baixos como um gatilho para compras imediatas. Os lucros unitários são baixos, mas os lucros totais são alcançados por meio de alta rotatividade. Essa estratégia é frequentemente usada por organizações que buscam uma expansão rápida em um novo mercado. Por exemplo, as companhias aéreas de baixo custo estão expandindo seus serviços para incluir rotas mais longas e entrando no mercado com preços muito baixos. Em 2014, em uma iniciativa que quase acabou com as principais companhias aéreas de serviço completo, a Ryanair, uma companhia aérea europeia de baixo custo, ofereceu passagens de 10 dólares para voos entre Londres e Nova York, sendo que as grandes companhias aéreas normalmente cobram cerca de 500 dólares para voos só de ida entre as duas cidades. O preço anunciado pela empresa baseada em Dublin é incrivelmente baixo, mesmo não incluindo as taxas pelo uso de instalações do aeroporto. Michael O'Leary, executivo-chefe da Ryanair, afirma que esses preços baixíssimos não são novidade para sua empresa, lembrando que ela já oferece alguns serviços europeus por menos de 1 euro (NIKKEI ASIAN REVIEW, 2014).

ESTRATÉGIAS DE PREÇOS PARA NOVOS PRODUTOS

No núcleo da precificação está a percepção que o consumidor tem sobre o preço, em relação à qualidade e ao custo-benefício. Essa percepção pode ser influenciada pela forma como uma empresa cobra por seus serviços. Quando um novo produto for lançado, é vital obter participação de mercado e criar a imagem desejada para o produto aos olhos do consumidor. Novos produtos enfrentam problemas únicos. Se forem realmente novos – algo nunca antes disponível no mercado, como o turismo espacial –, será extremamente difícil que os consumidores desenvolvam uma noção do preço apropriado. Se não houver produtos semelhantes com os quais compará-lo, eles podem subestimar a inovação ou talvez supervalorizá-la. É importante realizar uma pesquisa detalhada sobre a sensibilidade em relação a preços, descrevendo claramente os recursos exclusivos do novo produto e pesquisando a melhor forma de comunicar essas informações aos consumidores.

Três estratégias comumente usadas para a introdução de novos produtos são preços de prestígio, skimming e preços de penetração.

PREÇOS DE PRESTÍGIO

Esse método define preços altos para posicionar um produto na ponta superior ou luxuosa do mercado. Por exemplo, operadoras de turismo e hospitalidade que desejam ser vistas como operadoras ou estabelecimentos de ponta precisam entrar no mercado com preços altos para refletir essa imagem de qualidade.

O produto em si precisará oferecer esse nível de qualidade (em termos de decoração, cardápio, localizações, acessórios, etc.). Uma empresa de ônibus que introduz um novo veículo de luxo com assentos no estilo de companhia aérea, controles individuais de luz e ar-condicionado, janelas panorâmicas, serviço de alimentação a bordo e outras comodidades pode fazer com que o transporte tenha o preço de um produto de prestígio. Se os consumidores valorizarem esses atributos, eles pagarão o preço premium adicional. Em 2016, o Secret Solstice Festival de Reykjavík promoveu o que chamou de "o ingresso para o festival mais caro do mundo" (NORWEGIAN, 2016a). O pacote de 1 milhão de dólares para seis pessoas incluía transporte em jato particular, acesso VIP ao bar usado pelos artistas, apresentações especiais em uma área com vulcão, geleira e lava, acomodações de luxo, uma noite privada na Lagoa Azul, passeios de helicóptero e avião e uma experiência gastronômica com um dos melhores *chefs* da Islândia.

SKIMMING (DESNATAÇÃO) DE MERCADO

A política de desnatação requer preços altos no estágio de lançamento, que depois serão reduzidos progressivamente à medida que o produto se torna mais bem estabelecido e progride ao longo de seu ciclo de vida. Essa estratégia tira proveito do fato de que a maioria dos produtos está em alta demanda no estágio inicial do ciclo de vida, quando são novos ou exclusivos, ou quando os suprimentos são limitados. A demanda pode ser gerenciada com a definição de preços muito altos no início, para atrair aqueles preparados para arcar com os custos, reduzindo-se gradualmente para atender às elasticidades de preços dos diferentes segmentos de mercado. O valor específico dessa política é que ela fornece uma alta entrada de fundos para a empresa quando os custos de marketing são mais altos. As operadoras do mercado de turismo espacial atualmente estão seguindo essa estratégia. Se a previsão é que o produto tenha um ciclo de vida muito curto – como no caso de grandes eventos, como a Copa do Mundo, onde os custos de organização e marketing devem ser recuperados rapidamente –, o skimming é uma política sensata a ser adotada.

PREÇOS DE PENETRAÇÃO

Essa estratégia é o oposto da desnatação, pois os preços são estabelecidos em um nível inicial muito baixo. Se uma organização está tentando alcançar ao máximo a distribuição do produto nos estágios iniciais, provavelmente terá um preço menor para obter vendas e participação de mercado máximas. Esse método é comumente usado na comercialização de bens de consumo em movimento rápido, quando a rapidez do esquema distribuição-estoque é essencial para o sucesso do produto. Se o mercado é sensível aos preços (como no setor de fast-food), os preços de penetração são uma forma eficiente de obter uma posição rápida. A intenção é estabelecer preços baixos apenas até que a participação de mercado seja estabelecida e, em seguida, aumentar os preços gradualmente para os níveis de mercado. Claro, uma empresa pode optar por oferecer um serviço gratuito completo, a fim de estabelecer uma vantagem competitiva. A Norwegian, uma das maiores companhias aéreas de baixo custo da Europa, seguiu essa estratégia quando se tornou a primeira companhia aérea a oferecer wi-fi gratuito em suas rotas europeias em 2011. Em abril de 2016, mais de 19 milhões de passageiros haviam efetuado o login, com um terço deles acessando uma mídia social em cinco minutos (NORWEGIAN, 2016b).

DIGITAL EM FOCO – *RIADS* CHIQUES EM ESSAOUIRA, MARROCOS

Quando uma aeromoça da Air France teve a visão de um hotel boutique de alta qualidade no chique resort de Essaouira, no Marrocos, ela não pensou nas barreiras que enfrentaria ao lidar com o idioma, com o sistema local de suborno/gorjeta chamado de *baksheesh* e com sua falta de habilidade em fazer negócios. "Em 2000, o tabelião me disse: 'Por que você está comprando em Essaouira? Você vai perder seu dinheiro'. Na mente dos marroquinos, Essaouira era só uma pequena vila sem nada". No entanto, nascida em Mônaco, Christine Dadda estava muito à frente. Ela viu o potencial de gentrificação e crescimento na *medina* lindamente projetada e na gloriosa costa arenosa. Foi preciso uma visita do rei de Mônaco para acelerar a aceitação pelos empresários locais: "O príncipe Albert veio ficar aqui. Ele é um amigo da família, e eu nasci em Mônaco. Na verdade, sou uma das 6.500 pessoas que têm o passaporte de Mônaco. Ele veio e deu sua bênção. Depois disso, não tive mais problemas com a administração. Antes eu era apenas uma ex-comissária de bordo da Air France que comprou uma casa aqui".

Agora ela é dona do hotel boutique Madada Mogador, à beira-mar, situado atrás das muralhas da cidade e com vista para o porto e as praias, a partir de seu elegante lounge e área de jantar na cobertura. Os elegantes quartos com teto alto do Madada Mogador apresentam cerâmica e cestos marroquinos de grandes dimensões, arte colorida, enormes luminárias, roupa de cama suntuosa, tudo em tons sutis de mocha. Toques extras incluem: rosas frescas nos quartos; um telefone celular para entrar em contato com o hotel ou fazer reservas; um informativo matinal com

(cont.)

notícias atualizadas do país de origem dos hóspedes; artigos de toalete de alta qualidade feitos com óleo de *patchouli* e flor de laranjeira. Em razão desses altos padrões, Dadda impõe um preço fixo durante todo o ano: "Meus preços são baseados na hospitalidade humana e na qualidade do serviço e da localização, e eu tenho um preço igual todo o ano, porque todas essas coisas têm a mesma qualidade durante todo o ano", explica ela. O clima em Essaouira ajuda, pois é quente e ensolarado durante a maior parte do ano. Ela também administra um sofisticado restaurante chamado La Table by Madada, que oferece oficinas de culinária de alta gastronomia (L'Atelier Madada) e uma loja conceitual de design de interiores, Le Comptoir Oriental by Madada, onde antiguidades africanas e orientais são justapostas com modernas peças marroquinas à moda de Dadda.

A exposição na mídia tem sido a responsável pelo sucesso contínuo. "O Madada está no Facebook e possui seu próprio site, é claro, mas também tem mais de 30 artigos em revistas francesas, japonesas, russas. E eu também anuncio na revista da cidade", diz Dadda. O retiro à beira-mar atraiu celebridades ricas e famosas ao longo dos anos. Jimi Hendrix esteve lá, Orson Welles fez *Otelo* lá (e agora há um hotel e um jardim público com o seu nome), Catherine Deneuve visitou o local, e os atores do filme *Cruzada* ficaram lá durante as filmagens. "Além disso, um membro do governo, André Azoulay, o braço direito do rei Mohammed VI do Marrocos, nasceu aqui e volta todo fim de semana com sua família, e ele promove o Madada", acrescenta Dadda.

Um pouco mais no coração da *medina* de Essaouira, escondido atrás de uma imensa porta de madeira, você encontrará o *riad* Dar Maya, um refúgio tranquilo contra a algazarra do varejo da cidade velha de Essaouira. É administrado por Gareth Turpin, um britânico que se apaixonou pela área durante uma visita em 2006, quando ficou no Madada Mogador. Entediado com seu estilo de vida engravatado, ele juntou uma herança e os lucros da venda de uma casa em Londres para comprar uma casa de campo para morar e, em seguida, o local para construir seu pequeno hotel. Administrado como uma pousada, ele é construído de forma artística em torno de um pátio ao ar livre, com todas as varandas se abrindo para o pátio, com uma parede de água sutilmente escoando e plantas altas refrescantes. "Era só um pedaço de terra, então construímos tudo desde o alicerce", diz Turpin. Inaugurado em abril de 2013, o *riad* Dar Maya tem aproximadamente 80% de reservas desde então. "Há algumas mudanças sazonais. Por exemplo, ficamos mais ocupados no Natal, na Páscoa, em agosto e durante o World Music Festival de Gnaoua. Mas temos céu azul a maior parte do ano, por isso a ocupação é consistente", diz Turpin.

Sua pousada boutique sempre recebe reservas antecipadas para o festival de música de Essaouira, que acontece em maio ou junho, dependendo das datas do Ramadã. Coberto por canais de TV franceses, o Gnaoua apresenta uma grande variedade de estrelas da música mundial – como Annie Lennox – em vários palcos no centro e na praia. No resto do ano, Turpin trabalha com diferentes sites, incluindo Mr. and Mrs. Smith, que se especializaram originalmente em hotéis boutique ingleses e, mais recentemente, expandiram-se internacionalmente. "Eles são muito seletos e fazem uma curadoria cuidadosa", explica Turpin. Ele também usa Booking.com, Splendor, Tablet Hotels, Fleewinter e Tripadvisor para reservas diretas. "Com todas essas

(cont.)

fontes, nossos cinco quartos podem ser ocupados por diferentes nacionalidades em algumas semanas. No momento, a maior porcentagem é de britânicos, mas no começo eram mais franceses", diz ele. Localmente, informativos como o *Made in Essaouira* ajudam a divulgar o *riad* Dar Maya, que também foi destaque no *Telegraph*, no *The Guardian*, no *Times* e no *Condé Nast Traveler*.

Uma das grandes vantagens da criação de negócios no Marrocos foi o baixo custo das propriedades e reformas: "Os preços são muito mais baixos em comparação com o Reino Unido, e especialmente em comparação com Londres", diz Turpin. "Por exemplo, você pode comprar um *riad* pequeno, já reformado, por 200 mil euros. Os preços de reformas em Essaouira custam entre 600 e 700 euros por metro quadrado." Assim, com a ajuda de um arquiteto francês, ele pôde projetar uma propriedade de alto nível, com atenção cuidadosa aos detalhes da decoração artística do interior.

Fontes: Hudson, S. (2016). "Ritzy Riads Putting Morocco on the Map." *Hotel Business Review*, outubro. Disponível em: http://hotelexecutive.com/business_review/4879/ritzy-riads-putting-morocco-on-the-map

QUESTÕES DE ESTUDO DE CASO

1. Com referência aos fatores que determinam as decisões sobre precificação discutidos no início do capítulo, como as acomodações em geral definem seus preços?

2. Quais estratégias de preços são usadas nos dois *riads* apresentados neste estudo de caso?

3. No final do capítulo, você encontrará as características específicas do setor de turismo e hospitalidade que afetam a política de preços. Alguma delas se aplica aos *riads* no Marrocos?

OUTRAS ESTRATÉGIAS E TÉCNICAS DE PRECIFICAÇÃO

PREÇOS PROMOCIONAIS

O preço promocional é usado pelas empresas quando vendem temporariamente produtos abaixo do preço de tabela normal. Geralmente, isso é feito por um curto período de tempo para introduzir produtos novos ou renovados. O preço promocional é usado no setor de restaurantes nessas situações. Presume-se que os consumidores comprarão outros itens com preços normais junto aos itens promocionais. O preço promocional com frequência é usado em combinação com a precificação do pacote de produtos (veja a seguir).

PRECIFICAÇÃO DO PACOTE DE PRODUTOS

É quando uma empresa agrupa vários de seus produtos para promovê-los como um pacote. Um exemplo seria um hotel que oferece um especial de fim de semana que inclui um quarto, jantar em um restaurante, estacionamento com manobrista, café da manhã com serviço de quarto e check-out tardio por um preço determinado. Em alguns casos, o pacote inclui produtos que os clientes normalmente não compram (como estacionamento com manobrista); isso geralmente é feito para melhorar o uso durante períodos de baixa. Os pacotes turísticos são um tipo popular de associação de produtos (NAIDOO; RAMSEOOK-MUNHURRUN; SEETARAM, 2011). Os atacadistas fazem um pacote incluindo passagens aéreas, transporte terrestre, acomodação, passeios turísticos e entrada em atrações e, por causa do seu poder de compra em grande volume, podem negociar descontos significativos. Essas empresas podem então oferecer aos clientes pacotes que são consideravelmente mais baratos do que se comprassem os componentes individuais separadamente. O pacote, portanto, oferece vantagens de custo para a empresa e conveniência para o consumidor. Pesquisas sobre pacotes no setor de turismo mostraram que preços transparentes, discriminados por componentes e descontos individuais de pacotes são preferidos pelos consumidores, se isso reduzir a incerteza ou simplificar o processo de decisão. A precificação não transparente é mais eficaz se a economia não for evidente ou se o preço for superior à alternativa; nesse caso, os componentes discriminados complicam o processo de decisão sem fornecer informações úteis (TANFORD; BALOGLU; ERDEM, 2011).

PRICE SPREAD E PONTOS DE PREÇO

As organizações de turismo e hospitalidade tentam oferecer um price spread (extensão de preços) – uma variedade de produtos que atenderão ao orçamento de todos os mercados-alvo. Um parque de férias, por exemplo, pode oferecer um camping com barracas, cabines-padrão, cabines privativas e unidades familiares, cada uma diferente da outra em termos de tamanho, localização, tipos de acessórios e mobiliário. O Quadro 6.1 mostra a faixa de preços oferecidos pelo Banff Mount Norquay, uma estação de esqui no Canadá que cobra por hora. A faixa de preços que uma organização pode definir é praticamente ilimitada. No entanto, pesquisas no setor de restaurantes sugeriram que, se o spread de preços for muito amplo, os consumidores tenderão a escolher os itens mais baratos (CARMIN; NORKUS, 1990).

Os pontos de preço são o número de paradas no caminho entre o item com preço mais baixo e o item com preço mais alto. Os preços variam entre os setores da indústria e os tipos de negócios. Em um restaurante, é possível criar um menu com uma ampla variedade de pratos e atribuir um preço diferente para cada um. Os restaurantes geralmente escolhem vários pontos de preços e pratos agrupados em torno desses preços. Pode haver vários pratos com preços entre 10 e 13 dólares, depois vários com preços entre 19 e 20 dólares e outros entre 23 e 28 dólares. A ideia aqui é simplificar os custos e o planejamento de menus e criar pontos de comparação para o consumidor.

QUADRO 6.1 *Faixa de preços (em dólares) na Banff Mount Norquay (em novembro de 2015)*

Regular	Adulto (18+)	Jovem (13-17)	Criança (6-12)	Idoso (65+)
Período integral (das 9h às 16h)	65,00	50,00	25,00	50,00
Tarde (das 12h às 16h) (ingressos à venda a partir das 11h40)	55,00	40,00	16,00	40,00
Tudo incluso (esqui/tobogã/passeio)	75,00	60,00	30,00	60,00
Esqui noturno (sex. e sáb. das 17h às 22h, de 8 jan. a 27 fev. de 2016)	25,00	22,00	14,00	22,00
Última hora	20,00	15,00	10,00	15,00
Sundance Magic Carpet	17,00	13,00	10,00	13,00
Bilhetes por hora	Adulto (18+)	Jovem (13–17)	Criança (6-12)	Idoso (65+)
2 horas	43,00	30,00	13,00	30,00
3 horas	52,00	37,00	15,00	37,00
4 horas	55,00	40,00	17,00	40,00
Vários dias: número de dias	2	3	4	5
Adulto	115,00	160,00	215,00	265,00
Jovem/idoso	85,00	120,00	155,00	190,00
Criança (6-12)	35,00	45,00	60,00	75,00

PRECIFICAÇÃO DISCRIMINATÓRIA

As organizações geralmente alteram os preços para atender a diferentes clientes, produtos, locais e horários. Esse preço discriminatório permite que a organização venda um produto ou serviço a dois ou mais preços, apesar de os custos do produto serem os mesmos. Por exemplo, muitos restaurantes cobram preços mais altos à noite do que na hora do almoço, mesmo que a comida seja idêntica, por causa das diferenças de demanda. Os resorts de esqui podem cobrar mais por uma entrada de fim de semana do que durante a semana, se a maioria de seus clientes chegar de carro no sábado ou domingo. Esses são exemplos de preços discriminatórios baseados no tempo, mas um mercado também pode ser segmentado para incentivar uma maior participação de grupos especiais, como idosos ou estudantes. Nesse caso, os grupos receberiam concessões especiais, como visto nos preços mais baixos da Banff Mount Norquay para crianças, estudantes e idosos (veja o Quadro 6.1). O mercado deve ser capaz de ser segmentado se a precificação discriminatória for uma estratégia eficaz. Os segmentos terão sensibilidades altamente distintas, e a capacidade de precificar diferentemente para os vários segmentos é a chave para o sucesso na maximização de lucros (HIEMSTRA, 1998). Também se deve tomar cuidado para garantir que a estratégia seja legalizada e que não leve ao ressentimento do cliente.

DESCONTO

De tempos em tempos, a maioria dos negócios precisará considerar a concessão de descontos em seus preços-padrão. Muitas organizações de turismo participam de descontos por volume, oferecendo tarifas especiais para atrair clientes que concordam com grandes compras. Hotéis e companhias aéreas, por exemplo, oferecem preços especiais a clientes corporativos para incentivar negócios em volume, e os programas de fidelidade frequentemente oferecem descontos para garantir que os viajantes usem uma determinada marca. O desconto geralmente reflete o nível da demanda geral. As companhias aéreas e os hotéis costumam dar descontos durante períodos lentos e baixas estações. Um preço com desconto é apenas uma jogada sensata se ela aumentar a demanda, atrair novos usuários ou aumentar o consumo de usuários regulares. As organizações que dão desconto nos produtos principais, mas não reduzem os custos para compensá-lo, assumem um risco econômico, a menos que o desconto seja apenas por um período muito curto ou seja projetado para superar um problema muito específico. Também existe o risco de que o desconto não leve ao aumento da demanda (NAIDOO *et al.*, 2011).

Nos últimos anos, os resorts de esqui se uniram para fornecer ingressos com desconto que permitem visitas a várias áreas de esqui. A empresa Epic Pass, no Colorado, começou essa prática relacionando todos os Vail Resorts em um único ingresso. Desde então, vários outros seguiram o exemplo, incluindo o Powder Alliance Pass, o Mountain Collective Pass e o White Mountain Superpass. "Do ponto de vista do consumidor, você está sempre procurando o melhor custo-benefício, e acho que é por isso que esses ingressos são populares", diz o gerente de marketing da Snowbasin, Jason Dyer (KRICHKO, 2013). O Snowbasin, um resort de Utah, juntou-se ao Stevens Pass (Washington), ao Crested Butte (Colorado), ao Bridger Bowl (Montana) e a outros oito grandes resorts ocidentais no Powder Alliance Pass em 2013. A Alliance havia aumentado para 36 resorts na temporada 2014/15. Essas parcerias em relação a bilhetes de teleférico começaram na década de 1990 no Canadá. "Resorts of the Canadian Rockies foi a primeira empresa na indústria canadense de esqui a introduzir bilhetes de vários resorts e cartões de fidelidade, oferecendo aos hóspedes o maior benefício em flexibilidade, economia e variedade de terrenos", diz Matt Mosteller, vice-presidente sênior de marketing e experiência no resort da RCR. O grupo possui Kicking Horse, Fernie, Kimberley e Nakiska, incluídos no RCR Rockies Season Pass. Da mesma forma, o RCR Rockies Card abrange os quatro resorts, oferecendo três dias de esqui em cada um e descontos em resorts parceiros em Alberta e na Colúmbia Britânica. Embora possa parecer que isso prejudica os negócios do resort principal, Mosteller acha que, na verdade, acrescenta um fator surpreendente: "Oferecer aos hóspedes cartões de desconto para vários resorts, como o RCR Rockies Card, oferece a eles a melhor escolha, dependendo da neve, facilidade de acesso, variedade de terreno, flexibilidade e conveniência com base em sua programação e horário, com o enorme benefício de economia ou dias livres" (HUDSON; HUDSON, 2015).

GERENCIAMENTO DE RENDIMENTO

Rendimento é o lucro obtido nas vendas de bens e serviços, calculado com base na compra. O gerenciamento de rendimento é a prática de desenvolver estratégias para maximizar as oportunidades de venda de produtos perecíveis de uma organização, como assentos de companhias aéreas, quartos de hotel e assentos em passeios, melhorando assim a sua viabilidade em longo prazo. De forma mais simples, tem sido definido como "abaixar o preço [...] de acordo com a demanda esperada, dependendo grandemente de computadores e técnicas de modelagem" (LUNDBERG et al., 1995). Foi iniciado pelo setor de aviação na década de 1980 como uma forma de aumentar a receita das rotas e aeronaves existentes. A tecnologia computacional possibilitou às companhias aéreas prever o número de assentos que seriam vendidos em um determinado voo, o que é chamado de fator de carga. Ao analisar os custos e também determinar a sensibilidade ao preço de vários tipos de tarifas, as companhias aéreas descobriram que a oferta de assentos em diversas tarifas especiais poderia aumentar o fator de carga e as receitas.

Muitos argumentaram a favor das técnicas de gerenciamento de rendimento que usamos o preço para equilibrar as condições de oferta e demanda do mercado. Duadel e Vialle (1994), por exemplo, distinguiram entre *spoilage* (desperdício), a subutilização de recursos, e *spill* (derramamento), que acontece ao vender muito barato logo no início, o que impede que, mais tarde, uma demanda de maior rendimento seja atendida. Outros sugerem que os profissionais de marketing que aplicam o gerenciamento de rendimento em suas empresas devem levar em conta as percepções dos clientes em relação ao preço e que as decisões sobre precificação sejam tomadas mediante a comunicação adequada das mudanças nos preços e as razões por trás delas (RONDAN-CATALUN; ROSA-DIAZ, 2014).

A prática de gerenciamento de rendimento agora é comum em outros setores do turismo, desde hotéis a estações de esqui. Taxas diferentes são oferecidas para certos grupos de clientes, e restrições são impostas ao uso dessas taxas por outros grupos. Até os cinemas usam técnicas de gerenciamento de rendimento para maximizar a receita. O teatro Koubu Kaburenjo, em Kyoto, por exemplo, usa uma abordagem simples de três níveis para a precificação de ingressos durante o Cherry Blossom Festival (HUDSON, 2008). Os ingressos com preços premium permitem que os espectadores se sentem em lugares reservados no primeiro andar ou na frente do segundo andar. Os espectadores premium também são convidados a participar de uma cerimônia do chá com uma gueixa quarenta minutos antes da apresentação, o que inclui chá-verde em xícaras requintadas com bolo japonês e um prato como souvenir para levar para casa. Eles também têm a oportunidade de passear pelo autêntico jardim de estilo japonês. Os ingressos de primeira classe dão aos clientes assentos reservados no segundo andar ou na área de estar designada, sem cadeiras nas laterais deste andar. Eles apreciam de perto os dançarinos e músicos e têm uma visão clara para tirar fotos. Os ingressos mais baratos, de segunda classe, são para a área de estar livre, sem cadeiras, no terceiro andar. Aqui, os espectadores se ajoelham, descalços, em almofadas em áreas elevadas no terraço ou ficam em bancos estreitos de madeira.

PREÇOS ALL-INCLUSIVE (COM TUDO INCLUSO)

Outra estratégia popular é o preço com tudo incluso. Esse tipo de precificação foi usado originalmente em acampamentos de férias no Reino Unido, onde os clientes tinham acesso a todas as instalações de entretenimento do acampamento por um preço único. A estratégia se mostrou altamente bem-sucedida e o

Club Med se baseou nesse modelo para sua cadeia de resorts de férias em todo o mundo. Agora, o Club Med anuncia férias totalmente all-inclusive, para que os consumidores não paguem nenhuma taxa extra. Hoje em dia, os turistas estão muito familiarizados com a reserva de férias com tudo incluso para destinos como Caribe e México. Os parques temáticos também adotam essa estratégia, cobrando apenas uma taxa pelo uso de todas as suas atrações.

PRECIFICAÇÃO OFF-SET (PRECIFICAÇÃO DE COMPENSAÇÃO)

Uma estratégia contrastante envolve cobrar uma baixa taxa básica de entrada e recuperar lucros por meio de complementos, que exigem que os clientes paguem por cada atração individual. Os organizadores do Calgary Stampede usaram essa estratégia para o parque de diversões no local. Os visitantes pagam uma pequena taxa de entrada, mas depois precisam comprar ingressos para todos os brinquedos. O Calgary Stampede é um rodeio, exposição e festival realizado todos os anos em julho. O evento de dez dias, que se autodenomina o maior espetáculo ao ar livre do mundo, atrai mais de um milhão de visitantes por ano e apresenta um dos maiores rodeios do mundo, um desfile, área de diversão, shows, apresentações, competições agrícolas, corridas de carroças típicas e exposições das nações indígenas. Essa estratégia de preços às vezes é chamada de preço de compensação, no qual uma operadora, como uma atração, definirá um valor de entrada muito baixo, possivelmente até um líder de perdas, com um preço abaixo do custo, a fim de atrair visitantes que então precisarão pagar um valor adicional para cada evento. Os hotéis de cassino fornecem um exemplo desse tipo de precificação. Os preços costumam ser extremamente razoáveis para quartos, refeições e bebidas, porque os lucros são obtidos por meio do jogo no local.

CARACTERÍSTICAS DO TURISMO E DA HOSPITALIDADE QUE AFETAM A POLÍTICA DE PRECIFICAÇÃO

Embora alguns dos pontos a seguir já tenham sido mencionados neste capítulo, é necessária uma discussão à parte sobre os recursos específicos do setor de turismo e hospitalidade que afetam a precificação.

ALTO NÍVEL DE SEGMENTAÇÃO NA INDÚSTRIA

O setor de turismo é altamente segmentado, com variadas elasticidades de demanda nos segmentos. Esses segmentos de demanda podem estar associados a diferentes níveis de renda, faixa etária, sazonalidade e tipos de prazer ou negócios. Os grupos também não são homogêneos em suas demandas. Alguns podem ser viajantes a negócios com contas corporativas, enquanto outros podem ser viajantes a lazer gastando seus próprios recursos.

VARIABILIDADE DA DEMANDA

Nos segmentos de clientes associados a diferentes dias da semana, feriados, estações do ano, assim como em flutuações normais em situações pessoais ou comerciais locais, as diferentes ofertas de produtos também enfrentam muita variabilidade no nível de demanda. Para hotéis, essa variabilidade dificulta a previsão de demandas regulares de quartos para uma propriedade individual e exige que cada dia do ano seja projetado e tenha preços diferentes. Alguns hotéis responderam a essa variabilidade oferecendo aos clientes a oportunidade de pagar o quanto querem, em uma tentativa de ocupar camas. Em 2014, por exemplo, cinco hotéis em Paris estavam permitindo que os hóspedes pagassem apenas o que eles achavam que valeria a sua estadia (ORR, 2014). Esta não é uma estratégia nova para quem está no setor de lazer. No festival de Edimburgo em 2014, o comediante Lewis Schaffer deu aos membros da plateia a opção de comprar os ingressos por 5 libras ou dar o que eles quisessem no fim do show. Curiosamente, em *Freakonomics*, o bem-sucedido livro de economia pop, os autores discutem Paul Feldman, que montou um negócio de bagels baseado em um sistema de honestidade. Ele descobriu que as pessoas têm maior probabilidade de pagar melhor quando o tempo está bom. Seguindo essa lógica, os hotéis em Paris devem se sair bem durante o verão!

NATUREZA PERECÍVEL DO PRODUTO

O produto turístico é perecível, ou seja, não pode ser armazenado e vendido posteriormente. Além disso, os fornecedores podem não desejar que o excedente seja vendido pelo mesmo canal do produto-padrão, pois isso pode afetar a demanda e os preços futuros. É por isso que existem pontos de venda que permitem que o fornecedor permaneça anônimo. Por exemplo, a internet fornece um ponto de venda para as operadoras de turismo e as companhias aéreas escoarem serviços de férias ou voos excedentes com margens reduzidas sem alterar seus folhetos principais.

ALTOS CUSTOS FIXOS

Os altos custos fixos nos principais setores do turismo exacerbam a natureza perecível do negócio de vender férias, assentos ou quartos de hotel. Isso significa que uma organização economiza pouco ao não preencher a capacidade. No setor de hospitalidade, por exemplo, os custos variáveis associados à conta do departamento de quartos representam apenas um quarto da receita total do departamento, enquanto os custos fixos associados principalmente ao pagamento das despesas de construção e despesas gerais representam uma grande parcela da receita restante. Esse recurso oferece forte incentivo para alugar quartos a preços relativamente baixos, em vez de deixá-los vazios.

FLUTUAÇÕES DE CUSTO

Para muitas operadoras do setor de turismo, existe uma alta probabilidade de flutuações imprevisíveis, mas importantes, nos elementos de custo de curto prazo, como os preços do petróleo e das taxas de câmbio. Uma operadora turística que opera pacotes para vários destinos europeus e sul-americanos pode, de acordo com as taxas de câmbio e o clima geral do turismo em cada país, ter que variar seus preços.

VULNERABILIDADE PARA EXIGIR MUDANÇAS

O setor é vulnerável a mudanças de demanda resultantes de eventos econômicos e políticos imprevistos. Como mencionado no capítulo 1, a recessão global iniciada em 2008 teve impactos duradouros para o turismo em muitos países, embora alguns tenham se beneficiado com um aumento no turismo doméstico (PAPATHEODOROU; ROSSELLÓ; XIAO, 2010). No entanto, em 2016, a maior parte do mundo havia se recuperado da recessão, e as tendências nos hábitos de consumo e o aumento da renda disponível em todo o mundo levaram a um rápido aumento no mercado de viagens de luxo: na América do Norte, as viagens de luxo produzem quase um trilhão de dólares em vendas anuais.

ALTO NÍVEL DE ENVOLVIMENTO PSICOLÓGICO DOS CLIENTES

Os clientes apresentam um nível particularmente alto de envolvimento psicológico na escolha de produtos de férias, nos quais o preço pode ser um símbolo de *status* e também de valor (LAWS, 1998). Portanto, estão propensos a investir um cuidado considerável em sua escolha. No mercado de pacotes de férias, onde as operadoras turísticas ou agentes de viagens enfatizam os preços em vez dos atributos de destino em suas promoções, é provável que a atenção dos clientes se concentre mais na comparação de preços do que no que cada destino oferece, resultando potencialmente em um compromisso reduzido para o resort visitado. Sob essas condições, é mais provável que haja uma incompatibilidade entre as expectativas de férias dos turistas e suas experiências de destino, resultando em insatisfação e reclamação.

DEMANDA SAZONAL

Uma das formas mais comuns de estabelecer diferenciais de preços de férias é a faixa sazonal típica dos folhetos das operadoras de turismo – e familiar para todos que compram férias com tudo incluso – na forma de matrizes de preço e data de partida. A sazonalidade da demanda leva a diferentes expectativas de preços. A demanda comercial de alguns hotéis geralmente diminui no alto verão. Isso leva os consumidores domésticos a antecipar taxas mais baixas e maior disponibilidade em dias de semana. Por outro lado, muitas operadoras de turismo e companhias aéreas conseguem aumentar os preços no alto verão, quando a demanda está no auge. Uma estratégia interessante de preços foi estabelecida pelo Eden Roc Resort & Spa em Miami, nos anos 1990, que cobrou dos hóspedes o mesmo valor em dólares da temperatura mais alta do dia. A ideia era não dar queixa ao hóspede, mesmo em caso de uma onda de frio!

CORTE DE PREÇOS TÁTICO E GUERRA DE PREÇOS

Se a oferta exceder a demanda, há quase certeza de redução de preços por parte dos principais concorrentes. Isso leva à grande possibilidade de que guerras de preços sejam provocadas em setores como transporte, acomodação, passeios e agências de viagens, nos quais a lucratividade em curto prazo pode desaparecer. O estudo de caso no final do capítulo explica como as companhias aéreas no Golfo Pérsico abalaram o mercado norte-americano, oferecendo serviços de alta qualidade por preços mais baixos, levando a uma pressão descendente nos preços.

PREÇOS BAIXOS

A concorrência em muitos setores levou a uma indústria caracterizada por preços baixos, que não apenas estimularam a demanda por férias oferecidas atualmente, mas também alteraram o momento da demanda – por exemplo, estendendo a temporada de férias – e mudaram o perfil demográfico dos turistas para incluir todas as faixas etárias e a maioria dos grupos socioeconômicos da sociedade. Um preço mais baixo dá um acesso maior ao produto, levando-o a um novo grupo de compradores em potencial que possuem características comportamentais diferentes. Um exemplo disso é a forma como as férias em cruzeiros agora são promovidas para um mercado mais amplo com base em preços reduzidos.

CAPACIDADE FIXA

Embora a demanda possa ser altamente variável e imprevisível, em muitos setores da indústria, a oferta disponível em curto prazo tende a ser relativamente fixa. Para um hotel, por exemplo, leva muito tempo para expandir um prédio ou construir um novo. Acrescentar mão de obra em período parcial ou sazonal pode ser útil para melhor atender os hóspedes durante períodos de pico de ocupação, mas pode adicionar pouco ao inventário de quartos disponíveis. Como resultado, as políticas de precificação são amplamente restritas à alocação de suprimentos existentes entre as demandas concorrentes. Essa restrição acrescenta importância às políticas eficazes de não comparecimento.

TOTAL DE COMPRAS DO CONSUMIDOR

Alguns setores da indústria precisam considerar o total de compras do consumidor ao considerar preços e lucros. Os hotéis não devem considerar as tarifas dos quartos e os preços dos restaurantes separadamente. Vender um quarto mais barato a um hóspede que utilizará extensivamente o restaurante e os bares pode ser mais rentável do que vendê-lo a alguém que paga a tarifa completa pelo quarto, mas não compra mais nada. Por exemplo, destinos de ofertas mistas, como os de Intrawest ou Vail Resorts, não precisam se preocupar muito com os visitantes que não esquiam, pois podem obter lucros enormes com a venda de outras atividades na neve, além de obter receita com os restaurantes e unidades de varejo.

CONFIANÇA NA INTERNET

Muitos consumidores de viagens se capacitaram aprendendo as rotinas de pesquisa na internet e realizando transações de férias on-line. Eles também estão cada vez mais conscientes de sua capacidade de exercer mais controle sobre suas compras, e uma grande porcentagem de clientes de hotéis tenta negociar preços mais baixos em seus quartos. Em geral, os consumidores se tornaram mais autoconfiantes, e os mais aventureiros estão planejando suas próprias férias, sendo muitos deles incentivados a fazer compras on-line com taxas de desconto somente na internet. A mídia social também está tendo uma influência crescente nas estratégias de preços para fornecedores de viagens, já que os consumidores confiam cada vez mais nessas plataformas para obter informações (NOONE; MCGUIRE; ROHLFS, 2011).

RESERVA TARDIA

As reduções de preço para reservas tardias são uma resposta generalizada do setor de férias à sua capacidade não vendida. Geralmente, são promovidas pelas operadoras pouco antes da partida. Agora, é típico ver descontos de última hora; ofertas somente on-line; preços com desconto para grupos; taxas de incentivo para agentes de viagens, operadoras de turismo e agentes de reservas; e uma variedade de pacotes com preços diferentes, incluindo complementos como refeições, atividades e transporte.

RESUMO DO CAPÍTULO

Os principais fatores que determinam as decisões em relação à precificação são objetivos de marketing, custos, outras variáveis do mix, intermediários, percepções do comprador, concorrência e restrições legais e regulamentares. A análise das reações dos compradores à mudança de preço usa o conceito de elasticidade da demanda. Se a demanda aumentar de acordo com os cortes de preços, o produto é considerado elástico. Mas se a demanda permanecer relativamente inalterada pelas mudanças de preço, o produto será considerado inelástico. Em geral, as empresas usam a precificação como parte de seu posicionamento em um produto, empregando uma das três abordagens estratégicas: preço premium, preço custo-benefício e preço subcotado. Três estratégias comumente usadas para a introdução de novos produtos são precificação de prestígio, skimming e precificação de penetração. Outras técnicas de precificação incluem precificação promocional, precificação de pacotes de produtos, price spread (extensão de preços) e pontos de preços, precificação discriminatória, desconto, gerenciamento de rendimento, precificação all-inclusive e de compensação.

QUESTÕES PARA REFLEXÃO

1. Em que situações uma operadora de turismo introduziria uma nova viagem com preços premium? Quando ela poderia usar preços subcotados?

2. Procure os sites de hotéis da sua região e encontre exemplos de preços de pacotes de produtos. Explique como eles funcionam. Tente calcular as economias que o pacote oferece.

3. Explique as diferenças entre precificação de prestígio, skimming e precificação de penetração, usando exemplos de um setor de turismo e hospitalidade, com exceção dos hotéis.

MARKETING EM AÇÃO – COMPANHIAS AÉREAS DE BAIXO CUSTO DECOLAM

Baixo custo é o termo mais recente para o setor de companhias aéreas em todo o mundo, no qual a redução de preços está sendo levada ao extremo. Com sede em Dublin, a Ryanair, a segunda maior empresa de transportes internacional do mundo, está liderando o movimento em direção a viagens continentais baratas e básicas, sem serviços complementares de comida e bebida, muito pouco espaço para bagagem, espaço restrito na cabine, tarifas elevadas por excesso de bagagem e outras sobretaxas para itens adicionais, como serviço de cadeira de rodas. Além disso, os voos com preços reduzidos costumam usar aeroportos secundários menores, às vezes situados longe dos centros das cidades (a Ryannair costuma usar Stansted em vez de Heathrow, em Londres). Também existem limitações de compensação se os voos atrasarem: os passageiros podem não ser elegíveis para alimentação e acomodação, já que a maioria das companhias aéreas com preços reduzidos não faz parte do Compromisso de Atendimento ao Passageiro da União Europeia.

Apesar das desvantagens e dos possíveis desconfortos das viagens baratas, o preço é o ponto principal e os passageiros disputam assentos às vezes oferecidos a partir de 25 dólares para voos europeus só de ida. Isso cobre apenas as taxas de voo e as taxas de serviço, portanto, basicamente, os assentos são vendidos gratuitamente. Existem cerca de sessenta companhias aéreas de baixo custo na Europa, incluindo a FlyBaboo, com sede em Genebra. Muitos falharam neste mercado volátil e agressivo – como JetGreen, Duo, JetMagic, V Bird e Volareweb.com.

(cont.)

IMAGEM 6.3 *A Norwegian, companhia aérea de baixo custo, alcança 500 mil passageiros do Reino Unido em seus inovadores voos de longa duração e baixo custo para os Estados Unidos. (Fonte: Norwegian.com)*

Reduções de preço semelhantes também vêm ocorrendo em toda a Índia, Ásia e Oriente Médio. A SpiceJet, uma companhia aérea indiana de baixo custo, concorre com a Kingfisher Airlines Ltd e a Air Deccan pelo lucrativo mercado doméstico. Na Índia, com sua classe média emergente cada vez mais próspera, houve uma mudança das viagens de trem para as viagens aéreas mais rápidas e eficientes. A demanda por viagens aéreas continua a aumentar, com cerca de 100 milhões de pessoas optando por viagens por ar e não por terra, graças a tarifas baixas e também a comodidades e serviços a bordo aperfeiçoados. Em parte, isso se deve à desregulamentação governamental, mas também à concorrência acirrada entre companhias aéreas, que transformou a indústria em relação à sua reputação original de oferecer um serviço ruim para uma opção eficiente e confortável. As viagens aéreas de baixo custo são fornecidas principalmente via internet na Índia. A SpiceJet vende cerca de 70% de seus assentos pela internet e também reduz suas despesas gerais, utilizando suas aeronaves por doze horas completas por dia, além de tentar preencher cada voo com pelo menos 80% a 90% de ocupação.

Da mesma forma, no Sudeste da Ásia, uma guerra de preços feroz eclodiu no mercado de companhias aéreas econômicas durante os anos 2000, em nítido contraste com seus voos tradicionais de alto preço. Para ganhar participação de mercado e atrair a atenção do público, as companhias aéreas de baixo custo ofereceram passagens de ida de Singapura para destinos populares, como Bangkok, por menos de um dólar. A Tiger Airways ofereceu passagens de ida para três destinos tailandeses diferentes por 59 centavos de dólar cada. Em retaliação, a Thai AirAsia ofereceu uma passagem de 29 centavos de dólar para Bangkok, encantando os consumidores que normalmente pagariam cerca de 250 dólares pelo trajeto.

Por último, no Oriente Médio, o setor de transporte aéreo da região está se tornando cada vez mais segmentado, à medida que surgem novas companhias aéreas iniciantes para desafiar a Emirates e conseguir uma fatia do bolo da aviação global. Companhias aéreas de baixo custo, como Air Arabia e Jazeera Airways, lançadas em 2003 e 2005, respectivamente, foram motivadas pelo sucesso de empresas de baixo custo pioneiras na América do Norte e Europa, e também pela oportunidade de oferecer uma ampla variedade de preços e opções em voos intrarregionais, em comparação com as concorrentes. Três companhias aéreas do Oriente Médio – Emirates, Qatar Airways e Etihad Airways – estão até desafiando as companhias aéreas domésticas americanas para ter uma participação no mercado. Em 2014, elas aumentaram o número de voos em 47% em 11 cidades dos Estados Unidos. Além de oferecer serviço *vintage*, incluindo toalhas quentes, babás, chuveiros a bordo e bares de primeira classe, esses concorrentes do Golfo estão assumindo a maior parte dos pedidos para a Airbus e a Boeing, colocando a maior parte do crescimento internacional de longa distância da indústria nas mãos deles.

(cont.)

Os rivais reclamam que as companhias aéreas do governo do Golfo têm enormes vantagens financeiras que criam condições de concorrência desiguais.

Nos anos mais recentes, as companhias aéreas de baixo custo começaram a trazer preços mais baixos para os serviços de longa distância. A maior companhia de baixo custo das Filipinas, a Cebu Pacific Air, por exemplo, planeja investir cerca de 4 bilhões de dólares em jatos de passageiros da Airbus até 2021, a fim de atender à crescente demanda por voos mais baratos de expatriados filipinos que vivem em todo o mundo. Em um artigo da *Nikkei Asian Review*, foram descritos os planos da companhia aérea de expandir suas operações de média distância, incluindo voos para o Japão: "A Cebu Pacific anunciou que começará a operar quatro voos por semana para a Austrália e três para o Kuwait [...]. Os preços serão cerca de 30% mais baixos do que os serviços dos concorrentes". Segundo o artigo, essa tendência entre as companhias aéreas de baixo custo de mudar seu foco de voos domésticos para serviços internacionais está sendo impulsionada pela deterioração dos ganhos no mercado de curta distância: "As estratégias tradicionais das empresas em relação ao crescimento de vendas e lucros estão começando a perder eficácia em meio à concorrência cada vez maior".

A Norwegian Air é um bom exemplo de companhia de baixo custo que se expandiu agressivamente em todo o mundo e, como resultado das novas tarifas baixas que levaram para os Estados Unidos, as companhias domésticas reduziram seus preços para competir. Uma passagem da Norwegian Air de São Francisco para Copenhague com escala em Londres geralmente pode ser mais barata do que uma passagem direta de São Francisco para Londres. A Norwegian escapa da cobrança de preços baixos, aproveitando os baixos custos operacionais e cobrando dos passageiros via modelo *à la carte*. Os passageiros que reservam passagens aéreas na companhia aérea recebem apenas a passagem: bagagem, reserva de assentos e comida têm custo extra. Por outro lado, uma companhia aérea que possui um legado, como a American, Delta ou United, geralmente fornece tudo isso junto por sua tarifa internacional. Em abril de 2016, a Norwegian alcançou 500 mil passageiros do Reino Unido em seus voos de longa distância de baixo custo para os Estados Unidos (veja a Imagem 6.3). A Norwegian lançou os voos do aeroporto de Gatwick em julho de 2014. Em maio de 2015, já estava oferecendo voos de baixo custo saindo do Reino Unido para sete destinos dos Estados Unidos – Nova York, Los Angeles, Boston, São Francisco, Oakland, Orlando e Fort Lauderdale –, além de Porto Rico, com tarifas a partir de 135 libras só de ida.

Segundo Grant Martin, da *Forbes*, para os viajantes, a disseminação das companhias aéreas internacionais de baixo custo é uma ótima notícia. "Os viajantes econômicos agora têm uma alternativa de baixo custo para atravessar o Atlântico sem os confortos ou taxas acessórias associadas às companhias aéreas mais antigas. No entanto, o restante da base de consumidores também lucra com as tarifas competitivas que as companhias com mais peso são obrigadas a publicar. No fim, todo mundo atravessa o oceano por alguns dólares a menos."

Fontes: Matthews (2013); Bagri (2014); McCartney (2014); Srivastava (2016); Park (2006); Martin (2014).

(cont.)

QUESTÕES DE ESTUDO DE CASO

1. Escolha três das companhias aéreas descritas neste capítulo e discuta as diferentes estratégias de preços que seguem.

2. Quais são os principais fatores que influenciam o preço de uma passagem aérea?

3. Faça uma pesquisa: as companhias aéreas do Oriente Médio – Emirates, Qatar Airways e Etihad Airways – ainda estão desafiando as companhias aéreas domésticas americanas para conseguir participação de mercado?

REFERÊNCIAS

BAGRI, N. T. A peacock replaces a worn airport in Mumbai. **New York Times**, 15 jan. 2014, p. B5.

BECERRA, M.; SANTALÓ, J.; SILVA, R. Being better vs. being different: differentiation, competition, and pricing strategies in the Spanish hotel industry. **Tourism Management**, v. 34, p. 71–79, fev. 2013.

BOOKMAN, M. Z.; BOOKMAN, K. R. **Medical tourism in developing countries**. New York: Palgrave Macmillan, 2007.

CARMIN, J.; NORKUS, G. Pricing strategies for menus: Magic or myth? **Cornell Hotel and Restaurant Administration Quarterly**, v. 31, n. 3, p. 50, nov. 1990.

CARNEY, S. Brewing controversy over proposal to make water cheaper than beer. **Wall Street Journal**, 24 jan. 2013, p. A1&10.

CHAZAN, D. Upmarket Paris hotels lose out after terrorist attacks. **Daily Telegraph**, 28 out. 2015. Disponível em: www.telegraph.co.uk/news/worldnews/europe/france/11960730/ Upmarket-Paris-hotels-lose-out-after-terrorist-attacks.html. Acesso em: 16 mar. 2020.

DIBB, S. et al. **Marketing: concepts and strategies**. 2. ed. Londres: Houghton-Mifflin, 1994.

DICKMAN, S. **Tourism and hospitality marketing**. Oxford: Oxford University Press, 1999.

DUADEL, S.; VIALLE, G. **Yield management**: applications to air transport and other service industries. Paris: Institut du Transport Aerien, 1994.

GALE, B. Monitoring customer satisfaction and market-perceived quality. **American Marketing Association Worth Repeating Series**, n. 922CSOI. Chicago: American Marketing Association, 1992.

HIEMSTRA, S. J. Economic pricing strategies for hotels. *In*: BAUM, T.; MUDAMBI, R. (org.). **Economic and management methods for tourism and hospitality research**. New York: Wiley, 1998. p. 215–232.

HUDSON, S. **Tourism and hospitality marketing**: a global perspective. Londres: Sage, 2008.

HUDSON, S.; HUDSON, L. J. Customer service for hospitality and tourism. Oxford: Goodfellow Publishers Ltd, 2013.

HUDSON, S.; HUDSON, L. J. **Winter sport tourism**: working in winter wonderlands. Oxford: Goodfellow Publishers Ltd, 2015.

JONES, C. Business meetings branch out to smaller cities. **USA Today**, 2015, p. 3B.

KRICHKO, K. Combination ski passes are sweeping the ski world. **GrindTV.com**, 29 ago. 2013. Disponível em: www.grindtv.com/skiing/combination-ski-passes-are-sweeping-theski-world/#YUM10tKL32k1eqp4.97. Acesso em: 12 dez. 2016.

KYNASTON, N. World's cheapest and most expensive cities for a minibreak revealed. **Mail Online**, 16 jun. 2015. Disponível em: www.dailymail.co.uk/travel/travel_news/article-3126265/World-s-cheapest-expensive-cities-mini-break-revealed-Hanoi-Vietnam-offering-best-value-money-Cancun-Mexico-worst-London-New-York-not-far-behind.html. Acesso em: 16 mar. 2020.

LAWS, E. Package holiday pricing: cause of the IT industry's success, or cause for concern? *In*: BAUM, T.; MUDAMBI, R. (org.). **Economic and management methods for tourism and hospitality research**. New York: Wiley, 1998. p. 197–214.

LUNDBERG, D. E.; KRISHNAMOORTHY, M.; STAVENGA, M. H. **Tourism economics**. New York: Wiley, 1995.

MARN, M. V.; ROEGNER, E. V.; ZAWADA, C. C. The power of pricing. **McKinsey Quarterly**, fev. 2003.

MARTIN, G. International low-cost airlines drive transatlantic fares into the ground. **Forbes**, 30 out. 2014. Disponível em: www.forbes.com/sites/grantmartin/2014/10/30/international-low-cost-airline-drive-transatlantic-fares-into-the-ground/#4b-4d83f77033. Acesso em: 16 mar. 2020.

MATTHEWS, C. Heathrow chief has high hopes for growth. **Financial Times**, 12 ago. 2013, p. 3.

MCCARTNEY, S. Now landing: Touch challengers. **Wall Street Journal**, 6 nov. 2014, p. D1.

NAIDOO, P.; Ramseook-Munhurrun, P.; Seetaram, A.K. Marketing the hotel sector in economic crisis. Evidence from Mauritius. **Global Journal of Business Research**, v. 5, n. 2, p. 1–12, 2011.

NIKKEI ASIAN REVIEW. Budget carriers take price war to long-haul segment. **Nikkei Asian Review**, 23 jun. 2014. Disponível em: http://asia.nikkei.com/Business/Trends/Budget-carriers-take-price-war-to-long-haul-segment. Acesso em: 16 mar. 2020.

NOONE, B. M.; MCGUIRE, K. A.; ROHLFS, K. V. Social media meets hotel revenue management: opportunities, issues and unanswered questions. **Journal of Revenue and Pricing Management**, v. 10, n. 4, p. 293–305, jul. 2011.

NORWEGIAN. Get online. **Norwegian In-Flight Magazine**, v. 41, maio. 2016, p. 5.

NORWEGIAN. nth degree. **Norwegian In-Flight Magazine**, v. 42, jun. 2016, p. 13.

ORR, G. Honesty box hotels: you decide how much you pay. **The Independent**, 22 jul. 2014. Disponível em: www.independent.co.uk/travel/hotels/honesty-box-hotels-you -decide-how-much-you-pay-9622062.html. Acesso em: 16 mar. 2020.

PAPATHEODOROU, J.; ROSSELLÓ, A.; XIAO, H. Global economic crisis and tourism: consequences and perspectives. **Journal of Travel Research**, v. 49, n. 1, p. 39–45, jan. 2010.

PARK, K. Flying high on low costs. **The Hindu Business Line**, 12 mar. 2006, p. 11.

RONDAN-CATALUN, J. F.; ROSA-DIAZ, I. M. Segmenting hotel clients by pricing variables and value for money. **Current Issues in Tourism**, v. 17, n. 1, p. 60–71, 2014.

SRIVASTAVA, T. Fare war heats up summer skies, Air India offers tickets at Rs 1,499. **Hindustan Times**, 22 maio. 2016. Disponível em: www.hindustantimes.com/business/ fare-war-heatsup-summer-skies-air-india-offers-tickets-at-rs-1-499/story-9jnGC erzp2afmoYD7gFr5M.html. Acesso em: 16 mar. 2020.

SYLT, C. Cirque du Soleil tour revenue tumbles to £40m. **Telegraph**, 22 fev. 2015. Disponível em: www.telegraph.co.uk/finance/newsbysector/retailandconsumer/leisure/ 11428511/Cirque-du-Soleil-tour-revenue-tumbles-to-40m.html. Acesso em: 16 mar. 2020.

TANFORD, S.; BALOGLU, S.; ERDEM, M. Travel packaging on the Internet: the impact of pricing information and perceived value on consumer choice. **Journal of Travel Research**, v. 51, n. 1, p. 68–80, jan. 2011.

WRIGHT, C. The amazing technicolor comeback. **Hemispheres**, jul. 2016, p. 45–56.

DISTRIBUIÇÃO   7

INTRODUÇÃO

O capítulo 7 começa com uma introdução à natureza da distribuição e aos seus tipos de canais. Depois, descreve vários intermediários de marketing no setor de turismo e hotelaria. Faz então uma discussão sobre a emergente economia compartilhada, que precede uma seção sobre organização de canais, que tem um foco particular em alianças e franquias. As duas seções finais do capítulo analisam o design do sistema de distribuição e o gerenciamento de canais. Os estudos de caso discutem um operador de turismo na Rússia, a economia compartilhada na Índia e o encontro anual da National Brotherhood of Skiers.

LIÇÕES DE UMA GURU DO MARKETING – ELENA ULKO: DA RÚSSIA, COM AMOR

Com sua reputação de clientes difíceis na indústria do turismo, não é de surpreender que uma empresa de turismo russa esteja indo contra a corrente, especializando-se em atendimento ao cliente. A Ulkotours Russia & Scandinavia, membro da Sociedade Americana de Agentes de Viagens (ASTA, na sigla em inglês), realiza passeios particulares para passageiros de cruzeiros nos países bálticos. A empresa, com sede em São Petersburgo, também realiza passeios personalizados para passageiros aéreos e ferroviários e é especializada em itinerários urbanos como Moscou, Tallinn, São Petersburgo, Estocolmo, Helsinque e Berlim.

IMAGEM 7.1 *Elena Ulko com sua equipe na Ulkotours.* *(Foto: cortesia de Elena Ulko)*

A forma como ela se difere das outras operadoras – maiores – está na mensagem e na entrega de serviços personalizados para os clientes pessoais e também B2B. O site (http://ulkotours.com/) parece um convite para férias em família com a fundadora e CEO, Elena Ulko, cujas fotografias sorridentes dominam as mensagens publicitárias. Ulko diz que sua intenção é criar uma forte conexão com os clientes: "Inclui informações pessoais para que eles saibam que sou uma pessoa real por trás da Ulkotours e, por experiência própria, sei que se cria um vínculo emocional quando você visualiza a pessoa com quem está se comunicando e recebe algumas informações pessoais sobre ela".

A Ulkotours também é membro fundadora da Baltic Cruise Association, trabalhando em estreita colaboração com outras operadoras e outros setores da indústria do turismo. Desde 2012, a empresa cresce substancialmente, oferecendo passeios para cada vez mais destinos nos países bálticos. "Tudo foi feito com apenas um objetivo: tornar a Ulkotours uma loja completa e minimizar o tempo de pesquisa para nossos clientes", diz Ulko. "Vender destinos no Báltico não traz muito lucro para nós (na verdade, só cria mais trabalho), mas é algo que atrai mais clientes, pois compram esses passeios em conjunto com outros destinos particulares em São Petersburgo".

Como membro da ASTA, a Ulkotours pode acessar uma rede com mais de 22 mil agentes de viagens, de linhas de cruzeiros e de agências de turismo dos Estados Unidos. Ulko participa de vários eventos para conhecer agentes de viagens e construir relacionamentos. Dessa forma, ela expandiu sua rede, fornecendo folhetos e catálogos gratuitos e realizando apresentações presenciais nos escritórios das agências. Ao mesmo tempo, ela também passou a abranger intermediários on-line. "Os agentes de viagens são os profissionais mais fáceis para se trabalhar, porque eles também oferecem viagens personalizadas, e a maioria deles já esteve em nossos passeios, por isso sabem que podem indicar seus clientes para nós ou revender nossos passeios diretamente a seus clientes", explica ela. "Os agentes conhecem as necessidades dos clientes, então é muito fácil para nós organizarmos seus passeios. Eles não fazem muitas

(cont.)

perguntas, porque a maioria já fez um passeio conosco, então já sabem tirar essas dúvidas dos clientes. Eles também recomendam guias específicos para os clientes, geralmente aqueles com quem já fizeram algum passeio, então os guias estão sempre muito animados para trabalhar com esses clientes." Os intermediários on-line apresentam desafios diferentes, como o relacionamento mais impessoal, mas Ulko resolveu esse problema viajando para conhecer os agentes envolvidos. "Há uma agência de viagens muito grande na Califórnia, mas trabalhávamos apenas com um único agente, que nos encontrou on-line e enviou uma solicitação em nome de seus clientes", explica ela. "Depois que voei para Los Angeles para conhecer pessoalmente todos no escritório e falar sobre a Ulkotours e os serviços que prestamos, nossas vendas com aquela agência aumentaram de forma considerável e agora organizamos passeios regularmente para clientes e grupos particulares."

Desde 2014, a Ulkotours trabalha com as principais plataformas de turismo on-line, como a Viator.com. Para lidar com o fluxo de reservas e garantir a qualidade do passeio, teve que lançar um novo departamento responsável por reservas automatizadas, mas isso trouxe uma série de problemas: "Um dos principais inconvenientes de se trabalhar com esses intermediários on-line é que não há comunicação com o cliente e a maioria deles oferece comunicação fechada por meio da extranet do fornecedor. Muitas vezes, as plataformas de turismo não são totalmente desenvolvidas da maneira que gostaríamos que fossem, por isso faltam muitas informações nas reservas e muitos detalhes essenciais precisam ser solicitados ou comunicados ao cliente após a reserva", diz Ulko. Por exemplo, às vezes os clientes não percebem que precisam enviar mais informações para concluir uma reserva, o que, em última análise, dá à Ulkotours mais trabalho em vez de simplificar o processo.

A economia compartilhada ainda não teve um impacto negativo nas reservas. "Na verdade, não notamos uma redução substancial nas vendas ou solicitações de acomodações e serviços de transporte, porque as pessoas que nos acompanham preferem que organizemos todo o pacote para elas", explica Ulko. "Já tivemos casos de clientes que cancelaram transfers particulares e optaram por ir de táxi ou Uber, mas esses casos são raros."

Em um astuto projeto de marketing cruzado, a Ulkotours possui outro escritório com sede nos Estados Unidos, em São Petersburgo, na Flórida. "Quando eu estava nos Estados Unidos e atendia ligações de clientes, todos perguntavam se estavam falando com o escritório dos Estados Unidos ou da Rússia", diz Ulko. Quando ela respondia que geralmente ficava na Rússia, mas que estava passando um tempo nos Estados Unidos com sua família, a conversa invariavelmente girava em torno da conexão espirituosa entre São Petersburgo na Flórida e São Petersburgo na Rússia. "Falávamos sobre o clima e as crianças indo para a escola... e, pronto, no dia seguinte vinha a reserva para o passeio", diz Ulko.

É muito bom conectar-se emocionalmente com os clientes quando se tenta fechar a venda de reserva inicial, mas ainda resta a tarefa de continuar essa conexão durante e depois da viagem. Ulko trabalha duro para perpetuar essa conexão pessoal, encontrando-se com os clientes durante

(cont.)

os passeios, dando-lhes presentes de boas-vindas e posando para fotos com eles. Após as férias, a comunicação continua com o compartilhamento de fotos, comentários e referências de clientes. Os negócios estão crescendo, o que corrobora a estratégia de atenção pessoal de Ulko.

Fontes: entrevista com Elena Ulko (2012, 2016); Matthews (2011).

A NATUREZA E OS TIPOS DE CANAIS DE DISTRIBUIÇÃO

O estudo de caso de abertura destaca a importância do sistema de distribuição, cujo objetivo é fornecer uma estrutura adequada para disponibilizar o produto ou serviço de uma empresa ao consumidor: nesse caso, a Ulkotours, que oferece férias especializadas na Rússia e Escandinávia. No setor de turismo, os sistemas de distribuição são frequentemente usados para mover o cliente em direção ao produto, e a verdadeira lógica por trás do sistema de distribuição de uma empresa pode ser rastreada até suas necessidades e desejos específicos. A Figura 7.1 mostra que cada participante da distribuição no setor de turismo tem necessidades e desejos únicos. Portanto, a motivação para o desenvolvimento de uma rede de distribuição eficaz é ajudar os diferentes membros da rede a atender às suas necessidades individuais. Ao optar por combinar as atividades dos vários participantes, todos no sistema de distribuição podem trabalhar juntos para identificar oportunidades de atender às necessidades uns dos outros.

Um canal de distribuição é um método de entrega usado por um fornecedor, transportadora ou organização de marketing de destino. Existem dois tipos diferentes de canais de distribuição que uma empresa pode usar para entregar seu produto. O primeiro e mais simples é um canal de distribuição direta, por meio do qual uma empresa entrega seu produto ao consumidor sem a assistência externa de quaisquer intermediários independentes. Nesse caso, o fornecedor de serviços é o único responsável pela entrega do seu produto. A maioria das pousadas usa um canal de distribuição direta para comercializar produtos para clientes em potencial. Elas executam todas as funções necessárias por conta própria, sem contar com qualquer assistência de intermediários externos. O segundo tipo de canal de distribuição é um canal indireto. Nesse caso, o fornecedor de serviços utiliza intermediários independentes para ajudar a facilitar a entrega do seu produto.

É importante reconhecer que a distribuição como um termo de marketing também pode se referir ao local físico (o componente "praça" do mix de marketing), pois o consumo do serviço principal requer um local físico. Os requisitos

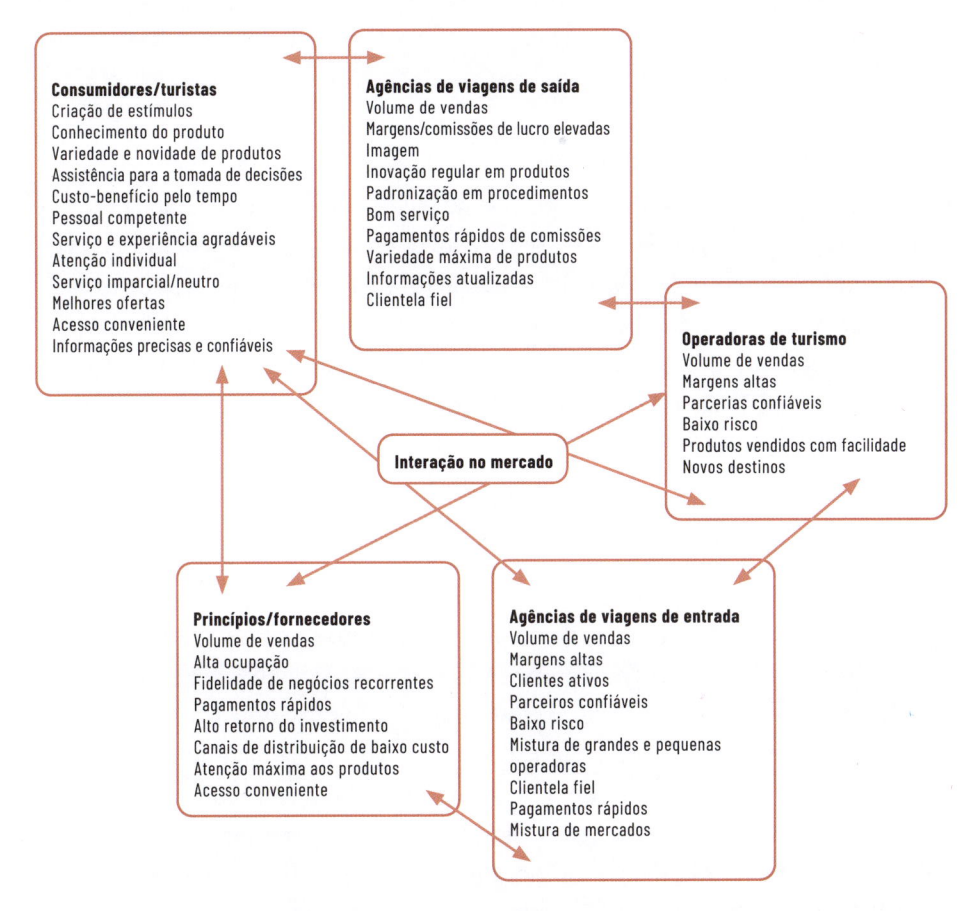

FIGURA 7.1 *Necessidades e desejos dos canais de distribuição de turismo. (Fonte: Tourism Distribution Channels: Practices, Issues and Transformations, Buhalis, D. e Laws, E. ©2001 Cengage Learning. Reproduzido com permissão da Cengage Learning EMEA Ltd.)*

operacionais podem estabelecer restrições rígidas para a distribuição de alguns serviços turísticos. A localização dos aeroportos, por exemplo, costuma ser um inconveniente em relação a casas, escritórios ou destinos dos viajantes. Em razão de fatores de espaço, ruído e meio ambiente, encontrar locais adequados para a construção de novos aeroportos é uma tarefa complexa. A necessidade de economias de escala pode ser outra restrição à escolha dos locais. Além disso, muitos serviços de turismo exigem uma localização geográfica fixa, o que restringe severamente a distribuição. Por definição, os resorts de praia precisam estar localizados na costa e os resorts de esqui, nas montanhas. De fato, a localização física é fundamental para a indústria do esqui. Nos Estados Unidos, 67% dos resorts de esqui estão a cerca de 120 quilômetros ou possuem fácil acesso a partir das principais áreas metropolitanas (HUDSON; HUDSON, 2015).

INTERMEDIÁRIOS DE MARKETING

Os intermediários de marketing são canais de distribuição que incluem agentes de viagens, operadoras de turismo, especialistas em viagens e a internet. Seu objetivo é ajudar o fornecedor de serviços a concluir as seis funções diferentes listadas anteriormente. Com o uso de intermediários, uma empresa pode expandir a força de sua rede de distribuição e atingir uma parcela muito maior de seu mercado-alvo. Como resultado, os esforços combinados de marketing de toda a rede de distribuição levarão a um aumento no número de clientes que utilizam o serviço, aumentando, assim, os faturamentos gerais.

AGENTES DE VIAGEM

Os agentes de viagens oferecem ao cliente de turismo uma variedade de serviços que vão desde transporte e pacotes turísticos até seguros e acomodações. Eles são os intermediários de marketing mais usados na indústria do turismo. A agência ganha uma comissão por cada venda, e o valor dependerá do tipo de produto vendido. A tradição dos pacotes de férias começou com a Revolução Industrial e a expansão das ferrovias. Em julho de 1841, um marceneiro batista chamado Thomas Cook organizou uma festa para quinhentas pessoas em um trem de Leicester, Inglaterra, para um encontro do movimento pela temperança em Loughborough. O futuro agente de viagens negociou um preço que incluía entretenimento em jardins privados locais.

Hoje, o mercado de agências de viagens é muito competitivo. As barreiras à entrada são baixas e, como resultado, existem muitos participantes novos, em especial no segmento de agências on-line, que cresce rapidamente. Agentes independentes estão sob pressão não apenas dos que atendem via internet, mas também da venda direta pelas operadoras de turismo. Eles, portanto, buscam se diferenciar, agregando valor ao produto, a fim de justificar seu papel na cadeia de valor e reter sua participação no mercado. As agências de viagens desempenham quatro funções distintas que pertencem ao sistema de distribuição.

Rede de distribuição e vendas

Os agentes de viagens são atores essenciais para a distribuição e venda indireta do produto de uma empresa. Eles atuam essencialmente como corretores de turismo que aproximam compradores e vendedores de produtos de viagem. Os agentes têm acesso a uma extensa rede de fornecedores e clientes, podendo ajudar a facilitar a interação entre os dois, identificando as necessidades específicas de cada grupo.

Reservas e passagens

Fazer reservas e emitir passagens são os dois papéis mais tradicionais dos agentes de viagens. Por meio de um sistema de distribuição global (GDS, na sigla em inglês), como Galileo, Abacus ou Sabre, os agentes de viagens podem fazer reservas em vários locais do mundo. No entanto, com a chegada dos sistemas de viagem sem passagens nos anos 1990, o papel das agências na emissão de passagens (principalmente aéreas) está diminuindo lentamente.

Fornecimento de informações e aconselhamento de viagens

Os agentes de viagens têm uma riqueza de informações à sua disposição. Eles possuem amplo conhecimento dos destinos turísticos e estão bem equipados para oferecer conselhos ao viajante inexperiente. Quer um cliente esteja procurando um voo rápido em seu próprio país, quer esteja planejando uma grande expedição ao redor do mundo, os agentes de viagens podem fornecer assistência valiosa no planejamento de uma viagem.

Planejamento de itinerários individuais

A natureza pessoal dos negócios dos agentes de viagens permite que eles compreendam profundamente as necessidades dos clientes. Ao identificar quais são as necessidades específicas, o agente pode montar um itinerário personalizado que melhor se adapte a essas necessidades. Os agentes de viagens podem organizar transporte, acomodação, seguro, atividades e passeios com a intenção de satisfazer as necessidades e expectativas específicas do viajante.

Apesar dos benefícios que os agentes podem oferecer ao sistema de distribuição de uma empresa, o surgimento de ferramentas novas e mais baratas, como a internet, colocou em dúvida o futuro papel dos agentes de viagens. Apesar disso, enquanto os agentes tradicionais perderam participação de mercado para as compras on-line, é provável que a consultoria de especialistas em viagens continue sendo um serviço vital no mercado de turismo. A maior agência de viagens da América, a Travel Leaders Group, por exemplo, oferece um alto nível pessoal de experiência em viagens para clientes corporativos e a lazer (acesse www.travelleadersgroup.com). A empresa, liderada pelo fundador e presidente Mike Batt, possui mais de 6.500 agências próprias, franqueadas e afiliadas nos Estados Unidos, Canadá, Reino Unido, Irlanda e Austrália. A companhia atende viajantes a lazer com pouco tempo e empresas que desejam gerenciar despesas, mas ainda estão dispostas a pagar um preço premium pela reserva on-line para obter atendimento e suporte personalizados.

OPERADORAS DE TURISMO

As operadoras de turismo, como a Ulkotours, descrita anteriormente, são organizações que oferecem pacotes turísticos de férias ao público em geral. Esses pacotes podem incluir tudo, desde transporte, acomodação e atividades até entretenimento, refeições e bebidas. As operadoras normalmente concentram seus esforços de marketing no mercado de lazer, que representa o grupo dominante de compras de pacotes de viagens. O setor operacional de passeios tornou-se cada vez mais concentrado. Na Europa, por exemplo, atualmente cerca de 70% do mercado é monopolizado pelas cinco maiores empresas, todas com sede corporativa na Alemanha ou no Reino Unido. Em 2015, o DER Touristik, da Alemanha, tornou-se o terceiro maior grupo de turismo da Europa, atrás da TUI e da Thomas Cook, com a aquisição das operadoras de turismo europeias Kuoni pela empresa Rewe. O DER Touristik esperava receitas anuais de cerca de 7 bilhões de euros (e cerca de 7,7 milhões de clientes) em 2015. Em comparação, a TUI teve receitas de cerca de 18,7 bilhões de euros e a Thomas Cook cerca de 10,7 bilhões de euros em 2014 (FVW, 2015).

Nos anos 1990, essas grandes operadoras de turismo seguiram uma estratégia de integração vertical. Controlando a cadeia de valor, desde vendas e embalagens até transporte e hotéis, as operadoras de turismo procuraram garantir estrategicamente sua participação no mercado e obter margens de lucro baixas em seus negócios principais, com atividades mais lucrativas nas áreas finais da cadeia de valor. Mas um mercado turístico lento e em mudança expôs a falta de flexibilidade desse modelo. O desempacotamento da viagem – com os clientes construindo suas próprias viagens, elemento a elemento, nas plataformas da internet – atingiu a essência dos produtos tradicionais de operadoras de turismo.

As operadoras de turismo têm a capacidade de atrair grandes volumes de clientes. Elas recebem tarifas reduzidas de vários fornecedores de serviços, pois em troca fornecem um grande número de visitantes garantidos. As operadoras de turismo tradicionalmente forneciam pacotes de viagens com baixa margem de lucro a um grande número de consumidores, mas, com o crescente uso da internet como mecanismo de distribuição, alguns optam por restringir suas ofertas a apenas um número selecionado de pacotes de viagens especializados. A G Adventures, em Toronto, por exemplo, escolheu como alvo jovens e aventureiros interessados em comprar pacotes de viagens para os países em desenvolvimento, enquanto a Canadian Mountain Holidays (CMH), no Canadá, concentra-se em oferecer pacotes de heli-esqui de alto nível nas Montanhas Rochosas do Canadá.

ORGANIZADORES DE CONVENÇÕES/ENCONTROS E GERENTES DE VIAGEM CORPORATIVOS

Os organizadores de convenções e encontros são intermediários importantes para o setor de viagens de negócios, pois planejam e coordenam os eventos externos das organizações. Eles trabalham para associações, corporações, ONGs, agências governamentais e instituições educacionais. Alguns combinam a tarefa de planejamento de convenções com a de gerenciamento de viagens corporativas, enquanto outros dividem as tarefas. O setor privado também está envolvido na comercialização de convenções e exposições. Um exemplo é a Reed Exhibitions, um dos principais organizadores mundiais de eventos, conferências e reuniões sobre comércio e consumo, abrangendo 43 setores da indústria, incluindo o aeroespacial, o de aviação, o da beleza, o de cosméticos, o de esporte e o de recreação. Todos os anos, a empresa realiza mais de quinhentos eventos em mais de trinta países, reunindo mais de 7 milhões de participantes. Com 3.800 funcionários em escritórios em todo o mundo, Reed diz que a empresa não trata apenas de organizar feiras. Seu papel é ser um agente de relacionamento – identificar, direcionar, atrair e atender às necessidades de compradores e fornecedores.

ESPECIALISTAS EM VIAGENS

Os especialistas em viagens são intermediários especializados no desempenho de uma ou mais funções do sistema de distribuição de uma empresa. Os representantes do hotel, por exemplo, especializam-se em fornecer contato com os clientes para identificar suas necessidades específicas de acomodação. As agências de publicidade também podem atuar como especialistas, desempenhando o aspecto promocional do sistema de distribuição de uma empresa. Ao usar especialistas em seu sistema de distribuição, uma empresa pode designar funções específicas para os intermediários que estão mais bem equipados para executá-las. O foco em uma operação específica dentro do canal de distribuição permite que o especialista realize efetivamente a função da melhor maneira possível.

Um exemplo de especialista em viagens é a PGA Tour Experiences, licenciada à PGA Tour. Ela serve como o braço operacional de passeios do PGA, fornecendo férias para praticantes de golfe, centros de instrução, eventos e torneios corporativos, todos imitando o estilo de vida dos principais profissionais do golfe. A empresa administra viagens e acomodações, ingressos VIP para torneios e reservas de campos de golfe, trabalhando com parceiros de marcas, como MasterCard e World Golf Village, a fim de criar experiências turísticas relacionadas ao golfe. O pacote Hall of Fame Experience, por exemplo, inclui uma estadia de quatro noites no Renaissance Resort World Golf Village, duas rodadas de golfe, tacos de golfe desenhados com base no swing do cliente, ingressos para o Hall of Fame, cinema IMAX e café da manhã e almoço. Os preços em 2020 começavam em 277 dólares por pessoa.

Outros exemplos de intermediários especializados são empresas motivacionais e representantes de excursões. Empresas motivacionais oferecem viagens de incentivo aos funcionários ou distribuidores como recompensa por seus esforços. Essas viagens geralmente envolvem acomodações de alta classe em áreas de resort, mas não necessariamente em destinos com clima quente: os incentivos aos esportes de inverno também estão se tornando cada vez mais populares na América do Norte. Os representantes de excursões servem a indústria do cassino como intermediários para jogadores premium. Eles mantêm listas de jogadores que gostam de visitar determinadas áreas de jogos, como Las Vegas, Reno ou Atlantic City, e trabalham para um ou dois cassinos, e não para toda a indústria. Eles recebem uma comissão sobre o valor que o cassino ganha dos jogadores ou, em alguns casos, por jogador.

INTERMEDIÁRIOS ON-LINE

Os turistas estão recorrendo cada vez mais à internet para ajudá-los a planejar e reservar suas viagens, em parte pela conveniência e pela economia de tempo (AMARO; DUARTE, 2015). As partes interessadas no setor de viagens, como companhias aéreas, empresas de aluguel de carros e redes internacionais de hotéis, compreenderam rapidamente o potencial de marketing e venda de seus serviços on-line. Essas empresas de viagens estão adotando estratégias de crescimento orgânico (interno) e aquisitivo. Muitas empresas tradicionais desenvolveram seus próprios sites e divisões interativas, enquanto outras adquiriram empresas de internet.

As agências de viagens on-line também tiveram um tremendo crescimento na última década, com o valor em reservas brutas ultrapassando os 150 bilhões de dólares em 2013, representando 38% do mercado on-line global e 13% do mercado global de viagens (FORBES, 2015). Estima-se que o número de vendas de viagens on-line cresça 12% ao ano. As agências de viagens on-line têm 15% do total de vendas de hotéis nos Estados Unidos, com cerca de 19 bilhões de dólares em reservas brutas, e devem crescer de 5% a 6% nos próximos anos. Os segmentos das agências on-line abrangem clientes de negócios, lazer e grupos. Os sites das agências on-line desempenham várias funções, atuando como mecanismos de marketing, de reserva e de pesquisa, além de servirem como plataforma de execução para os clientes. Os líderes globais nesse espaço incluem a Priceline e a Expedia, que vendem mais de 22 milhões e mais de 12 milhões de noites de hotel por mês, respectivamente. A maior plataforma de avaliações de viagens do mundo, o Tripadvisor recebe 315 milhões de visitantes únicos mensais em seu site (FORBES, 2015).

O setor de agências de viagens on-line está se tornando cada vez mais consolidado. Em 2015, a Expedia comprou a Orbitz Worldwide por cerca de 1,3 bilhão de dólares, solidificando ainda mais o mercado americano de reservas on-line em duas empresas, a Expedia e o grupo Priceline (DE LA MERCED, 2015). No mesmo ano, a Expedia adquiriu a Travelocity e a Wotif.com da Austrália. Apesar do domínio atual da Priceline e da Expedia entre os especialistas em reservas de viagens on-line, outras empresas, como Google e Amazon, estão tentando adentrar no território das duas empresas. "Estamos no negócio de distribuição de viagens", disse Dara Khosrowshahi, presidente da Expedia. "E nesse ramo, os participantes são diversos e sempre há caras novas. A concorrência é feroz" (DE LA MERCED, 2015). A Tripadvisor também tem a opção de fazer reservas pela própria plataforma, que pode oferecer concorrência direta às grandes marcas de reservas on-line e ganhar uma parte de sua participação no mercado.

Existe uma crescente estrutura de pesquisas relacionadas ao marketing de viagens on-line. Lee, Guillet e Law (2013), por exemplo, analisaram os desafios enfrentados pelos hotéis nesta nova era digital, concluindo que eles devem encontrar formas de fazer o uso mais eficaz possível da tecnologia e dos canais de distribuição disponíveis, e talvez até formar consórcios para compartilhar informações sobre canais de distribuição de terceiros. Koo, Mantin e O'Connor (2011) se voltaram para o setor de companhias aéreas, analisando fatores que afetam sua estratégia de distribuição on-line. Eles descobriram que as companhias aéreas são menos propensas a usar plataformas de agências on-line se tiverem uma grande base de consumidores leais ou se esse tipo de plataforma for altamente competitiva. Por fim, Aslanzadeh e Keating (2014) se concentraram na satisfação do consumidor com serviços de viagens on-line e descobriram que a excelência no serviço off-line melhora a percepção da presença on-line de um agente. Ou seja, a visualização do site pelos consumidores foi aprimorada pela disponibilidade de interações de bate-papo ao vivo ou de vídeo.

Paraskevas *et al.* (2011) discutiram a importância do SEM (Search Engine Marketing), uma forma de marketing on-line em que profissionais de marketing e webmasters usam várias técnicas para garantir que a listagem de suas páginas da web apareça em um local favorável nos resultados dos mecanismos de pesquisa. Eles observam que as empresas do setor de viagens desenvolveram três técnicas principais de SEM: (1) otimização de mecanismo de busca (SEO) orgânica; (2) canal pago ou pagamento por clique (PPC); e (3) inclusão paga.

A SEO orgânica envolve o design de uma página da web para atender aos requisitos dos mecanismos de pesquisa, de forma que a página seja listada na posição mais alta possível. A SEO envolve os principais recursos de design, como palavras-chave, conteúdo e popularidade dos links. Os mecanismos de pesquisa valorizam mais a cópia descritiva da estrutura visível de uma página da internet do que a cópia invisível (*tags*) ou animações em flash. Os mecanismos de pesquisa também valorizam links de sites oficiais ou links de sites que compartilham o mesmo foco que o site em questão. O pagamento envolve lances (como num leilão) para palavras-chave de pesquisas específicas, em que o posicionamento nos rankings dependerá das ofertas de outros concorrentes para as mesmas palavras-chave e também do número de referências (PPC) que o site recebe do link patrocinado. Por último, a inclusão paga coloca um site na lista de resultados orgânicos (visto como um link patrocinado), sem, no entanto, garantir uma classificação específica.

DIGITAL EM FOCO – ECONOMIA COMPARTILHADA EM KERALA, ÍNDIA

A economia compartilhada, impulsionada principalmente pelos *millennials*, agora está dominando todos os setores demográficos do mundo. Seu crescimento tem sido tão astronômico que os hotéis de todos os lugares, preocupados com a concorrência inesperada, estão pedindo às autoridades e governos locais que reduzam seu progresso com impostos e leis proibitivas.

Em Kerala, na Índia, o conceito do Airbnb é ecoado na tendência generalizada de homestays, que aqui tendem a ser propriedades menores e únicas, com alguns quartos, gerenciados e cuidados por

IMAGEM 7.2 *O autor Simon Hudson com K. P. Francis, da Francis Residence*

(cont.)

proprietários dedicados. Nas pitorescas ruas de paralelepípedos de Fort Kochi, em Kerala, há uma grande variedade de homestays em oferta, incluindo a Francis Residence. O proprietário, K. P. Francis, é o melhor anfitrião. Em torno de um jardim interno central, ele projetou uma homestay moderna com quartos opulentos, banheiros privativos e varandas cheias de flores, emulando os hotéis cinco estrelas que costumava administrar. "Hospitalidade é uma paixão para mim", diz Francis, que trabalhou no Taj Group por quinze anos e depois foi gerente geral da Malabar House, em Fort Kochi, por oito anos. Com a ajuda de sua esposa, ele serve refeições artisticamente criadas de acordo com os requisitos alimentares e os caprichos culinários de sua clientela, ao que chama de comida do coração. Ele também orienta os hóspedes em relação à cidade e região.

Enquanto administra sua própria homestay, ele ainda trabalha como consultor para hotéis de primeira classe, como o Tea Bungalow e outras empresas de hospitalidade em Fort Kochi, uma fonte de ideias para atualizações. "Existem cerca de duzentas homestays na área", diz Francis. "Então, minha esposa, Rosy e eu, precisamos nos diferenciar com uma experiência autêntica, mas também com um padrão muito alto. Muitas pessoas estão cansadas de hotéis cinco estrelas, mas procuram alternativas com o mesmo tipo de qualidade. Com muitos anos de experiência em hospitalidade, especializei-me em personalização e atenção individual. Dessa forma, conhecemos nossos convidados e eles se tornam parte da família." Apresentando predominantemente pratos de frutos do mar, sua esposa Rosy oferece aulas de culinária na homestay para grupos de até vinte pessoas. A operação funciona por um site (www.francisresidence.com), bem como por recomendações boca a boca do enorme círculo de amigos e conhecidos de Francis no setor hoteleiro.

Na vizinha Princess Street, a rua mais antiga de Fort Kochi, o historiador Christopher Walton administra a Walton's Homestay. Reminiscente da Old Curiosity Shop de Charles Dickens, o escritório abarrotado de Walton combina uma livraria e um arquivo histórico com a homestay meticulosamente gerenciada. Walton oferece a seus hóspedes detalhes históricos sobre a arquitetura, religião e comércio portugueses, holandeses e britânicos da cidade, a partir de sua própria perspectiva. Sua filha, Charlotte Walton – que tem um MBA da Mahatma Gandhi University – emoldura profissionalmente e exibe todas as matérias sobre a homestay na mídia. Com uma alegre canção de pássaro ao fundo, seu site apresenta um poema de Sam Walter Foss, que inspirou Walton. "Temos uma página no Facebook que sempre atualizamos para nossos hóspedes e clientes", afirma Walton. "Dependemos principalmente das recomendações boca a boca e dos hóspedes". Ele diz que prefere uma comunicação aberta e sincera com os hóspedes logo no início, desde as primeiras trocas de e-mail. "A razão é que, por meio da comunicação direta com clientes e consumidores, conhecemos os requisitos de estadia e podemos atendê-los", explica ele. "Dessa forma, os hóspedes não chegam à nossa casa como estranhos. Esperamos iniciar um relacionamento com eles por e-mail ou telefone."

Cherai Beach é um popular refúgio à beira-mar para os moradores e visitantes de Fort Kochi, muitos dos quais estão em jornadas de autodescoberta, do tipo *Comer, Rezar, Amar*, ou buscam experiências de spa e ioga. Brighton Beach House é uma homestay mais humilde, na praia,

(cont.)

administrada por Krish Brijesh e sua esposa, Divya. Desde 2006, o casal – eles têm formação universitária e são profissionais de TI vindos de Bangalore – oferece acomodações básicas em um complexo voltado para a família, combinadas com comida caseira boa e fresca e serviço prestativo no restaurante rústico à beira-mar. Brijesh diz que seus clientes são principalmente da Europa, e as reservas costumam ser feitas com um ano de antecedência. O cliente os encontra por boca a boca, Tripadvisor e Lonely Planet. A maioria dos visitantes reserva estadias de uma, duas ou até três semanas entre novembro e abril, combinando a praia com viagens às plantações de chá de Munnar, locais históricos de Fort Kochi e atrações de barco de Alleppey.

Verificando seu e-mail e mídias sociais pelo menos quatro vezes por dia, Brijesh diz que o Facebook também é um recurso importante, com mais de 600 curtidas por ano. Ele o mantém atualizado e até já adicionou fotos de golfinhos pulando para fora da água em frente à Brighton Beach House. Passar da vida corporativa para as pequenas empresas teve alguns desafios, mas ele aprendeu conversando com os visitantes e vasculhando a internet em busca de dicas. Por exemplo, ele não sabia coisas básicas, como onde encontrar um bom cozinheiro ou como arrumar um quarto. Ele aprendeu no YouTube como dobrar os lençóis corretamente. Sem planos de expandir seu sucesso, seu mantra é "menos é mais". Ele não quer construir outro andar, como algumas pessoas sugeriram, pois não quer que os hóspedes percam sua privacidade ou tranquilidade com muitas pessoas no espaço. Oferecer amor, carinho, boa comida e natureza em uma homestay simples é suficiente, diz ele, o que deixa os viajantes com mais dinheiro para gastar em experiências na região.

Fontes: visita pessoal de ambos os autores a Fort Kochi, Kerala, em 2016, incluindo entrevistas com K. P. Francis, Christopher Walton e Krish Brijesh.

QUESTÕES DE ESTUDO DE CASO

1.   O material a seguir descreve alguns dos benefícios da economia compartilhada do ponto de vista do consumidor. Como isso se aplica ao estudo de caso?

2.   Quais são as vantagens para operadores como K. P. Francis?

3.   Com duzentas homestays na área, de que outras formas o K. P. Francis pode diferenciar sua homestay da concorrência?

ECONOMIA COMPARTILHADA

Como destaca a seção "Digital em foco", a economia compartilhada está tendo uma influência disruptiva no setor de viagens. Esse consumo colaborativo descreve a mudança nos valores do consumidor, que vão da propriedade ao acesso. Juntas, comunidades e cidades inteiras ao redor do mundo estão usando tecnologias da rede para fazer mais com menos, alugando, emprestando, trocando, fazendo permutas, presenteando e compartilhando produtos em uma escala nunca antes possível (MCALPINE, 2014). Os sites *peer-to-peer* (P2P) orientados para viagens estão se expandindo rapidamente, permitindo que os viajantes aluguem acomodações, carros, equipamentos esportivos e muito mais de outras pessoas. Desde agosto de 2008, mais de 500 milhões de hóspedes optaram por ficar em uma das 6 milhões de propriedades listadas no Airbnb. O aplicativo de compartilhamento de viagens Uber recebe centenas de milhares de novos parceiros de compartilhamento de viagens todos os meses.

Os valores desses modelos ponto a ponto são superiores a 75 bilhões de dólares (ALLEN, 2015). Eles não possuem carros, casas ou helicópteros. O que as empresas possuem é o software – e os algoritmos – que ajudam a combinar possíveis compradores e vendedores particulares (ALLEN, 2015). Seus modelos de software são baseados em mecanismos de autorregulação, como seguro para hóspedes e anfitriões, sistema de pagamento seguro e responsabilidade baseada em reputação. Para os consumidores, essas empresas são atraentes porque oferecem preços mais baixos, melhor acessibilidade, grande flexibilidade, facilidade de uso e uma missão focada no usuário, incluindo transparência e comunicação interativa (CLARK, 2014; ITB, 2014). Como Allen (2015) sugere, andar de Uber e se hospedar no Airbnb são experiências tangíveis por meio das quais as pessoas podem obter os imensos benefícios do livre mercado sem controle do governo.

Ainda não surgiram estudos rigorosos que tentem estimar empiricamente os impactos da economia compartilhada, embora um estudo sobre o impacto do Airbnb no Texas tenha encontrado evidências de que a economia compartilhada está mudando de forma significativa os padrões de consumo, e que a entrada do Airbnb no mercado texano teve um impacto negativo quantificável nas receitas de hotéis locais, particularmente aqueles com custos mais baixos (ZERVAS; PROSERPIO; BYERS, 2014). O compartilhamento de informações on-line com estranhos, especialmente na forma de avaliações, também está influenciando as decisões de viagem (MARTIN; ROSENBAUM; HAM, 2015). De fato, a economia compartilhada levou ao fenômeno de avaliações de via dupla em serviços como Uber e Airbnb, em que os próprios clientes também são avaliados (EUROMONITOR, 2015).

A estrutura regulatória, jurídica e tributária associada à economia compartilhada recebeu bastante atenção. Como afirma PWC (2015), o equilíbrio certo de soluções precisa ser construído de baixo para cima, de forma que as autoridades locais possam testar e experimentar rapidamente novos modelos. Não é de surpreender que isso seja feito mais facilmente quando os dois lados trabalham juntos. Por exemplo, o Airbnb trabalhou com o conselho local de Amsterdã para aprovar uma lei favorável ao Airbnb em fevereiro de 2014, que permite que os moradores aluguem suas casas por até sessenta dias por ano, desde que o proprietário pague os impostos apropriados. Nos Estados Unidos, o Airbnb voluntariamente está coletando e enviando impostos em nome de anfitriões e hóspedes, em um número cada vez maior de estados, incluindo Carolina do Sul, Flórida, Carolina do Norte, Alabama e Oregon.

Cohen e Muñoz analisaram centenas de fontes de dados em 36 startups de negócios diferentes e identificaram seis dimensões principais dos modelos de negócios da economia compartilhada, cada uma delas com três decisões distintas que podem ser tomadas por meio de startups de compartilhamento (veja a Figura 7.2). Quatro das dimensões de seu Sharing Business Model Compass [círculo de modelo de negócios compartilhados] – transação, abordagem de negócios, modelo de governança e tipo de plataforma – oferecem opções de decisão de modelo de negócios em um *continuum*, desde o compartilhamento mais baseado em mercado (ou

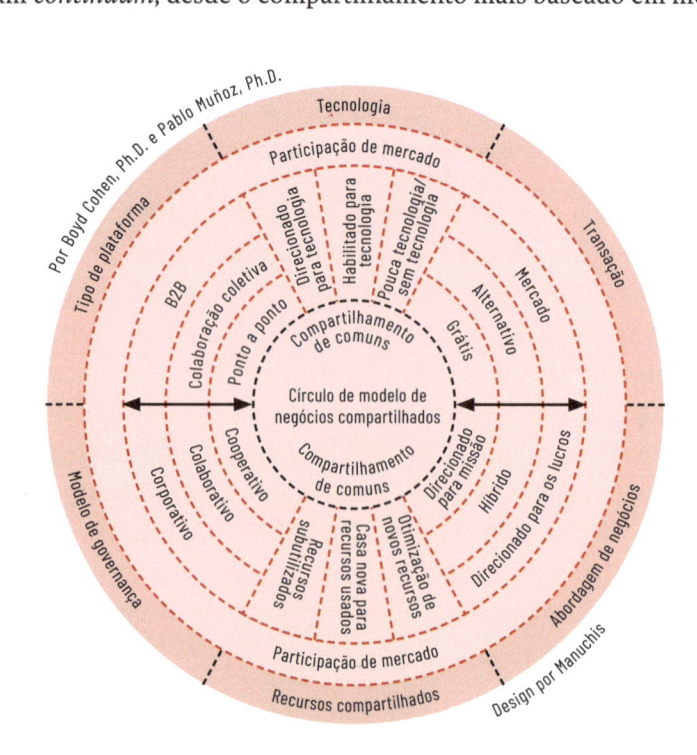

FIGURA 7.2 *Círculo de modelo de negócios compartilhados.*
(Reproduzido com a gentil permissão de Boyd Derek Cohen)

seja, capitalismo de plataforma) até o compartilhamento baseado em bens comuns (cooperativas de plataforma). Enquanto as outras duas dimensões – tecnologia e recursos compartilhados – têm decisões que não são influenciadas pelas orientações de mercado ou de bens comuns. Os autores sugerem que, presumindo que todos os modelos de negócios de compartilhamento contenham as seis dimensões abordadas no círculo, e que todas as startups de compartilhamento devem escolher apenas uma opção de cada dimensão, isso leva a um total possível de 729 modelos de negócios exclusivos em economia compartilhada.

Uma pesquisa realizada em 2014 com consumidores dos Estados Unidos constatou que 19% da população adulta do país havia realizado uma transação de economia compartilhada, e que confiança, conveniência e senso de comunidade eram fatores para impulsionar a adoção da economia compartilhada (PWC, 2015). Os principais setores da economia compartilhada com os quais os consumidores se envolveram foram entretenimento e mídia (9%), automotivo e transporte (8%), hotelaria e gastronomia (6%) e varejo (2%). Os mais entusiasmados com a economia compartilhada tinham entre 18 e 24 anos, eram de famílias com renda entre 50 mil dólares e 75 mil dólares e pessoas com filhos menores de 18 anos em casa. A maioria concordou que ela torna a vida mais acessível (86%); mais conveniente e eficiente (83%); é melhor para o meio ambiente (76%); cria uma comunidade mais forte (78%); e é mais prazeroso do que se envolver com empresas mais tradicionais (63%). As duas principais preocupações que eles tinham com a economia compartilhada eram que a experiência não era consistente e que não confiariam nas empresas de economia compartilhada, a menos que recomendadas por amigos.

O mesmo estudo constatou que o compartilhamento de plataformas econômicas em turismo e hospitalidade é abundante. Em relação à hospedagem, o Airbnb, o CouchSurfing e o HomeAway são grandes concorrentes, e a indústria de alimentos e refeições está se mexendo. A Feastly conecta clientes com *chefs* que oferecem experiências gastronômicas únicas fora dos restaurantes; de forma semelhante, o EatWith vincula clientes e anfitriões, criando uma experiência social em que os hóspedes se conhecem durante uma refeição caseira autêntica. A economia compartilhada de hospitalidade é atraente porque oferece melhores preços, experiências mais exclusivas e mais opções, mas segurança, higiene e qualidade incerta ainda aparecem como grandes preocupações. Por essas razões, o estudo mostrou que os consumidores familiarizados com a economia compartilhada têm 34% mais chances de confiar em uma marca de hotel líder do que no Airbnb (PWC, 2015).

Forno e Garibaldi (2015) analisaram as trocas de casas na Itália, onde os turistas podem organizar passeios sob medida, sem mediadores, e com o único custo de disponibilizar sua própria casa. Os resultados de um estudo aprofundado sobre troca de casas na Itália concluem que esse tipo de acordo é uma forma alternativa de turismo, que requer confiança, mente aberta, inventividade, entusiasmo e flexibilidade. Embora o aspecto econômico seja indiscutivelmente um dos principais fatores determinantes ao optar por esse tipo de acomodação de viagem, ele não considera a popularidade atual apenas do fenômeno social. Os pesquisadores descobriram que esse modo de viajar parece atrair pessoas com estilo de vida e interesses bem definidos, como demonstrado por seu maior nível de confiança, em comparação com a população italiana como um todo. Além disso, uma alta porcentagem de pessoas que trocam de casa acreditam que o turismo ecológico é importante, e a maioria está muito propensa a comprar alimentos orgânicos, produtos de comércio justo e produtos que são ambientalmente amigáveis e/ou que apoiam causas sociais.

Hamari, Sjöklint e Ukkonen (2016) exploraram ainda mais essa questão da motivação ambiental na economia compartilhada, constatando que a participação é motivada por muitos fatores, como o prazer com a atividade e os ganhos econômicos, mas que a sustentabilidade não está diretamente associada à participação, a menos que, ao mesmo tempo, também esteja associada a atitudes positivas em relação ao consumo colaborativo. Eles sugerem que a sustentabilidade pode ser um fator importante apenas para as pessoas para quem o consumo ecológico é importante. Além disso, seus resultados sugerem que no consumo colaborativo pode existir uma lacuna entre atitude e comportamento: as pessoas percebem a atividade de forma positiva e dizem coisas boas sobre ela, mas essa atitude não se traduz necessariamente em ação.

Ert, Fleischer e Magen (2016) estudaram a influência das fotos do rosto dos vendedores no Airbnb, sugerindo que podem ter um impacto significativo na tomada de decisão dos hóspedes. Especificamente, eles afirmam que os hóspedes inferem a confiabilidade do anfitrião com base nessas fotos e que a escolha é afetada por essa inferência. Em uma análise empírica dos dados do Airbnb e em um experimento controlado, os autores descobriram que quanto mais confiável o anfitrião é percebido pelas fotos, maior o preço do anúncio e a probabilidade de ele ser escolhido. Curiosamente, eles descobriram que a reputação de um anfitrião, informada por pontuações de análises on-line, não afeta o preço do anúncio nem a probabilidade de reserva de clientes. Como sugerem os autores, a alta dependência da foto pessoal como sinal de confiabilidade na economia compartilhada levanta muitas questões que acompanham essa descoberta. Por exemplo, essa impressão baseada no visual é precisa? Ou seja, os vendedores considerados mais confiáveis de acordo com as fotos são realmente mais confiáveis? O que o estudo mostra é que a forte necessidade de confiança no compartilhamento de plataformas econômicas leva os consumidores a usar qualquer informação disponível para eles.

A economia compartilhada faz muito sentido prático e econômico para o consumidor, para o meio ambiente e para a comunidade. Também pode fazer muito sentido para empresas flexíveis, inovadoras e com visão de futuro. Botsman e Rogers (2010) sugerem que o consumo colaborativo pode ser tão importante quanto a Revolução Industrial em termos de como pensamos a respeito de propriedade. Todos os dias, empreendedores criativos estão sonhando com a próxima startup para alavancar esse fenômeno. Como sugere Belk (2014), nesse cenário, seria tolice ignorar o compartilhamento e o consumo colaborativo como formas alternativas de consumo e como novos paradigmas de negócios.

ORGANIZAÇÃO DO CANAL

Existem dois tipos principais de organização de canais: o sistema de marketing convencional e o sistema de marketing vertical.

SISTEMA DE MARKETING CONVENCIONAL

O marketing convencional era o sistema tradicional adotado pelas organizações porque a estrutura hierárquica convencional era consistente com a estrutura das organizações. Esse sistema de distribuição consiste em uma série desconexa de organizações independentes, e cada uma delas tenta maximizar seu próprio sucesso (veja a Figura 7.3).

FIGURA 7.3 *Sistema de marketing convencional*

Por exemplo, muitos hotéis pequenos pagam uma comissão para os agentes de viagens, mas nenhum contrato formal é assinado entre o hotel e o agente. O hotel simplesmente comunica sua política e, se desejar, pode indisponibilizar os quartos temporariamente para os agentes de viagens. Embora esse sistema tenha funcionado no passado, as tendências da globalização e do avanço tecnológico obrigaram muitas organizações de turismo a reorganizar seu canal de distribuição em um sistema de marketing vertical, a fim de permanecerem competitivas.

SISTEMA DE MARKETING VERTICAL

Nessa situação, todos os membros do canal de distribuição trabalham juntos para alcançar um objetivo comum (veja a Figura 7.4). Geralmente, um membro domina o sistema e lidera todo o canal em direção ao objetivo compartilhado, reduzindo o conflito interno. Esse líder pode ser nomeado formal ou informalmente. A liderança formal pode ser obtida por meio do controle da propriedade em relação aos outros membros (por exemplo, a TUI é dona de agentes de viagens) ou a formação de acordos contratuais com os outros membros do canal (por exemplo, o contrato da Thomas Cook com a Avis para aluguel de carros com preços especiais). O controle informal geralmente é dado ao membro do canal com maior parte da propriedade da marca ou força financeira, ou é simplesmente designado com base no papel que o líder desempenha no sistema.

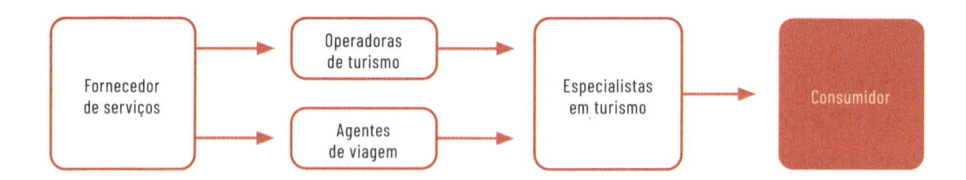

FIGURA 7.4 *Sistema de marketing verticalmente integrado*

Como mencionado anteriormente, grandes operadoras de turismo como a TUI seguem uma estratégia de integração vertical. A Figura 7.5 mostra o modelo de negócios integrado da TUI e, de acordo com o site da empresa, os benefícios dessa integração vertical são os seguintes (TUIGROUP.COM, 2016):

(A) Controlamos a viagem do cliente de ponta a ponta, fornecendo desde inspiração e consultoria até reservas, voos, serviços de entrada e acomodação. Isso nos diferencia da concorrência e nos dá o conhecimento e a capacidade necessários para fornecer as experiências de férias que nossos clientes desejam, resultando em um crescimento sustentável e lucrativo por meio do aumento do volume de clientes, do rendimento por cliente e da retenção.

(B) Ter nossos próprios hotéis e navios de cruzeiro é um diferencial para o produto e significa que controlamos a qualidade e a satisfação do cliente, além de podermos atender à sua demanda por destinos e experiências em que o conteúdo é escasso.

(C) O crescimento é acelerado e os riscos diminuem como resultado da integração entre conteúdo e distribuição – podemos expandir nossos hotéis, conceitos e navios de cruzeiro sabendo que temos acesso direto ao cliente por meio de nossa rede de marketing e vendas.

(D) Sinergias corporativas e operacionais significativas também serão geradas como resultado da integração vertical.

Em maio de 2016, a TUI anunciou que descartaria seu grupo de especialistas (composto por mais de cinquenta marcas) para fortalecer essa estrutura. O presidente-executivo Fritz Joussen disse na época: "Eles (o grupo de especialistas) são grandes marcas. Este é um conjunto bom e forte de negócios. Mas eles têm uma coisa em comum: não usam nossas marcas ou nossas TI, nossos navios, nossos voos, então não há sinergia. Queremos estar integrados verticalmente" (HUXLEY, 2016).

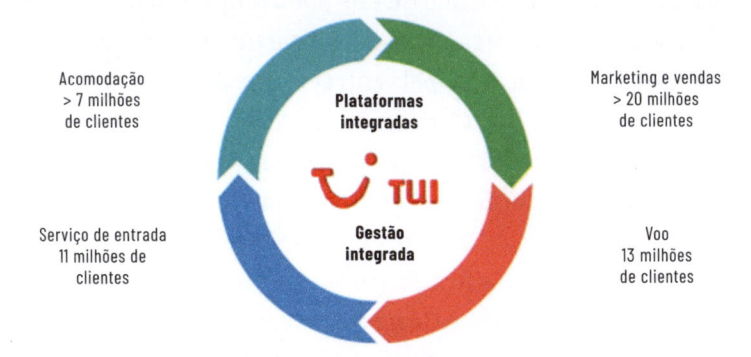

FIGURA 7.5 *Modelo de negócios integrado da TUI. (©TUI AG. Reproduzido com permissão)*

O sistema de marketing vertical possui as seguintes cinco principais vantagens em relação ao sistema de marketing convencional:

(1) PERMITE ECONOMIAS DE ESCALA. Toda a cadeia é capaz de produzir bens ou serviços com menor custo do que os concorrentes por causa das economias de escala (ou seja, diminuição dos custos unitários de produção à medida que o volume de produção aumenta), dando assim a todos os membros do canal uma vantagem competitiva.

(2) FACILITA O GERENCIAMENTO DE CONFLITOS. Com apenas um membro dominando o canal, esse líder tem autoridade para punir os membros que estão criando conflito, bem como implementar soluções para resolver essas situações.

(3) ELIMINA A DUPLICAÇÃO. A integração vertical do canal de distribuição permite que todas as tarefas duplicadas sejam eliminadas, o que aumenta a eficiência da cadeia.

(4) AUMENTA O PODER DE BARGANHA. A integração vertical do canal dá ao sistema e a seus membros mais poder de barganha do que quando trabalham individualmente.

(5) CRIA OBJETIVOS COMPARTILHADOS. O sistema permite que todos os membros do canal (e não apenas um membro específico) se beneficiem de uma meta alcançada. Existem duas formas principais do sistema de marketing vertical: alianças e franquias. Ambos têm vantagens e desvantagens. A forma escolhida pela organização depende de qual corresponde melhor aos objetivos específicos da empresa.

ALIANÇAS

Uma aliança é uma parceria formada quando duas ou mais organizações combinam recursos por meio de um acordo contratual que lhes permite superar as fraquezas uma da outra, beneficiando-se dos pontos fortes da outra. Nessa forma de canal de distribuição, as organizações compartilham tudo, de informações a recursos e estratégias, mas a principal vantagem das alianças é o aumento da distribuição. As organizações que aderiram à aliança terão acesso a novos mercados por meio de novos e diversificados locais de vendas. Um bom exemplo é a cooperação na área de conservação do Greater Kruger National Park, na África do Sul. O próprio Kruger derrubou as cercas que demarcavam suas terras, permitindo que os animais passassem dentro e fora do parque nacional, até os limites das reservas privadas. Na Motswari Private Game Reserve, um dos seis campos na área de Timbavati, a oeste de Kruger, o marketing cooperativo faz parte dos negócios do dia a dia. A operação quatro estrelas se conecta com seus vizinhos em um esforço de marketing conjunto para atrair turistas internacionais e domésticos.

A cooperação em iniciativas de marketing também é associada a uma abordagem cooperativa em relação aos safáris. Todos os guias na área de Timbavati alertam os outros sobre avistamentos, mortes e atividades de animais, disponibilizando suas descobertas a todos.

Outro exemplo de aliança no setor de turismo é a Adventure Collection, um grupo de nove empresas de aventura que se uniram para formar uma aliança com base no princípio de que cada uma está profundamente comprometida com o meio ambiente e a cultura pela qual atrai seus hóspedes. De fato, as empresas da Adventure Collection concordaram em defender rigorosamente certos princípios estratégicos da viagem responsável. A aliança possui um site e blog (consulte www.adventurecollection.com) e imprime um livreto coletivo que é enviado aos hóspedes das nove empresas. As empresas também combinam itinerários para criar novas viagens, a fim de oferecer mais opções aos turistas. As nove empresas que integram o grupo são Backroads, Bushtracks Expeditions, GeoEx, Lindblad Expeditions, Micato Safaris, Natural Habitat Adventures, Nols, OARS e Off the Beaten Path.

Cada vez mais, os destinos estão colaborando a fim de criar uma vantagem competitiva para a região em que operam. Um bom exemplo vem da Colúmbia Britânica, no Canadá, onde, em 2006, sete estações de esqui surgiram com o conceito Powder Highway para mostrar esportes de neve em toda a região das montanhas rochosas de Kootenay. "Quando começamos com a marca Powder Highway, queríamos nos colocar como uma região coesa dentro da Colúmbia Britânica que poderia competir com áreas como Banff e Whistler e os grandes resorts de neve americanos", disse Anne Pigeon, na época vice-presidente de marketing e diretora de operações da Whitewater Ski Resort, próximo a Nelson, na Colúmbia Britânica. "Isso foi muito bom para a região. Como grupo, somos capazes de saturar o mercado de uma forma que um resort individual não pode fazer" (MILNER, 2013).

Ashley Tait, ex-diretora de vendas e marketing do Revelstoke Mountain Resort, disse que, embora os resorts Kootenay Rockies concorram pelos clientes, a marca Powder Highway apoia todos eles. "Trata-se de identificar nossa região, para podermos promover coletivamente o turismo em nossa área e em toda a província", disse ela. "Promovemos o marketing internacionalmente com a Comissão Canadense de Turismo, nacionalmente com a Destination BC e regionalmente com a Kootenay Rockies Tourism e a Powder Highway. Somos competitivos em um ambiente incentivador."

Kathy Cooper, CEO da Kootenay Rockies Tourism, disse que a internet tem sido um fator poderoso no marketing da Powder Highway. "Houve uma mudança: estamos passando do marketing tradicional (em jornais, revistas e feiras para consumidores) para o marketing relacionado com a internet, que cresceu significativamente", disse Cooper. "O site da Powder Highway é uma loja completa onde se pode obter informações sobre todas as atividades de inverno." O site é um local específico para obter informações sobre o produto completo da Powder Highway; ele fornece relatórios sobre neve, informações sobre o terreno e as comunidades próximas e posts de visitantes entusiasmados (MILNER, 2013).

FRANQUIAS

Franquias são empresas estabelecidas quando um franqueador concede a um franqueado o direito de oferecer, vender ou distribuir seus produtos ou serviços em seu formato de comercialização. As franquias se tornaram cada vez mais populares no turismo e na hospitalidade, principalmente no setor de hotéis e restaurantes. A marca Hard Rock é um bom exemplo de operação bem-sucedida de franquia, e os proprietários, a American Indian Seminole Tribe, expandiram sua operação comercial no exterior comprando a rede de restaurantes e cassinos Hard Rock Café de propriedade britânica. O grupo da Flórida foi o primeiro grupo nativo no ramo de cassinos a se expandir internacionalmente em uma escala tão grande. O grupo já havia feito parceria com a Hard Rock em complexos de hotéis, jogos e entretenimento em Tampa e Hollywood, na Flórida. Com instalações em 68 países, incluindo 163 cafés, 23 hotéis, onze cassinos e cinco salas de concertos ao vivo, a Hard Rock International (HRI) é uma das empresas mais reconhecidas globalmente.

Atualmente, a maioria dos investidores em hotéis exige algum tipo de afiliação a uma rede antes de considerar se envolver em um projeto hoteleiro. Eles acreditam que os benefícios de se ter uma imagem de marca estabelecida, um sistema central de reservas, marketing coordenado e um programa de hóspedes frequentes valem o custo de se associar a uma rede de hotéis. As empresas hoteleiras que possuem uma marca estabelecida concedem aos proprietários de acomodações independentes o direito de usar o logotipo da marca, o sistema de reservas e outros programas, seja concedendo uma franquia ou assumindo o gerenciamento da propriedade por meio de um contrato de gestão. Globalmente, a franquia se tornou o método mais popular de se obter a identidade da marca, porque o proprietário do hotel não precisa renunciar ao controle operacional. Normalmente, o franqueado pagará uma taxa pela compra do serviço completo da franquia, além de pagar uma porcentagem anual de vendas. Por exemplo, no negócio de aluguel de carros, os franqueados da Thrifty Car Rental pagam uma taxa mensal de 5% sobre sua receita bruta de aluguel e estacionamento de carros, o que ajuda a pagar pelo suporte da sede e por programas selecionados para franquias. Há também uma taxa de publicidade, mas muitos serviços são fornecidos aos franqueados gratuitamente. Muitas pessoas no mundo da franquia afirmam que o relacionamento entre franqueador e franqueado é um dos aspectos mais importantes e desafiadores do negócio.

PLANEJANDO O SISTEMA DE DISTRIBUIÇÃO

As organizações de turismo, hospitalidade e eventos devem decidir como disponibilizar seus serviços para o mercado-alvo selecionado, escolhendo sua estratégia de mix de distribuição. Essa pode ser uma decisão complexa. Eles devem selecionar uma combinação que forneça a máxima exposição a possíveis viajantes, além de assegurar que a estratégia escolhida esteja alinhada à imagem da empresa ou do destino. Além disso, a estratégia deve maximizar o controle sobre vendas e reservas e deve funcionar dentro do orçamento da organização.

Uma organização pode considerar três opções amplas de estratégia de distribuição.

DISTRIBUIÇÃO INTENSIVA

Nesse caso, a organização maximiza a exposição de seus serviços de viagem distribuindo-os por meio de todos os pontos de venda ou intermediários disponíveis. Essa estratégia é mais útil para uma organização que está tentando obter alta cobertura do mercado. Um exemplo de organização de turismo que usa essa estratégia é a TUI Group, o líder mundial em turismo, que opera em cerca de 180 destinos em todo o mundo e fornece serviços em toda a cadeia de valor do turismo para 30 milhões de clientes. O grupo inclui 1.800 lojas de viagens e portais on-line na Europa, cinco linhas aéreas operando mais de 140 aeronaves de médio e longo curso, mais de 300 hotéis em seu próprio portfólio – com marcas premium, como Riu e Robinson – e uma frota de treze navios. No ano fiscal de 2014/15, o TUI Group, com 76 mil funcionários, faturou 20 bilhões de euros.

DISTRIBUIÇÃO EXCLUSIVA

Aqui, a organização restringe deliberadamente o número de canais que usa para distribuir seu produto ou serviço aos seus clientes. Pelo fato de apenas um número limitado de intermediários ter o direito de distribuir o produto, o resultado geralmente é um fortalecimento da imagem da empresa e um aumento no *status* daqueles que compram o produto. Essa estratégia é um método eficaz para produtos turísticos de prestígio e é usada por empresas como a Canadian Mountain Holidays (CMH), a operadora de esqui aquático mencionada anteriormente. Quando a CMH começou a comercializar na Europa no final dos anos 1960 e início dos anos 1970, os europeus não tinham conhecimento das oportunidades de esqui no Canadá. Em vez de seguir a rota normal da publicidade de mídias de massa, a CMH optou por não fazer nenhuma publicidade. Em vez disso, a empresa encontrou uma pessoa em cada país para ser agente da CMH, e ela precisava conhecer intimamente o produto e seu mercado. Embora o sistema de distribuição tenha se sofisticado ao longo dos anos, esses agentes ainda trabalham na Europa e atraem quase metade dos negócios.

DISTRIBUIÇÃO SELETIVA

Nessa estratégia, que fica entre a distribuição intensiva e a exclusiva, uma empresa usa mais de um, mas não todos os canais de distribuição possíveis. A Rocky Mountaineer no Canadá emprega a distribuição seletiva, usando representação de vendas em mais de vinte países para vender mais de meio milhão de passeios a cada ano. Desde sua criação, em 1990, o negócio familiar com sede na Colúmbia Britânica cresceu e se tornou a maior empresa privada de trens turísticos de luxo do mundo, recebendo quase 2 milhões de visitantes a bordo. O marketing é fortemente direcionado aos clientes internacionais que compõem grande parte da base de clientes da Rocky Mountaineer. Mais de um terço (36%) de seus negócios vem da Austrália, enquanto o Reino Unido e os Estados Unidos respondem por aproximadamente um quarto cada. O cliente médio da Rocky Mountaineer é casado, tem uma renda familiar acima da média e gasta cerca de 2.500 dólares em sua viagem (POWELL, 2015).

Antes de uma organização começar a planejar sua estratégia de distribuição, é importante considerar os cinco fatores a seguir:

(1) COBERTURA DE MERCADO. A quantidade de cobertura de mercado deve ser considerada em coordenação com as metas e objetivos da organização, pois esse fator afetará diretamente o mix de distribuição específico que é melhor para a empresa.

(2) CUSTOS. Somente os métodos de distribuição mais econômicos devem ser implementados, e eles devem fazer uso efetivo do orçamento da organização.

(3) POSICIONAMENTO E IMAGEM. A estratégia de distribuição escolhida deve ser consistente com a posição e a imagem que a empresa deseja alcançar e manter.

(4) MOTIVAÇÃO DE INTERMEDIÁRIOS. Os intermediários devem receber incentivos adequados para motivá-los a vender o produto ou serviço aos consumidores. O Québec City Convention Bureau, por exemplo, recebe cerca de setecentos operadores de turismo e quatrocentos organizadores de encontros com itinerários personalizados a cada ano. Essas viagens oferecem um excelente fórum promocional, dando aos intermediários a oportunidade de apreciar em primeira mão as instalações e serviços oferecidos.

(5) CARACTERÍSTICAS DA ORGANIZAÇÃO DE TURISMO. Cada organização possui características e necessidades únicas, específicas de suas operações. Essas necessidades devem ser consideradas ao se planejar a estratégia de distribuição. Por exemplo, se uma organização opera de uma forma que exige comunicação direta com o consumidor para chegar ao sucesso, ela deve desenvolver sua estratégia de distribuição para atender a essa necessidade.

As linhas de cruzeiro têm uma estratégia de distribuição cuidadosamente planejada. Tradicionalmente, essas empresas usam distribuição exclusiva, mas estão gradualmente se movendo em direção à distribuição seletiva. Uma grande porcentagem de cruzeiros é vendida por meio de agências de viagens tradicionais e, na economia atual, os fornecedores relutam em comprometer esses relacionamentos firmemente estabelecidos e confiáveis, apesar das comissões da agência envolvidas. De fato, de acordo com um relatório da Phocuswright, a participação das agências de viagens nas vendas de cruzeiros nos Estados Unidos cresceu para 66% em 2015, acima dos 65% em 2014 e dos 59% em 2013. A mudança da dinâmica da indústria de cruzeiros é um fator importante na renovada força do canal de distribuição das agências de viagens, afirmou Phocuswright. Depois de sobreviver a vários anos difíceis, as receitas da indústria de cruzeiros cresceram 3% em 2014 e, nesse ambiente de vendas mais saudável, impulsionado por uma implantação mais inteligente de navios e vendas de pacotes inclusivos, as linhas de cruzeiros estão dando menos descontos. Em vez disso, elas estão se concentrando em atrair passageiros usuais que gastam mais, observou Phocuswright. Ao fazer isso, elas estão vendendo itinerários mais complexos e pacotes para grupos, os quais se prestam mais prontamente às vendas por canais off-line, incluindo agentes de viagens, do que por agências de viagens on-line e sites ou aplicativos de fornecedores (PHOCUSWRIGHT, 2016).

GERENCIAMENTO DE CANAIS DE DISTRIBUIÇÃO

Após a organização de turismo decidir sua estratégia de mix de distribuição, deve implementar e gerenciar o canal de distribuição escolhido. O gerenciamento de canais inclui selecionar e motivar os membros do canal e avaliar seu desempenho ao longo do tempo.

SELECIONANDO MEMBROS DO CANAL

As organizações de turismo devem compartilhar informações e trabalhar em estreita colaboração com os membros de seu sistema de distribuição. É fundamental, portanto, que uma organização selecione os membros mais adequados para o canal a fim de garantir um sistema de distribuição eficaz. Os safáris de Motswari, mencionados anteriormente, selecionaram algumas operadoras de turismo para distribuir seus pacotes de safári, com base em sua posição geográfica e sua capacidade de alcançar os principais mercados internacionais. Ao selecionar membros do canal, o fornecedor de serviços deve determinar as características que distinguem os intermediários de marketing mais valiosos dos outros. Os critérios de avaliação podem incluir aspectos como há quanto tempo um membro do canal tem nos negócios, os serviços e produtos que já possui, seu crescimento passado, histórico financeiro, seu nível de cooperação e sua reputação e imagem.

MOTIVANDO MEMBROS DOS CANAIS

Depois que uma organização seleciona os membros de seu canal de distribuição, ela deve motivá-los continuamente para que obtenham o melhor desempenho. Três incentivos são comumente usados para motivação. O primeiro é financeiro e inclui comissões e bônus. O segundo é usado frequentemente na indústria do turismo: o fornecimento de viagens educacionais para a equipe intermediária, durante a qual eles podem experimentar o produto do fornecedor por si mesmos. Tais viagens de familiarização são comuns no setor de agências de viagens. A Canadian Mountain Holidays, mencionada anteriormente, usa esses dois métodos para motivar agentes internacionais. O terceiro incentivo, também bastante comum nas agências de viagens, é proporcionar férias com preços reduzidos para os intermediários, o que lhes dá maior conhecimento do produto e entusiasmo em vendê-lo aos consumidores.

AVALIANDO OS MEMBROS DO CANAL

As organizações de turismo devem monitorar constantemente o desempenho de cada membro a fim de garantir o sucesso do canal como um todo. O desempenho pode ser medido por geração de vendas, prazo de entrega do cliente e/ou do sucesso de esforços promocionais combinados entre os intermediários. Os membros do canal com bom desempenho devem ser reconhecidos e recompensados, e deve ser prestada assistência àqueles que estão tendo dificuldades para atingir as metas e objetivos da empresa. A organização também requalifica os membros do canal periodicamente, substituindo os mais fracos que prejudicam a eficácia geral do sistema de distribuição. Uma razão pela qual a Best Western gosta de renovar contratos anualmente é para poder manter o controle sobre o canal de distribuição. A empresa também implementou um processo de garantia de qualidade, pelo qual uma equipe de inspeção de qualidade utilizará os mesmos critérios para revisar todos os hotéis-membros em todo o mundo. Por fim, o site da Best Western oferece aos clientes a oportunidade de fornecer feedback on-line sobre a qualidade do serviço.

RESUMO DO CAPÍTULO

Este capítulo discute várias influências na distribuição de produtos turísticos e de hospitalidade. Uma delas é a economia compartilhada, que está tendo uma influência disruptiva no setor de viagens. Tradicionalmente, existem dois canais de distribuição diferentes que o fornecedor de serviços pode buscar: canais diretos ou indiretos. Em um canal direto, uma empresa entrega seu produto ao consumidor sem a assistência externa de quaisquer intermediários independentes. Em um canal indireto, o fornecedor utiliza vários intermediários de marketing, como agentes de viagens, operadoras de turismo, organizadores de convenções e encontros, especialistas em viagens e intermediários on-line. Existem dois tipos de sistema de marketing – convencional e vertical – e duas formas principais de sistemas de marketing vertical: alianças e franquias. Ao planejar seu sistema de distribuição, uma empresa pode escolher entre distribuição intensiva, exclusiva ou seletiva. Antes de começar a planejar a estratégia de distribuição, é importante considerar a cobertura do mercado, os custos, o posicionamento e a imagem, a motivação dos intermediários e as características da própria organização de turismo. Para garantir a execução eficaz de sua estratégia de distribuição, a empresa deve selecionar os membros do canal, motivá-los e monitorar seu desempenho ao longo do tempo.

QUESTÕES PARA REFLEXÃO

1. Como o sistema de distribuição da indústria de turismo e hospitalidade se difere do sistema de outras indústrias?

2. Escolha uma empresa do setor de turismo/hospitalidade com a qual você esteja familiarizado e explique como ela usa sua estratégia de distribuição para atrair clientes para seu produto/serviço. Você acha que a empresa está usando o canal de distribuição mais eficaz disponível? O que você recomenda que a empresa faça para melhorar seu sistema de distribuição?

3. Por que você acha que a economia compartilhada cresceu tanto nos últimos anos? Quais são as suas experiências usando-a?

MARKETING EM AÇÃO – ENCONTRO ANUAL DA NATIONAL BROTHERHOOD OF SKIERS

Imagine a cena: um novo restaurante nas montanhas e uma instalação para happy hours de esquiadores com espumante Prosecco, num pátio aquecido por modernas fogueiras sobre as mesas. A clientela: esquiadores e praticantes de *snowboard* relaxando em roupas de grife, degustando aperitivos, bebendo cerveja e espumantes italianos, dançando ao som de um DJ profissional. Poderia ser uma estação de esqui para quem gosta de ostentação em qualquer lugar do mundo, possivelmente na Europa, com um nível de animação inebriante. Mas, na verdade, era o Elk Camp no resort Aspen Snowmass, em fevereiro de 2013, quando a National Brotherhood of Skiers (NBS) trouxe o alto-astral afro-americano ao mais novo local da moderna cidade.

A divertida ostentação foi para celebrar o 40º encontro da NBS, criada em 1973, quando o esqui era um esporte praticado por poucos negros. Contrariando a demografia étnica típica do esqui, o grupo de 3 mil esquiadores e praticantes de *snowboard* negros de todo os Estados Unidos chamaram a atenção nas encostas cobertas de neve do Snowmass, nas lojas chiques e nos hotéis, condomínios e casas particulares que pontuam o extenso resort de esqui onde não é necessário pegar um meio de transporte para esquiar.

Tirando uma folga das montanhas de Mammoth, Big Bear e Tahoe, havia onze clubes de esqui californianos, incluindo All Seasons Ski Club, de Oakland; Camellia City Ski Club, de Sacramento; Fire and Ice Ski, de San José; Snowbusters, de Pasadena; e Winter Fox e Bladerunners, de Los Angeles. Lenore Benoit, diretora da Winter Fox Ski Association, com sede em Los Angeles, ingressou no clube depois de se mudar de Nova York em 1990. "Uma colega de trabalho fez amizade comigo e me contou sobre a Winter Fox. Ela disse que era uma ótima forma de conhecer pessoas e aprender a esquiar", disse Benoit, que gosta das atividades do clube durante o

(cont.)

IMAGEM 7.3 *Esquiadores da National Brotherhood of Skiers desfrutam do happy hour na Spider Sabich Cabin, na estação Aspen Snowmass. (Foto: cortesia dos autores)*

ano inteiro, incluindo acampamentos, passeios de barco, esportes aquáticos, rafting, apresentações de música, degustação de vinhos e, é claro, várias viagens de esqui. "Nunca estive em Aspen, então foi uma experiência incrível vir aqui e ver a beleza e as incríveis pistas", acrescentou. A cena social era particularmente importante para ela: "A cada viagem, encontro pessoas que não vejo há um tempo. Nós nos tornamos uma família por meio da NBS. Nós nos conhecemos esquiando e depois mantemos contato. É uma coisa linda".

Integrante da Fox, Ida Cochrane é ex-presidente do clube e membro desde 1980. Veterana da NBS, ela vê números flutuarem em encontros anuais que atingiram o pico em Vail, em 1993, quando havia 4 mil inscritos e outros 2 mil em lista de espera. Todo encontro tem seus renegados, como são chamados os não membros que acompanham a festa. Com média de vinte dias de esqui por temporada, Cochrane se encontra com amigos de todos os Estados Unidos em eventos da NBS, incluindo Georgia Odom, que se mudou para Texarkana, no Texas, mas se reconecta anualmente sob a bandeira da Winter Fox: "Nunca perdi uma temporada, receio que, se parar, nunca mais vou recomeçar", disse ela no piquenique no meio da semana na pista. "Meu lema é: enquanto posso andar, posso esquiar".

Odom esquiou nos Alpes italiano, francês, austríaco e suíço, além de ter esquiado em resorts do Novo México ao Canadá. Depois de fazer cursos de instrução na América do Norte, Itália e França, ela é uma esquiadora talentosa que sente a juventude ressurgir durante todos os encontros. "Também participo de todos os happy hours e me divirto muito – você pensaria que tenho 30 anos", disse ela. Depois de esquiar na área do Aspen Snowmass seis vezes, ele se tornou seu resort favorito: "Tem fácil acesso, e a maioria dos alojamentos é perto dos locais para se esquiar. Você não precisa de carro e tudo pode ser feito a pé. E as pistas são bem abertas", diz ela entusiasmada.

Durante toda a semana do Encontro da NBS de 2013, a vibração da festa foi tão persuasiva que deixou os habitantes de Snowmass e outros turistas ansiosos para participar da ação. "Trabalhei como segurança uma noite e vi muitos não membros que queriam se juntar na diversão", disse Darryl Joseph, um membro do clube de esqui Jazz Ma Tazz, de Nova Orleans. "Os funcionários do resort estavam dançando mais do que nós!" Patrocinadora da NBS, a fabricante de bebidas Diageo levou o DJ Ike T e o DJ B-Sharp de Nova Orleans para animar as atividades da semana. Além do happy hour de esquiadores, o foco principal de Joseph nas viagens com a NBS é o esporte: "Voltei para o esqui depois de uma cirurgia. Esquio há três anos e as lesões não me impediram. Eu acho que o Snowmass é maravilhoso, muito acolhedor, a montanha é ótima e o clima tem sido fantástico", disse ele. Mas a força dos números foi particularmente gratificante para ele: "Quando esquio fora da organização, não vejo muitos

(cont.)

afro-americanos. Por isso, é ótimo que uma ou duas vezes por ano eu possa ver tantos afro-americanos se divertindo ao esquiar juntos".

Os fundadores originais, Ben Finley e Arthur Clay, estiveram no centro do palco naquela semana, presidindo a opulenta cerimônia de abertura no pátio Westin Snowmass. Clay esquia desde 1965, quando costumava ser o único esquiador negro nas encostas. Reunindo 350 esquiadores de 13 clubes de esqui compostos por membros negros no primeiro encontro da NBS, em Aspen, ele ajudou a desenvolver a organização para abranger 60 clubes de 43 cidades em 25 estados. "É uma grande reunião de família", disse Clay, que precisou superar consideráveis provações e tribulações para manter a NBS viva. "Muitas pessoas me disseram ao longo dos anos que não ia dar certo. Mas é possível dar certo, sim, embora seja preciso muita administração."

Apresentando as cores dos clubes e animadoras das equipes, além de danças, orações, hino nacional, esqui à luz de tochas e fogos de artifício, a cerimônia de abertura anunciou várias atividades na neve e fora dela durante a semana. Além de corridas de esqui e *snowboard*, piqueniques nas pistas, happy hours, apresentações de música e shows de comédia, também houve eventos especiais para não esquiadores, incluindo exibição de filmes, evento gospel e banho de loja.

Com mais de 3 mil membros, a associação sem fins lucrativos e administrada por voluntários é uma das maiores organizações de esqui do setor. O evento em si é o maior encontro de esquiadores e praticantes de esportes na neve entre todas as convenções de esqui dos Estados Unidos. Embora questões sérias relacionadas ao esqui sejam abordadas, como a introdução do esporte para jovens carentes da cidade, tudo se resume a um amor compartilhado por esqui, *snowboard* e socialização para a maioria dos participantes. O grupo se reuniu em Sun Valley, em Idaho, em 2014; retornou ao Aspen Snowmass, em 2015; reuniu-se no Heavenly Valley, em Lake Tahoe, na Califórnia, em 2016; e novamente em Keystone, no Colorado, em 2017.

Fontes: ambos os autores participaram do 40º Encontro e entrevistaram (e esquiaram e festejaram com) os participantes em fevereiro de 2013.

QUESTÕES DE ESTUDO DE CASO

1. Se você estivesse organizando o próximo evento do grupo, quais intermediários de marketing específicos você usaria para atrair mais esquiadores e praticantes de *snowboard*?

2. Quais são as vantagens de um resort como o Aspen ao sediar um grande evento como esse?

3. Que considerações especiais os destinos precisam fazer ao sediar eventos com mais de 3 mil pessoas?

REFERÊNCIAS

ALLEN, D. The sharing economy. **IPA Review**, v. 67, n. 3, p. 25–27, 2015.

AMARO, S.; DUARTE, P. An integrative model of consumers' intentions to purchase travel online. **Tourism Management**, v. 46, p. 64–79, fev. 2015.

ASLANZADEH, M.; KEATING, B.W. Inter-channel effects in multichannel travel services: moderating role of social presence and need for human interaction. **Cornell Hospitality Quarterly**, v. 55, n. 3, p. 265–76, jul. 2014.

BELK, R. You are what you can access: sharing and collaborative consumption online. **Journal of Business Research**, v. 67, p. 1595–1600, ago. 2014.

BOTSMAN, R.; ROGERS, R. **What's mine is yours**: the rise of collaborative consumption. New York: HarperCollins, 2010.

BUHALIS, D.; LAWS, E. **Tourism distribution channels**: practices, issues and transformations. New York: Continuum, 2001.

CLARK, J. Making connections via peer-to-peer travel. **USA Today**, 31 jan. 2014, p. 8B.

COHEN, B. Making sense of the many business models in the sharing economy. **co.exist**, 4 jun. 2016. Disponível em: https://www.fastcompany.com/3058203/making-sense-of -the-many-business-models-in-the-sharing-economy. Acesso em: 18 mar. 2020.

DE LA MERCED, M. J. Expedia to acquire Orbitz as travel sites consolidate. **New York Times**, 13 fev. 2015, p. B3.

ERT, E.; FLEISCHER, A.; MAGEN, N. Trust and reputation in the sharing economy: the role of personal photos in Airbnb. **Tourism Management**, v. 55, p. 62–73, ago. 2016.

EUROMONITOR. Top 10 global consumer trends for 2015. Londres: Euromonitor International, 2015. Disponível em: www.siicex.gob.pe/siicex/documentosportal/alertas/ documento/doc/810395732radDD19D.pdf. Acesso em: 18 mar. 2020.

FORBES. Competition is shaking up the online travel market. 5 jan. 2015. Disponível em: www.forbes.com/sites/greatspeculations/2015/01/05/competition-is-shaking-up-the -online-travel-market/#2beb603a5846. Acesso em: 18 mar. 2020.

FORNO, F.; GARIBALDI, R. Sharing economy in travel and tourism: the case of home-swapping in Italy. **Journal of Quality Assurance in Hospitality and Tourism**, v. 16, n. 2, p. 202–220, abr. 2015.

FVW. Der Touristik turns European with Kuoni deal. FVW, 23 jun. 2015. Disponível em: www.fvw.com/european-tour-operators-de-touristik-turns-european-with-kuoni-deal/ 393/144748/11245. Acesso em: 18 mar. 2020.

HAMARI, J.; SJÖKLINT, M.; UKKONEN, A. The sharing economy: why people participate in collaborative consumption. **Journal of the Association for Information Science and Technology**, set. 2016.

HUDSON, S.; HUDSON, L. J. **Golf tourism**. 2. ed. Oxford: Goodfellow Publishers Ltd, 2014.

HUDSON, S.; HUDSON, L. J. **Winter sport tourism**: working in winter wonderlands. Oxford: Goodfellow Publishers Ltd, 2015.

HUXLEY, L. Tui Specialist Group companies to operate under new Travelopia brand. **Travel Weekly**, 11 maio 2016. Disponível em: www.travelweekly.co.uk/articles/61587/tui-specialist-group-companies-to-operate-under-new-travelopia-brand. Acesso em: 18 mar. 2020.

ITB. ITB World Travel Trends Report 2014/15. Berlim: Messe Berlin GmbH, 2014. Disponível em: www.itb-berlin.de/media/itbk/itbk_dl_en/WTTR_Report_A4_4_Web.pdf. Acesso em: 18 mar. 2020

KOO, B.; MANTIN, B.; O'CONNOR, P. Online distribution of airline tickets: should airlines adopt a single or a multi-channel approach? **Tourism Management**, v. 32, p. 69–74, fev. 2011.

LEE, H.; GUILLET, B. D.; LAW, R. An examination of the relationship between online travel agents and hotels: A case study of choice hotels international and Expedia.com. **Cornell Hospitality Quarterly**, v. 54, n. 1, p. 95–107, fev. 2013.

MARTIN, D.; ROSENBAUM, M.; HAM, S. Marketing tourism and hospitality products worldwide: introduction to the special issue. **Journal of Business Research**, v. 68, n. 9, p. 1819–1821, fev. 2015.

MATTHEWS, L. Ulkotours set to help Russia become a major travel and tourism market. **PRWeb**, 1 jul. 2011. Disponível em: www.prweb.com/printer/8609955.htm. Acesso em: 18 mar. 2020.

MCALPINE, T. The sharing economy. **Cues**, v. 37, n. 12, dez. 2014. Disponível em: https://www.cues.org/article/view/id/The-Sharing-Economy. Acesso em: 7 dez. 2016.

MILNER, M. Powder Highway welcomes the world. **Kootenay Business**, nov. 2013. Disponível em: http://kootenaybiz.com/tourism/article/powder_highway_welcomes_the_world. Acesso em: 18 mar. 2020.

PARASKEVAS, A. *et al.* Search engine marketing: transforming search engines into hotel distribution channels. **Cornell Hospitality Quarterly**, v. 52, n. 2, p. 200–208, maio 2011.

PHOCUSWRIGHT. **U.S. online travel overview**. 15. ed. Sherman CT: Phocuswright, 2016.

POWELL, C. Rocky Mountaineer's new marketing track. **Marketing Magazine**, 17 set. 2015. Disponível em: www.marketingmag.ca/brands/rocky-mountaineers-new-marketing-track-156787. Acesso em: 18 mar. 2020.

PWC. **The sharing economy**: consumer intelligence series. Delaware: PricewaterhouseCoopers, 2015. Disponível em: https://www.pwc.com/us/en/technology/publications/assets/pwc-consumer-intelligence-series-the-sharing-economy.pdf. Acesso em: 18 mar. 2020.

TUIGROUP.COM. Strategy and equity story. Disponível em: https://www.tuigroup.com/en-en/investors/tui-group-at-a-glance/strategy-and-equity-story. Acesso em: 7 dez. 2016.

ZERVAS, G.; PROSERPIO, D.; BYERS, J. W. The rise of the sharing economy: estimating the impact of Airbnb on the industry. **Boston University School of Management Research Paper Series n. 2013-16**, fev. 2014. Disponível em: http://questromworld.bu.edu/platformstrategy/files/2014/07/platform2014_submission_2.pdf. Acesso em: 18 mar. 2020.

O PAPEL DA PUBLICIDADE E DAS PROMOÇÕES DE VENDA

8

INTRODUÇÃO

O capítulo 8 começa com uma descrição dos tipos de ferramentas promocionais usados pelos setores de turismo, hospitalidade e eventos, seguido por um delineamento do processo de comunicação. O capítulo discute o surgimento das comunicações integradas de marketing (CIM) como resultado do reconhecimento de que a publicidade não pode mais ser criada e executada isoladamente de outros elementos do mix promocional. Assim, é preciso considerar as técnicas de comunicação de publicidade e promoção de vendas. Os estudos de caso deste capítulo se concentram no Lopesan Group, na Espanha, nos esforços da Brand USA para vender os Estados Unidos como destino turístico e em como o Brasil tentou alavancar seus dois megaeventos esportivos – a Copa do Mundo de 2014 e os Jogos Olímpicos de Verão de 2016.

LIÇÕES DE UM GURU DO MARKETING – EUSTASIO LOPEZ, DO THE LOPESAN GROUP, GRAN CANARIA, ESPANHA

Alguns anos atrás, os autores deste livro visitaram três hotéis do resort Lopesan nas Ilhas Canárias para observar suas operações e descobrir mais sobre o visionário empreendedor Eustasio Lopez. Tudo é de primeira classe no Lopesan Costa Meloneras Resort, Spa & Casino, parte da visão de Lopez de criar um enclave de luxo nas areias do sul da ilha de Gran Canaria, com hotéis cinco estrelas, praia, restaurantes, shoppings, campo de golfe, centro de conferências e instalações de entretenimento. Desde 2000, Lopez construiu vários hotéis enormes e de alta classe no resort e também adquiriu as propriedades existentes para renovar e reinventar.

IMAGEM 8.1 *Eustasio Lopez.* (©*The Lopesan Group. Reproduzido com permissão*)

Foi um empreendimento massivo, mas Lopez não se preocupa com a escala. O hotel de sua marca, o Costa Meloneras, de quatro estrelas, possui 1.250 quartos, com decoração opulenta e paisagismo luxuoso, apresentados pela revista *Condé Nast*. Ele é a vaca leiteira da empresa, com alta ocupação quase o ano todo. Nas proximidades, o Villa del Condé, de cinco estrelas e 570 quartos, é inspirado em sua cidade natal, Agüimes, incluindo todos os edifícios que uma típica vila das Canárias teria, além de uma gigantesca catedral central, que na verdade é a recepção do hotel. O Baobab, de temática africana, custou 110 milhões de euros para ser construído e transpira a África, com folhagem de selva, rios, pontes, telhados de sapê, móveis de bambu, peles de animais e sacadas de madeira, imitando a arquitetura de vilas com estilo rotunda.

Naturalmente, o atendimento ao cliente está no topo da lista de prioridades de Lopez, como fica evidente quando os garçons entregam coquetéis gelados no check-in. De acordo com Pablo Lorenzo, gerente de controle de qualidade da Lopesan, Lopez sempre repete o ditado espanhol: "não há segunda chance para uma primeira impressão". Seu objetivo é fazer com que os hóspedes se sintam como se tivessem entrado em um planeta diferente. "O presidente queria promover uma concepção diferente do turismo nas Ilhas Canárias", diz Lorenzo. "Acho que a visão dele é um pouco como Vegas, não em relação aos cassinos, mas em relação à grandiosidade e à variedade temática, daí os temas africanos e coloniais."

A palavra de ordem da Lopesan é dar mais valor ao dinheiro e atrair um segmento de turismo de alta classe para Gran Canaria, um destino que, desde os anos 1960, normalmente promove pacotes de viagem baratos. O serviço excepcional não para na recepção. Nos quartos, os hóspedes encontram TVs já sintonizadas no canal com o idioma correto para eles. Mais tarde, se pedirem uma bebida específica com o cartão do quarto, no dia seguinte, os garçons já saberão de sua bebida favorita. "Isso faz com que o cliente se sinta especial", explica Lorenzo, que afirma que as ideias inovadoras vêm do feedback do cliente e da equipe. Se os hóspedes

(cont.)

retornarem mais de três vezes, são considerados recorrentes e serão recebidos em seus quartos com bebidas e frutas adicionais.

Mas todo esse luxo e serviço de primeira linha não vende a si mesmo. A Lopesan precisa criar planos e campanhas de marketing para divulgar suas instalações e mensagens ao mundo. Quando o número de turistas da Rússia começou a aumentar, Lopesan visou esse novo mercado pela internet. Em 2014, a empresa melhorou a experiência on-line para esse importante público com a versão russa de seu site. Inicialmente, uma versão parcial de todo o site, abrangia todas as informações necessárias sobre os destinos turísticos mais populares sob o guarda-chuva da marca Lopesan em países como Espanha, Alemanha, Áustria e República Dominicana. Um formulário de contato foi incluído em russo para responder a quaisquer perguntas sobre reservas ou pagamentos. A rede já tinha sites em espanhol e alemão também.

A empresa também se comunica com os clientes por meio de uma seção de imprensa em seu site (www.lopesan.com), que mantém os seguidores informados sobre suas mais recentes conquistas e iniciativas interessantes. Um dos principais eventos promovidos por este site foi um filme de Hollywood rodado na propriedade. Em uma experiente jogada de marketing, a Lopesan garantiu as filmagens de *Wild Oats*, filme com várias estrelas de Hollywood, no Costa Meloneras Resort, Spa & Casino. Além de hospedar o pessoal principal, permitiu que as instalações fossem filmadas – enquanto ainda funcionavam como um resort hoteleiro – e também que fossem organizadas uma apresentação e uma coletiva de imprensa no local em 2014.

Atualmente o turismo cinematográfico é um tópico de marketing de destino desejável e Lopez aproveitou a oportunidade para alavancar o filme e suas celebridades por meio da mídia. Localmente, *La Provincia* e *Diario de Las Palmas* cobriram a visita de alto nível, concentrando-se em Demi Moore, trazida no último minuto para substituir Sarah Jessica Parker. O artigo dizia que as filmagens deveriam durar cerca de um mês, envolvendo 150 figurantes ao lado das estrelas de cinema. E muitos outros artigos de jornais internacionais partiram dessa coletiva de imprensa estratégica, sendo um deles na publicação norueguesa, *See and Hear*, que chamou a Gran Canaria de um dos destinos de férias mais populares dos noruegueses. Eles estavam particularmente interessados em Demi Moore, que representou cenas no resort Corallium Spa e no Casino Costa Meloneras. Dando um ar ainda mais distinto à área de Maspalomas/Meloneras, o artigo também mencionou o cantor norueguês Jahn Teigen, que se hospedou lá.

A Europapress.es cobriu o evento em uma história intitulada "Hollywood mudou-se para Gran Canaria", citando as dificuldades de combinar as filmagens com um hotel completo. Disse também que os pontos históricos, o clima e as paisagens naturais da ilha podem ter sido a razão para a locação do filme – mensagens de marketing significativas para o resort e para a área inteira. A localização geral do filme também foi mencionada no *Daily Mail*, do Reino Unido, embora o hotel não tenha sido mencionado de forma específica. Ao pesquisar "Demi Moore em Gran Canaria" no Google, aparecem diversas fotos promocionais do hotel Lopesan. A página do filme no Internet Movie Data Base (www.imdb.com/title/tt1655461) inclui fatos divertidos sobre

(cont.)

a ilha, como: "Las Palmas de Gran Canaria, capital de Gran Canaria, onde o filme acontece, foi classificada como a cidade com o melhor clima do mundo em um estudo científico de 1996 chamado Pleasant Weather Ratings, de Thomas Whitmore, diretor de pesquisas em climatologia da Syracuse University, Nova York".

Fontes: visita pessoal dos dois autores, 2011.

FERRAMENTAS DE PROMOÇÃO DE MARKETING

Como visto no estudo de caso de abertura, a comunicação eficaz com os clientes-alvo é realizada por vários métodos chamados comunicações de marketing. Na percepção de muitas pessoas, marketing é promoção, pois a promoção é a face pública, altamente visível, do marketing. No entanto, a promoção é apenas um elemento do mix de marketing, cujo papel é convencer os clientes em potencial sobre os benefícios de se comprar ou usar os produtos e serviços de uma organização específica. As organizações usam comunicações de marketing – ferramentas promocionais para se comunicar efetivamente com os clientes – por vários motivos, além de simplesmente lançar novos produtos. Eles podem, por exemplo, tentar incentivar os clientes em potencial a experimentar seu produto ao mesmo tempo que incentiva os clientes existentes a comprar ou usar o mesmo produto novamente. Ou, como no caso de abertura, as comunicações podem ser usadas para manter os clientes informados sobre os últimos projetos em desenvolvimento e as novidades da empresa.

Junto com o marketing, a importância das comunicações de marketing aumentou de forma drástica nas décadas de 1980 e 1990, de modo que uma comunicação eficaz e sustentável com os clientes agora é vista como essencial para o sucesso de qualquer organização, seja ela privada, pública ou sem fins lucrativos, desde companhias aéreas internacionais a eventos para destinos turísticos e atrações. As decisões sobre promoções serão determinadas pelo plano geral de marketing, conforme ilustrado na Figura 8.1. O capítulo 4 explica como os objetivos de marketing são derivados das ferramentas estratégicas de segmentação e posicionamento. O mix de marketing, então, é usado para atingir esses objetivos, e as promoções são apenas uma parte dele.

A mistura de elementos promocionais descrita no Quadro 8.1 é conhecida como mix promocional, e o gerenciamento promocional envolve a coordenação de todos os elementos, a definição de objetivos e orçamentos, a elaboração de programas, a avaliação de desempenho e a ação corretiva. A promoção pode ser uma atividade de curto prazo, mas, considerada em nível estratégico, é um investimento de médio e longo prazo, com o objetivo de construir uma identidade corporativa ou de destino consistente e credível. A promoção, quando usada com eficácia, constrói e cria uma identidade para o produto ou para a organização. Livretos, anúncios, merchandising na loja, promoções de vendas e assim por diante criam a identidade da empresa na mente do consumidor, e todos os aspectos do esforço promocional devem, portanto, projetar a mesma imagem para o consumidor.

O marketing na internet foi abordado no capítulo 3, e as relações públicas e vendas pessoais serão discutidas no capítulo 9. Este capítulo discute as duas primeiras ferramentas listadas no Quadro 8.1, publicidade e promoção de vendas. Vale esclarecer que o gerenciamento de promoções lida explicitamente com o mix promocional. Por outro lado, a comunicação de marketing é um termo (e atividade) abrangente que inclui a comunicação por todos e quaisquer elementos do mix de marketing. Como um produto é empacotado, precificado e distribuído, tudo comunica uma imagem ao cliente, assim como a forma com que o produto é promovido.

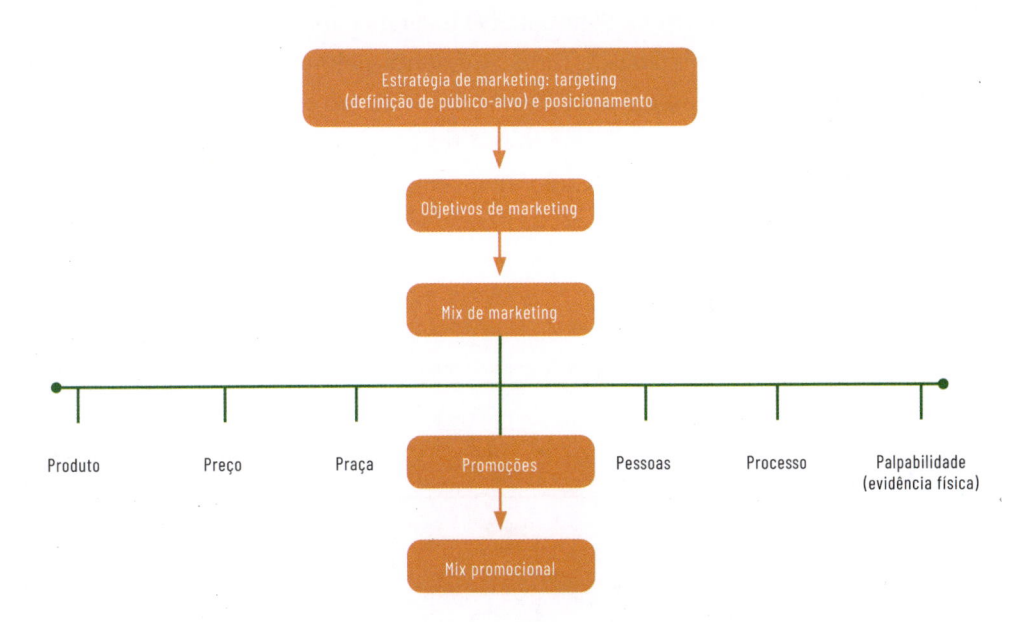

FIGURA 8.1 *O papel das promoções na estratégia de marketing*

QUADRO 8.1 *O mix promocional usado em turismo e hospitalidade*

Ferramenta promocional	Aplicação no turismo e na hospitalidade
Publicidade	Televisão, jornais, revistas, outdoors, internet, livretos, guias
Promoção de vendas	Incentivos de curto prazo para induzir a compra. Destinado a vendedores, distribuidores, como agentes de viagens e consumidores. Podem ser promoções conjuntas. Incluir merchandising e viagens de familiarização
Relações públicas	Toda a exposição de mídia não paga que aparece como cobertura editorial. Inclui patrocínio de eventos e causas
Vendas pessoais	Reuniões e workshops para intermediários; telefone para contato e agentes de viagens para os clientes
Boca a boca	Promoção de consumidores anteriores para seus contatos sociais e profissionais
Marketing direto	Mala direta, telemarketing e exposições de viagens
Marketing na internet	Marketing direto por e-mail, publicidade na internet, mídias sociais, atendimento ao cliente, vendas e pesquisa de mercado

O PROCESSO DE COMUNICAÇÃO

O processo de comunicação que ocorre entre o remetente e o destinatário de uma mensagem é descrito na Figura 8.2. O diagrama apresenta um cenário em que a mensagem é preparada de forma simbólica pelo emissor (uma linha de cruzeiro, por exemplo) para o público em potencial, talvez como uma representação visual. Esse processo é chamado codificação. A mensagem é então transmitida por um meio adequado, como uma campanha publicitária na televisão.

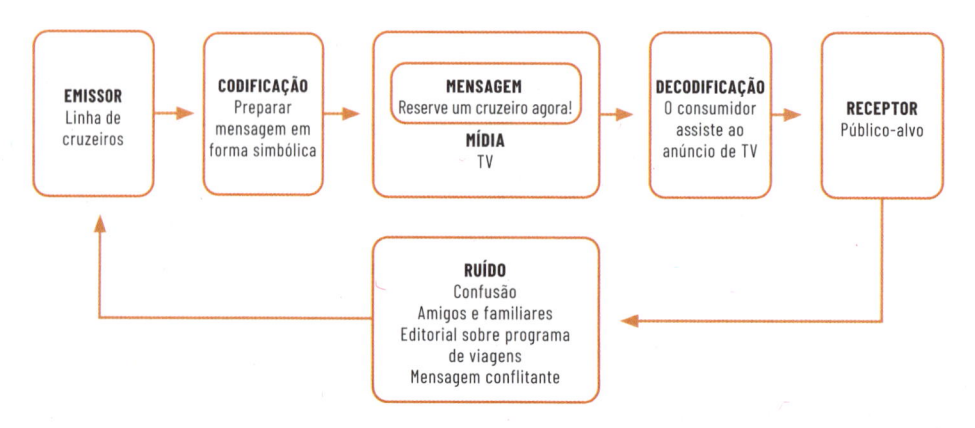

FIGURA 8.2 *O processo de comunicação*

O destinatário vê a mensagem e a decodifica: decodificação é o método pelo qual a mensagem é filtrada ou internalizada. A principal preocupação do remetente, nesta fase, é que a mensagem não seja distorcida no processo pelo qual é denominado ruído. Por exemplo, um anúncio de televisão promovendo um feriado de cruzeiro seguido de uma notícia referente a um navio de cruzeiro atacado por piratas (como aconteceu na costa da África em 2005) deixaria de transmitir uma mensagem convincente. Da mesma forma, a mensagem pode ser distorcida por haver muita confusão, o que significa que o público pode ver um número excessivo de mensagens comerciais que apenas atrapalham a mensagem pretendida pelo anunciante.

COMO A COMUNICAÇÃO FUNCIONA

Existem vários modelos que mostram como a comunicação funciona, principalmente na publicidade. Os modelos desenvolvidos invariavelmente assumem que os clientes seguem uma série de etapas predeterminadas, começando com a conscientização e progredindo para a compra. O modelo mais citado foi proposto pela primeira vez por Strong (1925), chamado de modelo AIDA (atenção, interesse, desejo e ação). A ideia deste modelo é que, em primeiro lugar, a comunicação atraia a atenção do receptor, depois envolva seu interesse, crie nele um desejo pelo produto ou serviço e, em seguida, inspire uma ação nele. Por exemplo, no anúncio impresso da campanha Bond is GREAT (veja a Figura 8.3), a imagem do ator Daniel Craig chama a atenção do leitor. Esta imagem visual trabalha com a mensagem impressa (*Tailored: Live the Bond Lifestyle in Britain* [Sob medida: Viva o estilo de vida de Bond na Grã-Bretanha]) para despertar o interesse do leitor e provocar seu desejo de visitar o site e inspirar ações para entrar na competição. De forma evidente, a influência da publicidade difere significativamente dependendo do estágio do processo de tomada de decisão e dos produtos turísticos em consideração (PARK; NICOLAU; FESENMAIER, 2013). Mas, sem dúvida, simplista demais, o modelo AIDA é uma lista de verificação memorável e útil dos objetivos da publicidade e fornece uma estrutura para outras teorias mais complexas. Todos os modelos de comunicação desenvolvidos são conhecidos como modelos de hierarquias de efeitos, pois assumem uma progressão de um estágio para o outro (consulte o Quadro 8.2).

Todas as hierarquias dos modelos de efeitos têm como base o pressuposto de que um anúncio eficaz faz o receptor pensar no produto, sentir-se de forma positiva em relação a ele e fazer algo para comprá-lo. Lavidge e Steiner (1961) classificam esses estágios cognitivos, afetivos e conativos da resposta. O estágio cognitivo envolve a parte racional e consciente do cérebro; o estágio afetivo envolve as emoções; e o estágio conativo, uma mudança resultante no comportamento. Rogers argumenta que o efeito da publicidade é gerar interesse no consumidor o suficiente para avaliar os méritos do produto e depois experimentá-lo antes de adotá-lo (ROGERS, 1962). Broadbent e Jacobs (1985) vão mais longe ao dizer que geralmente é o teste, e não o anúncio, que convence o cliente a mudar de atitude em relação a um produto. Colley (1961) apresenta o modelo DAGMAR (do inglês *Defining Advertising Goals for Measured Advertising Results*, ou definindo metas de publicidade para resultados de publicidade medidos), que começa com a conscientização, passa para a compreensão, depois para a convicção, e termina com a ação. Por último, Wells, Burnett e Moriarty (2006) sugerem que há um conjunto de categorias de efeitos típicos que os anunciantes esperam alcançar. A primeira categoria é a percepção, o que significa que o anunciante espera que o anúncio seja percebido e lembrado. Existem duas categorias de efeitos focados no aprendizado, o que significa que o público entenderá a mensagem e fará as associações corretas, ou na persuasão, o que significa que o anunciante espera criar ou mudar atitudes ou tocar emoções. A última categoria principal de efeitos é o comportamento: fazer o público experimentar ou comprar o produto ou executar alguma outra ação.

QUADRO 8.2 *Modelos de hierarquias de efeitos*

Tipo de efeito	Strong (1925)	Lavidge e Steiner (1961)	Rogers (1962)	Broadbent e Jacobs (1985)	Colley (1961)	Wells *et al.* (2006)
Cognitivo	Atenção	Consciência	Consciência	Reconhecimento do problema	Consciência	Percepção
		Conhecimento		Busca de informações	Compreensão	Aprendizado
Afetivo	Interesse Desejo	Gosto Preferência Convicção	Interesse Avaliação	Atitude Intenção	Convicção	Persuasão
Conativo	Ação	Compra	Teste	Comportamento Adoção	Ação	Comportamento

COMUNICAÇÕES INTEGRADAS DE MARKETING (CIM) NO TURISMO

Talvez um dos avanços mais importantes do marketing nas últimas décadas tenha sido o aumento das comunicações integradas de marketing (CIM) – a unificação de todas as ferramentas de comunicação de marketing, além de mensagens corporativas e de marca, para que elas enviem uma mensagem consistente e persuasiva para atingir públicos. Essa abordagem reconhece que a publicidade não pode mais ser criada e executada isoladamente de outros elementos do mix promocional. À medida que os mercados de turismo e as mídias se tornam mais complexos e fragmentados, os consumidores se veem em um ambiente de marketing cada vez mais confuso. Os profissionais de marketing de turismo devem abordar essa situação transmitindo uma mensagem consistente e unificada em todas as suas atividades promocionais. Os programas de CIM coordenam todas as mensagens e fontes de comunicação de uma organização. Uma campanha de CIM inclui ferramentas tradicionais de comunicação de marketing, como publicidade ou promoção de vendas, mas reconhece que outras áreas do mix de marketing também são usadas nas comunicações. Planejar e gerenciar esses elementos para que eles trabalhem juntos ajudam a criar uma imagem consistente da marca ou da empresa.

O Quadro 8.3 descreve um plano de campanha do tipo CIM, e observa-se que esse plano considera várias ferramentas de comunicação, não apenas publicidade. O VisitBritain seguiu esse tipo de estratégia para alcançar seus objetivos promocionais na recente campanha Bond is GREAT. A organização nacional de turismo lançou a campanha em conjunto com o lançamento do 24º filme de James Bond, *007 contra Spectre*, usando uma mistura de outdoors externos, mídia impressa, digital e social. O site oficial incluía itens como um vídeo exclusivo dos bastidores que ilustrava a parte central que Londres desempenhou no filme. O site também oferece experiências de 360 graus em lugares como o palácio de Blenheim, o Camden, a ponte de Westminster e a prefeitura de Londres. Os anúncios promoveram uma competição pela oportunidade de viver como Bond por um período (veja a Figura 8.3). Os participantes tiveram que descrever sua melhor aventura em relação a Bond para ganhar um prêmio que incluía um passeio de Aston Martin com chofer, uma excursão exclusiva a Madame Tussauds após o champanhe e estadia no luxuoso Radisson Blu Edwardian Hotel em Londres. A diretora executiva da VisitBritain, Sally Balcombe, disse: "Sabemos que a ligação entre turismo e cinema é potente. Filmes recentes demonstraram que eles proporcionam um aumento real no número de visitantes, com pouco menos da metade

QUADRO 8.3 *Um plano de campanha de CIM*

Etapas da campanha	Detalhes
1. Análise da situação	Pesquisa de produtos e empresas Pesquisa com consumidores e partes interessadas Análise da indústria e do mercado Análise da concorrência
2. Análise SWOT (pontos fortes, fracos, oportunidades e ameaças)	Pontos fortes e fracos internos Oportunidades e ameaças externas Identificação de problemas
3. Estratégia da campanha	Objetivos Targeting Posicionamento
4. Estratégia de mensagem	Pesquisa de desenvolvimento de mensagens Tema criativo Táticas e execuções
5. Plano de mídia	Mix de mídia Agendamento e tempo
6. Outras atividades de comunicação de marketing	Promoção de vendas Marketing direto Relações públicas
7. Apropriação e orçamento	Com base no custo para atingir o mercado-alvo
8. Avaliação da campanha	Medir a eficácia dos objetivos declarados

de nossos visitantes em potencial na Grã-Bretanha querendo visitar lugares que viram em filmes ou na TV, por isso estamos fazendo todo o possível para capitalizar com esse fenômeno de *jet set*. É por isso que estamos trabalhando bastante para incentivar e inspirar mais pessoas a passar férias na Grã-Bretanha por meio de nossa campanha Bond is GREAT Britain, levando a um aumento mensurável do número de visitantes internacionais e ao gasto desses visitantes nas nações e regiões da Grã-Bretanha" (ZALDIVAR, 2015).

▶ FIGURA 8.3 *Anúncio Bond is GREAT. (©VisitBritain. Reproduzido com permissão)*

Outro bom exemplo de uma campanha de comunicação integrada de marketing foi a campanha de inverno lançada pelo Departamento de Turismo do Novo México (NMTD, na sigla em inglês) em 2013. A ideia por trás da campanha era dissipar os equívocos de que o Novo México é um estado seco e árido: "Estamos mostrando que o Novo México tem neve e

FIGURA 8.4 *Anúncio do Novo México impresso na* Outside Magazine.
(Cortesia do Departamento de Turismo do Novo México)

também uma oferta abundante de esqui e *snowboard*, além de caminhadas com raquetes de neve, passeios de trenó e motos de neve", disse Rebecca Latham, secretária do gabinete do NMTD (HUDSON; HUDSON, 2015). A campanha criativa foi disseminada por meios multimídia: "Estamos usando um pouco de tudo, com direcionamento para publicações impressas na *AFAR*, revista *Food Network*, *Texas Monthly*, *Southwest* e *Outside* (veja a Figura 8.4). Portanto, temos algumas mensagens realmente direcionadas com base no apelo que a publicação tem. Também fazemos transmissões, comerciais de TV de 30 segundos e também publicidade em cinema em nossos principais mercados-alvo. Na cidade de Nova York e Chicago, fazemos publicidade no trânsito, em trens do metrô e táxis. E temos dioramas extraordinariamente lindos nos aeroportos. E mais localmente, temos outdoors no estado do Novo México", explicou Latham. Além disso, houve uma presença de mídia social em larga escala no Facebook, Twitter, Instagram e Pinterest, além de anúncios digitais de 15 segundos em sites selecionados.

ESTRATÉGIAS PROMOCIONAIS DE PUSH E PULL

Um fator final a ser considerado na estratégia promocional será a posição da organização no canal de distribuição. Por exemplo, um varejista (ou seja, o agente de viagens ou o local) realiza sua própria promoção para o produto de viagem ou o produtor (ou seja, o operador turístico ou a organização de destino) precisa promover o produto para atrair o público para a agência de viagens para comprá--lo? Isso é conhecido como a escolha entre estratégias promocionais push (atração) e pull (pressão). Uma estratégia push exige o uso da força de vendas e promoção comercial para impulsionar o produto pelos canais; o produtor promove o produto aos atacadistas, os atacadistas promovem aos varejistas e os varejistas aos consumidores. Por outro lado, uma estratégia pull exige um gasto muito alto em publicidade e promoção para aumentar a demanda do consumidor; se isso for bem-sucedido, os consumidores solicitarão o produto a seus varejistas, os varejistas solicitarão aos atacadistas e os atacadistas solicitarão aos produtores. As duas estratégias são contrastadas na Figura 8.5.

A escolha da estratégia dependerá do grau de influência que cada membro do canal de distribuição exerce sobre o processo de decisão do consumidor e sobre o poder relativo das marcas do produtor e do varejista. Na maioria dos casos, uma combinação das duas estratégias será usada, com cada participante do canal fazendo marketing para os demais e fornecendo suporte para promoções conjuntas.

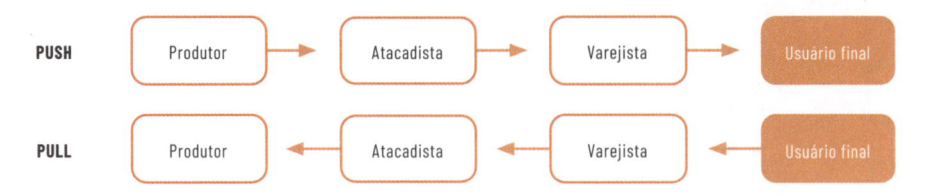

PUSH: Produtor → Atacadista → Varejista → Usuário final

PULL: Produtor ← Atacadista ← Varejista ← Usuário final

FIGURA 8.5 *Estratégias promocionais de push e pull*

A Carnival Cruises pode usar uma estratégia pull para atrair os consumidores a comprar passagens de cruzeiro como presente usando publicidade e promoção, enquanto uma estratégia push será usada para promover a ideia pelo canal de distribuição usando kits de vendas virtuais para agentes de viagens disponíveis no portal de internet do agente de viagens da linha do cruzeiro.

DIGITAL EM FOCO – VENDENDO OS ESTADOS UNIDOS PARA O MUNDO COM A BRAND USA

IMAGEM 8.2 *As 48 placas originais, de Scott Hanson. (©DiscoverAmerica.com. Reproduzido com permissão)*

Em resposta a um declínio de 36% na participação de visitantes internacionais, o Ato de Promoção de Viagens de 2011 estabeleceu que a Brand USA supervisionaria o primeiro esforço de marketing global para promover os Estados Unidos como destino de viagem. Formada como a Corporação para Promoção de Viagens, a entidade público-privada iniciou suas operações em maio de 2011. Financiada por uma taxa de 14 dólares para turistas de 37 países cujos cidadãos não precisam de visto para visitar o país, a organização tem autorização para usar 100 milhões de dólares por ano, desde que obtenha contribuições correspondentes do setor privado de turismo.

A Brand USA estimulou a agência de marketing contratada, JWT, para determinar as percepções dos Estados Unidos em todo o mundo. Por meio de várias sessões de mesa redonda com planejadores internacionais e um estudo quantitativo de pesquisa entre 3 mil viajantes, a JWT descobriu que os turistas dos Estados Unidos eram vistos como hostis, excessivamente familiares, impetuosos e arrogantes. Resumindo, os Estados Unidos se tornaram um país de meia idade, nem tão atraentes quanto os destinos históricos da Europa, nem tão atraentes quanto os países

(cont.)

recém-chegados do Oriente. A JWT também decidiu descobrir as razões dos viajantes existentes para visitar os Estados Unidos. Usando uma técnica de pesquisa inovadora planejada para chegar nos sentimentos mais profundos dos entrevistados sobre os Estados Unidos, os visitantes foram convidados a escrever o cartão-postal dos Estados Unidos, informando aos americanos suas experiências no país. Seus sentimentos revelaram que as pessoas amam a liberdade da América, onde tudo tem importância, e veem que é um país cheio de diversidade, onde tudo é possível.

Essas informações ajudaram na abordagem da JWT de dar vida à marca americana com uma nova identidade e promessa. A tarefa criativa era estabelecer uma mudança perceptiva de uma personalidade de marca de ser impetuosa e hostil, de ser nova, inesperada, acolhedora, com uma sensação de liberdade e possibilidade. Então, a promessa da marca foi a de que os Estados Unidos têm possibilidades incríveis e dão as boas-vindas a todos, e a mensagem principal da campanha de marketing convidava as pessoas a descobrir aquela terra, como nunca antes. A intenção desse plano de ação era lembrar aos viajantes do mundo que os Estados Unidos eram uma terra de possibilidades e experiências ilimitadas. Os profissionais de marketing identificaram quatro pilares da experiência para ajudar a enquadrar e equilibrar as mensagens – o ambiente ao ar livre, o entusiasmo urbano, a indulgência e a cultura. Esses pilares foram usados como um guia para ajudar a criar mensagens em todas as plataformas de marketing. Um novo logotipo foi criado – um arranjo de pontos que se uniam para harmonizar as letras USA –, com o conceito fundamentado nos ideais de diversidade e possibilidades ilimitadas. Abaixo das três letras estava o endereço do site DiscoverAmerica.com.

Após quatro rodadas de testes criativos em treze mercados internacionais, decidiu-se pelo uso da linguagem universal da música como pedra angular da campanha. Rosanne Cash, filha da lenda da música americana Johnny Cash, compôs a música Land of Dreams, para servir como o centro da campanha. A música foi mesclada com visuais que mostram pontos típicos dos Estados Unidos (para novos viajantes), bem como locais e experiências fora do comum (para aqueles que percebiam a América como um lugar banal). A intenção, de acordo com a Brand USA, era produzir um hino que mostrasse os Estados Unidos como um destino e, ao mesmo tempo, emanasse um sentimento de liberdade e possibilidades ilimitadas.

A nova campanha, com uma estratégia de marketing totalmente integrada, foi lançada em abril de 2012 por meio de uma mistura de comerciais de televisão de 15, 20 e 60 segundos, combinados com anúncios digitais, outdoors e material impresso, forte presença on-line e estratégia de mídia social. O novo site, DiscoverAmerica.com, funcionou como um portal de informações dos visitantes para o planejamento de viagens, e as páginas específicas do país no Facebook, Twitter e YouTube buscaram envolver os consumidores com promoções exclusivas. Um orçamento de mídia de 12,3 milhões de dólares foi alocado nos primeiros três meses da campanha, com a publicidade começando no Reino Unido, Japão e Canadá e depois se espalhando para Brasil, Coreia do Sul, China, Índia, Alemanha, México, Índia e Austrália. Ao selecionar os mercados externos para suas campanhas direcionadas, a Brand USA se baseou em seis critérios: volume anual de visitantes;

(cont.)

receita total anual do turismo; crescimento ano a ano no volume de viagens e receita de turismo; custo de compra de mídia no país; facilidade de entrada dos viajantes nos Estados Unidos; e infraestrutura, incluindo a disponibilidade de empresas representativas e mídias sociais no país. A Brand USA também teve como alvo o setor de viagens. Páginas específicas da indústria foram configuradas no Twitter e no Facebook para envolver o comércio em iniciativas personalizadas, como o Brand USA Megafam, no qual cem agentes do Reino Unido e da Irlanda foram levados para os Estados Unidos para experimentar sete itinerários diferentes. Também foi criado um concurso de fotografia para os agentes fazerem o upload de fotos de viagens recentes, incentivando o envolvimento ponto a ponto.

A Brand USA olhou para o conteúdo de marca como uma forma diferente e inovadora de reforçar os novos valores da marca. Um site foi lançado em Londres para incentivar ideias confidenciais de televisão de produtores. Um conselho consultivo se reuniu para avaliar as propostas e o potencial para criar os programas em parceria com os produtores. Houve preferência para inscrições que: englobassem os quatro pilares da experiência mencionados anteriormente; cobrissem vários destinos; fossem transmitidos em vários países além do Reino Unido; e envolvessem o espectador além da televisão em conteúdo on-line adicional. Com base nessa iniciativa, um novo programa de transmissão/produção foi lançado na conferência IPW de 2014 em Chicago. Isso permitiu que as mídias de transmissão e produção da Austrália, Canadá, Reino Unido e Irlanda participassem de encontros presenciais com os destinos nos Estados Unidos para saber mais sobre as filmagens nos Estados Unidos. A ideia era incentivar os produtores a apresentar os Estados Unidos como um destino privilegiado e alavancar a nova promessa da marca.

Em um relatório preliminar divulgado em setembro de 2012, a Brand USA afirmou que a intenção das visitas aumentou 13 pontos no Canadá, 17 pontos no Reino Unido e 11 pontos no Japão como resultado das campanhas iniciais de marketing. A conscientização da campanha nos mercados de lançamento foi em média de 25%. Nas primeiras oito semanas da campanha, a música *Land of Dreams* foi baixada 20 mil vezes, 99% das opiniões das mídias sociais foram positivas e o canal da Brand USA no YouTube recebeu mais de 500 mil visualizações. A Brand USA informou que seu site teve mais de 467 mil visualizações de página em junho de 2013, comparado com cerca de 77 mil em abril de 2012.

Fonte: Hudson (2014).

QUESTÕES DE ESTUDO DE CASO

1. De que forma a campanha da Brand USA foi uma campanha de comunicação integrada (CIM)?

2. Quais medidas a Brand USA está usando para avaliar a campanha? Que medidas adicionais poderiam ser usadas para medir o sucesso?

3. Dê uma olhada no site da Brand USA (www.thebrandusa.com). Quais esforços eles estão fazendo para atrair turistas para os Estados Unidos atualmente?

PUBLICIDADE EM TURISMO E HOSPITALIDADE

A publicidade pode ser definida como uma apresentação impessoal paga e promoção de ideias, bens ou serviços por um patrocinador identificado, usando a mídia de massa para convencer ou influenciar um público. A publicidade é uma ferramenta de marketing essencial nos setores de turismo, hospitalidade e eventos. Essas indústrias exigem que os clientes em potencial baseiem as decisões de compra nas imagens mentais das ofertas de produtos, uma vez que não conseguem provar alternativas fisicamente. Como resultado, a publicidade é uma variável crítica no mix de marketing do turismo e abrange uma ampla série de atividades e agências. Seu papel reflete o da promoção em geral, que é influenciar as atitudes e o comportamento do público de três formas principais: confirmando, reforçando e criando novos padrões de comportamento ou mudança de atitudes e comportamento. Assim, empresas de turismo e hospitalidade usam imagens para retratar seus produtos em livretos, pôsteres e publicidade na mídia. Os destinos fazem o mesmo, tentando construir uma imagem de um destino que o force a entrar na lista de opções do turista em potencial, levando, finalmente, a uma decisão de compra.

DESENVOLVENDO UM PROGRAMA DE PUBLICIDADE

O processo de desenvolvimento de um programa de publicidade inclui seis etapas importantes. Elas estão ilustradas na Figura 8.6 e são discutidas a seguir.

DEFININDO OS OBJETIVOS

No planejamento e gerenciamento de publicidade, estabelecer objetivos é um fator essencial. Um objetivo em publicidade pode ser definido como uma tarefa de comunicação específica a ser realizada com um público-alvo específico durante um período de tempo específico. Em termos gerais, a publicidade tem quatro tarefas principais: informar, persuadir, lembrar e vender. No entanto, a publicidade no turismo e na hospitalidade pode ter muitos usos. Isso pode incluir criar conscientização; informar sobre novos produtos; expandir o mercado para novos compradores; anunciar uma modificação para um serviço; anunciar uma mudança de preço; fazer uma oferta especial; vender diretamente; educar os consumidores; lembrar consumidores; uma competição desafiadora;

reverter tendências negativas de vendas; agradar intermediários; recrutamento de pessoal; atrair investidores; anunciar resultados comerciais; influenciar uma imagem de destino; criar uma imagem corporativa; solicitar informações do cliente; melhorar o ânimo dos funcionários; e contribuir para empreendimentos de publicidade em cooperativas/parcerias. Para a campanha Bond is GREAT Britain, descrita anteriormente, o objetivo era capitalizar o fenômeno de turismo para locações vistas em filmes e incentivar e inspirar mais pessoas a passar férias na Grã-Bretanha, o que levou a um aumento mensurável do número de visitantes internacionais e dos gastos dos visitantes. Na campanha Brand USA, descrita na seção "Digital em foco", o objetivo era dar vida à marca americana com uma nova identidade e promessa, além de criar uma mudança perceptiva da personalidade de uma marca de destino de ousada e hostil para nova, inesperada, acolhedora, com uma sensação de liberdade e possibilidade.

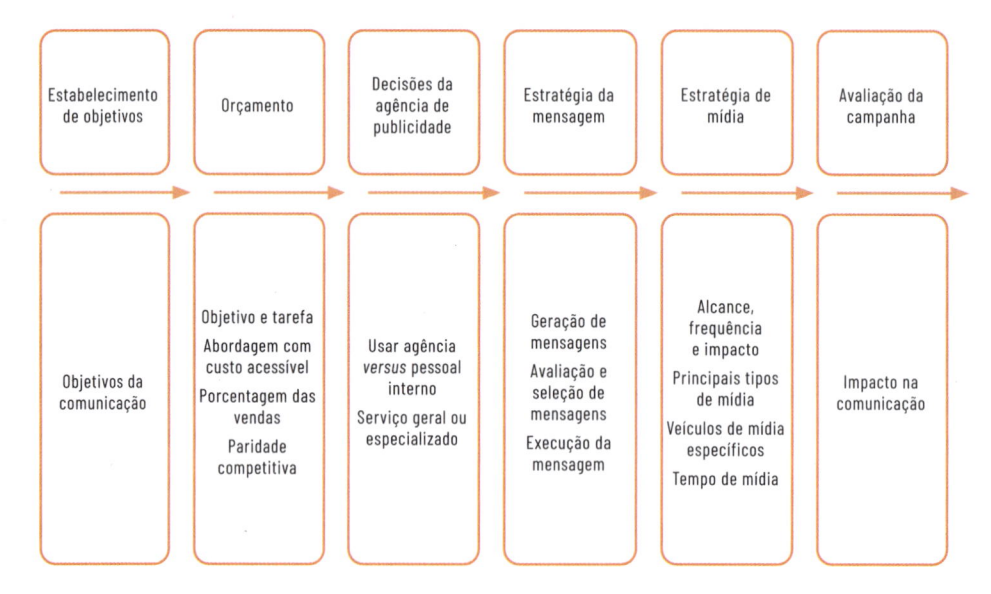

FIGURA 8.6 *O processo de desenvolvimento de um programa de publicidade*

DEFINIÇÃO DO ORÇAMENTO

Idealmente, o orçamento de publicidade deve ser calculado com base nos objetivos estabelecidos na primeira etapa do processo. O plano de mídia deve alcançar números suficientes no mercado-alvo para produzir o tamanho da resposta que atingirá a meta de vendas. Vários métodos podem ser usados para definir o orçamento de publicidade. O método de objetivos e tarefas envolve o desenvolvimento do orçamento da promoção pela (1) definição de objetivos específicos,

(2) determinação das tarefas a ser executadas para alcançar esses objetivos e (3) estimativa dos custos de execução dessas tarefas. O uso desse método requer uma experiência considerável de taxas de resposta e custos de mídia, além da confiança na precisão das previsões. Gerentes cautelosos preferem basear o orçamento de publicidade no que sabem da experiência anterior para definir o que podem gastar. Isso geralmente é chamado de método acessível. O método de porcentagem de vendas consiste em definir o orçamento da promoção em uma determinada porcentagem das vendas atuais ou previstas ou como uma porcentagem do preço de venda.

No turismo e na hospitalidade, em geral, a porcentagem das vendas brutas reservadas para marketing gira em torno de 4% a 12%, e cerca de um quarto desse valor é destinado à publicidade. A Garganta de Cheddar, no Reino Unido, por exemplo, um centro internacional de espeleologia e escalada, gasta cerca de 10% do faturamento bruto em marketing e publicidade. A porcentagem real varia de acordo com a posição do produto no ciclo de vida do produto (veja o capítulo 5), e novos produtos exigirão mais publicidade para serem lançados no mercado. O tamanho do orçamento para a comunicação pode ter um alcance enorme. Por exemplo, a Las Vegas Convention and Visitors Authority gastou 60 milhões de dólares em sua campanha publicitária, que preconizava "o que acontece em Las Vegas fica em Las Vegas". O Departamento de Turismo do Novo México tem um orçamento anual de cerca de 10 milhões de dólares, enquanto o Tourism Queensland gastou apenas 1 milhão de dólares na campanha Best job in the world para promover a ilha Hamilton (veja o capítulo 3).

Outra forma de definir o orçamento é o método de paridade competitiva, que define o orçamento da promoção no nível necessário para alcançar a paridade ou a participação igual da voz dos concorrentes. Pode parecer imprudente gastar significativamente menos que os concorrentes, caso você esteja buscando uma participação semelhante no mesmo mercado. No setor hoteleiro, as despesas com publicidade para o hotel médio são de 1% das vendas, mas, para hotéis com serviços limitados, as despesas com publicidade são maiores, representando 2% das vendas.

DECISÕES DA AGÊNCIA DE PUBLICIDADE

Como a publicidade geralmente é considerada a ferramenta mais importante no mix de comunicação de marketing, as empresas devem decidir com cuidado se farão o trabalho ou contratarão uma agência externa. Somente empresas muito pequenas, como pousadas ou atrações locais, provavelmente realizarão sua própria publicidade sem ajuda profissional. No mínimo, as agências de publicidade podem ajudar na compra de espaço publicitário com taxas com desconto. A maioria das agências de publicidade gosta de trabalhar em contas de turismo e hospitalidade, pois envolvem produtos interessantes e essas agências podem receber a conta como uma pausa estimulante de assuntos que normalmente tratam.

As melhores agências de publicidade criam valor para seus clientes, como visto no estudo de caso da Brand USA. A Brand USA contratou a agência JWT para criar uma nova imagem para os Estados Unidos como destino turístico. A JWT é uma das agências de comunicação de marketing mais conhecidas do mundo. Sediada em Nova York, a JWT é uma empresa global com mais de 200 escritórios em mais de 90 países, empregando cerca de 10 mil profissionais de marketing. Uma agência pode interpretar claramente o que o cliente deseja e, em seguida, comunicar as informações sobre o produto do cliente de forma tão significativa, exclusiva e consistente que os clientes recompensam esse produto com sua lealdade. Uma agência pode agregar valor percebido ao produto de seu cliente, dando personalidade ao produto, comunicando-se de forma a moldar o entendimento básico do produto, criando uma imagem memorável do produto e diferenciando-o de seus concorrentes.

Existem dois tipos principais de agência de publicidade: a agência de serviço completo e a agência especializada. Na publicidade, uma agência de serviço completo é aquela que fornece as quatro principais funções da equipe: gerenciamento de contas, serviços criativos, planejamento e compra de mídia e plano de contas (também conhecido como pesquisa). Uma agência de publicidade com serviço completo também terá seu próprio departamento de contabilidade, um departamento de tráfego para gerenciar o rastreamento interno na conclusão dos projetos, um departamento para transmissão e produção de impressos e um departamento de recursos humanos. No entanto, organizações de turismo e hospitalidade costumam usar os serviços de uma agência especializada. Esse tipo de agência se especializará em determinadas funções (por exemplo, escrita de peças, produção de arte, compra de mídia), públicos (por exemplo, minoria, juventude) ou indústrias (por exemplo, saúde, computadores, lazer), ou em determinadas áreas de comunicação de marketing, como marketing direto, promoção de vendas, relações públicas, marketing de eventos e esportes, e embalagem e ponto de venda.

ESTRATÉGIA DA MENSAGEM

A estratégia da mensagem é a quarta etapa do processo de desenvolvimento de um programa de publicidade. Estudos demonstraram que mensagens publicitárias criativas podem ser mais importantes do que o valor monetário gasto na mensagem. A estratégia criativa desempenha um papel cada vez mais importante no sucesso da publicidade. O desenvolvimento de uma estratégia criativa requer três etapas de mensagem: geração, avaliação e seleção, e execução. A intangibilidade dos serviços dificulta a publicidade para os profissionais de marketing de turismo e hospitalidade. Antes de comprar serviços, os consumidores têm problemas para entendê-los e, após a compra, têm problemas para avaliar suas experiências relacionadas aos serviços. Várias estratégias foram propostas para superar esses problemas. Uma delas é apresentar informações vívidas e evocar emoções fortes. Os anunciantes de resorts de primeira linha, por exemplo, costumam criar um clima ou imagem em torno do resort, como beleza, amor ou serenidade, criando um relacionamento emocional entre o resort e os visitantes em potencial.

Ao longo dos anos, pesquisadores exploraram estratégias de mensagem em publicidade em vários setores do turismo e da hospitalidade. Pesquisas sobre publicidade para destinos, por exemplo, mostraram que os viajantes tendem a mostrar atitudes mais positivas em relação à linguagem cognitiva em anúncios para destinos utilitários no nível da cidade, enquanto tendem a mostrar atitudes mais positivas em relação à linguagem afetiva em anúncios para destinos hedônicos no nível da atração (BYUN; JANG, 2015). Isso implica que os profissionais de marketing podem promover seus destinos com mais eficiência, combinando a linguagem da publicidade com o tipo de destino. Em um estudo de comerciais televisivos de destino, Pan (2009) sugeriu algo antigo (isto é, familiar aos espectadores), algo novo (isto é, algo que não pode ser visto nem feito no ambiente imediato do espectador) e algo branco e algo azul (isto é, limpo e puro) devem ser incluídos no desenvolvimento de vídeos promocionais de turismo. Pesquisas sobre publicidade no setor de cruzeiros mostraram que consumidores experientes têm atitudes mais favoráveis do que consumidores iniciantes em relação à publicidade em cruzeiros (MARTIN; VINCENT, 2014).

Os profissionais de marketing de hotéis estão percebendo a importância de tocar as emoções e entrar na psique do consumidor, e começaram a se concentrar em promover experiências, em vez de atributos físicos. Em 2011, a Ritz-Carlton lançou a campanha "Let us stay with you", contrapondo o slogan usual da cadeia de hotéis, "Please stay with us". A mudança pretendia transmitir que as lembranças de uma visita a uma luxuosa propriedade da Ritz-Carlton durariam mais do que outro roupão macio. Mark Miller, diretor estratégico da agência criativa Ritz-Carlton, disse que a nova campanha adota uma abordagem emocional para incentivar os viajantes a evoluir de "medir uma estadia em número de dias para medir uma estadia em número de memórias, para que suas memórias valham a pena e não apenas o valor do seu dinheiro" (ELLIOTT, 2011). O Oriental-Express Hotel adotou uma abordagem semelhante no mesmo ano, com uma campanha que convidava a embarcar em uma jornada como nenhuma outra. A campanha foi centrada em videoclipes de uma família fictícia, os Astorbilts, cujo comportamento é contemporâneo, valorizando mais experiências do que bens materiais.

Outros profissionais de marketing estão usando a nostalgia como estratégia de mensagem para atrair turistas. A nostalgia se tornou um grande impulsionador na escolha do destino, especialmente para os *baby boomers* (HUDSON, 2010). Os turistas não só se interessaram mais pela história, mas a escala, a riqueza e a diversidade da história em que estão interessados também se expandiram enormemente nos últimos trinta anos. O turismo de nostalgia fornece uma alternativa ao presente recorrendo a um passado imaginado, uma versão da realidade que as pessoas carregam em suas cabeças. Uma consequência desse surgimento no turismo de nostalgia é o desejo crescente de revisitar um país ou cidade específica com que se tenha uma associação sentimental em vez de descobrir um lugar novo. Um bom exemplo de destino que capitaliza essa tendência é a Space Coast, na Flórida. Em 2016, um tema importante da campanha de marketing de 3,88 milhões de dólares do Space Coast Office foi a *vibe* das praias de décadas passadas e como os turistas poderiam recuperar essas memórias (BERMAN, 2016). Uma das principais palavras-chave da campanha de marketing foi Cocoa Beach: Still Cool. Uma estratégia importante da campanha era selecionar imagens e histórias nostálgicas e relacioná-las às experiências atuais da Space Coast. Memórias de décadas atrás de uma viagem a Cocoa Beach e Ron Jon's; um lançamento do foguete Saturno ou ônibus espacial; o surfe tranquilo em Indialantic ou o surfe incrível em Sebastian Inlet foram lembrados pelos visuais nostálgicos, em comparação com a beleza atual e imagens de família. A mensagem principal era que Cocoa Beach, Melbourne e suas praias próximas, e Titusville oferecem a oportunidade de as famílias se reconectarem e redescobrirem a autêntica *vibe* das cidades litorâneas da Flórida.

ESTRATÉGIA DE MÍDIA

A seção de plano de mídia em um plano de publicidade inclui objetivos de mídia (alcance e frequência), estratégias de mídia (segmentação, continuidade e tempo), seleção de mídia (veículos específicos), estratégias geográficas, agendamentos e orçamento de mídia. A variedade de mídias publicitárias disponíveis para o anunciante de hoje é cada vez mais desconcertante e está se tornando cada vez mais fragmentado. Embora essas mudanças ofereçam a perspectiva de maior direcionamento, elas também dificultam o trabalho do planejador de mídia. O Quadro 8.4 fornece um guia de referência para a variedade dos principais meios de publicidade e lista suas principais vantagens e desvantagens. Todos esses meios de comunicação são referidos como mix de mídia – criado pelos planejadores de mídia, que selecionam as melhores combinações de veículos de mídia tradicionais (impresso, transmissão, etc.); mídia não tradicional (internet, telefones celulares, lugares inesperados, como o piso das lojas); e ferramentas de comunicação de marketing, como relações públicas, marketing direto e promoção de vendas para atingir o público-alvo das partes interessadas.

Dadas as restrições de custos, os planejadores de mídia geralmente selecionam a mídia que exporá o produto ao maior público-alvo pelo menor custo possível. O processo de medição dessa proporção é chamado de eficiência – ou custo por mil (CPM). Para calcular o CPM, são necessários dois números: os custos da unidade (por exemplo, tempo na TV ou o espaço em uma revista) e o público-alvo estimado. O custo da unidade é dividido pelas impressões brutas do público-alvo para se determinar o valor monetário de publicidade necessário para expor o produto a 1.000 membros da meta.

CPM = custo da unidade de mensagem / impressões brutas × 1.000

Por exemplo, se o programa *Globe Trekker* tiver 92.000 espectadores-alvo e o custo de um anúncio de 30 segundos durante o programa é de 850 dólares, o CPM será de 9,42 dólares (CPM = US$ 850 / 92.000 × 1000 = US$ 9,24).

Existem muitos componentes no mix de mídia e como uma organização os combina depende de vários fatores, particularmente da natureza do produto ou serviço e do público-alvo. Por exemplo, as operadoras de turismo e os principais destinos dependem fortemente da publicidade televisiva, mas players de nicho, como operadoras de interesse especial, tendem a concentrar sua publicidade em publicações especializadas.

QUADRO 8.4 *As vantagens e desvantagens dos principais meios de publicidade*

Tipo de mídia Mídia impressa	Vantagens	Desvantagens
Imprensa local	Alta cobertura de mercado Prazo de execução curto Estabelecido facilmente Frequência/imediatismo Relativamente barato Permite a repetição de anúncios Cria imagem local	O público lê seletivamente Curto tempo de vida Pouca atenção Entulhamento da mídia Baixa qualidade de reprodução
Imprensa nacional	Grande circulação Muitas opções criativas para layout Apelo para todos os níveis de renda Relativamente barato para cobertura nacional Frequência permite repetição Permite seletividade de público/geográfica	O público lê seletivamente Curto tempo de vida Reprodução de má qualidade Baixo nível de atenção Entulhamento
Revistas para consumidores	Grande circulação Alto número de leitores Reprodução e cores de alta qualidade Vida relativamente longa e leitura de lazer Público-alvo bem segmentado Alto conteúdo informativo Permite inserções de promoção de vendas	Caro Publicação com datas distantes Entulhamento
Revistas especializadas	Público-alvo bem segmentado Prazos curtos Potencial para anúncios com alto conteúdo informativo	Entulhamento Os anúncios dos concorrentes podem ser apresentados
Circulares	Baixos custos de produção e distribuição Cobertura total nas áreas-alvo	Imagem negativa Má distribuição Baixo nível de atenção
Inserções em imprensa e revistas gratuitas	Relativamente barato Bom para anúncios de resposta direta	Curto tempo de vida Pode ser visto como tendo uma imagem negativa
Cartazes	Barato Segmenta áreas/grupos específicos Longevidade (especialmente em transporte público – ônibus, etc.)	Tempo de exposição curto Imagem negativa Entulhamento Difícil segmentação de público

(cont.)

Tipo de mídia Mídia de transmissão	Vantagens	Desvantagens
Televisão	Oportunidade de alta criatividade e impacto (som, visual, etc.) Bom para imagem Recursos para todos os níveis de renda Relativamente barato para cobertura nacional Frequência permite repetição Permite seletividade geográfica/ de audiência Alto ganho de atenção	Custos de produção e tempo de transmissão relativamente altos Curto tempo de vida Entulhamento Atenção passageira
Rádio comercial	Grande público localizado Obtêm reconhecimento local Prazos flexíveis Público-alvo bem segmentado Permite mensagens repetidas	A produção pode ser cara Permite apenas mensagens de áudio Entulhamento Curto tempo de vida Mensagem passageira Baixo nível de atenção; alto nível de distração do público
Mercado de cinema	Possibilidade de segmentar o público ou mercado de massa Permite exposição frequente Potencial para alto impacto criativo de cores e recursos visuais – tela grande e som	Custos de produção e tempo de transmissão relativamente altos Os anúncios dos concorrentes podem ser apresentados Mensagem passageira Difícil estabelecer perfil de público
Mídia fora de casa		
Outdoors	Alto impacto Baixo custo e alto nível de leitura Longevidade Capacidade de criar consciência	Breve exposição Mensagem limitada – inadequada para anúncios complexos Precisa de distribuição em larga escala Criatividade necessária para o impacto
Trânsito	Pode ser direcionado para públicos específicos com alta frequência Permite criatividade Pode fornecer informações detalhadas com baixo custo	Breve exposição Fatores de imagem

(cont.)

Tipo de mídia Outras mídias	Vantagens	Desvantagens
Mala direta	Permite rastreamento Listas de destinatários preparadas Permite seletividade geográfica/ de audiência Alto nível de conteúdo informativo	Custos de produção relativamente altos para criar e manter bancos de dados Potencial para imagem negativa
Exposições/feiras e shows	Grande público-alvo Alcança um grande número de clientes simultaneamente Bom para atrair novos clientes e manter os clientes existentes	Os custos de estruturação e com pessoal podem ser caros Entulhamento
Empresa de patrocínios e eventos para construir credibilidade e tempo para construir relacionamentos e vínculos com parceiros	Possibilidade de alcançar segmentos atraentes ou mercado de massa que tenha controle sobre a ação dos outros	Relativamente caro Transitoriedade da fama e falta (dela) Permite se beneficiar do sucesso refletido Potencial para atividades incomuns e que chamam a atenção
Dificuldade em avaliar o impacto Expositores no ponto de venda, merchandising na loja	Relativamente barato Reforça a mensagem do anúncio Incentivo para o local comercial estocar o produto	Cria reconhecimento da empresa Atinge clientes que provavelmente já compram
Mídia ambiente		
	Boa cobertura Bom potencial de segmentação Muitas opções criativas	A criatividade é um desafio constante Pode ser difícil atingir o alvo O impacto desaparece rapidamente
Internet		
	Impacto global Imediatismo Muitas opções criativas de design Possibilidade de resposta direta e perfil de público	Curto tempo de vida Custos de criatividade e web design Baixo nível de atenção Pode ser difícil atingir o alvo

Enquanto a publicidade de turismo e hospitalidade utiliza todos os principais meios de comunicação, os principais veículos são impressos (principalmente folhetos) e mídia eletrônica. Hoje, um número crescente de empresas está se concentrando na publicidade digital. O Holiday Inn Express, por exemplo, trouxe sua campanha de longa data Stay Smart para o século XXI, tornando-a amplamente digital. No Intercontinental, Jennifer Gribble, vice-presidente do Holiday Inn Express nas Américas, disse que a marca está adotando uma tendência digital com a nova publicidade, porque "o hóspede-alvo é um profissional que está conectado digitalmente 24 horas por dia, sete dias por semana. A abordagem digital é a melhor forma de alcançar nossos hóspedes, que têm um estilo de vida em movimento" (LEVERE, 2014a).

Um dos setores de mídia que mais cresce é a publicidade ambiente. Essa abordagem inclui publicidade com base no local e usa maneiras novas e inesperadas de transmitir mensagens. Exemplos de publicidade ambiente incluem anúncios na parte de trás de recibos de supermercado, em bombas de gasolina, elevadores, caixas eletrônicos, encostos de bancos e mesas em aviões, pisos de lojas, paredes de banheiros, papel higiênico, caixas de pizza, tapetes de boas-vindas e ingressos. Em 2014, a Virgin Hotels introduziu uma campanha de boatos como um teaser para seus novos hotéis (LEVERE, 2014b). Além de um site preliminar, alguns rumores foram impressos em capachos vermelhos (vermelho é a cor da assinatura do Virgin Group) colocados fora dos hotéis concorrentes em Chicago. As táticas ambientais podem envolver publicidade ao vivo. O Golden Palace Casino, por exemplo, anunciava nas costas de boxeadores profissionais usando tatuagens grandes entre 2001 e 2002. Até o fim de 2002, o cassino havia patrocinado mais de 25 boxeadores, pagando uma média de 5 mil a 10 mil dólares para cada um. Como resultado, o Golden Palace viu uma tremenda melhora na atenção da mídia, no tráfego e no reconhecimento da marca. Então, quando o fator novidade acabou, a empresa procurou formas alternativas de publicidade.

AVALIAÇÃO DA CAMPANHA

Os gerentes de programas de publicidade devem avaliar regularmente os objetivos de comunicação e vendas da publicidade. O estágio de avaliação da campanha geralmente é o mais difícil do ciclo da publicidade, em grande parte porque, embora seja relativamente fácil estabelecer determinadas medidas de publicidade (como o conhecimento dos consumidores de uma marca antes e depois da campanha), é muito mais difícil estabelecer mudanças nas atitudes do consumidor ou na percepção da marca. Apesar dessas incertezas, o estágio de avaliação é significativo não apenas porque estabelece o que uma campanha alcançou, mas também porque fornece orientações sobre como as campanhas futuras podem ser melhoradas e desenvolvidas.

Existem muitas técnicas de pesquisa avaliativa disponíveis para os profissionais de marketing medirem a eficácia da publicidade. Os testes de memória são usados com frequência e baseiam-se no pressuposto de que uma comunicação deixa um resíduo mental na pessoa que foi exposta a ela. Os testes de memória dividem-se em dois grandes grupos: testes de recall e testes de reconhecimento. Em um teste tradicional de recall, um comercial é veiculado em uma rede de televisão e, na noite seguinte, os entrevistadores perguntam aos espectadores se eles se lembram de ter visto o comercial. Esse tipo de teste, no qual a marca específica é mencionada, é chamado de recall auxiliado. Como alternativa, os entrevistadores podem perguntar aos consumidores de quais anúncios específicos eles se lembraram do dia anterior, e isso é conhecido como recall sem ajuda. Se o comercial falhar em estabelecer uma conexão estreita entre o nome da marca e a mensagem de venda, o comercial não receberá uma pontuação alta de recall. Outro método de medir a memória, chamado teste de reconhecimento, envolve mostrar o anúncio às pessoas e perguntar se elas se lembram de tê-lo visto anteriormente.

O teste de persuasão é outra técnica de pesquisa avaliativa usada para medir a eficácia após a execução de uma campanha. Nessa técnica, primeiro é perguntado aos consumidores qual a probabilidade de eles comprarem uma determinada marca. Em seguida, eles são expostos a um anúncio da marca. Após a exposição, os pesquisadores perguntam novamente o que pretendem comprar. O pesquisador analisa os resultados para determinar se a intenção de compra aumentou como resultado da exposição ao anúncio. Os testes de persuasão são caros e têm problemas associados à composição do público, ao ambiente e à familiaridade com a marca. No entanto, a persuasão é um objetivo fundamental para muitos anunciantes, portanto, mesmo uma estimativa aproximada do poder de persuasão de um anúncio é útil.

Como a seção "Digital em foco" destacou, a Brand USA mediu seu sucesso com base em melhorias e ela reforça duas áreas principais: a conscientização e a imagem dos Estados Unidos como destino de viagem; e a intenção dos viajantes em viajar para os Estados Unidos. A campanha de inverno do Novo México, mencionada anteriormente, também teve um impacto positivo no turismo. Rebecca Latham, secretária do gabinete do NMTD, afirmou: "Logo após o lançamento da campanha, realizamos um estudo de retorno do investimento (ROI) e vimos que, para cada dólar gasto, três dólares eram devolvidos em impostos, então sabemos que temos um ROI de 3:1. Observamos o dinheiro gasto enquanto as pessoas estão de férias aqui e os impostos que estão voltando para nós como resultado dos dólares gastos. Vamos supor que se alguém viu um anúncio do Novo México e depois viajou para cá como resultado da publicidade e digamos que esse alguém gastou 200 dólares enquanto esteve aqui – é a porcentagem desse valor que volta em impostos estaduais". O total gasto por visitantes desde 2010 também aumentou 24% e o número de viagens noturnas aumentou 37,5%: "Isso é três vezes a média nacional", disse Latham. A mudança na percepção – e o consequente aumento das viagens de lazer – emanou dos "mercados de voo"-alvo do Novo México: Dallas, Houston, Denver, Phoenix, San Diego, Chicago e Nova York. "Sabemos que nos últimos dois anos vimos um crescimento recorde no turismo como resultado da campanha", acrescentou (HUDSON; HUDSON, 2015).

PUBLICIDADE INTERNACIONAL E O DEBATE LOCAL *VERSUS* GLOBAL

Em 2015, os gastos globais com publicidade em todo o mundo somaram cerca de 570 bilhões de dólares (EMARKETER, 2015). De todos os elementos do mix de marketing, as decisões que envolvem publicidade são as mais afetadas pelas diferenças culturais entre os mercados entre países. Os consumidores respondem em termos de cultura, sistemas de valores, atitudes, crenças e percepções. Como a função da publicidade é interpretar ou traduzir as qualidades de produtos e serviços em termos de necessidades, vontades, desejos e aspirações do consumidor, os apelos emocionais, símbolos, abordagens persuasivas e outras características de um anúncio devem coincidir com as normas culturais para que o anúncio seja eficaz. Alguns anos atrás, a campanha global da Austrália intitulada "Where the bloody hell are you?" foi recebida com preocupação e críticas de consumidores e meios de comunicação; as queixas variavam desde o uso da expressão *bloody hell* [diabos, em tradução livre], preocupações com a adequação à idade e uma cena em que um ator toma um gole de cerveja. No entanto, o Tourism Australia não apenas estava preparado para essa reação como a acolheu com sinceridade. "A campanha está gerando uma possibilidade de conversa com a qual os profissionais de marketing geralmente só podem sonhar", disse Scott Morrison, diretor administrativo da Tourism Australia. "Mais de 180 destinos anunciaram na televisão britânica no ano passado para atrair turistas e apenas um deles, a Austrália, está recebendo esse tipo de reação", disse ele. Até o primeiro-ministro britânico da época, Tony Blair, perguntou "Onde diabos estou?", quando falou no parlamento australiano enquanto enfrentava o *jet lag*.

Conciliar uma campanha publicitária internacional com a singularidade cultural dos mercados é o desafio que o profissional de marketing global enfrenta. Um artigo clássico da Harvard Business Review, escrito por Theodore Levitt, iniciou um debate sobre como conduzir o marketing global.

Ele argumentou que as empresas deveriam operar como se houvesse apenas um mercado global. Ele acreditava que as diferenças entre nações e culturas não só estavam diminuindo, mas deveriam ser ignoradas, porque as pessoas em todo o mundo são motivadas pelos mesmos desejos e vontades. Outros estudiosos, como Philip Kotler, discordaram, apontando para empresas como Coca-Cola, PepsiCo e McDonald's, argumentando que elas não ofereciam o mesmo produto em todos os lugares.

O resultado desse debate foram três escolas de pensamento sobre publicidade em outro país:

(1) PADRONIZAÇÃO. Essa escola de pensamento sustenta, como Levitt, que as diferenças entre os países são uma questão de grau; portanto, os anunciantes devem se concentrar nas semelhanças dos consumidores em todo o mundo.

(2) LOCALIZAÇÃO. A escola de pensamento sobre localização ou adaptação argumenta que os anunciantes devem considerar as diferenças entre os países, incluindo cultura local, estágio de desenvolvimento econômico e industrial, estágio do ciclo de vida, disponibilidade de mídia e restrições legais.

(3) COMBINAÇÃO. A crença aqui é que uma combinação de padronização e localização pode produzir uma publicidade mais eficaz. Alguns elementos da identidade ou estratégia da marca, por exemplo, podem ser padronizados, mas as execuções de publicidade podem precisar ser adaptadas à cultura local.

A realidade da publicidade global sugere que uma abordagem combinada funcionará melhor, e a maioria das empresas ou destinos tende a usar a abordagem combinada ou se inclina para a localização. A seção "Digital em foco" mostrou como a Brand USA desenvolveu páginas específicas do país no Facebook, Twitter e YouTube, a fim de envolver os consumidores internacionais com promoções exclusivas. A Starbucks também adaptou seus produtos e serviços (e, portanto, sua publicidade) para os mercados internacionais, oferecendo mais chá no Extremo Oriente, cafés mais fortes na Europa e cafés gourmet nos Estados Unidos. A empresa, no entanto, padronizou o nome do produto, o logotipo e a embalagem para manter a consistência da marca, mesmo havendo variação em sua linha de produtos. "Continuamos respeitando muito a cultura e as tradições dos países onde fazemos negócios", diz Howard Schultz, presidente e estrategista global. "Reconhecemos que nosso sucesso não é um direito e devemos continuar conquistando a confiança e o respeito dos clientes todos os dias" (MOFFETT; RAMASWAMY, 2003). Hoje, a empresa possui mais de 24 mil lojas de varejo em setenta países. O maior mercado da Starbucks é a China, onde a empresa possui 2 mil lojas em noventa cidades chinesas.

PROMOÇÃO DE VENDAS

Sempre que um profissional de marketing aumenta o valor de seu produto, oferecendo um incentivo extra para a compra, ele está criando uma promoção de vendas. Na maioria dos casos, o objetivo de uma promoção de vendas é incentivar a ação, embora também possa ajudar a construir a identidade e a conscientização da marca. Como a publicidade, a promoção de vendas é um tipo de comunicação de marketing. Embora a publicidade seja planejada para aumentar o reconhecimento da marca em longo prazo, as promoções de vendas concentram-se principalmente na criação de ações imediatas. Simplificando, as promoções de vendas oferecem um incentivo extra para os consumidores, representantes de vendas e membros do comércio agirem. Embora esse incentivo extra geralmente assuma a forma de uma redução de preço, às vezes pode ser uma quantia adicional do produto, dinheiro, prêmios e brindes, recompensas, eventos especiais, etc. Também pode ser uma experiência divertida com a marca. Além disso, uma promoção de vendas geralmente possui limites específicos, como uma data de validade ou uma quantidade limitada de mercadoria.

O uso da promoção de vendas está crescendo rapidamente por vários motivos: oferece ao gerente resultados finais de curto prazo; é responsável; é mais barato que a publicidade; fala das necessidades atuais do consumidor de receber mais valor dos produtos; e responde a mudanças no mercado. As promoções de vendas também podem ser extremamente flexíveis. Eles podem ser usados em qualquer estágio do ciclo de vida de um produto e podem ser muito úteis ao apoiar outras atividades promocionais. Em 2014, sete em cada dez profissionais de marketing esperavam que suas empresas aumentassem os gastos com mídias sociais em resposta ao público de televisão cada vez menor e a anúncios impressos obsoletos (SASS, 2013). As técnicas promocionais táticas projetadas para estimular os clientes a comprar têm três objetivos principais: consumidores individuais, canais de distribuição e força de vendas. O Quadro 8.5 destaca os objetivos da promoção de vendas para cada mercado-alvo, junto às técnicas típicas usadas para atingir esses objetivos no setor de turismo e hospitalidade.

QUADRO 8.5 *Objetivos e técnicas de promoção de vendas usados em turismo e hospitalidade*

	Objetivos	Técnicas
Consumidor	Vender o excesso de capacidade – especialmente à medida que a data de entrega se aproxima Mudar o timing das compras dos produtos/picos e baixas Atrair e recompensar clientes regulares/fiéis Promover a prova/experimentação de produtos (novos usuários) Gerar maior consumo *per capita* Aumentar a participação de mercado Vencer/antecipar as promoções dos concorrentes	Ofertas com cortes de preços/vendas, incluindo internet Vouchers/cupons de desconto Reduções de preço simuladas Produto extra Serviços adicionais Brindes Competições Esquemas de passaporte para clientes regulares Sorteio de prêmios Expositores no ponto de venda e materiais de merchandising Concursos, sorteios e jogos
Canais de distribuição	Assegurar apoio e recomendações do revendedor Obter expositor de folhetos e manter estoques Apoio a iniciativas de merchandising Melhorar a conscientização do revendedor sobre os produtos Criar valor para o quarto Aumentar a tarifa do quarto	Comissão extra e substituições Sorteio de prêmios Competições Festas/coquetéis Exposições comerciais e de viagens Seminários educativos Programas de reconhecimento Políticas de reserva flexíveis
Força de vendas	Melhorar o volume de vendas por meio de incentivos Melhorar a exibição em pontos de distribuição Atingir metas de campanhas massivas de vendas entre as principais contas corporativas Recompensar esforços especiais	Bônus e outros incentivos em dinheiro Incentivos para brindes Incentivos de viagem Sorteio de prêmios Auxílios visuais

Como mostra o quadro, muitas ferramentas podem ser usadas para alcançar os objetivos de promoção de vendas. Algumas das principais ferramentas usadas são discutidas a seguir, incluindo amostras, cupons, vales-presentes, expositores no ponto de venda (geralmente chamados de merchandising), recompensas por uso, concursos, promoções e jogos.

AMOSTRAS

A amostragem envolve distribuir amostras grátis de um produto para incentivar as vendas ou fazer com que, de alguma forma, as pessoas experimentem um serviço por completo ou parte dele. Como muitos serviços de turismo e hospitalidade são intangíveis, a amostragem nem sempre é um processo direto. No entanto, restaurantes e bares geralmente oferecem aos clientes amostras grátis de itens do menu ou bebidas. A amostragem para o ramo de viagens geralmente vem na forma de viagens de familiarização. Uma viagem de familiarização (em inglês, geralmente são chamadas de FAM trips) é um método popular usado para expor um produto a intermediários no canal de distribuição. Por exemplo, um hotel pode solicitar que um grupo de agentes de viagens visite a instalação para familiarizá-los com os recursos e benefícios. Se os agentes de viagens ficarem impressionados com as instalações durante uma viagem de familiarização, eles transmitirão seu entusiasmo aos clientes e as reservas aumentarão. As viagens são gratuitas ou reduzidas e podem ser dadas a intermediários por fornecedores, transportadoras ou grupos de marketing de destino. Como a seção "Digital em foco" mencionou, como parte da campanha da Brand USA, os profissionais de marketing organizaram uma megafam, em que cem agentes do Reino Unido e da Irlanda foram levados para os Estados Unidos em uma viagem de familiarização para experimentar sete itinerários diferentes. Também foi criado um concurso de fotografia FAM para os agentes enviarem as fotos que tiraram em viagens de familiarização recentes nos Estados Unidos. Os agentes de viagens tiveram a opção de curtir suas fotos favoritas, incentivando o engajamento entre si (HUDSON, 2014).

CUPONS

Cupons são vouchers ou vales que dão aos clientes ou intermediários um preço reduzido em um bem ou serviço. A Inmar, uma empresa que opera redes de comércio inteligentes, afirmou que 2,84 bilhões de cupons foram resgatados em 2014 somente nos Estados Unidos. O crescimento no resgate de cupons encontrados digitalmente vem se acelerando nos últimos anos, com o resgate de cupons para carregamento de cartões aumentando de forma significativa. Mais de 70% dos usuários adultos de cupons digitais nos Estados Unidos resgataram um cupom ou código em um dispositivo móvel para compras on-line ou off-line em 2014 (veja a Figura 8.7). A conveniência que essas ofertas oferecem aos lojistas, e a flexibilidade que elas oferecem aos varejistas e fabricantes, está melhorando sua posição no mix de marketing. As empresas emitem cupons para incentivar as pessoas a experimentar novos produtos, fazer compras por impulso e promover a lealdade à marca. Os cupons são amplamente utilizados nas indústrias de turismo e hospitalidade, especialmente entre restaurantes, hotéis, locadoras de carros, atrações turísticas e linhas de cruzeiro. Os cupons on-line, em particular, têm uma adoção rápida e ampla no setor de turismo (SIGALA, 2013). Pesquisas também mostraram que um número significativo de viajantes gosta de vantagens e promoções on-line porque essas ferramentas fazem com que se sintam compradores inteligentes (CHRISTOU, 2011). Mas, apesar das vantagens, muitos profissionais de marketing acham que o uso promocional excessivo de cupons cria uma mercadoria (commodity) a partir de um produto diferenciado. Seu uso excessivo também levou a guerras de cupons e outras formas de desconto nos preços, além de prejudicar o valor intrínseco do produto ou serviço de uma empresa.

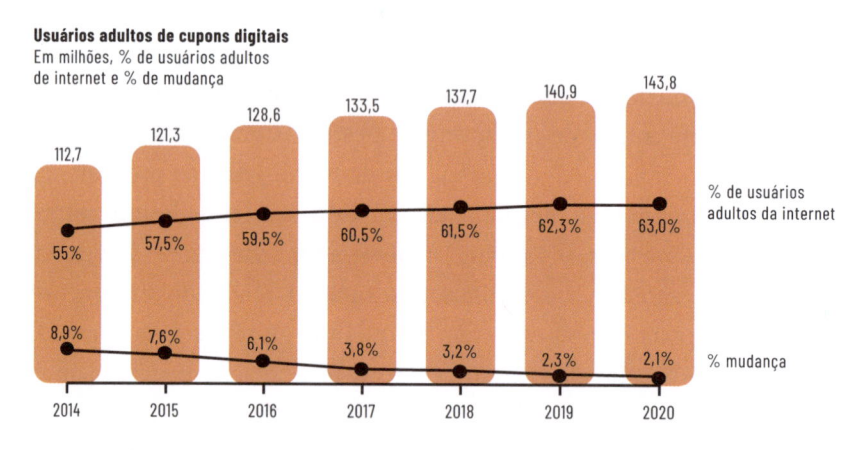

FIGURA 8.7 *Usuários e penetração de cupons digitais nos Estados Unidos, 2014-2020.*
Nota: usuários de internet maiores de 18 anos; usuários de internet que resgatam um cupom/código digital por meio de qualquer dispositivo para compras on-line ou off-line pelo menos uma vez durante o ano; inclui cupons de compra em grupo. (Fonte: ©eMarketer. Reproduzido com permissão)

VALES-PRESENTES

Os vales-presentes são vouchers fornecidos seletivamente pelo patrocinador ou vendidos a clientes, que, por sua vez, entregam-nos a outras pessoas como presentes. As empresas de cruzeiros geralmente promovem a venda de vales-presentes para férias em cruzeiros durante períodos de férias. A Carnival Cruise Line, por exemplo, lançou seu primeiro programa de cartões-presente em 2012. O Carnival Gift Card é um cartão-presente pré-pago semelhante a um vale-presente que pode ser usado como pagamento para uma reserva de cruzeiro em qualquer navio da Carnival, em excursões na costa pré-adquirida ou experiências de spa. Os cartões-presente da Carnival podem ser adquiridos on-line, na frota da Carnival ou em aproximadamente 9 mil lojas. O cartão-presente pode ser resgatado no site Carnival.com, GoCCL.com, com uma ligação para a Carnival (1-800-CARNIVAL) ou a bordo. A empresa promove o cartão-presente como mais conveniente do que dinheiro ou um vale-presente em papel.

EXPOSITORES NO PONTO DE VENDA

O merchandising no ponto de venda é uma técnica usada para promover um produto nos locais onde ele está sendo vendido. O valor do merchandising no ponto de venda é reconhecido há muito tempo no varejo e está fazendo avanços rápidos em restaurantes, hotéis, empresas de aluguel de carros e agências de viagens. Na indústria de alimentos e bebidas, menus e listas de vinhos e bebidas são as ferramentas principais. Na verdade, muitos restaurantes agora colocam seus menus na internet para os clientes verem; muitas vinícolas agora oferecem degustação gratuita ou com um custo muito baixo para atrair os clientes para as compras; e os hotéis também usam uma ampla variedade de técnicas de merchandising, incluindo carta de boas-vindas aos hóspedes no quarto, menus de serviço de quarto, expositores em elevadores e saguões e prateleiras com folhetos. Nos negócios das agências de viagens, fôlderes, pôsteres e expositores de vitrine e expositores verticais são formas bastante comuns de promoção de vendas. Há alguns anos, o Club Med projetou um expositor para agentes de viagens que apresentava uma cadeira de praia com uma prancha de surfe de um lado e um par de esquis do outro para mostrar que o Club Med tem destinos de inverno e de verão.

RECOMPENSAS POR USO

As recompensas por uso são dinheiro ou outros prêmios dados aos clientes pelo uso regular dos produtos ou serviços de uma empresa. A intenção dessas recompensas é incentivar a lealdade e criar uma mudança positiva no comportamento do consumidor. Exemplos são os programas para passageiros frequentes que concedem pontos por milhas percorridas. Muitas redes de hotéis também têm programas de estadia para hóspedes frequentes e alguns restaurantes têm programas para clientes frequentes. Uma das tendências mais dominantes dos programas de fidelidade em geral é o modelo de coalizão. Empresas de vários setores transformaram programas de fidelidade de marca única em programas corporativos de diferentes marcas, formando parcerias com outras empresas para oferecer valor agregado aos clientes. Por exemplo, as companhias aéreas estão fazendo parceria com hotéis, locadoras de carros, restaurantes e empresas de cartão de crédito e oferecendo aos clientes fiéis mais oportunidades de ganhar pontos e benefícios.

CONCURSOS, PROMOÇÕES E JOGOS

Os concursos são promoções de vendas nas quais os participantes ganham prêmios com base em algumas habilidades necessárias que eles são solicitados a demonstrar. Sorteios são promoções de vendas que exigem que os participantes enviem seus nomes e endereços. Os vencedores são escolhidos com base no acaso, não na habilidade. As promoções são semelhantes aos sorteios, mas envolvem o uso de peças de jogos, como cartões para raspar. Foi demonstrado que o uso de concursos, promoções e sorteios aumenta o número de leitores de publicidade. Essas ferramentas promocionais podem ser úteis na comunicação dos principais benefícios e pontos de venda exclusivos e podem ser direcionadas a consumidores e membros do setor. Um exemplo de concurso na área de turismo – o concurso Represente sua loja do Sugar Bowl no Facebook – é descrito a seguir.

PROMOÇÕES CONJUNTAS

Também houve um aumento nas promoções conjuntas, em que duas ou mais organizações com mercados-alvo semelhantes combinam seus recursos para terem vantagem mútua. Essa colaboração pode reduzir o custo dos incentivos oferecidos e pode ser uma promoção conjunta pontual ou uma campanha de longo prazo, como uma campanha de associação comercial usando uma marca guarda-chuva. Um exemplo de promoção conjunta vem da Califórnia, onde o Sugar Bowl Resort firmou parceria com lojas de esqui e *snowboard* para escoar o estoque com uma combinação inteligente de mídia tradicional e on-line. O mercado-alvo eram as lojas de esqui e seus fãs. O concurso Represente sua loja do Sugar Bowl no Facebook durou três semanas em fevereiro de 2013. Os fãs do resort votaram em suas lojas favoritas de esqui e *snowboard* no norte da Califórnia, e um votante foi escolhido para receber cinco ingressos gratuitos e cinco vouchers para refeição. A loja vencedora recebeu 20 ingressos de teleférico para recompensar os funcionários e também poder se orgulhar de ser a loja mais popular da região. O Sugar Bowl estabeleceu uma parceria com seus fornecedores mais fiéis e alcançou seus clientes e seus próprios visitantes, promovendo o concurso via Facebook, Twitter, envio de e-mails em massa, boletins informativos, mensagens de texto e rádio. As próprias lojas promoveram o concurso em suas lojas e no Facebook. Como resultado do concurso, a base de fãs do Sugar Bowl cresceu mais de 13%.

Outros resorts de esqui também estão formando parcerias com grandes marcas para obterem benefício mútuo. Em janeiro de 2015, a Whistler Blackcomb anunciou uma aliança de três anos com a Oakley, fabricantes de óculos de sol para homens e mulheres, roupas esportivas, óculos, relógios e acessórios. O acordo colocou os produtos Oakley em um grande número de funcionários embaixadores do resort envolvidos com a Whistler Blackcomb Snow School, a divisão de varejo e a Whistler Heli-Skiing. A parceria também resultou em vários pontos de

FIGURA 8.8 *Concurso Represente sua loja do Sugar Bowl no Facebook. (©Sugar Bowl Resort. Todos os direitos reservados. Usado com permissão)*

contato da marca e do marketing da Oakley em todo o Whistler Blackcomb Resort, tanto na montanha quanto nas lojas de varejo do Whistler Blackcomb na vila. "Estamos empolgados em fazer da Oakley nosso novo parceiro corporativo", disse Stuart Rempel, vice-presidente sênior de marketing e vendas da Whistler Blackcomb. "A marca Oakley é sinônimo de óculos de alto desempenho, algo fundamental para que os hóspedes do Whistler Blackcomb tenham uma experiência ideal, seja esquiando, praticando outros esportes na neve ou andando de bicicleta nas nossas montanhas." Alexandre Langevin, diretor de marketing da Oakley no Canadá, disse: "É uma honra ser um parceiro oficial do Whistler Blackcomb. Estamos animados em compartilhar nossa paixão pelos esportes de inverno e de verão com um resort tão icônico. O Whistler Blackcomb é essencial para o desenvolvimento de muitos atletas internacionais da Oakley. Nosso objetivo é fornecer a melhor experiência de marca para os consumidores nessa meca esportiva" (SNOWBOARDER, 2015).

RESUMO DO CAPÍTULO

Nas comunicações de marketing, a combinação de elementos promocionais é conhecida como mix promocional, o que inclui promoções de publicidade e vendas, que são discutidas neste capítulo.

A publicidade pode ser definida como qualquer forma paga de apresentação e promoção não pessoal de ideias, bens ou serviços por um patrocinador identificado, usando a mídia de massa para persuadir ou influenciar um público. A promoção de vendas funciona mais em curto prazo e oferece ao gerente resultados finais de curto prazo e a capacidade de responder às mudanças do mercado.

Muitas ferramentas podem ser usadas para alcançar os objetivos de promoção de vendas; isso inclui amostras, cupons e sorteios. Talvez um dos avanços mais importantes do marketing nas últimas décadas tenha sido o aumento das comunicações integradas de marketing (CIM) – o reconhecimento de que a publicidade não pode mais ser criada e executada isoladamente de outros elementos do mix promocional.

QUESTÕES PARA REFLEXÃO

1. Encontre um exemplo de anúncio de uma organização de turismo ou hospitalidade. Que estratégia de mensagem ela está empregando? Qual a eficácia do anúncio e quais alterações você faria para melhorar sua eficácia?

2. Quais são os principais fatores que determinam a escolha da mídia de publicidade de uma companhia aérea? Se possível, obtenha detalhes ou exemplos de publicidade de companhias aéreas específicas para sustentar sua resposta.

3. Você acha que as promoções de vendas criam lealdade ou incentivam a mudança para os produtos dos concorrentes? Use exemplos de sua própria experiência.

MARKETING EM AÇÃO – APROVEITANDO EVENTOS PARA MUDAR A IMAGEM DE UM DESTINO: O BRASIL E A COPA DO MUNDO DE 2014

Dois anos antes da Copa do Mundo FIFA 2014, o Brasil lançou uma campanha de rebranding, direcionando o foco do turismo para a dança e o esporte. Elaborada para elevar o perfil da Copa do Mundo, também teve como objetivo impulsionar o turismo de longo prazo além dos 6 milhões de visitantes registrados em 2013. Anunciada por Vinicius Lages, ministro do Turismo do Brasil na época, a campanha enfatizou o calor do povo brasileiro, mostrando-os dançando, brincando e cumprimentando. Os anúncios foram colocados no YouTube, Facebook, Tripadvisor, Expedia e várias companhias aéreas. Parte dos vídeos foi projetada para fazer as pessoas sentirem que o Brasil era um lugar acolhedor e confortável para se visitar. Os segmentos de dança misturavam passos de dança com movimentos de futebol em um cenário cênico, e os vídeos de encontros retratavam o Brasil como um destino convidativo de negócios e lazer. Transmitida em 220 países, alcançando mais de um bilhão de pessoas, a Copa do Mundo foi uma oportunidade ideal para ensinar o mundo sobre a cultura brasileira.

(cont.)

IMAGEM 8.3 *Estádio do Maracanã, Rio de Janeiro, Brasil – sede da final da Copa do Mundo de 2014. (©visit.rio/Alexandre Macieira. Reproduzido com permissão)*

Um artigo no jornal *Mirror* do Reino Unido em agosto de 2014 relatou que a campanha foi um sucesso retumbante, com 95% dos fãs de futebol que visitaram afirmando que voltariam para as férias. O número de visitantes internacionais "superou todas as expectativas", de acordo com a Embratur, Conselho Brasileiro de Turismo. "Mais de um milhão de visitantes foram às doze cidades-sede do país do samba para assistir ao maior espetáculo do mundo – superando os previstos 600 mil em mais de 65%", disse o jornalista Jeremy Armstrong. "O Conselho Mundial de Viagens e Turismo, um fórum do setor, prevê que o Brasil receberá 6,4 milhões de turistas internacionais em 2014 e que esse número mais que dobrará para 14,2 milhões em 2024."

Mas esse sucesso não veio sem desafios ao longo do caminho. Quando a Adidas, patrocinadora oficial da FIFA e da Copa do Mundo desde 1970, lançou suas camisetas da Copa do Mundo para o Brasil 2014, gerou considerável controvérsia e, por fim, precisou retirá-las. O motivo de indignação foi a representação sexualizada de mulheres brasileiras. Uma camiseta apresentava uma mulher atraente de biquíni de braços abertos, o que deixava a impressão de que ela estava convidando homens a virem ao Brasil para as mulheres, e não para o futebol.

As autoridades brasileiras reclamaram dessa representação sexual não politicamente correta do Brasil e das mulheres brasileiras. O então presidente Flávio Dino, da Embratur, agência responsável pelo marketing do Brasil no exterior, afirmou em uma carta enviada à Adidas: "O povo brasileiro e especialmente as mulheres brasileiras merecem esse respeito. As empresas nunca devem tratar os corpos de homens e mulheres brasileiros como atrações turísticas". Um motivo para a intensa campanha governamental a fim de que o país perdesse a reputação como destino do turismo sexual foi o objetivo geral de estabelecer uma imagem positiva em relação ao país – imagem que a Copa do Mundo da FIFA, em razão de seu apelo global, conotações esportivas e garantia de cobertura da mídia, poderia ajudar a desenvolver. Em segundo lugar, o motivo de uma reação muito forte do governo brasileiro foi o problema real do turismo sexual no Brasil. O Brasil sempre foi um destino turístico popular pela sua fauna exótica, praias imaculadas e festivais barulhentos como o Carnaval do Rio. Mas o país também é conhecido como destino do turismo sexual, uma imagem e situação que o governo queria mudar.

Alinhado ao seu mandato de rebranding, a Embratur vem se esforçando há muitos anos para impedir a venda de produtos que vinculam a imagem do Brasil ao apelo sexual. Por exemplo, em 2012, o Ministério do Turismo solicitou que 2100 sites relacionando prostituição e pornografia ao Brasil removessem a marca de viagens oficial. Além disso, há muitos anos, o Brasil publica anúncios preventivos para impedir que turistas sexuais visitem o país. Esses anúncios preventivos são usados por profissionais de marketing para desencorajar comportamentos

(cont.)

indesejados – o oposto das respostas comportamentais normais buscadas por meio da publicidade. Intimidar ações ou comportamentos é um processo complicado que envolve contra-argumentação, apresentando mensagens negativas sobre um comportamento indesejado e criando os incentivos adequados para estimular o comportamento desejado.

Após o *tsunami* de 2004, o Brasil, sem querer, substituiu a Tailândia como o destino número um do turismo sexual. Em resposta, a Embratur e o Ministério do Turismo do Brasil trabalharam juntos para desenvolver programas de marketing para impedir o turismo sexual. O Programa Turismo Sustentável e Infância foi criado para combater o turismo de exploração sexual no Brasil. As táticas incluíam anúncios de televisão exibidos no Brasil e em certas companhias aéreas do país. Um exemplo é um anúncio que começa com as fotos habituais de belas praias e ícones brasileiros espetaculares, como o Amazonas e as Cataratas do Iguaçu. No entanto, a cena final é a visão de uma garotinha de costas, balançando-se alegremente em um playground, enquanto o narrador fala sobre as sentenças de prisão por abuso sexual infantil. Os anúncios trouxeram à tona a campanha de março de 2005 para erradicar abusos sexuais de crianças e adultos, inaugurada durante a temporada de Carnaval para criar o máximo impacto.

Também foram utilizados anúncios impressos na campanha, colocados em revistas e jornais selecionados em todo o Brasil. Eles foram distribuídos por operadoras de viagens e policiais federais em portos marítimos e aéreos brasileiros. Com ênfase na melhoria da imagem internacional, cartões-postais de mulheres com pouca roupa foram banidos. Tradicionalmente, o Brasil já vendeu milhões de cartões-postais de mulheres, geralmente em biquínis pequenos. Em um comunicado à imprensa, o secretário de Turismo, Sergio Ricardo, disse: "Cartões-postais que exploram fotos de mulheres com pouca roupa sugerem turismo sexual, uma prática que nos estigmatiza com rótulos indignos". A Organização Mundial do Turismo (OMT) também se envolveu nesse projeto colaborativo, e os detalhes da campanha eram bastante acessíveis no site da OMT. Apesar da mudança radical, os varejistas relataram que as vendas não foram afetadas, pois os turistas compraram mais cartões-postais de paisagem.

Fontes: Hudson (2008); Shankman (2014); Juricic (2015); Baran (2013); Armstrong (2014).

QUESTÕES DE ESTUDO DE CASO

1. Por que os profissionais de marketing acharam que a Copa do Mundo era uma oportunidade ideal para mostrar a cultura brasileira ao mundo? Você concorda?

2. Encontre um dos anúncios ou comerciais mencionados neste caso e faça uma crítica sobre ele com base no material deste capítulo.

3. Quais são os perigos de promover uma imagem de destino por meio de um grande evento ou de celebridades?

REFERÊNCIAS

ARMSTRONG, J. Brazil World Cup tourism triumph as 95% of fans say they will return to the samba nation for a holiday. **The Mirror**, 31 ago. 2014. Disponível em: www.mirror.co.uk/lifestyle/travel/usa-long-haul/brazil-world-cup-tourism-triumph-4126879. Acesso em: 19 mar. 2020.

BARAN, M. Brazil launches tourism campaign around World Cup. **Travel Weekly**, 23 out. 2013. Disponível em: www.travelweekly.com/South-America-Travel/Brazil-launches-tourism-campaign-around-World-Cup. Acesso em: 19 mar. 2020.

BERMAN, D. New Space Coast tourism campaign to push beach nostalgia. **Florida Today**, 21 jan. 2016. Disponível em: www.floridatoday.com/story/news/local/2016/01/20/new-spacecoast-tourism-campaign-push-beach-nostalgia/78993322. Acesso em: 19 mar. 2020.

BROADBENT, S.; JACOBS, B. **Spending advertising money**. Londres: Business Books, 1985.

BYUN, J.; JANG, S. Effective destination advertising: matching effect between advertising language and destination type. **Tourism Management**, v. 50, p. 31–40, out. 2015.

CHRISTOU, E. Exploring online sales promotions in the hospitality industry. **Journal of Hospitality Marketing & Management**, v. 20, p. 814–829, out. 2011.

COLLEY, R. H. Defining advertising goals for measuring advertising results. New York: Association of National Advertisers, 1961.

ELLIOTT, S. Luxury hotels market the memories they can make. **New York Times**, 14 set. 2011, p. B3.

EMARKETER. US mobile users turn to smartphones, tablets to redeem coupons. **eMarketer**, 2 maio 2014. Disponível em: www.emarketer.com/Article/US-Mobile-Users-Turn-Smartphones-Tablets-Redeem-Coupons/1010801. Acesso em: 19 mar. 2020.

EMARKETER. Total media ad spending growth slows worldwide. **eMarketer**, 15 set. 2015. Disponível em: www.emarketer.com/Article/Total-Media-Ad-Spending-Growth-Slows-Worldwide/1012981. Acesso em: 19 mar. 2020.

HUDSON, S. Tourism and hospitality marketing: a global perspective. Londres: Sage, 2008.

HUDSON, S. Wooing zoomers: Marketing tourism to the mature traveler. **Marketing Intelligence and Planning**, v. 28, n. 4, p. 444–461, jun. 2010.

HUDSON, S. Selling America to the world: the case of Brand USA. **Journal of Destination Marketing and Management**, v. 3, n. 2, p. 79–81, jun. 2014.

HUDSON, S.; HUDSON, L. J. **Winter sport tourism**: working in winter wonderlands. Oxford: Goodfellow Publishers Ltd, 2015.

JURICIC, T. Responsible tourism at sports mega events – responsible by whom? **The Fair Traveller**, 16 ju. 2015. Disponível em: http://welcome.thefairtraveller.org/responsible-tourism-at-sports-mega-events-responsible-by-whom. Acesso em: 9 dez. 2016.

LAVIDGE, R. C.; STEINER, G. A. A model for predictive measurement of advertising effectiveness. **Journal of Marketing**, out. 1961, p. 59–62.

LEVERE, J. L. Hotel chain tries funny to sell free breakfast. **New York Times**, 3 set. 2014a, p. B4.

LEVERE, J. L. A whisper campaign started over the Virgin Group's new hotels. **New York Times**, 7 out. 2014b. Disponível em: www.nytimes.com/2014/10/08/business/media/a-whisper-campaign-started-over-the-virgin-groups-new-hotels.html?_r=0. Acesso em: 19 mar. 2020.

MARTIN, B. A. S.; VINCENT, A. Effects of knowledge, testimonials, and ad copy on cruise advertising judgments. **Tourism Analysis**, v. 19, p. 769–774, dez. 2014.

MOFFETT, M. H.; RAMASWAMY, K. Planet Starbucks (A). **Thunderbird Global School of Management**, 2003.

PAN, S. The role of TV commercial visuals in forming memorable and impressive destination images. **Journal of Travel Research**, v. 48, n. 2, p. 171–185, mar. 2009.

PARK, S.; NICOLAU, J. L.; FESENMAIER, D. R. Assessing advertising in a hierarchical decision model. **Annals of Tourism Research**, v. 40, p. 260–282, jan. 2013.

ROGERS, E. M. **The diffusion of innovations**. New York: Free Press, 1962.

SASS, E. Most marketers will spend more on social media in 2014. **MediaPost Publications**, 19 nov. 2013. Disponível em: www.mediapost.com/publications/article/213850/most-marketers-will-spend-more-on-social-media-in.html. Acesso em: 19 mar. 2020.

SHANKMAN, S. Brazil launches global tourism campaign before the World Cup. **Shift**, 12 maio 2014. Disponível em: https://skift.com/2014/05/12/brazil-launches-global-tourism-campaign-before-the-world-cup. Acesso em: 19 mar. 2020.

SIGALA, M. A framework for designing and implementing effective online coupons in tourism and hospitality. **Journal of Vacation Marketing**, v. 19, n. 2, p. 165–180, abr. 2013.

SNOWBOARDER. Whistler Blackcomb and Oakley today announce three-year strategic alliance. 6 jan. 2015. Disponível em: www.*snowboarder*.com/news/whistler-blackcomb-oakley-announce-three-year-strategic-alliance/#OJHHfl6MuTPAIvGx.97. Acesso em: 19 mar. 2020.

STRONG, E. K. **The psychology of selling**. New York: McGraw-Hill, 1925.

WELLS, W.; Burnett, B.; Moriarty, S. **Advertising principles and practice**. 7. ed. Englewood Cliffs, NJ: Prentice Hall, 2006.

ZALDIVAR, G. VisitBritain drops dazzling 'Bond is GREAT' campaign ahead of *Spectre* release. **Travel Pulse**, 9 out. 2015. Disponível em: www.travelpulse.com/news/entertainment/visitbritain-drops-dazzling-bond-is-great-campaign-ahead-of-spectre-release.html. Acesso em: 19 mar. 2020.

RELAÇÕES PÚBLICAS E VENDA PESSOAL

9

INTRODUÇÃO

Este capítulo se concentra em duas importantes técnicas de comunicação – relações públicas e venda pessoal. A primeira parte do capítulo fornece uma visão geral das relações públicas e uma discussão de suas principais técnicas usadas no turismo e na hospitalidade e como elas podem ser medidas. A venda pessoal é o foco da segunda parte do capítulo, que discute as funções e os objetivos da venda pessoal, o processo de vendas e as funções de um gerente de vendas. Os estudos de caso analisam uma agência de viagens de incentivo e conferências em Tenerife, o marketing cooperativo na região vinícola de Stellenbosch, na África do Sul, e como o Havaí está se promovendo por meio do cinema e da televisão.

LIÇÕES DE UM GURU DO MARKETING – NOTA DEZ PARA MARCOS VAN AKEN, DE TENERIFE

A administração de uma agência de viagens de incentivo e conferências em Tenerife – parte das Ilhas Canárias, de propriedade espanhola, na costa noroeste da África – envolve dilemas diários de atendimento ao cliente para Marcos Albornoz Van Aken. Como diretor de vendas e operações da Ten Travel DMC, ele é responsável por atrair empresas e manter os representantes felizes durante suas visitas. "Tornamos o serviço pessoal uma prioridade absoluta em uma época em que, apesar das mídias sociais e das novas tecnologias que governam a interação com os clientes, a segurança pessoal e tangível no local é um valor agregado em que nem toda empresa está disposta a investir. Os clientes adoram funcionários que colocam mãos à obra, e temos tudo a ver com isso."

IMAGEM 9.1 *Marcos Van Aken, Ten Travel.*
(Cortesia de Marcos Van Aken, Ten Travel DMC)

Pertencente a John Lucas Sr., a empresa começou há trinta e cinco anos com foco em férias organizadas, mas rapidamente se diversificou para o mercado de grupos corporativos e viagens de incentivo. "As viagens de negócios e de incentivo exigem um nível muito alto de especialização. Segmentamos isso e fomos abordados ao longo do tempo por várias empresas de cruzeiros também. Nosso objetivo é atingir o topo do mercado", explica Van Aken, que, apesar de nascido em Tenerife, estudou mestrado em Administração Hoteleira na University of Surrey, na Inglaterra. "Os tempos mudaram muito em um espaço relativamente curto de tempo. Ainda me lembro de usar o Telex, depois o bom e velho fax; já o e-mail mudou definitivamente a forma como abordamos os clientes e também mudou a ideia percebida de eficiência. Sou da opinião de que a resposta rápida hoje em dia gera lucros; não se trata de quem tem as informações mais completas ou detalhadas; é sobre quem pode obtê-las mais rápido."

Van Aken gasta uma quantidade considerável de seu tempo resolvendo problemas para os clientes. Um dilema se apresentou quando uma empresa alemã queria tratamento especial para seus clientes no aeroporto. "Eles insistiram para que os clientes deixassem o avião e seguissem para o ônibus sem tocar em uma mala", lembra Van Aken. Isso foi particularmente sensível à luz dos ataques terroristas do 11 de setembro. Embora apreciasse o desejo por esse tipo de serviço de alta qualidade, ele se admirou com a quantidade de papelada, pedido de aprovação e dinheiro necessários para que isso acontecesse: "Consigo entender por que o cliente queria o serviço: ele queria que seus convidados fossem levados diretamente para a área de coquetéis do hotel e, enquanto eles tomassem coquetéis, suas bagagens fossem entregues em seus quartos".

Van Aken acredita que esse tipo de serviço é sinônimo de qualidade, pois faz com que algo difícil aconteça sem problemas. "Com frequência, o cliente não possui conhecimento técnico e também não deseja ter esse conhecimento. Ele/ela quer que as coisas funcionem e realmente não se importa com como", explica ele. "Organizamos um grande jantar de gala em

(cont.)

uma plantação de banana. A complexidade é enorme, porque o local requer monitoramento AVL (Automatic Vehicle Location) intensivo e também geradores de som, iluminação e serviços de alimentação para poder funcionar. Tínhamos um gerador principal para nos levar ao evento, mas também incluímos um gerador de reserva por precaução. Acabamos precisando do gerador de reserva por causa de um funcionamento instável do gerador principal. Isso foi incorporado aos custos sem o cliente saber; nessa noite, ninguém percebeu que usamos o gerador de reserva!"

Embora a Ten Travel empregue vários funcionários da equipe, funcionários *freelancers* e guias turísticos regulares, as principais contas são de responsabilidade pessoal de Van Aken. Como intermediário entre as indústrias de turismo e negócios, ele está em uma posição privilegiada para elevar os padrões de serviço em Tenerife. Parte de seu trabalho é garantir que os níveis de serviço vistos nas visitas de inspeção sejam traduzidos literalmente nas festas de gala e conferências quando os convidados chegam. Ele tem o background multicultural perfeito para isso, com mãe holandesa e pai espanhol, educação britânica e alemã, dois anos viajando pela América do Sul e Sudeste Asiático e experiência na indústria hoteleira. "Essa é a minha vantagem", diz ele. "Falo cinco idiomas, o que me permite alcançar o mercado holandês, além de empresas britânicas, alemãs e espanholas; o relacionamento com os clientes em seu próprio idioma cria empatia e, por fim, lucros. Esforço-me constantemente para estar à frente das tendências do turismo e me esforço para melhorar minhas habilidades de liderança. No que me diz respeito, hoje em dia, um líder é um gerente de mudanças."

Antes de ingressar na Ten Travel em 2003, Van Aken trabalhou no gerenciamento de hotéis, onde foi exposto regularmente a minúcias de conferências e eventos de negócios. Ele acredita em fornecer um fator surpresa para seus clientes, que muitas vezes têm uma concepção limitada do que é Tenerife. "Na maioria das vezes, eles pensam que é 99% sol e praia", diz ele. Surpreender seus clientes consiste principalmente em levá-los da costa para destinos no interior, incluindo atividades de mountain bike e caminhadas em diversas paisagens e parques nacionais. Ele tenta ir além da viagem turística habitual ao parque vulcânico de Tenerife no monte Teide, por exemplo: "Subimos de teleférico e depois seguimos para um alojamento onde você passa a noite. Depois, há uma caminhada de duas horas às quatro horas da manhã seguinte para se chegar ao topo e ver o nascer do sol. Também estamos organizando sessões de ioga a 3.500 metros de altitude, com vista para as sete Ilhas Canárias do ponto mais alto da Espanha. Esse é o tipo de coisa que levará as pessoas além do esperado e as fará dizer: 'Uau, isso foi diferente'".

Na era digital, as relações com os clientes mudaram em relação ao formato usado para executar a interação com o cliente, ele afirma: "Estamos constantemente disponíveis pelas mídias sociais, mas ainda acho que a abordagem pessoal dá vantagem e isso não mudou nem vai mudar com o tempo. Estamos no negócio de fazer as pessoas se sentirem bem. Um PC, tablet ou telefone não pode fazer isso; uma pessoa pode. Ouvir é crucial para entender as solicitações e demandas de negócios dos clientes; conhecer essas solicitações específicas com soluções criativas e lucrativas é o que mantém nossa empresa no mercado, gerando lucros".

Fonte: entrevista com Marcos Van Aken, junho de 2016.

INTRODUÇÃO ÀS RELAÇÕES PÚBLICAS

O campo de relações públicas (RP) está crescendo. Somente nos Estados Unidos, o setor de relações públicas é composto por mais de 7 mil empresas, gerando uma receita anual estimada em 11 bilhões de dólares e oferecendo uma gama diversificada de serviços, desde relações com a mídia até gerenciamento de eventos (POZIN, 2014). Existem muitos tipos de mídia disponíveis para especialistas em relações públicas, e eles se encaixam em três grandes categorias: mídia própria, mídia paga e mídia ganha. Mídia própria é definida como canais de comunicação que estão sob o controle da organização, como sites, blogs ou e-mail; enquanto a mídia paga refere-se principalmente à publicidade tradicional, discutida no capítulo 8. A mídia ganha, por outro lado, é gerada quando o conteúdo recebe reconhecimento e uma sequência fora da publicidade paga tradicional, geralmente da publicidade obtida por influência editorial. Criticamente, a mídia ganha não pode ser comprada nem possuída, só pode ser adquirida organicamente, daí o termo ganha. Como a maior parte dessa mídia é obtida por meio de atividades de relações públicas, esta seção se concentrará principalmente em relações públicas e suas várias técnicas. O escopo das relações públicas é mais amplo do que a publicidade, sendo seu objetivo fazer com que uma organização alcance relacionamentos positivos com várias audiências (públicos), a fim de gerenciar efetivamente a imagem e a reputação dessa organização. Seus públicos podem ser externos (clientes, mídia, comunidade de investimentos, público em geral, órgãos governamentais) e internos (acionistas, funcionários).

Os três papéis mais importantes de RP e publicidade no turismo e na hospitalidade são manter uma presença pública positiva, lidar com publicidade negativa e aumentar a eficácia de outros elementos do mix promocional (MORRISON, 2002). Nesta terceira função, o RP abre caminho para publicidade, promoções de vendas e vendas pessoais, tornando os clientes mais receptivos às mensagens persuasivas desses elementos. Por fim, a diferença entre publicidade e relações públicas é que as relações públicas têm uma visão mais de longo prazo e mais ampla da importância da imagem e da reputação como um ativo competitivo corporativo e se direcionam a mais públicos-alvo.

TÉCNICAS DE RELAÇÕES PÚBLICAS

Várias técnicas de RP estão disponíveis para organizações de turismo e hospitalidade. Elas estão destacadas na Figura 9.1 e são discutidas a seguir.

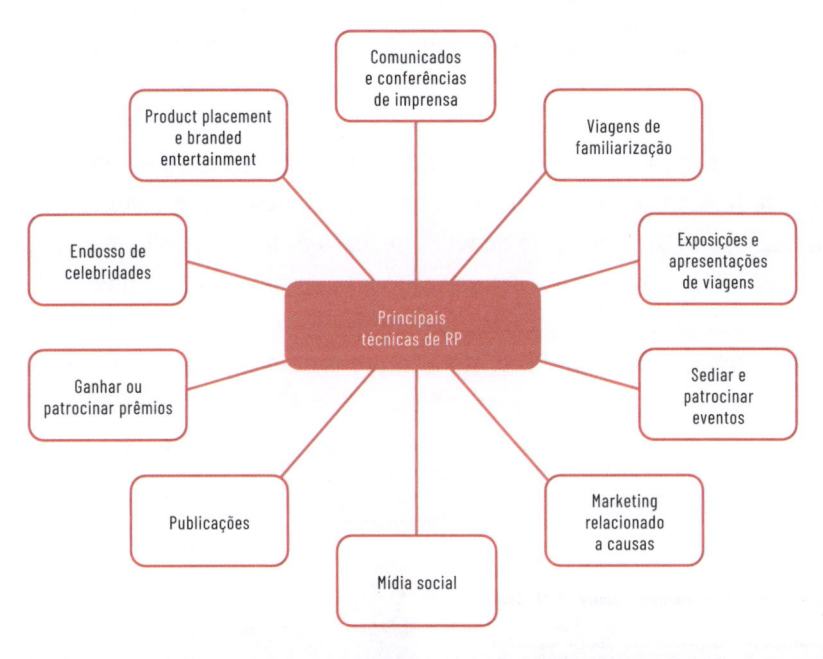

FIGURA 9.1 *Técnicas selecionadas de relações públicas disponíveis para profissionais de marketing*

COMUNICADOS DE IMPRENSA (PRESS RELEASES) E CONFERÊNCIAS DE IMPRENSA

Um comunicado à imprensa é um pequeno artigo sobre uma organização ou um evento escrito na tentativa de atrair a atenção da mídia, que, esperamos, levará à cobertura da mídia. Eles podem ser planejados com muito tempo de antecedência ou podem ser oportunos. Quando o surfista radical havaiano Garrett McNamara quebrou um aparente recorde mundial em 2013, pegando uma parede estimada em 30 metros em Nazaré, um vilarejo de pescadores português, o gabinete de turismo de Portugal aproveitou imediatamente a oportunidade para promover o cenário emergente do surfe no país. "Temos 724 quilômetros de costa limpa do Atlântico, (e) algumas praias de surfe que não são desse mundo", dizia um comunicado de imprensa enviado imediatamente após o espetáculo de cair o queixo.

A preparação de comunicados de imprensa é provavelmente a atividade de relações públicas mais popular e difundida. Para ser eficaz, o lançamento deve ser direcionado com tanto cuidado quanto uma programação de mídia de publicidade. Ele deve ser enviado para as publicações corretas e ser escrito em um estilo que essas publicações usam. O título deve dar uma ideia clara do assunto. O comunicado deve abrir com um parágrafo que resuma os principais pontos da notícia, indicando quem fez o quê, quando, por que e onde. O estilo deve ser o de uma reportagem e a história deve ser genuinamente interessante para os leitores da publicação. Idealmente, deve contar a eles algo novo que está acontecendo e deve conter um forte ângulo humano. Outros conteúdos úteis de um comunicado de imprensa incluem uma fotografia e citações, e é essencial fornecer um nome de contato e número de telefone, caso os jornalistas precisem de mais informações. Um exemplo de comunicado à imprensa pode ser lido a seguir e é o anúncio oficial de uma parceria entre Botsuana e a maior feira de viagens do mundo, a ITB Berlin. O comunicado à imprensa inclui citações do ministro do Turismo de Botsuana e de um representante da ITB, além de contatos para se obter mais informações. A ITB é discutida em mais detalhes mais adiante.

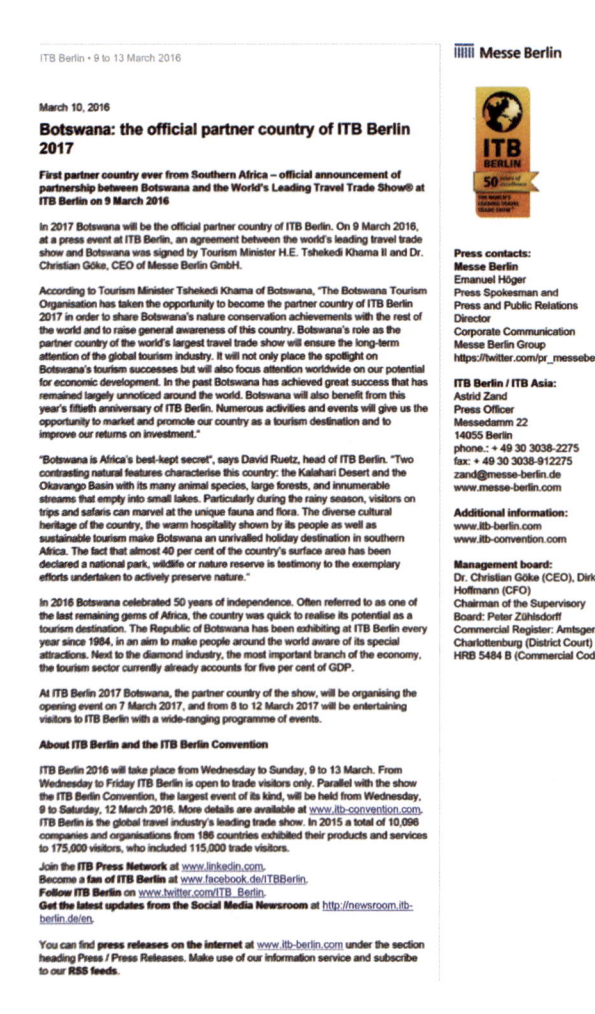

FIGURA 9.2 *Comunicado de imprensa da ITB Berlin, 2016.*
(©Messe Berlin GmbH. Reproduzido com permissão)

VIAGENS DE FAMILIARIZAÇÃO

Conforme mencionado no capítulo anterior, uma viagem de familiarização (em inglês geralmente são chamadas de *FAM trips*) é uma excursão oferecida à mídia em nome de uma organização para familiarizá-la com seu destino e serviços. Uma viagem de familiarização é uma ótima forma de a organização obter publicidade positiva e os meios de comunicação terem a oportunidade de escrever uma história sobre uma organização que eles compreendem e vivenciaram plenamente. Essas viagens podem ser direcionadas a certas publicações/jornalistas ou regiões ou países específicos. A Lake Tahoe Visitors Authority [Autoridade de Visitantes de Lake Tahoe] (LTVA), por exemplo, organizou três viagens de familiarização na temporada 2012-2013 para os australianos – não apenas escritores, mas também importantes agentes de viagens representando Scene, Harveys World Travel, Navigator Travel, Campas Tara Travel and Travel 2. Essas visitas resultaram em uma exposição no valor de 620 mil dólares nas seguintes publicações: *Sun Herald*, *Sydney Morning Herald*, *The Age* e *Women's Health Magazine*, com uma exposição adicional avaliada em 1,6 milhão de dólares (HUDSON; HUDSON, 2015).

As viagens de familiarização também podem ter um objetivo específico em mente. Um exemplo é uma viagem de familiarização organizada pela operadora de turismo Mark Warner, do Reino Unido, em 2016. A empresa levou oito agentes de viagens para o Lakitira Beach Resort em Kos, Grécia, seguindo o caminho de milhares de migrantes, principalmente da Síria, que chegavam em terra no verão anterior, em meio a forte cobertura da mídia. A gerente de vendas da agência Julie Franklin disse que a viagem foi organizada para recuperar a confiança perdida dos consumidores que optaram por se manter longe do país em 2016 em razão de preocupações em relação à segurança durante a situação humanitária em curso (PARRY, 2016). Sarah Jarvis, uma agente de viagens de familiarização, disse que ver o destino em primeira mão ajudou a dissipar a cobertura negativa das notícias que ela havia testemunhado. "Foi a primeira vez que visitei Kos e, pelo que você via na mídia, tinha a impressão de que não havia turistas na ilha, que estava superlotada de refugiados e que os resorts eram cidades fantasmas", disse ela.

Lutz (2010) sugere que o essencial para organizar uma viagem de imprensa bem-sucedida é garantir que todos os aspectos da viagem sejam planejados adequadamente até o último detalhe. Ela oferece uma lista de verificação para ter em mente ao pensar em montar uma viagem de familiarização (veja o Quadro 9.1).

QUADRO 9.1 *Uma lista de verificação para montar uma viagem de familiarização.*
(Fonte: adaptado de Lutz, 2010)

Lista de verificação	Explicação
Planeje com antecedência	Nunca há um ótimo momento para oferecer quartos de cortesia ou passes de esqui, etc., mas a maioria dos destinos é sazonal e leva em consideração o custo das viagens de familiarização ao orçamento geral de marketing e relações públicas. Então, se puder, escolha uma semana de ocupação relativamente baixa
Reúna listas de mídia	Você precisa priorizar quem é a prioridade a ser convidada e por quê. Você precisa ser estratégico em relação a todo convite que fizer. Escritores de viagens estabelecidos e confiáveis são ótimos convidados, pois podem escrever várias histórias em seu destino, que podem ser acolhidas por duas ou mais publicações
Procure ajuda do seu CVB (Convention & Visitors Bureau) local	A agência de visitantes locais é um ótimo recurso para listas de mídia, verificação de histórico de repórteres e outras informações. Eles também podem ajudá-lo a fornecer apoio, como acesso a eventos e locais da cidade ou restaurantes parceiros, o que tornará sua viagem à imprensa uma experiência completa. Os CVBs também podem ajudar com contatos de transporte e muito mais
Decida quais despesas cobrir	Você deve pesquisar qual é a norma para sua área, solicitando ao seu CVB e, em seguida, tome sua decisão. Naturalmente, quarto, impostos e café da manhã devem ser incluídos para todos, bem como acesso a comodidades. Seu itinerário deve incluir transporte para o aeroporto para quem voa e tíquetes de estacionamento para quem dirige
Crie um itinerário interessante	A maioria dos jornalistas deseja ter uma variedade de experiências memoráveis para escrever. Você deve aproveitar esta oportunidade para vender seu destino. Seja criativo e informativo em suas descrições
Envie os convites	Envie convites com 6 a 8 meses de antecedência e acompanhe os RSVPs. Atualmente, os convites on-line são eficazes e aceitáveis. Depois que a mídia confirmar, você poderá enviar um itinerário mais detalhado sobre a viagem destinada à imprensa
Reserve os quartos certos	Você deve estar disposto a abrir mão de vários quartos VIP rapidamente para acomodar a imprensa. A mídia está acostumada a se impressionar e você precisa fornecer um toque extra, o que tornará a estadia em sua propriedade inesquecível. Lembre-se de que os bons estão recebendo inúmeras ofertas e têm apenas um tempo finito. Portanto, seja grato por eles quererem passar um tempo com você
Estabeleça metas para a viagem de familiarização	Discuta com sua equipe o que você pretende alcançar com essa despesa. Depois de determinar estrategicamente os objetivos da viagem, será mais fácil acompanhar seu sucesso e considerar repetir outra no futuro
Meios de pesquisa	Existem várias fontes on-line onde você pode pesquisar mais sobre os convidados que estão chegando. As informações são cruciais para entender mais sobre eles, e você pode personalizar a estadia deles de acordo com isso. Por exemplo, se você ler no perfil de um escritor que ele é vegetariano, informe o *chef* com antecedência. Essas são as coisas de que seus hóspedes se lembrarão
Brindes de boas-vindas	Eles podem causar um grande impacto, por isso pense um pouco nesses presentes. Forneça uma carta de boas-vindas, um kit de imprensa com informações de contato e todos os materiais da CVB, como ingressos para teleférico, ingressos gratuitos, etc. em uma sacola para presentes separada

(cont.)

Lista de verificação	Explicação
Dedique um profissional de relações públicas como contato principal	O especialista em relações públicas será o melhor e mais informado contato para a imprensa fazer perguntas e fornecer passeios. O contato de relações públicas também tem experiência para sugerir pontos de vista e apontar recursos especiais para a mídia. O contato de RP também é o mais apropriado para responder qualquer dúvida de acompanhamento da mídia após a viagem de familiarização, além de facilitar solicitações de fotos e marcar entrevistas
Continue a nutrir o relacionamento	Por fim, após o término da viagem de familiarização, a data de publicação de cada artigo pode variar dependendo dos calendários editoriais, mas certifique--se de manter o relacionamento com cada escritor. Eles são líderes de opinião da indústria de viagens e, quanto mais você os indicar para falar sobre seu destino, mais férias você venderá e melhor será sua imagem por meio do apoio editorial

EXPOSIÇÕES E APRESENTAÇÕES DE VIAGENS

Muitas organizações de turismo e hospitalidade participam de feiras, exposições ou convenções de viagens. Geralmente, essas ocasiões reúnem todas as partes da indústria (fornecedores, transportadoras, intermediários e organizações de marketing de destino). Expor em uma feira é semelhante a montar um pequeno mix promocional. Alguns expositores enviam mala direta (publicidade) a intermediários, convidando-os a visitar seus estandes. As exibições do estande (merchandising) retratam os serviços disponíveis e podem estar vinculadas a campanhas publicitárias recentes. Os representantes que trabalham no estande distribuem folhetos e cartões de visita e tentam desenvolver leads de vendas (vendas pessoais). Eles também podem doar amostras grátis ou cupons (promoções de vendas). Quando a feira termina, os expositores geralmente fazem o acompanhamento com correspondências personalizadas (mala direta) ou telefonemas (telemarketing).

A principal feira de negócios do setor de viagens é a ITB Berlin. Em 2016, 10 mil empresas expositoras de 187 países e regiões se reuniram com 120 mil visitantes comerciais nos 26 salões de exposições. Os negócios realizados durante a feira aumentaram de 6,7 bilhões de euros em 2015 para cerca de 7 bilhões. A feira de viagens, realizada pela primeira vez em Berlim em 1966, evoluiu para um sucesso internacional: a ITB Asia acontece anualmente em Singapura desde 2008 e, desde maio de 2017, a ITB China acontece anualmente em Xangai, em cooperação com as principais operadoras de turismo e agentes de viagens do país. Paralelamente à ITB Berlin, ocorre a ITB Convention, a maior convenção do mundo para o setor global de viagens. Em 2016, os duzentos eventos da convenção tiveram a participação de mais de 26 mil visitantes. Os principais temas da convenção, considerados como o think tank para a indústria internacional, foram Travel 4.0 e a digitalização completa de todos os vários processos de negócios das empresas de viagens. Por causa da evidente vontade de muitos viajantes em gastar, o assunto de viagens de luxo também atraiu um grande interesse. Também ocorreram discussões sobre as oportunidades e os riscos que o turismo enfrenta como consequência do afluxo de refugiados para a Europa. Mais de 5 mil jornalistas credenciados de oitenta países, bem como cerca de 380 blogueiros de trinta países, mandaram notícias da ITB Berlin.

IMAGEM 9.2 *Representantes na ITB Berlin, 2014. (Cortesia da galeria de imagens da ITB Berlin)*

SEDIAR E PATROCINAR EVENTOS

Os atores do setor de turismo também podem chamar a atenção organizando ou patrocinando eventos especiais. Eventos de golfe, por exemplo, costumam ser marcados com o nome de um destino em conjunto com a especificação do tipo de evento. O Torneio de Golfe de Abu Dhabi é um bom exemplo e teve um papel fundamental na estratégia de marketing da cidade para impulsionar seu turismo de golfe (HUDSON; HUDSON, 2014). Para entidades que realizam grandes eventos, garantir um patrocinador de título é fundamental, definido como "o direito de compartilhar o nome oficial de uma propriedade, evento ou atividade em troca do pagamento ao atual proprietário da propriedade, evento ou atividade" (CLARK; CORNWELL; PRUITT, 2009, p. 170). Em geral, o patrocínio do evento é o suporte financeiro de um evento (por exemplo, uma corrida de carros, uma apresentação no teatro, um festival ou uma maratona) em troca dos privilégios de publicidade associados a ele. Patrocínios geralmente são oferecidos pelo organizador do evento em camadas, o que significa que um patrocinador principal paga um valor máximo e recebe privilégios máximos, enquanto outros patrocinadores pagam menos e recebem menos privilégios. O investimento em patrocínios é dividido principalmente em três áreas: esportes, entretenimento e eventos culturais. O estudo de caso de abertura no capítulo 5 descreveu como os organizadores da Dance World Cup conseguiram o patrocínio da Bloch Europe, especializada em roupas de dança e sapatos.

Os eventos esportivos atraem a maior parte da receita de patrocínio. Por exemplo, as Olimpíadas de Londres 2012 atraíram mais de 100 milhões de libras, apenas dos quatro aos seis principais patrocinadores. Eventos também podem ser usados para restaurar uma imagem negativa de destino. Avraham (2014) constatou que a realização de eventos é uma estratégia popular entre os profissionais de marketing de locais que sofrem de uma crise de imagem imediata ou prolongada. Kaplanidou *et al.* (2013) distinguiram entre estruturas rígidas com impacto na hospedagem de eventos e estruturas flexíveis. As estruturas rígidas incluem projetos relacionados à infraestrutura de esportes e cultura, salas de concerto, construção de estradas, pontes, vagas de estacionamento e muitos outros desenvolvimentos. As estruturas flexíveis são principalmente benefícios intangíveis, como reformas de governança, cobertura positiva da mídia, atração de líderes de opinião e melhoria da autoimagem. Avraham sugere que podemos adicionar à lista de estruturas flexíveis o reparo da imagem negativa de locais que sofreram uma crise de imagem imediata ou prolongada.

MARKETING RELACIONADO A CAUSAS

O marketing relacionado a causas (MRC) é discutido em mais detalhes no capítulo final, mas a filantropia corporativa é organizada para aumentar os resultados (HUDSON; MILLER; PELOZA, 2006). O MRC é uma tendência em rápida expansão nas comunicações de marketing e está crescendo em um momento em que o público está cada vez mais cínico em relação aos grandes negócios. É basicamente um programa de marketing que se esforça para alcançar dois objetivos – melhorar o desempenho corporativo e ajudar causas importantes –, vinculando a captação de fundos para o benefício de uma causa à compra dos produtos e/ou serviços da empresa.

MÍDIAS SOCIAIS

As mídias sociais foram discutidas em detalhes no capítulo 3, mas plataformas como Facebook, YouTube e Twitter surgiram como canais importantes para responder a uma crise (SCHROEDER *et al.*, 2013; GRUNDY; MOXON, 2013) ou para gerar mídia positiva ganha. Um bom exemplo disso é a companhia aérea canadense WestJet, que em um final de semana em novembro de 2013 montou telas de vídeo interativas nas salas de embarque nos aeroportos de Toronto e Hamilton, permitindo que dois grupos de passageiros de Calgary digitalizassem seus cartões de embarque e conversassem com o Papai Noel. O Papai Noel, vestido em azul royal/roxo WestJet, perguntava aos passageiros o que eles gostariam de ganhar no Natal, e as respostas eram registradas por câmeras ocultas. Na maioria das vezes, as crianças queriam presentes simples – um trem de brinquedo, uma boneca Barbie, um tablet Android. Alguns adultos fizeram pedidos modestos: meias, roupas íntimas, lenços. Um pediu um anel de diamante, outro um carro. Enquanto esses passageiros estavam no ar, voluntários da WestJet em Calgary passaram quatro horas frenéticas comprando e embrulhando presentes. Quando os aviões pousaram quatro horas depois, aqueles 357 presentes individuais saíram da esteira de bagagens, enquanto mais câmeras escondidas registraram a surpresa em choque dos passageiros. Então a WestJet, com a ajuda da produtora Studio M, com sede em Toronto, compactou a filmagem de 19 câmeras ocultas diferentes em um anúncio de cinco minutos e 26 segundos. O vídeo foi lançado no YouTube na segunda-feira de manhã e logo estava nas tendências no Twitter (HUDSON; HUDSON, 2013).

No momento da redação deste artigo, o vídeo *Christmas Miracle* havia recebido mais de 45 milhões de visualizações no YouTube. Richard Bartrem, vice-presidente de comunicações e relações com a comunidade da WestJet, disse que a empresa esperava talvez 800 mil visualizações do vídeo. Mas mesmo nos poucos dias após o lançamento do *Christmas Miracle*, ele alcançou 13 milhões de visualizações, foi visto em mais de duzentos países e divulgado no Reino Unido, na Austrália, no Japão, na Polônia e na Malásia. "Estamos muito emocionados", disse ele. "Para um comercial tradicional, você pode gastar até seis dígitos apenas com a produção" (BENDER, 2013). Os olhares incrédulos no rosto dos passageiros, adultos e crianças, quando os presentes dos seus sonhos saíam da esteira são o verdadeiro poder do vídeo. "A diversão faz parte do nosso DNA!", Disse Robert Palmer, gerente de relações públicas da WestJet. "Isso foi muito um reflexo de nossa identidade corporativa. Gostamos de nos divertir com nossos passageiros e nas mídias sociais" (HUDSON; HUDSON, 2013).

PUBLICAÇÕES

As empresas confiam amplamente em materiais de comunicação para alcançar e influenciar seus mercados-alvo. Publicações como relatórios anuais, fôlderes e informativos e revistas da empresa podem chamar a atenção para uma empresa e seus produtos e ajudar a construir a imagem da empresa e transmitir notícias importantes para os mercados-alvo. A operadora de heli-esqui Canadian

Mountain Holidays, por exemplo, publicou o primeiro relatório de sustentabilidade para o setor de heli-esqui em 2004 como uma forma de compartilhar sucessos e desafios e aumentar a prestação de contas aos funcionários, hóspedes e outros interessados. O relatório foi atualizado com o Volume 2 em 2007 e o Volume 3 em 2010.

Materiais audiovisuais, como filmes e DVDs, com frequência também são usados como ferramentas de promoção. Muitas DMOs (Destination Management Organizations) usam vídeos para promover seus destinos. Algumas delas enviam vídeos promocionais diretamente para os consumidores e para membros do comércio de viagens. Em Mianmar, quando os profissionais de marketing lançaram sua nova campanha de branding em 2013 no Fórum Econômico Mundial no Leste Asiático, os representantes receberam um pendrive com vários vídeos sobre o país, incluindo seu novo comercial de televisão (veja o capítulo 1 para obter mais detalhes sobre a campanha). Outros estão usando a tecnologia atual para exibir seus vídeos promocionais. Com um novo aplicativo para Smart TV, o Walt Disney Parks and Resorts disponibilizou quarenta vídeos sobre os diferentes tipos de experiências que se pode esperar nos parques temáticos.

GANHAR OU PATROCINAR PRÊMIOS

Em muitas indústrias, por exemplo, a indústria automobilística, tornou-se prática comum as empresas promoverem suas conquistas. Os prêmios automotivos apresentados em revistas como a *Motor Trends* há muito tempo são conhecidos por influenciar potenciais compradores de automóveis. E a conquista de prêmios de prestígio se tornou cada vez mais importante também nos setores de turismo e hospitalidade. Para operadoras individuais, a conquista de um prêmio é uma oportunidade de campanha: a maioria dos prêmios no setor de turismo promove o melhor desempenho e geralmente é uma indicação de qualidade. As organizações vencedoras podem, portanto, usar as recomendações de terceiros em sua publicidade para criar credibilidade e atrair clientes. Eles podem, portanto, oferecer excelente publicidade aos vencedores. A operadora de turismo do Reino Unido Scott Dunn Travel, por exemplo, ganhou vários prêmios, incluindo o de melhor operadora de esqui no Telegraph Travel Awards, 2015/16, e o Condé Nast Traveler Readers' Travel Award como Operadora de Turismo Especialista Favorita em 2011 e 2104. O fundador Andrew Dunn diz que os prêmios concedem à empresa "efeitos pelos próximos doze meses, aproximadamente, para marketing, publicidade e influência on-line" (HUDSON; HUDSON, 2015).

ENDOSSO DE CELEBRIDADES

Incentivar celebridades a usar ou endossar produtos de turismo e hospitalidade pode resultar em considerável cobertura da mídia e, portanto, pode ajudar a promover esse produto em particular. Richard Branson construiu a Virgin Atlantic Airways com ajuda de uma forte campanha de relações públicas que incluía convidar o maior número possível de astros do rock para voar em sua companhia aérea. O endosso de celebridades também é fundamental para os eventos, como destacou o estudo de caso no capítulo 5 sobre a Dance World Cup. Os destinos também podem se beneficiar do endosso de celebridades. A Vail Resorts tem um contrato de patrocínio com a medalhista de ouro olímpica e a campeã mundial de esqui nos Alpes Lindsey Vonn. Vonn aparece em eventos selecionados para consumidores e apresentações de esqui nos Estados Unidos e na Europa e promove o popular ingresso Epic Season Pass, que oferece esqui e *snowboard* em todos os resorts de propriedade da Vail. Os restaurantes também estão buscando o endosso de celebridades para aumentar sua visibilidade. Nos Estados Unidos, por exemplo, o Texas Roadhouse e outras redes de restaurantes estão cada vez mais patrocinando músicos promissores para se destacar dos concorrentes (JARGON; SMITH, 2012). O Texas Roadhouse se uniu a Candy Coburn; a Cracker Barrel Old Country Store Inc. está promovendo o cantor country Josh Turner; e a LongHorn Steakhouse patrocina estrelas do país, como Darius Rucker e Kenny Chesney, há muitos anos. Alguns restaurantes oferecem ingressos para apresentações e os músicos se apresentam em eventos em restaurantes, enquanto outros vendem CDs dos artistas gravados exclusivamente para as redes. Embora seja difícil quantificar o efeito dessas alianças, o Texas Roadhouse diz que elevou o perfil da rede entre os amantes da música country.

Uma pesquisa recente com usuários de mídias sociais do Reino Unido mostrou que 33% de todos os usuários seguem celebridades (POZIN, 2014), e pesquisas mostraram que o endosso de celebridades é ainda mais importante em mercados emergentes, onde esse tipo de endosso afetará fortemente as decisões de compra de uma marca em relação a outra (HSBC, 2010). Tina Maze, a corredora de esqui de maior sucesso na história da Eslovênia, tem sido uma grande embaixadora do esqui nesse país. Maze, que vence regularmente no circuito de esqui da Copa do

Mundo, ganhou prêmio de melhor atleta eslovena cinco vezes, é modelo de alta costura e estrela pop com o videoclipe mais assistido da Eslovênia no YouTube (HUDSON; HUDSON, 2015).

PRODUCT PLACEMENT E BRANDED ENTERTAINMENT

Product placement é a inserção de logotipos ou mercadorias de marca em filmes e programas de televisão, e é outra tática promocional disponível para os profissionais de marketing. Branded entertainment, por outro lado, é um termo relativamente novo para descrever um uso mais contemporâneo e sofisticado da colocação de produtos, e foi definido como "a integração da publicidade no conteúdo de entretenimento, em que as marcas são incorporadas nas histórias de um filme, televisão programa ou outro meio de entretenimento" (HUDSON; HUDSON, 2006, p. 492). Na área de marketing de turismo, os profissionais da indústria se concentraram principalmente no uso tradicional da colocação de produtos para alcançar mercados-alvo. Os destinos se concentram na colocação de produtos como uma oportunidade de obter exposição, cientes de que a colocação de um destino em um filme ou na televisão é a melhor opção em relação à colocação de produtos turísticos (MORGAN; PRITCHARD, 1998). A Espanha, por exemplo, está incentivando cineastas indianos a usarem suas festas coloridas e monumentos históricos como cenário de seus filmes na tentativa de conquistar uma fatia maior do mercado de turismo internacional da Índia, em rápido crescimento. Isso ocorreu depois que o filme sobre amadurecimento *Zindagi Na Milegi Dobara* – extensivamente filmado na Espanha em 2011 – dobrou o número de visitantes indianos. O embaixador da Índia na Espanha, Vikram Misri, disse que o filme "foi o único responsável por tornar a Espanha um nome familiar na Índia e aumentar o turismo da Índia" (THE GUARDIAN, 2016).

Embora os profissionais de marketing de turismo não tenham tradicionalmente incorporado uma abordagem integrada de branded entertainment, há sinais de que algumas organizações de turismo estão se afastando da colocação tradicional de produtos e indo para o branded entertainment estratégico, a fim de atrair turistas por meio do cinema e da televisão. Um bom exemplo de uma iniciativa de branded entertainment vem de Las Vegas, onde, não por acaso, o Aria Hotel da MGM teve um papel central no filme *Última viagem a Vegas*, de 2013. A MGM projetou estrategicamente para que filme ocorresse no novo hotel, uma manobra de marketing que beneficiou o Aria e os diretores de cinema, que queriam mostrar a

New Vegas. A arquitetura representada no filme precisava parecer arrojada, além das expectativas dos quatro personagens principais do filme, interpretados por Robert DeNiro, Michael Douglas, Morgan Freeman e Kevin Kline (MLIFE, 2013).

Como a seção "Digital em foco" descreveu no capítulo 8, a Brand USA usou três plataformas de mídia para promover o país, em parceria com produtores de televisão, cinema e conteúdo digital para apresentar histórias interessantes que atrairiam turistas internacionais (HUDSON; TUNG, 2015). Uma dessas iniciativas foi uma parceria com a MacGillivray Freeman Films para produzir um documentário para IMAX e cinemas de tela grande. O filme, intitulado *National Parks Adventure*, mostra os parques nacionais do país. Narrado pelo ator vencedor do Oscar Robert Redford, o filme apresenta mais de trinta dos parques nacionais dos Estados Unidos, incluindo Grand Canyon, Yosemite e Yellowstone. O filme representa um investimento de 12,5 milhões de dólares da Brand USA, mas a organização espera que 45 milhões de dólares em impressões de marketing sejam gerados com o lançamento mundial para centenas de cinemas globais. "A tarefa da Brand USA é aumentar o turismo internacional para os Estados Unidos, então o público internacional é um grande foco para nós", disse Tom Garzilli, vice-presidente sênior de patrocínios globais da Brand USA. "*National Parks Adventure* será exibido em cinemas de tela gigante em vários países, incluindo China, Inglaterra, Alemanha, Austrália, Índia, Japão, França e muitos outros" (SHEIVACHMAN, 2016).

IMAGEM 9.3 Última viagem a Vegas. *(Cortesia da MGM Resorts International. Reproduzido com permissão)*

MEDIÇÃO DO IMPACTO DOS ESFORÇOS DAS RELAÇÕES PÚBLICAS

A aplicação da pesquisa de avaliação permanece fraca nas relações públicas, com os profissionais citando mais comumente falta de orçamento e falta de tempo como os principais motivos para não realizar pesquisas. No entanto, Macnamara (1999) sugere que, mesmo que houvesse orçamento e tempo adequados, muitos profissionais ainda não seriam capazes de realizar pesquisas avaliativas ou formativas por causa da falta de conhecimento sobre o processo de pesquisa. Ele propôs um Macromodelo de Avaliação de RP que divide a atividade de RP em três estágios. O modelo sugere que cada projeto ou programa de RP seja construído com base em uma série de entradas; as saídas são então produzidas; e, por fim, os resultados são alcançados.

As entradas incluem a lista de histórias e cópia para um informativo ou blog, informações para um comunicado de imprensa, tuítes, lista de interlocutores e programa para um evento, e design e conteúdo para um site. As saídas são os materiais ou atividades de comunicação física produzidos, como publicações impressas, comunicados à imprensa, DVDs, eventos ou atividades de mídia social. Por fim, os resultados normalmente buscados em relações públicas são aumento da conscientização, mudança de atitude ou mudança de comportamento. A lista de métodos de avaliação apresentada na Figura 9.3 está longe de ser exaustiva, mas ilustra que várias técnicas, ferramentas e instrumentos de pesquisa estão disponíveis para avaliar entradas, saídas e resultados. O mais comum é o monitoramento de mídia, e o monitoramento de mídia social se juntou à avaliação de recortes de imprensa e transmissões de mídia sob esse guarda-chuva. A equivalência do valor publicitário (AVE, do inglês, Advertising Value Equivalency) é outra técnica usada com frequência para medir o valor de RP, embora o método tenha sido alvo de críticas nos últimos anos (LIKELY; WATSON, 2013). A Lake Tahoe Visitor's Authority (LTVA) usa esse método para avaliar suas iniciativas de RP. A LTVA contrata a Weidinger Public Relations (WPR) para executar um abrangente plano de comunicação de mídia nacional e regional e, em 2012-2013, a equivalência do valor publicitário atingiu de 5 a 10 vezes o investimento do orçamento de relações públicas da LTVA, traduzindo-se em um valor de 1,5 milhão de dólares e uma circulação de 51 milhões de leitores.

Um problema com o monitoramento da mídia e a equivalência publicitária é que eles tendem a não medir a qualidade da cobertura. Portanto, a análise do conteúdo da mídia é empregada às vezes para avaliar critérios qualitativos, como se a cobertura da mídia atingisse os principais públicos-alvo, focasse nos principais problemas e contivesse a mensagem da organização. Em geral, os especialistas em relações públicas calculam o valor da publicidade e a equivalência do valor publicitário. Esse valor de publicidade é definido na indústria como uma multiplicação de três vezes o valor da publicidade e pode refletir em publicidade positiva ou negativa, conforme indicado por Slant (uma avaliação subjetiva de um artigo, normalmente usando uma tabela de 10, tendo 5 como neutro, de 1 a 4 entre muito negativo a negativo; e de 6 a 10 entre positivo a muito positivo).

A medição do impacto das campanhas de mídia social será discutida mais adiante no capítulo 11, mas certamente é uma nova ciência. As marcas que conduzem

FIGURA 9.3 Macromodelo de avaliação. (Utilizado com a gentil permissão de Jim Macnamara)

interações de mídia social com os consumidores de maneira significativa estão começando a ter um retorno positivo (CRUZ; MENDELSOHN, 2010), mas há muito poucos estudos de pesquisa que podem sustentar essa afirmação. A Figura 9.4 mostra a diferença entre medir a mídia tradicional e as mídias sociais de uma perspectiva das relações públicas, de acordo com a Ketchum Global Research & Analytics.

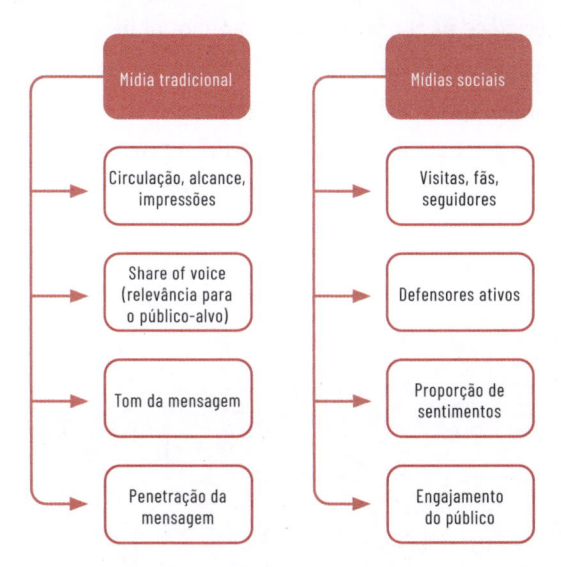

FIGURA 9.4 *Medição da mídia tradicional e da mídia social com base em uma perspectiva das relações públicas. (©Ketchum, Inc. Reproduzido com permissão)*

Por fim, como os profissionais de marketing devem medir a eficácia do branded entertainment na colocação de produtos? Em um estudo recente sobre as atitudes dos profissionais em relação a essas práticas, Um e Kim (2014) encontraram um certo grau de ceticismo em relação à capacidade de avaliar o efeito nos espectadores de uma única iniciativa de branded entertainment. Para a prática de colocação de produtos, os acadêmicos sugerem que o impacto da mensagem deve ser avaliado nos níveis de recall (lembrança), de persuasão e comportamental (BALASUBRAMANIAN, 1994). Entre os profissionais, medir a eficácia da colocação de produtos ainda é uma arte feita às pressas e sem cuidado, mas a pesquisa de recall sem ajuda e o reconhecimento da marca são os dois meios mais populares de avaliar as colocações (KARRH; MCKEE; PARDUN, 2003). No entanto, um estudo recente de Hang (2014) sugere que o recall/reconhecimento da marca por si só pode subestimar o impacto no posicionamento da marca e que os profissionais de marketing devem usar vários métodos para medir a eficácia do branded entertainment.

Entre as ferramentas de medição mais originais está a Rentrak Branded Entertainment, especialista em medição de branded entertainment sediada Estados Unidos. O método de medição da Rentrak permite medir em tempo real a eficácia de uma integração com base em dezenove níveis de tratamento diferentes. A Rentrak gera um Media-Q de sua propriedade e um valor de integração associado que compara a eficácia das integrações para um anúncio tradicional de 30 segundos, em que um Media-Q de 1,0 equivale ao valor de um anúncio de 30 segundos. A avaliação também inclui uma análise qualitativa das melhores práticas da integração e sugestões de como a integração pode ser aprimorada. Assim, ainda existem alguns críticos que questionam o alto investimento que o branded entertainment exige, e é fundamental que um modelo de medição mais formalizado seja estabelecido para permitir a prestação de contas (accountability) (RUSSELL; BELCH, 2005; UM; KIM, 2014).

DIGITAL EM FOCO – MARKETING COOPERATIVO EM STELLENBOSCH, ÁFRICA DO SUL

Uma das principais atrações turísticas da África do Sul é a área vinícola de Stellenbosch. Em sua bela paisagem ondulante e pitoresca cidade histórica, há uma grande variedade de restaurantes de alto nível, cafés, lojas de curiosidades, galerias, boutiques, museus, passeios culinários e vinícolas, além de uma variedade anual de atividades culturais, gastronômicas, relacionadas ao vinho, esportivas e festivais de música.

IMAGEM 9.4 *Hanli Fourie, da Bites and Sites, em Brampton, guiando uma excursão de degustação de vinhos e harmonização de alimentos.* (©*Mouton Photography. Reproduzido com permissão*)

A estratégia de Desenvolvimento Econômico Local de Stellenbosch é um esforço multissetorial de apoio ao desenvolvimento do setor privado, com o objetivo de unir as partes econômicas interessadas para que elas cooperem na melhoria do futuro econômico da área. A pergunta "O que é necessário para alcançar um crescimento real de 8% do produto interno bruto regional na economia municipal de Stellenbosch?" foi respondida em um relatório de junho de 2014, que destacou uma ampla variedade de iniciativas, incluindo o estabelecimento de acesso wi-fi gratuito em toda a região e o investimento em fibra ótica e infraestrutura de comunicações de última geração. Outros planos envolviam aumentar o papel da Stellenbosch University no desenvolvimento econômico, fornecendo espaço para incubadoras de pequenas empresas, rede de orientação, melhorias de transporte e uma estrutura de desenvolvimento do turismo para envolver toda a área. As oportunidades de turismo foram delineadas para diferentes setores, incluindo agroturismo, ecoturismo, financiamento de negócios de microturismo, arte, cultura, patrimônio,

(cont.)

esporte e turismo de música ao ar livre, eventos e turismo de conferências. As Rotas do Vinho de Stellenbosch foram consideradas um fator essencial na estratégia geral.

O professor Nick Vink, presidente do Departamento de Economia Agrícola da Stellenbosch University, remonta a 1971 quando a Rota do Vinho de Stellenbosch foi estabelecida pela primeira vez por um esforço local conjunto para aumentar a visitação. "A indústria do vinho sempre exerceu um fascínio particular no mercado turístico doméstico. Essa oferta de turismo também nos tornou um destino popular para turistas estrangeiros", relata. Um escritório central na cidade histórica e um site ativo (https://www.visitstellenbosch.org/) permitem que o Gabinete de Informações e Turismo de Stellenbosch interaja de forma cooperativa com visitantes e fornecedores locais. "A principal experiência turística da cidade é sua história e a universidade e, é claro, ambas estão inextricavelmente entrelaçadas com a indústria do vinho", explica Vink. "A Distell, a segunda maior empresa de bebidas da África do Sul, tem sede em Stellenbosch, então a empresa divulga ativamente vários locais – a vinoteca Bergkelder, que tem vinhos finos, JC le Roux, que tem vinhos espumantes e a Van Ryn's Brandy Distillery, entre outros."

A associação Rotas do Vinho de Stellenbosch é muito ativa na promoção das adegas de produtores (vinícolas). Além da presença na internet, existem mapas e fôlderes na rota do vinho em todos os locais possíveis, explica Vink, incluindo fazendas, restaurantes, hotéis e pousadas. As rotas do vinho são divididas em sub-regiões e se direcionam para algumas das partes mais importantes, como Simonsberg e Helderberg, que fazem sua própria publicidade. Todas as fazendas de vinho têm seus próprios sites e a maioria vende vinhos no local e on-line. Além disso, existem inúmeros promotores particulares, incluindo a SA Venues, MyDorpie.com e ShowMe.com. Uma maneira conveniente de explorar as rotas do vinho é pelo Stellenbosch Vinehopper (http://vinehopper.co.za). Os ônibus com paradas específicas passam por várias vinícolas diferentes em três rotas distintas. O proprietário Raino Bolz diz que se concentra mais em marketing do que em relações públicas: "Nossos esforços de marketing envolvem a impressão de fôlder que ficam visíveis em todas as pousadas em Stellenbosch e na Cidade do Cabo. Também visitamos agentes e operadoras de viagens regularmente para promover nossos produtos. Também participamos de exposições de viagens internacionais para promover nossos passeios." Tripadvisor, Facebook e Twitter são suas principais ferramentas.

Na cidade, os passeios gastronômicos a pé são realizados pela Bites and Sites (www.bitesandsites.co.za), combinando cultura histórica e contemporânea com culinária. Hanli Fourie criou a empresa em 2010 inspirada no Savor Seattle. Os destaques culinários incluem a padaria e bistrô Schoon de Compagnie, famosa por seu prato de queijos e charcutaria, além de pães frescos e sorvetes caseiros. Usando aventais vermelhos, os guias também supervisionam as compras de carne seca no autêntico Eikeboom Butchery, que depois é harmonizada com degustações de vinhos no Brampton Wine Bar. Premiada com um Certificado de Excelência do Tripadvisor em 2015, a empresa é muito ativa no Facebook, Instagram e Twitter. "O Tripadvisor está provando ser uma ferramenta de marketing maravilhosa", diz Hanli. É grátis e dá credibilidade. Recebemos muitas consultas pelo Tripadvisor e, no futuro, os hóspedes poderão reservar nossos passeios diretamente no site do Tripadvisor. Eles publicam fotos e informações duas vezes por semana e

(cont.)

atualizam regularmente o site da empresa. A publicidade impressa é a ferramenta de marketing menos eficaz, de acordo com Hanli, embora ela anuncie por meio de fôlderes e do livreto Turismo da Cidade do Cabo. "Também fornecemos aos clientes um folheto impresso detalhando nossos contatos de mídia social e solicitamos que eles escrevam avaliações no Tripadvisor", diz ela.

Parte de sua estratégia de relações públicas é o turismo responsável. Membro da campanha Unashamedly Ethical, a empresa inclui em seu site uma parte detalhada de Turismo Responsável, com compromissos de responsabilidade social, econômica e ambiental. Também explora a cobertura da mídia no site com artigos e fotos sobre os passeios de escritores, blogueiros, viajantes de aventura e autores de livros de culinária. Muitos desses artigos são frutos de visitas de jornalistas organizadas pela Rotas de Vinho de Stellenbosch e pela Stellenbosch 360 Tourist Info. "Também nos conectamos com comida local, turismo e profissionais responsáveis por viagens, nós os promovemos nas mídias sociais e tentamos construir bons relacionamentos para promover nosso objetivo compartilhado de construir uma África do Sul melhor através das maravilhosas oportunidades que essas indústrias oferecem", diz Hanli .

Enquanto muitos turistas saem da Cidade do Cabo e vão para Stellenbosch em uma viagem de apenas um dia, outros passam a noite para conhecer mais a hospitalidade e o hedonismo da região. Um hotel relativamente novo, o 107 Dorpstraat Boutique Hotel, foi inaugurado como um pequeno B&B e bar de vinhos em 2015. A gerente geral, Suzaan Groenewald, supervisiona um serviço muito pessoal, com café da manhã com comidas quentes, wi-fi gratuito, recomendações e ajuda com passeios a vinícolas com o Vinehopper e Uber. O hotel ostenta sua mistura de história, luxo e tecnologia por meio de uma combinação de marketing no Tripadvisor, Pinterest, Facebook, Twitter e LinkedIn. Em termos de relações públicas, a Groenewald tem o prazer de oferecer descontos para visitantes relacionados à mídia, além de divulgar promoções pelas mídias sociais. "Também usamos Booking.com, Expedia, Agoda e outros sites de reservas como esses para promoções especiais", diz ela. Ela também envia tarifas especiais para empresas locais e empresas de viagens. Após as visitas, ela reforça o relacionamento com cartas de agradecimento e descontos regulares para retornos.

Fontes: visita pessoal a Stellenbosch pelos dois autores, março de 2016; Municipalidade de Stellenbosch (2014).

QUESTÕES DE ESTUDO DE CASO

1. Por que você acha importante que as empresas na região de Stellenbosch tenham uma estratégia coordenada de relações públicas?

2. Veja as técnicas de relações públicas listadas anteriormente neste capítulo. O que mais a região de Stellenbosch poderia fazer para atrair publicidade?

3. Dê uma olhada em https://www.visitstellenbosch.org. O que a indústria do turismo está fazendo em Stellenbosch atualmente para atrair visitantes?

VENDA PESSOAL

A venda pessoal é uma forma personalizada de comunicação na qual um vendedor apresenta os recursos e benefícios de um produto a um comprador com o objetivo de efetuar uma venda. O alto grau de personalização que envolve vendas pessoais geralmente tem um custo por contato muito maior do que as técnicas de comunicação de massa. Os profissionais de marketing devem decidir se essa despesa adicional pode ser justificada ou se os objetivos de marketing podem ser alcançados por meio da comunicação com potenciais clientes em grupos. Algumas organizações de turismo e hospitalidade favorecem a venda pessoal muito mais que outras, pois para elas os benefícios potenciais superam os custos extras. Muitos estudos de caso deste livro (Dance World Cup no capítulo 5; Ulkotours no capítulo 7; Marcos Van Aken neste capítulo) enfatizaram a importância da venda pessoal em marketing. Certamente, nos negócios de encontros e convenções, o setor ainda é impulsionado por relacionamentos pessoais. Jason Outman, diretor executivo do Columbia Metropolitan Conventions & Visitors Bureau, na Carolina do Sul, acredita muito em vendas pessoais: "No mundo das DMOs (Destination Management Organizations), a publicidade traz conscientização, mas é a venda pessoal que faz a venda. Os clientes querem saber o que é único sobre um destino. Quais são os pontos badalados do local. Que tipo de experiências o participante terá? Isso não pode ser explicado em um folheto de 21 x 28 cm. A venda pessoal permite que a DMO se aprofunde e descubra quais são os pontos mais importantes e os direcione individualmente. Isso nos permite mostrar tudo o que o destino tem a oferecer". Outman acredita que outro benefício da venda pessoal é a oportunidade de informar ou dissipar quaisquer estereótipos: "Por exemplo, muitos dos clientes da Columbia CVB não se dão conta de que temos um aeroporto ou mesmo um centro de convenções. Embora nossos anúncios se concentrem numa região que oferece atrações divertidas ou ótimas opções culinárias, não podemos abordar essas percepções errôneas. A venda pessoal nos dá a oportunidade de informar o cliente sobre tudo o que a cidade tem a oferecer, abordar quaisquer estereótipos e definir pessoalmente como o encontro deles pode se encaixar. Essa é uma grande vantagem da venda pessoal".

Outman também sugere que a venda pessoal ajuda a construir relacionamentos que os anúncios não conseguem. "As DMOs estão lidando com clientes que estão agendando conferências com vários anos de antecedência. Um gerente de vendas pode contratar o negócio em 2016, mas a convenção não chega à cidade até 2020", diz ele. "Não queremos ser vistos como um destino relacionado apenas ao agendamento de negócios e depois passar para o próximo grupo. Queremos garantir que nosso cliente saiba que realmente o valorizamos e queremos que sua convenção seja um sucesso. A venda pessoal nos permite aprender mais sobre o cliente como indivíduo. Aprendemos sobre sua família e amigos, suas atividades extracurriculares. Passamos um tempo com eles nas visitas ao local e durante o jantar. Construímos uma amizade que vai além da contratação de negócios. Isso nos permite manter contato com os clientes antes da convenção, mas também nos mantém em mente se eles estão procurando um local para outro encontro que terão. Somente vendas pessoais podem fornecer esse tipo de construção de relações."

PAPÉIS DA VENDA PESSOAL

Embora o trabalho do vendedor seja fazer uma venda, seu papel vai muito além dessa tarefa. A venda pessoal desempenha uma série de papéis importantes no setor de turismo e hospitalidade, seis dos quais são discutidos a seguir.

Reunindo a inteligência de marketing

O vendedor deve estar atento às tendências do setor e ao que o concorrente está fazendo. O conhecimento competitivo é importante quando o vendedor enfrenta perguntas que envolvem comparações de produtos, e as informações sobre as promoções dos concorrentes podem ser muito úteis para o departamento de marketing. Os dados coletados pelo vendedor com frequência são relatados eletronicamente à sede da empresa, onde os gerentes podem recuperar as informações e usá-las de forma adequada em uma data posterior.

Localizando e mantendo clientes

Os vendedores que localizam novos clientes desempenham um papel fundamental no crescimento de uma empresa. Os vendedores podem identificar compradores qualificados (aqueles com maior probabilidade de adquirir serviços de viagem), tomadores de decisão importantes (aqueles que têm a palavra final nas decisões de viagem) e as etapas envolvidas na tomada de decisões de viagem. Essas informações importantes podem ser coletadas de maneira eficaz por meio de consultas dos vendedores e de chamadas de vendas para uma organização.

Promovendo o setor de viagens

Muitas organizações consideram a venda pessoal a ferramenta de comunicação mais eficaz para promover os principais tomadores de decisão e influenciadores no setor de viagens, como gerentes de viagens corporativas, planejadores de convenções ou reuniões, operadores turísticos e agentes de viagens de varejo. O poder de compra desses grupos é impressionante, o que justifica o gasto adicional com vendas pessoais. Como mencionado anteriormente, na ITB Berlin, a principal feira de negócios da indústria de viagens, 10 mil empresas expositoras de 187 países e regiões se reuniram com 120 mil visitantes comerciais em 2016.

Gerando vendas no ponto de venda

A venda pessoal pode aumentar significativamente a probabilidade de compra e o valor gasto pelos clientes no momento da compra. A equipe de reservas em hotéis e balcões de aluguel de carros tem uma grande oportunidade de vender (vender acomodações ou carros de melhor qualidade), e a equipe de restaurantes e agências de viagens pode ter uma grande influência na decisão de compra do cliente. O aumento das vendas é resultado do treinamento adequado da equipe de serviços e reservas em técnicas de vendas pessoais.

Usando o marketing de relacionamento

Os representantes de vendas prestam vários serviços aos clientes: consultando sobre seus problemas, prestando assistência técnica, organizando finanças e agilizando a entrega. Esses representantes são muito importantes para construir relacionamentos com os clientes e manter sua lealdade. A atenção cuidadosa às necessidades e exigências individuais é uma forma poderosa de marketing para organizações de turismo e hospitalidade. Os principais clientes realmente apreciam a atenção pessoal que recebem dos representantes de vendas profissionais e da equipe de reservas. Essa apreciação normalmente resulta no aumento de vendas e no uso recorrente, e o foco está na criação e manutenção de clientes de longo prazo. Essa é apenas uma parte de um processo que ficou conhecido como gerenciamento de relacionamento com o cliente (CRM, do inglês Customer Relationship Management).

Fornecendo informações detalhadas e atualizadas ao setor de viagens

A venda pessoal permite que uma organização repasse informações detalhadas ao setor de viagens e oferece uma oportunidade de lidar imediatamente com as preocupações e perguntas de um possível cliente. Isso é especialmente importante para uma organização que depende de intermediários do setor de viagens para uma parte ou todo o seu negócio. As operadoras de turismo, por exemplo, devem ter contato regular com as agências de viagens para atualizá-las sobre mudanças no ambiente de marketing.

OBJETIVOS DA VENDA PESSOAL

Embora os objetivos de vendas sejam planejados para situações específicas, há objetivos gerais comumente empregados em todo o setor de turismo e hospitalidade.

Volume de vendas

Ocupação, assentos de passageiros ou milhas e coberturas totais (assentos de restaurante) são medidas comuns para o volume de vendas no setor. No entanto, uma ênfase apenas no volume leva ao desconto de preços, à atração de segmentos de mercado indesejáveis, ao corte de custos e à insatisfação dos funcionários. Alguns setores, como resorts exclusivos, férias de aventura exclusivas e cruzeiros sofisticados, restringem a prospecção a segmentos altamente seletivos, acreditando que o preço e os lucros se sustentarão por si próprios. Outros podem estabelecer objetivos de volume de vendas por linhas de produto para garantir o lucro bruto desejado. Este sistema é a base para o gerenciamento de rendimento (veja o capítulo 6).

Cross-selling, up-selling e venda de segunda chance

A cross-selling (venda cruzada) ocorre quando um vendedor oferece ao comprador a oportunidade de comprar produtos relacionados que vão além dos principais produtos óbvios. Agora a cross-selling faz parte de praticamente todos os segmentos da indústria de viagens, sendo o seguro de viagem uma das vendas mais lucrativas do setor. Existem boas oportunidades para empresas de turismo, como hotéis e resorts, melhorarem as margens de preço e lucro vendendo produtos com preços mais altos, como suítes, por meio de up-selling (venda de itens adicionais com a finalidade de obter uma venda mais lucrativa). Um conceito relacionado a isso é a venda de segunda chance, na qual um vendedor pode entrar em contato com um cliente que já tenha reservado um evento, como um encontro de três dias. O vendedor pode tentar vender serviços adicionais, como traslado de limusine do aeroporto, ou tentar fazer o upgrade dos quartos ou os serviços de comida e bebida.

Participação de mercado

Alguns setores da indústria do turismo estão mais preocupados com a participação de mercado do que outros. Companhias aéreas, linhas de cruzeiros, grandes redes de fast-food e empresas de aluguel de carros, por exemplo, costumam se concentrar mais em participação de mercado do que em restaurantes, hotéis e resorts. Como consequência, às vezes os vendedores são obrigados a medir a participação ou a penetração no mercado e são responsáveis por um nível predeterminado de um desses aspectos ou de ambos.

Objetivos específicos do produto

Ocasionalmente, uma força de vendas será encarregada da responsabilidade específica de melhorar o volume de vendas para linhas de produtos específicas. Esse objetivo pode estar associado às vendas do tipo up-selling e de segunda chance, mas também pode fazer parte das tarefas regulares de vendas da força de vendas. Esses objetivos podem ser vender mais suítes de hotéis, pacotes de férias para o México, pacotes de lua de mel ou mais aluguéis de carros premium. Uma abordagem comum usada para incentivar a venda de produtos específicos é estabelecer objetivos para eles e recompensar o desempenho com bônus ou outros incentivos.

O PROCESSO DE VENDAS

O processo de vendas consiste nas sete etapas a seguir (veja a Figura 9.5).

PROSPECÇÃO E QUALIFICAÇÃO

Prospecção é o processo de busca de novas contas. Foi dito que existem três truísmos sobre a prospecção: a maioria dos vendedores não gosta de prospectar; a maioria dos vendedores não sabe prospectar; e a maioria das empresas é inepta para ensinar ou treinar vendedores para prospectar. Existem dois elementos principais para uma prospecção bem-sucedida. O primeiro é determinar a estratégia de posicionamento, ou seja, para quem você deve prospectar. A segunda é a implementação de um processo para encontrar e, por fim, entrar em contato com esses clientes individualmente.

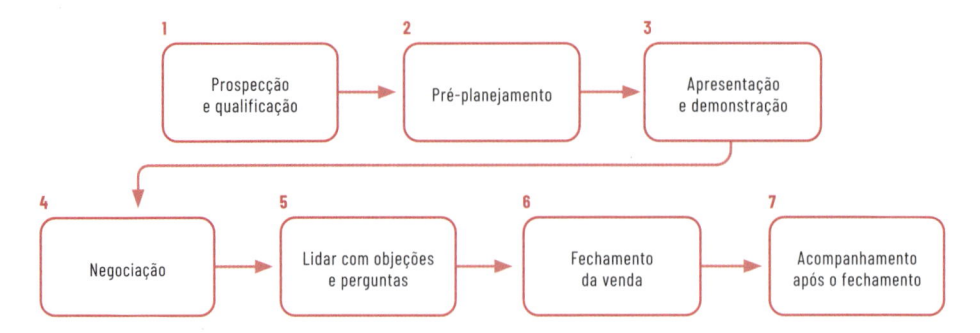

FIGURA 9.5 *O processo de vendas*

PRÉ-PLANEJAMENTO

Uma chamada de vendas bem-sucedida, feita por telefone ou no local, requer um cuidadoso planejamento e preparação. Existem dois elementos para planejar uma chamada de vendas: a pré-abordagem e a abordagem. Na fase de pré--abordagem, um vendedor precisa aprender o máximo possível sobre o cliente em potencial para poder estabelecer um relacionamento durante a chamada de vendas e ter uma base sobre a qual construir a apresentação de vendas. A abordagem segue e envolve todas as atividades que levam à apresentação de vendas. Isso inclui organizar as reuniões com perspectivas, estabelecer relacionamento e confiança no início de uma chamada de vendas e verificar detalhes preliminares antes da apresentação de vendas. Os representantes de vendas têm três objetivos principais em suas abordagens: criar relacionamento com o cliente em potencial, prender toda a atenção de uma pessoa e gerar interesse no produto.

APRESENTAÇÃO E DEMONSTRAÇÃO

O vendedor agora conta a história do produto ao comprador, geralmente seguindo a fórmula AIDA para atrair atenção, manter interesse, despertar desejo e ação inspiradora (atenção, interesse, desejo e ação). As empresas desenvolveram três estilos diferentes de apresentação de vendas. A mais antiga é a abordagem enlatada, que utiliza conversas de vendas memorizadas que abrangem os principais pontos. A abordagem formulada identifica antecipadamente as necessidades e os estilos de compra do comprador e, em seguida, usa uma abordagem formulada para esse tipo de comprador. Essa abordagem não é enlatada, mas segue um plano geral. A abordagem de necessidade/satisfação começa com uma busca pelas necessidades reais do cliente, incentivando-o a falar a maior parte do tempo. Essa abordagem exige boas habilidades de escuta e resolução de problemas. Segundo os especialistas, há certas palavras que fazem os ouvintes prestarem atenção, como descobrir, dinheiro, garantido, amor, comprovado, seguro, próprio, melhor, bom, fácil, saúde, novo, resultados, salvar e libertar (BROOKS, 2002) .

NEGOCIAÇÃO

Grande parte das vendas para o setor de viagens envolve habilidades de negociação. Para planejadores de encontros e grupos de hotéis, por exemplo, as duas partes precisam chegar a um acordo sobre o preço e outros termos da venda. O vendedor do hotel tentará ganhar o pedido sem fazer concessões profundas que prejudiquem a lucratividade. Embora o preço seja a questão mais frequentemente negociada, outros fatores podem ser levados em consideração e existem inúmeras ferramentas de negociação. Os membros da força de vendas devem ser ensinados a negociar usando serviços ou serviços agrupados como a principal ferramenta de negociação em vez de preço. Para o vendedor do hotel, as negociações devem começar com tarifas tabeladas e concessões de preços devem ser concedidas somente quando absolutamente essenciais. Outras ferramentas de negociação, como atualizações, traslado do aeroporto, champanhe nos quartos, etc., devem ser empregadas. Um hotel pode agrupar essas comodidades em pacotes de serviços e nomeá-las como Pacote Premium, a fim de atrair compradores para fazerem uma reserva.

LIDAR COM OBJEÇÕES E PERGUNTAS

Quando a maioria das apresentações de vendas é concluída, os clientes em potencial fazem perguntas e levantam uma ou mais objeções. As objeções surgem de todas as formas, até mesmo por linguagem corporal. A resistência pode ser psicológica (por exemplo, preferência por um hotel estabelecido) ou lógica (por exemplo, preço). Existem várias maneiras eficazes de lidar com objeções. Uma é reafirmar a objeção e provar diplomaticamente que não é tão importante quanto parece. Outra é a tática de concordar e neutralizar, ou a abordagem "sim, mas". Nessa abordagem, os representantes de vendas inicialmente concordam que existe um problema, mas continuam mostrando que o problema não é relevante ou exato. Não importa qual abordagem seja usada, a objeção deve ser encarada frente a frente.

FECHAMENTO DA VENDA

Fechar significa fazer com que um possível cliente concorde com os objetivos da chamada de vendas, o que normalmente implica fazer uma compra ou reserva definitiva. Fechar a venda pode ser a etapa mais importante do processo de vendas, mas muitos vendedores não se sentem à vontade em perguntar sobre o pedido ou não reconhecem o momento oportuno para encerrar o assunto. Uma chamada de vendas sem fechamento não é bem-sucedida e todo vendedor deve perguntar sobre o negócio ou pelo menos ter algum compromisso em continuar o diálogo. Saber quando e como fechar são as chaves do sucesso. Assim como as objeções, isso novamente requer atenção cuidadosa às palavras e à linguagem corporal do possível candidato. As técnicas de fechamento incluem solicitar o pedido, oferecer ajuda para a secretária anotar o pedido, perguntar se o comprador deseja A ou B, perguntar como o comprador gostaria de pagar ou indicar o que o comprador perderá se o pedido não for feito imediatamente.

ACOMPANHAMENTO APÓS O FECHAMENTO

O trabalho de um vendedor não será concluído até que todas as etapas e providências necessárias sejam tomadas para fornecer os serviços prometidos. Em alguns casos, como a organização de grandes convenções de associação ou o planejamento de viagens de incentivo, esse trabalho de entrega é extenso. No entanto, o acompanhamento é essencial se o vendedor deseja garantir a satisfação do cliente e repetir os negócios. Acompanhamento ou aprofundamento é o slogan de muitos vendedores de sucesso. Muitas vezes, é aconselhável dar aos compradores algum tipo de garantia de que eles tomaram a decisão certa. Isso reduz o nível de dissonância cognitiva dos compradores – um estado de espírito que muitos clientes experimentam após fazer uma compra, no qual não têm certeza se tomaram uma decisão boa ou ruim. Uma parte importante da atividade de pós-venda também envolve o acompanhamento imediato após os clientes em potencial ou seus clientes realmente usarem os serviços. Muitos agentes de viagens usam isso efetivamente telefonando para os clientes logo após as viagens para descobrir o que eles gostaram e o que não gostaram.

GERENCIAMENTO DE VENDAS

Gerenciamento de vendas é o gerenciamento da força e dos esforços pessoais de vendas para atingir os objetivos de vendas desejados. Um gerente de vendas tem cinco papéis principais a desempenhar: recrutar vendedores, treiná-los, motivá-los e recompensá-los, planejar vendas e avaliar o desempenho de vendas.

RECRUTANDO PESSOAL DE VENDAS

O primeiro trabalho de um gerente de vendas é contratar pessoas competentes para preencher as vagas disponíveis. Em turismo e hospitalidade, é incomum que representantes de vendas que atuem no local sejam contratados sem experiência em vendas. A prática mais aceita é que as pessoas iniciantes recebam pedidos, e eventualmente são promovidas a cargos de representante de vendas. Contratar vendedores de concorrentes e organizações externas relacionadas também é comum. A pesquisa mostrou que nenhum conjunto de características físicas, habilidades mentais e traços de personalidade prevê sucesso nas vendas em todas as situações. O sucesso dos vendedores depende mais das tarefas reais atribuídas a eles e do ambiente em que eles operam. A maioria dos clientes diz que deseja que os vendedores sejam honestos, confiáveis, informados e prestativos. As empresas devem procurar essas características ao selecionar candidatos. Outra abordagem é procurar características comuns aos vendedores de maior sucesso na empresa. Um estudo com profissionais extremamente bem-sucedidos constatou que supervendedores exibiam as seguintes características: eles assumiam riscos, tinham um senso de missão poderoso, tinham uma tendência à solução de problemas, se preocupavam com o cliente e se comprometiam com um planejamento cuidadoso (GARFIELD, 1986).

TREINAMENTO DA EQUIPE DE VENDAS

Programas de treinamento de vendas são muito importantes para a continuação do sucesso em vendas pessoais. Cada vez mais, o treinamento de vendas está sendo realizado pela internet, com muitas empresas de viagens realizando treinamento on-line. O setor de cruzeiros não é exceção, e o treinamento da Carnival, por exemplo, inclui a conclusão de um curso on-line de cinco capítulos para cada um dos três níveis de treinamento. Além dos conhecimentos básicos de cruzeiro e do conhecimento geral sobre viagens, os tópicos desses tipos de cursos incluem a anatomia de um navio de cruzeiro, experiências pré e pós--cruzeiro e marketing e vendas de cruzeiros. Outros programas de treinamento se concentram nas linhas de cruzeiro individuais, fornecendo negociações de cruzeiros e diferentes tipos e duração de cruzeiros.

MOTIVANDO E RECOMPENSANDO A EQUIPE DE VENDAS

A maioria dos vendedores exige auxílios e incentivos especiais para trabalhar em seu melhor nível. Isso vale especialmente para as vendas feitas no local do cliente, pois a natureza do trabalho o torna aberto a frustrações frequentes: os representantes de vendas geralmente trabalham sozinhos, o horário é irregular e geralmente ficam longe de casa. Mesmo sem esses fatores, a maioria das pessoas opera abaixo da capacidade na ausência de incentivos especiais, como ganho financeiro ou reconhecimento social. Os gerentes de vendas, portanto, precisam entender as teorias da motivação e fornecer incentivos financeiros e não monetários para manter a motivação da força de vendas em seu pico. Os incentivos financeiros incluem salário e comissões, além de benefícios adicionais, como férias remuneradas, convênio médico e seguro de vida. Os bônus geralmente são concedidos quando volumes predeterminados de vendas e lucros, ou cotas de vendas, são alcançados. No setor de turismo, viagens gratuitas são um benefício adicional muito importante, em especial para agências de viagens e funcionários de companhias aéreas. Compensação não monetária e motivadores são programas de recompensa/reconhecimento e oportunidades de promoção no trabalho. As promoções de vendas também podem ser usadas para motivar uma força de vendas. No entanto, elas tendem a funcionar melhor para atingir objetivos de curto prazo e não são aconselháveis em longo prazo. Os gerentes de vendas de hotéis, por exemplo, podem ganhar viagens de incentivo ou pontos de recompensa ao atingir metas predeterminadas.

PLANEJAMENTO DE VENDAS

O centro do planejamento de vendas é o plano de vendas; em geral, ele é preparado anualmente e contém uma descrição detalhada dos objetivos pessoais de vendas, atividades de vendas e orçamento de vendas. Esses objetivos de vendas com frequência são definidos como previsões de volumes de unidade ou de vendas ou alguma outra meta financeira derivada dos níveis de vendas esperados. Essa previsão de vendas é muito útil para outras pessoas fora do departamento de vendas e é uma ferramenta de planejamento essencial para toda a organização. Os níveis de vendas esperados influenciam a alocação de pessoal e recursos financeiros em muitos outros departamentos. Mas os objetivos de vendas também podem não ser financeiros, por exemplo, o número de reuniões de venda, novos possíveis clientes convertidos em clientes ou o número de consultas respondidas com êxito.

Os orçamentos do departamento de vendas são outra parte do plano de vendas. Tipicamente, eles incluem a previsão de vendas, o orçamento de despesas de vendas, o orçamento de administração de vendas e o orçamento de publicidade e promoção. Dado o custo relativamente alto da venda pessoal, esse orçamento desempenha um papel fundamental no planejamento e no controle do esforço de vendas. Por fim, o plano de vendas incluirá a atribuição de territórios e cotas de vendas. As cotas de vendas são metas de desempenho definidas periodicamente para representantes de vendas individuais, filiais ou regiões. Eles ajudam os gerentes de vendas a motivar, supervisionar, controlar e avaliar o pessoal de vendas. É provável que o gerente de vendas use uma combinação de desempenho do território passado e índices de mercado para alocar cotas para cada território.

AVALIANDO O DESEMPENHO DAS VENDAS

A função final do gerenciamento de vendas é medir e avaliar o desempenho das vendas. Análise de vendas é a expressão usada com mais frequência na avaliação de desempenho. Essa análise pode ser feita considerando o volume total de vendas ou analisando as vendas por território ou grupos de clientes. Um dos métodos mais importantes de avaliação consiste em julgar os resultados reais em relação às previsões de vendas e orçamentos.

RESUMO DO CAPÍTULO

O campo de relações públicas (RP) está crescendo, com mídias disponíveis para especialistas em RP que se encaixam em três grandes categorias: mídia própria, paga e ganha. As principais técnicas utilizadas nas RP são: comunicados de imprensa (press releases), viagens de familiarização, exposições de viagens, eventos, patrocínio de causas, mídias sociais, publicações, ganhar prêmios, endosso de celebridades e colocação de produtos. A venda pessoal é uma forma personalizada de comunicação que envolve um vendedor que apresenta os recursos e benefícios de um produto ou serviço a um comprador com o objetivo de realizar uma venda. O processo de vendas consiste em sete etapas: prospecção e qualificação, pré-planejamento, apresentação e demonstração, negociação, lidar com objeções e perguntas, fechamento da venda e acompanhamento após o fechamento.

QUESTÕES PARA REFLEXÃO

1. Qual a importância das relações públicas e publicidade para as organizações de turismo e hospitalidade? Dê exemplos que sustentem sua resposta.

2. Você acabou de ganhar um prêmio de turismo e gostaria de divulgar suas realizações. Escreva um comunicado de imprensa para o jornal local, na tentativa de fazer com que eles publiquem uma história relacionada à sua vitória.

3. Na sua opinião, qual o passo mais importante no processo de vendas? Explique sua resposta.

MARKETING EM AÇÃO – LUZ, CÂMERA, AÇÃO: PROMOVENDO O HAVAÍ POR MEIO DO CINEMA E DA TELEVISÃO

Quase 8,3 milhões de visitantes foram ao Havaí em 2014, gastando 14,7 bilhões de dólares, de acordo com a Hawaii Tourism Authority (HTA) [Autoridade de Turismo do Havaí]. Em média, 205.044 visitantes estavam no estado em qualquer dia de 2014, um aumento de 1,1% em relação a 2013. "Ao aumentar as chegadas e os gastos de visitantes para a maioria das ilhas havaianas, conseguimos aumentar os benefícios do turismo no estado inteiro, reforçando nossos esforços para diversificar a economia do turismo no Havaí, distribuindo visitantes em todo o estado", diz Ron Williams, CEO da HTA.

Um exemplo da diversificação do produto turístico do Havaí é o crescente significado do turismo cinematográfico. A própria indústria cinematográfica é importante para o estado desde a década de 1930, quando *White Heat* foi filmado em Kauai. O ano de produção cinematográfica mais próspero do Havaí foi 2010, quando foram produzidos dez longas-metragens (incluindo *Battleship* e a quarta parte de *Piratas do Caribe*), os programas de TV *Hawaii Five-O* e *Off the Map*, comerciais internacionais e um fluxo constante de outros projetos menores. Embora Kauai seja popular entre os cineastas por sua beleza natural e versátil, Donne Dawson,

(cont.)

IMAGEM 9.5 *O autor Simon Hudson com alunos do curso Semester at Sea no Kualoa Ranch, janeiro de 2015*

membro da comissão fílmica do Havaí, diz que Oahu atrai a maior parte do trabalho de produção porque possui mais infraestrutura, incluindo o Diamond Head Film Studio. Também é o lar da maioria dos membros da equipe de filmagem do Havaí e possui uma mistura de locações urbanas, suburbanas e de beleza natural. Mas, diz Dawson, há um esforço para compartilhar a riqueza. "Estamos tentando construir a indústria cinematográfica em todo o estado e temos diversidade a oferecer em todo o conjunto de ilhas", explica ela.

Os clientes de cinema mais valiosos do Havaí são os que permanecem lá em tempo integral, como o *Hawaii Five-O*, da CBS, que serve como um verdadeiro fôlder live-action para a indústria do turismo de 14 bilhões de dólares por ano. E quando os turistas chegam a Honolulu, geralmente conseguem ver a série em ação, como aconteceu quando os produtores fecharam a rua principal da cidade para filmar sequências para o final da quarta temporada e o início da quinta. "Tínhamos literalmente centenas de espectadores empolgados com o fato de que um pouco de suas férias envolvia o *Hawaii Five-O*", diz Walea Constantinau, membro da uma comissão fílmica de Honolulu.

Junto aos benefícios econômicos imediatos da produção em si, incluindo custos de hotel, alimentação e contratação de equipes e equipamentos locais, há ondulações econômicas duradouras. "Ainda estamos sentindo os efeitos do *Jurassic Park*", diz Sue Kanoho, diretora executiva do Kauai Visitors Bureau. "É importante vincular o destino ao local real em que foi filmado. A ideia é divulgar seu nome quando o filme for lançado, novamente quando sair em DVD, e depois o produto real, uma visita (pelos telespectadores do filme) à ilha. Portanto, há uma tripla oportunidade."

Os profissionais de marketing do Havaí foram rápidos em capitalizar o fenômeno do turismo cinematográfico. Duas empresas de turismo cinematográfico no Havaí fizeram uma lista dos dez passeios de cinema mais populares do país no Tripadvisor. Um dos listados foi o Kualoa Ranch, na ilha de Oahu. Fundado em 1850, o Kualoa é uma fazenda de gado de 16 quilômetros quadrados e está localizada no lado nordeste de Oahu, na zona rural do Havaí, a 36 quilômetros de Honolulu. Os antigos havaianos consideravam Kualoa um dos lugares mais sagrados da ilha de Oahu. Era a residência de reis, um local de refúgio e santuário – um *pu'uhonua* – e um campo de treinamento para a realeza havaiana, cujos membros eram instruídos nas artes da guerra, história e tradições sociais. Em 1850, o rei Kamehameha III vendeu aproximadamente 2,5 quilômetros quadrados de terra em Kualoa ao dr. Gerrit P. Judd. O dr. Judd foi um médico missionário que chegou ao Havaí em 1828 e serviu como consultor pessoal do rei Kamehameha III, traduzindo revistas médicas para o idioma havaiano. Mais tarde, uma área adicional nos vales Hakipu'u e Ka'a'awa foi comprada pelo filho do dr. Judd, Charles Hasting Judd. Essa compra aumentou o tamanho da propriedade para os 16 quilômetros quadrados atuais e agora pertence

(cont.)

à família Morgan, descendentes de Judd. Em 1927, recebeu o nome de Kualoa, que significa "há muito tempo" no Havaí, referindo-se aos belos vales e picos das montanhas do rancho.

Kualoa já foi palco de muitos filmes de Hollywood, como *Jurassic Park*, *Códigos de guerra*, *Pearl Harbor*, *Godzilla*, *Lágrimas do sol* e *Como se fosse a primeira vez*. Programas de TV, incluindo o antigo e o novo *Hawaii Five-O*, *Magnum P.I.* e *Lost* também foram filmados lá. No entanto, as filmagens tiveram um papel muito pequeno no Kualoa Ranch, diz John Morgan, presidente do Kualoa Ranch. "*Mister Roberts* foi o primeiro filme rodado na fazenda nos anos 1950", diz Morgan. Nos tornamos mais ativos nas filmagens na década de 1970, mas era uma parte relativamente pequena de nossas operações. Ultimamente, as filmagens são muito mais importantes pela receita que podem gerar e pelo custo relativamente baixo associado a elas para nós", explica Morgan. "Os pontos fortes de Kualoa são a beleza natural e a cultura do lugar."

O terreno do Kualoa Ranch também representou África, Irlanda, Amazônia, México, a cidade perdida de Atlantis e outros destinos longínquos. O rancho recebeu equipes de filmagem do Japão, Coreia e Austrália e espera atrair produções de Bollywood no futuro. Quando Nicolas Cage filmou *Códigos de guerra*, Kualoa também foi palco de algumas batalhas bastante realistas, diz Morgan. "Houve 272 grandes explosões – a maior quantidade de explosões da história de Hollywood em um dia", explica ele. "Eles equiparam todo o vale com fios e explosivos para que pudessem filmar os primeiros vinte minutos do filme de uma só vez. Crateras foram abertas em todo o lugar, e eles tinham médicos de combate reais percorrendo o cenário."

Mais recentemente, o uso do rancho como cenário de filme e nos passeios cinematográficos tornou-se uma parte mais significativa de seus negócios. Mao Lefiti, que trabalha como coordenador de operações na fazenda, diz que as duas atividades relacionadas ao filme – receber a produção e promover passeios cinematográficos – são igualmente importantes. "Como um rancho, primeiro e mais importante, tivemos que diversificar nossas operações além da agricultura. Embora a produção cinematográfica traga negócios contínuos, na verdade, ainda realizamos passeios diários enquanto os filmes estão sendo filmados." Se houver filmagens no rancho, Lefiti diz que o rancho faz um esforço para alavancar isso para fins publicitários. "Atualmente, estamos trabalhando em uma atração do *Jurassic World* (o Indominus Rex Cage), e sempre fazemos questão de destacar os diferentes filmes rodados aqui." Lefiti diz que os turistas que participam dos passeios cinematográficos são de todas as idades e de todas as partes do mundo: "Turistas de todas as esferas da vida vêm e, por causa da nossa proximidade com os países do Pacífico Asiático, temos muitos visitantes coreanos e japoneses. O passeio em si mudou um pouco ao longo dos anos, adicionando pequenos trechos à medida que novos filmes adicionam mais pontos de vista ao longo do passeio".

Fonte: visita pessoal dos autores ao Kualoa Ranch, em janeiro de 2016.

(cont.)

REFERÊNCIAS

AVRAHAM, E. Hosting events as a tool for restoring destination image. **International Journal of Event Management Research**, v. 8, n. 1, p. 61–75, maio 2014.

BALASUBRAMANIAN, S. K. Beyond advertising and publicity: hybrid messages and public policy issues. **Journal of Advertising**, v. 23, n. 4, p. 29–47, dez. 1994.

BENDER, A. The Real 'Christmas Miracle' of WestJet's viral video: millions in free advertising. **Forbes**, 12 dez. 2013. Disponível em: www.forbes.com/sites/andrewbender/2013/12/12/the-real-christmas-miracle-of-westjets-viral-video-millions-in-free-advertising/#485d6901e04d. Acesso em: 20 mar. 2020.

BROOKS, B. Prospecting: how to stay in the mind of your prospect and win. **Home Business**, v. 40, p. 42, 2002.

CLARK, J. M.; CORNWELL, T. B.; PRUITT, S. W. The impact of title event sponsorship announcements on shareholder wealth. **Marketing Letters**, v. 20, n. 2, p. 169–182, jun. 2009.

CRUZ, B.; MENDELSOHN, J. Why social media matters to your business. **Chadwick Martin Bailey**, abr. 2010. Disponível em: www.cmbinfo.com/cmb-cms/wp-content/uploads/2010/04/Why_Social_Media_Matters_2010.pdf. Acesso em: 20 mar. 2020.

GARFIELD, C. Peak performers: the new heroes of American business. New York: Avon, 1986.

GRUNDY, M.; MOXON, R. The effectiveness of airline crisis management on brand protection: a case study of British Airways. **Journal of Air Transport Management**, v. 28, p. 55–61, maio 2013.

HANG, H. Brand-placement effectiveness and competitive interface in entertainment media. **Journal of Advertising Research**, v. 54, n. 2, p. 192–199, jun. 2014.

HSBC. Golf's 2020 vision. **The HSBC Report**, 2010. Disponível em: https://www.hsbc.com/-/files/hsbc/who-we-are/our-brand/pdfs/hsbc-golf-booklet.pdf. Acesso em: 20 mar. 2020.

HUDSON, S.; HUDSON, D. Branded entertainment: a new advertising technique, or product placement in disguise? **Journal of Marketing Management**, v. 22, n. 5–6, p. 489–504, jun. 2006.

HUDSON, S.; HUDSON, L. J. Customer service for hospitality and tourism. Oxford: Goodfellow Publishers Ltd, 2013.

HUDSON, S.; HUDSON, L. J. Golf Tourism. 2. ed. Oxford: Goodfellow Publishers Ltd, 2014.

HUDSON, S.; HUDSON, L. J. **Winter sport tourism**: working in winter wonderlands. Oxford: Goodfellow Publishers Ltd, 2015.

HUDSON, S.; MILLER, G.; PELOZA, J. Approaches to cause related marketing. *In*: **Cause related marketing**. Hyderabad, India: ICFAI University Press, 2006. p. 41–52.

HUDSON, S.; TUNG, V. W. S. Appealing to tourists via branded entertainment: from theory to practice. **Journal of Travel and Tourism Marketing**, v. 33, n. 1, p. 123–137, maio 2015.

ITB BERLIN. Botswana: the official partner country of ITB Berlin 2017. **ITB Berlin**, 10 mar. 2016. Disponível em: www.itb-berlin.de/Presse/Pressemitteilungen/News_24711.html?referrer=/de/Presse/Pressemitteilungen. Acesso em: 9 dez. 2016.

JARGON, J.; SMITH, E. Restaurant chains, singers team up to sharpen brands. **Wall Street Journal**, 25 set. 2012. Disponível em: www.wsj.com/articles/SB100008723963904435893 04577633822110333762. Acesso em: 20 mar. 2020.

KAPLANIDOU, K. K. *et al.* Quality of life, event impacts, and mega-event support among South African residents before and after the 2010 FIFA World Cup. **Journal of Travel Research**, v. 52, n. 5, p. 631–645, maio 2013.

KARRH, J. A.; MCKEE, K. B.; PARDUN, C. J. Practitioners' evolving views on product placement effectiveness. **Journal of Advertising Research**, v. 43, n. 2, p. 138–149, jun. 2003.

KETCHUM. The principles of PR measurement. **Ketchum Global Research & Analytics**, 2013. Disponível em: www.ketchum.com/principles-measurement. Acesso em: 9 dez. 2016.

LIKELY, F.; WATSON, T. Measuring the edifice: Public relations measurement and evaluation practices over the course of 40 years. *In*: SRIRAMESH , K.; ZERFASS, A.; KIM, J-N. (org.). **Public relations and communication management**: current trends and emerging topics. New York: Routledge, 2013. p. 143–162.

LUTZ, D. Organizing a Successful Press FamTrip. **Hotel Executive**, 6 maio 2010. Disponível em: http://hotelexecutive.com/business_review/841/organizing-a-successful-press-famtrip. Acesso em: 20 mar. 2020.

MACNAMARA, J. R. Research in public relations: a review of the use of evaluation and formative research. **Asia Pacific Public Relations Journal**, v. 1, n. 2, p. 107–134, jan. 1999.

MACNAMARA, J. R. **Public relations**: theories, practices and critiques. Melbourne: Pearson, 2012.

MLIFE. Lights! Camera! Aria! **Mlife**, v. 11, n. 4, p. 72–76, 2013.

MORGAN, N.; PRITCHARD, A. Tourism promotion and power: creating images, creating identities. Chichester: John Wiley & Sons, 1998.

MORRISON, A. M. **Hospitality and travel marketing**. 3. ed. Albany, NY: Delmar Thomson Learning, 2002.

PARRY, T. Kos wows agents on a Mark Warner fam. **TTG Media**, 26 maio 2016. Disponível em: https://www.ttgmedia.com/news/news/kos-wows-agents-on-a-mark-warner-fam-5008. Acesso em: 20 mar. 2020.

POZIN, I. 5 measurements for PR ROI. **Forbes.com**, 29 maio 2014. Disponível em: www.forbes.com/sites/ilyapozin/2014/05/29/5-measurements-for-pr-roi. Acesso em: 20 mar. 2020.

RUSSELL, C. A.; BELCH, M. A managerial investigation into the product placement industry. **Journal of Advertising Research**, v. 45, n. 1, p. 73–92, fev. 2005.

SCHROEDER, A. *et al.* Using social media in times of crisis. **Journal of Travel & Tourism Marketing**, v. 30, n. 1–2, p. 126–143, jan. 2013.

SHEIVACHMAN, A. Brand USA brings new 3D documentary to a global audience. **Skift**, 16 fev. 2016. Disponível em: https://skift.com/2016/02/16/brand-usa-turns-to-nature-documentaries/. Acesso em: 20 mar. 2020.

STELLENBOSCH MUNICIPALITY. **Local economic strategy and action plan**. 2014. Disponível em: www.stellenbosch.gov.za/documents/socio-economic-data/1604-led-stratetgy-and-projects-jun-2014/file. Acesso em: 20 mar. 2020.

THE GUARDIAN. Spain courts Bollywood productions to attract more Indian tourists. **The Guardian**, 20 jun. 2016. Disponível em: https://www.theguardian.com/world/2016/jun/19/spain-courts-bollywood-productions-to-attract-more-indian-tourists. Acesso em: 20 mar. 2020.

UM, N-H.; KIM, S. Practitioners' perspectives on branded entertainment in the United States. **Journal of Promotion Management**, v. 20, n. 2, p. 164–180, abr. 2014.

O PAPEL DO ATENDIMENTO AO CLIENTE EM MARKETING 10

INTRODUÇÃO

O capítulo 10 enfoca o papel crítico do atendimento ao cliente e começa rastreando o histórico do serviço, fornecendo uma definição do termo. A próxima parte do capítulo descreve a cadeia serviço-lucro, em seguida, há seções sobre como criar uma cultura de atendimento e converter hóspedes em apóstolos. As duas seções finais do capítulo abordam o gerenciamento de promessas de serviço e a arte da reparação de serviços. Os estudos de caso analisam o atendimento ao cliente no Pestana Hotel Group, a estratégia digital da Vail Resorts e o atendimento ao cliente em eventos esportivos de alto nível na Grã-Bretanha.

LIÇÕES DE UM GURU DO MARKETING
– DIONÍSIO PESTANA, DO PESTANA HOTEL GROUP

Dionísio Pestana é o presidente e diretor do Pestana Hotel Group, fundado em 1972 por seu pai, Manuel Pestana. O Pestana teve um começo modesto, com apenas um hotel de 300 quartos na ilha da Madeira, e agora é o maior grupo internacional de turismo e lazer de Portugal, ocupando o 10º lugar na Península Ibérica, 31º na Europa e 125º no mundo. A marca de propriedade familiar agora abrange oito setores diferentes – Hotéis e Resorts, Pousadas de Portugal (pousadas em monumentos, palácios, conventos e castelos convertidos), Propriedade de férias, Jogos (Casino da Madeira e Casino de São Tomé), Viagens, Golfe e Residência , Indústria e Centro Internacional de Negócios da Madeira.

IMAGEM 10.1 *Dionísio Pestana. (©Copyright Pestana Hotel Group. Todos os direitos reservados)*

Espalhando-se pelo mundo desde 1985, o Pestana possui 88 hotéis de quatro e cinco estrelas em quinze países da África, América do Sul, América do Norte e Europa. Além disso, conta com quinze unidades de propriedade de férias (timeshare), seis campos de golfe, três empreendimentos imobiliários, dois cassinos, uma companhia aérea e uma operadora de turismo, empregando mais de 7 mil colaboradores em todo o mundo. "Nas últimas três décadas, investimos no setor de hospitalidade e turismo de forma estruturada e sustentável", diz Pestana. "Em quarenta e três anos, testemunhamos o nascimento e o crescimento do Pestana Hotel Group e sua consolidação não apenas como a principal cadeia de hotéis de Portugal, mas também como uma das maiores do mundo."

Seja na Inglaterra, no Brasil, em Cuba, na Venezuela ou em casa, em Portugal, o grupo Pestana oferece qualidade de primeira qualidade: Em 1º de setembro de 2003, o Pestana Hotel Group assumiu a administração e os destinos das Pousadas de Portugal. "A inclusão desta segunda marca de hotel sob o guarda-chuva Pestana representou uma responsabilidade a mais e um reforço do nosso compromisso com o turismo de qualidade em Portugal", diz Pestana. Os tentáculos do Pestana também chegaram à Alemanha, Espanha, Argentina, Uruguai, Colômbia, Marrocos, Moçambique, África do Sul, Cabo Verde, São Tomé e Príncipe e Estados Unidos. Mas a diversificação e o crescimento não fizeram com que os altos padrões originais diminuíssem. "O crescimento e a verticalização de nossa atividade comercial foram marcados por nossa atenção permanente às necessidades de nossos clientes", explica ele. "Orgulhamo-nos de fornecer continuamente um serviço refinado, atencioso e de qualidade."

O atendimento ao cliente é primordial em toda a rede Pestana. "Esses princípios formam uma parte incondicional dos nossos padrões de serviço. Nosso objetivo em aplicá-los é continuar a superar as expectativas de todos aqueles que, todos os dias, escolhem nos honrar com sua

(cont.)

escolha", diz Pestana. O crescimento contínuo é uma forte indicação do sucesso do rígido controle do grupo Pestana na qualidade do atendimento ao cliente. Mesmo durante o período de recessão econômica em 2008, o grupo alcançou 2,6 milhões de clientes em 2011, um aumento de 9% em relação ao ano anterior. Os quartos com pernoite seguiram o mesmo impulso ascendente, aumentando 8% de 2010 a 2011 para um total de 1,6 milhão. As vendas on-line cresceram 13% e as taxas de ocupação atingiram 81% na alta temporada e 30% na baixa temporada.

Os padrões de atendimento ao cliente são definidos em relação ao feedback regular do cliente e ao contato altamente personalizado do cliente por meio de questionários de satisfação, Tripadvisor e HolidayCheck. Muitas propriedades do grupo Pestana também têm um mandato de transparência, permitindo que os clientes visualizem os serviços internos, incluindo equipamentos, condições de higiene e segurança. Além disso, o grupo possui seu próprio índice de medição de satisfação, o PGSI (Pestana Guest Satisfaction Index, ou Índice de Satisfação do Hóspede do Pestana), que combina avaliações on-line com questionários de clientes e feedback, a fim de alcançar altos padrões de qualidade de serviço prestados. Esse é um aspecto essencial, diz Pestana, pois permite que a empresa melhore seus serviços com base no feedback exato dos clientes. Para medir, gerenciar e monitorar esses dados, o Pestana Hotel Group assinou um acordo com uma das marcas de maior prestígio no mercado, a ReviewPro.

No Brasil, o grupo instituiu uma plataforma de atendimento ao cliente, o eBuzz Connect, que monitora e gerencia o feedback dos hóspedes em sites de redes sociais, incluindo Tripadvisor, Reservas, Expedia e vários blogs. Isso lhes permitiu avaliar seu posicionamento em comparação com a concorrência e também facilitou o estabelecimento de objetivos. Os resultados iniciais receberam 146 comentários respondidos nos três primeiros meses, seguidos por uma melhoria de 10% no posicionamento do Pestana Rio.

Os últimos objetivos do Pestana são adicionar mais de 3 mil chaves de quarto em mais de vinte novos projetos atualmente em desenvolvimento e atingir a meta simbólica de cem hotéis até 2020. O grupo também espera reforçar a presença de sua marca em vinte países, investindo 70 milhões de euros em Portugal e quase 100 milhões de euros internacionalmente. Ao mesmo tempo, o grupo Pestana quer diversificar o modelo de negócios, buscando mais contratos de aluguel e administração. Em 2016, o Pestana Hotel Group foi eleito Trusted Brand no prestigioso estudo da *Reader's Digest*, que entrevistou 13.200 portugueses. Foi dada grande ênfase à qualidade do grupo, bem como à percepção das necessidades dos clientes. Também ganhou os seguintes prêmios: World Travel Awards, Publituris Travel Awards, Condé Nast Hot List, Tripadvisor, Expedia, Zoover, Thomas Cook, TUI e Luxair Tours.

Fontes: entrevistas com Pedro Lopez e João Pedro Ferradeira em agosto de 2016.

DEFININDO O ATENDIMENTO AO CLIENTE

Muitas tentativas foram feitas para definir o atendimento ao cliente. Talvez a definição mais abrangente seja de Lucas (2009, p. 6), que define o atendimento ao cliente como "a capacidade de funcionários conhecedores, capazes e entusiasmados em fornecer produtos e serviços a seus clientes internos e externos de uma forma que satisfaça as necessidades identificadas e não identificadas e, em última análise, resulta em publicidade boca a boca positiva e retorno aos negócios". O que essa definição não considera é que o atendimento ao cliente nem sempre é satisfatório e também pode levar a um boca a boca negativo e a uma perda de negócios. Além disso, o atendimento ao cliente é mais do que a interação entre funcionários e clientes internos ou externos. Ele também se relaciona à infraestrutura física em um espaço de varejo ou serviços de hospitalidade. A Disney, por exemplo, uma organização realmente focada no cliente, tem dois olhos mágicos nas portas dos quartos de hotel – um na altura normal e outro no nível das crianças. A definição de atendimento ao cliente usada neste capítulo baseia-se na de Lucas e é a seguinte: *atendimento ao cliente é a prática de entregar produtos e serviços a clientes internos e externos por meio dos esforços dos funcionários ou do fornecimento de um servicescape (cenário de serviços) apropriado.*

O conceito moderno de atendimento ao cliente tem suas raízes na economia do artesão de 1800, quando indivíduos e pequenos grupos de fabricantes competiam para produzir artesanato a fim de atender à demanda do público. Pedidos personalizados foram feitos para cada cliente e o atendimento ao cliente foi altamente individualizado. Durante essa época, o atendimento ao cliente diferia do que é hoje pelo fato de os proprietários das empresas também serem funcionários motivados da linha de frente que trabalhavam pessoalmente com seus clientes e tinham um grande interesse em prestar um bom serviço e ser bem-sucedidos (LUCAS, 2009).

Como a era da produção em massa evoluiu gradualmente no início do século XX, tornou-se cada vez mais difícil atender às necessidades de clientes individuais. A explosão na demanda por mercadorias após a Segunda Guerra Mundial reduziu ainda mais a importância do atendimento ao cliente, pois o poder dos fornecedores superava o do consumidor. Esse equilíbrio mudou na década de 1970, quando o domínio dos fabricantes ocidentais foi desafiado pela Ásia e o aumento da concorrência levou os produtores a melhorar a qualidade de seus produtos e serviços. O *boom* econômico da década de 1990 aumentou novamente o poder dos fornecedores, que, embora não voltassem completamente a padrões mais baixos de atendimento, foram capazes de ser mais seletivos em relação a quais clientes servir e quais níveis de atendimento fornecer.

Hoje as empresas mudam dramaticamente à medida que a economia passa de uma dependência da manufatura para um foco em fornecer atendimento adequado e de qualidade (LUCAS, 2009). A economia de serviços está em plena atividade há algum tempo, impulsionada pelo aumento da tecnologia, globalização, desregulamentação e mudança no comportamento do consumidor, entre outros fatores. O atendimento ao cliente é, portanto, mais importante do que nunca, especialmente em tempos econômicos difíceis, quando os clientes estão procurando aumentar o valor do dinheiro e perdoam menos o atendimento medíocre (MILLER, 2011).

CADEIA SERVIÇO-LUCRO

A satisfação e a lealdade do cliente são as chaves para a lucratividade em longo prazo, e manter o cliente feliz é responsabilidade de todos. Tornar-se focado no cliente e exceder as expectativas dele são requisitos para o sucesso dos negócios nos setores de turismo, hospitalidade e eventos (STARMER-SMITH, 2016). Pesquisas bastante divulgadas mostram que as empresas podem aumentar os lucros de 25% a 85% ao reter apenas 5% a mais de seus clientes (REICHHELD; SASSER, 1990), e pesquisas indicam que apenas satisfazer os clientes não é mais suficiente para garantir a lealdade (HESKETT; SASSER; SCHLESINGER, 1997).

Os consumidores em todo o mundo estão dispostos a gastar mais em excelência em serviços. Um estudo descobriu que sete em cada dez americanos estão dispostos a gastar uma média de 14% a mais com empresas que acreditam oferecer um excelente atendimento ao cliente (AMEX, 2014). Isso é um pouco mais do que nos dois anos anteriores. Outro estudo da AMEX (2011) encontrou uma disposição semelhante em outros países (Austrália e Canadá, 12%; México, 11%; Reino Unido, 10%; França, 9%; Itália, 9%; Alemanha, 8% e Holanda, 7%). Na Índia, os consumidores gastariam 22% a mais em um excelente atendimento ao cliente. Outro estudo constatou que o valor de um ótimo atendimento ao cliente na economia dos Estados Unidos é de 267,8 bilhões de dólares por ano (STELLA SERVICE, 2010). Esse valor foi calculado com base no gasto médio por pessoa por ano com cada tipo de empresa. Valor é a porcentagem extra que as pessoas estão dispostas a gastar se soubessem que receberiam um ótimo serviço. Se os consumidores pesquisados recebessem um ótimo serviço, 70% usariam a mesma empresa novamente e 50% fariam recomendações a familiares e amigos. No setor de hospitalidade, o estudo constatou que os consumidores estão dispostos a gastar 11% a mais em um ótimo serviço acima da maioria dos outros setores. De fato, os hóspedes de hotel gastam 17% a mais em compras adicionais do que aqueles que estão apenas satisfeitos com o serviço do hotel.

CRIANDO UMA CULTURA DE SERVIÇO

Para fornecer um atendimento ao cliente de alto nível, os fornecedores de turismo e hospitalidade precisam estabelecer uma forte cultura de serviço. Uma cultura de serviço é uma cultura que sustenta o atendimento ao cliente por meio de políticas, procedimentos, sistemas de recompensa e ações. Um programa de marketing de serviços está fadado ao fracasso se sua cultura organizacional não sustentar o atendimento ao cliente. Esse programa requer um forte compromisso da gerência. Se a gerência espera que os funcionários tenham uma atitude positiva em relação aos clientes, ela deve ter uma atitude positiva em relação ao cliente e aos funcionários. Todos os líderes organizacionais são cruciais na transmissão e preservação da cultura (FORD; HEATON, 2001). A cultura de serviço da Four Seasons é dirigida pelo presidente e CEO Isadore Sharp; Walt Disney foi a inspiração por trás do atendimento ao cliente no Walt Disney Parks and Resorts; e Richard Branson gasta tempo e dinheiro consideráveis com foco no atendimento ao cliente. Por fim, a Starbucks, criada por Howard Schultz, deve muito desse sucesso à atenção de Schultz no atendimento ao cliente. "A verdadeira razão do nosso sucesso é que nossos parceiros frequentemente excederam as expectativas dos clientes com sua atitude calorosa e atenciosa", disse ele. Falando sobre a expansão da empresa na Ásia, ele disse: "Na China, temos 30 mil pessoas trabalhando na Starbucks e elas sentem que estão sendo tratadas com grande respeito. É isso que queremos mostrar aos nossos clientes" (WEN, 2016).

Para empresas sem uma forte cultura de serviço, a mudança para um sistema orientado para o cliente pode exigir mudanças na capacitação dos funcionários. Exige que os gerentes gastem tempo conversando com clientes e funcionários em contato com o cliente. Organizações de referência em turismo e hospitalidade, como a Starbucks, dedicam um esforço considerável ao ensinar um sistema de valores culturais, de modo que, quando surge uma situação com um cliente que não é discutida no manual de treinamento ou não pode ser feita pelo livro, o funcionário que aprendeu a cultura saberá como fazer a coisa certa naquele momento, desejará fazer a coisa certa e terá o poder de fazê-lo pela organização (FORD; HEATON, 2001). No The Montage, em Deer Valley, em Utah, a cultura de serviço exclusiva é incutida e mantida por meio de treinamento intensivo. Todos os 720 funcionários (chamados associados) passam por uma instrução que dura vários dias seguida por um longo período de treinamento chamado Montage Mores. Dan Howard, ex-gerente de relações públicas do hotel, diz: "Não há dois hotéis parecidos em Montage, mas eles dão a sensação de serem idênticos – as mesmas mensagens, o mesmo estilo de hospitalidade. Nosso objetivo é oferecer luxo confortável – acho que é exclusivamente americano" (HUDSON; HUDSON, 2013).

IMAGEM 10.2 *Montage Deer Valley, Utah. (Cortesia do Montage Deer Valley e de Barbara Kraft)*

Certamente, estabelecer uma cultura de serviço pode ser mais fácil em algumas partes do mundo. No Japão, por exemplo, um alto padrão de atendimento ao cliente é a norma. A palavra em japonês para cliente se traduz como convidado, mostrando o *status* que eles atribuem a seus clientes. Na França, no entanto, é mais difícil encontrar excelência no atendimento ao cliente. Na verdade, em meados de 2013, o conselho de turismo de Paris lançou uma iniciativa educacional que perguntava se os franceses falavam "turistês", para incentivar a compreensão cultural e uma abordagem mais gentil e delicada para quem frequentemente lida com turistas. Questionada se a campanha foi bem-sucedida, a porta-voz do conselho de turismo Veronique Potelet disse: "Sabemos que ainda há trabalho a ser feito, mas a situação certamente não é catastrófica" (NEHRING, 2015).

O treinamento para uma cultura orientada a serviços também exigirá mais do que um único programa ou classe. Mesmo antes do treinamento de atendimento ao cliente, os novos contratados devem ter uma sessão de treinamento inicial que estabeleça o tom da experiência do funcionário e comece a construir uma base para o serviço. Depois que o sistema de valores é ensinado, o treinamento pode ser mais específico. Os funcionários da Ritz-Carlton, por exemplo, são treinados com base em certos padrões específicos. Cada novo membro da empresa recebe um alto nível de treinamento e feedback contínuos e é apresentado aos Ritz-Carlton Gold Standards. Impresso em um cartão que todo funcionário carrega, os Golden Standards ilustram as crenças da empresa, a promessa do funcionário e as regras de comportamento para com os hóspedes e colegas de equipe. Essas regras explicam, por exemplo, o vocabulário exato que deve ser usado para cumprimentar os hóspedes e orientações sobre aparência pessoal. Além disso, eles formam um contrato social entre a instituição e todos que trabalham lá. O credo é resumido simplesmente como: Somos damas e cavalheiros servindo damas e cavalheiros.

O Ritz-Carlton costuma oferecer treinamento interno, mas alguns resorts e destinos podem procurar o treinamento de atendimento ao cliente externamente. A Steamboat Springs, uma cidade turística do Colorado, contratou um consultor para dar treinamento de atendimento ao cliente em toda a cidade. O ímpeto para a mudança dramática veio depois que a cidade observou uma queda significativa nos respondentes de pesquisas dizendo que recomendariam Steamboat Springs a amigos e colegas. O consultor de gestão, Ed Eppley, foi contratado para planejar o programa de treinamento, envolvendo inicialmente quatro sessões de quatro horas ao longo de um mês, ensinando o que há de mais recente em cultura de atendimento ao cliente e usando muitos exemplos da Disney de ir além. "É fácil dizer que você deseja criar experiências de atendimento ao cliente maiores que a de seus concorrentes", diz Eppley, mas "criar uma cultura que apoie isso e recompense seu pessoal por fazer isso exige bastante esforço" (MOUNT, 2014).

Consultores externos (People 1st Training Company) também foram contratados para aprimorar os padrões de serviço do Reino Unido antes das Olimpíadas de Londres de 2012 e, como mostra o estudo de caso do final do capítulo, o treinamento de atendimento ao cliente é igualmente crítico para os eventos. Os eventos têm necessidades e desafios únicos de recursos humanos, especialmente por causa da sua dependência habitual de voluntários (GETZ, 2007). Hanlon e Stewart (2006) realizaram um estudo de pessoal para um grande evento esportivo. Eles concluíram seu estudo fazendo recomendações para práticas personalizadas de recursos humanos, resumidas na Figura 10.1. O lado esquerdo do modelo possui cada um dos cinco principais estágios de recursos humanos e no meio há nove recursos especiais das principais organizações de eventos esportivos. Estratégias de recursos humanos convencionais de eventos sob medida foram identificadas para cada um dos cinco estágios de recursos humanos e estão listadas no lado direito da Figura 10.1. Os autores recomendaram que os gerentes recebessem diretrizes e procedimentos documentados que refletissem os processos personalizados e específicos do esporte necessários para encarar os desafios enfrentados pelos gerentes de eventos esportivos.

Uma importante função de gerenciamento na maioria dos grandes eventos é a hospitalidade corporativa. A hospitalidade corporativa pode ser definida como qualquer evento para o benefício de uma organização que entretém clientes ou funcionários, ou clientes em potencial, às custas da organização (MDB, 2009). A

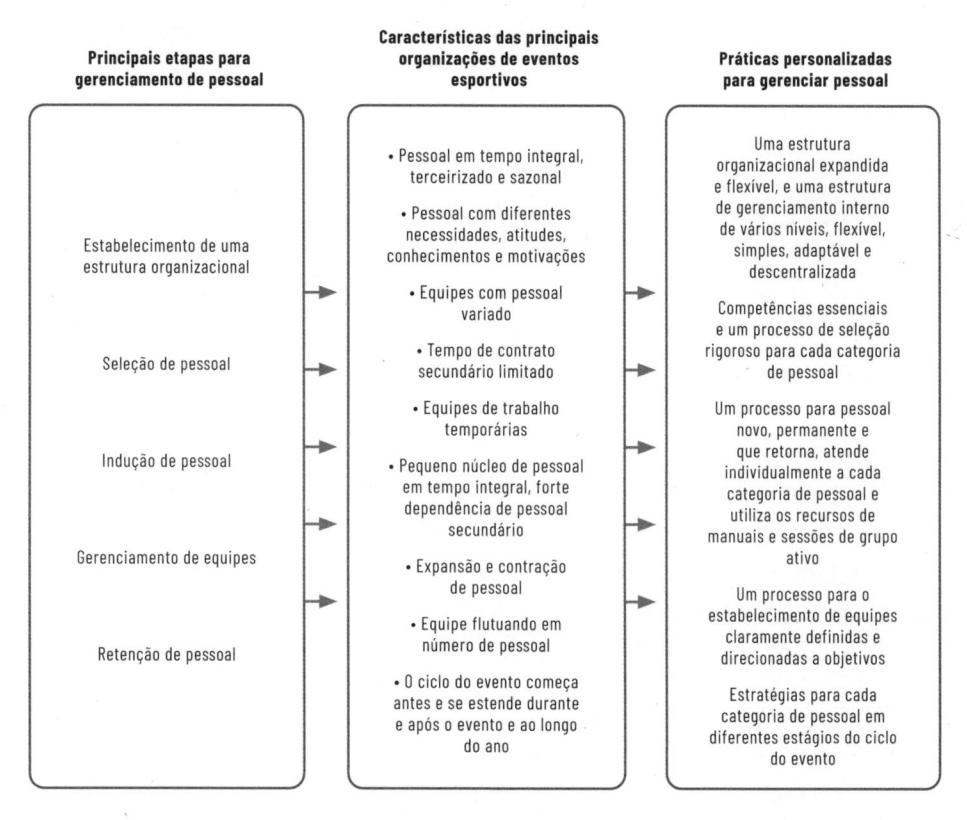

Principais etapas para gerenciamento de pessoal	Características das principais organizações de eventos esportivos	Práticas personalizadas para gerenciar pessoal
Estabelecimento de uma estrutura organizacional	• Pessoal em tempo integral, terceirizado e sazonal • Pessoal com diferentes necessidades, atitudes, conhecimentos e motivações	Uma estrutura organizacional expandida e flexível, e uma estrutura de gerenciamento interno de vários níveis, flexível, simples, adaptável e descentralizada
Seleção de pessoal	• Equipes com pessoal variado • Tempo de contrato secundário limitado	Competências essenciais e um processo de seleção rigoroso para cada categoria de pessoal
Indução de pessoal	• Equipes de trabalho temporárias • Pequeno núcleo de pessoal em tempo integral, forte dependência de pessoal secundário	Um processo para pessoal novo, permanente e que retorna, atende individualmente a cada categoria de pessoal e utiliza os recursos de manuais e sessões de grupo ativo
Gerenciamento de equipes	• Expansão e contração de pessoal • Equipe flutuando em número de pessoal	Um processo para o estabelecimento de equipes claramente definidas e direcionadas a objetivos
Retenção de pessoal	• O ciclo do evento começa antes e se estende durante e após o evento e ao longo do ano	Estratégias para cada categoria de pessoal em diferentes estágios do ciclo do evento

FIGURA 10.1 *Práticas de gerenciamento para organizadores de eventos. (©2017 por Robert N. Miranda, editor. Todos os direitos são cortesia da Cognizant Communication)*

atividade pode ser uma forma eficaz de estabelecer oportunidades de rede e consolidar o relacionamento com os clientes. Com frequência, um consultor externo será usado para organizar atividades de hospitalidade corporativa, em especial para eventos maiores. Um exemplo é o Jet Set Sports, um dos maiores fornecedores de hospitalidade para os Jogos Olímpicos de Inverno. A empresa sediada nos Estados Unidos começou com os Jogos de 1984 em Sarajevo. O fundador, Sead Dizdarevic, croata, viu uma oportunidade à frente com esses Jogos de aproveitar ao máximo suas habilidades linguísticas e conhecimentos da região para criar pacotes de viagens para patrocinadores das Olimpíadas dos Estados Unidos. Seu novo empreendimento o viu receber 5 mil clientes em Sarajevo, de uma geração passada de patrocinadores olímpicos como Merrill Lynch, American Express, Sports Illustrated, Kraft e General Foods. Muitas Olimpíadas depois, Dizdarevic e Jet Set Sports contabilizam mais de dez vezes o número de clientes por seus serviços, que agora incluem as Olimpíadas de Verão e Inverno. O programa corporativo Jet Set foi executado em Sochi em 2014, por exemplo, atendendo a cerca de 30 mil convidados. Além de providenciar acomodações e transporte para as empresas, a Jet Set assumiu um restaurante em Sochi e trouxe cinco *chefs* com estrelas Michelin de todo o mundo.

CONVERTENDO HÓSPEDES EM APÓSTOLOS

Como mencionado anteriormente, apenas satisfazer os clientes não é mais suficiente para garantir a lealdade. Há pouca ou nenhuma correlação entre clientes satisfeitos (*versus* altamente satisfeitos) e retenção de clientes. Cada cliente deve ficar tão satisfeito com todos os elementos de sua associação com uma empresa que o uso de um concorrente é impensável. De certa forma, esses clientes se tornam apóstolos de suas marcas favoritas. Um modelo popular que explica essas consequências comportamentais do atendimento ao cliente é o Modelo Apóstolo (Apostle Model), desenvolvido na Harvard Business School. Com base na satisfação e lealdade, essa abordagem segmenta os clientes em quatro quadrantes: Leais (Loyalists), Reféns (Hostages), Mercenários (Mercenaries) e Desertores (Defectors).

Os *Desertores* são aqueles que têm baixa satisfação e baixa lealdade. Um subsegmento abrange os *Terroristas*, com os mais baixos índices de satisfação e lealdade. Além dos custos associados à perda deles, esses clientes ficam tão infelizes que se manifestam contra uma marca a cada oportunidade. Os reféns são clientes que têm baixa satisfação, mas ainda relatam alta lealdade. Isso geralmente ocorre por falta de concorrência ou por altos custos de troca. Os clientes desta categoria se sentem presos. As marcas dessa categoria geralmente conquistam negócios simplesmente pela sua localização (quando não existem alternativas adequadas ao redor) ou pela força do seu clube de fidelidade. No entanto, esses clientes exibem falsa lealdade, agindo com lealdade mesmo quando estão apenas esperando uma chance de sair do navio. *Mercenários* são aqueles que têm alta satisfação, mas baixa lealdade. Esses clientes geralmente são sensíveis ao preço e mudam facilmente quando têm oportunidade.

Leais são clientes que têm alta satisfação e alta lealdade. Subsegmentos dos clientes leais são os *Apóstolos*, que têm os mais altos índices de satisfação e lealdade. Cerca de 80% da receita da Starbucks são provenientes de apóstolos que visitam suas lojas uma média de dezoito vezes por mês. Esses tipos de clientes são leais porque amam um negócio e valorizam o tratamento personalizado. No setor de viagens em geral, os pedidos de férias customizadas e personalizadas estão aumentando acentuadamente, auxiliados pela tecnologia e por consumidores cada vez mais perspicazes e com altas expectativas. Portanto, os principais resorts e hotéis estão tentando personalizar a experiência para que os clientes se sintam únicos e acreditem que o hotel dedicou uma atenção especial a eles.

No Colorado, a Vail Resorts está sempre procurando formas de superar as expectativas e gerar lealdade. "Temos um programa chamado Epic Wishes", diz Ashley Lowe, gerente sênior de comunicações. "Os funcionários têm permissão para procurar hóspedes que mencionam nas mídias sociais que eles irão para o local, e encontramos uma experiência única para oferecer a eles a fim de melhorar suas férias épicas. Os exemplos incluem oferecer um bolo de aniversário, dar carona em tratores para limpeza de neve para crianças e oferecer um tratamento de spa gratuito e jantar a uma mulher que se machucou no primeiro dia de esqui" (HUDSON; HUDSON, 2015). Lowe reconhece que essas iniciativas precisam vir de alguém com um cargo superior. Ela menciona um gerente geral, Jonathan Fillman, do Mountain Thunder Lodge, em Breckenridge, que rotineiramente escreve notas escritas à mão para seus hóspedes e incentiva sua equipe também. Quando um hóspede recente comentou no Tripadvisor que era sua sétima estadia no Mountain Thunder Lodge e que ele adorava o lugar, Jonathan o procurou, descobriu que ele ainda estava hospedado na propriedade e perguntou como ele poderia melhorar sua estadia. "O cavalheiro disse que faria uma caminhada em uma das montanhas com mais de 4.250 metros no dia seguinte e perguntou a Jonathan se ele sabia como chegar lá. Jonathan respondeu: 'Se eu sei como chegar lá? Vou levá-lo até lá!'. Jonathan pegou o hóspede às 4h da manhã do dia seguinte e fez a caminhada completa com ele." A seção "Digital em foco" a seguir apresenta um foco maior no atendimento ao cliente na Vail Resorts.

No Grand America, em Salt Lake City, a diretora de experiência do hóspede, Annie Fitzgerald, diz que a criação da lealdade começa com cada funcionário. "Garantimos que todos os funcionários tenham o poder de tornar a estadia de cada hóspede excepcional e uma experiência personalizada. Se nossos funcionários souberem de algo sobre nossos hóspedes que melhorará a estadia deles, reconheceremos e entregaremos. Por exemplo, se soubermos, no momento da chegada, que um casal está celebrando bodas, entregaremos um bolo e um cartão de felicitações, desejando feliz bodas, assim como casais de lua de mel que recebem morangos cobertos com chocolate e um cartão. Reconhecemos aniversários e adoramos cuidar de hóspedes que trazem seus filhos. Geralmente damos balões ou pequenos brinquedos de boas-vindas para os pequenos." O Grand America também tem um grande embaixador, cujo papel é garantir que todos os hóspedes que retornam sejam reconhecidos de forma adequada. "Nosso sistema operacional rastreia todas as preferências dos nossos hóspedes e, em seguida, nosso embaixador analisa todas as reservas e se prepara para essas solicitações", diz Fitzgerald. As solicitações podem variar de uma preferência por uma sala ou vista especial, ao tipo de roupa de cama que um hóspede precisa para se sentir confortável. "Todas essas coisas tornam o Grand America um lar longe de casa e garantem a retenção de nossos hóspedes."

Durante o tempo de estadia no Stein Eriksen Lodge, em Deer Valley, a equipe utiliza todas as informações pessoais que puderem como uma oportunidade de criar uma experiência memorável para os hóspedes. "Todo hóspede recebe um acompanhamento pessoal até o quarto", diz o gerente do hotel, Dan Bullert. "E isso permite que a equipe desenvolva um contato pessoal com o hóspede e, possivelmente, obtenha informações sobre as quais o hotel possa levar sua experiência um passo adiante. Por exemplo, um hóspede fez referência ao seu programa de TV favorito, *Downton Abbey*; a equipe então se sentiu inclinada a montar um belo cartão em referência ao programa, com os horários e onde encontrá-lo na programação. Com o cartão, havia uma cortesia de chips de *tortilla* e molho para ele degustar enquanto assistia ao programa" (HUDSON; HUDSON, 2015).

DIGITAL EM FOCO – VAIL RESORTS: NO TOPO DA MONTANHA

Nos velhos tempos de comunicação do atendimento ao cliente, algo tão insignificante como um ingresso de teleférico não daria muitas oportunidades aos gerentes. Costumava ser um pedaço de papel, preso ao casaco com um clipe de metal ou plástico, batendo ao vento e sendo apanhado em galhos de árvores e outros obstáculos, mas que precisava estar visível para os assistentes de teleférico. No entanto, com a moderna tecnologia de cartão inteligente, as estações de esqui em todo o mundo agora usam ingressos de teleférico para todos os tipos de conveniências, incluindo acesso automático aos teleféricos (mantendo o ingresso dentro do bolso), além de o cartão também funcionar como um cartão de crédito do resort.

Nos Estados Unidos, um dos primeiros a adotar esse sistema foi a Vail Resorts, que continuou a pesquisar todas as nuances da tecnologia de cartões inteligentes. "Um dos nossos maiores desenvolvimentos para a temporada de esqui de 2014/15 foi a introdução do Express Ticketing", diz Robert Urwiler, diretor de informações da Vail Resorts. "O Express Ticketing oferece aos nossos hóspedes a possibilidade de comprar ingressos em seus dispositivos móveis no minuto em que eles precisam. Se eles já possuem um ingresso, o produto é carregado automaticamente.

(cont.)

IMAGEM 10.3 *Foto da EpicMix. (Cortesia de Vail Resorts)*

Caso contrário, temos filas expressas nas bilheteiras, onde os hóspedes podem pegar rapidamente seu ingresso, simplesmente mostrando o código de barras de confirmação no celular". Os benefícios são duplos. Em primeiro lugar, isso ajuda a otimizar as filas na bilheteria, oferecendo às pessoas os meios para seguirem o processo rapidamente. E, em segundo lugar, fornece informações mais completas sobre os clientes do que um resort pode obter por meio de uma transação tradicional na bilheteria. "Além das introduções e melhorias do Express Ticketing e de outros recursos de tecnologia nos resorts, continuamos avançando na sofisticação e no uso de nossas competências de CRM e análise preditiva", acrescenta Urwiler. "O objetivo desses esforços é promover uma interação mais concentrada e direcionada dos hóspedes nos canais de comunicação. Estamos constantemente procurando formas melhores de envolver nossos clientes antigos, atuais e futuros com mensagens direcionadas e relevantes entregues no local e hora apropriados. Por fim, isso ajuda a impulsionar os negócios."

O cartão EpicMix habilitado para radiofrequência é um ingresso que vale por uma temporada ou por um dia que também pode ser vinculado a um cartão de crédito para gastos na montanha ou nos arredores do resort. O cartão pode ser usada ano após ano, em vez de precisar de substituições a cada estação. Além disso, todos os cartões físicos podem ser vinculados ao aplicativo gratuito de esqui EpicMix, permitindo ao usuário estar por dentro das atividades na montanha e compartilhá-las diretamente do aplicativo no Facebook e Twitter. O EpicMix permite que os visitantes rastreiem a altura a que chegaram (em pés), dias esquiados, pins competitivos conquistados, *status* no placar, fotos tiradas por fotógrafos profissionais nas montanhas, medalhas de corrida conquistadas e até acompanhar o progresso na Escola de Esqui e Snowboard. Dando um passo além, o EpicMix introduziu duas marcas revolucionárias durante a temporada 2014/2015 – EpicMix Guide e EpicMix Challenges. O EpicMix Guide oferece itinerários de corrida personalizados para os hóspedes com base na localização, nível de habilidade e duração desejada, enquanto o EpicMix Challenges permite que os visitantes promovam uma competição entre si, amigos e a comunidade.

Os Epicmixers podem compartilhar realizações individualmente ou escolher compartilhar uma compilação das conquistas do dia diretamente nas mídias sociais pelo aplicativo EpicMix para iOS ou Android gratuito. A estratégia por trás de tudo isso tem várias vantagens. "No geral, nosso objetivo comercial para o EpicMix é criar um companheiro digital discreto para a experiência de esquiar e andar de *snowboard* de nossos hóspedes, com foco em registrar suas experiências na montanha", diz Urwiler. "Isso permite que nossos hóspedes revivam suas experiências na forma digital e compartilhem essas experiências socialmente. Isso, em essência, ajuda a criar centenas de milhares de defensores da marca para a Vail Resorts nas mídias sociais, além de ajudar a impulsionar nossos esforços de CRM por meio de uma melhor compreensão do comportamento do hóspede."

Desde o lançamento do EpicMix em 2010/11, a ideia inovadora chamou a atenção de jornalistas de viagem e esqui de destaque, resultando em muitos artigos em revistas e jornais, incluindo

(cont.)

a prestigiosa seção de viagens do *Los Angeles Times* (escrita, aliás, pela autora deste livro, Louise Hudson), pela revista *Skiing* e pelo *Huffington Post*, de Denver. Além disso, o aplicativo garantiu que a Vail Resorts aparecesse em lugares menos comuns para empresas de esqui como *Mashable*, *CNET*, *Wired*, *Popular Mechanics*, *FastCompany* e outras publicações com foco em tecnologia. Stacey Pool, diretora sênior de experiência digital da Vail Resorts, afirma que, de longe, a geração mais bem-sucedida do EpicMix é o EpicMix Photo, que ressoa com todos os hóspedes, tanto de destino quanto locais. "Estamos sempre observando as diferentes plataformas sociais nas quais nossos hóspedes parecem estar engajados e tentando descobrir uma forma de compartilhar esses conteúdos do EpicMix nessas plataformas", acrescenta ela. Compreender o mercado demográfico, o mercado-alvo e o conteúdo apropriado é crucial para a estratégia de mídia social da empresa. "Queremos que o conteúdo converse com nossos hóspedes e os inspire a tomar medidas, seja para interagir conosco nessas plataformas sociais, compartilhar nosso conteúdo com outras pessoas ou clicar em nossos sites", diz Pool. O foco predominante em 2015 foi no Twitter, Facebook e Instagram. "À medida que as diferentes plataformas evoluem, e começa a haver transmissões do tipo *streaming* em tempo real em algumas das novas plataformas sociais, queremos adaptar nossa estratégia para preencher quaisquer lacunas possíveis ao longo da jornada do cliente", explica ela.

A Vail Resorts é reconhecida mundialmente como pioneira no campo do marketing de mídia social, combinando marketing indireto com atendimento ao cliente e valor agregado. Por tradição, os resorts de esqui cobram pelos serviços fotográficos nas montanhas e geralmente não fornecem fotos em que as pessoas estão em movimento. A Vail Resorts viu o valor dos spin-offs publicitários de fornecer fotos gratuitamente, a fim de incentivar esquiadores e praticantes de *snowboard* a postar mais fotos de aparência profissional pelo Twitter e pelo Facebook. A Vail também foi a primeira estação de esqui a usar seu sistema de ingressos para teleférico como um aplicativo. A empresa criou seus próprios blogs sobre a EpicMix, com informações e depoimentos de consumidores. "Como empresa, temos muita sorte de ter uma CEO experiente em tecnologia que tenha uma verdadeira paixão por alavancar a tecnologia para melhorar a experiência dos hóspedes enquanto direciona nossos negócios", conclui Urwiler.

Fontes: visitas pessoais dos autores a Vail, Breckenridge, Park City, Beaver Creek e Keystone. Entrevistas com Robert Urwiler e Stacey Pool, abril de 2015.

QUESTÕES DE ESTUDO DE CASO

1. Para o cliente, quais são as vantagens de se ter o aplicativo EpicMix?

2. E quais as vantagens para a Vail Resorts?

3. Pense em mais três formas de melhorar o aplicativo EpicMix para aumentar a satisfação do cliente.

GERENCIAMENTO DE PROMESSAS DE SERVIÇOS

Uma das principais causas de um serviço percebido de forma negativa é a diferença entre o que uma empresa promete sobre um serviço e o que ele realmente entrega. Para evitar promessas não cumpridas, as empresas devem gerenciar todas as comunicações com os clientes, para que promessas infladas não levem a expectativas excessivamente altas. Essa diferença entre o que é prometido e o que é entregue pode causar frustração ao cliente, talvez levando o cliente à concorrência. Como diz Jim Knight, diretor sênior de treinamento da Hard Rock International: "O pior erro que uma empresa pode cometer é prometer demais e entregar de menos". Zeithaml *et al.* (2007) sugerem que existem quatro estratégias eficazes no gerenciamento de promessas de serviço, tendo como meta exceder ou cumprir as promessas:

1. criar publicidade de serviços eficaz;
2. coordenar a comunicação externa;
3. fazer promessas realistas;
4. oferecer garantias de serviço.

A forma de criar publicidade eficaz foi discutida no capítulo 8, e um aspecto desafiador do gerenciamento da imagem da marca é a junção de todas as ferramentas de comunicação de marketing, assim como das mensagens corporativas e da marca, para que elas enviem uma mensagem consistente e persuasiva ao público-alvo. Quando a Westin Hotels fez parceria com a New Balance para emprestar equipamentos de ginástica aos hóspedes, eles usaram uma variedade de materiais de comunicação para promover o novo serviço. A campanha, conduzida pelo escritório de Nova York da Bartle Bogle Hegarty, incluía anúncios impressos, outdoors e materiais de marketing no hotel em cartões que funcionam como chave e espelhos nos quartos. Também foi exibido um comercial on-line em telas de vídeo em encostos de avião em aeronaves da Delta e em cerca de 10 mil elevadores em prédios de escritórios pela Captivate Network, uma empresa da Gannett. Os anúncios foram introduzidos em jornais de viagens, como *Meetings and Conventions* e *Successful Meetings*, e também apareceram em muitas publicações, incluindo *The Wall Street Journal*, *The New York Times* e *Runner's World*.

A internet é cada vez mais usada pelos profissionais de marketing de hospitalidade para definir expectativas. A empresa britânica de viagens de luxo Scott Dunn, por exemplo, tem um site atraente que promete criar algo especial para cada cliente. Esse tipo de serviço individualizado levou a mais de 70% de repetição de negócios por meio de lealdade e referência. "Se você faz parte do DNA da empresa, entende a importância do hóspede", diz o fundador Andrew Dunn. "O que nos diferencia é que nada é demais. Sempre vendemos com um valor menor e entregamos em excesso e, ao fazer isso, você gerencia as expectativas das pessoas e elas ficam muito entusiasmadas ao falar da empresa à medida que você excede as expectativas delas. Isso tem tudo a ver com ter as pessoas certas trabalhando com você" (HUDSON; HUDSON, 2015).

As empresas também devem fazer promessas realistas. Para ser apropriadas e eficazes, as comunicações de marketing sobre atendimento ao cliente devem refletir com precisão o que os clientes realmente receberão ao se deparar com os serviços. As expectativas do cliente podem ser influenciadas por promessas explícitas e implícitas do fornecedor de serviços e, se as expectativas não forem atendidas, os clientes ficarão frustrados e provavelmente reclamarão. Pesquisas mostram que a melhor forma de uma empresa se destacar e exceder as expectativas do consumidor em relação ao atendimento ao cliente é simplesmente "entregar o valor prometido pelo preço certo" (AMEX, 2014). A Figura 10.2 indica as melhores formas pelas quais uma empresa pode se destacar e exceder as expectativas do cliente. Os consumidores também procuram facilidade para fazer negócios – on-line e off-line. Eles querem atendimento personalizado (como mencionado anteriormente) e produtos/serviços que atendam às suas necessidades individuais.

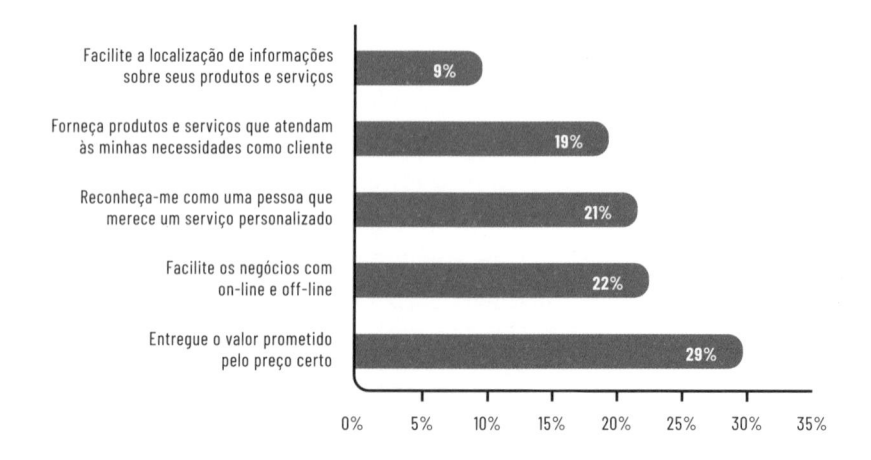

FIGURA 10.2 *Como se destacar e exceder as expectativas do cliente.*
(©American Express Company. Usado com permissão)

Fazer promessas realistas significa que é preciso haver comunicação interna eficaz em uma organização. Os gerentes devem dedicar atenção significativa à comunicação das estratégias e objetivos de marketing aos funcionários, para que eles entendam seu próprio papel e importância na implementação das estratégias e na conquista dos objetivos. Como a publicidade em serviços promete o que as pessoas *fazem*, a comunicação frequente e eficaz entre as funções – comunicação horizontal – é fundamental. Se a comunicação interna for ruim, a qualidade percebida do serviço estará em risco. Se a publicidade da empresa e outras promessas forem desenvolvidas sem a contribuição das operações, talvez a equipe de contato não consiga prestar um serviço que corresponda à imagem retratada nos esforços de marketing.

Os mecanismos de comunicação podem vir na forma de reuniões da empresa, sessões de treinamento, newsletters, e-mails, relatórios anuais ou fitas de vídeo. A Fairmont Hotels & Resorts distribui um boletim bimestral em cada hotel, além de um boletim informativo em toda a empresa para manter a equipe atualizada sobre os novos procedimentos da empresa. A Southwest Airlines criou um comitê de cultura, cuja responsabilidade é perpetuar o espírito do sudoeste. Os membros do comitê promovem a cultura única e solidária da empresa com os colegas de trabalho e eles podem aparecer em qualquer lugar, a qualquer momento, para ajudar. A Southwest também possui um blog chamado *Nuts about Southwest* [Loucos pelo sudeste], que aborda as preocupações dos funcionários, informa sobre mudanças na empresa e tenta elevar o ânimo dos funcionários.

Por fim, um número crescente de organizações oferece aos clientes uma garantia de serviço, prometendo que, se a entrega do serviço não atender aos padrões predefinidos, o cliente terá direito a uma ou mais formas de compensação, como uma substituição fácil de ser solicitada, um reembolso ou um crédito. Elas estão descobrindo que garantias eficazes de serviço podem complementar a estratégia de reparação de serviço da empresa. Uma das razões para ter uma garantia de serviço é criar uma potência de marketing, e a pesquisa mostrou que oferecer uma garantia de serviço em materiais de publicidade aumenta significativamente as intenções de compra dos consumidores. Pesquisas também descobriram que uma garantia de serviço tem um efeito positivo em longo prazo na motivação dos funcionários e na intenção do cliente de retornar (HART, 1988), embora haja sugestões de que as organizações precisam usar melhor as informações e os conhecimentos adquiridos com as solicitações de uma garantia de serviço. Da perspectiva do cliente, a principal função das garantias de serviço é diminuir os riscos percebidos associados à compra.

REPARAÇÃO DE SERVIÇOS

É provável que a falha na entrega de serviços ocorra em algum momento para muitas organizações especializadas em hospitalidade, turismo ou eventos. Embora seja improvável que as empresas possam eliminar todas as falhas de serviço, elas podem aprender a responder efetivamente às falhas assim que ocorrerem. Essa resposta, em geral, é chamada de reparação de serviços, definida como o processo pelo qual uma empresa tenta corrigir uma falha na entrega do serviço. Um estudo realizado com clientes de hotéis descobriu que o nível de satisfação e a impressão duradoura de um hotel que eles têm se baseiam principalmente no que acontece quando algo dá errado (JOHNSTON, 2004). Os clientes aceitam que erros ocorram; o problema começa quando não existe uma estratégia para corrigir a situação com facilidade.

Apesar da importância do setor de turismo, tanto economicamente quanto como fonte de reclamações de clientes, há poucas pesquisas que abordem de forma explícita as reclamações e a reparação de serviços. As pesquisas existentes são relativamente recentes e ainda estão em evolução. No setor de hospitalidade, Lewis e McCann (2004) se concentraram na falha e reparação de serviços no setor hoteleiro do Reino Unido, e descobriram que os hóspedes que estavam satisfeitos com a resposta do hotel a seus problemas tinham muito mais probabilidade de retornar do que aqueles que não estavam satisfeitos com os esforços de reparação. Leong, Kim e Ham (2002) estudaram o impacto de incidentes críticos de falhas de serviço e esforços de reparação em um hotel, constatando que apenas a resolução completa resulta em repetição da preferência dos clientes, enquanto a resolução parcial e as falhas de serviço não resolvidas serviam como um impedimento na preferência de retorno do hóspede. O'Neill e Mattila (2004) apresentaram resultados de uma pesquisa com 613 hóspedes de hotéis, indicando que a satisfação geral e a intenção de retornar eram muito maiores quando acreditavam que a falha no serviço era instável e a reparação era estável. Por fim, a influência da reparação de serviços na satisfação e na intenção de retornar também foi enfatizada pelo estudo de Yavas *et al.* (2004).

No setor de restaurantes, Hoffman, Kelley e Rotalsky (1995) analisaram falhas de serviço e estratégias de reparação comuns no setor, e Leong e Kim (2002) concentraram-se nos esforços de reparação em restaurantes de fast-food, descobrindo que um cuidado razoável em oferecer uma resolução para as falhas que atenda às expectativas do cliente pode influenciar em sua lealdade. Por fim, Sundaram, Jurowski e Webster (1997) investigaram os impactos de quatro tipos de esforços de reparação de falhas de serviços em situações de consumo de serviços em restaurantes que se diferem no grau de criticidade. Eles argumentaram que a importância da situação para o consumidor desempenha um papel significativo em suas respostas aos esforços de reparação de falhas no serviço.

Em um estudo com clientes norte-americanos, a AMEX (2014) descobriu que mais de nove em cada dez consumidores falam sobre suas experiências positivas de atendimento ao cliente, pelo menos em parte (93%), enquanto 46% falam sobre elas o tempo todo para alguém. Quando se trata de experiências negativas de atendimento ao cliente, quase todos (95%) consumidores falam sobre eles, com 60% relatando que falam sobre essas experiências o tempo todo. A AMEX descobriu que, em média, os consumidores contam a oito pessoas sobre suas experiências positivas e mais que o dobro das pessoas contam sobre suas experiências negativas. As mídias sociais também estão se tornando um canal mais comum para os consumidores que buscam uma resposta no atendimento ao cliente, com um em cada cinco (23%) consumidores dizendo que utilizaram as mídias sociais para obter uma resposta no atendimento ao cliente, um aumento significativo em relação aos 17% em 2012.

O PARADOXO DE REPARAÇÃO DE SERVIÇOS

Alguns pesquisadores sugeriram que os clientes que estão insatisfeitos, mas que experimentam um excelente nível de reparação de serviços, podem ficar ainda mais satisfeitos e mais propensos a comprar novamente do que aqueles que ficaram satisfeitos (HART; HESKETT; SASSER, 1990; MCCOLLOUGH; BERRY; YADAV, 2000). Essa ideia ficou conhecida como o paradoxo de reparação de serviços (veja a Figura 10.3). Existem opiniões um tanto confusas sobre a existência de um

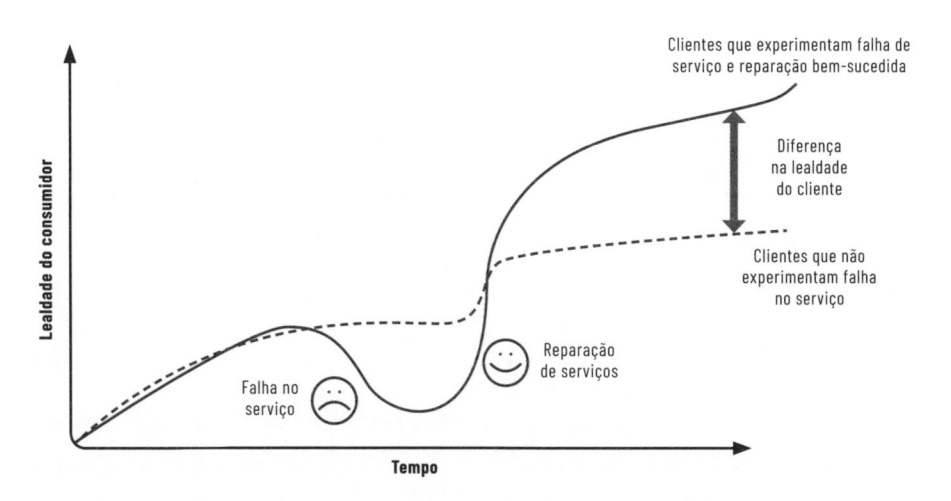

FIGURA 10.3 *O paradoxo da reparação de serviços. (Fonte: adaptado de Schindlholzer, 2008)*

paradoxo de reparação, mas as reclamações dos clientes sobre serviços com falhas podem representar uma oportunidade para a empresa melhorar sua imagem e qualidade percebida, pois permite que ela faça uma correção positiva ou resolva a reclamação (ALBRECHT; ZEMKE 1985; GRÖNROOS, 1990; HESKETT; SASSER; HART, 1990).

McCollough, Berry e Yadav (2000) testaram o paradoxo da reparação de serviços em passageiros de companhias aéreas e descobriram que a satisfação do cliente era menor após a falha e a reparação de serviços do que no caso dos serviços sem erros. Hudson e Moreno-Gil (2006), no entanto, descobriram que clientes de hotéis na Espanha que experienciaram uma reparação perceberam um nível mais alto de qualidade de serviços para atributos intangíveis (garantia, confiança, confiabilidade, capacidade de resposta e empatia) do que clientes que não se queixavam, o que, em certa medida, sustenta o paradoxo da reparação de serviços. Os resultados mostraram que a resolução de problemas do cliente relacionados a aspectos intangíveis dos serviços em um hotel tem um forte impacto na qualidade percebida dos serviços e, portanto, na satisfação do cliente. Sousa e Voss (2009) estudaram a reparação de serviços em um ambiente de comércio eletrônico e também encontraram um efeito paradoxal de reparação, mas apenas para uma pequena proporção de clientes satisfeitos: aqueles que perceberam uma reparação notável. Eles concluíram que, apesar de não ser uma estratégia viável em geral, agradar os clientes na reparação pode fazer sentido para clientes rentáveis.

Mas, dadas as opiniões contraditórias sobre até que ponto o paradoxo da reparação existe, fazer certo da primeira vez ainda é a melhor e mais segura estratégia em longo prazo.

O PROCESSO DE REPARAÇÃO DE SERVIÇOS

Toda organização de turismo e hospitalidade deve ter um plano sistemático para reconquistar clientes que ficaram desapontados com algum aspecto da prestação de serviços. Um desses planos – um procedimento de cinco etapas – foi proposto por Zemke e Schaaf (1989).

Desculpas

O processo de reparação de serviços começa com um pedido de desculpas. Como diz Isadore Sharp da Four Seasons: "Seja qual for o problema, acertar começa com um sincero pedido de desculpas" (SHARP, 2009, p. 232). Uma vez que uma organização aceita que a falha às vezes ocorre, ela pode incutir em seus funcionários a necessidade de apresentar um genuíno pedido de desculpas quando um cliente está decepcionado. Esse simples ato pode ajudar a estruturar a percepção do cliente em relação ao seu valor para a organização e ajuda a pavimentar o caminho para as etapas seguintes a fim de recuperar sua boa vontade (FISK; GROVE; JOHN, 2000). Um estudo em restaurante mostrou que as estratégias de reparação que incluíam a interação do serviço pessoal com os clientes eram mais bem-sucedidas do que as estratégias que incluíam compensação monetária (SILBER *et al.*, 2009). Quando os funcionários que lidam com clientes os tratam com respeito e cortesia durante uma reparação de serviços, os clientes relatam níveis de satisfação significativamente mais altos (SWANSON; HSU, 2009).

Restabelecimento urgente

O próximo passo é fazer algo para remover a fonte de decepção do cliente. Urgente significa que a ação é realizada rapidamente; restabelecimento significa fazer um esforço para corrigir o problema. Se uma organização é lenta em lidar com a insatisfação do cliente ou falha em apresentar evidências de que está fazendo algo a respeito, é provável que o cliente perceba que seus problemas não são importantes e podem muito bem desistir nesse momento. Os clientes que reclamam e têm seus problemas resolvidos rapidamente têm muito mais probabilidade de comprar de novo do que aqueles cujas reclamações não foram resolvidas. De fato, a pesquisa do TARP (1986) mostrou que, se as reclamações forem resolvidas rapidamente, 82% dos clientes voltarão a comprar. No entanto, se as reclamações forem resolvidas, mas não necessariamente de forma rápida, apenas 52% dos clientes retornarão. Portanto, a urgência é a chave e, portanto, os funcionários devem ter autoridade para resolver os problemas à medida que eles ocorrerem.

Sandy Best, ex-diretor de relações públicas da Lake Louise, no Canadá, ajudou a implementar um novo sistema de serviço sem limites para os funcionários lidarem com problemas de serviços. Os funcionários foram autorizados a resolver problemas e também a dar recompensas por eles: "Por exemplo, se um banheiro não tem papel higiênico, a equipe resolve o problema, mas se, como cliente, você ainda estiver realmente chateado, o membro da equipe oferece um almoço para você. Nós os treinamos para fazer isso", disse Best. Ele descobriu que os funcionários se sentem bem com seu trabalho quando têm esse tipo de autoridade. O dinheiro extra gasto rendeu boas relações públicas que a reparação de serviços gera. Na era da comunicação instantânea por todos os ramos de longo alcance das mídias sociais, Best considerou mais barato resolver um problema na hora do que deixá-lo evoluir para algo mais sério, por exemplo, até que um hóspede chegue em sua casa. Apesar das preocupações iniciais do "pessoal do dinheiro", Best disse que o "sistema de serviço sem fronteiras" funcionava bem em Lake Louise. Ele era monitorado semanalmente, acrescentou Best, como uma ferramenta de aprendizado para a gerência: "Se a imagem do negócio for por água abaixo, a gerência chegará ao chão com força e rapidez, porque cairá de muito alto", explicou (HUDSON; HUDSON, 2015)

Empatia

Empatia significa fazer um esforço para entender por que o cliente ficou desapontado com a organização. Se os funcionários do serviço puderem se colocar no lugar dos clientes, poderão compreender a decepção sentida pelo cliente e demonstrar esse entendimento com êxito. Uma parte importante do processo de reparação de serviços não é reembolso econômico, mas, sim, empatia e capacidade de resposta dos funcionários (LIDEN; SKALEN, 2003). A recompensa da empatia é a percepção do cliente de que a organização é de fato sensível à falha do serviço. Tax e Brown (1998) sugeriram que os clientes procuram três tipos específicos de justiça após suas reclamações: justiça de resultados, justiça de procedimento e justiça interacional. A justiça dos resultados diz respeito aos resultados que os clientes recebem de suas reclamações; a justiça de procedimento refere-se às políticas, regras e pontualidade do processo de reclamação; e a justiça interacional se concentra no tratamento interpessoal recebido durante o processo de reclamação.

Expiação simbólica

A etapa seguinte do processo de reparação é consertar de forma tangível a falha da organização, e isso pode assumir a forma de uma melhora de quarto, uma sobremesa grátis ou uma passagem aérea para o futuro. Essa etapa é chamada de expiação simbólica porque o gesto é projetado não para substituir o serviço, mas para comunicar ao cliente que a organização assume a responsabilidade pela decepção causada e está disposta a pagar o preço pela falha. Nesse momento, é importante que as organizações de serviços determinem os limites de aceitabilidade dos clientes. Para calcular quanta compensação uma empresa deve oferecer após a falha do serviço, Lovelock e Wirtz (2007) sugerem que os gerentes precisam considerar o posicionamento da empresa, a gravidade da falha do serviço e quem é o cliente afetado. Mas a regra geral para a compensação por falhas no serviço deve ser generosidade bem administrada. De fato, Timm (2008) acredita que as empresas devem ir além da expiação simbólica e sempre fazer um esforço extra aos olhos do cliente que faz a reclamação.

Paul Hudson, diretor de operações da Luxury Family Hotels, diz que o ditado de sua empresa é "Conserte e surpreenda". "Impressione o cliente sem gastar muito dinheiro", acrescenta. No entanto, Hudson acredita que, embora o empoderamento seja algo crítico, os funcionários precisam trabalhar dentro de uma estrutura ao tomar decisões sobre a reparação de serviços: "Não adianta colocar dinheiro em um problema sem entender qual era o problema e como evitá-lo no futuro. Também é importante descobrir o que o cliente valoriza em um serviço e o que podemos fazer para solucionar um problema. Por exemplo, seria tolice dar uma noite grátis para toda a família se apenas uma refeição estivesse fria no restaurante. E não faz sentido oferecer para o/a cliente uma garrafa de vinho grátis se ele/ela não bebe. Uma aula de natação gratuita para as crianças pode ser a solução perfeita e custa muito pouco" (HUDSON; HUDSON, 2013).

Acompanhamento

Ao acompanhar para ver se o gesto de expiação simbólica foi bem recebido, uma organização pode avaliar quão bem aplacou a insatisfação do cliente. O acompanhamento pode assumir várias formas, dependendo do tipo de serviço e da situação de reparação. O acompanhamento oferece a uma organização a chance de avaliar o plano de reparação e identificar onde são necessárias melhorias. Um estudo de reparação de serviço no setor hoteleiro constatou que muitos hotéis não fizeram o acompanhamento e, portanto, estavam perdendo uma forma eficaz de satisfazer os hóspedes e se informar sobre a adequação de suas estratégias de reparação (LEWIS; MCCANN, 2004). O encontro final em uma interação de serviço é fundamental para determinar a satisfação geral; portanto, os fornecedores de serviços devem garantir que os encontros terminem com um bom tom.

AS CONSEQUÊNCIAS DE UM PROCESSO DE REPARAÇÃO EFICAZ

A pesquisa mostrou que a resolução eficaz dos problemas do cliente tem um forte impacto na satisfação do cliente, na qualidade e no desempenho final (HESKETT; SASSER; HART, 1990; BERRY; PARASURAMAN, 1993; KELLEY; HOFFMAN; DAVIS, 1993; TAX; BROWN; CHANDRASHENKARAN, 1998; TAX; BROWN, 1998). Uma reparação eficaz manterá a lealdade do cliente, independentemente do tipo de falha. Em um estudo, a retenção de clientes ficou acima de 70% para clientes que perceberam esforços eficazes de reparação (KELLEY; HOFFMAN; DAVIS, 1993). Os clientes retidos são muito mais lucrativos do que os novos porque compram mais e com mais frequência, exigindo, ao mesmo tempo, custos operacionais mais baixos.

A British Airways calcula que os esforços de reparação de serviços retornam 2 dólares para cada dólar investido. De fato, a empresa acredita que os clientes reparados rendem mais para os negócios da companhia aérea depois de ser reconquistados.

Um processo efetivo de reparação também pode levar ao boca a boca positivo, ou pelo menos diminuir o boca a boca negativo, normalmente associado a esforços de reparação inadequados. Um estudo relatou que os clientes que vivenciaram uma falha de serviço contaram a nove ou dez indivíduos sobre sua má experiência com o serviço, enquanto os clientes satisfeitos contaram a apenas quatro ou cinco indivíduos sobre sua experiência satisfatória (COLLIER, 1995). De fato, uma pesquisa realizada pela empresa americana TARP em 1979 mostra que, para cada 26 negócios infelizes para clientes corporativos, apenas um apresentará uma queixa formal junto à gerência. Em vez disso, em média, cada cliente insatisfeito dirá a dez pessoas, que, por sua vez, dirão a cinco outras. Portanto, uma média de 1.300 pessoas saberá sobre pelo menos uma dessas experiências de clientes insatisfeitos. Esse iceberg de reclamação do cliente é ilustrado na Figura 10.4. Além disso, falhas recorrentes de serviço podem agravar o estado dos funcionários. O custo na moral dos funcionários é um custo geralmente negligenciado quando não há um programa de reparação de serviços eficaz.

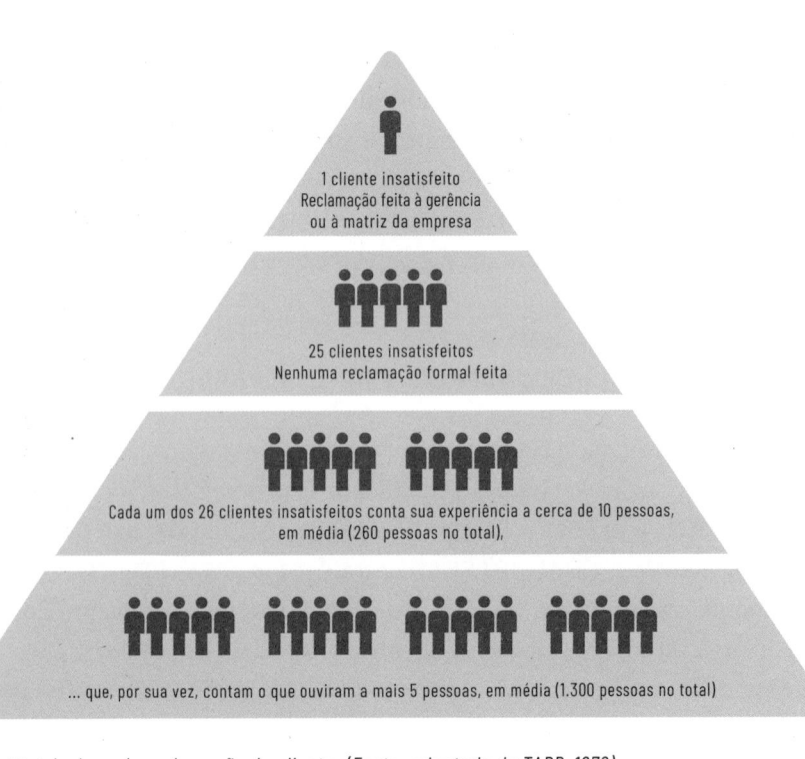

FIGURA 10.4 *Iceberg de reclamação do cliente. (Fonte: adaptado de TARP, 1979)*

O processo de reparação de serviços pode ser usado para melhorar a qualidade geral da entrega de serviços à medida que o serviço ocorre. Isso é possível se o cliente der um feedback durante a experiência do serviço, o que permite que a organização refine seu processo de serviço. Manter o controle de fontes de insatisfação que criam uma necessidade de reparação também pode ajudar a organização. A coleta cuidadosa e o armazenamento de informações sobre os incidentes podem produzir um rico banco de dados com informações sobre a qualidade do serviço. Ao analisar esses dados, podem surgir padrões que especificam aspectos particularmente problemáticos do sistema de entrega de serviços de uma organização.

RESUMO DO CAPÍTULO

O atendimento ao cliente é a prática de fornecer produtos e serviços a clientes internos e externos por meio dos esforços dos funcionários, e a lógica que liga a satisfação do funcionário à satisfação e lealdade do cliente (e, finalmente, aos lucros) é ilustrada pela cadeia serviço-lucro. Para oferecer um excelente atendimento ao cliente, os fornecedores de turismo e hospitalidade precisam estabelecer uma forte cultura de serviços, o que exige um forte compromisso da gerência. Para evitar promessas não cumpridas, as empresas devem gerenciar todas as comunicações com os clientes, para que promessas infladas não levem a expectativas excessivamente altas. As empresas também precisam reconhecer o significado da reparação de serviços – respondendo efetivamente às falhas assim que elas ocorrem.

QUESTÕES PARA REFLEXÃO

1. Pense em uma empresa em que você é leal ao ponto de ter se tornado apóstolo dela. Explique por que você é tão leal.

2. Pense em uma empresa de seu conhecimento que não possui uma forte cultura de serviço. Por que não? Como ela pode criar uma cultura de serviços?

3. Pense em um problema que você teve recentemente. Depois de reclamar, o prestador de serviços seguiu o procedimento de cinco etapas descrito no texto? Caso não, quais etapas faltaram?

MARKETING EM AÇÃO – EVENTOS ESPORTIVOS DE ALTO NÍVEL NA GRÃ-BRETANHA

Eventos esportivos de alto nível estão se tornando cada vez mais importantes para a economia britânica, de acordo com um artigo do *Daily Telegraph* de maio de 2015. O esporte mantém mais de 450 mil empregos e se tornou uma indústria de 29 bilhões de dólares. Os principais eventos esportivos incluem a Copa do Mundo de Rugby, campeonatos de futebol da Premier League, torneios de golfe, lucrativos eventos de ciclismo (como o Tour de France, que começou em Yorkshire em 2014) e, é claro, as Olimpíadas de Londres de 2012 - que deram um lugar de destaque global das atrações esportivas e turísticas da Grã-Bretanha.

Para que esses eventos tenham um legado duradouro para o crescimento do turismo, o atendimento ao cliente tem uma importância fundamental. Isso foi exemplificado durante os preparativos para as Olimpíadas de Londres, quando a People 1st Training Company recebeu a incumbência de elevar os padrões de serviço do Reino Unido. Com uma tradicional reputação de serviço desleixado, rude e lento em um país onde reclamar não é algo socialmente aceito, eles tiveram o número de postos de trabalhos reduzidos. Pesquisas realizadas pelo YouGov em 2010 mostraram que 73% do público em geral na Grã-Bretanha concordavam que o país precisava melhorar o atendimento ao cliente antes das Olimpíadas, especialmente com cerca de meio milhão de espectadores diários esperados, vindos de 205 países. O Reino Unido também teve que superar a má publicidade gerada pelos tumultos de 2011, preocupações com segurança e anos de depressão econômica e altos custos que minaram sua percepção do valor do dinheiro aos olhos dos turistas. Tradicionalmente, o serviço na Grã-Bretanha era considerado um trabalho de segunda classe, um trabalho temporário ou um emprego para estudantes, e não uma mudança de carreira. Isso levou a uma cultura de treinamento de serviços fraca, com linguagem corporal relutante, falta de contato visual e prestação de serviços de forma ressentida se proliferando pelos setores de turismo, hospitalidade, eventos e varejo.

O planejamento dos Jogos Olímpicos de Verão de 2012 em Londres teve dois objetivos principais: (1) infraestrutura e (2) poder das pessoas. Uma vez iniciada a reconstrução de locais em várias áreas de Londres, havia a questão de povoar os Jogos, algo que era fundamental para os planejadores. O LOCOG - Comitê Organizador dos Jogos Olímpicos e Paraolímpicos de Londres - foi criado para organizar o evento de dezessete dias que, se alavancado corretamente, poderia impulsionar a indústria de turismo da Inglaterra e causar impactos econômicos positivos nos anos seguintes. Uma das iniciativas criadas antes dos Jogos foram os guias turísticos da Blue Badge, responsáveis por divulgar as Olimpíadas durante passeios públicos diários a pé pelos locais de 2012. Em 2010, eles orientaram 220 viagens escolares e universitárias e mais de 1 mil novos visitantes e turistas por dia durante o verão. Além de melhorias no transporte de trens e sistemas subterrâneos, um ônibus aquático público foi planejado para a área para 2011 e um emblemático esquema de aluguel de bicicletas foi inaugurado, com milhares de bicicletas disponíveis. Mas a principal incumbência era incutir uma nova cultura de atendimento ao cliente de alto nível nos fornecedores de serviços de linha de frente.

(cont.)

Para treinar o grupo de 70 mil voluntários (apelidado de Games Makers pela LOCOG), a People 1st procurou ajuda de uma empresa canadense. Com os programas de treinamento de atendimento ao cliente aprimorados durante os Jogos de Vancouver, a WorldHost™, da Colúmbia Britânica, forneceu o kit de ferramentas ideal para o Reino Unido. A People 1st adaptou o programa para o mercado do Reino Unido, apoiado pelos principais empregadores, como o McDonald's, em uma colaboração por meio de patrocínio. O programa personalizado incluía módulos sobre atendimento a clientes com deficiências, atendimento para clientes de culturas diferentes e um workshop de embaixadores para voluntários que auxiliavam visitantes estrangeiros.

Com uma licença renovável de cinco anos com a WorldHost™, a People 1st também planejou para que o programa de treinamento fosse um legado duradouro dos Jogos, uma vez que 2 mil pessoas viviam nas proximidades do principal parque olímpico e adquiririam habilidades de hospitalidade transferíveis para carreiras futuras. Em um comunicado à imprensa, Brian Wisdom, executivo-chefe da People 1st, disse: "Também estamos em campanha para treinar 200 mil funcionários de linha de frente antes das Olimpíadas em todas as atividades econômicas de visitantes, para que possamos realizar uma mudança cultural na percepção de boas-vindas que o Reino Unido oferece aos turistas, que atualmente está muito atrás de outros países. É essencial melhorar isso se quisermos colher os benefícios de longo prazo de um evento dos Jogos bem-sucedido". Quase um milhão de pessoas em todo o mundo foram treinadas usando o material da WorldHost™ – incluindo 40 mil voluntários e funcionários de turismo que ajudaram a tornar os Jogos Olímpicos de Inverno de Vancouver de 2010 um sucesso.

O site WorldHost™ do Reino Unido retratou os Jogos como uma chance para os britânicos impressionarem: "Isso representa uma oportunidade única para as empresas de hospitalidade, turismo, lazer e varejo mostrarem o melhor da Grã-Bretanha e aumentar suas vendas, oferecendo uma recepção calorosa e um serviço impecável". Yahvel Velazquez, gerente da WorldHost™, afirmou que seus workshops de treinamento incentivaram os profissionais da linha de frente a ir além do serviço com um sorriso: "Não se trata apenas de ser gentil e amigável... algumas situações exigem mais tato e escuta e comunicação muito mais fortes, e essas são as habilidades ensinadas e desenvolvidas por nossos profissionais de serviços". Intrínseca ao programa WorldHost™ estava a mensagem de que os fornecedores de serviços eram uma parte essencial da experiência geral do visitante. "Eles fazem parte de uma longa cadeia de interação com a qual os visitantes terão experiência durante a estadia e, se pudermos prestar um bom serviço coletivamente, as pessoas terão uma experiência positiva", explicou Velazquez. Ele atribuiu a eficácia dos workshops à forma holística que o atendimento ao cliente é visto: "Incentivamos as pessoas a acreditar que fazem parte de uma incumbência maior, a acreditar que é algo que não deve ser subvalorizado ou subestimado". Essa motivação, afirmou ele, ajudou-os a superar a natureza muitas vezes desgastante e exaustiva da carga diária de trabalho.

Uma cultura de atendimento ao cliente sólida pode ter um sério impacto na força da marca de um país, afetando a boa vontade em relação ao país e impulsionando seu turismo, seus

(cont.)

negócios e sua imigração. Existem vários fatores que ajudam a criar uma marca forte do país, variando entre turismo, patrimônio e cultura, negócios, qualidade de vida e sistemas de valores. Ter uma Olimpíada de sucesso – que, na verdade, é uma vitrine para o mundo – pode alterar ou reforçar elementos sobre uma nação, e as pessoas continuam a fazer essas associações durante anos após o evento. Atributos positivos para a boa reputação do Reino Unido já incluem música, vida noturna, esporte, moda, cinema, literatura, cultura de celebridades, patrimônio e, é claro, a Família Real. Reconhecendo isso, o VisitBritain criou um guia de etiqueta para interações com visitantes estrangeiros. Chamado Boas-Vindas de Primeira Classe, o guia se baseou em contribuições das nacionalidades em destaque, o que incluía todas as atitudes culturais inaceitáveis, desde confundir canadenses com americanos até servir vinho incorretamente para os argentinos.

Boris Johnson, o carismático prefeito de Londres na época, também assumiu o trabalho de melhorar os padrões de atendimento ao cliente de Londres. Na edição de julho de 2011 da *Traveller*, ele enfatizou a importância de uma recepção calorosa para todos os visitantes. Ele anunciou o recrutamento de 8 mil embaixadores de Londres, de diversas origens culturais, para ajudar em aeroportos, estações e outros pontos-chave de visitantes. O Jubileu de Diamante da rainha, em junho de 2012, foi planejado como um precursor dos Jogos, dando destaque para o maior diferencial de marca da Grã-Bretanha – o cortejo real.

Fonte: Hudson e Hudson (2013).

QUESTÕES DE ESTUDO DE CASO

1. Por que é importante que eventos de alto nível ofereçam um bom atendimento ao cliente?

2. Quais são as três coisas que mais o impressionam no programa WorldHost?

3. Pense em um evento em que você esteve recentemente. Você teve um excelente atendimento ao cliente? Por quê?

REFERÊNCIAS

ALBRECHT, K.; ZEMKE, R. **Service America**. Homewood: Dow Jones-Irwin, 1985.

AMEX. **AMEX Global Service Barometer 2011 Press Release**. 1 set. 2011. Disponível em: https://www.thetrainingbank.com/american-express-global-service-barometer-2011-survey/. Acesso em: 23 mar. 2020.

AMEX. **AMEX global service barometer 2014**. Disponível em: http://about.american express.com/news/docs/2014x/2014-global-customer-service-arometer-us.pdf. Acesso em: 10 dez. 2016.

BERRY, L.; PARASURAMAN, A. **Marketing de los servicios**: la calidad como meta. Madri: Paramón ediciones S.A., 1993.

COLLIER, D. A. Modeling the relationships between process quality errors and overall service process performance. **Journal of Service Industry Management**, v. 64, n. 4, p. 4–19, out. 1995.

DRAGAN, M. The magic formulas: customer lifetime value and customer acquisition cost. **Sailthru**, 25 set. 2015. Disponível em: www.sailthru.com/marketing-blog/written-the-magic-formulas-customer-lifetime-value-and-customer-acquisition-cost. Acesso em: 23 mar. 2020.

FISK, R. P.; GROVE, S. J.; JOHN, J. **Interactive services marketing**. Boston: Houghton Mifflin Company, 2000.

FORD, R. C.; HEATON, C. P. Lessons from hospitality that can serve anyone. **Organizational Dynamics**, v. 30, n. 1, p. 30–47, jun. 2001.

GETZ, D. Event studies: theory, research and policy for planned events. Oxford: Butterworth-Heinemann, 2007.

GRÖNROOS, C. Service management and marketing. Lexington, Mass: Lexington Books, 1990.

HANLON, C.; STEWART, B. Managing personnel in major sport event organizations: what strategies are required? **Event Management**, v. 10, n. 1, p. 77–88, dez. 2006.

HART, C. W. L. The power of unconditional service guarantees. **Harvard Business Review**, v. 68, p. 54–62, jul. 1988.

HART, C. W. L.; HESKETT, J. L.; SASSER JUNIOR, W. E. The profitable art of service recovery. **Harvard Business Review**, v. 68, n. 4, p. 148–156, jul. 1990.

HESKETT, J.; SASSER JUNIOR, W. E.; HART, C. **Service breakthroughs**: changing the rules of the game. New York: The Free Press, 1990.

HESKETT, J. L.; SASSER JUNIOR, W. E.; SCHLESINGER, L. A. The service profit chain: how leading companies link profit and growth to loyalty, satisfaction, and value. New York: Free Press, 1997.

HOFFMAN, K. D.; KELLEY, S. W.; ROTALSKY, H. M. Tracking service failures and employee recovery efforts. **Journal of Services Marketing**, v. 9, n. 2, p. 49–61, maio 1995.

HUDSON, S.; HUDSON, L. J. **Customer service for hospitality & tourism**. Oxford: Goodfellow Publishers Ltd, 2013.

HUDSON, S.; HUDSON, L. J. Winter sport tourism: working in winter wonderlands. Oxford: Goodfellow Publishers Ltd, 2015.

HUDSON, S.; MORENO-GIL, S. The influence of service recovery and loyalty on perceived service quality: a study of hotel customers in Spain. **Journal of Hospitality and Leisure Marketing**, v. 14, n. 2, p. 45–66, maio 2006.

JOHNSTON, R. Towards a better understanding of service excellence. **Managing Service Quality**, v. 14, n. 2/3, p. 129–133, abr. 2004.

JONES, T. O.; SASSER, W. E. Why satisfied customers defect. **Harvard Business Review**, v. 73, p. 88–99, nov./dez. 1995.

KELLEY, S. W.; HOFFMAN, K. D.; DAVIS, M. A. A typology of retail failures and recoveries. **Journal of Retailing**, v. 69, n. 4, p. 429–452, jan. 1993.

LEONG, J. K.; KIM, W. G. Service recovery efforts in fast food restaurants to enhance repeat patronage. **Journal of Travel and Tourism Marketing**, v. 12, n. 2/3, p. 65–93, set. 2002.

LEONG, J. K.; KIM, W. G.; HAM, S. The effects of service recovery on repeat patronage. **Journal of Quality Assurance in Hospitality & Tourism**, v. 3, n. 1/2, p. 69–94, jan. 2002.

LEWIS, B. R.; MCCANN, P. Service failure and recovery: evidence from the hotel industry. **International Journal of Contemporary Hospitality Management**, v. 16, n. 1, p. 6–17, jan. 2004.

LIDEN, S. B.; SKALEN, P. The effect of service guarantees on service recovery. **International Journal of Service Industry Management**, v. 14, n. 1, p. 36–58, mar. 2003.

LOVELOCK, C.; WIRTZ, J. **Services Marketing**: people, technology, strategy. 6. ed. New Jersey, USA: Prentice Hall International, 2007.

LUCAS, R. W. Customer service: skills for success. Boston: McGraw Hill, 2009.

MCCOLLOUGH, M. A.; BERRY, L. L.; YADAV, M. S. An empirical investigation of customer satisfaction after service failure and recovery. **Journal of Service Research**, v. 3, n. 2, p. 121–137, nov. 2000.

MARKET & BUSINESS DEVELOPMENT (MDB). **UK corporate hospitality market research report**. 2009.

MILLER, R. Customer focus in a slow economy. **Customer Service Excellence**, out. 2011, p. 16–17.

MOUNT, I. A whole town in Colorado pushes to improve its customer service. **New York Times**, 15 out. 2014. Disponível em: www.nytimes.com/2014/10/16/business/smallbusiness/a-whole-town-tries-to-improve-its-customer-service-how-could-we-be-a-70.html?_r=0. Acesso em: 23 mar. 2020.

NEHRING, C. In defence of the notoriously arrogant waiter. **The Wall Street Journal**, 21–22 fev. 2015, p. D1 e D8.

O'NEILL, J. W.; MATTILA, A. S. Towards the development of a lodging service recovery strategy. **Journal of Hospitality & Leisure Marketing**, v. 11, n. 1, p. 51–64, jan. 2004.

REICHHELD, F. F.; SASSER JUNIOR, W. S. Zero defections: quality comes to services. **Harvard Business Review**, v. 68, p. 105–111, set. 1990.

SHARP, I. **Four Seasons**: the story of a business philosophy. New York: The Penguin Group, 2009.

SILBER, I. *et al.* Recovery strategies for service failures: The case of restaurants'. **Journal of Hospitality Marketing and Management**, v. 18, p. 730–740, out. 2009.

SNOWSPORTS INDUSTRIES AMERICA. **Revisiting growing the snowsports indus-try.** 2012. Disponível em: http://issuu.com/siasnowsports/docs/growing_the_indus-try_2011_revisited. Acesso em: 23 mar. 2020.

SOUSA, R.; VOSS, C. A. The effects of service failures and recovery on customer loyalty in e-services. **International Journals of Operations & Product Management**, v. 29, n. 8, p. 834–864, jul. 2009.

STARMER-SMITH, C. Our winners all know how to keep the customer satisfied. **Daily Telegraph**, 16 abr. 2016, p. 16–20.

STELLA SERVICE. **The value of great customer service**: the economic impact for online retail and other consumer categories. 2010. Disponível em: http://media.stellaservice.com/public/pdf/Value_of_Great_Customer_Service.pdf. Acesso em: 23 mar. 2020.

SUNDARAM, D. S.; JUROWSKI, C.; WEBSTER, C. Service failure recovery efforts in restaurant dining: the role of criticality of service consumption. **Hospitality Research Journal**, v. 20, n. 3, p. 137–149, jan. 1997.

SWANSON, S. R.; HSU, M. K. Critical incidents in tourism: failure, recovery, customer switching, and word-of-mouth behaviors. **Journal of Travel and Tourism Marketing**, v. 26, p. 180–194, abr. 2009.

TAX, S. S.; BROWN, S. W. Recovering and learning from service failure. **Sloan Management Review**, v. 40, n. 1, p. 75–80, set. 1998.

TAX, S. S.; BROWN, S. W.; CHANDRASHENKARAN, M. Consumer evaluation of service complaint experiences: Implications for relationship marketing. **Journal of Marketing**, v. 62, n. 2, p. 60–76, abr. 1998.

TECHNICAL ASSISTANCE RESEARCH PROGRAM (TARP). **Consumer complaint handling in America**: an update study. Washington, DC: White House Office of Consumer Affairs, 1986.

TECHNICAL ASSISTANCE RESEARCH PROGRAM (TARP). **Consumer complaint handling in America**: a final report. Washington, DC: White House Office of Consumer Affairs, 1979.

TIMM, P. R. **Customer service**: career success through customer loyalty. Upper Saddle River, NJ: Pearson Prentice Hall, 2008.

WEN, W. A successful coffee tale from a true believer. **China Daily**, 29 jan. 2016, p. 15.

YAVAS, U. *et al.* Customer complaints and organizational responses: a study of hotel guests in Northern Cyprus. **Journal of Hospitality and Leisure Marketing**, v. 11, n. 1–2, p. 31–40, ago. 2004.

ZEITHAML, V. A. *et al.* **Services marketing**: integrating customer focus across the firm. New York: McGraw-Hill, 2007.

ZEMKE, R.; SCHAAF, D. The service edge. New York: Plume, 1989.

PESQUISA DE MARKETING 11

INTRODUÇÃO

O capítulo 11 se concentra na pesquisa de marketing e começa com uma introdução a esse campo de estudo, sua definição e seu papel no setor de turismo e hospitalidade. Após uma descrição do tipo de pesquisa aplicada realizada no turismo, segue-se uma análise das várias etapas do processo de pesquisa. Uma seção descreve as diferentes metodologias disponíveis para os pesquisadores e discute os méritos relativos da pesquisa primária *versus* os da pesquisa secundária. A parte seguinte deste capítulo analisa a amostragem, e cinco problemas comuns de pesquisa são destacados. Os estudos de caso se concentram na pesquisa de marketing em uma cadeia de hotéis familiares de luxo de Portugal, no marketing para os *millennials* e em como o conceito de cozinha aberta se espalhou pelos hotéis.

LIÇÕES DE UMA GURU DO MARKETING – CHITRA STERN: MARTINHAL, PORTUGAL

Como uma engenheira que se tornou uma contadora oficial se torna especialista em marketing de uma cadeia de hotéis e resorts familiares de luxo? "Minha experiência relacionada ao turismo realmente começou quando meu marido, Roman, e eu estávamos envolvidos com um pequeno hotel em West Cork – um hotel boutique de 25 quartos chamado Liss Ard, situado em 65 hectares na bela paisagem de West Cork", diz Chitra Popa. "Desenvolvi meu conhecimento no setor de turismo em West Cork e na Irlanda por meio de pesquisas, estudos de caso e compreensão de como as coisas funcionavam no setor hoteleiro."

● IMAGEM 11.1 *Chitra Stern, Martinhal. (Cortesia de Chitra Stern, Martinhal)*

Stern, de família originária de Chennai, na Índia, e Singapura, estudou na University College London, onde obteve seu diploma de engenharia, e depois na London Business School, onde obteve seu MBA. Ela também se qualificou como contadora oficial de contas na Price Waterhouse de Londres. "Empreendedorismo, liderança, marketing e estratégia são as pedras angulares do que me faz vibrar nos negócios", diz ela. "Durante meu curso de MBA, em meu segundo ano, me especializei com disciplinas eletivas, como marketing, estratégia, branding e disciplinas relacionadas ao empreendedorismo."

O casal empreendedor agora é dono da rede Martinhal, conhecidos como os melhores hotéis e resorts familiares de luxo da Europa, estendendo-se por todo o Algarve, Portugal, e ao redor da capital portuguesa, Lisboa. A experiência na Irlanda foi um bom pontapé inicial no desenvolvimento do Martinhal em 2001, diz Stern: "Ao longo dos anos, tivemos que desenvolver esse conhecimento em primeira mão, por meio de pesquisas de mercado, conversando com consultores, lendo estudos de viabilidade, trabalhando com autoridades e associações de turismo, procurando outros hotéis na área e assim por diante. Entre 2009 e 2016, passei muito tempo desenvolvendo nossa estratégia de marketing, desenvolvendo os vários canais de marketing e vendas, criando campanhas com nossa equipe e consultores de marketing para aplicar em nosso resort". Ela reconhece que a melhor experiência a ser adquirida nos negócios é quando você tem que fazer algo sozinho, quando a responsabilidade por fazer algo é só sua.

Tendo encontrado a Califórnia da Europa, Stern e seu marido desenvolveram o primeiro resort Martinhal perto da cidade de Sagres, na costa oeste do Algarve - e aprenderam a falar português. Embora o conselho inicial tenha apontado a abertura de um hotel de surfe de três estrelas, o casal decidiu optar por um produto de cinco estrelas para refletir a bela e privilegiada localização. "Também sentimos que não tínhamos nos mudado para Portugal para fazer algo que não estivesse no nível mais elevado do mercado. No entanto, a diferenciação seria essencial", explica Stern. Por ter começado uma família, ela viu uma oportunidade em jovens

(cont.)

profissionais com crianças que queriam algo mais sofisticado do que a Disneylândia: "Por isso, pesquisamos mais sobre várias marcas como Club Med, Robinson Club, resorts de esqui suíços e marcas como Sheraton, Ritz-Carlton, etc., para ajustarmos o que queríamos fazer".

Tendo como objetivo famílias na ponta do mercado de luxo, a Martinhal fornece tudo o que os pais bem-sucedidos podem procurar durante as férias em termos de serviços de cuidado com as crianças, atividades infantis, comida e instalações em um ambiente refinado e artisticamente planejado. O sucesso em Sagres levou à ampliação da oportunidade para a Quinta do Lago (resort de golfe familiar Martinhal Quinta), também na região do Algarve, Cascais, perto das cidades de Lisboa e Estoril (resort familiar Martinhal Lisboa Cascais), e um hotel no coração de Lisboa. As suites familiares Martinhal Chiado Lisbon são o primeiro hotel familiar elegante do centro da cidade, de acordo com as mensagens de marketing de Stern. "Nosso clube do pijama será fundamental para os pais apreciarem paisagens, sons, vida noturna e ótimos restaurantes de Lisboa", acrescenta ela. Esse empreendimento na capital ajudou a ampliar seu mercado-alvo além da Europa.

Mas nem sempre foi fácil. Stern diz que, embora tenha sido relativamente fácil encontrar pesquisas de mercado, em termos de estatísticas e informações disponíveis para pesquisas documentais, por meio de associações de turismo e agências de investimento estrangeiras, a internet não era tão prevalente e abrangente em 2001. Além disso, como o litoral de Sagres era uma área pouco desenvolvida, havia poucas informações turísticas sobre ele, especialmente para uma empresa iniciante com uma ideia disruptiva. Além disso, as operadoras de turismo eram a principal fonte de reservas para o Algarve na época – a Expedia e empresas similares ainda não haviam sido estabelecidas lá. E a área era originalmente monopolizada por grandes promotores imobiliários e operadoras de propriedades do tipo timeshare – como Four Seasons Fairways, Quinta do Lago, Vale do Lobo, Vilamoura, Oceânico, Parque da Floresta – e grandes marcas americanas, como Sheraton, que exigiam uma lealdade considerável. "Embora o Algarve fosse bem conhecido – principalmente no mercado britânico –, Sagres ainda era relativamente desconhecida, e esse era o desafio", diz Stern. "As operadoras de turismo não estavam interessadas em adquirir um novo produto em uma área desconhecida, sem massa crítica de produtos hoteleiros, a uma hora e meia do aeroporto." Isso significa que o casal precisou trabalhar duro e investir muito dinheiro em marketing tanto no hotel quanto no destino.

Ao longo dos anos, Stern refinou e ajustou seu mercado-alvo em um processo demorado, que impactou no desenvolvimento do produto, na marca e no posicionamento, no marketing, nas vendas e na entrega do produto, incluindo serviço, feedback dos hóspedes, refinamento do produto e dos preços. "A demografia está mudando ao longo de meias gerações [pessoas que nascem em um país, mas se mudam para outro país antes ou durante a adolescência] denominadas geração X, geração Y e *millennials*, sendo demarcadas em intervalos cada vez menores", diz ela. "A gratificação instantânea é o que as pessoas procuram cada vez mais." Isso a levou a delinear o produto certo e a usar cada vez mais o boca a boca nas plataformas de mídia social

(cont.)

para dispersar a mensagem. "A pesquisa de mercado está sempre em andamento – você precisa manter contato com o mercado, especialmente em momentos tão dinâmicos. Você precisa continuar ouvindo e conversando com seu público-alvo", explica ela. Para ela, a era digital é um desafio e uma oportunidade, e ela desenvolveu uma equipe de profissionais de marketing de várias nacionalidades para acompanhar o tráfego de mídia social e fornecer feedback. A equipe de marketing também utiliza outdoors (com o slogan atual "Coma, permaneça, ame"), anúncios impressos, mídias sociais, viagens de familiarização e mala direta, além de ações conjuntas com marcas compatíveis.

Fontes: visita pessoal dos autores a Martinhal Sagres, Portugal, em maio de 2016, e entrevista com Chitra Stern; www.martinhal.com.

PESQUISA DE MARKETING

O estudo de caso de abertura destaca o papel fundamental que a pesquisa desempenha em um negócio. Como sugere Chitra Stern, do Martinhal, a pesquisa deve formar a base de um sistema contínuo para coletar dados sobre uma empresa, seus produtos e seus mercados. Com frequência, os gerentes, ao longo de suas tarefas cotidianas, reúnem informações informal e subconscientemente, observando, ouvindo discussões, conversando com colegas da área e lendo periódicos e jornais do setor. Por mais valioso que seja esse processo, ele deve ser apoiado por procedimentos mais formais, realizados de forma sistemática e científica. A forma como uma organização reúne, usa e divulga sua pesquisa no contexto de marketing geralmente é chamada de sistema de informação de marketing (SIM). O sucesso de um SIM depende da qualidade das informações, de sua precisão e relevância, e da forma como elas são coletadas, interpretadas e aplicadas. Um componente essencial do SIM é o processo de pesquisa de marketing.

Pesquisadores e gerentes raramente abordam a definição de pesquisa de marketing. Para complicar ainda mais a questão, os termos pesquisa de mercado e pesquisa de marketing são frequentemente usados de forma intercambiável, às vezes dentro do mesmo documento. Gerhold (1993) afirma que não há diferença entre os dois termos e que ambos podem ser definidos como "qualquer esforço científico para entender e medir mercados ou melhorar o desempenho de marketing". Kinnear *et al.* (1993) distinguem os dois termos, argumentando que o foco da pesquisa de mercado está na análise de mercados, enquanto a pesquisa de marketing estende o papel e o caráter da pesquisa e enfatiza o contato entre pesquisadores e o processo de gerenciamento de marketing. Este capítulo adota o termo pesquisa de marketing de forma exclusiva, definindo-o como a pesquisa e análise sistemática e objetiva de informações relevantes para a identificação e solução de qualquer problema no campo do marketing (GREEN; TULL; ALBAUM, 1988).

Segundo Goeldner e Ritchie (2009), existem seis razões para a realização de pesquisas sobre turismo e hospitalidade:

(1) identificar, descrever e resolver problemas, a fim de aumentar a eficiência das operações cotidianas de turismo;

(2) manter as empresas de turismo e hospitalidade em contato com tendências, mudanças, previsões, etc. relacionadas aos seus mercados;

(3) reduzir o desperdício produzido por turistas e organizações de turismo;

(4) desenvolver novas áreas de lucro encontrando novos produtos, serviços, mercados, etc.;

(5) ajudar a promover as vendas em situações em que os resultados da pesquisa sejam de interesse do público; e

(6) desenvolver a boa vontade, pois o público pensa bem em empresas que estão fazendo pesquisas para atender às necessidades dos consumidores.

Infelizmente, no turismo e na hospitalidade, muitas organizações menores consideram a pesquisa de marketing real um luxo caro e demorado, disponível apenas para grandes empresas que tenham uma equipe de pesquisa profissional, computadores sofisticados e orçamentos quase ilimitados. Outras organizações veem a pesquisa de marketing como algo a ser realizado quando um grande evento está prestes a ocorrer – a introdução de um novo produto, a aquisição de uma nova propriedade ou uma mudança nos mercados-alvo. Seu valor nessas conjunturas é reconhecido, mas sua capacidade de contribuir para o sucesso de uma organização no cotidiano com frequência é negligenciada.

Outro problema comum no setor de turismo é que as organizações não estão fazendo pleno uso das informações existentes e de fácil acesso. A Disney teve culpa nisso quando desenvolveu o parque temático de Paris. Quando os pesquisadores tentaram entender por que os turistas não estavam fazendo visitas durante o verão de 1992, descobriram que, em razão da combinação de guerras de preços de voos transatlânticos, mudanças cambiais e recessão econômica doméstica, era mais barato ir à Disney World em Orlando do que fazer uma viagem equivalente para Paris. Por que os turistas iriam para o novo parque menor quando poderiam ir à matriz da Disney, com todas as suas instalações, além de sol garantido e belas praias – e por que os pesquisadores não consideraram isso?

Conforme mencionado no capítulo 3, as empresas de viagens têm acesso a dados estonteantes: tudo, desde informações pessoais básicas a assentos preferenciais de companhias aéreas, preferências de entretenimento a bordo, canais de televisão preferidos em hotéis, refeições em restaurantes e uso de cartão de crédito. Eles têm os meios para formar quadros detalhados dos consumidores que impulsionarão as iniciativas de marketing que os envolvam profundamente (CAREY; KANG; ZEA, 2012). De acordo com McKinsey, estamos à beira de uma nova era de ouro para o marketing, com a ciência do setor aumentando a precisão das decisões operacionais em tempo real (GORDON; PERREY, 2015). Os principais profissionais de marketing estão usando pesquisa e análise para esclarecer quem compra o que e por quê; então, na jornada de decisão do consumidor, os esforços de marketing provavelmente produzirão o maior retorno. Nas grandes empresas hoteleiras, por exemplo, os analistas de marketing são capazes de estudar o desempenho de uma propriedade específica durante um fim de semana e, em seguida, pesquisar segmentos de clientes individuais para avaliar como fazer melhorias. Se os dados mostrarem que um segmento lucrativo de viajantes de fim de semana está diminuindo sua estadia, a empresa pode criar ofertas especiais (como check-out tardio ou upgrades) para incentivar a repetição do negócio.

PESQUISA APLICADA EM TURISMO E HOSPITALIDADE

A maioria das pesquisas de marketing é classificada como pesquisa aplicada, realizada para responder a perguntas específicas. Ela difere da pesquisa pura ou básica (realizada por cientistas de universidades ou autoridades governamentais), que visa à descoberta de novas informações. A pesquisa aplicada em turismo e hospitalidade pode ser agrupada em oito categorias: pesquisa sobre consumidores; pesquisa de produtos e serviços; pesquisa sobre preços; pesquisa sobre local e distribuição; pesquisa sobre promoção; pesquisa sobre concorrência; pesquisa sobre o ambiente operacional; pesquisa sobre um destino. O Quadro 11.1 lista alguns dos programas de pesquisa típicos realizados nessas categorias.

A pesquisa com consumidores é a primeira categoria do quadro e é de interesse específico para os interessados no estudo do marketing de turismo e hospitalidade. Como o quadro sugere, pode haver vários objetivos ao se realizar pesquisas com consumidores, e um deles é medir a lealdade do cliente. A empresa Rent-A-Car constatou, por meio de pesquisas, que os clientes completamente satisfeitos eram três vezes mais propensos a alugar com a Enterprise do que aqueles que estavam um pouco satisfeitos; portanto, é importante avaliar a satisfação do cliente continuamente (HUDSON; HUDSON, 2013). Uma forma

QUADRO 11.1 *Pesquisa aplicada em turismo e hospitalidade*

1. Pesquisa sobre consumidores	2. Pesquisa de produtos e serviços
• Identificar mercados existentes • Identificar mercados potenciais • Identificar consumidores prescritos • Testar a lealdade do cliente • Desenvolver perfis detalhados de consumidores • Identificar tendências gerais em demografia e psicografia • Identificar mudanças de atitudes e padrões de comportamento (no geral) • Identificar mudanças de atitudes e padrões de comportamento (específico do produto)	• Medir atitudes em relação aos produtos ou serviços existentes • Identificar novos produtos em potencial que possam estar no fim de seu ciclo de vida de produto • Identificar produtos considerados substitutos/alternativos aceitáveis • Avaliar os produtos dos concorrentes • Avaliar as atitudes dos consumidores em relação à decoração, à apresentação e à embalagem • Avaliar atitudes do consumidor em relação a combinações de produtos e serviços
3. Pesquisa sobre preços	4. Pesquisa sobre local e distribuição
• Identificar atitudes em relação aos preços • Testar atitudes em relação a pacotes e preços individuais • Identificar custos • Identificar políticas de custos dos concorrentes • Testar estratégias alternativas de preços • Testar processos de pagamento (cartões de crédito, transferência eletrônica de fundos, etc.)	• Identificar atitudes em relação à localização • Identificar atitudes em relação a prédios/locais • Identificar atitudes em sites • Identificar demanda potencial de produtos ou serviços em outros locais • Identificar oportunidades de cooperação para distribuição de informações ou serviços
5. Pesquisa sobre promoção	6. Pesquisa sobre concorrência
• Testar e comparar opções de mídia • Testar mensagens alternativas • Testar as mensagens dos concorrentes e sua eficácia • Identificar oportunidades de cooperação • Medir a eficácia da publicidade e da promoção	• Medir o conhecimento • Medir o uso • Identificar os níveis de fidelidade do cliente • Identificar os pontos fortes e fracos dos concorrentes • Identificar vantagens competitivas específicas (locais, fornecedores, etc.) • Identificar oportunidades de cooperação
7. Pesquisa sobre o ambiente operacional	8. Pesquisa sobre um destino
• Tendências econômicas • Tendências sociais • Problemas ambientais • Clima e tendências políticas • Impactos de desenvolvimentos tecnológicos	• Medir as atitudes dos residentes • Benchmarking • Medir a lealdade do cliente • Identificar atividades turísticas • Identificar padrões de gastos • Pesquisa de branding

comum de medir a lealdade do cliente por meio da Net Promoter Score. Os pesquisadores fazem uma pergunta: "Qual a probabilidade de você recomendar este produto ou serviço a um amigo ou colega?". Quando é oferecida uma escala de 0 a 10, as respostas se enquadram em três categorias: promotores (que classificam o serviço como 9 ou 10), que são fãs leais; passivos (que classificam o serviço como 7 ou 8); detratores (aqueles que dão notas de 0 a 6). Considerando a porcentagem de promotores e deduzindo a porcentagem de detratores, os executivos conseguem determinar uma métrica conhecida como Net Promoter Score (NPS).

Outra categoria de pesquisa aplicada é a pesquisa de concorrentes, às vezes chamada de inteligência competitiva. Se uma empresa deseja acompanhar a concorrência, isso requer uma compreensão clara de quem é a concorrência, além do conhecimento de como a empresa está se saindo em comparação com os concorrentes. A inteligência competitiva está disponível em várias fontes, incluindo

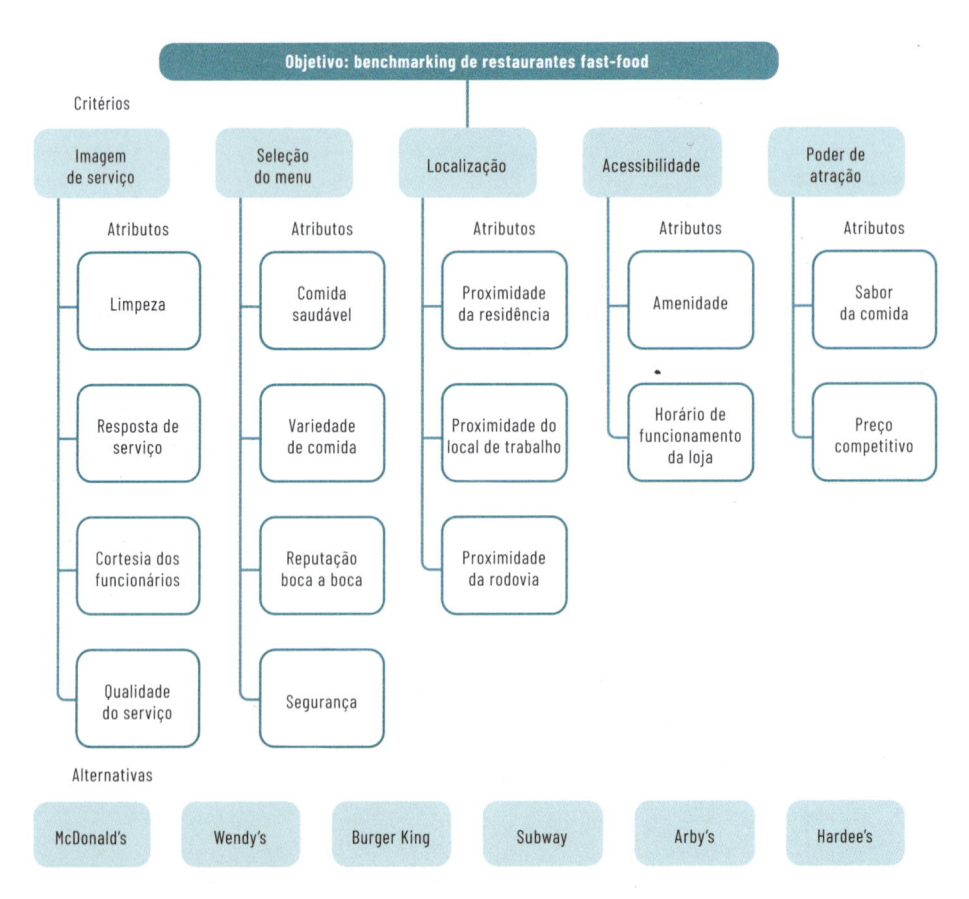

FIGURA 11.1 *Hierarquia de restaurantes fast-food de referência. (©Emerald Group Publishing Limited. Todos os direitos reservados. Reproduzido com permissão)*

relatórios anuais dos concorrentes, autoridades locais de turismo e departamentos estaduais de turismo, artigos de revistas, discursos, comunicados à imprensa, fôlderes e anúncios. A forma de pesquisa de inteligência competitiva variará de empresa para empresa. Para uma atração turística ou uma empresa que trabalha com alimentos, pode ser tão simples quanto contar o número de carros no estacionamento em vários momentos ou entrar no local para conferir o movimento. Para um hotel, isso pode significar a verificação da disponibilidade de quartos em horários específicos ou observar anúncios de ofertas especiais e descontos. Para operadoras de turismo, isso pode envolver a contagem do número de ônibus concorrentes nos principais destinos e pegar fôlderes e folhetos com programações de excursões. A observação participante também é usada com frequência para coletar informações dos concorrentes. Por exemplo, executivos de companhias aéreas podem viajar com empresas concorrentes ou gerentes de hotéis podem se hospedar em hotéis concorrentes. Essas são formas eficazes de reunir conhecimento valioso para fins de pesquisa.

A prática de benchmarking recebeu atenção de pesquisadores de marketing turístico. O benchmarking é essencialmente uma técnica de gerenciamento que permite às empresas comparar o desempenho delas em relação a suas concorrentes (KOZAK; RIMMINGTON, 1999). As iniciativas de benchmarking podem incluir a coleta de índices de satisfação dos hóspedes. Para a Sheraton Hotels and Resorts, por exemplo, medir e comparar a satisfação do hóspede é uma parte crucial da pesquisa de marketing da empresa. Os índices de satisfação do hóspede são monitorados de perto pelo grupo de pesquisa e os resultados são compartilhados com todos os hotéis e funcionários. Os restaurantes também estão usando o benchmarking para medir o desempenho do serviço em relação aos concorrentes. Min e Min (2011) desenvolveram uma série de parâmetros de referência para o setor de fast-food a fim de auxiliá-los a monitorar seus processos de prestação de serviços, identificar fraquezas e tomar ações corretivas para melhorias contínuas de serviços usando um processo de hierarquia analítica. Conforme apresentado na Figura 11.1, o nível superior da hierarquia representa o objetivo final de determinar o restaurante de fast-food com melhores práticas. No segundo nível da hierarquia, existem cinco critérios distintos de serviço, geralmente considerados importantes na medição da qualidade do serviço do restaurante fast-food: imagem de serviço, seleção do menu, localização, acessibilidade e poder de atração. Os atributos pertencentes a um dos cinco critérios de serviço foram relacionados ao nível inferior da hierarquia representada por seis restaurantes de fast-food em avaliação.

PESQUISA APLICADA
NO TURISMO DE EVENTOS

Getz e Page (2015) forneceram uma estrutura para a compreensão e a criação de conhecimento sobre o turismo de eventos. No centro do modelo está o fenômeno central (experiências e significados de eventos), e os outros elementos-chave na estrutura são os antecedentes e as escolhas (incluindo pesquisas de motivação), planejamento e gerenciamento do turismo de eventos, padrões e processos (incluindo espacial, temporal, formulação de políticas e criação de conhecimento), resultados e impactos. Os autores apresentam um resumo dos temas de pesquisa estabelecidos e dos principais conceitos e termos do turismo de eventos, categorizados por referência aos principais elementos da estrutura. Eles também consideram direções futuras identificando linhas de pesquisa emergentes ou desejadas, além de metodologias, para que elas possam ser vistas como um programa de pesquisas.

A pesquisa certamente tende a apoiar o uso de impostos locais para promover o turismo de eventos e promover o enriquecimento da comunidade (AHMED; KROHN, 1990; GOOROOCHURN; SINCLAIR, 2005). Um estudo constatou que o uso de fundos tributários para a promoção de artes, eventos culturais e outros

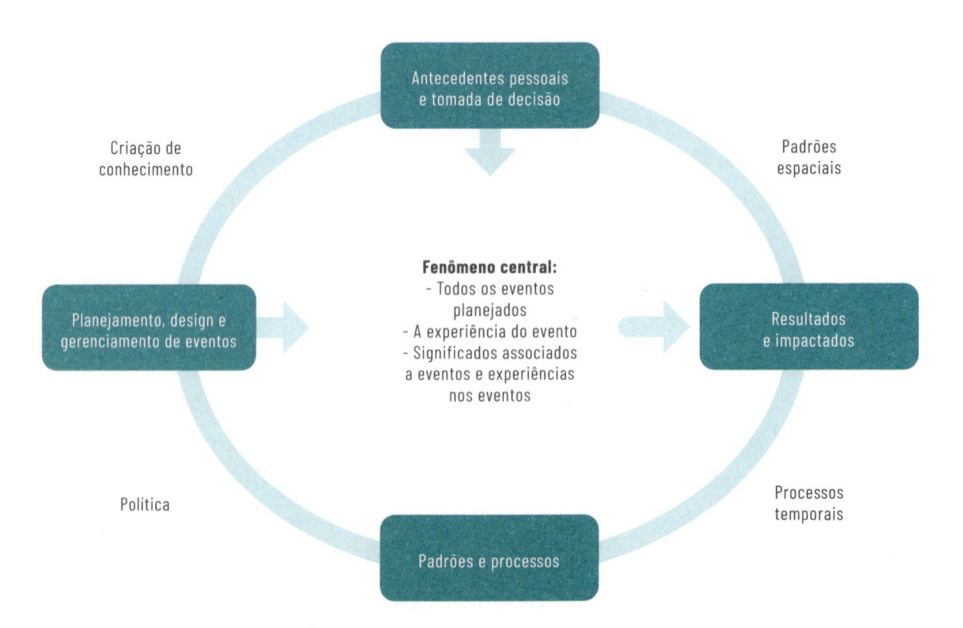

FIGURA 11.2 *Uma estrutura para o estudo do conhecimento sobre turismo de eventos. (Reproduzido de Tourism Management, v. 52, Getz e Page, "Progress and prospects for event tourism research", p. 593-631. ©2016. Com permissão da Elsevier)*

eventos relacionados ao turismo é uma estratégia bem-sucedida, permitindo o crescimento do setor, ao mesmo tempo que alimenta um ciclo virtuoso que rende ainda mais dólares em turismo à comunidade (LITVIN *et al.*, 2006). O estudo sugeriu, pelo menos para as comunidades de turismo menores, que seus interesses de longo prazo são melhor atendidos alocando impostos sobre o turismo em iniciativas que deem razões especiais para os visitantes irem a essas comunidades. Festivais e eventos especiais parecem oferecer o melhor caminho para o crescimento, levando a um setor de turismo saudável, que pode direta e indiretamente ser um motor econômico para a comunidade.

Outros pesquisadores concordam que o investimento em eventos e festivais pode ser a utilização mais efetiva do dinheiro dos impostos (CROMPTON; MCKAY, 1997; GOLDBLATT; NELSON, 2001). Os eventos especiais tornaram-se um dos tipos de atração turística que mais crescem em razão de sua singularidade e do ambiente comemorativo e festivo que oferecem, apresentando aos visitantes "a oportunidade de participar de uma experiência coletiva distinta da vida cotidiana" (GETZ, 1989). Os eventos oferecem aos turistas uma forma de experimentar diversas formas culturais, proporcionando à cidade anfitriã um gancho para atrair receita por meio do turismo (HALL, 1992). Do ponto de vista de uma comunidade, a literatura observa que o turismo baseado em festivais pode gerar benefícios econômicos significativos, preenchendo tanto quartos de hotéis quanto restaurantes locais, além de geralmente exigir um investimento de capital mínimo, aproveitando a infraestrutura existente. Além disso, de uma perspectiva intangível, festivais de sucesso podem servir como uma forma de aumentar a qualidade de vida dos moradores, criando orgulho e coesão na comunidade (GURSOY; KIM; UYSAL, 2004; LIBURD; DERKZEN, 2009). Eventos de sucesso criam uma razão para que os turistas os visitem, além de servir como catalisadores para aumentar a demanda por alimentos e bebidas, gerando maior receita tributária e abastecendo o ciclo virtuoso que os proponentes desses impostos defendem (LITVIN; SMITH; BLACKWELL, 2012). Por fim, os eventos planejados são considerados um elemento-chave em uma imagem de destino e estratégia de marca (RICHARDS; WILSON, 2004).

Uma área de estudos de eventos que recebe atenção crescente de pesquisadores e profissionais é o tópico de alavancagem de eventos. Esta é uma estratégia sutil, mas significativa, para estender a gama de benefícios tangíveis e intangíveis dos eventos. Ela envolve usar o poder e a dinâmica dos investimentos e desenvolvimentos de eventos para dar o pontapé inicial e/ou acelerar a criação de legados tangíveis e intangíveis adicionais (FAULKNER; TIDESWELL, 1999). Nos últimos anos, os formuladores de políticas tornaram-se cada vez mais interessados em usar grandes eventos esportivos como catalisadores para gerar legados econômicos, sociais e ambientais benéficos para as comunidades anfitriãs (FAULKNER *et al.*, 2000). Por exemplo, a realização de megaeventos esportivos tornou-se uma estratégia para justificar uma série de projetos urbanos auxiliares relacionados à renovação e à regeneração urbanas, ajuste de marca do local e investimento do setor público e privado em empresas locais (ESSEX; CHALKLEY, 2004).

ETAPAS DO PROCESSO DE PESQUISA

Na realização de pesquisas, há várias etapas que devem ser seguidas, conforme descrito na Figura 11.3.

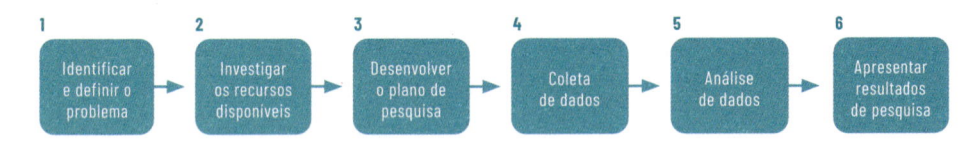

FIGURA 11.3 *Estágios do processo de pesquisa*

IDENTIFICAR E DEFINIR O PROBLEMA

Antes de iniciar a tarefa de coletar informações, é necessário primeiro identificar o problema para o qual a pesquisa é necessária. Essa etapa é crucial para garantir que qualquer informação coletada seja relevante. Além de formular um objetivo, questões específicas de pesquisa (objetivos) devem ser estipuladas desde o início. Esses objetivos determinarão o tipo de informação necessária. Um projeto de pesquisa concluído pelos autores da Carolina do Sul foi fomentado por uma câmara de comércio local que identificou a necessidade de criar uma nova marca para o seu destino (Bluffton), a fim de atrair pessoas para viver, trabalhar e se divertir. Os principais líderes da cidade perceberam que Bluffton precisava se diferenciar dos concorrentes, além de articular uma identidade única, a fim de ter sucesso não apenas como um local a ser visitado, mas um local em que investimentos e desenvolvimento futuros também pudessem ocorrer. Para começar, um comitê de líderes empresariais e comunitários foi montado e denominado "Força-tarefa de branding" de Bluffton para auxiliar a guiar o processo de branding de seis meses (HUDSON *et al.*, 2016).

INVESTIGAR FONTES DISPONÍVEIS

Pouco adianta iniciar um programa de pesquisa envolvendo a coleta de dados primários se as informações já estiverem disponíveis. A busca de informações disponíveis envolverá uma pesquisa de dados internos gerados e registrados pela organização e também uma análise das fontes secundárias de dados disponíveis. Essas informações devem ser avaliadas para estabelecer até que ponto as questões de pesquisa podem ser abordadas usando-se apenas essas informações. Para o projeto de Bluffton mencionado anteriormente, os pesquisadores estavam começando do zero, mas, antes de decidir sobre os métodos a serem empregados na pesquisa de branding, a equipe realizou uma extensa revisão do trabalho dessa natureza e, após analisar as melhores práticas, reconheceu que o envolvimento das partes interessadas seria crucial no processo de desenvolvimento de branding.

DESENVOLVER O PLANO DE PESQUISA

Informações específicas devem ser determinadas com base nos objetivos da pesquisa, que devem ser traduzidos em necessidades específicas de informação. Dois tipos de dados podem ser usados para atender às necessidades de informações do gerente: dados secundários, consistindo em informações que já existem em algum lugar, coletados para outra finalidade, e dados primários, consistindo em informações coletadas para o objetivo específico em questão. Para o projeto de Bluffton, foi decidido que a pesquisa incluiria pesquisas qualitativa e quantitativa em duas etapas principais, a saber: (1) uma série de *charettes* (workshops nas quais os designers trabalham intensivamente em um problema e apresentam suas descobertas e propostas em um fórum público) e entrevistas detalhadas com tomadores de decisão locais e pessoas-chave; e (2) pesquisas com líderes locais e proprietários de empresas, potenciais proprietários de empresas, visitantes e residentes da área.

COLETA DE DADOS

Após o desenvolvimento de um plano de pesquisa, os dados devem ser coletados usando o(s) método(s) selecionado(s). A fase de coleta de dados do processo de pesquisa de marketing geralmente é a mais cara e a que está mais sujeita a erro. Deve-se tomar muito cuidado para evitar distorções que, se introduzidas, podem fazer com que os resultados não tenham sentido. Esse é um problema específico associado aos métodos de entrevista e observação. Em Bluffton, para estabelecer os valores essenciais e projetar uma imagem do futuro, a equipe de pesquisa conduziu quatro *charettes* com a participação de uma média de 25 a 30 pessoas. Com frequência, elas são usadas no desenvolvimento de marcas de locais. A segunda parte da pesquisa qualitativa envolveu a realização de trinta entrevistas em profundidade com os principais tomadores de decisão e partes interessadas na região. Depois disso, mais de seiscentas pesquisas foram feitas com empresas existentes e potenciais, funcionários do governo local/pessoas influentes, visitantes e residentes da cidade de Bluffton. Pesquisas eletrônicas, enviadas por correio e de interceptação pessoalmente exploraram as percepções das pessoas em relação à cidade de Bluffton como uma marca, a imagem da cidade e testaram iterações de posicionamento da marca.

ANÁLISE DE DADOS

Nesta fase, os dados coletados devem ser processados e analisados para que informações e descobertas importantes possam ser extraídas. Os métodos utilizados e o tipo de informação coletada determinarão a análise necessária. Dados brutos retirados de questionários, entrevistas em profundidade, listas de verificação, etc. precisam ser registrados, analisados e interpretados. Os pesquisadores estão constantemente buscando similaridades e diferenças, agrupamentos, padrões e itens com significado específico. Os programas estatísticos comumente usados por pesquisadores de turismo são o SPSS (Statistical Package for the Social Sciences), o MINITAB e o NCSS (Number Cruncher Statistical System). Esses programas estão sendo monitorados, revisados e atualizados continuamente para refletir o processo de evolução contínuo em software de computador. Os dados qualitativos do projeto de Bluffton foram registrados e transcritos para análise usando o software NVivo, e o SPSS foi usado para analisar os dados das pesquisas.

APRESENTAR OS RESULTADOS DA PESQUISA

As informações precisam ser tabuladas e interpretadas para que recomendações sobre um plano apropriado a ser seguido possam ser feitas. É quase certo que isso envolverá a apresentação de um relatório que resuma os resultados da pesquisa. Esse relatório permitirá que a gerência da organização tome decisões com base nas informações recém-adquiridas. Inicialmente, os resultados da pesquisa de Bluffton foram apresentados ao comitê de força-tarefa de branding de Bluffton e levaram ao desenvolvimento da marca Heart of the Lowcountry, que foi lançada por vários meios de comunicação, incluindo rádio, TV, mídia social, impressos e outdoors. Então, um relatório foi desenvolvido (veja a Figura 11.4) e amplamente divulgado.

FIGURA 11.4 *Capa do relatório de avaliação e desenvolvimento da marca de Bluffton.*

DIGITAL EM FOCO – MARKETING PARA *MILLENNIALS*

Um clique do mouse, o deslizar de um dedo, o pressionar de um botão - é assim que os *millennials* cresceram e como eles fazem negócios, reservas, compras, se comunicam e interagem socialmente agora. Cada vez mais, os profissionais de marketing têm desviado sua atenção dos *baby boomers* e se voltado para a satisfação das necessidades instantâneas da geração do agora.

Atualmente, existem cerca de 79 milhões de *millennials* na América do Norte - três milhões a mais do que os *baby boomers*, que deverão diminuir para apenas 58 milhões em 2030. De acordo com um estudo recente da Moosylvania, uma empresa de marketing digital, os *millennials* já representam 1,3 trilhão de dólares em gastos de consumo em todo o mundo, do total de gastos de quase 11 trilhões de dólares. O estudo constatou que jovens adultos precisam de muita confiança, mas não gostam de ser alvo de marketing. "Ninguém realmente entende os *millennials*", resumiram os pesquisadores. "Nem mesmo os próprios *millennials*." Avessos ao risco e socialmente conscientes, os *millennials* são compradores experientes e as marcas os consideram um osso duro de roer. A geração mais diversificada e instruída até o momento, está usando seu conforto com a tecnologia não apenas para encontrar os melhores preços, mas também influenciando como as coisas são feitas. A geração do milênio tem sido denominada de várias formas pelos profissionais de marketing: narcisista, preguiçosa, indecisa e autopromotora. Eles foram rotulados de geração bumerangue, pois muitos não estão dispostos a deixar o ninho, ou de geração Peter Pan, porque supostamente não crescerão. Mas as empresas agora estão percebendo que essa geração – nascida entre 1980 e início dos anos 2000 – deve ser tratada com um pouco mais de respeito. Considerando seus números, eles têm capacidade para remodelar a economia e estão mudando a forma como tudo é vendido, incluindo a hospitalidade.

Enquanto os componentes mais jovens da era digital ainda dependem financeiramente dos pais, os *millennials* mais velhos estão com o nível mais alto de poder de compra e são um mercado-alvo ideal para destinos e resorts. Então, quais são os elementos fundamentais para atrair, satisfazer e reter esse público demográfico exigente?

(cont.)

Aqui estão alguns itens indispensáveis para a geração do milênio:

- Wi-fi gratuito em hotéis, locais de eventos, resorts, destinos
- Áreas sociais e com internet por fio nos saguões (o terceiro lugar para Howard Schultz)
- Sites de alta tecnologia e compatíveis com smartphones
- Aplicativos para substituir mapas e folhetos tradicionais
- Relatórios e respostas em tempo real aos comentários das mídias sociais
- Resenhas confiáveis de seus pares
- Check-in/check-out rápido automatizado e pagamento automático de contas
- Tecnologia inteligente e muitas tomadas em hotéis, restaurantes, aeroportos, etc.
- Fatores interessantes: instalações únicas, componente emocional, brindes adequados à idade
- Programas de responsabilidade social em resorts, restaurantes, hotéis, locais de eventos, destinos
- Alimentos orgânicos frescos, com opções sem glúten, sem lactose, vegetarianas e veganas
- Instalações de saúde e bem-estar
- Hotéis-cápsulas – reduzindo os custos de acomodação para ter um orçamento maior para experiências de férias mais ativas

Uma estação de esqui suíça que respondeu a essa tendência de alta tecnologia é a Gstaad, principalmente em relação aos aplicativos. Os visitantes podem se beneficiar de informações atualizadas de muitas fontes diferentes, incluindo a iSKI Swiss, Skiresort.de, Snocountry, Skitude, MySwitzerland, Skiline, Scheer & Mehr. O mapa das pistas de Gstaad é interativo e Pistenbericht oferece relatórios da neve, das encostas, do clima e das webcams atualizados diariamente.

O Gstaad também é ativo nas mídias sociais. Seu Facebook é atualizado diariamente e o resort tem uma forte presença no Instagram e no Twitter. O Gstaad incorporou um design responsivo em seu site (www.gstaad.ch), que é compatível com todos os gadgets, smartphones e computadores, além de ser capaz de rastrear usuários. "Em 2014, havia 64,02% usuários de computadores, 19,15% usuários de dispositivos móveis e 16,83% de usuários de tablets", diz Antje Buchs, gerente de relações públicas do Gstaad Saanenland Tourismus. "Graças ao design responsivo, também é possível reservar hotéis e apartamentos com smartphones."

Apesar de sua confiança na comunicação on-line, os *millennials* são realmente mais sociáveis off-line do que as gerações anteriores – desde que a tecnologia esteja ao alcance da mão. Com um acesso tão constante às imagens de atividades sociais, eles estão sujeitos ao fenômeno FOMO (Fear of Missing Out, ou "medo de estar perdendo algo"). Cerca de 58% preferem viajar com amigos: 20% a mais do que outros grupos demográficos. O acesso wi-fi gratuito nas encostas de Gstaad em locais sociais, como nos restaurantes de montanha Eggli, Rellerli, Saanerslochgrat e Wispile, significa que os fãs do digital podem relaxar entre as descidas e socializar, mantendo contato on-line.

(cont.)

Os fatores mais impressionantes da Gstaad incluem a possibilidade de visitar a primeira ponte suspensa entre dois picos do mundo, a Peak Walk. Com 107 metros e vistas espetaculares das montanhas, a ponte começa no topo do pico View Point, no Glacier 3000, e termina no pico Scex Rouge. O Glacier 3000 também oferece à Gstaad a temporada de esqui mais longa da região. Enquanto todos os resorts alpinos oferecem noites de fondue, o Gstaad foi além com seu fabuloso Fondueland. Aqui, os hóspedes desfrutam de fondue sentados em uma das duas panelas de fondue gigantes de madeira, com capacidade para oito pessoas. As cabanas especialmente projetadas estão abertas o ano todo e são acessíveis a pé, de bicicleta, trenó ou raquetes de neve. Atendendo à mania musical dos *millennials*, o Ride on Music de Gstaad é um festival que dura três dias e apresenta uma mistura de hip-hop, street, rock e música folclórica, com eventos-satélite nas encostas de dia e na cidade à noite.

O Superpass satisfaz outro item indispensável para a geração do milênio: a relação custo/benefício. Ele abrange três áreas de esqui com um bilhete de teleférico, incluindo 188 elevadores e 630 quilômetros de esqui. Embora a Gstaad não seja de forma alguma uma estação de esqui barata, ela se orgulha de tornar o esqui acessível a jovens e famílias. O resort também possui várias opções de hospedagem a preços acessíveis, incluindo Spitzhorn, Hamilton Lodge e um novo albergue para jovens na região de férias de Gstaad, que, aliás, foi chamada pela atriz Julie Andrews de "o último paraíso em um mundo louco".

A sustentabilidade ambiental é uma questão importante para os *millennials*, que cresceram com a reciclagem e a noção de redução de pegadas ecológicas. Nesse sentido, o Sustainable Gstaad tem vários projetos ecológicos em andamento, incluindo agricultura alpina tradicional, usinas hidrelétricas, lavanderia central dos hotéis e combustível verde para equipamentos de pista, além de GPS para limpadores de neve.

Fontes: entrevista pessoal com Kerstin Sonnekalb para Gstaad Saanenland Tourismus, janeiro de 2015; entrevista pessoal com Antje Buchs, gerente de projetos de relações públicas da Gstaad Saanenland Tourismus, maio de 2016; http://expediablog.co.uk/wp-content/uploads/2013/10/Future-of-Travel-Report1.pdf (acesso em: 5 dez. 2016).

QUESTÕES DE ESTUDO DE CASO

1. Veja a lista de itens indispensáveis para a geração do milênio. Qual é o mais importante para você? Falta alguma coisa nessa lista?

2. Como a Gstaad está chamando a atenção dessa população?

3. Se é verdade que ninguém realmente entende a geração do milênio, que tipo de pesquisa deve ser conduzida para conhecê-la?

METODOLOGIA DE PESQUISA

A crescente importância da tomada de decisões em gerenciamento de turismo fez com que mais atenção se concentrasse nas teorias e metodologias do processo de pesquisa em turismo. Um tema recorrente emergiu na literatura de pesquisa de viagens em relação à adequação de tipos específicos de pesquisa em turismo e certas aplicações metodológicas. Existem várias abordagens para a coleta de dados, mas duas decisões essenciais que precisam ser tomadas são as seguintes:

(1) DADOS PRIMÁRIOS *VERSUS* DADOS SECUNDÁRIOS. No planejamento de um projeto de pesquisa, é sensato considerar se vale a pena ter gastos com a coleta de novas informações (dados primários, em que o pesquisador é o usuário primário) ou se os dados existentes (dados secundários, em que o pesquisador é o usuário secundário) serão suficientes. Na prática, pode ser necessário coletar os dois tipos de informações. Como Chitra Stern disse no estudo de caso inicial, apesar de estatísticas e informações sobre o Algarve em Portugal serem relativamente fáceis de ser encontradas por meio de associações de turismo e agências de investimento estrangeiras, ela ainda precisava coletar seus próprios dados primários para iniciar o novo negócio. Os vários tipos de pesquisa primária e secundária são explorados mais adiante neste capítulo.

(2) PESQUISA QUALITATIVA *VERSUS* QUANTITATIVA. Os métodos e técnicas de pesquisa qualitativa dão origem a informações qualitativas (subjetivas), enquanto a pesquisa quantitativa é uma pesquisa à qual podem ser anexadas estimativas numéricas (empíricas). Recentemente, houve muito debate sobre métodos apropriados para a pesquisa em lazer, com alguns autores defendendo o uso prolongado da pesquisa qualitativa em detrimento da pesquisa quantitativa. Na pesquisa em turismo, as abordagens quantitativa e qualitativa parecem coexistir sem o tipo de aparente rivalidade observada nos estudos sobre lazer. É possível que a pesquisa seja conduzida inteiramente de forma quantitativa, qualitativa ou usando uma mistura de ambas. Na verdade, é comum que a pesquisa quantitativa em larga escala seja planejada com base em estudos qualitativos exploratórios anteriores.

A distinção entre os dois métodos é indicada no Quadro 11.2. Ambos os métodos de pesquisa possuem limitações e fraquezas distintas, mas ambos também têm características compensadoras. A escolha entre os dois métodos deve ser determinada pela situação em que a pesquisa ocorre, e não por alguma busca equivocada pelo rigor em si.

PESQUISA SECUNDÁRIA

QUADRO 11.2 *Pesquisa qualitativa* versus *pesquisa quantitativa. (Fonte: adaptado de McDaniel e Gates, 1993)*

Dimensão de comparação	Pesquisa qualitativa	Pesquisa quantitativa
Tipos de pergunta	Investigação	Investigação limitada
Tamanho da amostra	Pequeno	Grande
Informações por respondente	Muitas	Varia
Administração	Necessário entrevistador com habilidades especiais	Menos habilidades especiais necessárias
Tipos de análise	Subjetiva, interpretativa	Estatística, resumida
Dispositivos	Gravadores digitais, equipamentos de projeção, equipamento de vídeo, fotos	Questionários, computadores, impressões
Capacidade de replicar	Baixa	Alta
Treinamento do pesquisador	Psicologia, sociologia, psicologia social, marketing de comportamento do consumidor, pesquisa de marketing	Estatísticas, modelos de decisão, sistemas de apoio à decisão, programação de computadores, pesquisa de marketing
Tipos de pesquisa	Exploratório	Descritivo ou causal

Dados secundários são dados que já existem para uma finalidade estabelecida, e pesquisas secundárias também são chamadas de pesquisas documentais. Eles incluem informações coletadas de fontes internas, como taxas de ocupação, números de vendas, números de atendimento, tipos de serviços vendidos, etc. As pesquisas internas também podem ser fontes valiosas de dados. Além disso, os dados podem ser coletados de fontes externas. Agências governamentais como VisitBritain, Tourism Australia ou Comissão Canadense de Turismo (CTC) compilam estatísticas sobre chegadas de visitantes, quanto gastam, de onde eles vêm, etc. Além de gerar uma quantidade considerável de dados estatísticos no nível macro, o governo também é responsável por várias publicações relacionadas ao turismo. A Organização Mundial do Turismo (OMT), por exemplo, produz numerosas publicações para apoiar o setor de turismo no avanço do conhecimento e das políticas de turismo em todo o mundo. A OMT é a agência das Nações Unidas responsável pela promoção do turismo responsável, sustentável e universalmente acessível.

A imprensa especializada também pode fornecer informações regularmente. Publicações populares da área de viagens incluem a *Travel Weekly* no Reino

Unido, a *Tourism* no Canadá, e a *Travel Trade* nos Estados Unidos. Revistas de pesquisa, periódicos e relatórios especiais podem ser fontes úteis de informação, assim como documentos de conferências, discursos e relatórios anuais. Uma verdadeira explosão de novos periódicos foi introduzida como saída para a publicação acadêmica de pesquisas em hospitalidade e turismo. Um inventário recente, embora não exaustivo nem exclusivo, gerou uma contagem de mais de cem periódicos, conforme listado no Quadro 11.3.

Pesquisar na internet, embora às vezes seja um processo demorado, também pode revelar outras fontes de informação, assim como grupos de bate-papo e informativos on-line. Apesar disso, vale ressaltar que a precisão dessas informações não é garantida; portanto, é importante verificar a confiabilidade da fonte.

QUADRO 11.3 *Inventário de publicações de turismo e hospitalidade*

Interesse geral	Turismo	Serviços de alimentação
The Cornell Hotel & Restaurant Administration Quarterly	Annals of Tourism Research	Journal of Restaurant & Foodservice Marketing
International Journal of Hospitality Management	ACTA Turistica	Journal of Nutrition, Recipe and Menu Development
Journal of Hospitality and Tourism Research	Asia Pacific Journal of Tourism Research	Journal of College and University Foodservice
FIU Hospitality Review	Current Issues in Tourism	Journal of Foodservice Systems
International Journal of Contemporary Hospitality Management	Event Tourism	Journal of Agricultural & Food Information
Journal of Quality Assurance in Hospitality & Tourism	Information Technology & Tourism	Journal of Nutrition for the Elderly
The Journal of Applied Hospitality Management	International Journal of Tourism Research	Journal of the American Dietetic Association
Australian Journal of Hospitality Management	Journal of Convention & Exhibition Management	NACUFS Journal (National Association of College & University Foodservices)
The Consortium Journal: Journal of HBCU	Journal of Ecotourism	School Foodservice Research Review
International Journal of Hospitality and Tourism Administration	Journal of Sports Tourism	Journal of Food Production Management
Praxis – The Journal of Applied Hospitality Management	Journal of Sustainable Tourism	Journal of Food Products Marketing

(cont.)

Interesse geral	Turismo	Serviços de alimentação
Anatolia Journal	Journal of Travel Research	Journal of Foodservice Business Research
Scandinavian Journal of Hospitality and Tourism	Journal of Travel & Tourism Research	Journal of Culinary Science
Tourism and Hospitality Research	Journal of Vacation Marketing	Annual Review of Food Science and Technology
Journal of Hospitality & Leisure for the Elderly	Teoros International	Trend in Food Science and Technology
Pacific Tourism Review	Journal of Hospitality & Leisure Marketing	Critical Reviews in Food Science and Nutrition
Journal of Convention & Exhibition Management	Tourism analysis	Food and Nutrition Research
Journal of Tourism and Hospitality Education	TOURISM: An International Interdisciplinary Journal	Journal of the Science of Food and Agriculture
Hotel & Motel Management	The Tourist Review	The Journal of Foodservice Management and Education
International Journal of Hospitality Information Technology	Tourism, Culture & Communication	Journal of the Academy of Nutrition and Dietetics
Journal of Gambling Studies	Tourism Economics	Journal of Food Products Marketing
Journal of Hospitality Financial Management	Tourism Geographies	Comprehensive Reviews in Food Science and Food Safety
Australian Leisure Management	Tourism Management	
Journal of Service Management	Tourism Recreation Research	
Journal of Hospitality Marketing and Management	Tourism Today	
Applied Geography	Tourismus Journal	
Leisure Studies	Tourist Studies	
Leisure Sciences	Travel & Tourism Analyst	
UNLV Journal of Hospitality, Tourism and Leisure Science	Journal of Human Resources in Hospitality & Tourism	
International Journal of Retail and Distribution Management	Journal of Travel & Tourism Marketing	
Journal of Leisure Research	Journal of Tourism Studies	
Journal of Place Management and Development	Tourism Intelligence Quarterly	

(cont.)

Interesse geral	Turismo	Serviços de alimentação
Journal of Policy Research in Tourism, Leisure and Events	Papers de Turisme	
Journal of Hospitality, Leisure, Sports and Tourism Education	Journal of Hospitality and Tourism Management	
Managing Leisure	European Journal of Tourism Research	
The Journal of Applied Hospitality Management	International Journal of Travel and Tourism Marketing	
Advances in Hospitality and Tourism Research	Journal of Outdoor Recreation and Tourism	
Annals of Leisure Research	Tourism Management Perspectives	
ASEAN Journal of Tourism and Hospitality Research	Visitor Studies	
Event Management	Tourism Planning and Development	
International Journal of Culture Tourism and Hospitality Research	Journal of China Tourism Research	
International Journal of Hospitality Knowledge Management	International Journal of Tourism Sciences	
Journal of Hospitality and Tourism Management	e-Review of Tourism Research	
Journal of Leisurability	Festival Management and Event Tourism	
Journal of Park and Recreation Administration	Journal of Convention & Event Tourism	
Journal of Retail and Leisure Property	Journal of Heritage Tourism	
Journal of the Canadian Association for Leisure Studies	Journal of Tourism and Cultural Change	
	Journal of Tourism and Cultural Heritage	
	Journal of Tourism Consumption and Practice	
	Progress in Tourism and Hospitality Research	
	Tourism in Marine Environments	
	Tourismos: an International Multidisciplinary Journal of Tourism	

PESQUISA PRIMÁRIA

Técnicas de pesquisa qualitativa

O termo qualitativo é usado para descrever métodos e técnicas de pesquisa que usam e dão origem a informações subjetivas, e não empíricas. Em geral, a abordagem é coletar uma grande quantidade de informações ricas de relativamente poucas pessoas. Os potenciais objetivos da pesquisa qualitativa incluem o desenvolvimento de hipóteses sobre comportamentos e atitudes relevantes, identificar toda a variedade de questões, pontos de vista e atitudes que devem ser buscadas em pesquisas em larga escala e entender como uma decisão de compra é tomada. A pesquisa qualitativa pode ser usada em situações não estruturadas e em situações estruturadas.

Situações não estruturadas

A observação participativa se enquadra nessa categoria, na qual um pesquisador de campo do turismo pode adotar um dos quatro papéis diferentes. O primeiro é o participante completo, em que o pesquisador se torna um participante genuíno, e o segundo é o participante como observador, em que os pesquisadores revelam suas intenções. Terceiro, os observadores como participantes também se revelam pesquisadores e participarão do processo social normal, mas não pretendem ser participantes. O quarto tipo, o observador completo, simplesmente observa sem estar envolvido. A bem-sucedida campanha publicitária "What happens in Vegas, stays in Vegas" foi desenvolvida após uma extensa pesquisa qualitativa para entender o comportamento do consumidor, incluindo pesquisas observacionais e acompanhamentos (acompanhamento de visitantes desde o momento em que chegavam até o momento em que iam embora).

Mystery shopping, ou cliente oculto, nome dado à observação participativa no setor comercial, tornou-se uma técnica comum de pesquisa de marketing em turismo e hospitalidade (HUDSON *et al.*, 2001). No contexto dos serviços, os clientes ocultos fornecem informações sobre a experiência do serviço à medida que ela se desenrola e ajudam a desenvolver um conhecimento mais rico da natureza experiencial dos serviços. De acordo com a Mystery Shopping Providers Association (MSPA), existem cerca de 30 mil clientes ocultos nos Estados Unidos contratados por marcas de hotéis de luxo para fazer check-in anonimamente e julgar os padrões das propriedades (O'SHEA-EVANS, 2012). "No final dos anos 1980, a Hilton estava entre as primeiras marcas de hotéis de luxo a utilizar o serviço", diz Mike Bare, co-proprietário e presidente da Bare International e um dos fundadores da MSPA. Três décadas depois, é prática comum entre marcas de hotéis em todo o mundo. O Quadro 11.4 resume as várias vantagens e desvantagens do uso desse método de observação participativa.

QUADRO 11.4 *Vantagens e desvantagens da observação participativa oculta, ou mystery shopping*

Vantagens	Desvantagens
Oferece insights profundos sobre sentimentos e motivações por trás do serviço/prática	Levanta questões éticas por observar pessoas sem seu conhecimento
A experiência é natural, e não produzida para o bem do observador	Tem base em suposições que precisam ser explicitadas e abordadas
Serve como uma ferramenta de gerenciamento para melhorar os padrões no atendimento ao cliente, fornecendo recomendações acionáveis	As informações coletadas podem ser tendenciosas como resultado da seleção arbitrária ou descuidada dos períodos de observação ou dos próprios preconceitos do observador
Ideal para serviços de investigação	No longo prazo, as vantagens para melhorar o atendimento ao cliente podem desaparecer se não forem integradas a outras medidas do processo de prestação de serviços
Serve como uma ferramenta de gerenciamento para aprimorar o gerenciamento de recursos humanos	Pode ser muito caro e demorado

Situações estruturadas

A pesquisa qualitativa também permite situações mais estruturadas, nas quais o pesquisador pode desempenhar um papel mais proativo, embora esse papel seja mais facilitador do que diretivo. Nos estágios iniciais da pesquisa em turismo, o acompanhamento de uma conversa pode ser necessário e, se a pesquisa se destina a gerar dados quantitativos, desenvolver itens para escalas a ser usadas em um questionário pode ser necessário. Portanto, é preciso identificar de forma clara os construtos que informam as atitudes em relação aos destinos, comportamentos ou experiências específicos que estão sendo pesquisados. A ideia de entrevistar grupos de pessoas juntas, em vez de individualmente, está se tornando cada vez mais popular na pesquisa de marketing. Em um grupo focal, o entrevistador torna-se o facilitador de uma discussão em vez de um entrevistador, a fim de obter visões representativas de uma população mais ampla. Um grupo focal geralmente é bastante homogêneo por natureza e compreende de oito a dez pessoas. É importante que os selecionados tenham pouca experiência em trabalhar em um grupo focal, pois o pesquisador deseja obter pontos de vista representativos de uma população mais ampla, não de especialistas em dar opiniões que estão acostumados à dinâmica de um grupo focal.

Os grupos focais são comumente usados em pesquisas comerciais, especialmente no desenvolvimento e monitoramento de campanhas publicitárias. Eles estão começando a ser amplamente utilizados no mundo do turismo e geralmente são usados para obter feedback sobre folhetos de férias. Solicita-se aos grupos que respondam ao layout, às fotos, ao texto e ao tipo de fonte dos fôlderes, para ajudar as empresas a encontrar os elementos que mais atraem vários nichos de mercado. As *charettes* também foram utilizadas na pesquisa de turismo, mas são menos comuns que os grupos focais. Como mencionado, uma *charette* é um workshop no qual os designers trabalham intensamente em um problema e apresentam suas descobertas e propostas em um fórum público (KELBAUGH, 1997). Elas são usadas com frequência no desenvolvimento de marcas locais, mas não têm sido amplamente utilizadas em pesquisas sobre turismo. Essas intensas sessões de planejamento têm como objetivo fornecer soluções práticas, orientadas pelas partes interessadas, baseadas na visão e valores colaborativos do público em geral (MARA, 2006).

As entrevistas em profundidade tendem a ser usadas por três razões principais. Primeiro, elas são usadas em situações em que o número limitado de sujeitos torna os métodos quantitativos inadequados. Em segundo lugar, elas são usadas quando se espera que as informações obtidas de cada sujeito variem consideravelmente, ou seja, quando a pergunta "qual porcentagem de entrevistados disse o quê" não é relevante. Terceiro, entrevistas em profundidade podem ser usadas para explorar um tópico como estágio preliminar no planejamento de uma pesquisa mais formal baseada em questionário.

As entrevistas podem ser estruturadas, não estruturadas ou uma combinação dos dois. A entrevista não estruturada difere de uma conversa no sentido de que ambas as partes estão cientes de uma estrutura subjacente de perguntas e respostas. A entrevista estruturada envolve uma série de habilidades por parte do pesquisador. Por exemplo, habilidades de elaboração de questionários, como determinar a sequência de perguntas e seu conteúdo preciso, são essenciais. Também são necessárias habilidades interpessoais envolvidas na conversa e a capacidade de liderar o entrevistado. Além disso, o pesquisador deve desenvolver a habilidade de registrar respostas com precisão; muitas vezes as entrevistas são gravadas e uma transcrição palavra por palavra é preparada.

Existem várias maneiras de analisar as transcrições das entrevistas, mas é imperativo que o pesquisador retorne aos termos de referência e declaração de objetivos e comece a avaliar as informações coletadas em relação às questões colocadas. Recentemente, vários programas de computador ficaram disponíveis para analisar as transcrições das entrevistas. No projeto de pesquisa de Bluffton mencionado anteriormente, as transcrições das entrevistas foram examinadas usando o software NVivo; elas foram organizadas e posteriormente analisadas em torno das principais questões ou temas-chave. Essa forma de análise é análoga à análise de modelos, que, em termos gerais, é uma técnica que permite uma comparação de perspectivas (KING, 1998), nesse caso, entre os entrevistados, e é útil na organização de grandes quantidades de texto (CRABTREE; MILLER, 1999).

Técnicas de pesquisa quantitativa

Uma revisão dos métodos usados na coleta de dados de pesquisa em turismo e hospitalidade mostra que a técnica do questionário, ou método de pesquisa, é a mais frequentemente usada. O método de pesquisa inclui pesquisas factuais, pesquisas de opinião ou pesquisas interpretativas, que podem ser conduzidas por entrevista pessoal, telefone, correio ou meio eletrônico. Pesquisas factuais são de longe as mais benéficas. "Quando você está de férias, quais atividades você pratica?", é uma pergunta para a qual os respondentes devem ser capazes de fornecer informações precisas. Em uma pesquisa de opinião, o entrevistado é solicitado a expressar uma opinião ou fazer uma avaliação. Nas pesquisas interpretativas, o entrevistado atua como intérprete e também como repórter. Pergunta-se para os indivíduos por que fizeram uma determinada escolha – por que escolheram um pacote específico, por exemplo. Embora os respondentes possam responder com precisão às perguntas "o quê", eles geralmente têm dificuldade de responder às perguntas "por quê". Portanto, embora a pesquisa interpretativa possa dar ao pesquisador uma noção do comportamento do consumidor, a utilidade dos resultados tende a ser limitada.

As entrevistas pessoais tendem a ser muito mais flexíveis do que as pesquisas por correio ou telefone, porque o entrevistador pode se adaptar à situação e ao entrevistado. Em geral, é possível obter muito mais informações por entrevista pessoal do que por outros meios, pois os entrevistadores podem observar a situação e fazer perguntas. No entanto, uma grande limitação do método de entrevista pessoal é o seu custo relativamente alto. Uma entrevista leva um tempo considerável para ser conduzida, e sempre há a possibilidade de viés pessoal do entrevistador. Pesquisas por telefone são realizadas muito mais rapidamente e com menor custo do que entrevistas pessoais. Rapidez e baixo custo são as principais vantagens das entrevistas por telefone; no entanto, essas entrevistas tendem a ser menos flexíveis que as entrevistas pessoais e também precisam ser breves. As entrevistas telefônicas assistidas por computador, usando discagem aleatória, são muito populares na América do Norte. As pesquisas por correio envolvem o envio do questionário a participantes da amostra cuidadosamente selecionados e a solicitação de devolução dos questionários preenchidos. As vantagens são que uma grande área geográfica pode ser coberta, os entrevistados podem preencher a pesquisa quando for mais conveniente e não há o viés das entrevistas pessoais. Os maiores problemas com as pesquisas por correio são a falta de uma boa lista e a falta de resposta adequada.

Uma forma popular de conduzir pesquisas hoje é o uso de pesquisas eletrônicas que fazem perguntas aos consumidores e registram e tabulam imediatamente os resultados. Equipamentos eletrônicos podem ser colocados no saguão de um hotel, no shopping ou em outro local de tráfego intenso – por exemplo, o Whistler Resort coleta dados de seus esquiadores usando dispositivos eletrônicos instalados na rua principal. Como alternativa, pode-se solicitar aos entrevistados que preencham uma pesquisa on-line. A metodologia de pesquisa feita pela internet está ganhando cada vez mais popularidade. A Meliá Hotels International contratou consultores de marketing da Market Metrix para transpor seu infrequente método de coleta de dados de questionário em papel para o método on-line, para aumentar o tamanho da amostra e a confiabilidade dos dados. Agora, todos os hóspedes são convidados a participar da pesquisa para que haja uma melhor representação de toda a experiência do hóspede no dia a dia. A contribuição do cliente fica disponível instantaneamente, não apenas para a sede, mas também para o gerente geral e para a equipe de linha de frente em todas as propriedades. Então, é possível usar o feedback do cliente para reparação instantânea do serviço e também para o aprimoramento do serviço em longo prazo. O feedback do próprio Meliá é comparado com os benchmarks relevantes do setor nos mercados locais onde eles competem para garantir que os padrões competitivos sejam atendidos e o valor do hóspede permaneça alto.

A nova tecnologia está impactando outras áreas da pesquisa de marketing. Grupos focais virtuais estão se tornando mais comuns. As sessões de bate-papo on-line, nas quais de um a dezenas de respondentes pré-selecionados digitam respostas em uma discussão on-line orientada, podem ser usadas de forma eficaz para reunir participantes de praticamente qualquer lugar para discutir experiências com um serviço ou fornecer feedback sobre produtos. Embora os grupos focais virtuais nem sempre sejam capazes de substituir entrevistas pessoais, os benefícios de economia de tempo e custos de tais grupos os tornam uma ferramenta muito útil para os pesquisadores – especialmente para coletar feedback sobre o site quando os participantes estão usando a internet. As empresas também estão usando mundos virtuais para obter feedback útil dos consumidores. A Starwood Hotels and Resorts usou o Second Life, um mundo on-line com organização virtual, como uma plataforma de teste tridimensional para sua nova cadeia de hotéis chamada Aloft. A empresa criou um protótipo digital elaborado para a nova cadeia, não apenas para promover o empreendimento, mas também para fornecer aos seus designers feedback de possíveis clientes antes da abertura do primeiro hotel real em 2008.

Os avanços na tecnologia também estão permitindo que as empresas explorem as emoções humanas, buscando padrões que possam prever reações e comportamentos emocionais em grande escala (DWOSKIN; RUSLI, 2015). A Emotient, por exemplo, uma startup de San Diego, desenvolveu um software que pode reconhecer emoções de um banco de dados de microexpressões que acontecem em uma fração de segundo e trabalhou com a Honda e a Procter & Gamble para avaliar as emoções das pessoas enquanto elas experimentam produtos. O neuromarketing também está fazendo os olhos dos pesquisadores de marketing brilharem, prometendo atingir os desejos inconscientes dos consumidores, que supostamente são revelados pela medição do cérebro (BELL, 2015). O neuromarketing é um campo cientificamente sólido e genuinamente interessante na ciência cognitiva, em que a resposta aos produtos e à tomada de decisão do consumidor é entendida no nível do corpo e da mente. Isso pode envolver a observação de como os logotipos de marcas familiares estimulam sistemas de memória no cérebro ou a análise da possibilidade da direção do olhar das pessoas nos anúncios afetar o quanto eles chamam a atenção, ou testar se a atividade elétrica do cérebro varia ao se assistirem a anúncios sutilmente diferentes. Como a maioria das neurociências cognitivas, os estudos são abstratos, ultrafocados e estão muito longe da experiência cotidiana.

Por fim, um número crescente de organizações está utilizando ferramentas de escuta nas mídias sociais para acompanhar os clientes, melhorar os serviços ou as relações com a marca e os resultados financeiros (veja a seção "Digital em foco" sobre o M Live no capítulo 3). A Virgin Atlantic Airways, por exemplo, monitora as mídias sociais para obter insights e gerar melhorias contínuas em seus serviços. Em resposta às sugestões da comunidade on-line, lançou um sistema para organizar o compartilhamento de táxis para passageiros que chegam no mesmo voo. Brandwatch (2014) sugere que os pesquisadores do setor de viagens precisam monitorar o efeito que as mídias sociais têm em três pontos de contato: antes da partida, durante a viagem e a estadia e na volta para casa (veja a Figura 11.5).

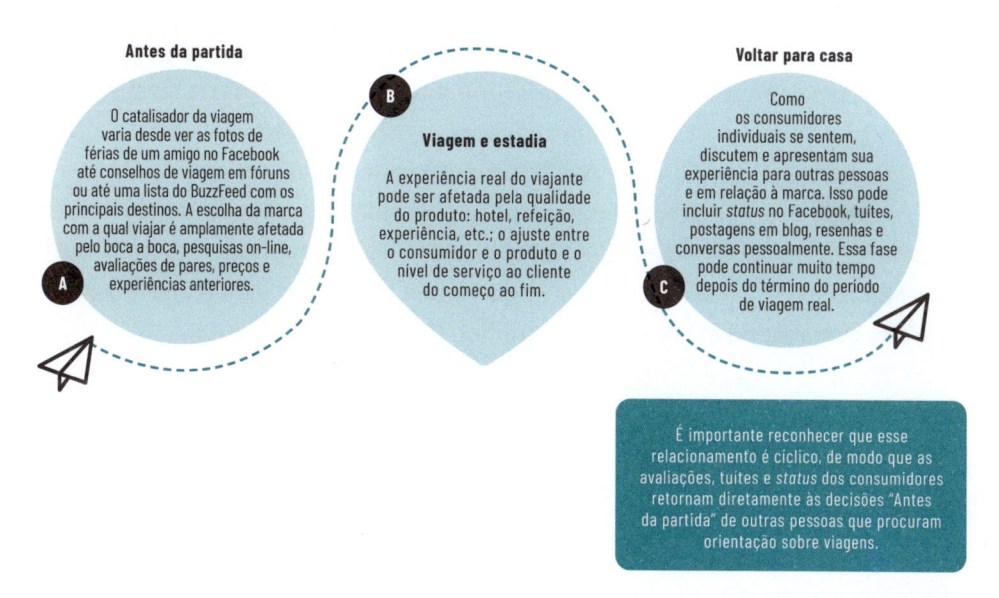

Antes da partida

O catalisador da viagem varia desde ver as fotos de férias de um amigo no Facebook até conselhos de viagem em fóruns ou até uma lista do BuzzFeed com os principais destinos. A escolha da marca com a qual viajar é amplamente afetada pelo boca a boca, pesquisas on-line, avaliações de pares, preços e experiências anteriores.

A

B

Viagem e estadia

A experiência real do viajante pode ser afetada pela qualidade do produto: hotel, refeição, experiência, etc.; o ajuste entre o consumidor e o produto e o nível de serviço ao cliente do começo ao fim.

Voltar para casa

Como os consumidores individuais se sentem, discutem e apresentam sua experiência para outras pessoas e em relação à marca. Isso pode incluir *status* no Facebook, tuítes, postagens em blog, resenhas e conversas pessoalmente. Essa fase pode continuar muito tempo depois do término do período de viagem real.

C

É importante reconhecer que esse relacionamento é cíclico, de modo que as avaliações, tuítes e *status* dos consumidores retornam diretamente às decisões "Antes da partida" de outras pessoas que procuram orientação sobre viagens.

FIGURA 11.5 *A natureza cíclica das decisões de viagem. (©2017 Brandwatch. Todos os direitos reservados. Reproduzido com permissão)*

Em seu relatório de 2014 sobre escuta nas mídias sociais, a Brandwatch dá exemplos de vários setores da indústria de turismo e hospitalidade sobre como a escuta nas mídias sociais beneficiou empresas individuais. Por exemplo, ao ouvir conversas sobre marcas, os provedores de acomodações LateRooms perceberam que vários fóruns apresentavam longas e frequentes discussões sobre seus serviços, uma revelação e tanto para a marca. Um fórum que gerou uma discussão considerável sobre a marca foi o Blonde Poker, um site de notícias sobre pôquer. O LateRooms reconheceu rapidamente o valor dessa conversa e aproveitou a oportunidade para conquistar e fazer negócios com os fãs de pôquer em viagem. A empresa conseguiu promover um relacionamento saudável de marketing com o fórum, ajudando a direcionar tráfego visado e relevante para o site do LateRooms.

Outro exemplo de escuta nas mídias sociais vem do setor de agências de viagens. Em 2013, a Expedia lançou um anúncio no Canadá falando para as pessoas escaparem do inverno viajando. O anúncio foi mal recebido algumas semanas depois, devido a um barulho aparentemente irritante de violino durante as repetidas exibições comerciais. O sentimento negativo logo se espalhou pelas mídias sociais. Referindo-se ao violino particularmente abrasivo apresentado, centenas de espectadores foram ao Twitter para expressar sua infelicidade. A agência de criação da Expedia, a Grip Limited, estava ouvindo com atenção. A Grip substituiu o anúncio original por três novos spots de TV criados especialmente para a ocasião, então uma campanha potencialmente prejudicial foi ajustada de forma inteligente. No primeiro vídeo de substituição, o violino é jogado para fora da casa, uma resposta direta às reclamações on-line sobre seu ruído desagradável. Depois de isolar as pontuações dos comentaristas que reclamaram do anúncio original, outro anúncio mais agressivo foi criado e enviado pelas contas do Twitter e Facebook da Expedia Canadá diretamente aos dissidentes, com um pedido de desculpas pelo primeiro comercial. O terceiro vídeo leva o espectador diretamente à casa de Cam Charron (um dos muitos que foram ao Twitter para reclamar), onde ele tem a oportunidade de destruir o violino (BRANDWATCH, 2014).

Amostragem

Por causa dos gastos associados à pesquisa, os gerentes de marketing geralmente se deparam com a questão de quantas pessoas devem ser pesquisadas para obter respostas precisas. É quase impossível – e não muito econômico – entrevistar todos os usuários ou possíveis usuários de um produto. Portanto, as decisões de uma empresa se baseiam nas opiniões e reações de uma amostra da população. O processo de seleção de amostra é o seguinte:

(1) DEFINIR A POPULAÇÃO. A primeira etapa do processo de amostragem é a especificação da população-alvo.

(2) ESPECIFICAR O QUADRO DE AMOSTRA. Esta é uma especificação da lista, diretório ou lista a partir da qual a amostra será escolhida.

(3) SELECIONAR O MÉTODO DE AMOSTRAGEM. O pesquisador deve decidir se uma abordagem probabilística ou não probabilística será aplicada para planejar a amostra e exatamente como os membros da amostra serão selecionados. Existe uma ampla variedade de métodos de amostragem probabilística e não probabilística. A principal diferença entre os dois é que, na amostragem probabilística, uma avaliação estatística de um erro amostral pode ser feita; essa avaliação não é possível para amostras coletadas por métodos não probabilísticos. Portanto, a forma mais precisa de amostragem é o método probabilístico, no qual cada unidade da população tem uma chance de seleção conhecida, mas não necessariamente igual. As técnicas incluídas neste método são: amostragem simples, aleatória, sistemática, estratificada, por agrupamento, multifásica e por área.

(4) DETERMINAR O TAMANHO DA AMOSTRA. A seleção do tamanho da amostra recebeu considerável atenção de críticos de pesquisa em turismo. Baker, Hozier e Rogers (1994) sugerem que existem duas abordagens básicas para pesquisadores de turismo interessados em responsabilidade e eficiência: tamanho requerido por

célula e o modelo estatístico tradicional. A abordagem de tamanho exigido por célula requer aproximadamente 30 respostas para cada célula demográfica de dados. Por exemplo, dois gêneros, quatro grupos étnicos e quatro faixas etárias exigiriam um tamanho amostral de 960 ($2 \times 4 \times 4 \times 30$). O modelo estatístico tradicional é baseado em uma especificação de gerenciamento de erro permitido (e), no nível de confiança no processo de amostragem (z) e na variação da população (@). Assim, o tamanho da amostragem é expresso como: $n = z@ / e$. Um aspecto importante do método estatístico tradicional de determinação do tamanho da amostra é que a amostra deve ser selecionada aleatoriamente; todo membro da população de interesse deve ter uma chance conhecida de ser selecionado. Essa é a chave para eliminar o viés sistemático. Outro ponto importante é que, se os respondentes do questionário são basicamente iguais, é necessário um tamanho de amostra pequeno, não importando o tamanho da população. Geralmente, esse é um conceito fundamentalmente difícil de ser aceito por pesquisadores e gerentes. O tamanho da amostra não é uma função do tamanho da população: é uma função da variação da população. A coleta de dados em grande escala é muito cara e muitas vezes não é necessária.

(5) DIRECIONAR A AMOSTRA E COLETAR OS DADOS. A etapa final do processo de amostragem é a fase de implementação, na qual a amostra é escolhida e pesquisada. O procedimento de amostragem adotado terá um impacto direto na validade dos resultados, portanto, para que a pesquisa seja a principal ferramenta de coleta de dados, deve-se considerar cuidadosamente a técnica empregada e o tamanho da amostra escolhido.

ERROS COMUNS DE PESQUISA

Existem muitas armadilhas em potencial na realização de pesquisas; os quatro erros mais comuns são discutidos aqui.

NÃO INCLUIR INFORMAÇÃO QUALITATIVA SUFICIENTE

Como mencionado anteriormente neste capítulo, a EuroDisney na França teve um início negativo, em parte devido à falta de pesquisas qualitativas aprofundadas. Um dos principais problemas foi a falta de entendimento suficiente do cliente em potencial. Os pesquisadores não conseguiram entender os turistas domésticos e aqueles que vinham de outras partes da Europa. Por exemplo, a proibição inicial de álcool no parque teve que ser suspensa devido à demanda do público, pois nenhum francês que se preze poderia contemplar o almoço sem um copo de vinho. Animais de estimação também precisaram ser acomodados, pois os franceses costumavam levar cães e até gatos em suas férias na estrada. Outros erros foram cometidos na forma como os visitantes reservavam suas férias na Disney. No começo, as reservas eram feitas por telefone ou pela internet. Isso alienou os turistas britânicos que costumam fazer reservas de férias através de agências de viagens. A Disney também esperava que os turistas europeus mudassem seus hábitos de viagem em função do parque. Tradicionalmente, os turistas franceses viajam em agosto, durante o período de férias de um mês, quando fábricas e escritórios fecham e os britânicos tiram duas semanas de férias entre o final de julho e a primeira semana de setembro. A Disney previu erroneamente que ambas as nacionalidades tirariam seus filhos da escola por períodos mais curtos fora dos períodos principais de férias.

USO INADEQUADO DE ANÁLISE ESTATÍSTICA SOFISTICADA

É possível que vários erros entrem no processo de pesquisa se a coleta, tabulação e análise não forem feitas corretamente. No mundo atual, a tabulação provavelmente será feita no computador; vários programas excelentes estão disponíveis para esse fim. No entanto, as conclusões estatísticas devem ser interpretadas em termos da melhor ação ou política a ser seguida pela organização. Essa redução da interpretação para as recomendações é uma das tarefas mais difíceis no processo de pesquisa. Os hotéis costumam usar relatórios estatísticos como base para a tomada de decisões. Shaun Durant, gerente geral do Residence Inn by Marriott em Florence, na Carolina do Sul, depende muito dos serviços da Smith Travel Research (STR). "A Smith Travel Research oferece uma ótima ferramenta chamada relatório STAR, utilizado por vários hotéis para analisar as tendências do setor. Com este relatório, podemos comparar facilmente as porcentagens de ocupação e as taxas médias diárias em nosso conjunto competitivo", diz ele.

NÃO TER UMA AMOSTRA REPRESENTATIVA DA POPULAÇÃO

Uma amostra é um segmento da população selecionado para representar a população como um todo. Idealmente, a amostra deve ser representativa, para que o pesquisador possa fazer estimativas precisas dos pensamentos e comportamentos de uma população maior. O Sheraton Suites Calgary Eau Claire, no Canadá, tem como alvo principal os viajantes de negócios, por isso é importante receber feedback desse segmento quando eles se hospedam nos dias de semana. Toda quarta-feira, o hotel realiza um coquetel semanal. Quatro ou cinco gerentes estão à disposição para receber os hóspedes, e é uma oportunidade única para viajantes de negócios encontrarem os gerentes de hotéis e conhecê-los. As reuniões são uma oportunidade para os gerentes criarem relacionamentos, obterem mais conhecimento sobre as preferências dos hóspedes e ouvirem quaisquer considerações, para que possam melhorar o atendimento ao cliente.

PROBLEMAS COM A INTERPRETAÇÃO

A tarefa de interpretar não é uma tarefa fácil – exige uma grande habilidade e destreza por parte do pesquisador. Deve-se sempre lembrar que, mesmo que os dados sejam coletados e analisados adequadamente, uma interpretação incorreta levaria a conclusões imprecisas. Ao medir a qualidade do serviço, por exemplo, existem várias opções abertas aos pesquisadores, incluindo simplesmente pedir percepções de desempenho. No entanto, essa medida oferece pouco potencial diagnóstico e, de fato, pode resultar no estabelecimento de prioridades inadequadas. Do ponto de vista gerencial, parece importante rastrear tendências para saber até que ponto as expectativas são atendidas ao longo do tempo, assim como tendências no desempenho e até os níveis de importância para vários tipos de serviço. O uso de pontuações de diferença (entre expectativa e desempenho ou importância e desempenho) fornece aos gerentes uma melhor compreensão sobre a possibilidade de o aumento das expectativas ou de a diminuição do desempenho ser responsável pela diminuição da qualidade do serviço e da satisfação do cliente. Uma análise das expectativas mínimas também pode ser proveitosa. Da mesma forma, desconsiderar a importância pode significar a perda de insights úteis. Sem considerar a importância do atributo, não é possível ter a indicação da importância relativa que os entrevistados atribuem a aspectos particulares do desempenho do serviço (HUDSON; HUDSON; MILLER, 2004).

RESUMO DO CAPÍTULO

A forma como uma organização reúne, usa e divulga sua pesquisa no contexto de marketing geralmente é chamada de sistema de informação de marketing (SIM). Um componente essencial do SIM é o processo de pesquisa de marketing:

a busca sistemática e objetiva de informações relevantes e a sua análise para a identificação e solução de qualquer problema no campo do marketing. Na pesquisa, estas etapas devem ser seguidas: identificar e definir o problema; investigar fontes disponíveis; desenvolver o plano de pesquisa; coletar dados; analisar dados; e apresentar os resultados da pesquisa. Existem várias abordagens para a coleta de dados, mas duas decisões importantes a ser tomadas são: usar dados primários ou secundários e usar pesquisas qualitativas ou quantitativas. Existem muitas armadilhas em potencial na condução da pesquisa, sendo os quatro erros mais comuns: não incluir informações qualitativas suficientes, uso inadequado da análise estatística, falha em ter uma amostra representativa e problemas de interpretação.

QUESTÕES PARA REFLEXÃO

1. Faça uma pesquisa e encontre um exemplo de organização local de turismo ou hospitalidade que tenha publicado resultados de pesquisa recentemente. Como eles usaram os resultados para a tomada de decisão?

2. Se você fosse dono de um restaurante de primeira classe e quisesse melhorar o nível de serviço oferecido por sua equipe, como a pesquisa observacional poderia ajudá-lo a alcançar seu objetivo?

3. Diferencie pesquisa qualitativa de quantitativa e dê exemplos específicos de como cada uma pode ser usada por um hotel.

MARKETING EM AÇÃO – O CONCEITO DE COZINHA ABERTA SE ESPALHA PELOS HOTÉIS

Enquanto os *chefs* de TV se transformaram em celebridades globais na era dos reality shows, surgiu uma nova tendência de restaurantes com cozinha aberta. Embora o conceito não seja totalmente novo – afinal, os restaurantes de sushi fazem isso há anos –, é o nível de desempenho aprimorado, a culinária sofisticada e a proliferação da tendência que é mais recente. Em todo o mundo, os restaurantes exibem seus *chefs* executivos publicamente, cozinhando parte de uma refeição ou mesmo uma refeição completa diante de clientes que costumam se sentar em balcões, observando cada movimento. Cozinhar tornou-se um reality show, adicionando um toque extra à experiência oferecida pelo restaurante. Essa ascensão do escrutínio culinário andou de mãos dadas com um crescente interesse em ingredientes frescos da fazenda e um

(cont.)

fetichismo alimentar geral, que engloba novos modismos na alimentação orgânica, sem glúten, sem lactose, vegana e vegetariana.

A tendência de cozinha aberta parece ter nascido em grandes cidades como Nova York, onde os *chefs* originalmente cozinhavam à vista dos clientes em grande parte devido a restrições de espaço, mas agora ela se espalhou pelo mundo, incluindo Quênia, África do Sul e Kobe, no Japão. Os investidores estão reformando seus restaurantes para acomodar o modelo numa tentativa de oferecer a seus clientes uma experiência única.

IMAGEM 11.2 *Kitchen Table no bairro do Soho, em Londres. (Cortesia de Kitchen Table)*

Um bom exemplo é o Kitchen Table, de 19 lugares, no bairro do Soho, em Londres, um restaurante que incentiva a interação total com os *chefs* enquanto eles preparam a comida. Premiado com uma estrela Michelin em 2014, o Kitchen Table prepara, cozinha e serve um menu de 10 a 15 pratos, que muda diariamente, com ingredientes britânicos meticulosamente cultivados e forrageados. O chefe de cozinha James Knappett, que já passou algum tempo nas cozinhas dos restaurantes The Ledbury, Noma e Per Se, diz que a ideia do restaurante surgiu do desejo de fazer algo completamente diferente: "Nos meus trabalhos anteriores, eu cozinhava para mais de cem pessoas por dia em restaurantes de outras pessoas e eu ia para casa sem saber se alguém havia gostado da refeição ou como havia sido a experiência deles. Então, eu quis colocar os clientes bem na nossa frente e descobrir o que eles estavam pensando sobre a comida. Também podemos interagir com eles e contar detalhadamente de onde vêm os ingredientes".

Os hotéis com visão de futuro também estão experimentando o conceito de cozinha aberta. Nos arredores de San Diego, Califórnia, a experiência no balcão da cozinha no Seasons Restaurant é anunciada como mágica culinária. "Socializar e jantar na cozinha é a essência da filosofia operacional do Seasons", diz Demi Ortega, vice-presidente regional e gerente geral do Four Seasons. "Queríamos criar um ambiente em que os hóspedes se sentissem em casa e pudessem ficar o tempo que quisessem. Aqui você saberá que o *chef* está fazendo a comida e que nossa equipe cuidará de suas necessidades pessoais e entenderá seu gosto exigente." A equipe de culinária do Seasons Restaurant prepara um menu de cinco pratos diante de um grupo de seis pessoas, explicando sobre as opções de ingredientes sazonais, técnicas culinárias e sabores. Em vez de um mero alimento, a experiência é apresentada como uma emocionante aventura culinária, que pode ser personalizada para diferentes gostos e necessidades alimentares. Vinhos apropriados são servidos com cada prato, acrescentando um elemento educacional de viticultura. "Não há cardápio oficial, a experiência do Kitchen Counter é sazonal e permite que os *chefs* compartilhem sua história pessoal do que os inspira", explica Ortega. "Ele mostra a alma criativa da cozinha e oferece aos hóspedes uma amostra do que acontece, desde a preparação, o empratamento, a história por trás do motivo pelo qual o *chef* selecionou esses ingredientes, combinações de sabores e estilo de preparação."

(cont.)

Com uma decoração elegante e um ambiente relaxante, o Four Seasons Aviara é um complexo de apartamentos e vilas de alto nível com piscinas, spa, academia, salão e loja em uma colina magnífica e paisagística perto de Carlsbad, a cerca de 45 minutos do centro de San Diego. Mas as experiências culinárias exclusivas do Seasons Restaurant – que também incluem *chef* particular, mesa do *chef* e opções de sala de jantar privada – colocaram os famosos *chefs* do Aviara na vanguarda da cena culinária de San Diego. "Esta cozinha é uma reminiscência de refeições em sua própria casa, onde você pode ter conforto e aproveitar a atmosfera descontraída interagindo com membros da família", diz Ortega.

De acordo com um estudo realizado pela Harvard Business School (2014), comidas melhores parecem ser servidas nos restaurantes em que *chefs* e clientes podem se olhar nos olhos. Por duas semanas, os pesquisadores experimentaram quatro cenários diferentes em uma lanchonete convertida em um autêntico laboratório. Os resultados mostraram que, quando os cozinheiros podiam ver os clientes, a qualidade dos alimentos obtinha classificações mais altas. Uma razão para isso, segundo os pesquisadores, é que o contato – pelo menos visual – com os usuários finais de seu trabalho é um forte estímulo para os *chefs*, que percebem a importância de seu trabalho, se sentem mais apreciados, satisfeitos e motivados. Este é certamente o caso do Four Seasons Aviara: "Cozinha e *chef* serão a essência da personalidade deste lugar", diz Ortega. "Tudo, desde a comida na mesa até a comida que ainda será servida, falará sobre a paixão e a conexão do *chef* com a comida. O *chef* sairá e interagirá com os hóspedes, enquanto o gerente poderá ajudá-los a selecionar o vinho certo para comprarem para o jantar."

Os consumidores certamente concordam com o conceito. Reunindo dados de 277 clientes regulares de restaurantes, Alonso e O'Neill (2010) exploraram imagens de cozinhas abertas de restaurantes. No geral, os comentários dos entrevistados demonstram opiniões positivas sobre o conceito de cozinha aberta, incluindo diversão, entretenimento, limpeza, confiança e poder ver os *chefs* e a comida sendo preparada. Embora seja claro que um conceito de cozinha aberta possa não ser apropriado, conveniente ou viável em todos os cenários de hospitalidade, os resultados sugerem que muitos consumidores apreciam elementos do conceito que podem ser experimentados durante o consumo de suas refeições. O que pode ser ainda mais importante é o aspecto tranquilizador de como os alimentos estão sendo preparados, incluindo limpeza, atenção a alergias e intolerâncias alimentares e medidas higiênicas.

A National Restaurant Association (2016) perguntou a dois especialistas do setor como fazer uma cozinha aberta digna de ser aplaudida de pé. "Uma cozinha aberta não é mais apenas um buraco na parede, onde você pode ver alguém trabalhando", diz William Eaton, presidente do conselho da Cini-Little International, a maior consultoria de planejamento de serviços de alimentação do mundo. "As cozinhas feitas para exposição servem como ponto focal", diz Rodolfo Farber, cofundador e sócio da Jaime Partners, com sede em San Diego, uma empresa de construção e gerenciamento de projetos especializada no setor de hospitalidade (NATIONAL RESTAURANT ASSOCIATION, 2016).

(cont.)

Os dois especialistas elaboraram diretrizes para tornar a cozinha aberta uma experiência harmoniosa tanto para as equipes de culinária quanto para os clientes. A acústica é essencial para isso e recomenda-se atenção cuidadosa ao barulho da cozinha e, em particular, ao ruído da lavagem da louça. A ventilação e os cheiros devem ser tratados, de preferência usando um sistema de modulação do ar: "Você também deseja direcionar o ar da sala de jantar suavemente para a cozinha", diz Eaton. A estética é igualmente importante: "Planeje as linhas de visão estrategicamente. Construa um balcão alto o suficiente para proteger a área de trabalho da cozinha e o piso, mas baixo o suficiente para oferecer aos clientes uma visão da ação", diz Eaton. Com essa maior transparência, o planejamento estético do restaurante também deve se estender aos equipamentos de cozinha, embora também se deva dar atenção à funcionalidade, à limpeza e à arrumação. As equipes de culinária literalmente se tornam membros do elenco no conceito de cozinha aberta e precisam de preparação e treinamento especiais para seus papéis principais.

Fonte: Hudson, S. "Open Kitchen Comcept Spreads to Hotels". Hotel Business Review, ago. 2016. http://hotelexecutive.com/business_review/

QUESTÕES DE ESTUDO DE CASO

1. Explique a popularidade do conceito de cozinha aberta.

2. Faça uma crítica do estudo realizado pela Harvard Business School. A metodologia foi sólida?

3. Quais pesquisas adicionais poderiam ser feitas para confirmar as descobertas do estudo de Harvard?

REFERÊNCIAS

AHMED, Z. U.; KROHN, F. B. Marketing dynamics of a hotel tax: the case of Chautauqua County, New York. **Hospitality Review**, v. 8, n. 2, p. 15–26, 1990.

ALONSO, A. D.; O'NEILL, M. A. Exploring consumers' images of open restaurant kitchen design. **Journal of Retail and Leisure Property**, v. 9, p. 247–259, ago. 2010.

BAKER, K. J.; HOZIER JUNIOR, G. C.; ROGERS, R. D. Marketing research theory and methodology and the tourism industry: a nontechnical discussion. **Journal of Travel Research**, v. 32, n. 3, p. 3–7, jan. 1994.

BELL, V. The marketing industry has started using neuroscience, but the results are more glitter than gold. **The Guardian**, 28 jun. 2015. Disponível em: https://www.theguardian.com/science/2015/jun/28/vaughan-bell-neuroscience-marketing-advertising. Acesso em: 23 mar. 2020.

BRANDWATCH. Brandwatch Report travel and hospitality – social listening and the tourism industry: a snapshot. Brighton: Brandwatch, 2014.

BRUNI, F. Yes, the kitchen's open. too open. **New York Times**, 2005. Disponível em: www.nytimes.com/2005/07/27/dining/yes-the-kitchens-open-too-open.html?_r=0. Acesso em: 23 mar. 2020.

CAREY, R.; KANG, D.; ZEA, M. The trouble with travel distribution. **McKinsey Quarterly**, fev. 2012.

CRABTREE, B. F.; MILLER, W. L. (org.) **Doing qualitative research**. 2. ed. Londres: Sage, 1999.

CROMPTON, J. L.; MCKAY, S. L. Motives of visitors attending festival events. **Annals of Tourism Research**, v. 24, n. 2, p. 425–439, abr. 1997.

DWOSKIN, E.; RUSLI, E. M. The technology that unmasks your hidden emotions. **Wall Street Journal**, 29 jan. 2015, p. B1.

ESSEX, S.; CHALKLEY, B. Mega-sporting events in urban and regional policy: a history of the Winter Olympics. **Planning Perspectives**, v. 19, n. 2, p. 201–204, abr. 2004.

FAULKNER, B. *et al.* Monitoring the tourism impacts of the Sydney 2000 Olympics. **Event Management**, v. 6, p. 1–16, jan. 2000.

FAULKNER, B.; TIDESWELL, C. Leveraging tourism benefits from the Sydney 2000 Olympics. **Pacific Tourism Review**, v. 3, p. 227–238, jan. 1999.

FINE DINING TV. **Inside Kitchen Table** – the up close and personal dining experience. 1 set. 2014. Disponível em: https://www.youtube.com/watch?v=GYktGY1GEuw. Acesso em: 23 mar. 2020.

GERHOLD, P. Defining marketing (or is it market?) research. **Marketing Research**, v. 5, p. 6–7, 1993.

GETZ, D. Special events: defining the product. **Tourism Management**, v. 10, n. 2, p. 125–137, 1989.

GETZ, D.; PAGE, S. J. Progress and prospects for event tourism research. **Tourism Management**, v. 52, p. 593–631, maio 2015.

GOELDNER, C. R.; RITCHIE, J. R. B. **Tourism**: principles, practices, philosophies. 11. ed. New York: Wiley, 2009.

GOLDBLATT, J.; NELSON, K. S. The international dictionary of event management. 2. ed. New York: John Wiley, 2001.

GOOROOCHURN, N.; SINCLAIR, M. T. Economics of tourism taxation: evidence from Mauritius. **Annals of Tourism Research**, v. 32, n. 2, p. 478–498, abr. 2005.

GORDON, J.; PERREY, J. The dawn of marketing's new golden age. **McKinsey Quarterly**, fev. 2015.

GREEN, P.; TULL, D.; ALBAUM, A. **Research for marketing decisions**. 5. ed. Englewood Cliffs, NJ: Prentice-Hall, 1988.

GURSOY, D.; KIM, K.; UYSAL, M. Perceived impacts of festivals and special events by organizers: an extension and validation. **Tourism Management**, v. 25, n. 2, p. 171–181, abr. 2004.

HALL, C. M. Hallmark tourist events. Londres: Belhaven, 1992.

HARVARD BUSINESS REVIEW. Cooks make tastier food when they can see their customers. **Harvard Business Review**, nov. 2014. Disponível em: https://hbr.org/2014/11/cooks-make-tastier-food-when-they-can-see-their-customers/ar/1. Acesso em: 23 mar. 2020.

HUDSON, S. *et al.* Building a place brand from the bottom up: a case study from the US. **Journal of Vacation Marketing**, maio 2016. Disponível em: https://journals.sagepub.com/doi/10.1177/1356766716649228. Acesso em: 23 mar. 2020.

HUDSON, S.; HUDSON, L. J. **Customer service for hospitality and tourism**. Oxford: Goodfellow Publishers Ltd, 2013.

HUDSON, S.; HUDSON, P.; MILLER, G. A. The measurement of service quality in the UK tour operating sector: a methodological comparison. **Journal of Travel Research**, v. 42, n. 3, p. 305–312, fev. 2004.

HUDSON, S. *et al.* Distribution channels in the travel industry: using mystery shoppers to understand the influence of travel agency recommendations. **Journal of Travel Research**, v. 40, n. 2, p. 148–154, nov. 2001.

KELBAUGH, D. Common place: toward neighborhood and regional design. Seattle: University of Washington Press, 1997.

KING, N. Template analysis. *In*: SYMON, G.; CASSELL, C. (org.). **Qualitative methods and analysis in organizational research**. Londres: Sage, 1998. p. 118–134.

KINNEAR, T. *et al.* **Australian marketing research**. Sydney: McGraw-Hill, 1993.

KOZAK, M.; RIMMINGTON, M. Measuring tourist destination competitiveness: conceptual considerations and empirical findings. **Hospitality Management**, v. 18, p. 273–283, set. 1999.

LIBURD, J. J.; DERKZEN, P. Emic perspectives on quality of life: the case of the Danish Wadden Sea festival. **Tourism and Hospitality Research**, v. 9, n. 2, p. 132–146, abr. 2009.

LITVIN, S. W. *et al.* Expenditures of accommodations tax revenue: A South Carolina study', *Journal of Travel Research*, v. 45, n. 2, p. 150–157, nov. 2006.

LITVIN, S. W.; SMITH, W. W.; BLACKWELL, C. Destination marketing, accommodation taxes, and mandated promotional expenditures: may be time to reconsider. **Current Issues in Tourism**, v. 15, n. 4, p. 385–390, maio 2012.

MARA, A. Using charettes to perform civic engagement in technical communication classrooms and workplaces. **Technical Communication Quarterly**, v. 15, n. 2, p. 215–236, abr. 2006.

MCDANIEL JUNIOR, C. D.; GATES, R. **Contemporary marketing research**. 2. ed. Minneapolis–St. Paul: West, 1993.

MIN, H.; MIN, H. Benchmarking the service quality of fast-food restaurant franchises in the USA: a longitudinal study. **Benchmarking: An International Journal**, v. 18, n. 2, p. 282–300, abr. 2011.

NATIONAL RESTAURANT ASSOCIATION. Open kitchens take center stage. 2016. Disponível em: www.restaurant.org/Manage-My-Restaurant/Operations/Back-of-House/Open-kitchens-take-center-stage. Acesso em: 10 dez. 2016.

O'SHEA-EVANS, K. Confessions of a hotel mystery shopper. **Travel + Leisure**, 23 jul. 2012. Disponível em: http://edition.cnn.com/2012/07/23/travel/confessions-hotel-mystery-shopper/index.html. Acesso em: 24 mar. 2020.

RICHARDS, G.; WILSON, J. The impact of cultural events on city image: Rotterdam, cultural capital of Europe 2001. **Urban Studies**, v. 41, n. 10, p. 1931–1951, set. 2004.

TUTTLE, B. Nothing to hide: why restaurants embrace the open kitchen. *Time*, 20 ago. 2012. Disponível em: http://business.time.com/2012/08/20/nothing-to-hide-why-restaurants-embrace-the-open-kitchen. Acesso em: 24 mar. 2020.

ÉTICA NO MARKETING TURÍSTICO

12

INTRODUÇÃO

O capítulo 12 começa com uma discussão sobre os princípios do marketing ético e o crescimento da pesquisa em ética em turismo e hospitalidade. A segunda seção analisa o consumo ético e como os viajantes exigem cada vez mais abertura das empresas – mais informações, responsabilidade e prestação de contas (accountability). As duas seções seguintes deste capítulo abordam tópicos relacionados ao turismo sustentável e ao marketing responsável do turismo, e a seção final discute o marketing relacionado a causas no setor de turismo e hospitalidade. Os estudos de caso analisam o turismo acessível na Escandinávia, o golfe sustentável em Portugal e o turismo de guerra no Vietnã.

LIÇÕES DE UM GURU DO MARKETING – MAGNUS BERGLUND: ESPECIALISTA EM VIAGENS ACESSÍVEIS

Milhões de pessoas com deficiência em todo o mundo têm os meios para viajar e desejam fazê-lo, mas muitas optam por ficar em casa em razão da falta de instalações acessíveis. O tamanho potencial do mercado de turismo acessível é estimado em 900 milhões de pessoas em todo o mundo, sugerindo que aproximadamente 10% da população está procurando viagens livres de obstáculos ou acessíveis. Com o envelhecimento da população, esse percentual continuará a crescer e há um reconhecimento cada vez maior de que esse não é mais um nicho de mercado. De acordo com um estudo realizado pela Open Doors, uma empresa de treinamento bastante reconhecida nos Estados Unidos, pessoas com deficiência fazem 31,7 milhões de viagens por ano e gastam 13,6 bilhões de dólares. Além disso, essas pessoas tendem a não viajar sozinhas e, com frequência, são acompanhadas por cuidadores, familiares ou amigos. Se suas despesas também forem levadas em consideração, isso aumenta consideravelmente a influência do turismo acessível no mercado geral do turismo.

▶ IMAGEM 12.1 *Magnus Berglund, diretor de acessibilidade da Scandic. (Cortesia da Scandic)*

Para alimentar um mercado de turismo acessível, é necessário que ocorra uma mudança cultural, em conjunto com os avanços das instalações e serviços no setor de viagens e hospitalidade. Alguns destinos reconheceram essa necessidade de mudança e introduziram iniciativas para se posicionarem como acessíveis ao turismo. Alguns exemplos: o programa Turismo Acessível para Todos, no Reino Unido; o projeto Liberdade sem Barreiras, em San Marino; Hospitalidade para Todos, na Alemanha; programas Imserso, na Espanha; a iniciativa San Diego Acessível; programa Turismo para Todos, do Peru; projeto Tailândia sem Barreiras; e o Programa de Certificação de Destinos Turísticos Acessíveis, da Bélgica.

Talvez o grupo hoteleiro mais proativo em termos de fornecimento de acessibilidade seja a Scandic, a principal cadeia de hotéis da região nórdica, com 230 hotéis em toda a Europa. As políticas dedicadas à acessibilidade foram iniciadas por Magnus Berglund, que originalmente era cozinheiro da Scandic. Por causa de uma doença muscular, Berglund ficou de licença médica por cinco anos. Quando conseguiu voltar a trabalhar, ele contatou seu ex-empregador para apresentar suas ideias sobre como a cadeia de hotéis poderia aumentar a acessibilidade e usá-la para obter vantagem competitiva. Em 2003, Berglund, que anda com a ajuda de uma bengala especial e viaja com um cão de reabilitação, foi nomeado diretor de acessibilidade da Scandic, reportando-se diretamente ao comitê executivo do grupo. "Os hóspedes com necessidades especiais são um mercado crescente devido ao envelhecimento da população", diz Berglund. "Isso continuará, pois as deficiências não são mais vistas como um obstáculo que impede as pessoas de viajar. Na Scandic, trabalhamos duro para tornar todos os nossos hotéis mais acessíveis. Nem sempre se trata de investir no prédio – muitas vezes são as menores

(cont.)

coisas que fazem a diferença." A Scandic possui um padrão de acessibilidade elaborado em 2003 como uma plataforma para todas as necessidades especiais da Scandic. Esse padrão funciona como uma lista de verificação e modelo para os hotéis e, em particular, quando a Scandic abre um novo hotel ou renova um hotel existente. O padrão aumentou ao longo dos anos e hoje contém 135 pontos de verificação a ser seguidos. Noventa desses pontos são obrigatórios para todos os hotéis e, para novos hotéis, todos os pontos devem ser considerados. Os padrões de acessibilidade da Scandic podem ser encontrados em https://www.scandichotels.com/explore-scandic/special-needs. "Temos muito foco no design e tentamos construir nossso quartos acessíveis para que eles sejam tão bons quanto qualquer outro quarto", diz Berglund.

Os recursos especiais dos hotéis incluem despertadores que vibram ou acendem uma luz azul para pessoas com deficiência auditiva, ficha técnica do hotel em braille, quartos acessíveis, equipamentos de elevação e outros controles em duas alturas e uma atitude positiva em relação à acomodação de deficiências. Uma mesa de recepção rebaixada para usuários de cadeira de rodas, um computador para hóspedes a uma altura confortável para cadeira de rodas e cadeira comum no saguão e um circuito auditivo em locais para conferências e recepção são outros exemplos de alto nivel de acessibilidade. "Nossos hóspedes podem ver que tipo de serviço oferecemos em relação a necessidades especiais em todas as páginas do hotel", diz Berglund.

Principalmente em relação à prestação de serviço ao cliente, essa atenção aos detalhes também faz sentido para os negócios. "Como existe um mercado crescente para viajantes com necessidades especiais, vemos que o trabalho que fazemos nos dá uma vantagem competitiva", explica Berglund. "Provavelmente somos a primeira cadeia de hotéis do mundo que está realizando tantas atividades no que diz respeito à acessibilidade. Quando começamos esse trabalho em 2003, não tinhamos contratos com organizações de pessoas com deficiência. Hoje temos contratos com mais de cem organizações diferentes de pessoas com deficiência e achamos que isso diz muito sobre o tipo de efeito que nosso trabalho tem. Também há cada vez mais conferências cujos organizadores perguntam sobre acessibilidade antes de fazerem a reserva." O mercado está crescendo nos setores de conferências e de lazer, diz ele, principalmente devido ao envelhecimento da população, que espera viajar cada vez mais.

O treinamento, é claro, é fundamental e Berglund instrui todos os hotéis sobre como acomodar as deficiências. Como parte desse treinamento, ele pede aos executivos do hotel que percorram seus hotéis em cadeiras de rodas, para familiarizá-los com os desafios enfrentados por pessoas com deficiência. A Scandic também possui um excelente curso interativo de e-learning sobre acessibilidade, disponível para funcionários e qualquer pessoa fora da cadeia. Os participantes podem navegar em três ambientes panorâmicos 3D diferentes – uma recepção e um saguão, um quarto de hotel e um restaurante.

A pesquisa contínua em relação às necessidades dos clientes também é importante para a Scandic: "Recebemos feedback de nossos clientes por e-mail e temos uma grande cooperação com diferentes organizações, como organizações de pessoas com deficiência", diz Berglund.

(cont.)

"Desenvolvemos continuamente nosso trabalho e realizamos workshops a cada dois anos com nosso departamento técnico e ouvimos nossos hóspedes." Esse nível de interação com o cliente e atendimento prestado a ele é refletido no departamento de marketing da Scandic, que inclui acessibilidade de várias formas: "Patrocinamos diferentes organizações dentro dos limites da acessibilidade. Por exemplo, somos parceiros das equipes paralímpicas da Suécia, Noruega, Dinamarca e Finlândia. Temos informações em diferentes canais, no nosso site e também no fôlder de vendas e muito mais. Trabalhamos lado a lado com o departamento de marketing".

Pesquisas sugerem que, uma vez que os viajantes com deficiência encontram acomodações adequadas às suas necessidades, podem se tornar clientes fiéis que retornam todos os anos. Considerando que aproximadamente 20% dos norte-americanos e europeus vivem com algum tipo de deficiência, é um mercado que não pode ser ignorado pelo setor hoteleiro.

Fontes: Darcy (2010); Grady e Ohlin (2009).

ÉTICA EM MARKETING

Como o estudo de caso de abertura pressupõe, com uma maior conscientização e uma atenção concentrada em questões como acessibilidade, o setor de turismo e hospitalidade está precisando se adaptar. Magnus Berglund argumentaria que acomodar pessoas com deficiência é apenas a coisa certa a fazer e, em essência, a ética do marketing refere-se ao que é moralmente certo e errado, bom e ruim no marketing e, particularmente, aos desafios morais dos profissionais de marketing à medida que eles se envolvem na prática de marketing (SMITH; MURPHY, 2012). Nas últimas décadas, a ética do marketing deixou de ser considerada um oxímoro em alguns setores para atingir uma posição de relativa legitimidade acadêmica. Cada vez mais bolsas de estudos são dedicadas ao tema, motivadas por periódicos especializados como o *Journal of Business Ethics*. O marketing ético é menos uma estratégia de marketing e mais uma filosofia que informa todos os esforços de marketing. Não é uma lista rígida e rápida de regras, mas um conjunto geral de diretrizes para auxiliar as empresas na avaliação de novas estratégias de marketing. O Quadro 12.1 lista alguns dos princípios comuns do marketing ético, mas geralmente surgem questões éticas em relação à imparcialidade nos preços, verdade na publicidade e outras comunicações de marketing e segurança do produto. Mais recentemente, a atenção da mídia se concentrou em questões éticas em relação às práticas de marketing on-line (por exemplo, privacidade em marketing nas redes sociais) e marketing e sustentabilidade (por exemplo, em que o marketing parece promover o aumento do consumo e uma sociedade descartável).

A atenção também se voltou para o setor de turismo e hospitalidade em relação às práticas éticas. Aliás, além dos indicadores econômicos frequentemente citados que mostram o domínio da indústria do turismo, houve um aumento proporcional e quase igualmente bem divulgado e o reconhecimento dos impactos potencialmente negativos que o crescimento dessa indústria pode ter (ARCHER; COOPER; RUHANEN, 2005). Os pesquisadores têm sido críticos em relação aos impactos sociais e ambientais perniciosos que a indústria traz consigo ao reforçar o domínio ocidental sobre os países em desenvolvimento por meio da relação entre anfitrião e hóspede (SMITH; BRENT, 2001), com cicatrizes visuais na paisagem causadas por resorts de esqui ou campos de golfe (HUDSON, 2000). Isso tem levado a apelos para que a indústria tenha mais responsabilidade e profissionalismo (SHELDON, 1989), a fim de proteger a galinha dos ovos de ouro (MANNING; DOUGHERTY, 1995), e também reflete os argumentos para uma maior responsabilidade corporativa e social em outras indústrias.

QUADRO 12.1 *Princípios de marketing ético. (Baseado em Marketing-schools.com, 2016 e Institute for Advertising Ethics)*

1. Todas as comunicações de marketing compartilham o padrão comum da verdade
2. Profissionais de marketing respeitam o mais alto padrão de ética pessoal
3. A publicidade se distingue claramente do conteúdo de notícias e entretenimento
4. Os profissionais de marketing devem ser transparentes sobre as pessoas para quem eles pagam para endossar seus produtos
5. Os consumidores devem ser tratados de forma justa, com base na natureza do produto e na natureza do consumidor (por exemplo, é necessário ter cuidado extra ao promover o marketing para crianças)
6. A privacidade do consumidor nunca deve ser comprometida
7. Os profissionais de marketing devem seguir as leis federais, estaduais e locais de publicidade e cooperar com os programas de autorregulação do setor para a resolução de práticas de marketing
8. A ética deve ser discutida de maneira aberta e honesta durante todas as tomadas de decisão de marketing

Portanto, nas últimas décadas, o turismo responsável emergiu como uma tendência significativa no mundo ocidental, à medida que tendências mais amplas do mercado de consumo em direção ao marketing de estilo de vida e consumo ético se espalharam para o turismo (GOODWIN; FRANCIS, 2003). Como o caso de abertura destaca, as organizações de turismo estão começando a perceber que promover sua postura ética pode ser um bom negócio, pois potencialmente aumenta os lucros, a eficácia da administração, a imagem pública e as relações com os funcionários de uma empresa (FLECKENSTEIN; HUEBSCH, 1999; HUDSON; MILLER, 2005b).

Como consequência dessas mudanças, a pesquisa sobre ética em turismo e hospitalidade está crescendo em áreas como ética em publicidade em turismo (CAMPELO; AITKEN; GNOTH, 2010); marketing ético de produtos turísticos (BABAITIA; MUNTEANU; ISPAS, 2010); acessibilidade no turismo (veja o estudo de caso no início do capítulo); práticas de venda antiéticas (STOLLER, 2011); a ética da última chance de viajar (DAWSON *et al.*, 2011); ética ambiental no turismo (JOVIČIĆ; SINOSICH, 2012); e a ética de visitar países devastados pela guerra (HUDSON, 2007). Para os gerentes do setor, outras questões éticas importantes surgem em quatro áreas principais: a cadeia de suprimentos, a comunidade local (no destino turístico), o local de trabalho e os consumidores (LEADLAY, 2011). Pode haver preocupações com o trabalho forçado na cadeia de suprimentos ou a exploração de trabalhadores migrantes no local de trabalho, por exemplo; ou as pessoas locais podem perceber que têm pouca ou nenhuma participação nos benefícios econômicos do turismo, enquanto carregam um fardo desproporcional advindo da degradação ambiental.

O estudo de caso do capítulo 8 sobre o Brasil abordou as consequências negativas da produção de anúncios controversos, mas a publicidade provocativa pode ter impactos positivos e negativos. Hudson (2008) fornece um bom exemplo disso em seu estudo de caso sobre a marca Club 18-30, de Thomas Cook, que atuou até 2018 e vendia férias no exterior para jovens. O Club 18-30 foi lançado pela primeira vez na década de 1960, direcionado a jovens abastados, mas, em meados da década de 1980, tornou-se cada vez mais associado à licenciosidade de ponta – sexo, sexo e mais sexo – e a publicidade negativa era tão boa quanto qualquer outra, até o momento em que seus anúncios ultrajantes e o mau comportamento, amplamente divulgado, tanto de seus clientes quanto de alguns de seus funcionários no exterior, geraram inúmeros debates e críticas na mídia. Em meados da década de 1990, o Club 18-30 prosperou graças às campanhas publicitárias de destaque, com slogans de duplo sentido.

No entanto, em 2003, a empresa de turismo de alto padrão regada a sexo na praia havia sido prejudicada por sua própria imagem ousada. O que antes era entendido como piada se tornara uma mancha e algo politicamente incorreto. A equipe administrativa do Club 18-30 decidiu revigorar a marca e reinventá-la por meio de publicidade, revisão de suas principais ofertas e promoções no exterior. As mulheres, em particular, foram apontadas como um elemento-chave para mudar a marca da empresa, em um esforço para atrair um tipo diferente de cliente. O logotipo chamativo e de alta visibilidade foi substituído por um design monocromático, suave e elegante, os banners foram removidos dos destinos e o livreto da empresa foi atualizado para parecer uma revista de estilo de vida, em vez dos livretos tradicionais que sempre mostravam jovens na praia com pouca roupa e em clubes noturnos. As baladas em bares e festas na praia com jogos lascivos envolvendo bebida foram suspensas e as baladas noturnas foram incrementadas com viagens de compras, mergulho, golfe, spas, visitas culturais e, em especial, ênfase em eventos musicais e no sofisticado ambiente dos clubes.

Campelo, Aitken e Gnoth (2010) também analisaram a ética da publicidade, concentrando-se em representar pessoas e lugares por meio da retórica visual das campanhas publicitárias. A ideia de representação ética lida com a proximidade com que determinadas campanhas publicitárias representam uma realidade comum. Com base na análise de anúncios na campanha "100% pure New Zealand" (100% Pura Nova Zelândia), eles oferecem alguns princípios éticos para condicionar a retórica visual do marketing de destinos e marcas dos locais. Esses princípios são: (1) representar o *ethos* do local com base na realidade percebida do capital social de um local; (2) estruturar representações que identificam e celebram tradições, estilo de vida e manifestações culturais das relações entre pessoas e lugares; (3) evitar deturpações deliberadas; (4) criar um equilíbrio na representação das culturas, abrangendo um mosaico de heranças e etnias; e (5) reconhecer que o *ethos* de um lugar é representado não apenas por seu conteúdo, mas também por sua forma. Os autores concluem que o marketing e a marca dos destinos devem identificar e aprimorar o *ethos* do local com representações autênticas e equitativas. Isso significa que a população local deve participar da discussão de campanhas de marca de destino para autenticar e esclarecer a representação do *ethos* de um local como uma representação justa e ética.

Por fim, existem algumas preocupações éticas sobre o uso da colocação de produtos como ferramenta de marketing, sendo que a principal preocupação está centrada na questão do engano. Os posicionamentos dos produtos não são rotulados como anúncios e, portanto, podem ser vistos como mensagens ocultas, mas pagas (BALASUBRAMANIAN, 1994). Pesquisas confirmaram que os consumidores estão preocupados com o efeito subliminar da colocação do produto (TIWSAKUL; HACKLEY; SZMIGIN, 2005). A ideia de publicidade que afeta as pessoas abaixo do seu nível de consciência, para que elas não possam exercer controle consciente sobre sua aceitação ou rejeição da mensagem, cria problemas éticos para profissionais de marketing e consumidores.

Para os gerentes do setor de turismo e hospitalidade, as abordagens para tomada de decisão ética tendem a variar, e o Quadro 12.2 resume essas abordagens. A Organização Mundial do Turismo das Nações Unidas (OMT) desenvolveu um

Código de Ética Mundial para o Turismo, um conjunto abrangente de princípios criados para orientar os principais participantes do desenvolvimento do turismo (veja https://www.unwto.org/global-code-of-ethics-for-tourism). Os dez princípios do código abrangem de forma ampla os componentes econômicos, sociais, culturais e ambientais de viagens e turismo. O Comitê Mundial de Ética em Turismo é o órgão imparcial responsável por interpretar, aplicar e avaliar as disposições desse código. As tarefas atribuídas ao Comitê incluem a promoção e disseminação do código, bem como a avaliação e o monitoramento da implementação dos princípios nele consagrados.

QUADRO 12.2 *Abordagens para tomada de decisão ética*

Modelo de análise ética de Jaszay (2002)	A rápida verificação de ética de Blanchard e Peale (1988)	Teste de ética em cinco etapas de Hall (1992)
O que estamos tentando realizar?	Isso é legal? Estarei violando a lei civil ou a política da empresa?	A decisão é legal?
O que estamos tentando realizar é ético?	É equilibrado? É justo para todos os envolvidos, tanto em curto como em longo prazo? Promove relacionamentos em que todas as partes ganham?	A decisão é justa?
A que devemos ser leais?	Como isso vai me fazer sentir sobre mim? Isso vai me deixar orgulhoso? Eu me sentiria bem se minha decisão fosse publicada no jornal?	A decisão fere alguém?
Quem são as partes interessadas que serão afetadas por nossa decisão?	Eu me sentiria bem se minha família soubesse disso?	Fui honesto com as pessoas afetadas?
Quais são as nossas opções de decisão? (Existe uma alternativa melhor?)		Posso viver com a minha decisão?
Existem princípios éticos que possam ser violados por alguma das opções?		
Quais são as consequências (positivas e negativas) para todas as partes interessadas em cada opção?		

Alguns pesquisadores do turismo estudaram a tomada de decisões éticas no turismo. Hudson e Miller (2005a), por exemplo, desenvolveram seis cenários éticos (sociais, ambientais e econômicos) pertinentes aos desafios enfrentados pelos profissionais da indústria atualmente. Eles então aplicaram a Multidimensional Ethics Scale (MES, Escala Ética Multidimensional) (REIDENBACH; ROBIN, 1988) a estudantes de turismo para ver como eles reagiam a esses cenários. A MES apreende até que ponto os entrevistados acham que uma ação específica é antiética, de acordo com as teorias éticas da justiça (distribuição equitativa de recompensa e punição), do relativismo (não existem padrões universais de valor moral, apenas as normas culturais) e da deontologia e do utilitarismo. Os entrevistados como um todo ficaram menos satisfeitos com as decisões tomadas em relação aos cenários ambientais. Isso sustenta a alegação de que os alunos estão mais expostos a cenários éticos relacionados ao meio ambiente (HUGHES, 2005). É necessário, portanto, que o currículo do turismo integre mais dilemas éticos sociais e econômicos. Semelhante a muitos estudos anteriores, os resultados indicaram que estudantes do sexo feminino são mais sensíveis a questões éticas do que estudantes do sexo masculino, considerando sua intenção ética – particularmente em questões ambientais.

CONSUMERISMO ÉTICO

Como mencionado no capítulo 2, tendências de mercado de consumo mais amplas em relação ao marketing de estilo de vida e consumo ético chegaram ao turismo. Os viajantes estão exigindo cada vez mais abertura das empresas – mais informações, responsabilidade e prestação de contas (accountability). Os viajantes internacionais a lazer também estão cada vez mais motivados a escolher um destino pela qualidade de sua saúde ambiental e pela diversidade e integridade de seus recursos naturais e culturais. A seção "Digital em foco" deste capítulo mostra como o popular destino de golfe de Portugal implementou medidas ambientalmente amigáveis destinadas a reduzir o impacto da construção e operação do campo de golfe.

Criativos fornecedores de hospitalidade também estão respondendo a essa tendência e se beneficiando dela. Um proprietário de hotel em Aruba, por exemplo, ganhou inúmeros prêmios por práticas ecológicas e mantém uma invejável taxa de ocupação de 90%. Ewald Biemans, proprietário do Bucuti & Tara Beach Resort, é bastante conhecido na ilha por ser pioneiro em preservação ambiental, e sua propriedade em Eagle Beach é o primeiro resort das Américas a ter a certificação ISO 14001 – uma classificação que requer um excelente gerenciamento ambiental. Biemans sustenta que operar de forma ecológica não significa necessariamente sacrificar o luxo. "Você precisa ser criativo", diz ele. "Você deve encontrar maneiras de aumentar o senso de tratamento VIP de um hóspede e, ao mesmo tempo, expandir sua consciência sobre sua responsabilidade ambiental. E descobri que, quanto mais hóspedes percebem que estão contribuindo para o bem-estar do planeta e são convidados a se envolverem nos esforços da comunidade, mais desfrutam de suas férias. É um ganha-ganha" (MEDIA, 2013). Até na academia do hotel foram instaladas lâmpadas econômicas e sensor de movimento, copos plásticos foram substituídos por copos de papel, as toalhas são antigas toalhas de praia transformadas, existem lixeiras para separadas para alumínio, vidro e papel, e a política ambiental do hotel é divulgada.

Uma sociedade mais consciente sobre o meio ambiente frequentemente é atribuída à influência da geração mais jovem. Os especialistas em pesquisa sobre o consumidor da Nielsen descobriram que as pessoas na casa dos 20 e 30 anos estão mais dispostas a pagar mais por produtos ecológicos do que qualquer outra faixa etária (quase três quartos disseram que pagariam, contra apenas metade dos *baby boomers*) (JULLIEN, 2016). Eles também têm um espírito cívico, compassivo e progressivo, se preocupam com questões como desemprego e desigualdade (63% fazem doações para instituições de caridade e 43% são voluntários ou membros de uma organização comunitária). O voluntariado, o volunturismo ou a filantropia de viajantes também estão ganhando força, e são praticados por viajantes de espírito cívico ou empresas de viagens que oferecem tempo, talento e recursos financeiros para promover o bem-estar dos lugares que visitam. Espera-se que o fenômeno cresça exponencialmente, beneficiando-se das tendências de doação, viagem e globalização. A tendência se espalhou pelo mundo

IMAGEM 12.2 *Academia no Bucuti & Tara Beach Resort. (©Bucuti & Tara Beach Resort. Reproduzido com permissão)*

corporativo, uma oportunidade percebida pela Hands-Up Incentives, uma empresa especializada em viagens de incentivo focadas na sustentabilidade em mais de trinta destinos diferentes. "Existem muitas oportunidades para as empresas retribuírem e melhorarem sua reputação de responsabilidade social corporativa", disse o fundador Christopher Hill, que observa que essas viagens de retribuição aumentaram 300% nos últimos cinco anos. Os grupos podem se voluntariar para experiências de viagens sociais sustentáveis, incorporando vida selvagem e comunidades. A empresa possui vários estudos de caso em seu site (www.handsupincentives.com/case-studies/).

No entanto, não é apenas a geração mais jovem que está influenciando um consumo mais ético. O capítulo 2 apresentou o segmento Lohas, um acrônimo, em inglês, para estilos de vida saudáveis e sustentáveis, responsável por aproximadamente 290 bilhões de dólares em bens e serviços focados em saúde, meio ambiente, justiça social, desenvolvimento pessoal e vida sustentável (THIYAGARAJ, 2015). Pesquisas mostram que um em cada quatro americanos adultos faz parte desse grupo – quase 41 milhões de pessoas. Os turistas do segmento Lohas tendem a buscar destinos e resorts sustentáveis e eco (ou seja, em harmonia com o meio ambiente, sua vida selvagem e comunidades humanas). Uma consequência dessa tendência é o desenvolvimento de eco-spas. Os eco-spas geralmente estão localizados em paisagens naturais atraentes, projetadas e construídas em harmonia com o ambiente, usando materiais locais e sustentáveis. Alguns eco-spas são temporários e são desmontados no final da temporada turística, sem deixar vestígios. Redes como a Ecospas (www.ecospas.com) fornecem diretrizes e apoio para spas que desejam se tornar mais ecologicamente amigáveis ou ecológicos. Exemplos de iniciativas ecológicas podem incluir: limitação e reciclagem da água; uso de produtos locais e sazonais para a culinária; respeito às comunidades e tradições indígenas e tribais; uso de cosméticos não testados em animais; e proteção da vida selvagem. Um dos desafios dessa nova tendência é o abuso do rótulo eco, com muitos spas alegando serem eco-spas, mas sem seguir diretrizes adequadas. Tecnicamente, os eco-spas podem estar localizados em qualquer lugar se forem ecologicamente corretos, mas é mais comum encontrá-los em belas paisagens, como nas florestas tropicais da América Central, no interior da Austrália ou nas florestas africanas.

O consumo ético no turismo e na hospitalidade se espalhou para o negócio de restaurantes, com clientes buscando alimentos que aderem ao bem-estar animal, padrões orgânicos e outros. Redes de restaurantes como a Chipotle estão atendendo a esses gostos em constante mudança do consumidor. A empresa, cujo slogan é "Comida com integridade", promove de forma criativa suas preocupações com a agricultura sustentável e com o tratamento humano dado a animais usados como carne. Ela espera que a pregação do evangelho da agricultura sustentável se traduza em consumidores comprando fast-food da Chipotle (COHEN, 2014). Desde o seu início em Denver, em 1993, a Chipotle se denominou um tipo diferente de restaurante fast-food, que se preocupa com a cadeia de suprimentos. Hoje, a empresa possui cerca de 2 mil restaurantes e um valor de mercado de ações superior a 12 bilhões de dólares. A Chipotle também criou o Cultivate Festival, uma série de festivais itinerantes que "incentiva os participantes a pensar e falar sobre comida e questões alimentares", de acordo com a empresa. Os participantes assistem a apresentações musicais dos principais artistas nacionais, combinadas com oportunidades educacionais sobre como os alimentos podem ser criados com responsabilidade e preparados com segurança. Durante os eventos, os clientes podem conferir várias apresentações para aprendizado que abrangem tópicos como organismos geneticamente modificados (OGM), alimentos frescos *versus* processados e alimentos industrializados.

Na realidade, os participantes do evento em geral querem que os organizadores adotem uma postura mais ética, embora Laing e Frost (2010) sugiram que mais pesquisas sejam necessárias para explorar aspectos do comportamento dos participantes, incluindo suas motivações, a influência de seu interesse em questões ecológicas em seus processos de tomada de decisão com respeito à participação em eventos e suas expectativas quanto ao conteúdo verde dos eventos, além dos níveis de satisfação com as ofertas atuais. Eles observam que a falta de pesquisa acadêmica focada em eventos ecológicos é justaposta a um crescente interesse dos organizadores de eventos em destacar suas credenciais ecológicas e um mercado cada vez mais sofisticado e com mais conhecimento sobre práticas de sustentabilidade do que nunca. Eles também se referem à tendência crescente de promover uma mensagem ética por meio de eventos (como no evento patrocinado pela Chipotle mencionado anteriormente), por meio de patrocínios, displays ou estandes temáticos, apresentações e venda de alimentos e bebidas que se encaixam com o tema sustentável.

Como mencionado no capítulo 2, a autenticidade é cada vez mais importante para os viajantes, que desejam mais interação com pessoas locais e mais vínculos emocionais e culturais com as comunidades que visitam. Segundo Gilmore e Pine (2007), o gerenciamento da percepção de autenticidade do consumidor é uma fonte de vantagem competitiva. No entanto, foi sugerido que a prática da autenticidade encenada (MACCANNELL, 1973) – criando a impressão de que uma experiência é autêntica, embora não seja – é antiética e pode ser um impedimento para os turistas (RUITZ, 2008). Um bom exemplo vem do sudoeste do Marrocos, que os autores deste livro estavam visitando em 2016. Nessa área, é bastante comum encontrar dezenas de cabras passeando preguiçosamente nas copas das árvores, mastigando distraidamente como corvos encobertos de vegetação (veja a Imagem 12.3). As cabras são atraídas pelo fruto da árvore de argan, que amadurece em junho de cada

IMAGEM 12.3 *Cabras em árvores no sudoeste do Marrocos. (Cortesia de Stephanie Green)*

ano. Naturalmente, os turistas também são atraídos pelas árvores para poderem tirar fotos. No entanto, nosso motorista nos informou que as cabras geralmente são colocadas nas árvores, para que os ônibus parem para fotografar – e paguem uma pequena taxa aos agricultores locais (ou guia) por esse privilégio.

ÉTICA E TURISMO SUSTENTÁVEL

Um profissional de turismo deve entender os princípios do turismo sustentável, um conceito intimamente ligado à ética (HUDSON; MILLER, 2003). Wight (1995) sugere que há uma sobreposição entre turismo de interesse especial, como ecoturismo, turismo cultural e turismo de aventura, e que as motivações para participar desses tipos de turismo são recobertas por uma dimensão ética. Wight argumenta que apenas quando o princípio ético tem um peso como motivação principal o turismo pode ser considerado sustentável (veja a Figura 12.1).

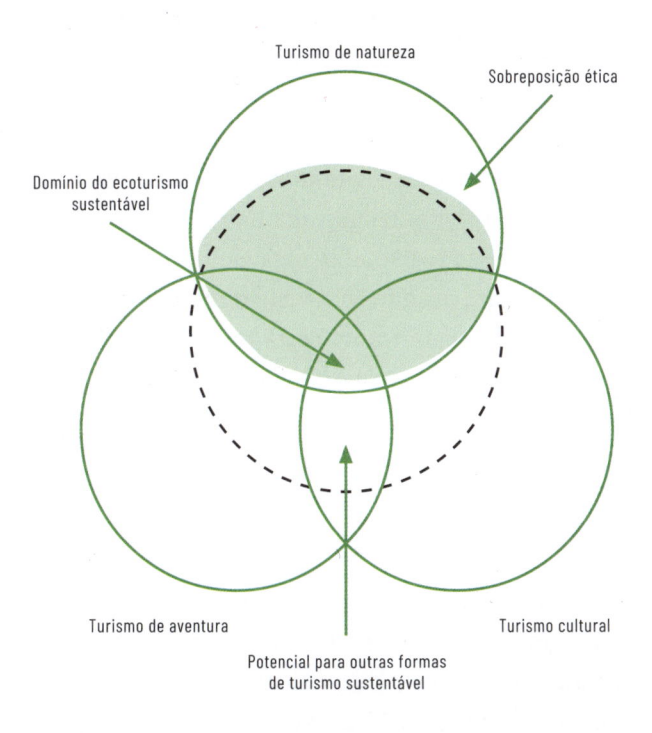

FIGURA 12.1 *A ética no turismo é um requisito essencial para o turismo sustentável. (Wight, 1995. Reproduzido com permissão de Taylor and Francis Group LLC Books)*

Butler descreve o desenvolvimento sustentável do turismo como "o turismo desenvolvido e mantido em uma área de determinada forma e em determinada escala que permanece viável por um período indeterminado e não degrada nem altera o ambiente (humano e físico) a ponto de impedir o desenvolvimento bem--sucedido e o bem-estar de outras atividades e processos" (BUTLER, 1993).

A popularidade excessiva como atração turística muitas vezes pode levar um destino a se tornar vítima insustentável de seu próprio sucesso. Machu Picchu, no Peru, um local inca redescoberto em 1911, é um bom exemplo. Ao atrair cerca de 400 mil visitantes no início dos anos 2000, havia pouca restrição ao acesso ou ao comportamento dos visitantes nos locais sagrados que supostamente geram 40 milhões de dólares por ano para a economia peruana. Aguas Calientes, a aldeia na base de Machu Picchu, cresceu rapidamente em tamanho, havia lixo nas proximidades das margens do rio Urubamba, e a trilha inca havia se deteriorado em decorrência de muitos anos de uso irrestrito. A superlotação, a erosão e a exploração da população local como guias e carregadores eram todas endêmicas antes de janeiro de 2001, quando o governo finalmente interveio e iniciou um sistema com regulamentos e permissões. A pressão crescente da Unesco, da Organização Mundial do Turismo (OMT) e de várias agências não governamentais incentivou o estabelecimento de um limite de visitantes às antigas ruínas incas. Agora, as leis limitam o total de 500 visitantes por dia na trilha, e eles devem contratar visitas guiadas com empresas registradas para garantir a aderência aos regulamentos de conservação. Para promover a sustentabilidade contínua na área, os próprios turistas precisam assumir uma certa responsabilidade, assim como o governo e a indústria do turismo. Os preços para visitar o local estão subindo – a permissão de entrada geral agora custa cerca de 45 dólares por pessoa e, nos últimos dez anos, o preço da permissão para fazer a trilha inca aumentou de 20 dólares para 80 dólares, para que a manutenção da trilha, o monitoramento dos regulamentos e melhores instalações pudessem ser pagos.

Outro bom exemplo de destino vítima de seu próprio sucesso vem de Maiorca, na Espanha. O município de Calvià, na ilha espanhola, sofreu um superdesenvolvimento e degradação ambiental nas décadas de 1970 e 1980 em razão do investimento maciço no turismo. O desenvolvimento do turismo se baseou em interesses de curto prazo, construções ilimitadas em desacordo com as condições locais e exploração insustentável de recursos naturais excepcionais. Para restaurar as comunidades, mudanças radicais precisaram ser implementadas; portanto, um plano local de 21 etapas levou ao fechamento de muitos hotéis degradados, à restauração da paisagem, ao estabelecimento de novas áreas protegidas e à criação de uma cobrança ambiental pelas vendas de quartos de hotel. Essas mudanças coincidiram com a conscientização do público e campanhas de marketing para melhorar a imagem da cidade, o que levou a maiores oportunidades de emprego e popularidade entre os visitantes. Os gastos de visitantes também aumentaram, pois o destino foi capaz de cobrar preços mais altos por um produto de maior qualidade. Houve até uma reclamação sobre isso em um artigo do tabloide britânico *The Sun*. Mas, como afirmou um comentarista: "Se menos leitores do *Sun* puderem viajar para a ilha, [isso significa que] Maiorca está refinando seu produto turístico para um mercado de um nível superior, o que pode ser uma prova de mérito econômico, além de beneficiar o meio ambiente, o patrimônio e a cultura" (ROYLE, 2009).

Dawson *et al.* (2011) discutiram a ética de uma tendência de viagens emergente que foi rotulada de turismo de última chance. Nesse tipo de turismo, a demanda se baseia no desejo de ver lugares e características vulneráveis antes que eles desapareçam ou sejam alterados de forma essencial e permanente. O paradoxo nessa nova forma de viajar se manifesta no fato de os turistas, em geral, percorrerem longas distâncias até esses lugares e, portanto, serem desproporcionalmente responsáveis per capita pelo aumento de emissões de gases de efeito estufa e por vários outros fatores estressantes que têm o potencial de alterar ainda mais as próprias atrações visitadas. Por meio de uma abordagem práxis/reflexiva, Dawson *et al.* discutem as várias questões éticas associadas ao marketing e ao gerenciamento do turismo de última chance, usando um dos símbolos mais evocativos das mudanças climáticas, os ursos polares de Churchill, em Manitoba, no Canadá, como fonte de evidência empírica e base para explorar considerações éticas. Eles concluem que, como atualmente não existem precedentes estabelecidos para o gerenciamento do turismo de última chance, a responsabilidade de manter uma indústria para observação de ursos polares sustentável e com suporte ético está nas mãos das operadoras envolvidas e dos reguladores que governam o setor.

DIGITAL EM FOCO – ALGARVE, PORTUGAL: EM BUSCA DA SUSTENTABILIDADE AMBIENTAL

A região do Algarve, em Portugal, foi um dos primeiros destinos a reconhecer o potencial do turismo de golfe para reforçar a visitação fora de temporada. Com abundantes e belas praias que atendem às necessidades dos turistas no verão, a área incentivou ativamente os desenvolvimentos de campos de golfe de alto nível nos anos 1980 em toda sua área de 500 quilômetros quadrados, numa época em que o comprometimento com a sustentabilidade e a responsabilidade ambiental em todo o mundo não passavam de retórica. A área foi eleita como Destino de Golfe do Ano pela IAGTO (Associação Internacional de Operadores de Turismo de Golfe) em 2006 e o Melhor Destino de Golfe do Mundo no World Travel Awards em Catar em 2014.

Em outubro de 2015, no prêmio anual da IAGTO, Algarve foi considerado um excelente exemplo dos benefícios e do valor de se trabalhar em favor da sustentabilidade, de acordo com um artigo da revista eletrônica *The Golf Environment*. A região também ganhou o título de Destino Europeu do Golfe do Ano em 2014. Na conferência em Tenerife, foi anunciado um novo prêmio ambiental, o Prêmio Destino do Golfe Sustentável do Ano, que foi apresentado na cerimônia de 2016, em Maiorca. Esse novo prêmio reconhece destinos de golfe no mundo todo que estão comprometidos coletivamente com a proteção da natureza, utilizando recursos de forma eficiente e agregando valor à comunidade. O prêmio teve como objetivo incentivar os destinos a trabalhar em conjunto para incorporar práticas sustentáveis em benefício de seus negócios, comunidade e meio ambiente.

Em 2000, a regulamentação do governo local em Portugal entrou em vigor com um Decreto-Lei de Avaliação de Impacto Ambiental (AIA), que limita o desenvolvimento do golfe a áreas turísticas designadas. Dois anos depois, a Universidade do Algarve desenvolveu um plano de sustentabilidade ambiental para a região com o Estudo de Golfe do Algarve. A maioria dos campos e projetos foi construída antes de 2000 e, portanto, quaisquer planos de gestão ambiental envolveriam limitação retrospectiva de danos.

Com mais de um milhão de rodadas disputadas por ano, o turismo de golfe agora tem um peso enorme para a economia da região. Um campo de golfe pode gerar 150 novos leitos em um hotel e até 14 milhões de dólares em receita, com jogadores abastados gastando o dobro do valor em relação a outros tipos de turistas. Mais de 60% de seus gastos estão fora do campo de golfe. A indústria do golfe agrega 10 mil empregos à região do Algarve e tem uma importância estratégica para esta região, uma vez que vai na contramão do turismo na praia.

No entanto, o impacto de cerca de 27 milhões de visitantes por ano, 12 mil jogadores de golfe registrados e 42 campos de golfe no Algarve leva a um desafio óbvio em relação à sustentabilidade em longo prazo e, portanto, à competitividade no futuro. As principais questões ambientais para o Algarve são o consumo de água para irrigação, consumo de fitofarmacêuticos e fertilizantes, consumo de energia, produção de resíduos, localização dos campos e

(cont.)

implementação de práticas ambientais por clubes de golfe. Cerca de 450 milhões de dólares são gerados por ano pelo turismo de golfe no Algarve, tornando a gestão ambiental acessível, principalmente para os campos de golfe e empreendimentos maiores.

O golfe foi identificado como um dos dez produtos prioritários a ser desenvolvidos em Portugal entre 2007 e 2015 como parte do Plano Estratégico Nacional do Turismo (Pent). O plano reconhece que o setor de golfe "será fortalecido pela adoção de princípios de sustentabilidade, respeito ao meio ambiente, participação ativa das populações residentes, treinamento contínuo de recursos humanos, inovação em todas as áreas do negócio, garantia de qualidade e segurança, cumprimento de um código de boas práticas e posicionamento correto nos mercados de compras". As conclusões de uma conferência de 2008 incluíram a conexão do golfe como produto a fatores de patrimônio paisagístico e recursos naturais. "A oferta de golfe deve, portanto, ser adaptada aos instrumentos de planejamento territorial, contextos urbanos e paisagísticos e práticas de gestão ambiental, que desempenham um fator decisivo para garantir a sustentabilidade do destino do golfe", afirmou o relatório. Boas práticas ambientais foram recomendadas durante os estágios de projeto, construção e operação do desenvolvimento do campo de golfe por razões financeiras e éticas.

Um clube que seguiu esses preceitos foi o Espiche Golf Club (www.espichegolf.pt), localizado em uma reserva ecológica perto de Lagos, no oeste do Algarve. E está usando seu *status* ecológico como um diferencial digital em seu marketing e em sua publicidade. Seu site começa com o slogan "Visão e compromisso para um futuro sustentável". Role a página inicial para ler a seção Espiche Golf: golfe sustentável e ecológico, descrevendo a experiência como única no Algarve, com seu esquema de plantio nativo que enriquece a biodiversidade local. Empregando grama com baixo uso de herbicida e pouca água em áreas verdes, gramados tratados entre os buracos no campo de golfe e áreas não tratadas, a empresa ecologicamente consciente planeja promover ainda mais o lado verde de Espiche no futuro. "É muito cedo para dizer se isso nos dá uma vantagem competitiva. Mas nosso nome é um excelente RP", diz Luis Rocha, gerente geral. "Definitivamente, veremos um ROI [retorno sobre investimento]. Já estamos pagando contas com valores muito mais baixos – a energia é cara em Portugal. Então, vemos economia agora e muito mais economia em longo prazo." Rocha acrescenta que o campo de golfe mantido de forma sustentável está sendo aprimorado o tempo todo.

No entanto, não apenas o planejamento e o gerenciamento do campo estão chamando atenção para o golfe ético. O moderno clube foi premiado com o terceiro lugar na competição Clubhouse do Ano da revista *Golf Inc.* para 2014-15. Embora o campo de 18 buracos tenha sido inaugurado em 2012, demorou mais dois anos para que o novo e impressionante clube ecológico fosse lançado em 2014. Sensivelmente integrado à paisagem existente, a parte inferior externa dos muros do clube ultramoderno foi construída com pedras da casa de fazenda original para que o sentido da história fosse mantido. O clube também usa energia solar de painéis ocultos no telhado para garantir uma abordagem avançada da sustentabilidade. Projetado pela arquiteta

(cont.)

Nadine Berger, ele reflete o espírito de preservação, conservação e inovação do clube. "Hoje a água é uma questão mundial", diz o proprietário Peter Thornton. "Compramos o terreno quando as coisas estavam em um estágio de transição, quando Portugal estava entrando na União Europeia. Desde então, a região foi designada reserva ecológica. O resultado final é que construímos algo para o futuro."

Fontes: visita e entrevista com pessoal do Espiche Golf Club (2015); Hudson e Hudson (2014).

QUESTÕES DE ESTUDO DE CASO

1. Você diria que a indústria do golfe em geral tem um impacto negativo no meio ambiente?

2. Qual iniciativa ambientalmente amigável desse caso mais o impressiona?

3. O que mais o setor de golfe poderia fazer para proteger o meio ambiente?

MARKETING TURÍSTICO RESPONSÁVEL

Para que a melhoria ambiental forneça uma oportunidade competitiva, a organização deve considerar o marketing responsável, que é o equilíbrio entre iniciativas ambientais e comunicação ambiental, a fim de obter vantagem competitiva sustentável (HUDSON; MILLER, 2005b). Infelizmente, não houve uma abordagem consistente das práticas de marketing ambiental no turismo. Algumas empresas negligenciam suas obrigações ambientais, talvez por falta de diretrizes e exemplos de melhores práticas, ou talvez por não entender seus benefícios. Outros exploram a comunicação ambiental para obter ganhos em curto prazo ou deixam de informar os visitantes sobre suas iniciativas ambientais. Muitos estudos indicam que as considerações ambientais agora são um elemento significativo no processo de escolha do destino dos viajantes, e muito do que os visitantes de primeira viagem descobrem sobre as qualidades ambientais de um destino que podem influenciar sua escolha depende da eficácia das informações e da motivação estimulada por livretos comerciais e sites.

A Figura 12.2 é um modelo de marketing responsável que gerentes do setor de turismo podem usar para melhorar suas práticas de marketing ambiental. O modelo se baseia em literatura prévia em marketing e gerenciamento estratégico e ambiental e adota a visão de que uma organização ou um destino pode ser colocada em uma matriz dois por dois a fim de identificar sua posição em relação ao marketing responsável. O eixo vertical representa a ação ambiental e o eixo horizontal representa a comunicação dessas atividades. As organizações podem assumir uma das quatro posições teóricas dentro do modelo. Elas podem ser classificadas como *inativas* quando tendem a não ver os benefícios da alocação de recursos para atividades ambientais e quando têm um baixo nível de compromisso com a melhoria ambiental e a comunicação de atividades ambientais. Aquelas que veem os benefícios da ação ambiental (talvez para fins regulatórios), mas não conseguem comunicar esses esforços, são *reativas*. As organizações que exploram os interesses dos consumidores em produtos ecologicamente corretos, sem considerar as características dos recursos, a ética ambiental ou uma perspectiva de longo prazo, são vistas como *exploradoras*. A posição no modelo com maior probabilidade de permanecer sustentável (e competitiva) é aquela em que a ação ambiental e a comunicação ambiental dessa ação são altas – organizações que adotam essas práticas são consideradas *proativas*. Na posição proativa, produtos e serviços são desenvolvidos com sensibilidade em relação ao seu futuro em longo prazo, e os consumidores estão cientes (antes da compra e durante a visita) da preocupação com os recursos envolvidos.

É importante reconhecer que a posição de uma organização no modelo pode ser apenas temporária, pois pode estar em trânsito entre um local e o próximo. Além disso, é provável que haja vários fatores de contingência que afetarão a posição

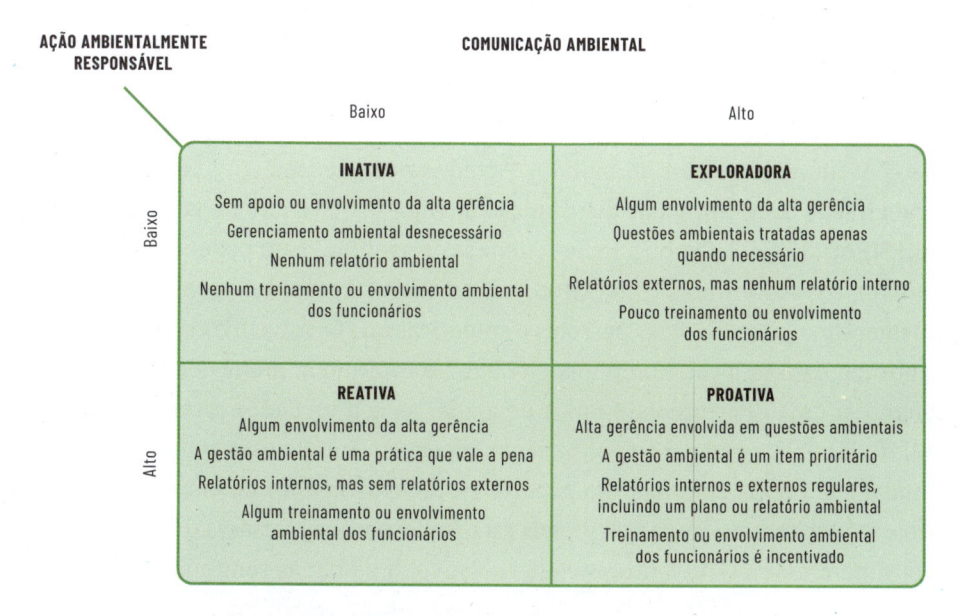

FIGURA 12.2 *Modelo para marketing responsável*

no modelo. Pesquisas anteriores sugerem que essas influências incluem o nível de pressões ambientais de partes interessadas, interpretações gerenciais de questões ambientais, o nível das regulamentações ambientais e o tamanho e a posição financeira da empresa.

A Walt Disney Company é um bom exemplo de organização que assume uma posição proativa nesse modelo, tendo sido selecionada como membro dos índices Dow Jones de sustentabilidade. A Disney Conservation Fund, por exemplo, fundada em 1995, é um pilar fundamental dos esforços da Disney para proteger o planeta e ajudar as crianças a desenvolver valores de conservação ao longo da vida.

A fundação apoia o estudo da vida selvagem; a proteção de *habitats*; o desenvolvimento de programas comunitários de conservação e educação em ecossistemas essenciais e experiências que conectam as crianças à natureza no mundo inteiro. Mas ser proativo em relação ao turismo responsável não precisa se limitar a grandes empresas. Como mencionado no capítulo 9, a empresa de turismo da Stellenbosch, Bites and Sites, é membro da Unashamedly Ethical e inclui uma seção detalhada sobre turismo responsável em seu site, incluindo compromissos de responsabilidade social, econômica e ambiental.

Outros pioneiros proativos de viagens sustentáveis estão buscando ir além do meio ambiente e abordar questões sociais, como a pobreza global, por meio do turismo (às vezes chamado de turismo pró-pobre (ASHLEY; BOYD; GOODWIN, 2000). Bruce Poon Tip, fundador e proprietário da operadora de viagens G Adventures, por exemplo, anunciou uma parceria com a National Geographic – uma das maiores organizações mundiais dedicadas à exploração, à educação e à conservação – e um compromisso de desenvolver mais cinquenta empresas sociais nos destinos da G Aventures ao redor do mundo. "Acreditamos que, se bem feitas, as viagens podem ser a maior forma de distribuição de riqueza que o mundo já viu", disse ele (BIRNBAUM, 2015). Sendo a maior empresa de aventura para pequenos grupos do mundo, a G Adventures conquistou sua premiada reputação global com viagens sustentáveis – experiências pessoais e autênticas que envolvem totalmente os viajantes na cultura local. Como mencionado no capítulo 4, muitas de suas viagens oferecem uma oportunidade única de ajudar as comunidades carentes visitadas pelos viajantes, geralmente por meio da Planeterra Foundation, uma organização fundada em 2003 com foco no suporte e desenvolvimento de empresas sociais. Hoje, 25 projetos de empresas sociais estão incorporados à cadeia de suprimentos dos itinerários da G Adventures com o objetivo de ajudar as comunidades a se tornarem mais sustentáveis, e Poon Tip planeja triplicar esse número até 2020.

Outra empresa que tenta combater as causas profundas da pobreza é a Taj Group, a maior empresa de hotelaria, lazer e hospitalidade do Sudeste Asiático. A Taj realiza muitos programas de treinamento em hospitalidade nas 36 escolas profissionais da empresa, onde jovens carentes e grupos marginalizados, como os *dalits* (ou casta intocável) da Índia recebem treinamento. A Taj trabalhou com o governo para criar as escolas, administradas em parceria com ONGs. "A Índia está lidando com vários problemas", diz Vasant Ayyapan, diretor de sustentabilidade corporativa da Taj Group. "É um poço sem fundo. Se você der dinheiro ou comida, isso não ajudará as pessoas em longo prazo. Por isso, decidimos combater as causas da pobreza, ajudando as pessoas a ter uma vida sustentável" (BUCHMEYER, 2013). O trabalho de combate à pobreza da Taj se estende às compras feitas nos hotéis. A Holiday Village de Goa, por exemplo, compra como presentes de boas-vindas guirlandas de conchas de artesãos desfavorecidos. Além disso, as sacolas para jornais e chinelos são feitas pela Women's India Trust, que emprega cem mulheres pobres.

Um hotel em Amsterdã está treinando muitas pessoas que estão desempregadas há muito tempo, preparando-as para empregos no setor de hospitalidade. "Não analisamos o histórico das pessoas. Procuramos o talento delas", disse um porta-voz do Good Hotel, que não tem fins lucrativos (FARROW, 2016). A empresa está buscando oportunidades de expansão e, em 2016, abriu uma propriedade boutique em Antígua, Guatemala, onde oferece treinamento para jovens, dando a eles uma alternativa às drogas e gangues. "Nosso objetivo é investir nas pessoas", disse o porta-voz. "E tirar o melhor proveito delas."

Por fim, os eventos também podem adotar uma abordagem proativa da responsabilidade. Muitos organizadores de eventos estão reconhecendo que os grandes eventos não precisam ter um grande impacto climático e, na verdade, podem desempenhar um papel positivo, podendo ter um índice baixo ou até neutro de emissão de carbono. Por meio do estabelecimento de iniciativas de redução e compensação de gases de efeito estufa, organizadores de eventos podem assumir a responsabilidade por suas emissões, usar seu maior poder de compra e perfil para liderar ações de mudança climática e apoiar a transição para um uso mais sustentável de energia. Os benefícios incluem a oportunidade de demonstrar publicamente um compromisso com a sustentabilidade e inspirar participantes e espectadores a escolher opções com baixo índice de emissão de carbono em sua vida, além de economizar dinheiro com medidas como a redução do consumo de energia. Um exemplo é o transporte usado nos Jogos Olímpicos de Inverno de Vancouver com o objetivo de influenciar o comportamento ecológico. O sistema de transporte público incluía as mais recentes tecnologias de baixa e nenhuma emissão de carbono, e a frota olímpica usava veículos híbridos, movidos a eletricidade e propano. Organizadores de eventos também podem incorporar outras iniciativas de ecologização em seu evento para complementar suas práticas favoráveis ao clima: conservação da água ou promoção do desenvolvimento social e econômico positivo, por exemplo.

Como a Figura 12.2 sugere, promover essas iniciativas é importante. O Los Cabos Green Fest, no México, por exemplo, se apresenta como o primeiro festival sustentável. O festival anual combina apresentações internacionais de música e entretenimento, esportes – como aulas de ioga, *paddle boarding*, futebol, trilhas ecológicas e muito mais – com workshops e eventos de conscientização ambiental. Os workshops abordam temas como permacultura, saúde e nutrição, negócios ecológicos, áreas protegidas e maravilhas naturais. Empresas locais e norte-americanas também estão à disposição para apresentar e oferecer produtos e serviços sustentáveis. Os resíduos do evento são reciclados e reaproveitados para reduzir sua pegada de carbono, e uma parte da receita beneficia organizações sem fins lucrativos locais.

O alinhamento de um evento com uma questão social essencial é outra forma pela qual organizadores de eventos podem agir de forma responsável. Na Austrália, por exemplo, a importância da reconciliação entre aborígines e australianos brancos é uma questão social significativam. Assim, os organizadores das Olimpíadas de Verão de 2000 utilizaram o perfil da atleta aborígine Cathy Freeman, medalhista de ouro, para iniciar um discurso nacional sobre a questão da reconciliação na Austrália (CHALIP, 2006). Da mesma forma, os esforços de sustentabilidade de Vancouver durante os Jogos Olímpicos de Inverno de 2010 incluíram a participação de comunidades aborígines. Entretanto, questões sociais também podem funcionar contra os organizadores do evento. O severo tratamento de Qatar em relação a contratos estrangeiros e trabalhadores domésticos, visto por muitos como trabalho escravo no estado per capita mais rico do mundo, colocou em dúvida a competição da Copa do Mundo de 2022 (THE INDEPENDENT, 2014).

Os eventos também podem gerar bastante dinheiro para instituições de caridade. Por exemplo, quase todos os mais de cem torneios de golfe da American PGA, Web.com Tour e Champions Tours estão estruturados como organizações sem fins lucrativos, planejados para doar 100% da receita líquida para instituições de caridade locais. Coletivamente, o PGA TOUR e seus torneios arrecadaram mais de 160 milhões de dólares para instituições de caridade em 2015. O total de doações para instituições de caridade é de 2,3 bilhões de dólares desde que a primeira contribuição de caridade de 10 mil dólares foi feita pelo Palm Beach Invitational de 1938. "Esse recorde incrível se deve ao trabalho altruísta e aos esforços incansáveis de todo o pessoal dos torneios, patrocinadores, jogadores e, principalmente, de nossos voluntários", disse o comissário do PGA TOUR, Tim Finchem. "Ultrapassar esse marco garante que muitas vidas continuarão sendo impactadas positivamente nas comunidades onde jogamos" (PGA TOUR, 2016).

Para finalizar, vários pesquisadores argumentaram que eventos esportivos podem ter impactos positivos na cidadania comunitária. A realização de eventos esportivos geralmente é um elemento-chave que permite que comunidades devastadas por crises econômicas recuperem e aprimorem sua posição financeira nas economias regionais, nacionais e globais. No entanto, muitas vezes, são levantadas críticas de que os moradores da comunidade local geralmente são deixados de fora do processo, especialmente em eventos pontuais. Misener e Mason (2006) sugerem que o envolvimento da comunidade na realização de eventos esportivos – organizando, assistindo ou participando de um evento – pode impactar positivamente a cidadania comunitária. Eles argumentam que a chamada cidadania flexível permite que aqueles que parecem desapegados ou desconectados dos lugares desenvolvam um senso de localidade e identidade. Defensores da cidadania flexível consideram que membros de uma comunidade são mais ativamente envolvidos no desenvolvimento e na formação de sua própria identidade cívica, em vez de destinatários estáticos do *status* de cidadania designada.

MARKETING RELACIONADO A CAUSAS

O marketing relacionado a causas (MRC), tido como filantropia corporativa organizada para aumentar os resultados (BARNES; FITZGIBBONS, 1991), é uma tendência em rápida expansão nas comunicações de marketing e cresce no momento em que o público está cada vez mais cético quanto às grandes empresas. É basicamente um programa de marketing que se esforça para alcançar dois objetivos – melhorar o desempenho corporativo e ajudar causas importantes –, vinculando a captação de recursos em benefício de uma causa à compra dos produtos e/ou serviços da empresa. As empresas usam o MRC para contribuir para o bem-estar da sociedade e se associar a uma causa respeitada que refletirá positivamente em sua imagem corporativa. As empresas e suas marcas podem se beneficiar de alinhamentos estratégicos com causas ou organizações sem fins lucrativos. Espera-se que os atributos emocionais associados às marcas vinculadas a causas diferenciem essas marcas de suas rivais (às vezes isso é denominado branding relacionado a causas). A Lindblad Expeditions é um bom exemplo de empresa de viagens envolvida em atividades de MRC. Com dez navios visitando alguns dos destinos mais sensíveis do mundo, a empresa (por meio de doações de passageiros) apoia pesquisas cruciais sobre tubarões em Galápagos e um projeto de identificação de orcas na Antártida, entre outros esforços de conservação (BUCHMEYER, 2013).

Os esforços de MRC podem ser categorizados em abordagens de marca autônoma, marca conjunta, marca própria e marca de indústria (HUDSON, 2008), sendo os recursos distintos de cada um resumidos no Quadro 12.3. As colaborações filantrópicas de marcas autônomas são caracterizadas pelo relacionamento entre a marca do patrocinador corporativo e a marca da instituição de caridade/causa que ele apoia. Esse é o tipo de relacionamento mais rápido e fácil de organizar e é a forma dominante de atividade filantrópica. A Mt. Bacharel, em Oregon, por exemplo, tem o programa Charity Ski Weks, em que vouchers de teleférico são fornecidos a vários parceiros da Charity Week e podem ser trocados por

QUADRO 12.3 *Abordagens de branding para MRC. (Fonte: adaptado de Hudson, 2008)*

Características	Marca autônoma	Marca conjunta	Marca própria	Marca de indústria
Reputação de caridade	Estabelecida/ independente da empresa	Ligada à empresa e à caridade	Dependente da empresa	Estabelecida/ independente da indústria
Envolvimento da empresa na administração de caridade	Nenhum	Parcial a administração em conjunto	Controlada pela empresa	Nenhum
Controle da empresa em relação ao uso de fundos arrecadados pelo programa de MRC	Limitado	Tem alguma influência	Total	Limitado
Oportunidade estratégica	Alavancar a marca externa	Alavancar a congruência da marca	Apoiar a marca já existente da empresa/do produto	Alavancar a marca de indústria
Objetivo promocional de MRC	Demonstrar congruência empresa-caridade onde ela não é óbvia	Demonstrar congruência da marca empresa-caridade	Promover o compromisso da empresa	Promover o compromisso da indústria

ingressos de teleférico de período integral de 25 dólares. Isso é uma ótima oferta para esquiadores e ciclistas locais, ao mesmo tempo que gera contribuições em dinheiro com 100% da renda doada diretamente à organização sem fins lucrativos que emite os ingressos.

Nas colaborações conjuntas de marca, a empresa e a instituição de caridade formam uma nova marca copatrocinada e comercializada por ambas as organizações. Um exemplo desse tipo de abordagem de marca é o patrocínio da Avon à Race for the Cure em parceria com a Breast Cancer Coalition. As colaborações desse tipo são mais estratégicas do que programas de marcas autônomas, porque a empresa pode se diferenciar tornando-se o único patrocinador de um evento ou causa e porque a copropriedade implica maior comprometimento e esforço. Na indústria do esqui, a Stowe Mountain Resort and Snowboard School faz parceria com a Friends of Stowe Adaptive Sports para realizar um evento anual chamado Adaptive Ski Bash. A Friends of Stowe é uma organização sem fins lucrativos que apoia o acesso a oportunidades esportivas e recreativas para pessoas que vivem com deficiências permanentes.

Na abordagem da marca própria, a empresa assume uma causa e desenvolve uma organização totalmente nova para oferecer benefícios associados a essa causa (HOEFFLER; KELLER, 2002). Semelhantes aos produtos de marca própria, as instituições de caridade com marca própria são, por definição, diferenciadas de outras instituições de caridade, e no mercado cada vez mais repleto de parceiros de programas filantrópicos, a empresa tem acesso irrestrito à sua própria instituição de caridade. A Vail Resorts tem sua própria instituição de caridade, a Vail Resort Echo, criada em 2008 para oferecer uma abordagem mais focada nas doações de caridade locais. Os líderes locais que representam cada divisão da empresa fazem parte dos conselhos de doação em cada uma das comunidades em que a Vail Resorts opera. Juntos, esses conselhos trabalham para identificar as principais organizações locais que estão implementando programas bem-sucedidos que mudarão a vida das crianças e protegerão os recursos que tornam as cidades-resort únicas. Os conselhos de doação concedem doações em dinheiro e em forma de bens ou serviços uma vez por ano por meio de um processo de solicitação de doação. A Chipotle, já mencionada, também adota uma abordagem de marca própria. Em 2011, a empresa fundou a Chipotle Cultivate Foundation para ampliar seu compromisso de criar um futuro alimentar mais sustentável. A fundação se dedica a fornecer recursos e promover uma boa administração para os agricultores, promover uma melhor pecuária, incentivar práticas agrícolas regenerativas, e favorecer a alfabetização alimentar, a educação culinária

FIGURA 12.3 *Abordagem da Travel Foundation em relação ao turismo sustentável.*
(©The Travel Foundation. Uso com permissão)

e a alimentação nutritiva. Desde a sua criação, a fundação contribuiu com mais de 3 milhões de dólares para organizações afins comprometidas em cultivar um mundo melhor por meio da alimentação.

Por último, as iniciativas de marca de indústria são aquelas que envolvem contribuições para uma causa da indústria como um todo, em vez de empresas separadas. Como acontece com as iniciativas de MRC de marca própria, existem poucos exemplos no turismo, mas a Travel Foundation, no Reino Unido, se encaixa nessa tipologia. A Travel Foundation foi criada em 2003 como uma parceria entre governo, ONGs e a indústria de viagens para reconhecer que as operadoras de turismo têm a responsabilidade de ajudar a proteger os lugares que os turistas visitam e garantir que os benefícios do turismo cheguem às comunidades locais. A Travel Foundation apoia as partes interessadas no turismo – incluindo operadoras de turismo dos mercados de origem relevantes, autoridades de destino, empresas de turismo locais e comunidades locais – a desenvolver e oferecer um programa de atividades que otimiza os benefícios gerais do turismo. A Travel Foundation também tem como objetivo alterar as políticas e práticas da indústria, para ajudar a indústria do turismo a se tornar mais sustentável. A abordagem da Travel Foundation é mostrada na Figura 12.3. Desde 2003, a fundação trabalha em 25 países, em mais de 35 projetos que geraram mais de 1 milhão de libras em renda local.

RESUMO DO CAPÍTULO

A ética do marketing se refere ao que é moralmente certo e errado, positivo e negativo no marketing e, particularmente, aos desafios morais dos profissionais de marketing quando eles se envolvem com a prática de marketing. A pesquisa sobre ética em turismo e hospitalidade está crescendo em áreas como ética em publicidade no turismo, acessibilidade, práticas antiéticas de vendas e ética ambiental. Os viajantes estão exigindo cada vez mais abertura das empresas – mais informações, responsabilidade e prestação de contas (accountability). Os viajantes internacionais a lazer também estão cada vez mais motivados a escolher um destino pela qualidade de sua saúde ambiental e pela diversidade e integridade de seus recursos naturais e culturais. Um profissional de marketing de turismo deve, portanto, ter um entendimento dos princípios do turismo sustentável, um conceito intimamente ligado à ética.

QUESTÕES PARA REFLEXÃO

1. O texto sugere que a pesquisa sobre ética em turismo e hospitalidade está crescendo. Por que isso está acontecendo? A indústria do turismo está atrás ou à frente de outros setores em relação a questões éticas?

2. Encontre um exemplo de propaganda que poderia ser considerada antiética. Quais são os problemas com a propaganda?

3. O texto sugere que os viajantes estão cada vez mais motivados a escolher um destino pela qualidade de sua saúde ambiental. Encontre um exemplo (diferente dos exemplos mencionados no livro) de um fornecedor de turismo/hospitalidade que esteja respondendo a essa tendência e se beneficiando com ela. Onde você posicionaria a empresa na Figura 12.2?

MARKETING EM AÇÃO – A ÉTICA DE RETRATAR A GUERRA COMO ATRAÇÃO TURÍSTICA NO VIETNÃ

O turismo de guerra existe há centenas de anos. O navio de guerra do almirante Lord Nelson, *The Victory*, por exemplo, é uma atração turística de sucesso que atrai milhões de visitantes a Portsmouth, na Inglaterra. Heróis da Guerra Civil americana também foram venerados nos Estados Unidos com estátuas, artefatos, memoriais e tiveram suas batalhas reencenadas, atraindo milhares de turistas. Os sinistros lembretes das atrocidades da Segunda Guerra Mundial em Belsen e Auschwitz ainda são os principais destinos turísticos, assim como a cidade de Hiroshima, no Japão, e Pearl Harbor, no Havaí. No entanto, apenas recentemente os profissionais de marketing turístico no Vietnã identificaram o valor cultural de seu país devastado pela guerra em termos de atração para incentivar a chegada de mais visitantes estrangeiros.

Tendo sofrido mais de trinta anos de guerra (primeiro com a França, depois com os Estados Unidos e, por último, a guerra civil), o Vietnã está empenhado em sua renovação e reconstrução desde sua política de reforma econômica de 1987, *doi moi*. A reforma promoveu políticas de portas abertas e uma economia de livre mercado. Por meio do estabelecimento da Administração Nacional de Turismo do Vietnã (VNAT), o turismo de guerra tem sido ativamente incentivado e direcionado como parte de um plano de marketing do governo e do setor privado. A VNAT está focada no aumento da gestão estadual do turismo, planejamento e prognóstico estratégico, treinamento de recursos humanos e facilitação de formalidades dentro da indústria. A intenção é atrair investimentos estrangeiros e desenvolver o turismo como um gerador de divisas estrangeiras dominante para o Vietnã.

No século XX, a guerra no Vietnã levou à morte mais de 3 milhões de habitantes, além de 75 mil soldados franceses e 59 mil soldados americanos. As repercussões ambientais, sociais,

(cont.)

IMAGEM 12.4 *Museu Dien Bien Phu Victory. (©Vietnam National Administration of Tourism. Fonte: Tourism Information Technology Center-TITC. Usado com permissão)*

políticas e econômicas dessa devastação ainda persistem. A VNAT prevê que 2 milhões de imigrantes vietnamitas voltarão ao seu país de origem como turistas saindo de oitenta países diferentes onde vivem agora. Ex-soldados americanos também buscam acabar com a revisitação das cenas de seus pesadelos, a fim de lembrar os caídos, chegar a um acordo com o passado e também participar de um futuro mais positivo para o Vietnã. Já existem várias organizações sem fins lucrativos e empresas de turismo nos Estados Unidos que oferecem viagens sob medida para essas cenas de batalha do passado. "Estamos promovendo toda a história da guerra, mas o turismo americano é realmente o nosso objetivo", disse Luong Minh Sam, diretor do departamento de turismo de Danang. "Seis milhões de americanos estavam diretamente envolvidos na Guerra do Vietnã e mais 20 milhões estavam envolvidos de forma indireta. Esse é um grande mercado para nós."

O desafio de fornecer memórias de guerra autênticas e sensíveis pode levantar questões éticas. Por exemplo, como empacotar tudo, incentivar os visitantes e fornecer conforto, sem que tudo se torne um dia em família dessensibilizado e divertido. Além disso, há muitos problemas fundamentais para o desenvolvimento do turismo no Vietnã. A infraestrutura é deficiente, com estradas de baixo padrão e linhas de transporte inadequadas entre o norte e o sul do país. O sistema de leis e políticas comerciais pode ser inadequado e confuso, minando a confiança do investimento. A segurança pode ser outra preocupação do turista, pois os pequenos crimes são prolíficos nas cidades e exacerbados à noite pela iluminação pública fraca ou inexistente em algumas áreas. Muitas vezes não há trabalhadores preparados e pessoal de gestão qualificado.

No entanto, o Vietnã está geograficamente maduro para o turismo de massa. Três quartos do país, principalmente agrícola, são florestas tropicais e montanhas selvagens e 3.200 quilômetros de costa abrigam 125 praias, sendo a maioria delas intocada. O clima é principalmente quente, úmido e seco, embora haja monções tropicais de maio a outubro. Há uma enorme variedade de locais históricos, arquitetura colonial francesa, tradições diversas, culinária e alta costura e uma próspera cultura de colinas tribais do norte. A herança de guerra do Vietnã permite que qualquer coisa relacionada ao conflito com os Estados Unidos e seus aliados seja um componente importante do marketing turístico.

Na cidade de Ho Chi Minh (antes denominada Saigon), um número enorme de pessoas visita o War Remnants Museum para ver uma montagem terrível de fotos de tortura e crimes de guerra chocantes. Também há uma prisão reconstituída com celas conhecidas como jaulas de tigre, modelos emaciados e evidências de decapitações e desmembramentos. Por mais macabro que pareça agora, algumas das exposições mais assustadoras foram removidas ou atenuadas. Além disso, o nome do local também foi alterado; seu antigo nome era Museum of American

(cont.)

War Crimes. Os entusiastas de guerra encontrarão opções ainda melhores no de Ho Chi Minh's Military Museum, que ostenta uma boa variedade de equipamentos militares americanos e vietnamitas, incluindo tanques, granadas, bombas e destroços de aeronaves abatidas. Para os interessados em se aprofundar na longa história de conflito do Vietnã, o de Ho Chi Minh City Museum (anteriormente Revolutionary Museum) oferece mais de uma dúzia de salas de *memorabilia* de resistência que remontam às primeiras campanhas contra os franceses nos anos 1800. Além de armas antigas, medalhas, uniformes, bombas caseiras e armadilhas, existem excelentes imagens de arquivo. Aqui e em todos os museus de guerra, é fácil comprar lembranças que incluem plaquinha de identificação para cães, chapéus e roupas militares, facas, medalhas e isqueiros – a maioria deles, falsa.

Outra grande atração do turismo de guerra no Vietnã são os túneis de Cu Chi, a 64 quilômetros da cidade de Ho Chi Minh. Cu Chi ficou famoso durante a guerra do Vietnã por sua extensa rede de túneis subterrâneos, abrangendo quase 200 quilômetros. Os túneis foram usados pela primeira vez por integrantes do Viet Minh para se esconder dos franceses na década de 1940, e depois se tornaram esconderijos, alojamentos e bases de atiradores para os vietcongues, que, em certo ponto, haviam cavado um túnel sob o quartel-general do Delta do Mekong da 25ª Divisão do Exército dos Estados Unidos. Guerrilheiros e moradores costumavam viver no subsolo por meses, sobrevivendo com fécula de mandioca e respirando com a ajuda de um elaborado sistema de ventilação que também servia para afastar a fumaça de cozimento das áreas habitadas. Desses esconderijos, os vietcongues eram capazes de fazer ataques furtivos a seus inimigos, geralmente dentro da guarnição dos Estados Unidos. Os soldados americanos fizeram todos os esforços para destruí-los, tentando o confronto corpo a corpo, poder de fogo, bombas, cães e até gás, mas acabaram fracassando.

Hoje, seções curtas da rede de túneis estão abertas ao público e, mediante solicitação, os turistas podem explorar ainda mais os túneis estreitos, escuros, empoeirados e repletos de morcegos. Esses túneis foram ampliados para a estrutura ocidental, mas alguns, com apenas 76 centímetros de diâmetro, eram originalmente acessíveis apenas aos diminutos ratos de túnel vietnamitas. O estilo de vida subterrâneo dentro dos limites sujos, quentes e claustrofóbicos agora pode ser revivido pelos turistas, enquanto eles avançam, encurvados ou engatinhando por algumas centenas de metros. A área é cercada por crateras de bombas, testemunho das 500 mil toneladas de bombas lançadas na área. Esses bombardeios muitas vezes faziam os túneis superiores desabar, matando todos os habitantes, e os artefatos não explodidos continuaram mutilando a população local durante muitos anos após as guerras. Os túneis de Cu Chi são um testemunho vivo da engenhosidade e perseverança que, no fim, ajudaram os vietnamitas a vencer a guerra.

Diversos estabelecimentos turísticos agora dão suporte aos passeios pelo túnel, com palestras, vídeos de propaganda da década de 1960, áreas de tiro, lojas de presentes com vinho de arroz com cobras e escorpiões dentro das garrafas, além de colares de balas de prata, petiscos e

(cont.)

refrescos, todos estabelecidos no formato educação/entretenimento. Aos visitantes são mostradas armadilhas cruéis, feitas com estacas de bambu afiadas, escondidas por alçapões cobertos de folhagem. Existem manequins vestidos como guerrilheiros, portando armas de fogo, acima do solo na floresta e também na parte subterrânea nos compartimentos dos túneis. Essa comercialização de relíquias, locais e *memorabilia* de guerra pode ser vista por alguns como banalização do sofrimento e da morte, parodiando um capítulo angustiante da história. Por outro lado, pode ser aplaudido por sua mensagem educacional a pessoas mais jovens que, de outra forma, não conheceriam nada do passado sitiado do Vietnã, além de apresentar um lembrete sombrio de erros do passado para as futuras gerações aprenderem com eles. Independentemente do ponto de vista que prevalecer, essa exploração pragmática do passado do Vietnã também está ajudando a criar uma base comercial próspera para combater a pobreza em algumas das áreas rurais e urbanas do país que foram as mais atingidas pelas guerras.

Fonte: visitas pessoais dos autores ao Vietnã em 2006 e 2016.

QUESTÕES DE ESTUDO DE CASO

1. Na sua opinião, promover o turismo de guerra no Vietnã é uma prática ética?

2. Dê outros exemplos de turismo de guerra mundial.

3. O que mais os profissionais de marketing vietnamitas poderiam fazer para promover suas atrações de guerra com sensibilidade?

REFERÊNCIAS

ARCHER, B., COOPER, C.; RUHANEN, L. The positive and negative impacts of tourism. *In*: THEOBALD, W. F. (org.). **Global Tourism**. New York: Butterworth-Heinemann/Elsevier, 2005. p. 79–102.

ASHLEY, C.; BOYD, C.; GOODWIN, H. Pro-poor tourism: putting poverty at the heart of the tourism agenda. **Natural Resource Objectives**, v. 51, p. 1–6, jan. 2000.

BABAITIA, C.; MUNTEANU, V.; ISPAS, A. The effects of ethical marketing in tourism. *In*: MLADENOV, V.; BOJKOVOC, Z. (org.). **Latest trends on cultural heritage and tourism** – 3rd WSEAS International Conference on Cultural Heritage and Tourism. Corfu, Grécia: WSEAS Press, 2010, p. 99–102.

BALASUBRAMANIAN, S. K. Beyond advertising and publicity: hybrid messages and public policy issues. **Journal of Advertising**, v. 23, n. 4, p. 29–47, dez. 1994.

BARNES, N. G.; FITZGIBBONS, D. Is cause related marketing in your future? **Business Forum**, v. 16, n. 4, p. 20, 1991.

BIRNBAUM, E. Sharing the wealth: G adventures ups its game in sustainable tourism. **Financial Post**, 23 out. 2015. Disponível em: https://business.financialpost.com/entrepreneur/small-business/sharing-the-wealth-g-adventures-ups-its-game-in-sustainable-tourism. Acesso em: 24 mar. 2020.

BLANCHARD, K.; PEALE, N. V. **The power of ethical management**. New York: William Morrow, 1988.

BUCHMEYER, J. P. Can luxury like this change lives? **Condé Nast Traveler**, set. 2013, p. 87–90.

BUTLER, R. Tourism: an evolutionary perspective. *In*: BUTLER, R. W.; NELSON, J. G.; WALL, G. (org.). **Tourism and sustainable development**: monitoring, planning, managing. Waterloo: Department of Geography Publication 37, University of Waterloo, 1993, p. 29.

CAMPELO, A.; AITKEN, R.; GNOTH, J. Visual rhetoric and ethics in marketing of destinations. **Journal of Travel Research**, v. 50, n. 1, p. 3–14, jan. 2010.

CHALIP, L. Towards social leverage of sport events. **Journal of Sport Tourism**, v. 11, n. 2, p. 109–127, maio 2006.

COHEN, N. Chipotle blurs lines with a satirical series about industrial farming. **New York Times**, 27 jan. 2014, p. B3.

DARCY, S. Inherent complexity: disability, accessible tourism and accommodation information preferences. **Tourism Management**, v. 31, n. 6, p. 816–826, dez. 2010.

DAWSON, J. *et al.* Ethical considerations of last chance tourism. **Journal of Ecotourism**, v. 10, n. 3, p. 250–265, nov. 2011.

FARROW, B. Turnaround service. **Hemispheres**, jul. 2016, p. 18.

FLECKENSTEIN, M. P.; HUEBSCH, P. Ethics in tourism – reality or hallucination. **Journal of Business Ethics**, v. 19, n. 1, p. 137–143, mar. 1999.

GILMORE, J. H.; PINE, J. **Authenticity**. Boston, MA: Harvard Business School Publishing, 2007.

GOODWIN, H.; FRANCIS, J. Ethical and responsible tourism: consumer trends in the UK. **Journal of Vacation Marketing**, v. 9, n. 3, p. 271–282, jul. 2003.

GRADY, J.; OHLIN, J. B. Equal access to hospitality services for guests with mobility impairments under the Americans with Disabilities Act: implications for the hospitality industry. **International Journal of Hospitality Management**, v. 28, p. 161–169, mar. 2009.

HALL, S. J. **Ethics in hospitality management**. East Lansing, Michigan: Educational Institute of the American Hotel and Motel Association, 1992.

HOEFFLER, S.; KELLER, K. L. Building brand equity through corporate societal marketing. **Journal of Public Policy & Marketing**, v. 21, n. 1, p. 84, mar. 2002.

HUDSON, S. **Snow business**: a study of the international ski industry. Londres: The Continuum International Publishing Group, 2000.

HUDSON, S. To go or not to go? Ethical perspectives on tourism in an outpost of tyranny. **Journal of Business Ethics**, v. 76, n. 4, p. 385–396, nov. 2007.

HUDSON, S. **Tourism and hospitality marketing**: a global perspective. Londres: Sage, 2008.

HUDSON, S.; HUDSON, L. J. **Golf tourism**. 2. ed. Oxford: Goodfellow Publishers Ltd, 2014.

HUDSON, S.; HUDSON, L. J. **Winter sport tourism**: working in winter wonderlands. Oxford: Goodfellow Publishers Ltd, 2015.

HUDSON, S.; MILLER, G. Ethical considerations in sustainable tourism. *In*: TAYLOR, L.; RYALL, A. (org.). **Proceedings of the sustainable mountain communities conference**. Banff, Canada, pp. 192–199, 2003.

HUDSON, S.; MILLER, G. Ethical orientation and awareness of tourism students. **Journal of Business Ethics**, v. 62, n. 4, p. 383–396, dez. 2005a.

HUDSON, S.; MILLER, G. The responsible marketing of tourism: the case of Canadian Mountain Holidays. **Tourism Management**, v. 26, n. 2, p. 133–142, abr. 2005b.

HUGHES, M. An analysis of the sustainable tourism literature. **CAUTHE Conference**, Alice Springs, Australia, 1–5 fev. 2005.

JASZAY, C. Teaching ethics in hospitality programs. **Journal of Hospitality and Tourism Education**, v. 14, n. 3, p. 57–63, 2002.

JOVIČIĆ, D.; SINOSICH, R. Ethical bases of sustainable tourism. **Conference Proceedings from Tourism and Hospitality Management 2012**, pp. 308–315.

JULLIEN, J. Shiny happy people. **ES Magazine**, 22 abr. 2016, p. 25–27.

LAING, J.; FROST, W. How green was my festival: exploring challenges and opportunities associated with staging green events. **International Journal of Hospitality Management**, v. 29, p. 261–267, jun. 2010.

LEADLAY, F. Integrating ethics into tourism: beyond codes of conduct. **The Guardian**, 25 ago. 2011. www.theguardian.com/sustainable-business/blog/integrating-ethics-into -tourism. Acesso em: 24 mar. 2020.

MACCANNELL, D. Staged authenticity: arrangements of social space in tourist settings. **American Journal of Sociology**, v. 79, n. 3, p. 589–603, nov. 1973.

MANNING, E. W.; DOUGHERTY, T. Sustainable tourism: preserving the golden goose. **Cornell Hotel and Restaurant Administration Quarterly**, abr. 1995, p. 29–42.

MARKETING-SCHOOLS.COM. Ethical marketing. 2016. Disponível em: https://www. marketing-schools.org/types-of-marketing/ethical-marketing.html. Acesso em: 24 mar. 2020.

MEDIA, C. Owner of Bucuti & Tara Beach Resorts invited as keynote speaker at the 14th Annual Sustainable Tourism Conference. **Visit Aruba News**, 1 jun. 2013. Disponível em: https:// www.visitaruba.com/news/general/owner-of-bucuti-tara-beach-resorts-invited-as -keynote-speaker-at-the-14th-annual-sustainable-tourism-conference/. Acesso em: 24 mar. 2020.

MISENER, L.; MASON, D. S. Developing local citizenship through sporting events: balancing community involvement and tourism development. **Current Issues in Tourism**, v. 9, n. 4/5, p. 384–398, jul. 2006.

PGA TOUR. PGA TOUR and its tournaments set record for charitable giving. **PGATOUR. com**, 16 mar. 2016. Disponível em: http://together.pgatour.com/stories/2016/03/pga-tourcharity-total.html. Acesso em: 10 dez. 2016.

REIDENBACH, R. E.; ROBIN, D. P. Some initial steps towards improving the measurement of ethical evaluations of marketing activities. **Journal of Business Ethics**, v. 7, p. 871–879, jan. 1988.

ROYLE, S. A. Tourism changes on a Mediterranean island: Experiences from Mallorca. **Island Studies Journal**, v. 4, n. 2, p. 225–240, nov. 2009.

RUITZ, R. How authentic is your vacation? **Forbes**, 18 jun. 2008. Disponível em: www.forbes.com/2008/06/18/travel-destinations-authentic-forbeslife-cx_rr_0618travel.html. Acesso em: 24 mar. 2020.

SHELDON, P. Professionalism in tourism and hospitality. **Annals of Tourism Research**, v. 16, p. 492–503, dez. 1989.

SMITH, V. L.; BRENT, M. Hosts and guests revisited: tourism issues of the 21 Century. New York: Cognizant, 2001.

SMITH, N. C.; MURPHY, P. E. **Marketing ethics**. Londres: Sage, 2012.

STOLLER, G. Some hotels don't live up to online hype, disappointed guests say. **USA Today**, 5 maio 2011. Disponível em: www.hospitalitynet.org/news/4051257.html. Acesso em: 24 mar. 2020.

THE INDEPENDENT. The power of football. **The Independent**, 10 jun. 2014, p. 2.

THIYAGARAJ, V. Lohas: The rise of ethical consumerism. **International Journal of Scientific Research**, v. 4, n. 7, p. 702–703, 2015.

TIWSAKUL, R.; HACKLEY, C.; SZMIGIN, I. Explicit, non-integrated product placement in British television programmes. **International Journal of Advertising**, v. 24, n. 1, p. 95–111, jan. 2005.

WIGHT, P. Sustainable ecotourism: balancing economic, environmental and social goals within an ethical framework. **Tourism Recreati**on Research, v. 20, n. 1, p. 5–13, jan. 1995.

SOBRE OS AUTORES

O dr. **SIMON HUDSON** é um aficionado do turismo e explora o mundo, espalhando sua paixão por viagens e esclarecendo o público sobre todos os tipos de pesquisas de viagens, desde esportes de inverno a turismo cinematográfico. Escreveu oito livros e mais de 60 artigos de pesquisa, muitos deles com foco em marketing de turismo. É presidente emérito do SmartState Center of Economic Excellence in Tourism and Economic Development na University of South Carolina. Um título impressionante, mas que basicamente significa que ele pesquisa maneiras de colocar a indústria do turismo da Carolina do Sul de volta no mapa e de forma lucrativa. Com uma formação eclética, incluindo a indústria de esqui, varejo e academias britânica e canadense, o dr. Hudson é uma fonte de experiência internacional, histórias divertidas e abrangentes informações sobre negócios. Ele adquiriu suas ideias cosmopolitas e criativas pela formação na University of Calgary, Canadá, e na University of Brighton, Inglaterra, além de ter atuado como professor visitante na Áustria, Suíça, Espanha, Fiji, Nova Zelândia e Austrália. Que ótimo trabalho!

LOUISE HUDSON é uma jornalista de viagens ágil e perspicaz, que escreve para várias seções de viagens de jornais, sites e em seu próprio blog: www.onetwoski.blogspot.com. Publicada em três países desde 2005, seu trabalho chegou ao *Ski Canada, More Canada, LA Times, USA Today, Dallas Morning News, Boston Globe, Globe & Mail e Houston Chronicle*, entre muitos outros. Além de artigos sobre esportes de inverno, ela escreve fascinantes contos de viagem para vários meios, incluindo o *Calgary Herald*, no Canadá, que ela considera seu lar de meio período. Conhecer Simon na escola na Inglaterra em 1975 fez com que eles tivessem uma vida repleta de viagens de aventura e trabalho no exterior juntos, e também um tanto de empreendedorismo audacioso quando montaram um negócio de moda bem-sucedido na década de 1980. Louise contribuiu com estudos de caso inovadores e com sua vigorosa edição desta obra.

Marketing para turismo, hospitalidade e eventos: uma abordagem global e digital conta com recursos on-line complementares para estudantes e professores, visando apoiar tanto o estudo quanto o ensino. Eles estão disponíveis em inglês no site: https://study.sagepub.com/hudson

PARA ESTUDANTES:

- Links de vídeos no YouTube

PARA PROFESSORES:

- Manual do instrutor
- Slides
- Banco de testes de múltipla escolha

ÍNDICE REMISSIVO